SERVIÇO SOCIAL DO COMÉRCIO
Administração Regional no Estado de São Paulo

Presidente do Conselho Regional
Abram Szajman
Diretor Regional
Danilo Santos de Miranda

Conselho Editorial
Ivan Giannini
Joel Naimayer Padula
Luiz Deoclécio Massaro Galina
Sérgio José Battistelli

Edições Sesc São Paulo
Gerente Iã Paulo Ribeiro
Gerente adjunta Isabel M. M. Alexandre
Coordenação editorial Clívia Ramiro, Cristianne Lameirinha, Francis Manzoni, Jefferson Alves de Lima
Produção editorial Maria Elaine Andreoti
Coordenação gráfica Katia Verissimo
Produção gráfica Fabio Pinotti, Ricardo Kawazu
Coordenação de comunicação Bruna Zarnoviec Daniel

Patricia Palumbo

2ª EDIÇÃO REVISTA E AMPLIADA

VOZES DO BRASIL

ENTREVISTAS REUNIDAS

edições sesc

6 **Apresentação** *Danilo Santos de Miranda*	**140** Ed Motta
8 Introdução	**156** Elba Ramalho
	174 Elza Soares
12 Adriana Calcanhotto	**190** Fernanda Abreu
28 Ana Carolina	**210** Gal Costa
44 Arnaldo Antunes	**226** Itamar Assumpção
60 Cássia Eller	**244** Jards Macalé
74 Chico César	**264** Jussara Silveira
90 Criolo	**280** Lenine
108 Daúde	**296** Luiz Melodia
124 Djavan	**312** Marina Lima

Mart'nália 328	**Zeca Baleiro** 514
Mônica Salmaso 344	**Zélia Duncan** 530
Ná Ozzetti 364	**Zizi Possi** 546
Naná Vasconcelos 378	
Nando Reis 394	**Sobre a autora** 564
Pato Fu 412	**Agradecimentos** 565
Paulinho Moska 430	**Créditos das imagens** 566
Rita Benneditto 444	
Rita Lee 458	
Tom Zé 476	
Vanessa da Mata 496	

HISTÓRIAS ENTRE VISTAS E CANÇÕES

PARA SE CONHECER E SE PENSAR A HISTÓRIA é indiscutível a importância dos registros. Eles podem ocorrer de diferentes maneiras, por meio de recursos materiais e tecnológicos, bem como representar perspectivas variadas sobre determinado assunto. Têm a característica de permitir o acesso às informações, parciais ou não, acerca de situações vivenciadas em outros períodos e cuja influência pode repercutir de modo subsequente.

Quando o tema selecionado se refere a um dos principais elementos da cultura, neste caso, a música, reconhecida por remeter em suas composições a sentimentos e emoções humanas, é quase inevitável recorrer às lembranças que os motivaram. Especialmente se for por meio de conversas que acessam, na memória de seus realizadores, os contextos originários que propiciaram o surgimento não apenas de canções como também de movimentos e estilos musicais.

Inserida neste cenário, a presente obra traz uma coletânea de entrevistas realizadas pela jornalista Patricia Palumbo, compilando, em uma única publicação, dois volumes lançados anteriormente e um terceiro conjunto ainda inédito. Seu recorte editorial equipara-se ao do programa homônimo da autora, trazendo uma multiplicidade de vozes representantes da Música Popular Brasileira (MPB) contemporânea e abrindo espaço para artistas de outras vertentes.

O livro *Vozes do Brasil: entrevistas reunidas*, mais do que espelhar as transmissões de rádio, aprofunda as reflexões originadas da relação entrevistador-entrevistado, que não seriam possíveis nos espaços, em geral limitados, das emissoras. A habilidade em conduzir tais encontros desvela, por meio das incitações jornalísticas, momentos e narrativas únicos da história da música brasileira. Esta, ao ser contada por artistas de diferentes gerações, revela confluências e caminhos percorridos decisivos para a constituição de suas personalidades artísticas, além das relações existentes entre os contextos social, político e cultural que fomentaram tal cena.

Esses colóquios demonstram também um contato com o artista que não se dá pelo palco, por meio de suas canções, mas sim pela oralidade não musicada das conversas reveladoras que, fluidas, reverberam acontecimentos outros, porque guardam em si a preciosidade do registro único que os bons encontros trazem.

Dessa forma, como um glossário de referências, têm-se relatos essenciais para a compreensão panorâmica das produções contemporâneas da MPB, contribuindo, assim, para o conhecimento de um determinado momento artístico do país a partir de trajetórias pessoais intimamente relacionadas ao período. Para os interessados em música brasileira, este livro oferece, ainda, a oportunidade de descobrir situações que se entrelaçam a suas canções preferidas: a vida, a carreira, as ideias e as inspirações de seus criadores, narradas em primeira pessoa.

Danilo Santos de Miranda
Diretor Regional do Sesc São Paulo

FOI EM 1998 QUE GANHEI DE PRESENTE O VOZES DO BRASIL.

Fui contratada para ser a âncora das 19h na maravilhosa Musical FM, uma rádio que ficou no ar por apenas 5 anos, mas que fez história por sua altíssima qualidade e pela inteligente opção de só tocar música brasileira. No jargão radiofônico, esse era um horário de vitrolão, uma hora de programação musical sem apresentador ou locução. O bordão do horário era: "no lugar da Voz do Brasil, *Vozes do Brasil*!".

Ganhei o mesmo horário que antes fazia na Eldorado FM, na *Hora do Rush*, e também a chance de criar mais um programa com o meu jeito, que pudesse fazer alguma diferença. Desde então estou no ar com um programa que conta as histórias das canções, mostra a ficha técnica e dá voz aos arranjadores, produtores, instrumentistas e compositores. O *Vozes do Brasil* criou asas, e até 2018 eram dez emissoras no país veiculando o programa, além da minha própria rádio digital, a Rádio Vozes.

Mas, enfim, não vamos falar só de rádio; vamos falar deste lindo livro que comemora os 20 anos de *Vozes do Brasil* no ar e celebra, para mim, a arte desse encontro chamado entrevista.

Desde o começo, sentia falta de me estender nas conversas e me aprofundar para além daquela hora, muitas vezes ao vivo, entremeada por músicas. A partir de um convite de Ed Motta para ouvir discos em sua casa, veio a ideia do livro. Como não compartilhar essa sorte?

Foram dois volumes antes deste, lindamente editados pela DBA em 2002 e 2007. O primeiro foi celebrado no Sesc Vila Mariana com quatro noites de *shows* incríveis produzidos por Roseli Tardelli e registrados no filme de Helena Maura e Tiago Taboada, *Vozes do Brasil do(co)mentado*. O segundo, no MIS, foi uma festa inesquecível.

Este novo livro, cujo subtítulo é *Entrevistas reunidas*, é mais um presente. Minha intenção era fazer o terceiro volume, com entrevistas realizadas nos últimos cinco anos e fotos de Caroline Bittencourt (ensaios que ainda vamos mostrar), cujo tema era "música de preto". Comecei com Naná Vasconcelos em Recife, Elza Soares aqui em casa, Djavan no Rio, Mart'nália num quarto de hotel, até que, ao fim de um jantar, Marina Lima resolveu me dar a entrevista que eu tinha pedido para o primeiro livro, em 2001. Daí, evidentemente, o rumo mudou. Abri possibilidades, chamei outros artistas e, numa reunião com Danilo Santos de Miranda, recebi a proposta de publicar pela Edições Sesc. Com a nova turma veio a ideia de reunir todas as entrevistas nesta edição comemorativa. Fiquei imensamente feliz.

Com essa reunião, mostro um recorte do que é a música brasileira do final dos anos 1990 e início dos anos 2000. Nesse período, presenciamos a crise da indústria fonográfica, o desconforto de artistas acostumados com outra realidade precisando se reinventar para surfar na onda da diversidade que hoje se impõe. E, mais que isso, já que foram pioneiros nessa quebra de fronteiras, como se adaptar, sem perder originalidade, invenção, prazer, a essa nova ordem. Nessa seleção que atravessa duas décadas, temos artistas de mundos bem diferentes que hoje conversam muito mais. Estamos vivendo a utopia antropofágica. Não falo de mercado, é claro, porque esse ainda está em mutação, mas sim da oferta de boa música pelo país todo. ▬

Muitos dos artistas que aqui estão são fundadores dessa utopia. Jards Macalé, Gal Costa, Naná Vasconcelos, Tom Zé, Luiz Melodia, Marina Lima, Rita Lee. Alguns inventores como Tom Zé e Jards, fermento-base como Naná, Elza Soares, a voz necessária. Temos aqui criadores de gêneros, como Djavan, Marina, Melodia, Calcanhotto e Itamar. Cantoras que se desafiam e se aprimoram na arte de interpretar, como Jussara Silveira, Mônica Salmaso, Zizi Possi e a incomparável Cássia Eller. A música do Nordeste trazendo a raiz na sua produção pop contemporânea com Chico César, Zeca Baleiro, Elba Ramalho, Rita Bennedito, Daúde e Lenine. Paulinho Moska e Zélia Duncan se transformando em outros e novos eus desde sempre. O pop pioneiro e transformador de Rita Lee, o bom humor do Pato Fu, a sofisticação de Ed Motta, o carisma de Ana Carolina, o funk de Fernanda Abreu. A voz única e sublime de Ná Ozzetti. Os poetas Arnaldo Antunes e Nando Reis, tão diferentes entre si e tão geniais. A ferocidade artística de Criolo. A delicadeza selvagem de Vanessa da Mata. A deliciosa brejeirice de Mart'nália. ▬

Claro que é um tema que não fecha aqui. Em vinte anos de *Vozes do Brasil*, mais de trinta fazendo rádio, tenho visto e ouvido muita coisa que merece ser registrada assim dessa forma perene que é um livro. Meu trabalho não termina. Entrevistas são encontros, oportunidades de aprendizado. E sigo fazendo isso da vida desde que Cazuza me respondeu uma simples pergunta. Eu era uma estudante de jornalismo, estava apenas acompanhando a repórter na coletiva do meu maior ídolo de adolescência. Tive coragem de perguntar a ele sobre Dolores Duran, Lupicínio, Dalva, presenças que eu sentia na sua composição de poeta roqueiro dos anos 1980. Ele me confirmou as suspeitas, e foi nessa tarde que decidi o que fazer da vida: descobrir com essas pessoas que tanto admiro, que se conectam com o divino através da música, se minhas ideias mais malucas sobre as canções por acaso têm alguma conexão com a verdade. Tem sido assim e tem sido muito bom. Agradeço imensamente os presentes que a vida tem me dado. Este livro é um deles, e com muito prazer e alegria o divido com vocês. ▬

ADRIANA CALCANHOTTO

ESTA ENTREVISTA TEM DOIS MOMENTOS. A primeira foi publicada em 2007 e feita no Rio com muitas trocas de lugar dentro da mesma casa. Fiquei com a sensação de que faltava bastante coisa ainda pra conversar. Por isso incluí outra entrevista feita em São Paulo na ocasião do show *Olhos de onda*. Adriana Calcanhotto é para mim uma das artistas mais originais do país, em cuja expressão as artes se misturam muito bem. Gosto do seu rigor, dessa forma mutante que sobrepõe camadas. ▪ Sua música é cinema, poesia, literatura, artes plásticas. Tem Hélio Oiticica, Gertrude Stein, Joaquim Pedro de Andrade. Tem fado e guitarra portuguesa, Madonna, Péricles Cavalcanti, Cole Porter, Claudinho e Bochecha. Suas letras viraram livro em Portugal, e hoje ela dá aulas na Universidade de Coimbra! Seus parceiros são poetas como Waly Salomão e Antonio Cicero e músicos inventivos como Domenico, Moreno e Kassin. É biscoito fino para as massas. Não por acaso ela é a mulher do Pau-Brasil. ——————
Entrevistas realizadas em outubro de 2003 e outubro de 2013. ——————

Bom, quero começar conversando contigo a respeito de uma coisa que li: que você começou a ler os modernistas e ouvir música brasileira, esta nossa música brasileira mais pop, como Caetano, Gil, ao mesmo tempo, aos 14, 15 anos. Como foi essa descoberta? Tem uma coisa muito engraçada na minha trajetória, na minha formação: fui conhecendo as coisas sem saber muito bem a sequência cronológica. Eu conhecia o movimento que me interessava, mas não sabia onde ele estava em relação ao outro, se era anterior ou posterior. Eu era completamente perdida na história, coisas que às vezes são equivalentes em música, cinema, poesia ou dança, e isso foi muito engraçado. Ouvir Caetano e Doces Bárbaros junto com os malucos modernistas, como Oswald de Andrade, foi bem impactante.

A antropofagia, que depois os tropicalistas retomaram, pode ter sido uma influência para o seu processo criativo? Você lançou seu primeiro disco em 1990, e tenho a impressão de que ali isso já começava a se manifestar no seu trabalho. Nem tanto na composição, porque tem só duas músicas suas, mas no repertório, de Carmen Miranda, Roberto Carlos, "Pão doce" com a gaita-ponto do Borghettinho... Fiquei completamente fascinada. Mas, antes de ter gravado disco, eu nunca havia pensado em gravar. Na verdade, quando estava gravando meu primeiro disco, também não estava pensando nisso, o que foi um erro – foi uma coisa que aprendi logo de saída e foi muito bom. O que eu fazia eram espetáculos, porque gostava do palco. A minha ligação com música nunca foi como eu vejo nas entrevistas, nos depoimentos das cantoras: a coisa do canto, da voz, de ficar embevecida com a própria voz, eu nunca tive nada disso. Na verdade, gostava do instrumento, gostava de violão, jamais me apresentei como uma cantora apenas. Acho que eu sou uma *performer* que pode cantar, que pode fazer canções e cantá-las, e faço isso. Mas, muito antes desse disco – não sei o ano, talvez 86 –, eu estava fazendo espetáculos. Eu e o Luciano Alabarse, que era um diretor de teatro que eu chamei para fazer essas coisas... A gente fazia espetáculos completamente diferentes – a cada dois, três meses, tinha uma nova estreia. Fiz um negócio totalmente jazzístico, e depois um punk, e depois um rock'n'roll. Enfim, tudo maluquice. Um deles, de 1986, chamado *A mulher do pau-brasil*, era um show de inspiração antropofágica.

Explicitamente? Sim. Tinha umas coisas que interessavam para o roteiro do espetáculo. A gente estava buscando uma coisa ali e lançava mão de tudo o que estivesse disponível – uma canção alemã e Roberto Carlos. Depois os jornalistas quiseram engavetar, criar um nome, dizer que era eclético. Mas não era isso, era uma necessidade de roteiro, uma canção que ilumina a outra, uma canção que contradiz a outra. Então, é evidente que esse primeiro disco era o registro de um repertório que eu estava fazendo naquela época. Vim para o Rio em 89 trazendo um show que era uma espécie de "melhores momentos" desses todos, para fazer no Mistura Fina, e foi desse repertório básico que saiu o disco. Mas o produtor que fez o disco nem sequer viu o show. Quer dizer, ele não tinha o entendimento, ficou com aquelas canções, tratou cada uma de uma forma, com grandes músicos, mas tudo meio descontextualizado da coisa do espetáculo, daquele roteiro, dos motivos para aquilo estar ali.

Quando foi que começou a composição – letra e música – na sua vida? Comecei adolescente, com essa coisa de tocar violão. Eu tinha aulas desde os 6 anos de idade e tinha um professor que gostava muito de João Donato e Tom Jobim. Quer dizer, ele gostava mesmo era de piano. Trazia aquele repertório para mim, no violão, e era um inferno. Eu desisti muitas vezes do violão – pegava de volta, ia e vinha, como, aliás, até hoje. Quando retomava, não me lembrava de tudo, mas ficava com vontade de tocar. Então, inventava, juntava os acordes e construía umas canções. Nessa época, fiz uma safra de, sei lá, trinta canções, e achava que queria ser compositora. Depois, quando saí da casa da minha mãe, com 18 anos, para ser independente, precisei trabalhar, e o que apareceu foi fazer música ao vivo – voz e violão – num restaurante. Meu repertório tinha no máximo dez canções, então comecei a tirar mais e, naquela coisa de exercitar, voltei a fazer canções. Mais ou menos dessa época, são "Mortaes" (1985) e "Enguiço" (1988). As duas saíram de eu estar ali tocando violão para ter repertório para trabalhar à noite.

Você já cantava na noite as suas próprias canções? Ou tinha aquele repertório de cantora de bar? Não, bem no início eu cantava Lupicínio, Chico Buarque. Mas comecei a ficar muito desanimada – tudo que não sou é cantora de cover. Eu gosto é do contrário mesmo, gosto de me apropriar, pegar aquela canção e tratar como se fosse minha. Se escolhi aquela canção, foi porque ela é minha, eu gostaria de tê-la escrito, e é assim que me relaciono com isso. Nesses lugares com "música ao vivo", as pessoas querem ouvir praticamente a gravação original.

Você falou de Lupicínio Rodrigues, que é uma referência no repertório de música brasileira, assim como Dolores Duran e Dalva de Oliveira. Esse repertório também foi parte de algum momento seu? Perto dali, na região do bar onde eu tocava, havia vários bares com cantoras maravilhosas com um repertório imenso desse tipo de música de que você está falando, dor de cotovelo. Ali havia muita gente que conviveu com Lupicínio, que tinha tocado com ele. Mas aquilo começou a me oprimir – aquelas pessoas estavam ali havia anos fazendo aquilo e só aquilo, e senti que não era exatamente para mim. Eu me lembro de estar tocando lá quando saiu aquele disco maravilhoso da Bethânia, o *Ciclo* (1983). Fiquei louca por ele e tirei algumas canções para tocar na noite. Não me lembro exatamente de quais músicas escolhi, mas não foram baladas que fizeram sucesso. Toquei uma música inteira, sentada, e a pessoa da primeira mesa disse: "Não conheço essa música, não vou aplaudir". Naquele dia, pensei: "Bom, chega, não é aqui!"

Como vieram as letras, Adriana? Como é compor? Na verdade, quando estou compondo, passo por esse desejo de fazer o melhor possível, de estar contente com aquilo. Tenho trabalhado de um jeito diferente, um jeito que eu julgava impossível para mim, que é letrar a melodia. Antonio Cicero adora – aliás, ele só faz letra assim. Eu achava isso trabalho de maluco, mas agora fiz isso, fiz umas três parcerias assim, e estou com umas encomendas. Estou começando e tenho gostado muito. Então, não é sempre do mesmo jeito, e é importante que não seja. Também não sei dizer o que passa pela minha cabeça, porque é muito específico de cada canção o que você está buscando ali. Mas, em geral, não estou pensando no ouvinte, no que as pessoas vão achar. Normalmente, estou é buscando uma solução. Na verdade, estou só buscando uma sílaba melhor do que aquela que já está ali.

E quando você faz letra e música ao mesmo tempo? Quando faço letra e música, faço junto, não sento para escrever uma letra – nunca fiz isso. Eu posso agora letrar uma música e musicar um poema – ou coisas que não são nem poemas, como uma resposta do Joaquim Pedro de Andrade a um jornal. Em canções como "Esquadros" ou "Metade", que são minhas, letra e música saem juntas. Depois, eu separo para trabalhar, para depurar, a música e a letra.

Arnaldo Antunes diz que letra de música é letra de música, que poesia é poesia, independentemente de haver poesia numa canção, e que são dois suportes completamente diferentes. Como é isso para você? Existe essa diferença, essa linha divisória? Não, eu não delimito assim. É claro que, se você está com uma melodia para letrar, você está fazendo uma letra. Os poetas, o Cicero, o Waly, dizem que, se um poema sai primeiro em livro, é poema, e, se sai primeiro em disco, é letra. Eu gosto disso. Mas o que acontece se você musicar um poema? Ele deixa de ser poema, é rebaixado, é promovido? É uma história tão chata que não gosto nem de pensar nisso.

Há algumas canções suas que me lembram as *list songs* de Cole Porter. É, eu adoro isso.

É uma coisa que você trouxe daí? Ou foi pintando naturalmente? É uma coisa que está no ar, que vem de Cole Porter, um pouco do Arnaldo. O Caetano fez algumas assim, e sempre me identifiquei com esse tipo de composição, sempre gostei. Acho que dá uma sonoridade gostosa: a repetição é boa e acaba, sem dúvida nenhuma, expressando muitíssimo bem a música.

No disco *Cantada* (2002), há participação da banda Los Hermanos e de Moreno Veloso, Domenico e Kassin (do *projeto +2*). Como foi que você chegou a esses meninos? Ou, antes, por que foi atrás dessa sonoridade? Bom, quando ouvi o disco do Moreno, foi como ter ouvido qualquer desses discos que me impactaram para sempre, que me modificaram. Depois, me convidaram para uma participação no show deles, e fiquei supercontente. Nessa participação, fiz a música "Programa", na qual já vinha trabalhando, e a gente tocou de um jeito que eu pensei: "É isto que eu quero para o disco". Foi muito bom também, porque me deu uma chave: foi o começo do disco novo, que naquela altura eu não sabia o que era. Aí, eles vieram para gravar e voltaram para gravar mais outra música, e assim foi indo. A nossa coisa é muito *easy*, e eu me identifico muitíssimo mais com eles do que com as pessoas da minha geração. É o jeito de pensar uma canção, de arranjar – cada um faz o que quer, onde quer, e acha o seu espaço, e as coisas todas sempre têm muito humor...

Com Los Hermanos é a mesma coisa? Li uma entrevista deles no verão, um pouco antes de ter começado a gravação do *Cantada*. Eles diziam que adoravam o mundo do circo. Aí me lembrei de que tinha essa música já feita, que é "A mulher barbada", que, aliás, era uma vinheta, uma coisa que fiz em Angra num violão que fica no sol e que desafina de um jeito interessante, de um jeito que não dói no ouvido – qualquer acorde que você arma ali soa diferente do normal, mas não soa errado, soa outra coisa. Quando li essa entrevista, em que o Ruivo dizia "Ah, o cirquinho pobrinho e não sei o quê", eu pensei: "Achei uma coisa para fazer com eles". Essa coisa de banda é muito interessante para mim, porque sempre trabalhei sozinha, de voz e violão, e sou muito tímida também para estabelecer parcerias de fazer na hora, junto. O Ed Motta diz que eu trabalho no sistema americano: alguém manda um disco ou uma letra, eu trabalho em casa, depois mando de volta; a gente pode mandar um milhão de vezes um para o outro, mas não senta para trabalhar junto. Então, quando vejo uma banda, aquelas pessoas que viajam juntas, que têm uma intimidade, uma cumplicidade, é bem legal. Fiquei fascinada com o método, a forma. Eles são incansáveis, não sossegam enquanto não está bom, um apoia o outro, um vai lá dentro gravar, os outros ficam aqui... Achei riquíssimo. Para alguém que trabalha tão só como eu, é muito bom.

Como foi a parceria com o Ed Motta? Você colocou um edmottês na letra, e achei muito divertido ("Eu avisei", *Poptical***, 2003).** Ele é incrível, porque me obrigou a fazer aquela letra. Achei fascinante. Ele passou a me ligar cobrando, me dando prazo. Me fez sair de todos os meus esquemas. *(Risos.)*

Quando o Francis Hime ligou para você propondo uma parceria... ("Um sequestrador", *Brasil lua cheia***, 2003)** Eu perguntei: "Quanto tempo tenho?". Ele estava me dando uns seis meses ou até mais. Me lembro de ter dito: "Oh, Francis, que coisa civilizada! Isso não existe!". E que maravilha o Francis me chamar, uma música dele com o Vinicius! Eu fiquei lisonjeada, sou eternamente grata pelo presente. Mas acabou que, com todo o prazo que ele me deu, fiquei completamente travada, até os 45 do segundo tempo. Se não fizesse naquela noite, teria que ligar para ele e dizer: "Francis, sou eu, Adriana, tudo bom? Você me deu um presente maravilhoso, que é uma música sua muito bonita, mas eu não consegui fazer...". Pensei: "Ah, não, não vou poder dizer isso! É melhor fazer uma letra". Aí, eu fiz, no último dia. Foi bacana. Na verdade, estou exagerando um pouco, porque fiquei aquele tempo todo convivendo com a música. Mas não saía, não tinha uma ideia, não saía nada.

Você já escreveu que Vinicius extravasa poesia e que ele tem um espírito vagabundo. Você teria vontade de ter um espírito vagabundo como o do Vinicius? Ah, imagina – claro! Sempre fui fascinada por isso. Ele é o emblema máximo da poesia, completamente libertário, maravilhoso. Sobretudo por aquele desprendimento de ter abandonado o Itamaraty, a poesia séria, a coisa acadêmica, e não estar nem aí para produzir muito, para ficar filtrando a própria produção. Fez coisas bacanas e coisas médias, mas fez de tudo sem ficar naquele rigor – deixou para a história filtrar. Esse descompromisso é maravilhoso, esse desprendimento total é bom.
O Antonio Cicero é outro poeta na sua vida. Há uma parceria de vocês que tem uma história de você entrar no apartamento e ficar pisando em folhas de fax... Que música foi essa? Foi "Inverno". A gente queria fazer uma parceria. Eu queria tanto que até gravei a base em estúdio, com a melodia, e fiquei esperando o Cicero mandar a letra. Podia ser que não mandasse, e, na verdade, não mandou a tempo. Se eu não tivesse gravado a base antes, não teria tido a música. Ele mandou já na mixagem, qualquer coisa absurda assim. Me lembro de ter chegado de madrugada, eu morava num apartamento deste tamanhinho, e entrei já pisoteando as folhas do fax. Essa providência foi bacana, um impulso de proteger a parceria, porque, se eu tivesse esperado a letra chegar para então gravar, não teria dado tempo.
Que discos a marcaram? Eu ouvia os discos que os meus pais ouviam – Piazzolla, Chet Baker, até Pink Floyd. Meu pai era músico, e minha mãe, coreógrafa. O foco deles era a música instrumental. Os discos de MPB lá de casa eram os do João Gilberto, por causa do meu pai, e da Elis Regina, por causa da minha mãe. E só. Mas, quando ouvi Maria Bethânia cantando aquelas letras, acho que no disco *Drama* – em que, além de cantar, ela dizia os poemas, umas coisas loucas –, achei aquilo muito mais interessante do que tudo que tinha ouvido até então. Porque o que eu ouvia era aquilo, a música dos meus pais e, na paralela, a rádio da babá, que tocava música popular – Wanderley Cardoso, Jerry Adriani. Ouvia e achava que música era isso, mas, quando ouvi Maria Bethânia e o lance da letra, foi diferente.
Como foi quando ela gravou uma música sua? Foi inacreditável! Uma música minha, naquela voz, é inacreditável.
A Bethânia lhe pedir uma música é uma espécie de confirmação para você? Claro que, para o compositor, a Bethânia gravar a música dele é um rito de passagem, sem dúvida nenhuma. Não sei se *confirmação* é a melhor palavra, mas, evidentemente, ninguém nunca mais é o mesmo depois de ter uma música gravada por Maria Bethânia... Ainda bem!
Falando um pouco de imagens, eu percebo que há uma preocupação com as capas dos discos e que, no seu trabalho, tem artes plásticas, tem cinema, tem de tudo. Como você se relaciona com as artes? Isso se transforma em música?

AS CAMADAS DE TEMPO SÃO A COISA MAIS PRECIOSA QUE SE PODE TER NUM TRABALHO

Eu gosto de fazer as capas, mas elas não foram saindo da mesma necessidade. Resolvi fazer cada uma delas por um motivo diferente – é uma forma de comentar aquele trabalho em outra linguagem. Gosto de fazer isso: me dá prazer, e, de certa forma, tenho essa tendência de nunca fazer uma única coisa. Às vezes, você trava, tem um desgosto, tem um bloqueio, e as coisas não estão como você quer. Nesse caso, eu passo para outro projeto e deixo o primeiro decantar. O processo de decantar é muito importante – as camadas de tempo são a coisa mais preciosa que se pode ter num trabalho. Quando faço a capa, estou trabalhando no meu universo, é o mesmo projeto, mas aí saio um pouco do trabalho do arranjo e vou lá trabalhar o outro lado daquela mesma coisa, a capa.

Como o cinema entra nessa história? Se eu tivesse tido cultura de cinema, se tivesse tido oportunidade de conviver ou de ter minimamente esse desejo ou esse pensamento de fazer cinema, seria muito provável que eu tivesse ido fazer isso em vez de estar aqui fazendo canções. É no cinema que essa minha coisa múltipla de imagem se encaixa. Quando tenho que fazer um videoclipe, por exemplo, não perco a chance: chamo lá aquele povo louco do cinema e vamos fazer cinema. A minha música é cinema – acho que é isso.

Na hora de fazer um clipe, você dá muito palpite, perturba o diretor? Não, ao contrário. A não ser o "Devolva-me", em que tive a ideia de três clipes diferentes, simultâneos, na tela. Isso é uma proposição da Yoko Ono para cinema, dos anos 1960, que a gente adaptou. Na proposta dela, você dá um pacote com o mesmo material para três montadores diferentes, e cada um monta o filme dele. A gente acabou fazendo três clipes completamente diferentes com o mesmo diretor de fotografia. Três diretores, tudo isso num dia só – quase morri. Mas eu adoro! No set, eu gosto de ser dirigida, de ser atriz...

Ir ao cinema ou alugar um Fellini para ver em casa a inspira a compor? Então, o que a inspira? Inúmeras coisas. No cinema, por exemplo, o cuidado que o Bertolucci tem com o desenho sonoro do filme é espetacular. O desenho sonoro das cores, o som das cores, eu acho uma beleza.

E os seus processos criativos? "Maritmo", por exemplo, é uma delícia – a gente anda mesmo pela orla enquanto ouve essa canção. Fico imaginando se você estava caminhando à beira-mar... É difícil saber exatamente o momento em que aquilo chega para você, mas "Maritmo" é praticamente um ano e meio de orla, entre Ipanema e Angra, indo e vindo, e a canção saiu disso. É uma canção que eu gostei muito de ficar trabalhando. Ela nasceu da ideia de um *travelling* na orla, mas mexi muito na letra. Em geral, a música ocorre em função da forma da letra. É difícil ser uma coisa de estalo – é uma coisa que vai chegando e evoluindo.

Você vai escrevendo pedacinhos no caderno? Ou eles vão ficando na cabeça? Vão ficando na cabeça. O que não fica na cabeça é porque não é para ser.

Esse é um tipo de crivo? É por isso que digo que eu não escrevo, não me pego muito escrevendo. Se escrevo, é porque já acabei, porque está pronto ou porque vou ter que mandar para alguém. Já lhe contei que não sento para escrever – o que não fica na memória, eu deixo. Tenho memória constrangedoramente seletiva; assim, o que ela não retém é porque não interessa. Às vezes cometo gafes, e é constrangedor mesmo. Mas, para o trabalho, é ótimo. Tenho confiança nisto: nunca penso que vou perder uma coisa que realmente me interessa.

Já que falei do *Maritmo*, quero falar do Caymmi, com quem você gravou nesse disco. Deve ter sido uma delícia o encontro, não? Não foi só uma delícia, devo dizer. Estava todo mundo mais para tenso do que para relaxado, porque não é pouca coisa, aquele homem totalmente sedutor naquele estúdio e tal. Quando ele chegou, as pessoas da produção estavam atrasadas, e ele tinha um horário para sair, para voltar para almoçar. Comecei a gravar com ele antes de o produtor ter chegado, porque, vamos combinar, é um absurdo você chegar depois do Dorival Caymmi. Aquilo me deixou tensa, mas ele foi uma coisa! Teve um problema técnico com o microfone dele, algo que não se percebeu na hora e que não dava para deixar passar, porque é também uma música muito vazia, de violão, e eu tive que pedir para gravar de novo, meses depois.

E ele foi numa boa? Numa boa, maravilhoso. Aí, na verdade, eu tive duas vezes o privilégio de estar com ele.

Para você, ele é um dos ícones da música brasileira? Engraçado, é, mas de um jeito diferente. Não me lembro de ter visto o Caymmi na televisão, nem de ter ficado fascinada por aquilo, nem mesmo de ter ouvido os discos. Eu tinha uma ignorância sobre o universo dele! Na verdade, o Caymmi veio com as leituras sobre o mar, e, quando cheguei a ele, entendi essa profundidade. Até então, eu não sabia que ele lia todas as coisas sobre o mar – eu ignorava o universo do Caymmi. Mais tarde, quando descobri, fiquei completamente apaixonada.

E, como você já disse, ele é extremamente sedutor... Perigosíssimo. *(Risos.)*

Em quais outros universos de caras como Caymmi você mergulhou e foi um prazer estar? Eu mergulhei em muitos universos. O do Hélio Oiticica, por exemplo. Vou ficando obcecada e tenho que ler tudo, ver tudo. No caso do Hélio, uma coisa muito bacana eram essas pessoas que conviveram com ele e que contavam histórias. O Waly e muitos amigos próximos tinham a toda hora mais uma coisa, mais um episódio. Foi muito interessante e levou um tempo enorme, porque é muito material, muita coisa para ler – ele era muito organizado. De vez em quando, descubro alguém que eu não fazia ideia de que existisse ou de quem eu fazia uma ideia errada ou superficial. Gosto desses mergulhos e, por causa de uma encomenda, acabei mergulhando em Mário de Sá-Carneiro.

Quando entrevistei o Lenine, ele definiu de uma maneira muito inspirada a inquietação para fazer música, dizendo que a arte é a procura do belo. Isso me lembrou Platão, a inspiração que vem da beleza e, muitas vezes, do amor.

Como é para você essa coisa da arte? Se sua música é cinema, então está tudo aí? Minha música não é cinema, minha música é imagem. É engraçada essa coisa do belo. Quando comecei a fazer os meus espetáculos, o que fiquei buscando foi um experimento com a coisa de cantar sem pensar no canto. Eu queria cantar sem uma máscara do belo. Estava ali fazendo canções, dizendo coisas absurdas, engraçadas ou sérias. Eu queria experimentar um jeito de cantar que fosse menos esquemático. Claro que foi muito arriscado, e isso é o mais legal. Sinto que, de alguma forma, por outros caminhos, fico experimentando isso ainda hoje. ▪ Também fiz mais discos, e a minha voz é mais microfônica; então, gosto de cantar como se estivesse falando, sem esse belo do canto, esse tipo de coisa. É o oposto do que o Lenine está dizendo ali: é para que as coisas sejam como elas são, sem esse compromisso, sem que o belo acomode as coisas que não são para ser acomodadas. Parece que o belo é uma espécie de amortecedor da dureza das coisas. Sou muito diferente do Lenine – ele tem aquela necessidade de produzir espontaneidade musical. Eu sou o contrário: fico tentando não produzir e, na verdade, produzo muito pouco. Inaugurei uma fase nova de criação, que é fazer letra, então até acho que estou criando certa disciplina. Mas, de maneira geral, sempre evitei isso, um rigor no método para trabalhar. Parecia que eu precisava daquela precariedade. ▬

EU QUERIA CANTAR SEM UMA MÁSCARA DO BELO

Agora, vamos falar do palco. Ali, mais do que tudo, imagino eu, você está dando esse recado, porque tem o cenário, tem a postura de palco, tem toda a concepção que você está levando para lá. Isso é mais tenso ou é mais prazeroso? Para você, que vem da performance, talvez seja uma diversão, mas pode ser que não... Não foi sempre igual. Logo no início, foi estranho me sentir tão à vontade – achei que teria que ficar nervosa, mas não fiquei! Parecia que eu só tinha feito aquilo a vida toda. Mas tive muitos momentos diferentes, dependendo um pouco do que estava fazendo. Durante uma fase da turnê *Público*, tive até muito medo do palco, medo de as pessoas acharem uma porcaria, de não ir até o final, de não conseguir. Minha vontade era de não fazer aquilo, de acabar logo. Por medo, não por preguiça. Acho que tem um pouco a ver com exaustão, mas eu nunca tinha experimentado isso. Mas, com este show agora, isso passou. Agora, é de um jeito diferente que nunca foi. ▬

O *Cantada* é mais gostoso? É como se houvesse menos persona, como se, neste show que fiz agora no *Cantada*, houvesse menos transformação. Antes, eu sentia aquilo: quando entrava no palco, virava outra. Há esta história maravilhosa que o Chico conta de quando fez aquela temporada enorme com a Bethânia, no Canecão. Ensaiavam, e ele era o Chico, e ela, a Bethânia. Davam entrevistas, e ele era o Chico, e ela, a Bethânia. Aí, entravam no palco, e ela virava Maria Bethânia, e ele seguia sendo apenas Chico... Essa coisa da Bethânia eu sempre senti ao entrar no palco, mas, nesta temporada agora, não. Não que não haja, mas é de outra forma.

Muitos dos compositores que entrevistei têm uma máxima: as paixões passam, as canções ficam. Muitos são inspirados por uma situação pontual, específica. Você fala muito de amor nas suas canções – como é que isso se dá? Ah, é difícil isso, porque, se for pensar bem, nenhuma das canções de amor que fiz é de uma única situação de amor. Não tenho essa necessidade de depoimento, essa coisa confessional, não escrevo as coisas que estou sentindo, que estou vivendo. Minhas canções de amor têm imagens de todo tipo, coisas que pensei, que vi, coisas que vejo num filme ou que um amigo comenta. Tenho lido muito sobre Shakespeare e me parece haver essa coisa da condição humana nas questões do amor também, do amor impossível. Em geral, as pessoas gostam de canções do amor que não vai dar certo. Pelo que conheço, a única canção de amor possível que fez sucesso foi "Eu sei que vou te amar".

Marina citou você como bom exemplo de mulher compositora hoje em dia, dizendo que não dá mais conta deste negócio: "Ah, olha no meu olho e diz que me ama!..." Não sei, é difícil fazer um comentário sobre isso, porque Marina é muito exigente. Não sei identificar isso que ela está dizendo exatamente. O que percebo é que compositoras e cantoras – como a Ana Carolina, a Zélia, a Cássia, todas elas – ouviram a mesma coisa que eu não ouvi, que eu não reconheço exatamente, mas que, vejo, o código é comum a elas. Pode ser isso, mas realmente não sei, nem me atrevo a falar de uma coisa dessas. ▪ A Paula Toller, por exemplo, é uma grande compositora, mas as pessoas não falam sobre isso, não sei por quê. Nesse saco de gatos em que volta e meia enfiam todo mundo, ela nunca está. Ela nunca está no saco das compositoras bacanas. Eu não entendo isso.

E Portugal, Adriana? Você faz sucesso por lá, suas músicas tocam, as pessoas as conhecem. E você gosta muito de fado, não? Sempre fui fascinada pelo som da guitarra portuguesa, e achei que fosse chegar a Portugal e comprar uma guitarra portuguesa em qualquer esquina, como aqui a gente compra um cavaquinho. Mas não é assim. Por conta disso, acabei primeiro me aproximando das pessoas do fado, para só depois comprar uma guitarra. Fui para uma noite de fado, em que a Mísia (cantora portuguesa) deu uma explicação que me deixou louca: o fado tem uma estrutura musical que se presta a essa coisa de você mudar o poema. Existem três fados tradicionais. Desses três, sai um subgrupo de cem, e não é muito mais que isso o repertório de fados. Isso para as músicas. A letra, você canta a que quiser – obviamente, o que couber ali naquele ninho de versos e sílabas. Numa mesma noite de fado, você pode ouvir um que foi gravado por Amália Rodrigues, por exemplo, com a mesma melodia, mas com outra letra. E esta coisa engraçada que a Mísia diz: quando, numa noite de fado, você tem a impressão de que já ouviu aquele fado, em geral não é impressão – você já o ouviu mesmo, só que com outro poema. Ela mesma faz isso o tempo todo com os fados tradicionais e bota Cecília Meireles e coisas assim.

Que bacana! Já comecei a sonhar: "Então, dá para botar Antonio Cicero... Isso é a minha cara total!". Fiquei muito interessada e passei a ouvir muito, muito fado.

O que você está achando da música contemporânea, da música brasileira que é feita hoje? Há os saudosistas dos movimentos, da bossa nova, do tropicalismo. O que você acha? Ah, por temperamento, acho mais interessante que a gente não esteja vivendo um movimento. Acho uma precipitação ficar tentando entender se é um movimento ou se não é, que nível de revolução nós estamos causando ou não. Há uma diferença entre os tropicalistas e a gente, que é essa democratização da tecnologia: é mais fácil produzir música, fazer discos, e é mais fácil para as mulheres comporem e serem as suas próprias produtoras, e isso é bacana – as pessoas podem ser o que são, isoladamente. Ao mesmo tempo, não dá mais para pensar o mundo sem o pop, a música sem o tropicalismo. É impossível fazer uma comparação. Quando comecei a ouvir música, eu já tinha vivido o privilégio de ouvir música elaborada, música de elite, com os meus pais, ao mesmo tempo em que ouvia música na rádio popular, AM, com a minha empregada. Isso, sem eu saber, já era uma coisa tropicalista na minha vida. Eu era muito jovem, não tinha ideia do grau da revolução, mas, para a minha geração, é isso – eles já fizeram, já conquistaram por nós, já abriram essa frente, pelo menos para mim. Então, não tem sentido ficar questionando isso.

Você disse que a sua voz é microfônica, o que me fez lembrar Mário Reis e João Gilberto. Você disse também que não se preocupa com isso de ser cantora. Mas João Gilberto, eu imagino, deve ter alguma importância para você, não? Enorme. Foi um mergulho profundo, longo e muito importante. Quando comecei a trabalhar mais com o microfonão ao vivo, com o microfone de estúdio, quando comecei a ler mais sobre os provençais e essa coisa de falar, do som, do canto falado, tudo isso me interessou muito mais do que as largas performances teatralizadas que eu fazia. João Gilberto entrou nesse momento, e foi lindo. O Nelson Motta me disse: "Você já viu o João Gilberto ao vivo? Saiba que você nunca mais será a mesma". Então, fui já preparada para isso, e realmente foi muito mais do que eu poderia supor. É maravilhoso isso que ele inventou e propôs, o nível de impregnação disso na música brasileira, como isso eleva o nível geral. O poder daquele homem cantando ali, sozinho, com o violão... Cada vez que ele canta, parece que é a primeira vez que você está ouvindo.

Vou aproveitar e puxar o *Micróbio do samba*, porque, afinal de contas, é um disco que frequenta o programa. Eu toco toda hora, adoro aquela "Já reparou, já reparou". Eu acho um disco de uma safadeza, sabe? De uma ironia boa. Você já se despediu dele, Adriana? Ou você continua lá, dentro do *Micróbio*. Eu me despedi da turnê. A gente gravou o DVD, registrou – porque, a princípio, não teria show, porque eu não podia tocar violão naquele momento. E eu fiquei um pouco assim, não tive coragem de desmarcar as três datas confirmadas em Portugal. Então, inventei o show ali, rapidinho, só para fazer Portugal. Com o Davi Moraes no meu posto de violão, fazendo o violão – que eu gravei no disco. Fazendo, como eu digo, o meu melhor do que eu e mais o dele. Foi muito legal ter ido para o palco sem violão. Eu toquei outras coisas, secador de cabelo, caixa de fósforo.

Secador de cabelo? É. Toquei objetos, coisinhas eletrônicas. Nada relacionado ao violão, onde eu compus todos aqueles sambas do *Micróbio*. E aí, na hora de ir para o palco e tocar, eu não pude. Então, em um primeiro momento, não tive vontade nem coragem de cancelar Portugal. Então, o show nasceu daí. Era para fazer só Portugal. Mas, aí, uma vez o circo levantado, foi tão legal! Logo fizemos, acho que foi Salvador, e vimos que ia virar uma turnê mesmo. E a gente viajou o mundo. Fomos para lugares que não têm nada a ver com a língua latina. E isso é muito interessante, do samba: como o samba é direto, como se comunica. Você vai fazer um show de samba na Croácia e dá tudo certo.

Seu samba tem algo diferente, eu não sei se é uma síncope, um andamento diferente. E é uma coisa que é sua cara. Eu não sei traduzir isso musicalmente. Eu também não sei. Acho que, mais do que ser uma apropriação, é uma revelação da influência do samba na minha música, na minha vida, na minha audição, no jeito que eu ouço as outras coisas e tudo. E que, talvez, para muitas pessoas que conhecem o meu trabalho só das canções que tocam, só dos sucessos de novela e tudo, não chegam a ter noção dessa relação, que eu nasci com o micróbio do samba. Algumas pessoas estranharam um pouco. Outras, que já conhecem, que são mais ligadas no meu violão, por exemplo, não têm dúvida de que eu sou uma pessoa que gosta e ouve samba.

É legal a solução cênica que você deu para o espetáculo. É uma concepção sua ou alguém lhe ajudou, lhe dirigiu nessa coisa? Eu fui inventando tudo. A Gilda Midani fez figurino, dando uma solução legal. Porque no começo era assim: "E agora, como é que eu vou para o palco cantar samba, de terno branco, sem o violão?". Então, a gente saiu da coisa do branco e fomos para uma roupa preta. E, aí, a Gilda falou, com toda razão: "Não existem dois pretos iguais. Você não consegue. Cada preto é um preto". Então, isso faz de uma coisa que seja toda preta uma coisa muito colorida. Tudo era preto. O teatro era preto, sem cenário e tudo. E tinha esse colorido. A minha roupa era de retalhos, a minha calça era de retalhos de diferentes tecidos de preto, eram milhares de pretos. Essa foi uma solução bacana. Afinal, é música de preto, enfim.

E agora, nesse, *Olhos de onda*... Então, agora é a volta ao violão, depois de tudo, com toda a calma. Eu fiquei tocando guitarra, na volta. Depois que o médico liberou, acabou a fisioterapia, agora pode tocar. Eu ficava perguntando quase diariamente: "Posso tocar?". E ele dizia: "Claro que não". Quando ele me liberou, fui para a guitarra para tocar – eu botava a guitarra muito alta, para tocar bem levinho. Porque, na verdade, eu me dei conta de que tem um esforço maior para tirar o som do violão.

Na guitarra, você põe alto e, mal toca nela, ela toca. Aí, eu fui para a guitarra primeiro. A mão esquerda, que não tinha nada, sofreu também, perdeu a força para fazer pestana. Eu tive que recomeçar de um ponto, refazer os calos nos dedos. E fui fazendo tudo isso com muita calma.

Quantos anos você ficou longe do violão? Não chegou a dois, mas pareceu uma eternidade. E eu sempre ouvi dizer que, quando a gente abandona um instrumento por duas semanas, ele te abandona por 30 dias. Então, eu estava apavorada. Mas aí eu recebi esse convite de Portugal, de comemoração dos vinte anos da Culturgest.

E esse é um repertório desses anos todos de carreira ou você conseguiu compor sem o violão? Eu não consegui compor muito sem o violão. Mas nessa época em que estava voltando, eu já tinha saído da guitarra e estava chegando ao violão e fazendo muito exercício de pestana – que é uma coisa que exige força da mão esquerda –, então eu fiz uma canção de pestanas, que é "Olhos de onda", que dá nome ao show. Que eu espero que inaugure uma safra nova. Mas estou mostrando um poema do Waly que eu musiquei, que a Mariana de Moraes gravou no disco que ela vai lançar. A gravação dela ficou muito bonita. Mas o jeito que ela canta é diferente do meu, enfim, a minha versão é de autora. Então, eu mostro esse.

Que poema é? "Motivos reais banais", que é um poema enorme, como todos os poemas do Waly. Eu musiquei um trecho. Eu fiz, do poema gigante dele, uma canção pequenininha. E a Mariana gravou a canção que eu fiz, mas ela lê todo o trecho que, na minha versão, eu editei. ▪ Mostro também uma canção inédita que tinha feito ainda tocando violão – sei lá, há uns três, quatro anos, em Londres. E tenho uma coisas novas, canções que eu revisito, como "O nome da cidade". Eu canto "Para lá" – minha parceria com o Arnaldo.

Mas então, esse projeto veio de Portugal para cá. É.

E ele já ganhou esse nome, *Olhos de onda*, lá em Portugal? Ele ganhou esse nome *Olhos de onda* quando eu fiz a canção. Porque, aí, eu achei que era uma coisa nova. Não tinha ainda um nome. E me veio. Esse nome tem a ver com o fato de a minha relação com Portugal passar muito pelo mar literário, pelo mar físico. Penso que o mar nos une, não nos separa. Então, eu acho que *Olhos de onda* tinha a ver com aquele pedido lá. E é a canção que eu fiz pós-castigo.

Você pode dizer o que aconteceu com a sua mão? Eu tive um vazamento de líquido da articulação. Então, tinha que tirar. Mas eu tinha muitos compromissos e fiz toda a turnê do *Micróbio* primeiro. Fiquei cheia de compromissos para, depois, operar e fazer fisioterapia com calma. Foi um conselho do médico. No meu primeiro momento, eu queria operar e sair em turnê. Ele disse: "Isso não vai dar certo".

Mas, e aí, ele lhe deu esse castigo de ficar sem o violão... É engraçado que passam dois anos da vida, tocando ou não tocando, isso se reflete no violão. Então, eu estou tocando de outra maneira. Como tenho dito, é uma economia mais de sons do que da mão. Mas não é para não gastar mais a mão, é porque eu voltei assim. ▪ Essa parada, no final das contas, foi uma coisa para repensar o violão, a minha relação com esse instrumento. Quando eu estava sem tocar, o Carlos Galileia lançou aquele livro sobre violões, sobre o violão no mundo. Então, tinha uma lista de pessoas – João Gilberto, Paco de Lucia, Macalé e não sei o quê. E eu estava lá, naquela lista. E aí pensei: "O meu instrumento é o violão". Não adianta eu ficar me batendo. Eu posso até tocar outras coisas. ▬

Um secador de cabelo... Um secador de cabelo, talheres, louça, como eu tocava no *Micróbio*. Mas me deixou mais em paz com o violão, com o qual eu já tive tantas idas e vindas. Mas, a bem da verdade, o que eu sempre toquei, onde eu compus, onde eu me apropriei da canção dos outros, foi sempre no violão. ▬

ANA CAROLINA

ANA CAROLINA ESTÁ ENTRE AS CANTORAS **MAIS POPULARES** do país. Toca em rádio desde seu primeiro disco, *Garganta*, que tocou no país inteiro. A partir daí, veio um sucesso atrás do outro. Suas composições viram música de trabalho de Maria Bethânia, Chico Buarque grava DVD com ela, e a composição "Cabide", feita para Mart'nália, é uma perfeita tradução. A moça é um fenômeno. Apesar do vozeirão que solta no palco, tem um jeito tímido e desconfiado. A música foi sua parceira numa adolescência quieta, e o violão já acompanhou outras vozes em barzinhos de Minas Gerais. Lançou um disco duplo em plena crise do CD e se dá ao luxo de cantar "Eu comi a Madona". Ela tinha que estar aqui.
Entrevista realizada em 2005.

Você tem quantos anos? Trinta e dois.
Trinta e dois anos e quatro discos. Não, não são quatro, são... Cinco, com o *Ana e Jorge*.
É. Aliás, seis, porque esse aí são dois...
Sabe o que eu achei o máximo? Aquele sambinha, "Milhares de sambas". Todo mundo gosta dele. É uma prova de amor, porque o cara tem de escutar até o final do CD duplo – ele está no fim do segundo disco... Digo isso porque tenho déficit de atenção bem forte. Quando estou ouvindo um disco, não aguento escutar o mesmo timbre: eu paro, escuto outra coisa. Consigo ouvir seis músicas com a mesma voz, mas depois preciso escutar outra coisa, e assim vai.
Você levou um tempo para chegar ao primeiro disco, mas, quando veio, ele arrebentou, saiu vendendo muito. Hoje, você é uma cantora superpopular. Como começou isso? Deu muito trabalho? Valeu a pena? Nunca se sabe... É difícil dizer o que é realmente bom para o artista ou em que momento a gente pode dizer que "chegou". Quando comecei a tocar em bares – eu tinha 16, 17 anos –, achava muito bom, estava ótimo, eu gostava, e aquilo já era o meu sustento. Sou da linhagem da luta mesmo: aprendi que precisava trabalhar e gosto muito do trabalho com música, porque é prazeroso para mim. Logo depois, comecei a compor e a fazer shows em bares um pouco melhores que aqueles onde eu cantava para duas, três, quatro pessoas; agora, já era show para quinze, vinte, e assim foi indo. Eu saía com o carro levando todo o equipamento dentro: várias caixas de som, amplificador, equalizador, MidiVerb, mesa de dezesseis canais, microfone para pandeiro, microfone para voz, cabo para o violão... Carregava, montava e desmontava tudo – até isso eu achava divertido. Adorava compor na passagem de som, porque eu chegava e havia aquele vazio do bar, os garçons arrumando as mesas, e eu ficava ali passando o som e aproveitando para descobrir um acorde, uma palavra, uma canção novos. Sempre tentava tirar proveito de alguma situação, por mais estranha que parecesse, não importando se cantava para duas ou para cem pessoas. Meu primeiro susto foi um show de que vários artistas iam participar, um festival com 3 mil espectadores. Eu tocava num barzinho e lembro que fiquei um pouco apreensiva com aquilo – mas era um desafio, e eu sempre queria me divertir com ele. Foi muito interessante estar no palco olhando aquelas 3 mil pessoas que não estavam ali só para me ver.
Que idade você tinha? Uns 18, 19. Foi em Juiz de Fora, no Colégio Academia. No começo, todas as etapas desse processo eram muito prazerosas. Eu tocava em todo lugar, fiz todas as cidades em volta de Juiz de Fora – Bicas, Barbacena, São João Nepomuceno, São João del Rey, Tiradentes, Ouro Preto, Mariana, Santos Dumont. Quando não havia mais lugar para fazer show em Minas, pensei: "Bom, deixa eu ir para Araras". Devagarzinho, fui chegando ao Rio de Janeiro.
Você disse que, aos 16 ou 17 anos, já tirava o sustento dali. Bom, na verdade eu já trabalhava, mas dando aulas particulares de violão e fazendo uns bicos no salão

da minha mãe – coisas tipo limpeza de pele. A gente era classe média, bem média. Não era pobre, mas não tinha carro na garagem. A minha mãe era cabeleireira, e eu não tinha pai nem irmãos. Assim, tinha que me virar. Entrei na faculdade de letras e, para me manter, fui trabalhar.

Você foi para a faculdade com que idade? Dezessete para 18. Também me firmei como cantora e violonista na noite, porque havia várias cantoras que não tocavam e eu acompanhava a mim mesma e a outras pessoas. Juiz de Fora tem muito músico, e já havia uma trupe que tocava junto.

Um movimento bom, né? Um movimento muito bacana, com bons compositores. Em Minas, havia vários festivais e eventos musicais. Por exemplo, no Parque Halfeld havia vários em que todo mundo cantava a tarde inteira – começava às duas, a cada meia hora cantava um, e isso ia até a noite. Juiz de Fora tinha essa coisa muito musical.

Minas Gerais tem isso. Acho que vem da seresta, é uma tradição cultural. Tem mesmo uma coisa de cantar na rua. É tradição, sim.

Na primeira vez em que a entrevistei, você tinha vendido 100 mil cópias do primeiro CD, mas não tinha assimilado muito o que isso significava naquele momento. Tem uma passagem interessante nisso: eu estava em casa, na Barra da Tijuca, e alguém da gravadora ligou pedindo que eu fosse lá. Tinha acabado de lançar o disco e pensei: "Pronto, vão me dispensar". Fui, e me lembro de ter ficado impressionada com a sala do diretor de marketing, que era muito bem equipada, com computador de última geração. Sentei ali meio constrangida pela situação, um pouco temerosa. Ele ficou olhando para o computador, segurando o *mouse*. Por fim, disse: "Bom, artistas como você, recém-lançados... O disco saiu há um mês e já tem 5 mil cópias vendidas". Eu disse: "Cinco mil?! Cinco mil pessoas já compraram o meu disco?!" Fiquei completamente maluca com aquela informação, porque achei muita coisa. E o mais louco era que eu não associava o fato de vender disco ao reconhecimento nas ruas.

Então, pelo que está me dizendo, você não tinha a ambição do disco, da venda, do sucesso. Eu fazia show em Minas Gerais carregando o som no carro. Depois, lancei um disco interpretando as músicas que eu já cantava – "Garganta", "Trancado", "Retrato em branco e preto", "Beatriz", "Alguém me disse". Tudo que eu cantava na noite, no violão, de repente gravei num disco, que teve esse resultado. Bom, muito bom, até pela idade: estava com 24 anos, não tinha noção ainda. Sabia que era uma coisa bacana ser artista contratada por uma multinacional para lançar um disco – na minha vida, era algo diferente, importante, fundamental. Tinha abandonado o curso de letras, a vida em Juiz de Fora, e vindo para o Rio para trabalhar de vez com a música, dando certo ou não. Podia ter vendido 100 mil ou 20 mil, não teria feito diferença: de um jeito ou de outro, eu estaria trabalhando com música até hoje.

Quem foi que a levou para a indústria fonográfica? A Luciana de Moraes, filha do Vinicius, que assistiu a um show que fiz no Mistura Fina, aqui no Rio, desses com guitarra. Era o mesmo show que eu fazia no restaurante Alvorada, em Itaipava. A dona do restaurante gostou muito do trabalho, e o Luiz Oscar Niemeyer, na época presidente da BMG, tinha uma casa na cidade. No dia seguinte à apresentação, ele foi almoçar lá, e a dona lhe disse: "Luiz, você tem que ver a cantora que veio aqui tocar! É muito legal!" Ele respondeu: "Me manda a fita depois". Nisso se passaram mais cinco meses. Então, a Luciana levou um cedezinho de voz e violão que eu tinha gravado em Juiz de Fora para o Luiz Oscar ouvir, ele gostou, e fui contratada.
Nesse primeiro disco, você teve a liberdade de gravar o que quis? Sim, com exceção de "Melhor de mim", uma parceria do Frejat com o Paulinho Moska e a Dulce Quental, que o Jorge Davidson me deu. A canção é muito alegre – e, naquele momento, eu era uma pessoa geneticamente triste.
Geneticamente triste? É; eu era mais para o triste, e a música começava assim: "Meu coração está feliz por causa de você…". Era difícil dizer isso.
Mesmo? Naquela época, meu coração não estava feliz, sem ser por causa de nada nem de ninguém. Então, apesar de eu gostar muito da canção, a letra era muito solar, e o Jorge me disse: "Puxa, mas essa música vai ficar bonita na tua voz! Tenta!". Eu tentei, o produtor amou, o Jorge amou, todo mundo amou. Eu tinha catorze músicas na cabeça, mais essa. Fizemos quinze, portanto.
Você ainda não tinha relação com o Frejat, a Dulce e o Moska? Com o Moska, sim. Ele participou do meu disco – tocou violão em "Beatriz" e "A canção tocou na hora errada".
Mas por que uma moça da sua idade, fazendo o que queria, não estava solar? Uma menina que, chegando ao Rio, gravou o primeiro disco, a realização de um sonho para quase todo mundo que quer viver de música… A vida funcionava de um jeito muito estranho para mim. Eu era quase autista: não me relacionava muito com as pessoas, tinha dificuldade imensa para falar, não conseguia verbalizar muito as coisas.
E por isso cantava e escrevia? Eu só conseguia me comunicar assim. Era muito difícil – nunca fui de bater papo, era muito fechada mesmo, gostava era de ficar em casa…
Lia muito? Já escrevia? Eu lia muito – fazia letras e gostava bastante de ler. Já escrevia também, mas na época era difícil falar, complicado mesmo. Eu tinha esta coisa muito triste.
Por isso aquelas canções que você escolheu para cantar? "Alguém me disse" é bolero… "Beatriz"… "Trancado"… Essa última, "A canção tocou na hora errada", é um nome negativo. Ô louco, parece que na época eu falei com muitas pessoas que também tinham aquele mesmo sentimento, o lado negativo das coisas. Eu era completamente desconfiada de mim, do disco, de tudo. Desconfiada de que não fosse

dar certo. Desconfiada do Rio de Janeiro. Desconfiada – era essa a palavra. Também não queria dar o braço a torcer e aceitar que o disco tinha vendido muito, que eu era o sucesso e que tinha acabado, ponto. Aquilo não significava um final, era só um começo, mas as pessoas olhavam como se fosse uma conquista definitiva, e não era – porque música é um passo a cada dia, porque música é interação.

O segundo disco pôde levá-la para outro caminho. Tudo pode levar. Tudo. Mas era como se a minha vida tivesse acabado ali: você gravou um disco, vendeu 100 mil cópias, mas e depois? E agora, José?

Houve muita cobrança de outros e de você mesma? Uma cobrança grande, porque esse disco era considerado muito alternativo. Apesar de uma primeira música estar tocando na novela, eu tinha um público bem alternativo mesmo, daqueles que acham que descobriram a gente. Eu era propriedade desses indivíduos. Aí fiz o segundo disco e gravei "Quem de nós dois", que foi a música mais tocada em 2001 – naquele ano, só quem esteve em coma não a ouviu. Não teve jeito: fiquei conhecida com aquilo.

Como é ir ao supermercado, ao shopping, ao quarto da empregada e ouvir a sua música tocar? Como é ter você o tempo inteiro por aí? Eu tento desconstruir um pouco. Tenho muito medo disso, porque, no momento em que fiquei muito conhecida, um público alternativo reclamou muito de eu ter virado consenso. Eu agora era novidade, uma coisa que todo mundo conhecia, todo mundo comprava, todo mundo queria – e 100 mil, 500 mil discos é realmente muita coisa. Esse público reclamou bastante, e fiquei um pouco ressentida, porque tenho personalidade. Continuei brigando com o conceito que diz que tocar muito significa ser popular e que ser popular não é legal. Uma parte do público e dos artistas pensa exatamente assim: "Bom, se não toco muito, eu sou bacana, eu sou legal...". "Fulano toca em demasia, é popular, fala só ao homem e à mulher comum...". Eu acredito que posso falar ao homem e à mulher comum e ainda assim ter personalidade, fazer o meu trabalho, dizer algumas coisas.

Você acaba de gravar o quarto disco solo, um duplo. No meio, houve *Ana e Jorge*, que foi um estouro, e, antes, *Estampado*. A parceria com Seu Jorge foi um disco quase sabático que deu certo, não? É, o *Ana e Jorge* ficou no meio, porque foi meio sem querer. O Jorge foi fazer um monte de shows fora, e eu estava fazendo um monte de shows aqui. Nós nunca nos encontrávamos, mas uma hora ensaiamos sete dias para fazer um show e resolvemos fazer: "Vamos gravar, porque vai que uma hora a gente resolve lançar...". E não é que lançaram logo depois? A Sony gostou e quis comprar, porque viu ali uma música de trabalho, que era a versão "É isso aí". E, mais uma vez, estava na lista dos mais vendidos, dos mais tocados. Aí, falei: "Bicho, eu vou gravar o meu quarto disco com as canções que fiz até hoje e com algumas experimentações. Está na hora de experimentar, e dane-se a responsabilidade do sucesso, a responsabilidade com o alternativo. Eu vou fazer o

que estou a fim de fazer". Gravei um disco mais autoral, em que praticamente todas as canções são minhas, com exceção de "Rosas", que é a música de trabalho. **É do Antonio Villeroy, o Totonho, autor de "Garganta". Quando o primeiro disco é o grande sucesso, repetem um lugar-comum: no primeiro disco, você lança uma música como "Garganta", que vira sucesso; no segundo disco, outra música arrebenta; no terceiro, mais uma; e então se começa a ouvir que é porque a gravadora encomendou, exigiu, como se o artista estivesse a serviço não mais da música, mas da popularização do veículo.** As músicas de trabalho do segundo disco foram "Quem de nós dois" e "Confesso", que tocou um pouco. Já no terceiro disco, "Encostar na tua" foi realmente um sucesso. Não tem a parceria com o Totonho, não se parece muito com "Garganta", nem muito menos com a versão de "Quem de nós dois". Depois, no *Ana e Jorge*, era uma versão. E agora, nesse novo disco, é outra vez uma música do Totonho. Escolho as canções pela energia delas e, quando vou compor, brinco na base do Oulipo, um movimento literário francês que me impressionou muito no curso de letras. Eram o Queneau, o Perec, o Calvino. Eles realizavam experimentações: um fazia um texto sem a letra *e*, que é a mais recorrente da língua francesa; outro um texto com palavras que tinham só duas sílabas; e por aí vai. Quando vi esse tipo de experimentação que queria eliminar o subjetivo, foi inspirador. E isso agora passa para a música. É engraçado quando algumas pessoas dizem que elas usam da subjetividade e da liberdade para compor: se pensarmos bem, isso é outra forma de prisão. No Oulipo, a liberdade total era uma prisão. Eu também faço algumas experimentações. Por exemplo, vou fazer uma canção com o *a* igual ao *a* seguinte, que também é igual ao *a* seguinte, com o mesmo desenho, e dividir essas três partes da canção de modo idêntico. É um exercício que não tem nenhuma relação, nenhum paralelo, com inspiração ou liberdade.
É exercício. Isso. Vou trabalhar, nascem as canções, as pessoas gravam essas canções, as canções tocam no rádio, elas falam às pessoas mesmo sendo um exercício. Eu não estava olhando para as estrelas, pensando na pessoa amada nem compondo uma canção inspirada. Quando descobri o Oulipo nas aulas de literatura, comecei a fazer isso em algumas canções minhas. No *Quartinho*, há coisas que foram feitas assim, como "Carvão", "Então vá se perder", "Corredores"...
Em "Então vá se perder", percebi isso mesmo. É o mesmo desenho. "Carvão" tem o mesmo desenho. "Corredores" tem o mesmo desenho. Ocorre sempre uma coisa – não é tão livre. Há outras canções mais soltas, mas "Corredores" faz a mesma melodia, a mesma ideia de letra, o mesmo desenho, como se fosse uma coisa binária, um esquema combinatório para fazer caber aquela métrica, para fazer confluírem a melodia e a poesia – que são dois registros numa fronteira em movimento. Conseguir fechar a canção dá trabalho. E ainda há um final de melodia que não cabe exatamente naquela letra e que você precisa fazer caber. Se há uma melodia um pouco maior e

uma letra que só vai até a metade desse espaço, é necessário modificar a melodia ou acrescentar alguma coisa à letra. Você está sempre em movimento com as duas coisas, até que essa canção consiga nascer totalmente e o seu pensamento caiba ali como você o imaginou.

Falávamos do público alternativo, do público-massa e da liberdade de criação. E quando a gravadora exige mais um sucesso? Compor canções populares, simples, é coisa bem natural. Eu as faço como se isso fosse uma dor, mas também as faço com prazer – gosto de falar às pessoas, de me comunicar com elas dessa forma. Sou uma apaixonada, sinto amor, gosto de falar sobre isso. Às vezes me emociono no palco ao cantar "Pra rua me levar", por exemplo, que foi belissimamente gravada pela Bethânia. Agora, no *Quarto* e no *Quartinho*, estou muito empolgada com as experimentações, mas não porque as canções de amor, as canções que falam aos homens e mulheres não me emocionem, não sejam tão orgânicas e tão verdadeiras quanto as outras.

SOU UMA APAIXONADA, SINTO AMOR, GOSTO DE FALAR SOBRE ISSO

Qual é o seu público-alvo? Existe isso na sua cabeça? Sei que tenho um público muito grande, muito vasto. Uma vez, eu estava num bar em São Paulo, tinha acabado de lançar o *Estampado*, e um cara chegou perto de mim e disse: "Pô, meu, 'É mágoa' é mágoa demais! Pô, eu ponho essa música, eu escuto sem parar 'Vestido estampado', e tu fica cantando aí 'Quem de nós dois'?! Sacou?". Em compensação, há uma garota de vinte e poucos anos que vai ao meu show, canta as canções mais populares e, na hora de "É mágoa", se levanta e vai ao toalete, porque definitivamente não é a canção dela. É uma música pesada, uma música forte, uma música que eu acho densa. "Vestido estampado" tem uma harmonia muito mais sofisticada que a de "Encostar na tua", e às vezes é preciso um gosto mais refinado ou rebuscado para entender esse tipo de coisa. Eu fui ao programa *Sem Censura*, e é outro caso de dicotomia... Hoje em dia, cabe tudo em canção popular.

Tudo... Tudo, e por isso eu faço isso também... Mas eu estava no *Sem Censura* e cantei "Vestido estampado". Eu já tinha cantado no Jô Soares, e, coincidentemente, o Cacá Diegues estava lançando um produto, uma coisa dele, um filme. Aí, ele chegou e disse: "Canta 'Vestido estampado', que é um samba lindo". E eu toquei. Pois veja que saí de lá e recebi uns e-mails que perguntavam: "Pô, por que você não tocou 'Encostar na tua'?". Ou seja, as reclamações eram por que eu não havia tocado a música da rádio: eu tinha ficado a tarde inteira no programa, o Cacá Diegues me pediu "Vestido estampado", e toquei só aquilo.

É a reação do fã, né? Eu sei, mas, se eu for me pegar a todo tipo de cobrança, não ando mais. A reação das pessoas tem um peso, e você precisa se livrar de vez dessa responsabilidade. Eu já faço análise há dez anos, para me reconhecer nesta loucura que é o sucesso, a música...

Você mesma, né? ... a arte, a relação com tudo. No *Estampado*, comecei a precisar de outras coisas, a estudar um pouco o baixo, a pintar. Agora, estou começando a estudar um pouquinho de piano. Quando já se conhece um instrumento como eu conheço e se tem vários caminhos harmônicos, a gente se vicia naquele desenho...

Já que conhece o caminho, você sem querer acaba indo pra lá... Isso. E, quando se começa a estudar piano, o som é outro, o timbre é outro, a sensação é outra, dá para compor de outra maneira. Estou querendo experimentar outras coisas – o sucesso não vai me fazer parar de experimentar e de querer amadurecer de alguma maneira, muito embora isso pareça exatamente uma prisão. Outro dia, um crítico disse que só gosta de alguns artistas quando eles inovam por completo, como é o caso do Tom Zé, que faz algo totalmente inimaginável...

Ele é um inventor, está fora de qualquer padrão. É, fora de qualquer padrão, um cara completamente único. É meu maior orgulho tê-lo tido como parceiro em "Unimultiplicidade". A gente fez aquela canção num momento louco. São tantas histórias, tão engraçadas! Ele é maravilhoso – maravilhoso!... Mas isso é da história da música, e a gente vê isso desde as origens: passa-se da Renascença para o Barroco, depois para a Revolução Industrial, e então a canção popular toma maior força. Hoje, é um conceito muito relativizado.

O conceito da canção popular? Sim. Hoje, os ritmos, as coisas, estão todos sendo executados ao mesmo tempo, como se estivessem sobrepostos – passado, presente, futuro. A única coisa é a fusão, a fusão de tudo, desses ritmos todos, dessa coisa toda...

Uma coisa absolutamente original. ... como aconteceu com a tropicália, com a bossa nova. Há até uma reiteração, uma recorrência muito grande. Tanto que, às vezes, escrevo uma frase e ligo para os amigos, perguntando: "Por acaso você já escutou isto...?"

O Lenine diz que nenhuma boa ideia resiste a uma boa pesquisa bibliográfica. Sim, é difícil. O acervo é imenso, é muita música boa – Chico Buarque, Tom Jobim, toda a música popular desde Luiz Gonzaga. O mundo todo é tão grande, tão rico!

Por isso eu falei da história do violeiro que entrevistei, foi inusitado e tão interessante quanto Tom Zé. Lula Queiroga é outro que é demais. Ele esteve aqui, a gente fez uma parceria em "Eu não paro", eu, ele e o Dudu Falcão. Nesse mesmo dia, veio o Totonho, e foi chegando Jorge Vercilo, todo mundo. Então, fizemos uma música que ficou superinteressante, mas que nunca conseguimos terminar. Ela falava de uma mulher, e cada um ia dizendo uma frase: a mulher fez isso, fez aquilo, fez não sei o quê, e aí ela voltou...

Virou terapia em grupo. É, mas precisamos nos encontrar de novo para terminar e ver se uma hora alguém grava aquilo. É bacana encontrar outro artista e sentir como ele compõe, qual é a viagem, aonde ele quer chegar com um acorde, com uma palavra, com uma nota. Tenho muito orgulho de ter feito música com Tom

Zé, Chico César, Seu Jorge, Vanessa da Mata, Adriana Calcanhotto, Dudu Falcão, Lula Queiroga, meu grande parceiro Antonio Villeroy, Pedro Luís...

Cada um é de um jeito. Cada um é de um jeito, e é uma inspiração, uma situação, uma loucura diferente. É muito rico isso, muito rico mesmo.

Também não deixa de ser uma fusão, o seu universo com o universo deles. Eu liguei para a Marilene, que é a minha empresária, e disse: "Fiz uma música com o Tom Zé". Ela então falou: "Meu Deus, no que que deu isso?! Eu preciso ouvir!". É muito louco, é muito bom. E também é muito engraçado alguém gravar uma música sua. A primeira pessoa que gravou coisa minha foi Maria Bethânia, com "Pra rua me levar"...

Tenho a impressão de que, quando a Bethânia grava a música de um compositor, ela de certa forma atesta a qualidade daquilo. Como você se sentiu? Como foi essa aproximação? É uma história ótima. Ela havia acabado de pedir uma música quando sofri um acidente de carro. Foi aquela confusão: fiquei três meses de perna quebrada, muito tempo deitada, com pontos na cabeça, não sei quantos dias no hospital...

E o pedido ficava na cabeça: "A Bethânia está esperando uma música minha..." Ficava. Eu tinha acabado de fazer o disco e de compor com a Adriana Calcanhotto a canção "Dadivosa", um poema da Neuza Pinheiro que a gente musicou. Eu precisava que a Bethânia autorizasse um fonograma do *Drama terceiro ato*...

Que você colocou no disco nessa faixa... Que eu coloquei no meu disco... Eu só precisava que ela me autorizasse a usar o fonograma. A Bethânia tinha pedido a música, e eu não tinha feito e ainda precisava daquela autorização. Um dia, tocou o celular, e era ela: "Alô, Ana Carolina?". Eu: "É". Ela: "Bethânia". Eu: "Oi, tudo bem?". E ela então só diz uma frase: "Não faz e ainda pede?!".

Ui! Eu dei uma risada, ela deu outra. Estava brincando, logicamente. Eu falei: "Olha, Bethânia, eu estou nervosa porque tenho que fazer uma música para você, estou com a perna quebrada, estou com não sei quantos pontos na cabeça, mas vou fazer essa canção, tenho que conseguir fazer". Ela havia autorizado e já estava quase terminando o disco. Então me juntei com o Totonho, e a gente enfim conseguiu compor "Pra rua me levar", que a Bethânia gravou no *Maricotinha*.

Fez pensando nela? Palavra por palavra, frase melódica por frase melódica... "Como ela vai cantar? Como vai ser melhor?" Assim, fiz "Vou deixar a rua me levar..." aberto, que era para ela soltar a voz. E depois aconteceu a história do *Mar*...

Para *Mar de Sophia* e *Pirata*, ela fez outra encomenda... Ela me pediu para fazer uma música das águas. Pensei que fosse sobre o mar. Então, quando entendi o conceito do disco das águas, da coisa das águas, eu, que sou mineira, pensei: "Pô, com rio ia ser bem mais fácil, porque eu tive envolvimento com rio!".

Mas dentro do mar tem rio... É, dentro do mar tem rio, e aí eu tive que abraçar a ideia do mar. Foi realmente uma coisa complicada, e cheguei a visitá-lo.

Visitar o mar? Sim, para ver. Eu pensava: "Nossa, estou perdida!". Descobri que eu não sabia nada de mar, que a única coisa que eu poderia dizer era que ele era desconhecido do mesmo jeito que, numa situação de amor, eu sou desconhecida de mim. Às vezes você se desconhece completamente, e eu quis traçar um paralelo entre o mar desconhecido e o amor desconhecido que nasce nas nossas entranhas. Me juntei com o Jorge Vercilo, e terminamos a canção, chamada "Eu que não sei quase nada do mar" – que, incrivelmente, acabou sendo a música de trabalho do disco duplo da Bethânia, falando de mar, falando de água, e era justamente a música de alguém que não sabia nada daquilo.
Você fez essa comparação com o amor e disse que eventualmente se desconhece quando experimenta uma coisa nova. Isso é muito a cara da Bethânia também, o jeito passional de se relacionar com o amor. É também o jeito da Ana Carolina quando compõe e quando escreve? Ou é um exercício? Não existe nunca uma mesma maneira de fazer as coisas, principalmente no universo musical. Para mim, está bem claro que preciso me surpreender muitas vezes. Componho com o lado emocional? Claro. Componho por exercício de criação? Claro. Tento me surpreender? Tento. Às vezes não consigo e termino fazendo uma canção que parece que todo mundo já ouviu, que já esteve em todos os lugares. Sei que tenho esse lado passional para algumas composições e até para algumas interpretações, do mesmo modo que faço canções só como exercício da composição. Todas essas coisas podem estar juntas. Tudo é comunicação.
Quando você fala em compor com a emoção, aquela coisa passional, isso também não é um exercício? Sim, é um exercício inconsciente.
Um jeito de botar para fora? Um jeito de eu me livrar de mim e, de alguma maneira, me definir.
Definir-se para você mesma? Sim, às vezes eu me descubro.
Compondo? Compondo. Sentindo coisas. Dizendo e sentindo algumas coisas que talvez não...
Não fizesse? É, que talvez não fizesse. Para mim, a música é a coisa mais liberadora. Sou uma pessoa naturalmente um pouco presa, e às vezes me sinto pouco à vontade com a vida, com as coisas, com o sistema. Mas eu me sinto muito à vontade quando estou fazendo canções, quando estou no palco, quando estou com a música. Não estou conseguindo explicar direito, mas é isso...
Você canta "Eu posso me atirar na frente do seu carro", mas você não faria isso, faria? Faria, sim.
Então você é passional pra caramba! Em alguns momentos, sim. Há o clichê de que nós sempre hospedamos o nosso oposto, e é exatamente isto: sou completamente racional em certas coisas, mas em algum momento viro a moeda e fico completamente passional. Definitivamente, não tenho muito equilíbrio. A minha busca, a minha missão – se é que existe alguma missão –, é o equilíbrio, é achar uma harmonia

entre as dicotomias que existem dentro de mim. Fiquei muito, muito contente com a gravação de "Eu que não sei quase nada do mar" – com a interpretação, com a versão, com o arranjo, com tudo. É muito divertido ouvir outros cantarem, porque, quando faço uma canção e vou executá-la e fazer o arranjo, sou eu que estou totalmente no controle daquilo e consigo passar exatamente aquilo que queria passar quando compus a canção – mas, se outra pessoa canta, isso tira a minha responsabilidade total com o modo pelo qual comunico a canção, o arranjo.

Ela passou o seu recado do jeito que você queria... Já com "Pra rua me levar", que foi a primeira música. A segunda pessoa que gravou música minha foi a Preta Gil, em outra encomenda. Ela ia lançar o seu primeiro disco e pediu: "Ô, me dá uma música? Me faz uma música?". A gente fez "Sinais de fogo", que é para ela, acorde por acorde, letra por letra. E acabou sendo a música de trabalho do disco da Preta, o que foi engraçado. Depois, fiz "Abismo" e "Ultraleve amor" em parceria com o Jorge Vercilo, e ele as gravou.

Há alguém que você gostaria muito que gravasse uma música sua? A Gal, que aliás acabou de gravar "Ruas de outono". Acho que vai sair para a próxima novela (*Paraíso Tropical*, TV Globo, 2007).

Bacana. Bacana mesmo. A Luiza Possi também gravou uma música minha, "Escuta", que ficou linda, de uma maneira supersensível. Mart'nália gravou "Cabide", que eu fiz especialmente para ela.

Música que deu nome ao disco dela... As canções que você fez para a Bethânia viraram músicas de trabalho, a que você fez para a Luiza Possi virou nome de disco... Você acha que há alguma coisa que a torna tão popular? Eu venho de Minas Gerais, e a gente tinha que ir à missa todo domingo. Então, havia um momento em que o padre dizia: "Eis o mistério da fé". Essa é a resposta que posso lhe dar.

Há pouco, eu estava na Bahia quando me chegou uma entrevista sua em que você soltava o verbo, como aliás tem feito nas últimas entrevistas e declarações... Eu só gostaria de botar uma vírgula nesse "soltar o verbo". Porque as novidades que eu disse já eram muito antigas e ultrapassadas para terem causado tanta surpresa, não?

Antigas e ultrapassadas para quem? Temas como a bissexualidade já deviam estar mais que incorporados. Meu amor, Angela Rô Rô está aí há não sei quantos anos... E Cássia Eller... Agora vêm para cima de mim querendo dizer que esse negócio é novo? É velho, pelo amor de Deus!

Sabe o que é novo? A maneira pela qual você está se colocando na mídia, a sua posição como cantora popular, mulher, compositora. Isso é novo no meio artístico, e você sabe disso. Quantas compositoras são homossexuais ou bissexuais? Pois o fato é que nunca elas se posicionaram

> **TEMAS COMO A BISSEXUALIDADE JÁ DEVIAM ESTAR MAIS QUE INCORPORADOS**

da maneira que você está se posicionando agora. Angela Rô Rô? Olha o preço que ela pagou. Mas você, pela postura, pela opinião, pela maneira como vive, parece não ter medo de perder coisa alguma. Só que, quando li a entrevista, eu me perguntei o que tinha levado você a soltar o verbo. Não, eu já tinha falado tudo aquilo, as pessoas é que não tinham publicado. Para o Bernardo Araújo, do *Globo*, eu tinha dito havia muito tempo: "Pô, a minha namorada..."
Tranquilamente? Tranquilamente. Ninguém publicou, ninguém se interessou em falar nada, não estavam nem aí. E eu não estava fazendo proselitismo. Quando saí na capa da *Veja*, eu falei sobre isso, e o Sérgio Martins escreveu tudo muito corretamente. Não havia nada ali que eu não tivesse dito. Eu sou assim: se sair uma coisa que eu não disse ou que tenha aquela famosa vírgula, ligo para o jornalista e já vou perguntando por que ele fez isso. Eu respeito quem, no meu público, não queira falar sobre isso. Não quer falar, não fala – meu papo é música. Mas consegui provar que as pessoas podem saber o que quiserem de mim. Isso foi bom, e talvez até abra a cabeça de alguém que também queira falar, que não tenha medo, sei lá.
Você fez letras, você lia muito, você tem uma coisa com a Adélia Prado – até usou algo dela. Gosto muito dessa relação da poesia com a canção popular. No final da década de 1970, o Leminski dizia que o melhor suporte para a poesia brasileira contemporânea era a canção. Mas há uma discussão: letra de música não é poema? A canção popular é muito responsável pela junção de poesia e melodia. Tive o imenso prazer de ler tudo da Cecília Meireles – *Viagem*, *Vaga música*, vários livros com referências a instrumentos, a ritmos, a estilos, à própria palavra música. A gente vê a musicalidade no andamento, no ritmo, na cadência da poesia. Já musiquei um poema do Drummond, embora nunca tenha gravado nem mostrado a ninguém. Leio muito para me inspirar, coisas de letra. Minha última influência é a Ana Mafalda Leite, uma escritora portuguesa. Eu estive com ela, é uma pessoa maravilhosa, que me deu inspiração para dizer "os lugares parecem te prender ao chão" depois que li um livro dela. Com a Elisa Lucinda eu tentei fazer algumas canções, ainda não deu, mas vai chegar uma hora em que a gente vai conseguir. Adoro as coisas que ela escreve e realmente adoraria poder musicar algo.
Quais são as suas grandes referências artísticas? É muito louco dizer quais são elas de fato. Quando me perguntam sobre influências, eu vou ao passado e acabo me esquecendo das coisas que escuto atualmente.
Quando tinha 15 anos, quem você tinha vontade de seguir? Caetano Veloso, Gilberto Gil, Maria Bethânia, Chico Buarque. Quando escutei Chico, pensei: "Não existe coisa mais legal que isso. Não vai ter sentido eu não fazer a mesma coisa".
Ele participou de um DVD seu, né? Muito generosamente.
Como foi? Fiquei nervosa, mas foi muito engraçado, porque eu tenho a mania de contar as palavras em par ou ímpar e achei incrível ele também ter essa mania de contar

as letras das palavras quando conversa, quando pensa. O DVD tem um extra com a gente pegando um ao outro nessa coisa. Foi bem engraçado a matemática estar assim presente na linha de raciocínio dele, um dos maiores letristas do mundo.

Ao ouvir o *Quarto*, e não só esse disco, a gente percebe que você tem uma pegada rock'n'roll. Olha, eu nunca escutei muito rock'n'roll, nunca tive muito envolvimento com isso. Só depois que vim para o Rio de Janeiro eu comecei a ter um contato maior, para conhecer e coisa e tal.

É engraçado, porque você parece ter essa pegada. Mesmo quando está no palco, com a banda toda atrás, parece haver em algumas canções uma coisa, uma atitude... É porque as pessoas ligam a atitude e a energia ao rock. Mas não é influência do rock, não. Embora haja bateria e guitarra pesada, a energia e a atitude são da música popular brasileira. Nunca tive muito contato mesmo. Eu adorei o *Cê*, foi um disco muito importante na carreira do Caetano, e ele fez tão bem, ele se uniu às pessoas certas! Mas fazer aquilo é dificílimo, é uma coisa louca. Acho que nunca vou conseguir realizar um disco de rock. Vou me colocar no lugar, vou fazer um disco de rock, vou chamar o Power Trio? Jamais! Eu não conseguiria.

É a liberdade ali, né? Liberdade com uma coisa genuína, de rock'n'roll, de quem entende do que está falando.

Mas Caetano é 68, Caetano é a geração... Rock'n'roll. Já eu me vejo fazendo um disco de violão, só violão, um disco assim minimalista, incrementando outros sons...

Com que músicos ou músicas? Lokua Kanza, por exemplo, é um congolês que faz canções na França, né? Você tem referências na música internacional? Gosto da Björk, dos vídeos – tenho todos, tudo muito interessante. Entre os nacionais, Luiz Gonzaga, os generais – Chico, Caetano, Bethânia, Gal –, Lenine, Moska...

No Orkut, há essa comunidade de 68 mil fãs seus. Agora na entrevista, estávamos falando do cara que reclama porque a vê na televisão cantando uma música que não é a que ele esperava. Como é a relação com esses admiradores? Se eles vão ao camarim, você os atende? Tem fã-clube? Em geral, falo com todo mundo quando termina o show. Se não dá para falar, é porque estou trabalhando muito e estou muito cansada. Mas, normalmente, falo com todos – tiro foto, dou autógrafo, converso, procuro saber quem é quem. Tenho tido retornos interessantes, e há coisas engraçadas, histórias boas.

Gente que mudou a vida por causa de uma canção? Tem, sim. Uma menina tatuou a capa do *Estampado* na batata da perna – coisa assim definitiva, colorida.

Uau! Outra tatuou a letra ali, e outra tatuou um pedaço da letra também no braço, e outra... São várias histórias. Logo no começo, quando eu usava cabelo vermelho, todas as fãs usavam também. É como se dissessem: "Eu aprovo o que você faz, aprovo o que você diz, quero que você saiba disso". Todas essas respostas correspondem ao desejo de que eu saiba que há uma legião de pessoas que entendem o que estou dizendo. E isso é muito gratificante, muito bom. Em Salvador, uma mãe veio até mim com todas as filhas, uma de colo mais umas quatro – aquela coisa de estar perto da linha do equador, as pessoas têm mais filhos porque é tudo mais quente... Ela me disse: "Por sua causa, a minha filha passou a escutar Chico Buarque, a ler Elisa Lucinda, a ler os livros que você pede. Uma coisa que eu não conseguia fazer em casa, você conseguiu. Muito obrigada!" Olha, esse "Muito obrigada!"...

Dá medo? Às vezes sim, às vezes não. Não sei direito o que é medo – o tempero da palavra medo é bem complicado de medir. Tenho, sim, certo receio. De vez em quando, fico de mal com o meu trabalho: às vezes me acho repetitiva, redundante; às vezes acho que o que estou fazendo é muito bom; às vezes acho que é muito ruim. Fico nisso o tempo inteiro... Às vezes, termino de fazer um trabalho e o acho ruim; termino de fazer um disco e acho que não ficou bom, porque está finalizado, uma maluquice, que precisa ser trabalhada dentro de mim para que eu não sinta mais isso. Depois, faço as pazes com aquilo e melhoro.

O que é que confirma que você acertou, que você escolheu o caminho certo? Acertar, não. Filosoficamente falando, tudo é uma congruência de erros e acertos. Assim, eu nunca diria: "Ah, esta é a canção! Eu acertei naquele disco! Eu acertei, era o momento!" Que momento? Que acerto? Fiz uma canção, mas, a partir do momento em que cantei, aquilo foi só o certo no momento certo, sem significar que fosse certo sempre. Há coisas a respeito das quais eu olho para trás e digo: "Puxa, eu podia ter feito melhor!" E vou tentando fazer, do jeito que consigo fazer hoje. Uma pessoa me disse: "A melhor música que você já fez se chama 'O avesso dos ponteiros', está lá no seu primeiro disco. Você nunca mais fez nada igual". Aquilo é muito certo para essa pessoa, mas talvez não seja tão certo para mim, tanto que não faço mais canções do mesmo tipo. Pelo menos não tenho feito – não sei se daqui a dez anos, com 40, vou querer fazer de novo. Eu vou é experimentando, querendo me surpreender, querendo brincar, recriar, fazer experimentações, me emocionar. É isso.

> **O TEMPERO DA PALAVRA MEDO É BEM COMPLICADO DE MEDIR**

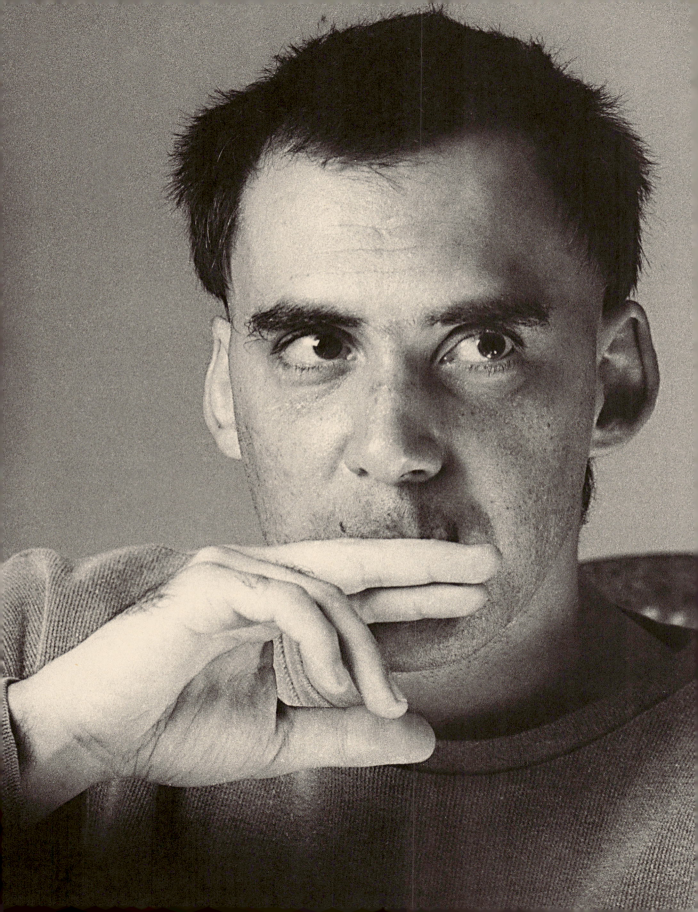

ARNALDO ANTUNES

POESIA E MÚSICA NASCERAM UMA PARA A OUTRA? A letra, dissociada da canção, tem tanto valor quanto um poema? Essa pergunta sempre me vem à cabeça quando ouço uma canção da qual um dos autores é poeta. Numa tarde de dezembro em São Paulo, num estúdio cercado de livros de cima a baixo, tive o prazer de conseguir algumas respostas conversando com o cantor, compositor e poeta Arnaldo Antunes. Nas prateleiras, uma linda coleção de livros de música, romances clássicos, filosofia e poesia. Arte para todos os lados. Sentado numa cadeira de balanço vermelha, Arnaldo falou de seu trabalho solo depois dos Titãs, do concretismo nos arranjos de suas canções e de como as novas ferramentas servem ao seu processo criativo, que é gráfico e musical, de esforço e inspiração. "Poesia concreta, prosa caótica?" Não. Uma conversa clara e afiada, mas cuidadosa no momento de falar de preferências artísticas. São muitas as fontes. É só olhar em volta para conferir. Arnaldo Antunes é uma figura ímpar. Um intelectual que faz música pop. Um cara de cabelos arrepiados, fascinado pelo computador e por Augusto de Campos. No palco, um personagem com uma dança esquisita e um vozeirão. Como convivem nesse artista a criação e o cotidiano? No livro *As coisas*, Arnaldo escreveu: "O girino é o peixinho do sapo. O silêncio é o começo do papo". Depois de um bom café e quase duas horas de conversa, saí de seu estúdio com autógrafo, desenho e beijo no livro de poemas. Na cabeça, "cacos vozes sílabas tudo esqueletos rítmicos partículas voz". Entrevista realizada em dezembro de 2000.

Arnaldo, eu vi na sua estante uma edição de *Os escritores*, uma série de entrevistas da *The Paris Review*. Esse foi um livro que me inspirou para realizar este projeto. É muito legal, é um livro delicioso.
Tem uma descrição do Hemingway em que ele está escrevendo em pé, com a máquina na altura do peito, gastando sete lápis número dois num bom dia de trabalho. Que barato...
O que é um bom dia de trabalho para você? Olha, se eu fizer uma coisa que me satisfaça criativamente, já terá valido o dia. Uma frase, uma ideia ou uma melodia de que eu goste, um pedaço de uma coisa que virá depois, a solução de um poema que ainda não estava resolvido... E há os dias em que a gente recebe um retorno de trabalho – esses também são bons. Às vezes o dia até vale muito mais, a gente consegue fazer um texto de quinze páginas ou compor três músicas, mas é exceção... Se eu fizer alguma coisa que me satisfaça, como achar a palavra certa para um verso, por exemplo, também já vale o dia. Há ainda os outros retornos, como quando ouço uma música minha que alguém gravou... fico muito contente.
Como você fica entre a poesia e a música? Para mim é evidente que a sua música se alimenta de um repertório poético, mas existe um limite entre as duas expressões artísticas? Para mim, são duas linguagens muito diferentes. A palavra nas canções está muito impregnada da sua realização sonora, está associada a aspectos melódicos e tudo isso. Já a palavra no papel tem outro código, de aspectos visuais. Minha poesia sempre se preocupa com a materialidade gráfica. São linguagens muito distintas, e para cada uma existem condições de mercado muito diferentes. A vendagem de um disco é infinitamente maior que a de um livro de poemas ou coisa assim. No Brasil, a música popular tem penetração muito maior que a poesia. Ao mesmo tempo, existe um território comum que é a palavra – quer cantada, quer impressa, quer lida numa tela em movimento como no caso do vídeo *Nome*, que eu editei e, com isso, realizei essa coisa do movimento na palavra escrita. É algo que já tende à música, embora seja coisa visual. Em todas essas circunstâncias, existe em comum o trabalho com a palavra, fazendo que haja territórios de trânsito compartilhados. Muitas vezes a poesia pode virar canção; às vezes elas se misturam, uma coisa acaba se alimentando um pouco da outra.
Mas o que começou primeiro na sua vida? Ah, veio tudo junto! Comecei a escrever os primeiros poemas ainda adolescente, mas a música veio logo depois. Na mesma época, aprendi a tocar violão. Acho até que a música veio como uma necessidade de entoar, de dar ao verbal uma carga de significação que só a melodia podia dar. Logo me interessei em fazer canções. Conheci alguns dos Titãs já na época do colégio Equipe, e começamos a fazer música juntos. Eu estava na mesma classe que o Paulo Miklos. A música talvez tenha vindo como decorrência do trabalho com a palavra, que foi o motor inicial.
Você estava falando do vídeo *Nome*, em que junta movimento, música, imagem. Você também compôs aquela trilha maravilhosa para um balé do grupo

Corpo. Ali, eu saquei uma sonoridade nova, um acento de música nordestina, talvez. Foi uma novidade ou isso já vinha de antes? Sempre lidei com informações musicais muito diversas, e tento buscar uma linguagem original que seja minha dentro desse universo de conviver com diferenças, que foi na verdade o que me formou, uma convivência com música popular de diversas áreas. Sempre gostei de escutar rock'n'roll, samba, funk, reggae, música erudita, tango. Nunca fui muito de gênero. É natural que o que eu faço reflita um pouco dessa coisa mais diversificada, mais múltipla. A trilha para o Corpo foi feita com outra intenção, era para ser dançada. Não foi como compor canção, que você faz de maneira mais descomprometida. Acabou se tornando algo que privilegia muito o primitivo. Senti o tempo todo que havia ali uma coisa meio indígena, meio Xinguzão, pé no chão – uma coisa de ritmo muito primário. Trabalhei fragmentos separadamente, para fazer uma peça grande, que ficou em 42 minutos. Desde o início eu a queria grande, mas, muitas vezes, trabalhando as partes em separado, surgia alguma outra coisa na hora de juntá-las, porque aquilo podia gerar outros momentos. Acabou ficando uma trilha que muda sem que a gente se dê conta disso – quando vai ver, já mudou, no fim essas passagens ficaram muito fluidas, e isso eu achei interessante. Mas há várias outras coisas, um lance de vozes que lembra música oriental, e o oriental, por ser mais modal, lembra coisa nordestina. Há uns flertes com algumas áreas assim. O samba de roda que aparece no final, junto com a série de vozes sobrepostas, tem um clima de feira, ao mesmo tempo em que são recitados trechos de um poema. Outra coisa muito própria da trilha é a percussão feita com voz, cacos de voz que eu ia cortando e editando – consegui isso graças ao programa de edição que eu e o produtor Alê Siqueira gravamos.

As maravilhas da tecnologia! É, a gente ficava horas editando cacos de vozes, sílabas e tudo, criando esses esqueletos rítmicos só com partículas de voz. Foi um procedimento que, para mim, abriu um território inédito e muito gostoso de trabalhar, muito fértil. Dá para realizar muitas ideias com esse lance de edição.

É uma ferramenta nova. É maravilhoso. Você passa a compor já a partir daí, muitas coisas nessa trilha foram compostas assim, da matéria-prima bruta. Depois ficávamos brincando com os recursos de edição.

Você tem alguma rotina de criação? Nenhuma! Não tenho horário. Quando há alguma encomenda, fico cozinhando aquilo na cabeça. Preciso ter um tempo ocioso para isso. É quase um ritual. Sempre acabo conseguindo fazer tudo no finalzinho do prazo, aos 45 do segundo tempo. Muitas vezes dá uma angústia... Não sou desses que chegam e fazem de cara. Vou dormir pensando naquilo. Quando há muitas coisas para fazer, eu me angustio porque não tenho essa serenidade de viver a maturação de cada projeto. Gosto de fazer uma coisa de cada vez, porque senão fica meio enlouquecedor. Eu trabalho sempre com muitos rascunhos. Quando vou fazer uma melodia, gravo inúmeras possibilidades até escolher a mais adequada. Quando vou fazer uma letra, experimento muito até caber aquilo que ficou realmente satisfatório. Depois imprimo muitas versões gráficas e visuais do que faço. Na verdade, não existe criação. Existe é muita recriação sobre a criação, muito trabalho de eliminação do que está sobrando, de reestruturação das partes. É um trabalho material que vem depois desse primeiro momento de banho-maria, quando a coisa vai para a cabeça.

Tem cara de poesia concreta: você vai falando e põe um pedaço aqui, outro ali... É por isso que adoro computador caseiro. Para mim é maravilhoso, o instrumento mais adequado ao meu processo natural de trabalho, essa coisa de colagem, de edição. Um bom exemplo disso é "Construção" do Chico Buarque, em que a gente tem as partes e pode trabalhar com colagem de fragmentos.

E a inspiração? Existem momentos mais intensos de sensibilidade, mas a criação não depende necessariamente disso. Às vezes, você fica inspirado e não faz nada. Outras vezes, você não está inspirado mas faz uma coisa que pareceu legal, e aí a inspiração vem da própria criação. Não que haja relação direta entre o momento da inspiração e o momento da criação. Não existe essa correspondência tão direta entre estar inspirado e fazer. O que sempre tem de haver é muito trabalho, uma coisa de concentração mesmo. Prefiro a ideia de trabalho à de inspiração, a essa crença de que você não é responsável pelo que realiza, aquela coisa de fazer por instinto. Na verdade, as coisas não são assim. É preciso muito corpo a corpo com a linguagem. Como ouço muita música todo dia, às vezes fico buscando ver um pouco mais do que aquilo que me trazem. Há uma letra, uma melodia, uma canção, mas fico tentando descobrir alguma referência que me lembre algo mais ou, no mínimo, me abra a percepção para alguma coisa além daquela formuleta, um pouco da retaguarda, da literatura, da vivência que está por trás... Para ser músico, não basta ser só músico... Não me lembro direito, mas o texto de alguém – acho que sobre poesia – diz exatamente isso: "Para fazer poesia, você tem que ser mais que poeta". A gente vê muito músico instrumentista que tem um talento absoluto no instrumento, mas que é totalmente primário na hora de fazer canção, porque canção é outra história, é um desenvolvimento e um tipo de adequação da linguagem verbal à musical. Assim como também há muita gente que é craque em poema escrito, mas que na hora de fazer letra de música não consegue uma coisa que funcione direito. Não adianta você saber muito só de poesia ou só de música instrumental se não tem esse exercício de conjugar uma coisa a outra. É engraçado isso. Às vezes, uma letra muito mais banal pode dar numa canção muito mais interessante do que uma letra hipersofisticada que foi musicada inadequadamente e não convence.

> PREFIRO A IDEIA DE TRABALHO À DE INSPIRAÇÃO

Você disse que é de ouvir rock, funk, pop, samba e tudo o mais... Como é isso? É uma coisa do Brasil, não é só minha. A gente convive com essas diferenças por formação cultural. Pelo menos na minha geração, crescemos com esse trânsito entre as diferenças, já até meio desvirginados, porque é uma geração pós-tropicalismo, que era pós-bossa nova, que também já fazia uma ponte entre as harmonias do jazz e o samba... A gente tem essa diversidade arraigada na própria cultura. O repente nordestino é mais ou menos parecido com o que fazem no rap dos grandes centros. O baião, o xote etc. têm uma coisa próxima do reggae. Dá para fazer várias outras associações. A própria música que chamam de brasileira é uma combinação de coisas africanas e indígenas. Na formação cultural do brasileiro há esse hibridismo. Para mim é algo absolutamente natural, mas não é uma característica só minha. É uma coisa...

De geração? De cultura e, sim, principalmente de geração, porque a gente vem do tropicalismo, que valoriza esse convívio não traumático com as diferenças e essa possibilidade de fazer contrabando de uma área para outra.

No show *Segundas intenções*, o Ed Motta faz uma brincadeira interessante. Em certa altura, um cara pega o tirol para batucar, e aí o Ed fala: "Isso mesmo, meu filho. Toca isso aí porque assim vão dizer que estou fazendo música brasileira...". O pior é que tem gente que insiste naquele tipo de preconceito ou de compartimentação.

Quais foram as suas influências musicais mais marcantes? Acho que as primeiras foram Caetano Veloso, Gilberto Gil, Chico Buarque, junto com os Beatles, os Stones, Jimi Hendrix, e me lembro de que, menino ainda, ouvia Roberto Carlos, a jovem guarda... As gerações anteriores eu só vim a ouvir um pouco depois: João Gilberto, Tom Jobim, o samba e a canção popular desde a década de 1920 e 1930 até a bossa nova. Isso aí abrange Noel Rosa, Lamartine Babo, Lupicínio Rodrigues, Geraldo Pereira, tanta coisa de Cartola, Nelson Cavaquinho, Clementina de Jesus. Esses três últimos eu cheguei a ver ao vivo, num show maravilhoso lá no Equipe ou coisa assim... E Elton Medeiros. Depois ouvi muita coisa mais: Luís Gonzaga, música nordestina, baião, um negócio forte pra burro. Lembro que ouvi uma coleção da gravadora Marcus Pereira que tinha música de cada parte do Brasil. E Paulinho da Viola, Luiz Melodia, as pessoas que estavam fazendo música nos anos 1970 e mesmo antes: os Mutantes e depois Rita Lee, Tim Maia, Walter Franco. Em seguida o Arrigo, já na década de 1980, e as coisas dos meus contemporâneos ali, o rock brasileiro, o Cazuza, o Renato Russo, a Legião, o Barão Vermelho, os Paralamas, o Herbert, o Lobão. Depois, nos anos 1990, as bandas novas que foram surgindo, a coisa do mangue beat, o Chico Science, a Marisa Monte, a Cássia Eller. E já ia me esquecendo de Jorge Ben e Jorge Ben Jor... Cada um desses nomes é um universo. Veja o João Gilberto, por exemplo. Aquilo é um negócio enorme, é um mergulho, e houve épocas em que não ouvi outra coisa. E os primeiros discos da Gal então?!... Dificilmente vou ter outra vez uma relação como aquela que, adolescente, tive ouvindo o disco *Fatal*. Ou como a primeira vez que ouvi o Chet Baker... São descobertas que vão formando a gente.

Ainda hoje pintam descobertas desse tipo? Acho que sim, mas não com tanta intensidade, ou pelo menos não com a saudade daquele tipo de primeiro contato, uma coisa de descoberta da adolescência, da juventude.

Você acha que já foi tudo feito? Claro que não. Ainda há muito por fazer. Surgem novas tecnologias, gerando novas informações. Estão sempre retrabalhando a tradição, o que pode ser criativo de uma forma inédita. A gente vê isso acontecendo. Há, por exemplo, o Lenine, o trabalho da Nação Zumbi e de várias pessoas que estão aí. Acho até chata aquela pergunta sobre influências porque eu começo a falar e esqueço tantos nomes... Eu gosto do Chico César, da Adriana Calcanhotto... Há muita gente que está fazendo coisa legal, muita gente que fez coisa importante. Olha aí, esqueci também o Tom Zé! Ontem mesmo, eu estava ouvindo o disco tropicalista dele. Muito bacana.

Ouvindo tudo isso, vejo que você percebe que a música brasileira continua em movimento e que coisas boas continuam sendo feitas. Eu ia justamente perguntar o que você acha daquelas afirmações de que não se fez nada de bom depois do tropicalismo, de que hoje só se imita e de que os anos 1980 foram uma fase de repetição e de marasmo na música brasileira... São comentários muito saudosistas, coisa das viúvas dos movimentos. O Caetano dizia muito bem que o tropicalismo era um movimento para acabar com os movimentos, e a partir daí a diversidade se instituiu como uma forma de realidade cultural com que a gente convive no dia a dia. O tropicalismo veio trazer um pouco essa possibilidade de convivência na diversidade que compõe a cultura brasileira, de sair um pouco de certos "territórios", fazer uma série de pontes entre o alto e o baixo repertório, a coisa culta e a popular. Antes havia muita divisão, muito preconceito. Com o tropicalismo, a desmistificação ocorreu mesmo. É um absurdo, uma "cegueira auditiva", as pessoas dizerem que não estava acontecendo nada na década de 1970. Será que não viram nenhuma novidade no trabalho do Luiz Melodia, do Tim Maia, da Rita Lee, do Raul Seixas, do Walter Franco? Ou em toda a obra do Ben Jor naquela época, que para mim foi o período em que ele fez as coisas mais maravilhosas, discos como *África Brasil* ou *Tábua de esmeralda*? Toda a produção posterior de Caetano e Gil, ou dos tropicalistas de forma geral, estava acontecendo com uma série de autorrenovações, desafios novos que eles iam propondo a cada um dos discos daquele tempo, como o *Joia*, o *Qualquer coisa*, o *Expresso 2222*, o *Refazenda*, o *Refavela*. Você tem ali o desenvolvimento individual dos protagonistas do tropicalismo, convivendo com o pessoal mais novo que foi pintando. E isso tudo só para falar dos anos 1970. Na década de 1980, havia esse meio em que eu estava inserido, que era o das bandas de rock e tudo o mais, que teve uma produção muito bacana, com muita novidade também. E houve outros nomes, que não estavam naquela coisa do rock'n'roll, como o Arrigo, o Itamar Assumpção, o grupo Rumo, Luiz Tatit... Novidade há o tempo todo. Nos anos 1990, você tinha o Lenine, o Planet Hemp, a Nação Zumbi, o Mundo Livre, a Marisa Monte, a Cássia Eller... Houve também o Chico César, o Zeca Baleiro, uma série de outras coisas que apareceram... Pô, o Carlinhos Brown! Como foi que não falei dele? Aquilo é um universo para mim, é uma usina de novidade, de criação, de potencial artístico. Ninguém que mencionei está no formato "movimento", mas acho muito mais saudável que a novidade possa se dar em muitas direções, sem aquela coisa de apontar o futuro: "Ah, a onda agora é essa...". O futuro vai para lá ou para cá, e a tradição aponta numa única direção, para uma ideia evolucionista de cultura. Acho isso errado. É muito mais interessante e saudável que a novidade possa estar disseminada em vários caminhos diferentes, que a gente possa conviver com uma diversidade de caminhos e perceber ali a renovação das formas estandardizadas, dos clichês, de tudo. Para mim, aquele tipo de comentário saudosista não faz nenhum sentido.

Você falou de preconceito. Num primeiro momento, a crítica disse que o disco novo da Marisa Monte (*Memórias, crônicas e declarações de amor*) está lindo, perfeito, mas que tem um apelo popular que, para alguns pensadores da música, não bate com qualidade. Você é parceiro da Marisa e tem músicas no disco que são sucesso popular. Incomoda esse preconceito, a crítica, aquela coisa de jornal? Eu me incomodo com a burrice em qualquer área. E fico ainda mais incomodado quando ela vem da imprensa, porque é uma área que deveria ser a porta-voz de uma inteligência, de um parâmetro crítico. Muitas vezes, a gente lê coisas que não têm o mínimo embasamento e que até partem para a agressão pessoal. Isso irrita, não importando se é na televisão, no jornal, na convivência diária, no telefone, na propaganda. Existem exceções, é claro. Há críticas que são interessantes. Não importa se falam bem ou mal, o que interessa é que tenham argumentos um pouco mais bem formulados, um pouco mais...

Consistentes? É, que tenham um pouco de parâmetro mesmo. Falta criar parâmetros para avaliar a qualidade artística. Toda nova manifestação artística que aparece faz a gente reestruturar os parâmetros, para dar conta criticamente daquilo, entendeu? Falta um pouco desse jogo de cintura na crítica, e aí fica chato, é uma coisa um pouco decepcionante. A gente espera coisa melhor, em especial quando vai a outros países e lê críticas muito mais bem formuladas, muito mais sérias.

Você lê as críticas? Leio, torcendo para que sejam melhores, mais inteligentes. Acho importante ter retorno crítico. O papel do crítico poderia ser grandioso, bacana, muito mais sério do que as pessoas fazem crer no Brasil. Poderia haver um debate interessante com o meio escrito e com a música popular. A imprensa pode ter esse papel de questionar não só a estética mas também a função social da música popular, que é uma coisa muito forte no Brasil. Essas coisas merecem reflexão, debate e tudo o mais. Eu sempre leio com essa esperança de encontrar uma resposta mais qualificada.

Onde é que você encontra aquele retorno crítico? Nos parceiros? Em quem? Em alguns críticos, mas não vou ficar simplesmente dizendo: "Ah, eu gosto de tal pessoa...". Também encontro nos amigos, nas conversas, nos parceiros, nos livros, em muitos lugares. Quando estava nos Titãs, era até engraçada essa coisa de agir coletivamente. Um servia de parâmetro para o outro. Você fica achando que uma coisa está legal, mas aí vem alguém e discorda: "Não, isso não tem nada a ver". "E por que não?", você pergunta, e assim por diante. Um vai lapidando a aresta do outro. Cada um tem menos espaço para mostrar sua integridade total, mas a seleção acaba muito bem lapidada de todos os lados. É uma qualidade que todo projeto coletivo tem. Hoje eu encontro isso nos parceiros, nas várias pessoas com quem convivo e com quem sempre falo de música. Sou muito interessado, leio crítica de disco dos outros, ouço quase todos os lançamentos dos colegas. Mal as coisas saem, eu já me interesso em ouvir. Também vou a shows sempre que posso. Perco muitos, é verdade, por falta de tempo ou por estar eu também fazendo show... É difícil a gente estar a par de tudo, mas sou muito interessado por qualquer coisa que envolva música popular.

E o preconceito contra o popular? É, de novo a barreira entre o repertório mais culto e o popular... Acho que, na verdade, minha utopia é desfazer esse tipo de fronteira. Eu sempre quis realizar uma coisa pop, trabalhar uma linguagem que pudesse tocar no rádio, aparecer na televisão, vender muito disco, falar para o maior número de pessoas possível. E, ao mesmo tempo, não rebaixar minha linguagem, sempre querendo um pouco elevar o gosto comum ou empurrar as fronteiras daquilo que a gente chama de gosto comum. Às vezes você quer inserir alguma coisa que esteja alterando a sensibilidade das pessoas e não só redundar naquilo que elas já têm por estabelecido e sabido. Eu sempre quis fazer um pouco o trânsito entre esses territórios. Nunca acreditei que, para uma coisa fazer sucesso, precisa ser medíocre. Também acho uma estupidez pensar que, se algo é um pouco mais interessante ou mais novo, nunca vai fazer sucesso. A verdade é que o povo tem muita sede de loucura – as massas gostam de novidade. Muitas vezes, aquela mediação e aquela barreira são feitas pela mídia, pela indústria mesmo, que tenta estigmatizar certas coisas e popularizar outras. Meu trabalho todo é no rumo contrário a esse tipo de compartimentação.

> **NUNCA ACREDITEI QUE, PARA UMA COISA FAZER SUCESSO, PRECISA SER MEDÍOCRE**

Quando você era dos Titãs, o popular estava muito mais próximo. Mas hoje o grupo, mesmo sem você, vende mais ou está mais nas rodas populares do que o trabalho solo de Arnaldo Antunes... É, mas isso não depende só de saber se o trabalho é ou não mais pop. Depende também de uma série de circunstâncias mercadológicas, de como aquilo foi...

Trabalhado? Isso. Acho que continuo fazendo um trabalho de apelo popular que, potencialmente, é tão intenso quanto aquele. Não tenho o menor desejo de fazer um trabalho para pouca gente ouvir ou para ser incompreendido. Nada disso. Acredito que minha música continue tão popular quanto era na época dos Titãs. Não vejo nenhuma diferença entre fazer músicas como "O quê", "Pulso" ou tudo aquilo ao mesmo tempo e fazer músicas como "Socorro", por exemplo. Para mim, as segundas são até mais diretas, mais simples, mais banais mesmo – no sentido da compreensão de canção popular –, do que aquelas outras dos Titãs que eu mencionei. Portanto, é uma coisa muito cheia de nuances, não dá para avaliar assim... Minha intenção continua sendo pop. Mas, quando eu saí dos Titãs, foi como se tivesse recomeçado minha carreira do zero. Assim, estou seguindo passo a passo, tentando vender meus discos e fazer meu trabalho. É bem mais difícil recomeçar quando já se participou de um projeto que deu muito certo e fez muito sucesso. Mas tudo isso são contingências do amadurecimento. Tenho sempre esse objetivo de não abrir mão de qualidade artística naquilo que quero realizar. Ao mesmo tempo, não tenho o menor desejo de estar fora do que as pessoas reconhecem como universo pop. O que faço é música popular, e sinto isso nos shows: todo mundo canta, dança, levanta. O meu contato direto com o público é sempre muito bem-sucedido. **Você tem várias parcerias com o Carlinhos Brown, a Marisa Monte e a Alice Ruiz, que é poeta. Como a coisa funciona? Vocês marcam encontro? Se telefonam? Eu sei que a Rita Lee agora faz parceria por e-mail...** Cada música tem uma história diferente, e as coisas podem variar de parceiro para parceiro. Eu adoro trabalhar com a Marisa e o Carlinhos. São talvez as pessoas com quem, artisticamente, eu mais me identifico hoje em dia. São as pessoas de quem me sinto mais próximo naquilo que faço e naquilo que ouço delas. É sempre muito prazeroso. A gente compõe de vários jeitos, às vezes se encontrando e às vezes trocando coisas a distância. Às vezes, faço a letra em cima de uma melodia que alguém me dá. Em outras, faço uma letra e alguém musica, ou eu musico o poema de alguém, ou dou uma melodia e alguém põe letra, ou a gente se reúne e começa a fazer tudo junto. Às vezes, a banda está tocando um som e eu começo a cantar em cima alguma coisa que cabe ali.

HÁ MUITAS FORMAS DE FAZER MÚSICA

Há muitas formas de fazer música. Podem acontecer coisas surpreendentes, como essas canções que fiz com o Jorge Ben Jor e gravei no disco *As árvores e o dinheiro*. Eram textos que eu tinha publicado em meu livro *As coisas*, e o Jorge musicou sete deles e os mandou para mim numa fita. Foi um presente maravilhoso, e acabei gravando duas daquelas canções. Quando existe afinidade, a gente se encontra e faz. É sempre um desafio bacana, porque existe também essa coisa de se adaptar à linguagem da outra pessoa. Acabo fazendo coisas que não faria sozinho, e isso me dá outros incentivos criativos. É como se surgissem outros Arnaldos, que, sem aquela parceria, não existiriam. **O trabalho de compositor e o de intérprete são bem diferentes. Como compositor, você já teve música gravada por muita gente – Cássia Eller, Marisa Monte... A Cássia até gravou "Socorro" antes de você. Como é ouvi-la cantar uma composição sua?** Ah, é superlegal! Fiquei absolutamente emocionado ao ouvir essa gravação de "Socorro" e depois aquela de "Você partiu". No último disco, ela também canta "Um branco, um xis, um zero", que é uma parceria minha com a Marisa e o Pepeu. É sempre uma surpresa nova ouvir alguém interpretar uma música sua. Toda interpretação também revela aspectos da música de que, muitas vezes, eu nem me dava conta. Nesse sentido, a interpretação é quase uma composição. Da mesma forma, quando vou cantar alguma coisa, acabo inevitavelmente dando traços muito singulares ao discurso que estou articulando ali. Às vezes, isso também me faz querer cantar uma coisa que já foi gravada, como "Socorro", por exemplo, pela possibilidade de inserir alguma informação nova na minha interpretação, muitas vezes através do arranjo, do contexto...

Como intérprete, você tem um vozeirão. Que cuidados toma com ele? *(Risos.)* Olha, nunca tomei cuidado nenhum. Parei de fumar, mas isso foi mais um cuidado com a saúde de forma geral, principalmente com o fôlego, que é muito importante nos shows. Parei de fumar em janeiro de 2000, que foi o ano em que fiz 40 anos. Estava na hora de parar, porque eu fumava desde os 16. Mas já estou doido para voltar. *(Risos.)* Não sei, talvez volte e pare de novo. Sinto falta, adoro fumar... Mas estou conseguindo. De resto, nunca tomei cuidado nenhum. Quer dizer, se tenho vários dias de show em seguida, não posso tomar gelado e preciso me resguardar e dormir. O sono talvez seja o cuidado mais concreto: quando durmo mal, fico mais sem voz do que quando durmo bem. Também uso *spray* de própolis, limão, pastilhas, essas coisas. Nos casos extremos, um gargarejo de água com vinagre.

Você já teve aulas de canto? Nunca.

Você percebe uma separação entre o Arnaldo que está lá no palco e o que está aqui no cotidiano, essa coisa de persona? Claro. São circunstâncias totalmente diferentes. Não que eu esteja lá representando algum papel. Estou é sendo tão integralmente eu quanto aqui, conversando com você, só que adaptado a outra circunstância. É um Arnaldo tão verdadeiro quanto este, mas absolutamente outro. Quando subo ao palco, eu me transformo por completo. É como se baixasse um santo que sou eu mesmo, mas que é outro – sou eu sendo o outro.

Essa persona é uma coisa que vem desde os Titãs... No palco, eu ajo de forma muito intuitiva. Nunca ensaio nenhuma performance. Os movimentos, as expressões, os gestos, tudo é muito espontâneo. É o que a música me leva a fazer naquele momento.

Para você, o que é ser artista? Certa vez, numa entrevista de televisão, um jornalista estava muito incomodado com isso de você fazer poesia, música, vídeo, trilha para balé e não sei mais o quê. Você se virou para ele e disse: "Se as ferramentas estão todas aí e se tenho a possibilidade de fazer tudo isso, por que não fazer?" Ser artista está menos no que se faz do que em como se faz. Acho que você pode ser artista lavando roupa no tanque ou sendo caixa de banco. É muito a maneira com que se vive a atividade. É preciso gostar – esse é o primeiro requisito. Tem gente que faz show de um jeito burocrático: exerce a profissão, mas não está sendo artista.

A Zélia Duncan me contou que, antes de entrar no palco, ela busca uma tristezinha lá no fundo, para poder sentir tudo que vai expressar. E tem aquela máxima, as paixões passam mas as canções ficam. Assim, às vezes a emoção que fez compor não é a mesma que vai... Fazer cantar. Isso! Como é que funciona? É, a canção é a mesma, mas a emoção muda sempre. Para a gente que canta, cada show é diferente, exprime sentimentos diferentes, e isso é sempre novo. É engraçado. Sempre acreditei que a técnica vem quando você acredita no que está cantando. Assim, é como se eu acreditasse no consciente do discurso que estou entoando ali. Agora, se fico muito preocupado em afinar e perco o que a música está dizendo, então sai outra coisa.

E a relação com o público? Ser artista de música popular o transforma em pessoa pública. Você sai à rua e todo mundo sabe que aquele é o Arnaldo Antunes. Como é o assédio? Ele incomoda? Alimenta? Ou isso depende do momento? Olha, é sempre bacana. Numa música que fiz com o Lenine, há uma frase que diz: "Gentileza é fundamental!". A coisa é sempre carinhosa. As pessoas vêm, e eu tenho que ser gentil com elas. Pô, vou tratar mal por quê? Eu não me vejo assim. Sempre as recebo muito bem, e faço isso com prazer. É sempre um contato: converso e coisa e tal. Claro, quando vou a uma Bienal e vêm aqueles grupos de escola, por exemplo, todo mundo pede autógrafo. Sei que vou ficar uma hora dando autógrafo e não vou ver nada da exposição. Assim, nesses casos, não dou autógrafo e explico: "Olha, não vou dar porque senão não vou fazer outra coisa. Me desculpe, eu te dou um beijo, mas autógrafo, agora, não!". O máximo que acontece é isso. Mas em geral dou autógrafos e falo com as pessoas. Elas sempre chegam de um jeito carinhoso, não têm o menor grilo. Claro que, se alguém vem agredir, você fica chateado ou responde mal. Mas é muito raro isso acontecer, e o assédio dos fãs não me incomoda.

Você se preocupa com o caráter efêmero ou perene do seu trabalho? Não, eu não penso nesses termos. Penso é na atuação que ele vai ter ali. Se vai ficar ou não, se vai fazer sucesso agora, daqui a dez anos ou nunca, é uma coisa muito imprevisível. Acho que esse tipo de preocupação é muito mais de político ou de publicitário. Sabe como é: "Vamos procurar atingir o público-alvo durante seis meses, porque depois...". Claro, departamento de marketing de gravadora precisa pensar assim, mas eu não posso. Tenho que fazer o que satisfaz minha ânsia artística neste ou naquele momento.

Quais são os seus poetas preferidos? Ah, não vou responder! Você já viu como eu sofri com a música. Os poetas seriam outra lista, e eu iria esquecer todo mundo. Por favor...

Cite só dois ou três que você retoma sempre... Se você pensar em toda a história da humanidade, tem de Homero a Dante e não sei mais quem... Entre os meus contemporâneos brasileiros, o poeta que mais admiro talvez seja o Augusto de Campos. Existem muitos outros, mas vamos ficar com o Augusto.

Você recorre à poesia cotidianamente? Estou sempre lendo uma coisa ou outra. Procuro me manter informado sobre o que está sendo publicado, principalmente os livros de pessoas que admiro ou com quem tenho alguma afinidade. Recentemente, por exemplo, saiu o livro do Frederico Barbosa, de que gostei muito. Foi lançado também o livro do Aguinaldo Gonçalves, de que eu fiz o prefácio e que é uma obra muito bonita. Houve o último livro do Waly Salomão, que foi bem legal... Assim, eu acompanho os poetas da minha geração, as revistas que publicam poemas... Ou então leio um poema do Gregório de Matos ou outras coisas antigas. Porque poesia não é algo que você leu e pronto. É uma coisa com que se convive. De certa forma, estou sempre buscando, relendo. É uma relação diferente daquela que a gente tem com outros tipos de livro.
Com os romances, por exemplo? É, se bem que alguns romancistas vale a pena reler. O Guimarães Rosa, por exemplo. Com ele, eu tenho uma relação como a que tenho com o João Cabral ou o Gregório de Matos: você vai lá e relê. Machado de Assis é outro: volta e meia, dá vontade de reler um conto. Há mais nomes muito fundamentais, como o Borges, por exemplo.
Será que essas relações com coisas fora da poesia acontecem porque às vezes ela independe da forma? Você consegue encontrar poesia na prosa, na música instrumental, nas artes plásticas? Olha, eu acho que a poesia pode até prescindir do verbal, mas ela precisa ter uma relação de significação que seja verbal. É claro que a poesia sofre influência das mais diferentes áreas do saber e do fazer artísticos. Às vezes, ela pode se inspirar no cinema para algum tipo de corte, alguma montagem diversa. Ou pode tender para a música, caso se tenha um trabalho melódico. Ela pode ser influenciada pelas mais diferentes linguagens ou tender para elas. Pode também vazar do livro, que é seu veículo mais tradicional, para outros suportes, como um quadro, uma gravura, um vídeo, uma instalação, uma canção popular. Mas ela tem suas características próprias, que são um trato especial, um uso muito específico da língua. Como eu disse, essa forma pode até prescindir do verbal. Mas não pode prescindir de significação, de um tipo de significação que é característica do raciocínio e da sensibilidade poéticos.
E a forma musical que você busca? Como é que você pensa e elabora o seu trabalho musicalmente? Nunca trabalhei com arranjador. Nos Titãs, a gente sempre fez os arranjos coletivamente. Na carreira solo, sempre trabalhei com os músicos que convido para tocar comigo. Assim, o arranjo é sempre feito de um jeito meio coletivo. Quando saí dos Titãs, eu me senti muito livre. Fiquei até chato, porque queria ter domínio de tudo. Queria controlar demais essa questão dos arranjos. Com o tempo, fui relaxando. Mas meu primeiro disco foi neurótico, eu queria o controle absoluto sobre cada detalhe. Hoje, deixo que a sonoridade fique mais aberta para participação. Permito que o produtor intervenha um pouco mais. Fui ficando um pouco mais razoável nessa coisa de liberar os músicos e o produtor para trazerem à canção aspectos que eu não esperava encontrar ali.

É aquela história das interpretações... É, agora eu deixo isso acontecer num grau maior. É uma coisa que estou aprendendo aos poucos. No último disco solo, já não fiz a capa. Nos três primeiros, eu e Zabba tínhamos feito as capas juntos. **Aliás, você tem uma parceria muito forte com a sua mulher, não?** Ela toca e canta na banda desde o começo da minha carreira solo. Também fazemos juntos muitas coisas gráficas, alguns projetos dos meus livros, dos discos. É muito gostoso nós podermos fazer shows e turnês juntos. E eu adoro as coisas que ela faz no teclado. Isso sempre traz novas luzes para os arranjos.

CÁSSIA ELLER

MORRENDO DE RIR, CÁSSIA ELLER ME OUVIU DIZER

ao telefone que ela é a mulher mais difícil que já conheci. "Chavão abre porta grande", diz Itamar Assumpção. Essa foi a primeira entrevista que tentei fazer para o livro e, quase um ano depois, a última que consegui. Acabamos nos encontrando em São Paulo mesmo, em meio ao trabalho intenso de divulgação do CD *Acústico MTV*, o maior sucesso de vendas de sua carreira. Cássia Eller é um fenômeno nacional. Popular sem perder a atitude que trouxe já no primeiro trabalho, quando apareceu chutando o balde, cantando inteira. Faz música como gosta de fazer: intensamente. Conversa com os músicos no palco, a ponto de esquecer o roteiro do show. Viaja num acorde, num *riff*, num improviso de percussão. Ama a música. E a música faz parte de seu dia a dia quase como o ato de respirar. Ela não pensa sobre seu ofício, mas atravessa a rua em tempos musicais. Leva a vida em compassos. Rindo muito, tomando café, fumando e pedindo para acabarmos logo, Cássia, inacreditavelmente tímida, enfim topou essa conversa. Dizem que ela não gosta de entrevistas porque acha que não tem nada de especial a dizer. Como não? Ela diz tudo com a risada sonora, as mãos que tremem de emoção, os olhos que fogem. Os mesmos olhos que fazem graça nos shows, arregalados, provocadores, debochados. No palco é diferente. Claro. É a música no clímax. Cássia Eller é inteira um vulcão musical prestes a entrar em erupção por trás da calma aparente da grande montanha. Pura ilusão. Quis ouvir tudo que pudesse dessa intérprete que cantando, com toda a verdade, um sucesso de Edith Piaf, um rock do Nirvana, Mutantes, Melodia, Itamar, Chico Buarque, virou sucesso nacional e nem sabe direito o que isso quer dizer. Foi mais uma tarde inesquecível.
Entrevista realizada em maio de 2001.

A Gal Costa disse certa vez que você é uma cantora muito musical e que admira muito o seu trabalho. O que você acha disso? Fico muito feliz quando se referem a mim dessa maneira, porque respiro música, penso música, o tempo todo. A minha vida é marcada pelo disco que foi lançado naquele ano, o disco do Chico Buarque, do Caetano, a música do Djavan que fez sucesso no rádio naquela época, essas coisas é que marcam o tempo na minha vida. Eu me lembro dos acontecimentos assim. Sou musical mesmo.
Você me disse que em casa ouvia muita música antiga. Sua mãe ouvia Chiquinha Gonzaga? Não, quem ouvia Chiquinha era vovó, que tocava bandolim. Todos os meus tios aprenderam música, minha mãe também. Mamãe ouvia boleros. E a gente ouvia rádio em casa o dia inteiro.
Você foi despertando para a música assim, aprendendo de ouvido? Sim. Acho que música é tudo isso. É cantar, fazer música, mas é também ouvir muita música. Adoro ouvir, acho que o melhor a fazer é ouvir música o tempo todo.
Você fez aulas de canto? Fiz, aqui em São Paulo, com a mesma professora que a Ná Ozzetti, descobri isso por acaso. Sou muito fã da Ná, já era nessa época, em 1989. Um dia, tomei um susto: quando estava chegando lá para fazer a minha aula e ela estava saindo, comecei a tremer inteirinha. Eu era completamente alucinada por ela.
Em 1989, qual era a música de sucesso da época? Sei lá. *(Risos.)* Eu conheci a Ná por causa do Rumo. Bom, eu também tinha o disco dela, acho que foi o primeiro disco que saiu pela Baratos Afins.
Ouvir música era uma coisa que você fazia o tempo todo? Era só do rádio ou buscava também em discos? Você comprava muitos discos quando era adolescente? Não, não comprava, porque a gente era muito pobre, não tinha dinheiro para comprar disco assim. Mas eu ia à casa de colegas e amigos para gravar – gravava tudo em fita-cassete.
Fazia a sua própria programação? É. Escutava rádio pra caramba, muito mesmo, o tempo inteiro. Deixava sempre no três em um lá de casa uma fita limpinha para poder gravar, caso tocasse uma música difícil de achar.
Em que momento pintou aquela história de "quero cantar, cantar dá barato"? Quando foi que você cantou e isso a deixou ligada? Desde que me entendo por gente, acho que viajo cantando – viajo muito cantando.
Mas ainda moleca, pequena? É, desde pequenininha. Mamãe foi cantora antes de casar, antes de eu nascer. Papai era ciumento e a proibiu de cantar em público. Mas, dentro de casa, ela não fechava a boca, cantava o tempo inteiro, enquanto fazia comida, arrumava a casa, lidava com a gente, tomava banho. Aí, de tanto ouvi-la cantar aquelas mesmas músicas de que gostava – uns boleros, umas coisas em espanhol, Armando Manzanero e não sei mais o quê –, fui aprendendo a fazer a segunda voz.

Você já sabia o que era fazer a segunda voz? Quer dizer que foi a sua mãe que lhe deu as primeiras noções de canto? Cantei muito com mamãe. Aprendi a cantar aquelas músicas. Eu ia cantando, e ela dizia: "Tá legal, você está certa, é isso mesmo". Mamãe estudou música na juventude, cantou no coral da igreja, na paróquia onde morava.

Você cantava o repertório dela? Cantava os boleros de que ela gostava e outras coisas. Conheci Maysa através de mamãe e, mais tarde, os Beatles. Minha família toda adora Beatles, é alucinada por Beatles.

Que bárbaro! Aí, ganhei um violão, quando tinha uns 13 para 14 anos. Foi vovó quem me deu, e aprendi a tocar. Papai queria me botar num curso, mas a situação era difícil. Então, ele comprou um livro para mim, o método Paulinho Nogueira.

É clássico. É! Aprendi a tocar em casa lendo o manual.

O violão ainda hoje é o seu instrumento? É com ele que você ensaia? É, é com violão que canto. Quando criança, eu construía instrumentos: marimba de cano e pedacinho de pau, banjo de lata de goiabada, aquela redonda, e corda de pesca.

Com pauzinho? E corda de pesca. Meu tio era pescador. Eu fazia bateria, arrancava as telhas de zinco do galinheiro da minha avó para fazer os pratos. Vivia criando instrumentos, sempre gostei de fazer isso.

Quando foi que pintou o rock'n'roll na história? Desde sempre, desde o início? Não, não foi assim. O que eu conhecia de rock'n'roll era Elvis Presley, Roberto Carlos e Eduardo Araújo, a música pop brasileira dos anos 1960, que era o iê-iê-iê, mas rock'n'roll mesmo foi bem depois, bem depois. A primeira banda de rock'n'roll que conheci, graças a Deus, foi o Led Zepellin, eu tinha uns 15, 16 anos. Foi então que fui saber o que era isso. Mamãe escutava muito Little Richard.

Ela tinha um gosto bastante eclético. Aliás, mamãe adora rock'n'roll. Ela era jovem nos anos 1950, rebeldezinha, não podia deixar de gostar disso.

Rebeldezinha? *(Risos.)*

Você diz que sempre foi muito gostoso cantar. Qual é o barato disso? O que move você? Não sei, não penso unicamente no ato de cantar. Imagino sempre a música no todo, como uma energia, quando estou tocando ou cantando ou ouvindo. Uma coisa que acho muito legal é saber ouvir – gosto muito de ouvir música, acima de tudo, de qualquer coisa. Vou dormir e fico pensando em música, sonho com música, sabe? A música surge pronta, com arranjo e tudo, uma música que nunca ouvi, eu sonho com isso. Aí acordo e tento reproduzir, mas não consigo, lógico. Só penso nisso o tempo inteiro. O tempo de fazer as coisas, os cálculos que faço, tudo acontece em tempo de compasso musical. O tempo que se tem para atravessar a rua, até aquele carro chegar aqui, fico pensando em música. Não é trilha, são cálculos matemáticos.

> **GOSTO MUITO DE OUVIR MÚSICA, ACIMA DE TUDO, DE QUALQUER COISA**

Compassos? É, são cálculos matemáticos, mas completamente rítmicos.
Quando o rock'n'roll pintou através do Led Zepellin, o que foi que a fisgou exatamente? Eu já tinha uma ideia do comportamento, dessa coisa de protesto, de acabar com as mentiras, a demagogia, o falso moralismo, o respeito. Tudo isso tem a ver com o rock'n'roll, só que de uma forma irreverente – tem tudo a ver com a irreverência. Eu já sabia disso, porque sou fã dos Beatles desde que nasci. Nasci em 1962, junto com o sucesso dos Beatles.
Já nasceu com o espírito imbuído? Com certeza, e mamãe também. A gente já tinha essa ideia do que era o rock'n'roll.
É por isso que você aparece chutando a lata já logo no começo? Acho que essa foto está no primeiro disco. É, quando decidi ser cantora, não pensava em cantar rock'n'roll, não sabia que eu tinha isso. Para mim, eu seria cantora de música popular brasileira. Mas as pessoas começaram a falar: "Você é roqueira". Eu própria não sabia disso, até por causa do meu jeito de ser, do meu comportamento. Aí, achei que tinha a ver e fui fazendo, chegando cada vez mais perto disso, da música mais rock'n'roll.
Em que momento você resolveu que iria de fato cantar e viver disso? Eu tinha 18 anos quando tomei essa decisão. Fiz um teste para ser corista num espetáculo do Oswaldo Montenegro. Ele estava recrutando pessoas sem experiência mas que tivessem...
Boa voz? Não, bom ouvido, no mínimo bom ouvido. Fiz o teste e ganhei a música-tema da peça. Não esperava que isso fosse acontecer, porque havia ali artistas mais conhecidos, a maioria era de jovens. A Zélia estava nesse mesmo espetáculo, ela tinha 16 ou 17 anos, era mais nova que eu, foi assim que a gente se conheceu. Gostei tanto daquele ambiente! Não queria trabalhar com ele exatamente, queria apenas trabalhar com música. Eu conhecia muitos músicos também, e eles diziam: "Não, não interessa se você gosta, se é a sua onda, entendeu? Você tem que ter respeito, tem que saber ouvir, porque, quanto mais você conhece, melhor você se expressa e melhor você mostra o que sabe fazer". Achei legal esse pensamento. Depois, trabalhei com o Trio Seridó, que é um conjunto de forró. Fiz muito backing de cantor brega.
Cantou mesmo em grupo de forró? Mas só fazendo backing. Era um trio nordestino clássico, com triângulo, zabumba e sanfona, e a gente fazia backing. No carnaval, cantei em grupos de samba, cantava as marchinhas tradicionais dos anos 1930, 40 e 50. Também cantei ópera. Nessa época, eu queria aprender tudo. Comecei com 18 anos. Qualquer oportunidade que aparecesse, eu estava lá cantando.
Que barato! Meu pai não perdia uma apresentação. Ah, também cantei no trio elétrico Massa Real, que foi o primeiro trio elétrico de Brasília. O Armandinho era padrinho desse trio, e nós conversamos muito. Ele dizia: "Nossa, vá com calma, vá com calma!". Eu tinha 20 anos e já estava na ópera, já estava no trio elétrico, já tinha feito muito carnaval, cantado muito forró, brega e tudo o mais. Fiz um teste

para uma banda de rock também – como era mesmo que se chamava? Malas e Bagagens. Acho que é isso: Malas e Bagagens.

Uma sede imensa... É! Aí, com uns 24 anos fui fazer o meu trabalho solo. Formei uma banda e comecei a fazer o meu repertório. Só que não conseguia trabalho em lugar nenhum.

Isso aconteceu ainda em Brasília? Sim, em Brasília. Nos bares só se podia cantar música de FM e bossa nova.

E como era o seu repertório? Era Jards Macalé, Jorge Mautner, Beatles, Jacques Brel. Eu cantava "Ne me quitte pas" e mais uma miscelânea, uma coisa de louco, era muito legal. E por isso era difícil conseguir trabalho.

"Ne me quitte pas" é resquício daquela época em que você ouvia Maysa. Maysa... Nossa! A gente escutava muito Maysa, e essa gravação é coisa de louco, é linda. Depois consegui um trabalho numa churrascaria, topei cantar as músicas de FM, mas não durou nem duas horas: antes do almoço eu já tinha sido demitida.

Por quê? Por causa do meu estilo agressivo, eu não sabia dosar isso.

Agressivo no jeito de cantar? É, no jeito de cantar.

O pessoal não digeriu bem aquilo. Não dava para comer, não! *(Risos.)*

Então, sua primeira vez no palco foi no coro do Oswaldo Montenegro? É, em 1982. Acho que foi por aí.

E aí já deu para sentir a emoção do palco? Nossa! Lógico, lógico! Sinto a mesma emoção até hoje antes de cantar.

E que emoção é essa? Ah! Frio na boca do estômago, tremedeira nas pernas, medo, suor nas mãos, medo de errar tudo. Sempre acho que vou errar tudo.

Rola uma reação física fortíssima, não é? É, totalmente. Dor de barriga também dá, mas é psicológico, não adianta ir ao banheiro. É só a dor mesmo, é o medão mesmo que dá, mas é uma coisa boa, não é ruim. É louco falar isso, mas é muito bom, é muito bom.

Depois que entra no palco passa? Depois da segunda música fica tudo certo.

Na primeira ainda não? Não! Na primeira sempre desafino e erro tudo, por causa desse medão. A voz fica trêmula, não sei. A respiração fica diferente, ofegante, ainda não está controlada.

Você escolhe a primeira música considerando esse fator? Não, não fico pensando nisso. *(Risos.)*

"Deixa eu pegar uma levinha que é para não passar carão?" Não, não...

Depois que você entra e começa a rolar aquele clima de show, muda tudo? Como você fica? Aí não adianta. Muitas vezes eu falo assim: "Tá combinada a marcação de luz. Nessa música eu toco, naquela não toco". Mas, no fundo, não conheço o roteiro do show, não sei qual é a sequência, entendeu? Mesmo que eu faça o mesmo show dez vezes por mês, não consigo decorar o roteiro nunca. Às vezes, acho que isso é uma coisa ruim, não entender essa coisa técnica do show, o andamento. Mas, por outro lado, acho legal porque estou em transe total.

Está entregue? É, totalmente. Acho legal isso, ficar nesse estado. Não adianta combinar nada comigo. "Olha, nessa música você fica aqui, naquela você fica ali." Eu esqueço tudo e só fico pensando nas coisas de cada música, na viagem de cada música.

Como é para você encarar o público? Eu não penso muito nisso, não. Não é falta de respeito, nem falta de nada. É que, sei lá... Não vejo só aquela galera que está ali. É mais, mais para fora dali, acho.

Dá para explicar uma coisa dessas? O Itamar diz que incorpora alguma coisa, que ele vira veículo para uma história. Com certeza. A gente vira antena nessa hora. Muitas vezes me distraio também, uma frase bonita pode me tirar do ar, uma coisa bonita que um dos músicos esteja fazendo.

Uma frase musical? Alguma coisa que um deles toque e que não estava no ensaio. Sei lá. Rola muito improviso entre a gente. De vez em quando, alguém faz uma coisa muito bonita, aí eu fico pensando e chego a errar letra, porque é bom ouvir, gosto de ouvir. Viajo mesmo.

Então, você não tem uma persona de palco? Tem muita gente que se prepara para entrar no palco, que veste uma personagem com os figurinos, cabelos e outras coisas... É bom isso. Já fiz e acho muito legal.

Aquele show *Veneno antimonotonia*, que o Waly Salomão dirigiu, tinha esse aspecto. Tinha, sim. Eu ficava uma hora me maquiando e me vestindo, e era bom, porque ficava me concentrando. Sou amiga de vários atores, e eles sempre falam isso: a hora da maquiagem, a hora em que se está montando a personagem, vestindo a roupa dela, você vai entrando aos pouquinhos, não tem aquela coisa abrupta, é legal isso. Normalmente gosto de sair do hotel e entrar na van como todo mundo, não tenho esse negócio, chego meia hora antes de começar o show e já entro, não tem muita preparação, não.

Mas há uma diferença grande, eu imagino, já que rola aquele monte de sensações antes do show, não? Eu respiro fundo umas três vezes...

Oxigena para dar o mergulho? É. Acho legal fazer isso. Poucas vezes faço aquecimento, que também é bom para concentração, aquecimento vocal.

É uma coisa mais sanguínea mesmo. É, sim, é, sim.

Quando você está escolhendo o repertório, o que é que a orienta? Você tem cantado muito as letras do Nando Reis, que são bárbaras, maravilhosas. O que te leva a escolher uma música para cantar? Um tempo atrás, eu estava meio desesperada com essa coisa de pegar repertório, é difícil... Muitas vezes é pela letra, mas outras vezes é pela levada ou pela harmonia ou por um trechinho da melodia que me conquista, entende? Não me interessa se o resto da música é ruim, basta um pedacinho para fazer minha cabeça. As letras do Nando Reis, o jeito que ele fala sobre sentimentos, é uma coisa de louco, nunca vi nada igual na minha vida! O Itamar Assumpção também. Sempre cantei muito as músicas dele, desde que o conheci, desde que comecei a cantar. Ele tem um jeito especial

também, essa coisa urbana, um jeito urbano de descrever as coisas, meio Noel Rosa. É muito legal isso.
Meio cronista? É. Muito bom, muito bom. Não tem como não gostar dele. Eu adoro todas as músicas desse cara. Na época em que eu não tinha os discos e ouvia tudo em fita-cassete, muitas vezes não entendia o que ele dizia, mas ele me ganhava pela levada. O Isca de Polícia é uma coisa única.
A música dele tem muita base no baixo. É de linha de baixo, coisa que havia muitos anos a gente tinha esquecido na música brasileira. Depois fui olhar a letra e gostei, não tem como não gostar, lógico.
Mas há algum tempo você andava meio pirada com isso. Por quê? Dificuldade de achar bons compositores.
Contemporâneos? É, contemporâneos. Aí entram o Itamar e o Nando Reis, que são os caras de que mais gosto da minha geração, do meu tempo.
Esse desespero todo foi antes de ter feito o Cazuza? Todo mundo reclamava: "Pô, você só canta música velha, música antiga?" Eu sou exigente, não canto uma música só porque o refrão é legal, não faço isso. Quero que a música tenha a ver comigo, com o que penso da vida, do mundo, com o meu jeito de raciocinar...

> **QUERO QUE A MÚSICA TENHA A VER COMIGO, COM O QUE PENSO DA VIDA**

Você sempre gravou músicas do Legião Urbana, ou melhor, do Renato Russo, não é? Sempre. Desde que comecei a cantar e a fazer shows sozinha, canto "Por enquanto". Eu curto a música do Legião Urbana, do Renato, vamos dizer assim. Em termos de letra, a canção de que mais gosto é "Vento no litoral", acho bárbara. Mas "Por enquanto" é muito especial para mim. Uma vez, o Renato até me falou: "Pô, por que você gosta dessa música? É a minha música mais boba". O Renato era muito agressivo, reclamava de tudo. Ele tinha a história de vida dele, claro, mas era tão raro ouvi-lo falar com ternura sobre alguma coisa. Quando ele me disse aquilo, eu falei: "Não acho boba, não. Acho superespecial, singela pra caramba. Acho que você tem que mostrar isso também...".
Você disse que é exigente, que não canta qualquer coisa, que a música tem que ter a ver com o que você pensa a respeito da vida e das coisas. Voltando a falar do Cazuza, que é contemporâneo e foi um poeta-pensador-tradutor de uma geração... Sempre cantei as músicas do Cazuza. Aliás, eu comecei a cantar, em parte, por causa dele. Tomei coragem para ser cantora depois de tê-lo ouvido pela primeira vez. Tive um baque assim que ouvi o cara cantando.
Vocês têm certa semelhança. Às vezes, parecia que eu o imitava, mas na verdade eu já cantava assim antes.
Alguém chegou a lhe dizer que você imitava o Cazuza? Sim. E queria muito tê-lo conhecido pessoalmente, ter convivido com ele. A gente se encontrou umas duas vezes só, nunca rolou nada.

Seria um perigo! Também acho. *(Risos.)*

Falando ainda sobre gravar coisas que tenham a ver: você gravou "Rubens", do Mário Manga. Nessa mesma época também gravei, do Itamar Assumpção, "Sonhei que viajava com você" e, do Arrigo Barnabé...

"O dedo de Deus", que tem aquela mistura com Miles Davis. "Não sei o que que eu quero da vida..." também é dele.

Dessa época também há o blues, de Frejat e Cazuza com Clarice Lispector, "Que o Deus venha". É verdade. Acho que é um trecho do *Água viva*.

Eu quero saber mais dessa sua atitude rock'n'roll, rebelde, contra a hipocrisia, como você diz. No começo da carreira, você gravou umas músicas mais diretas, com letras mais comportamentais. Hoje, nem tanto. Alguma coisa mudou? Você está mais tranquila com relação a isso? Não estou tranquila com relação a isso, estou apenas encontrando outras maneiras de falar sobre a mesma coisa. A música do Itamar Assumpção, por exemplo, é mais sutil, até ele próprio está menos agressivo. A música "Aprendiz de feiticeiro", que está no *Com você... meu mundo ficaria completo*, tem a mesma linha de pensamento de sempre, só que tudo está expresso de maneira mais calma, mais tranquila.

Você já disse que o Nando Reis é um cara que fala de amor como você nunca ouviu. De alguma forma ele traduz o seu pensamento? Ele tem uma sensibilidade incrível, é um poeta. Pô, o jeito que ele usa as palavras, como forma as frases, é uma coisa que está além da música, sabe?, da letra de música. São imagens lindas. O cara é grande, grande mesmo!

Você acha que ele é o cara que fala de amor como você gostaria de falar? Sim. Eu sou muito brucutu para falar, e acho que isso fez a gente se encaixar bem. Sou terrível com as palavras, sou péssima, não tenho tempo, tenho um vocabulário parco. Sou sensível, só que não sei identificar os sentimentos, coisa que ele faz muito bem, e eu consigo decodificar o que ele escreve.

Você acha que leva a público um romantismo que é seu também? Com certeza. A poesia dele toca não só a mim, mas a todos os que a leem.

Você se considera uma pessoa romântica? Sou extremamente romântica. Não parece, mas sou.

Isso já aparecia desde "Ne me quitte pas". *(Risos.)*

E quanto a ser artista? Você tem dificuldade de falar sobre o que faz? Como é a sua pessoa pública? Eu acho engraçado, esquisito. *(Risos.)* Acho muito esquisito.

O assédio dos fãs na rua a incomoda? Fora do trabalho, do show, sim. Eu faço o show e depois vou para o camarim, onde recebo as pessoas. Depois, se o lugar é para dançar, dou uma volta, fico lá com a galera e tal. Mas, fora isso, não me sinto à vontade, não.

Acha invasivo? Na verdade, procuro esquecer um pouco isso. Fico assustada quando penso muito nesse negócio.

Mas, por outro lado, há também uma grande responsabilidade em cantar para muita gente, porque, afinal de contas, você está passando alguma coisa. Você se preocupa com isso? Já pensei muito nisso, mesmo antes de ter começado a cantar. Quando tinha 13 ou 14 anos, comecei a me interessar pela vida dos Beatles, e ficava pensando, me colocava no lugar deles: "Pô, o mundo inteiro escuta o que esses caras falam, todo mundo quer saber o que eles estão falando, todo mundo vai querer imitá-los e tal". Eu mesma queria isso, queria ser John Lennon, queria fazer tudo que ele fazia na vida naquela época. Eu ficava pensando: "Pô, que responsa a dos caras, o Elvis morreu por causa disso, por causa dessa culpa de ser rico, de ser poderoso, de ter tanto dinheiro enquanto o mundo morria de fome". Eu via esses caras falando sobre aquilo e pensava: "Cara, que medo! E se isso acontecer comigo? Deus me livre de uma coisa dessas!". Mas, no fundo, somos todos responsáveis, não só quem está com a palavra, quem está com o microfone na mão, quem tem a oportunidade de dizer para milhares de pessoas o que pensa. Todo mundo tem responsabilidade, qualquer cidadão, não só a gente.

Quando começou a cantar, você imaginava que sua carreira seria assim, com todas as coisas que você já fez, o disco do Cazuza, o *Acústico MTV*? Você achou que teria uma obra para ficar? Não, não. Até porque eu gosto mesmo é do momento em que estou cantando. De uns anos para cá, depois do quinto ou sexto disco, eu tenho percebido isso. Nunca fui profissional na verdade, nunca pensei no meu trabalho como profissão. Gosto de cantar, só isso. Antes eu achava: "Sou a pior profissional que existe, não faço nada". Mas depois pensei: "Pô, eu chego sempre no horário, enquanto muito profissional não chega".

Que é isso?! *(Risos.)* Estou lá porque gosto de fazer aquilo, estou a fim de fazer, estou seca para fazer o lance.

Para cantar, para fazer música. É lógico.

Então, o barato é estar sempre com gente que faz música? Com certeza.

Você continua respirando música, como fazia na casa dos seus pais. Seu filho ouve música junto com você? Ele tem seu próprio gosto, seus discos. Às vezes ele me chama para ouvir, outras vezes eu faço o mesmo, se acho que ele vai gostar de certa música. Acho interessante ele conhecer outras coisas. Mas ele já lê coisas, já pede um disco que quer, e tem também os amigos da escola, os primos mais velhos... Ele se interessa muito por música, eu não o forço a nada, ele gosta mesmo. Agora ainda é meio de brincadeira, mas ele gosta de cantar, de estar na banda com os amigos da escola. São oito meninos, e eles já têm roteiro de show. Aliás, não deixam a gente assistir ao ensaio: "Só no dia do show vocês vão ver!" Mas eu já vi o roteiro, e os títulos das músicas são ótimos.

Eles compõem? Compõem. *(Risos.)* São muito legais as músicas. Eles tocam uma do Planet Hemp, tocam o hino do Vasco, porque são todos vascaínos. Só três músicas não são deles.

O João Donato me disse que o filho dele também está aprendendo piano com o Antônio Adolfo e que ele está todo orgulhoso. É muito legal isso. ■
Por falar em João Donato, ele me contou que um dia, quando era moleque e morava no Acre, estava sossegado na beira do rio quando viu descer um canoeiro assobiando uma melodia. Ele ficou muito atento àquilo e, vinte ou trinta anos depois, tocou a música para o Gil, que fez "Lugar comum". O Gil pôs letra na canção, porque o João Donato não gosta de letra. ■
Com você acontece esse tipo de coisa: ouvir um assobio, uma melodia, e imaginar uma composição? Não, não sou compositora, gostaria muito de ser, mas não sou. Tenho um monte de músicas começadas que não consigo terminar nunca, não consigo fechá-las. Mas normalmente essas composições não são coisas que escutei assim. Eu pego o violão e vou tocando sem pensar no acorde que está saindo, ele segue sozinho. Isso é legal. Depois gravo para não esquecer e fico horas tocando a mesma coisa. ■
Você já mostrou a alguém essas composições? Já mostrei ao Nando, e ele detestou. *(Risos.)* Não sou compositora, tenho consciência disso, não sou boa compositora. ■
Letrista também não? Deus me livre! Se não consigo nem falar direito, como é que posso escrever? ■
Quando a gente lê sobre escritores, descobre que estão sempre pensando na perenidade de sua obra. Acho que você já tem um conjunto de coisas. Você concorda? Acho que o mais legal de tudo, mais do que os discos gravados, é o espírito da coisa, é o recado que estou dando. ■
E qual é o recado? Ah! É essa coisa de liberdade de expressão, que tem tudo a ver com respeito, porque uma coisa não existe sem a outra, é claro. Foi para isso que o rock nasceu – ele foi o primeiro veículo para falar disso. ■
Janis Joplin considerava a música a única forma de expressar 100% o que se quer. Para você também funciona assim? Totalmente. Se não fosse a música, eu me sentiria cega, surda e muda. Sou uma pessoa fechada, difícil, tímida. Seria horrível, tudo seria muito estranho se não fosse a música. ■
Uma vez, no programa *Vozes do Brasil*, quando estava lançando *Com você... meu mundo ficaria completo*, eu lhe perguntei se você cantava com a Marisa Monte, e você respondeu: "Sim, eu canto muito com ela, ponho o disco para tocar lá em casa e fico cantando junto". *(Risos.)* O que mais você ouve hoje em dia? Eu descobri uma banda mexicana pela qual estou apaixonada, a Señor Coconut. Já lhe falei disso, eles só gravam Kraftwerk. ■
Com acento mexicano? É, é maravilhoso. Em ritmo de salsa, rumba, é bom pra caramba. Señor Coconut é toda eletrônica, só que nos ritmos deles. ■
Não tem muita eletrônica nas suas gravações, nos seus arranjos... Não. Estou achando isso engraçado. Nunca tinha gostado disso antes, mas agora estou gostando. Do Prodigy também, por causa do Chico, ele ama isso. ■

Entre os brasileiros, o que você ouve? O Nando, é lógico. Também comprei todos os CDs do Itamar que saíram no ano passado. Inclusive o *Intercontinental*, que é dos discos que mais ouço. Eu morava em São Paulo na época em que ele fez esse disco.

Você ouvia ainda em LP? Sim. O meu toca-discos estava um bagaço, então comprei tudo em CD-player, é ótimo ouvir música nele. Além desses, eu ouço Naná Vasconcelos, por causa da Tamima e da Lan Lan, elas me aplicaram muita percussão. Tem também um disco de berimbau que tenho ouvido bastante, acho que foi gravado em 1986.

Você fez uma participação no Percpan, aquele festival internacional de percussão. Como foi essa experiência? Gosto muito de percussão, mas na verdade eu só cantei no festival. Queria ter tocado, mas não deu. Toquei pandeiro numa música, e berimbau em outra, mas queria ter tocado *cajons*. A ideia toda nasceu disso, de a gente fazer um show de três *cajons*: eu, a Tamima e a Lan Lan. Mas fui ficando com medo e com vergonha, mudamos o repertório todo, e acabei só cantando.

Em que momento você se convence de que a coisa está indo no caminho certo? Porque sempre pinta o medo de entrar no palco, de fazer a música até o final... Antes fico pensando se vou ter coragem. Se me der medo, eu falo: "Não vou dar conta".

Mas, quando entra no palco e faz, você não fica pensando que poderia ter ido mais longe? Não. Às vezes isso acontece, mas prefiro isso a ter ido longe demais. *(Risos.)*

Antes de ter gravado *Com você... meu mundo ficaria completo*, com músicas e direção do Nando Reis, você me contou que foi o seu filho quem disse que você grita muito quando canta e que, por isso, você tentou dar uma amaciada. Aprendi outro jeito de cantar, por causa do que o Chicão falou e também porque o Nando me disse a mesma coisa. Quando conheci o Nando, falei: "Gostaria de cantar assim como você canta". E ele respondeu: "É fácil, basta não ter essa raiva toda para cantar". A gente passava noites conversando sobre isso. Eu adoro o jeito que ele canta também.

Que é um jeito meio falado. É, gosto disso. Foi aí que aprendi. Passei a prestar atenção e a escolher melhor o tom das músicas, que antes era uma coisa que não me preocupava muito.

Você apenas ia fazendo? *(Risos.)* Qualquer tom para mim tava ótimo. Depois passei a pensar mais nisso. O Nando é que me chamou a atenção para isso, e hoje estou bem melhor, cantar ficou muito mais confortável e fácil.

Está melhor? Muito melhor.

Foi só isso que mudou do começo da sua história até hoje? Não. Ganhei maturidade também. Estou menos medrosa, sei lá. Essa agressividade é um meio de defesa também. Como sinto menos medo das coisas da vida, estou menos agressiva. Hoje, tenho outro caminho para chegar ao mesmo ponto.

Você consegue definir o estilo Cássia Eller? Isso é possível? Não sei, não. Eu gosto de tudo, mas sinto raiva também, sinto medo, essas coisas todas. Procuro estar sempre aberta às coisas, tento não enganar ninguém, não sei explicar direito.
Quando perguntei isso ao Melodia, ele deu risada e falou: "Sou um cara gente-boa". *(Risos.)*
A propósito, ele falou muito bem de você. Gosto muito dele também. A gente já fez muitas coisas juntos.
Vocês gravaram "Juventude transviada" e ficou maravilhosa. Cantei "Pérola negra" com ele num show muitos anos atrás, foi uma música maravilhosa. Logo que mudei para o Rio, ele foi lá em casa me dar duas músicas ótimas. Gravei as duas.
"Sensações"... "Sensações" e "Amnésia".
Ele reclama que ninguém mais além de você grava Luiz Melodia. "Ninguém conhece Luiz Melodia", ele disse. É ruim, hein! *(Risos.)*
Foi o que eu disse. *(Risos.)* **Bom, acabamos, Cássia! Foi muito difícil para você?** Um pouquinho.
No rádio é mais fácil? Acho que sim.

> **PROCURO ESTAR SEMPRE ABERTA ÀS COISAS**

Meses depois dessa entrevista e de ter escrito a introdução deste capítulo, encontrei Cássia Eller nos camarins do Tom Brasil em São Paulo. Brincou comigo quando me viu na plateia, foi doce e carinhosa como sempre. Estava tranquila depois de um lindo show. Foi a última vez que nos falamos. Em 29 de dezembro de 2001, com 39 anos, Cássia Eller faleceu de parada cardíaca no Rio de Janeiro. Incompreensível.

CHICO CÉSAR

É SEMPRE MUITO GOSTOSO ESTAR AO LADO DE CHICO CÉSAR

Talvez por seu português perfeito, talvez por seu bom humor, talvez pela generosidade e delicadeza com que trata as pessoas. Nesta entrevista, realizada numa tarde de sol em São Paulo, demos muitas risadas olhando um velho álbum de fotografias de seu tempo de criança em Catolé do Rocha. Já era artista. Tinha banda popular e figurino para o palco, mesmo quando a plateia era só de crianças um pouquinho mais novas que ele. O cantor e compositor Chico César foi "descoberto" pelo grande público quando já fazia sucesso no circuito alternativo paulistano. Quando Chico gravou o CD *Aos vivos*, já havia na plateia um coro de fazer inveja: Ná Ozzetti, Suzana Salles, Rita Bennedito, Tata Fernandes, Miriam Maria e várias outras cantoras. Daí a virar a nova sensação entre as divas foi um pulo. Maria Bethânia e Zizi Possi foram as primeiras a incluir músicas dele em seus repertórios. Sua música carrega uma preocupação social. Mas nada que o faça virar um chato engajado. É, isto sim, um compositor responsável, que pensa no impacto transformador de seu trabalho. Ouça "Mama África" e comprove. Convivem nesse artista o romantismo – que tanto encanta as mulheres –, a crítica e as diversas fontes da música tradicional e regional de seu país. Nesta conversa, ele conta que escreveu "Benazir" depois de ter assistido a um noticiário da TV – um pretexto para falar contra o preconceito, mas sempre com o mesmo bom humor. Chico César ainda é o moleque de botas de cano alto que fazia som lá no sertão da Paraíba.

Entrevista realizada em setembro de 2000.

Chico, vamos começar falando sobre sua infância, lá em Catolé do Rocha, na Paraíba. Eu soube que as freiras distribuíram umas flautas doces na cidade e foi aí que a música entrou irremediavelmente na sua vida... Foi aí que tive o primeiro contato com a música formalizada, a música erudita, a escrita. Antes havia música, mas num universo mais lúdico, como as cantigas do meu pai, da minha mãe, o reisado, as rezas cantadas. Essa tinha sido a primeira base, que se juntou ao ensino na escola das freiras. Elas até davam aulas de piano – mas não para mim. Piano era para alguns eleitos: o filho da professora, o outro não sei o quê, certa elite da cidade. Eu estudava com bolsa na escola, mas já era um começo. Houve uma vez em que, num grupo grande de estudantes – uns sessenta, oitenta –, fomos de Catolé a João Pessoa para tocar na frente da Assembleia Legislativa. Primeiro, tocamos sozinhos, depois tocamos "Love Is Blue" com uma banda de música de Catolé, e, por fim, veio "A dança dos índios cariris", aquela que está num disco do Quinteto Violado e que, mais tarde, usei como citação. No meu último disco, *Mama mundi*, também toco flautinha na música "Aquidauana", eu e a Simone Julian.
Naquele momento, em frente à Assembleia Legislativa de João Pessoa, já pintou o gosto de se apresentar em público? A gente já tinha uns conjuntinhos. Até tenho um álbum aqui: The Snakes. Eu estava com uns 10 anos nessa época.
César, Tadeu, Arlindo, Marcelo... E Ivanilson, que era o baterista. Na verdade, a única coisa que fazia som era a bateria. As nossas guitarras eram de madeira com cordas de náilon, sem ruído nenhum. Os microfones eram de pau. Aqui está o Super Som Mirim, numa pose típica dos conjuntos de baile da época...
Aqui são vocês sentados numa pedra?! Boa essa, típica dos bailes de lá. E aqui está o Trio Mirim: eu, o Arlindo e o Ivanilson.
Você é esse pequenininho? Eu tinha 11 anos. Aqui a gente estava cantando: "Esquenta, moreninha, esquenta, moreninha, tem uma fogueirinha no meu coração..." Dá para ver que há uma fogueirinha atrás. É uma festa de São João no jardim da infância. Para aquelas criancinhas de 5 anos, éramos...
A banda! Isso! Aqui é o Super Som Mirim em plena ação, está vendo? Com os microfones de cabo de vassoura, as guitarrinhas que a gente mesmo fazia, o batuque com lata de óleo e a bateria com tonel de óleo e couro de cabra... Aqui é um festival de música: Arlindinho está cantando. Na verdade, Arlindo era o dono do conjunto, e esse álbum era dele, mas, quando vi que eu seria o único a continuar, passei a mão no "albinho". Isso aqui é o meu primeiro festival de música.
Olha, muito bem-vestido! Em 1977. Essa foto é uma mentira. Ela ilustra bem o que é o *show business*. Aliás, é o próprio *show business*: nada como uma contraluz para tudo ficar bacana. Eu tinha 13 anos e estava cantando a minha primeira música, um samba.
Composição sua? Sim, um samba composto por mim: "Quando chega o carnaval". Compus outra música para cantar no mesmo festival, mas não lembro o nome. A gente podia inscrever três músicas, e eu só tinha uma, que fiz por acaso: estava

andando, entregando discos na rua, e comecei a cantar um samba. De repente, falei comigo mesmo: "Gente, de quem é essa música?"

Isso foi em 1977? Foi. Eu tinha feito a música já havia cerca de um ano. Aí pintou o festival, e a inscrevi. Cantei com esse visual, aquela coisa bem de clubinho do interior.

A bota até o joelho... Eu a tomei emprestada da irmã de um amigo. É uma bota de mulher, com aquele saltão assim. Eu amarrava tudo aqui. Dá para ver que, desde o começo, eu já tinha um cuidado com o visual. Queria fazer algo incrementado, diferente.

Era um ambiente muito propício ao seu desenvolvimento... Era. O pessoal me estimulava mesmo. Inventaram um boato na cidade de que eu tocava corneta. Aí, no dia 7 de setembro, a cidade inteira parou na frente da igreja para me ver tocar: "Ah, o menino vai tocar, o menino vai tocar!" Aqui estão os escoteiros sentadinhos no chão, os maiores, e eu só fiz o de sempre: "Prrr!! Prrr!" E todo mundo disse: "Oh, ele tocou! Ele tocou!" Acharam ótimo. Bem depois, tivemos o grupo Ferradura, que era um pouco influenciado pelo Quinteto Violado e pela Banda de Pau e Corda, Mas, nessa época, a gente também já ouvia bastante Pink Floyd.

Então, na pré-adolescência, já havia rock'n'roll na história? Já! A gente ouvia bastante King Crimson, Pink Floyd, Led Zeppelin, tudo lá no quartinho dos fundos da casa do Adonias, que era mais velho, fumava e coisa e tal.

O seu pai gostava desse ambiente em que você circulava? Não houve resistência ao fato de você estar fazendo música? Não, resistência não. Eles se preocupavam era com a turma que eu frequentava, essa coisa de cidade do interior: os maconheiros... Mas eu estudava, sempre passava de ano com boas notas, trabalhava... Enfim, era um menino, como dizia a minha mãe lá na "Mama África", que "nunca me deu trabalho". Não dava mesmo, fazia tudo direitinho. Dos 13 aos 16 anos bebi pra caramba, mas mesmo assim continuava andando no que, para eles, parecia ser o caminho do bem.

Quando você resolveu fazer o curso de jornalismo, foi porque achou que não daria para viver de música? Foi basicamente por isso. Na época do grupo Ferradura, a gente já compunha. No íntimo, já sentíamos que o que a gente estava fazendo diferia do que rolava mais comercialmente, que não seria tão fácil assim sobreviver com música.

A sua primeira composição foi um samba; depois, você teve a influência das rezas da sua mãe, do reisado, do Pink Floyd, mas, na época do Ferradura, Chico, a sua música já tinha a cara que tem hoje? No começo, o Ferradura era um grupo muito mais nordestino, muito mais parecido com a Banda de Pau e Corda e o Quinteto Violado. Mesmo a gente já tendo escutado Secos & Molhados, aquela era uma época em que se valorizava bastante o elemento regional, que acabou sendo a base do meu trabalho. Naquele tempo, existia o Quinteto Armorial, a Orquestra Armorial, o Alceu Valença. No comecinho do Ferradura, ainda não havia nem o Zé Ramalho, que só lançou disco em 1978 ou 1979, nem a Elba, que era só vocalista. Mas a gente tinha a influência da coisa regional, universitária, essa coisa meio engajada que têm as músicas que falam de política – o vaqueiro como símbolo de resistência, o cangaceiro também. Era basicamente isso.

Você já fazia letra? Já. Em 1979, que é a época do Ferradura, eu já tinha algumas. Houve uma pessoa que nos estimulou bastante, a minha primeira professora de música. Era uma freira, irmã Iraci, que vive em Catolé até hoje. Ela era muito jovem, muito bonita, todo mundo a adorava. A gente foi lá conversar, mostrar as músicas, e a irmã Iraci deu uns toques: "Olha, eu acho que vocês precisam afinar melhor e coisa e tal". Aquilo de professora mesmo. Foi bacana. Mas, quando eu tinha uns 14 anos, senti que a coisa estava ficando séria para mim. Gostava daquilo, queria ser um daqueles que estavam na capa dos discos que eu vendia na loja. Sabia que nem sempre estaria com o grupo, cercado dos amigos e tal...

Você já tinha percebido isso antes? Já. Mas às vezes as pessoas fazem música por diletantismo, por diversão. Havia dois caras da minha cidade que estudavam jornalismo. Até hoje são meus amigos: Pedro Nunes, que estava na Universidade Federal da Paraíba, e Carlos César, que era da Federal de Pernambuco. Eram mais velhos que eu. Na época das férias, quando voltaram para Catolé, fui conversar com os dois para saber como era o curso de jornalismo: "Ah, tem cinema, semiótica, não sei o que mais..." E eu, com toda aquela revolta da adolescência, que até direcionava para a questão política, pensei: "Pô, se não vou poder viver de música tão cedo, se gosto de escrever e todos elogiam os meus textos, então posso escrever para jornal e fazer denúncias". Era aquela ilusão que a gente tem quando não lembra que liberdade de empresa não é liberdade de imprensa. A gente não sabe, eu não sabia. Com 15 anos, como poderia saber?

E o instrumento? Estava sempre do lado? Ganhei o primeiro violão, um Trovador Giannini, nesse festival da foto em que estou de botas. Fiquei em quarto lugar. Um cara chamado Garibaldi, que era bancário e muito mais velho, ficou em primeiro, segundo e terceiro.

De uma vez só? De uma vez só! Como eu tinha de 13 para 14 anos, todo mundo ficou meio com pena: "Poxa, vamos dar um estímulo para esse menino!" E o meu patrão, que não era bobo, tinha um monte de violões encalhados lá na loja de discos, era um dos apoiadores do festival e disse: "Olha, vamos dar um violão para ele! Eu entro com uma parte do violão, e vocês me pagam o resto". Com isso, saiu todo mundo ganhando: meu patrão vendeu o violão encalhado, eu ganhei o violão, e a turma do festival ficou com a consciência tranquila ao ter premiado aquele garotinho para quem todo mundo bateu palmas dizendo: "Olha, que bonitinho!"

Esse violão ficou ao seu lado bastante tempo? Muito. Com ele, fiz muitas músicas no começo. Foi o meu primeiro instrumento. Aprendi a tocar vendo as pessoas tocarem. Enchia o saco de um e de outro, perguntando: "Que acorde é esse? É dó maior?" Ia combinando os acordes e fazendo as músicas, mas muita coisa eu fazia só para usar os acordes que tinha aprendido. Depois, com o grupo, começamos a nos desenvolver juntos, um ensinava o outro. No início, eu era o que menos sabia. Mas, com o tempo, de tanto perguntar, me tornei um dos que mais sabia, porque perguntei para mais gente, e foi bacana. *(Risos.)* Nessa época do Ferradura, a gente tocou em muitos festivais, em muitas cidades: Souza, Cajazeiras, Pombal, Patos. Fomos até Iguatu, no Ceará. O grupo já fazia uma...

Turnê? *(Risos.)* É, uma turnê pelo sertão.

Na faculdade, você já cultivava uma imagem? Eu cultivava uma anti-imagem. Foi um tempo em que tudo que era bonito eu achava feio. Naquela época, por exemplo, não suportava ouvir "Odara", "Leãozinho", essas músicas do Caetano Veloso. Achava tudo muito ruim. Gostava de coisas mais alternativas. Foi quando descobri Arrigo Barnabé, Itamar Assumpção, Premê. Para mim, eles eram o máximo, e esses grupos já tinham um passado. Claro que, fora daquilo, eu gostava de uma coisa ou outra. Amava "Não chores mais", do Gilberto Gil. Gostava também do Djavan, que estava começando a aparecer. Mas o *must*, o *best*, era a turma de São Paulo. E nós, do Jaguaribe Carne, acabamos abrindo um show do Arrigo no Projeto Pixinguinha.

Aqui em São Paulo? Não, lá mesmo em João Pessoa, foi a glória! Era como se estivéssemos abrindo um show dos Beatles, do Frank Zappa... Foi maravilhoso, e ali conheci Tonho Penhasco, Paçoca, Vânia Bastos, o próprio Arrigo. O Arrigo nos apelidou de Os Punks da Caatinga, porque eu já era desse outro grupo, o Jaguaribe Carne. Cheguei a João Pessoa em 1980, para fazer o terceiro ano do científico, e acabei ficando para o curso de jornalismo. Foi quando encontrei estes dois irmãos: Paulo Ró e Pedro Osmar, figuras fundamentais na minha vida, porque me mostraram que ser artista não era necessariamente ser doidão. Assim, não precisava ser Novos Baianos – eu achava os Novos Baianos demais...

Alternativa total, todo mundo em comunidade... Exatamente. Esses caras me mostraram outra coisa. Eram pessoas muito simples, moravam numa casa coberta de palha. O Pedro trabalhava como designer gráfico, e o Paulo era carteiro. Já estavam começando a formar suas famílias, tinham filhos e passavam necessidade. Levavam uma vida muito sofrida, mas tinham os melhores discos que já ouvi na vida: todos os do Pat Metheny, do Naná Vasconcelos com o Egberto, do Miles Davis em vinil. E me adotaram: "Senta para ouvir. Esse aqui é Hermeto Pascoal no festival de Montreux. Aí, olha, ele está tocando clavinete. Isso é 'Dança das cabeças'..." Perceberam que eu tinha potencial. Se não fossem eles, eu talvez tivesse encontrado outras pessoas, mas poderia também ter me perdido e ido para outro caminho. Eram tudo que havia de alternativo, tudo que negava o mercado. Foi uma fase em que me afastei da música popular. Com eles, virei um dos Jaguaribe Carne. Fiquei fazendo música experimental, canções que entravam nos shows. Éramos o grupo mais maldito que se possa imaginar: misturávamos poesia pornô, poesia concreta, música aleatória, ritmos nordestinos, maracatu, ciranda, essas coisas. Tudo numa salada bastante indigesta. O negócio era realmente experimental. Havia show em que a gente só rasgava papel. Levava um monte de papel, ficava rasgando e fazendo chic-chic-chic no microfone, e o pessoal perguntava: "Cadê o show?". E a gente: "Acabou!". Era um grupo estranho, mas abriu a minha cabeça de um jeito que, do contrário, ela não seria como é hoje. O melhor é que a gente continua se influenciando, fazendo um intercâmbio. Eles me apoiam. Quando o jornal de João Pessoa diz: "Vocês não acham que o Chico César ficou muito comercial?", eles respondem: "Não, o Chico César é o braço pop do Jaguaribe Carne!". É só um jeito de proteger o amigo. Quando vou lá, aquele mesmo pessoal diz: "Você não acha que o trabalho do Jaguaribe Carne é muito estéril, que ele fica só nessa experimentação?". E eu respondo: "Não, alguém tem que manter acesa a chama do radicalismo". Assim, a gente segue se apoiando, se defendendo.

Você ainda traz essa coisa performática nos seus espetáculos. Esse último, *Mama mundi*, tem aquela coisa das bandeiras... Exatamente. Na época do Jaguaribe Carne, ficou clara a necessidade de usar a cena, de estimular todo tipo de sensibilidade, até o olfato. Certa vez, fizemos uma exposição de artes plásticas chamada Primeiro Festival Comuníssimo de Artes Drásticas e Cínicas. Foi numa galeria do governo, e lá pusemos uma obra que se chamava Parlamento: eram duas galinhas e um galo comendo milho e tomando água. Dali a pouco, os bichos começaram a defecar e sujar tudo. As pessoas entravam, viam a cena, sentiam o cheiro. Tinha tudo essa obra, era o próprio Parlamento. Abrimos a exposição com uma passeata em que ficamos gritando: "Mais ovo e menos galinhagem!". Na minha vida, foi uma fase muito boa, de liberdade, de experimentação. Quando conheci o Jaguaribe Carne, senti que era possível resgatar todas aquelas coisas do meu pai, da minha mãe, que aquilo era legítimo e moderno, que precisávamos nos apoiar na base de onde tínhamos vindo.

Moderno por ser palatável para o contemporâneo. Uma coisa que você traz de lá, usa como referência e cria com ela seu momento na história? É, mas usando sem pieguice, sem..

Falsa reverência? Exatamente. Usei bastante isso, e acho que o meu trabalho tomou esse caminho.

Você acha que trouxe daí um engajamento? Essa preocupação social está presente no seu trabalho hoje? Sim. Primeiro houve um engajamento cultural, um envolvimento sem censura nem autocensura com relação às minhas raízes, às minhas referências primeiras. Há também o compromisso social que veio disso e do fato de que, em 1969, quando eu tinha 5 anos, meu irmão Gegê foi preso por envolvimento no movimento estudantil. Fui visitá-lo na cadeia e nem sabia o que estava acontecendo.

Mas isso o marcou assim mesmo... Claro! A polícia foi lá em casa, virou o colchão, olhou os livros, tudo que havia – e não havia muita coisa. Mas eles foram lá, uma casa na zona rural, no meio do mato... Depois, esse meu irmão se mudou para São Paulo, onde mora até hoje. Trabalhou no jornal *O Trabalho* e foi um dos fundadores do PT. Quando eu tinha entre 14 e 15 anos, ele sempre me mandava os jornais. Gegê foi uma referência para mim, uma pessoa que me colocou num caminho de ética humana e política. O Jaguaribe Carne também era extremamente radical do ponto de vista político. Chegava a ser anarquista – anarquista colaborativo... Quando nos chamavam de intelectuais orgânicos, a gente dizia: "Não somos adubo!". Nem intelectuais, nem orgânicos. Mesmo assim, participávamos, e essa é uma necessidade que tenho até hoje. Vou viver mais tranquilo se a gente tiver uma sociedade mais justa, se meus primos – tenho primos que trabalham na construção civil –, meus cunhados, minhas irmãs tiverem uma vida melhor. Quero uma coisa boa para todo mundo. Por isso me envolvo com o MST, faço videoclipe lá no acampamento de Matão, vou tocar de graça nos movimentos, nas passeatas, compareço a reuniões quando tenho tempo. Acho isso importante. Penso que se criou uma distância muito grande entre o artista e a classe que lhe deu origem. Às vezes, nós nos comportamos como se fôssemos jogadores de futebol, que aparecem em público, acenam para a massa e depois vão às festas da elite. Também vou a festas da elite. Fui ao Grammy. Quando havia o Prêmio Sharp, eu ia. Vou ver balé no Municipal. Quando posso, vou ao Palace, ao DirecTV e não sei mais o quê. Vou, sim, mas acho que a gente não tem que aumentar aquela distância. Tem é que diminuí-la, porque o trabalho se esvazia quando você se distancia da sua origem...

O TRABALHO SE ESVAZIA QUANDO VOCÊ SE DISTANCIA DA SUA ORIGEM

Quando você se nega? É, quando você se nega. Na verdade, tem gente que vai se esquecendo, porque é cômodo. Se você tem uma história de pobreza e violência, é natural que queira esquecer. Mas não é porque você pode tomar água hoje que vai esquecer quem não tem água encanada. Não consigo ficar bem com isso. Não me sinto culpado por ser um artista razoavelmente bem-sucedido. Pelo contrário: acho até que os pobres do Nordeste, de São Paulo, do Rio que conhecem o meu trabalho veem nisso uma certa esperança. Se eu puder ser esse símbolo de esperança e de compromisso, vou me sentir satisfeito. É importante a gente segurar esse elo, porque a tendência é haver uma acomodação mesmo.

Mas há aquele outro Chico César, romântico e doce, que os fãs adoram, especialmente as mulheres, que a gente percebe nas canções de amor. Como surgem as suas canções de amor? Muitas eu fiz porque estava apaixonado, mas outras surgiram como uma luz, uma ideia, não sei. É como se uma luz mesmo, um sentimento amoroso, batesse em mim e me abstraísse. Saio de onde estiver, escrevo um pouco e depois vou amadurecendo isso. Gosto bastante de fazer música de amor. Dia desses, um amigo meu, que faz não só músicas de amor mas umas

coisas mais pesadas, foi contratado por uma gravadora. O produtor então disse: "Olha, aqui você não vai cantar essas músicas de comer menininha, não!"
Ô, louco! O meu amigo perguntou: "Mas vou cantar o quê?". E o produtor respondeu: "Ah, vai cantar só as coisas mais pauleiras, mais agressivas". Depois eu disse ao meu amigo: "Pô, bicho, acho que não dá para a gente se anular assim, só porque as pessoas acham que isso é muito antigo, muito Roberto Carlos, no mau sentido. Chega! Temos que fazer uma coisa com mais punk, com mais não sei o quê!". E ele respondeu: "A gente tem que fazer uma coisa que seja mais a gente mesmo, que fale da nossa sensibilidade". Se você é sensível para falar da granada, da bomba, da fome, e também do toque, da relação das pessoas, por que anular isso? Os grandes trabalhos que conheço, os grandes artistas, falaram de tudo: o mesmo Luís Gonzaga que cantou "Xandozinha" cantou "Triste partida", uma das músicas mais tristes e mais dolorosas que conheço. Os Beatles, os Rolling Stones, Bob Dylan, todos os grandes, têm música de amor e de protesto. Até os punks. Como é o nome daquela banda inglesa, fundadora do movimento?
Sex Pistols. Pois é, os Sex Pistols têm música de amor. O amor não é sinônimo de alienação, pieguice, musiquinha para tocar no rádio. Se um grupo grande se apoderou do tema amor para fazer dinheiro – sertanejos, pagodeiros e não sei mais o quê –, que culpa a gente tem? Dentro desses grupos, há pessoas que fazem músicas lindas de amor, mas a indústria fonográfica chegou à conclusão de que a música tem que entrar na novela, de que para entrar na novela tem que ser música de amor, de que só toca no rádio se for de novela. Aí as pessoas começaram a ficar de saco cheio. Não me defendo: quando me inspiro para fazer música de amor, eu faço mesmo.
Como funciona esse exercício de composição? Você compõe melhor sob pressão ou na tranquilidade? Olha, na tranquilidade não faço nada. Já experimentei, já me internei em spa, já me hospedei num hotel que se chama Ponto de Luz, onde tem até umas cachoeirinhas... Já fui para uma praia em João Pessoa onde uma amiga minha tem casa. Até levo o violão para esses lugares, mas nem pego nele, porque tudo já parece tão harmonioso. Se tudo está lá, criado, para que criar? Comigo funciona assim: nessa turnê que acabo de fazer lá fora, eu compus bastante. Compus quando estava com sono, quando estava cansado, quando estava irritado com o equipamento de som de um clube que era ruim, quando estava com saudade de casa. Parece que o estresse e a confusão me estimulam. Nessas situações, às vezes faço músicas de amor, muito tranquilas, reflexivas. Parece que, quando tudo se mexe à sua volta, você precisa ver mexer dentro de si, e aí você se concentra e faz. Quando vou para esses lugares supertranquilos, fico pra lá de disperso. Durmo pra caramba, fico totalmente preguiçoso e não faço nada.
Como é que o processo de composição se configura? Você tem algum método? A melodia vem primeiro? Como funciona pra você? Normalmente, o que vem primeiro é uma ideia de letra ou uma frase – uma frase que tenha um som. O som

da palavra me faz compor. Em geral é assim, mas às vezes eu começo a compor a partir da melodia. Nessa última viagem, fiz uma melodia que funcionava como instrumental, quase um standard de jazz. Depois eu pus uma letra, mas isso é muito raro. Geralmente começo por um pouquinho de letra ou faço as duas coisas ao mesmo tempo.

Escreve e reescreve? Escrevo e reescrevo. Eu rabisco bastante. Posso até lhe mostrar uma agenda antiga, onde anotei as primeiras palavras da letra de "Primeira vista", que escrevi há muito tempo. Eu morava aqui em Santo Amaro, no começo da João Dias. Peguei o ônibus na praça da Bandeira e comecei a escrever um monte de *quando*: "Quando Hendrix tocou, eu pirei. Quando Jânio morreu, eu gostei. Quando fiz 69, gozei...". Está tudo lá. Havia um negócio assim: "Quando não tinha nada, eu quis...". Sei que acabava com "Quando vi você, eu me apaixonei", e aí o ônibus já estava chegando. Pensei: "Pô, isso dá música de amor". Cheguei em casa e fui riscando todos aqueles absurdos que havia ali – o Jânio, o Hendrix, "Quando bebi demais, vomitei...", e não sei mais o quê. Fui tirando aquelas coisas mais punk e escrevendo outras mais doces, que tinham mais a ver com o final – essa música nasceu do fim. Há uma fase de criação e uma de eliminação, que é tirar, tirar, tirar. É como raspar um quadro para o trabalho ficar pronto. Mas há músicas que já nascem meio prontas. São aquelas que você senta e faz.

Já baixa tudo ali. É. Acho que os mecanismos internos já estão tão treinados que, quando você tem a ideia, tudo fica pronto. Não consigo forçar a criação, mas, quando vem a inspiração, os outros mecanismos todos já ficam preparados para trabalhar. Aí, o ex-revisor de textos começa a trabalhar junto, tira, põe, e a coisa fica pronta.

Como você trabalha em parceria? É mais rápido ou mais complicado? Mais complicado. Fiz muitas parcerias com Tata Fernandes, porque a gente morava junto e havia aí uma parceria também afetiva, sem censura, de você se meter no que o outro escreveu, do outro se meter no que você está dizendo. Mas, para chegar a uma parceria desse nível, é preciso que as duas partes não se melindrem. Prefiro trabalhar em parceria, mas separado. ▪ O parceiro me dá a letra e eu ponho a música, ou ele me dá a música e eu ponho a letra. Aí, você tem a liberdade de fazer tudo, depois mostrar ao outro e então decidir se gostou ou não. Alice Ruiz escreve bem pra caramba, mas não se incomoda quando mexo no texto dela. Está acostumada com isso.

Você falou em Alice Ruiz, que é poeta, e estou olhando seus livros aqui em volta e vendo que você tem *Casa-grande & senzala*. A leitura o inspira? Bastante. Leitura e televisão me inspiram muito. Quando você está assistindo à TV, daí a pouco não vê mais nada e fica meio hipnotizado. Fiz muitas músicas na frente da TV, às vezes com um assunto que a telinha estava mostrando. Veja o caso de "Benazir", por exemplo. Benazir Bhutto tinha sido deposta havia uma semana e estava proibida de falar, de se manifestar. Então, começou a fazer uns protestos silenciosos: saía num jipe com seus seguidores, e um soldado botava o dedo na cara dela. Aí fiz a música: "Não aponte o dedo para Benazir Bhutto, seu puto...", porque vi aquilo na TV, aquela mulher tão doce, tão delicada! Ler também é uma coisa que me estimula bastante. Há pouco tempo, fiz a trilha sonora de uma peça infantil: *Amígdalas*. Levei o texto e o violão e comecei a ler e a escrever: música um, música dois, música três... No dia seguinte, tinha nove músicas prontas. **Poxa!** Era para fazer doze, e aí chamei a Marília para ver se era aquilo mesmo que ela queria. "Perfeito!", ela respondeu. Composição por encomenda é coisa que quase não faço, mas entrei no texto sem compromisso e disse: "Ah, vou compor, vou fazer!". E fiz bastante. Algumas leituras me estimulam muito e me servem de base. João Cabral e Guimarães Rosa são exemplos disso.

O Brasil também o estimula muito? Bastante. Cinema também, mas acho que o Brasil é o meu tema – o estranhamento de ter nascido no Brasil, de viver no Brasil. Não sei se um dinamarquês acha estranho ter nascido na Dinamarca, mas eu acho estranho ter nascido no Brasil. Não que deseje ter nascido em outro lugar, mas é que o Brasil é um lugar muito areia movediça, o tempo inteiro. Coisas muito modernas convivem com coisas muito arcaicas. Há algumas que são difíceis de entender. João Pessoa, por exemplo, é uma cidade muito conservadora, mas tem praia de nudismo. E os contrastes sociais?! Campina Grande é um centro tecnológico fortíssimo, impressionante...

Você falou em coisas arcaicas e me lembrei do "Caicó arcaico" que apareceu com aquele disco histórico, *Aos vivos*, que era só voz e violão, com participação do Lanny Gordin e do Lenine. De repente, depois de tanto tempo trabalhando com música, exercitando, respirando música, você estourou, virou *cult*. Maria Bethânia queria as suas músicas, Zizi Possi também. Começou a sair nos jornais: "Chico César é o autor preferido daquelas que só gravavam Caetano e Chico...". Como é que bateu isso? Foi o momento mais feliz da minha vida. Eu estava voltando de um festival em Avaré e ia direto para o ensaio de um show que aconteceria no Teatro do Bexiga, aqui em São Paulo. Quando a gente pegou a Marginal, eu sintonizei na Musical FM, e começou a tocar "Primeira vista". Foi um choque para mim: "Poxa, estão tocando a minha música!". Quando cheguei ao ensaio, disse aos músicos quanto tinha ficado contente com aquilo. Aí alguém falou: "Mas sua música já está tocando faz tempo!". Quando a gente saiu, liguei o rádio de novo, e outra vez tocou a música. Depois do show no Bexiga, fui tocar no Bambu Brasil, na Vila Madalena, num show que eu mesmo tinha agendado. Fiquei pasmo quando, na hora de começar a apresentação, o cara chegou para mim e disse: "Olha, Chico, a casa tá lotada. Não cabe mais ninguém!". O show começou, tocamos músicas que nem eram do *Aos vivos*, depois tocamos uma do *Cuscuz Clã*, e aquela garotada bonita, bem-criada, gente de Pinheiros, alunos do Oswald de Andrade, do Logos, do Objetivo, cantou junto com um entusiasmo, uma alegria!... Fiquei realmente muito feliz com aquilo. Também fiquei feliz de estar andando com a Tata na avenida Brasil, na rua Henrique Schaumann, e as pessoas acenarem: "Olha, o Chico César!". Elas diziam: "Meu filho adora a sua música!", "Minha mulher adora a sua música!". Foi um momento de muita alegria mesmo, e as cantoras foram uma consequência.

Daniela Mercury adorou, Bethânia adorou, o público adorou. O que a sua música tem que provoca isso nas pessoas? Havia muito tempo não aparecia na música popular brasileira um autor, alguém com essa tradição de voz e violão. Antes de mim, vieram Djavan e João Bosco, que surgiram mais ou menos na mesma época. O fato de ser um disco gravado ao vivo e de haver pessoas cantando junto faz que o público se pergunte: "Como um autor desconhecido tem público que canta junto?". Normalmente, o público canta as músicas já conhecidas, mas eu tinha uma plateia até de cantoras, como Ná Ozzetti e Suzana Salles. Naquele instante, o Brasil ficou sabendo de uma coisa que, de certo modo, a São Paulo pequena e elitista, que ainda gostava de Itamar Assumpção e Arrigo Barnabé, já sabia. A música brasileira ainda estava vivendo à sombra de Chico Buarque, Gilberto Gil, Caetano Veloso, Edu Lobo e uma geração intermediária que tinha João Bosco e Djavan. É uma gente de muito talento, e por isso aquele predomínio era natural. Mas nos anos 1980 o mercado deu uma emperrada com a coisa do rock'n'roll, que foi um momento importante, mas que não tinha essa formação de violão e voz, de músicas que podem sobreviver sem o apoio de guitarras, teclados e baterias. Acho que *Aos vivos* nasceu com a geração que trouxe Zeca Baleiro, Lenine e Paulinho Moska e que tinha começado com Marisa Monte. Quando a Marisa surgiu, jovem, bonita, antenada, cantando e misturando Gershwin com Luís Gonzaga, as pessoas começaram a ver que havia uma possibilidade de resgatar esse sentimento de brasilidade na juventude, sem pieguice nem caretice. Na mesma época, a Zizi Possi fez um disco maravilhoso, *Sobre todas as coisas*, que deu base para o que veio depois. *Sobre todas as coisas* é um disco com percussão, violoncelo, violões e piano que mostrava ser possível reverenciar o Brasil e fazer uma sonoridade acústica, mas contemporânea – mais moderna, mais inventiva. *Aos vivos* é um disco teimoso. Depois de pronto, eu o ofereci ao Pena Schmidt para que o lançasse com o selo dele, mas o Pena não quis. Depois ofereci ao Ivan Lins e ao Vítor Martins, que adoraram as músicas mas ficaram na dúvida sobre se deveriam lançá-lo daquele jeito. Então, ofereci ao Lenine e ao Suzano, para que o produzissem, mas também não deu certo. Tentamos inutilmente, com a Simone Soul, colocar percussão em cima daquilo que já estava gravado. Chamaram o Téo Lima, baterista do Djavan, para produzir o disco, e mais uma vez não deu certo. O disco foi engavetado. Até que, um belo dia, liguei para eles e disse: "Se vocês não lançarem, vou lançar como independente. Vocês têm até quarta". Estávamos na segunda-feira. Eu tinha passado o final de semana angustiado: o dinheiro estava acabando, eu não tinha mais para onde ir. Eles queriam mexer naquilo ainda. Mas eu disse: "Ou vocês lançam esse disco como está, ou vou começar a fazer cotas". Já estava cansado de esperar. Ia procurar o Edson Natale para me ajudar a fazer cotas e lançar o disco de forma independente. A história desse disco é um pouco a minha própria, uma história de teimosia. Esse primeiro momento foi muito feliz. Partir de uma coisa tão pequena e ir para o grande, como o Mazzola e a MZA, ter um disco tão popular como o *Cuscuz Clã*, que vendeu pra caramba, ir cantar em Juazeiro do Norte – tudo isso é muito bonito. Faço a minha parte, e a gravadora deve fazer a dela, mas às vezes ela diz que o produto é difícil, que as músicas são estranhas e coisa e tal. Então eu respondo: "Quando morava em Catolé do Rocha, conheci Jards Macalé e Luiz Melodia, coisas aparentemente difíceis. Mas, se eu morava no sertão e conheci esses caras, foi porque eles eram populares".

Mas também porque você tinha a curiosidade e a inquietação de buscar aquelas coisas. Nesse caso, Macalé e Melodia, sim. Mas houve um tempo em Catolé do Rocha em que nós nos "cumprimentávamos", um de cada lado da praça, aos gritos de "Canalha!", tudo por causa do Walter Franco…

Que legal! Portanto, o Walter Franco era popular. Quem marginaliza os artistas é a indústria. O artista marginal é só um cara que não teve acesso ao mercado. Para mim, Itamar Assumpção é o artista mais pop que o Brasil já teve, e isso muito antes de Carlinhos Brown.

Você diz que quer ser popular, vender mais, ir para Juazeiro. Há também a preocupação com a perenidade da sua obra? Acho que algumas coisas já têm lugar certo, eu só faço as músicas, não me preocupo se elas vão vender ou ficar. Só quero dizer as minhas coisas. É difícil saber o que realmente vai ficar. Há coisas que parecem que vão desaparecer e que, de repente, voltam. O Wanderley Cardoso não ficava pensando se ia ficar ou passar, e de vez em quando a gente ouve jovem guarda por aí. O Arrigo está lançando em CD o *Clara Crocodilo*, que é uma obra que foi feita para ficar, e acho que o Arrigo pensava assim quando a compôs. Mesmo se ele não tivesse feito mais nada, ainda assim estaria ótimo. O fato de algumas pessoas terem gravado músicas que eu achava que eram só minhas já ajuda a perenizar a minha obra – alguém haverá de lembrar pelo menos um verso. As músicas que milhões de pessoas ouvem hoje, como "Mama África" e "Primeira vista", eu tocava com uma banda de dez pessoas em shows para uma plateia de vinte – às vezes dezesseis…

Você tem tocado no exterior. É diferente? Diferente e emocionante. Um dia, fizemos um show em San Francisco. Quando terminou, fez-se aquela fila para autografar os discos, e uma senhora americana de uns 60 anos, muito emocionada, foi falar comigo: "Muito obrigada, senhor, hoje é um dia muito importante para mim". Enquanto ela falava, alguém ia traduzindo muito rápido, e eu fui ficando encantado. Ela não tinha entendido a letra, não tinha a menor referência da minha música, não tinha me visto no Faustão, não sabia que Maria Bethânia me acha bom compositor, não tinha motivo para gostar de mim. Ainda assim, adorou.

> **O ARTISTA MARGINAL É SÓ UM CARA QUE NÃO TEVE ACESSO AO MERCADO**

Isso confirma que você está chegando lá. Confesso que desejei conquistar o Brasil, mas nunca desejei conquistar o mundo. Ambição tem limite, e acho bom manter um pé na realidade. O que realmente toca no mundo inteiro, no Japão, na Finlândia, na Europa toda, é música anglo-saxônica, música cantada em inglês, e não há muito que a gente possa fazer. Componho em português. Posso um dia vir a fazer uma ou duas músicas em inglês ou alemão, mas, se o fizer, não será pensando no mercado externo. Na verdade, o que me interessa é esse público que sabe que Lenny Kravitz é ótimo, que escuta Bebel Gilberto ou Elomar, gente que acha que é possível e necessário ouvir coisas do mundo inteiro. Então eu vou para fora para encontrar essas pessoas, que não são poucas – nos Estados Unidos, a média dos meus shows foi de 3 mil espectadores.

Como é estar no palco? Gosto muito de estar no palco. É onde fico mais à vontade, me sinto mais em casa do que em minha casa. É aonde vou para encontrar os meus limites e criar uma instância nova. Mas não tenho nenhum ritual antes de entrar. Os elementos cênicos, o figurino e o roteiro ajudam a criar um ambiente, uma magia. Não penso em nada quando estou lá, porque, se pensar na japonesa linda que vi no metrô Sumaré, danço... As pessoas percebem que você não está lá e começam a se dispersar. O palco é lugar para brincadeira, o passa-anel, um terreiro para brincar de roda...

O PALCO É LUGAR PARA BRINCADEIRA

Você acha que a música tem uma capacidade transformadora? A música, a arte, o show têm essa capacidade. Se você chegar e fizer de verdade, sairá transformado.

E falando em brincar, Chico, ainda existe em você aquele moleque que aparece de botas na fotografia? Sim, e existem outros. Quando entro no palco, o desafio é deixar o erê reinar, porque senão fica insuportável. Ninguém aguenta um cara pulando o tempo inteiro. Nem eu me sinto com vontade de ser isso. Sou homem de negócios, dirijo o meu escritório. Tenho pessoas que me ajudam, mas o escritório é meu, sou eu quem assina as notas, os contratos. Quer dizer, não posso levar esse cara para o palco, porque ele é sem graça, ninguém quer vê-lo ali. O problema é que, nesse caso, você descobre que nem tudo é festa, que há negócios, interesses, e é difícil entrar no palco depois de ter discutido com o Mazzola sobre a vendagem do disco. Então, o que fazer para eliminar esse homem de negócios, para que ele não predomine, não suba ao palco, se é ele quem vai viabilizar a sua estada fora do país por três meses? Se é ele quem vai ter de investir de novo quando você voltar, tirando dinheiro do banco para produzir um show em São Paulo e outro no Rio, porque senão você vai desaparecer? E, se você desaparecer, ninguém mais vai vê-lo pular – você vai ter que pular sozinho. Por isso, é preciso cuidar de tudo.

Para viver de música? Para viver de música o melhor é você mesmo cuidar disso, e não colocar tudo na mão de pessoas completamente inescrupulosas. Essa é uma coisa que aprendi.

CRIOLO

"**PALAVRAS, CALAS, NADA FIZ...**" Penso nessa canção de Caetano na voz de Cida Moreira enquanto leio esta entrevista com Criolo. Comecei nossa conversa sobre versos e verbos. Ouvi dele que as pessoas são como livros, e criadores são também estantes para o conhecimento. As conversas, seu universo em expansão, a realidade do lugar onde cresceu, seus pais, a liberdade de pensamento e muita atenção com tudo. Nesse encontro precioso, ele me diz que as canções são donas do seu tempo, que é preciso respeitar a ótica de todas as pessoas, e acredita muito nessa revolução de amor que a arte proporciona e que também a educação pode proporcionar ao nosso país... Como não querer bem? Como não prestar atenção ao que diz esse artista?
Entrevista realizada em junho de 2015.

Eu tenho a impressão de que para você o verbo tem uma grande importância, a palavra, e me parece às vezes que a música para você é o veículo para essa palavra acontecer, para essa palavra tomar o seu caminho. O que você acha? A palavra cria o sentido, não o dela somente, porque alguém inventou tudo isso, mas ela cria um sentido outro, que compactua ou não com o seu sentido inicial. Quando essa emoção te toma, isso faz com que você tenha algumas pequenas construções, e esse encontro de sentimentos que deságua numa ideia às vezes vem com a melodia e se veste da palavra. Então talvez, sim, esse seja um caminho que comece nessa coisa primitiva de criação, nesse marco zero, e faça sentido para mim esse balbucio cotidiano.

Eu te pergunto isso porque acabei de deixar na sua mão dois livros e vou te trazer outro ainda. Eu tenho a impressão de que você tem essa ligação com a palavra desde menino. Fico imaginando você moleque, se era introspectivo, se estava sempre cercado de livros, devia ter aquele momento, a agonia de bater uma bola, soltar uma pipa, mas você já era ligado nisso? Talvez não cercado de livros, mas era cercado de gente, e cada pessoa é uma epopeia, que não cabe num livro. Eu era cercado de gente e, sobretudo, dos meus pais, que eram e são, ainda estão comigo neste plano, quando for a passagem deles, vão continuar também, porque isso se perpetua. Os meus pais são pessoas que amam pessoas, sobretudo a minha mãe, ela está sempre tendo alguma ideia, sempre falando com alguém sobre pessoas e as possibilidades infinitas que estão em órbita, desde algo simples do cotidiano. Se está frio: "Meu filho, põe um agasalho, por mais simples que ele seja, esta noite ele irá lhe aquecer". Ela tem essa antena de rede na cabeça dela, de conseguir sintetizar tantos pensamentos de pessoas que ela visitou em tantos livros, e de pessoas que ela visita na face da Terra, que vão além desse papel e da caneta. Então eu sempre fui muito incentivado ao processo do pensar. Esse processo é extremamente importante porque você percebe que tem imaginação, e essa imaginação pode fazer com que as faíscas que você vê quando criança, as faíscas de uma bala, que chamam de perdida, mas nenhuma bala é perdida, perdidos somos nós que apertamos os gatilhos, você possa imaginar que aquele fogo que é cuspido é uma estrela cadente, que talvez esteja passando nas suas vistas, por você ainda não ter a maldade tão presente, e não ter a malícia que, dependendo de onde você crescer, você é obrigado a ter para sobreviver. Quando você tem esse incentivo ao pensar, esse incentivo à poesia que o olho pode captar, existe uma mudança de como se enxerga o mundo. Depois, mais para a frente, perde um pouco disso, porque depois a gente tem que tentar entender como a gente tem que se proteger, talvez não deste mundo, mas neste mundo e vice-versa. Eu convivi com uma mulher maravilhosa que me incentivou ao exercício desse pensamento. Então, quando a emoção me toma de modo natural, esse balbucio vem com algumas palavras, algumas frases e algumas melodias, e assim para mim faz sentido. Eu tenho muita dificuldade de me comunicar e de traçar algo linear em determinados momentos de diálogo com as pessoas, mas essa emoção que me toma e deságua em canção parece que ela mesma já me acalma, por eu perceber que ainda é possível mastigar a imaginação.

Interessante isso que você falou agora, que você tem essa dificuldade de se comunicar eventualmente, numa entrevista, num diálogo, fora da sua expressão artística. Mas não é porque o seu pensamento não seja claro, é talvez porque você dá uma viajada, mas volta pelo tempo. É. Que assim seja então.

Eu acho. Eu andei ouvindo umas coisas suas e gostei muito, eu separei umas frases de uns temas seus, de uns raps seus. No "Tô pra vê" tem "Eu sou uma arma que cospe a verdade". Nisso eu entendi uma missão social na história, de ser cronista do seu tempo, da realidade social que está vivendo. Eu tenho a impressão de que em alguns temas seus isso acontece, e acho que essa frase "Eu sou uma arma que cospe a verdade" traduz um pouco esse pensamento. É que a frase que antecede essa talvez nos contextualize um desejo maior de dividir com as pessoas que na frente está o nosso desejo, na frente vai o que nos move e o que nos emociona, que não é algo palpável, visível, comum, um rosto. Quando eu falo do rap eu não sou uma estrela, sou uma arma. Essa é a frase que antecede: do rap eu não sou uma estrela, eu sou uma arma que cospe a verdade, que pega e que fala. É no sentido de que estar no palco é algo grandioso, estar no palco é contundente, é poder reviver a oportunidade de conseguir um espaço no palco, que é uma das coisas mais exigentes do planeta. Pode fazer com que alguns esqueçam o porquê de tudo isso, que o mais importante não é o rosto de quem recebe o holofote, mas a ideia do coração de quem quer que perpetue minimamente um aguçar de pensar mais humano.

É nesse contexto que o rap foi feito. É. E também é tudo que quem está escutando quer que seja. Um prato que mata a fome, ou uma latrina para receber o que comeu, é sempre o olhar do outro que completa, não existe canção completa se não chegar no outro.

Para mim também, que sou só uma ouvinte, a minha parte é essa, ouvir. Mas existe uma energia que se cria com o ouvinte. Você não é só ouvinte, ninguém é só uma coisa, nós somos antenas que captam as energias vindas dos lugares mais distantes. Uma canção é como uma estrela, quando você olha no céu e vê aquele brilho, aquela estrela já se foi há tantos anos, mas aquele brilho ainda está chegando aqui. Assim é uma canção, assim somos nós quando recebemos essa energia dessa canção, e cada um num momento da vida vai desvendar uma face desse brilho.

Você falou do palco, e esse é um tema em que eu quero me alongar com você um pouco, porque a sua presença de palco é realmente muito forte, e muitas vezes bastante diferente desta presença aqui. Eu tenho reparado isso, fui a vários shows seus, e fico sempre muito emocionada com a sua entrega ali naquele lugar. Quero que me conte o que acontece quando você entra. Eu já

vi muita gente, antes de entrar no palco, fazer vários rituais, pedir permissão, enfim, é um momento muito especial. **O que acontece contigo?** Eu acho que o corpo expurga, o corpo sofre, porque o verbo ainda é falho para descrever o sentimento, então no palco, quando a canção é executada, não é mais só essa canção, é toda a energia de quando ela nasceu e a sua mutação, porque começa a se transformar em coisa outra, e você vive esse processo cotidianamente. Para alguns, o corpo demonstra o quão pequenos somos ainda nesse processo de comunicar tudo aquilo que a gente gostaria de comunicar e também não sabemos o que é, porque temos a sublimação do sentir. Talvez seja por isso que, de um jeito ou de outro, o meu corpo me toma e eu deixo que ele vá e viva essa experiência. ▪

O VERBO AINDA É FALHO PARA DESCREVER O SENTIMENTO

Isso, eu imagino experiências diferentes de acordo com o seu parceiro ali na hora, por exemplo, você já esteve com o Milton Nascimento, com o Caetano Veloso, o seu grande parceiro, que é o Dandan, sempre ali. Sempre, o Dandan. ▪

O *brother*, o cara que quase cresceu com você no palco. Então cada experiência é uma experiência diferente. Que imprime em você, eu imagino, uma coisa diferente. Coisas diferentes, completamente diferentes, mas são veredas que vão nos levar à mesma praça principal, que é a emoção que a música nos oferece. ▪

Tem sido gratificante tudo isso que tem acontecido com você, no palco especialmente? Tem sido uma ação solidária que a vida me proporcionou dos 34 anos de idade para cá, tem sido um abraço, um afago, tem sido algo espetacular na minha vida, emocionante. ▪

Eu fiquei muito impressionada no show na Vila Mariana, na estreia do "Convoque seu Buda", na primeira música estava todo mundo em pé, todo mundo cantando as músicas novas. É verdade. Eu só tenho gratidão a essas pessoas maravilhosas, existe uma conexão sincera e verdadeira, que não dá para explicar. A composição sincera, a composição despida de uma preocupação que não seja a sua verdade, que não seja esse movimento de contribuição com o todo, eu acredito que ainda é o melhor caminho. ▪

Que dá o melhor resultado, porque há caminhos mais curtos, mas eu acredito que, quando o caminho é de verdade desde o começo, esse retorno é de verdade também, não é fugaz. É. De verdade, a sua verdade, pois cada homem tem a sua ótica, porque são palavras fortes quando falamos "homem", quando falamos "verdade". Temos que ter esse respeito e esse carinho pelas pessoas que têm as suas verdades e, portanto, escolhas diferentes. E nós estamos tão sofridos enquanto nação, estamos tão desacreditados, que chega a ser difícil alguém acreditar realmente que está de verdade em alguma coisa. Então é necessário ter carinho, sem exceção, por todas as pessoas e respeitar a ótica de todas as pessoas, e seguir naquilo que você acredita que vai fazer com que você ainda continue tendo oxigênio. ▪

E ter tolerância. Quando você fala de acreditar, entender as verdades diferentes, as opções diferentes, a gente tem que ter tranquilidade, compaixão, aceitar, porque é diferente daquilo que é a sua verdade. É, é lógico que existe sangue correndo nas veias. Mas também entender que a gente sempre tem algo para aprender, na verdade a gente tem muito mais para aprender com todos. Existem muitas pessoas que pegam o caminho da fala mansa e o caminho da serenidade, o caminho de acolher a todos, mas no fundo, no fundo não estão nem aí para a ideia do outro e rola uma soberba. Mas não é isso, cara. Rola sangue nas veias e você tem que ter a humildade de saber que a verdade é que você é um ser em construção, senão para que essa vinda? Não faz sentido então você estar aqui. É complicado e ao mesmo tempo é simples, mas a música "É o teste", que amo muito e está no disco *Ainda há tempo*, diz, logo na primeira frase: "A todo momento provar que sou tranquilo", isso é muito forte. E nós brasileiros vivemos isso, toda hora você tem que provar alguma coisa, por mais que não tenha dito que você é isso ou aquilo, por mais que você não tenha dado opinião, ou que você tenha, não importa. Mas isso é um campo vibratório, e a gente não pode acreditar que esse campo vibratório é a totalidade, não é a totalidade, a biodiversidade do pensar é maior, é muito maior.

Quando você fala isso, eu me lembro de algumas falas do budismo, por exemplo, que dizem dessa coisa da força da palavra, a força do pensamento, a força da vibração, seja ela positiva, seja negativa, se você crê numa coisa e vibra, aquilo de alguma forma vai acontecer. É verdade.

Você tem fé? Tenho, eu tenho fé, se eu não tivesse fé, e a fé eu posso traduzir como esperança, já teria me matado, que é para não dar trabalho para os outros. A fé é uma energia maravilhosa que nos tira de muitas enrascadas. É uma das coisas mais fortes de energia que o ser humano produz. Eu não estou falando de religião, religião é uma das formas de você se confraternizar com os seus em preceitos de determinada doutrina, filosofia ou pensar, nessa confraternização você se expressa e constrói. Nós temos que respeitar todas elas, porque em todo lugar tem gente maravilhosa, mas sabemos que onde tem ser humano tem erro. Estou falando de algo que antecede a fé, a esperança, que não se explica, é algo que se sente. Eu tenho muita fé.

E religião, você tem? A minha religião é tentar ser 10% do que a minha mãe é para o planeta. Se eu conseguir alcançar isso, vou me sentir muito realizado.

Que maravilha! Ainda falando das suas canções mais antigas, eu quero falar do "Demorô", que é uma música que traduz uma revolta, não é, Criolo? É uma música brava, com palavrões, é uma raiva mesmo. É, foi escrita na virada do milênio, então tem um pouco disso também.

E acho que do que a gente falou aqui agora, da fé e de você acreditar nas coisas que estão mudando na sua vida. Obviamente a raiva e a revolta vêm e vão, mas eu acho que no rap há espaço para isso, na música há espaço para isso. O que você pensa dessa vertente de expressão? Às vezes quem fala alto com você, quem puxa a orelha é porque é a pessoa que mais o ama, e às vezes alguém está lhe dando uma facada no peito e sorrindo para você, e você não acredita que a mão que segura a faca vem do mesmo corpo cujo rosto lhe oferece um sorriso. Essa canção fala: "Ninguém vai me frear, ninguém vai me dizer o que eu devo fazer nessa porra", mas não é no sentido provocativo, é no sentido de: olhem a nossa geração, nos deem oportunidades iguais, nós temos discernimento e força para construir algo melhor, que vocês não fizeram, vocês se omitiram. É nesse sentido.

Tem várias músicas suas que estão nos álbuns novos mas que foram feitas há bastante tempo, então eu queria conversar com você sobre isso. Há canções que ficam esperando o momento para você... Elas são as donas de seu tempo. Claro, conseguimos colocar um tanque de poesia, de romance, nós somos uma estante, todo homem que é vaidoso por composição não percebeu ainda que é apenas a estante de seu processo criativo. Cada uma tem seu tempo, você concordando ou não. Tem tantas canções que eu já gostaria de ter gravado, mas a gente é cheio de querer, a gente não tem querer, existe algo maior. Uma canção para existir basta existir, e isso não está ligado a marcar horário no estúdio e gravar, ela já existe. Porque, independentemente de essa construção melódica e de essa construção de escrita existirem, existe um porquê que você carrega desde pequeno, então todas as canções do mundo cabem no coração de um vagabundo.

"Não existe amor em SP", por exemplo, como foi feita, quando e como ela pintou? Essa canção nasceu quando eu estava no trem, saindo do Grajaú, e desci na Hebraica-Rebouças, de lá eu ia a pé ou pegava outra condução até chegar à Noel Rocha, no estúdio da família do Daniel Ganjaman, para encontrar o Marcelo Cabral e o Daniel. Ao passar por alguns escombros eu vi umas nuvens grafitadas, e daquele trem eu já estava vendo as coisas que a gente vê desde quando se entende por gente; quem pega o trem às 4:40 ou quem pega o trem às 8:00 da noite entende do que estou falando, mas não só a questão do horário, a questão da mobilidade, a questão do cansaço físico, não apenas isso, mas quanto as nossas almas são desrespeitadas nesse cotidiano que nos amassa, o cotidiano pensado para nos amassar. Isso e um punhado de outras coisas passaram pela minha cabeça, eu cheguei ao estúdio, fiquei sentado numa escada e, quando eles chegaram, eu falei: "Rapaz, eu tenho uma canção aqui, gostaria de cantar para vocês". Eles já estavam quase terminando de fazer o disco. Eu senti que eles foram tomados também por uma emoção e decidimos dar atenção àquele rebento.

Maravilhoso! Ela já saiu inteira nesse dia? Sim, de uma vez só. Mas nunca é assim, é a sua vida toda. Uma vez, eu disse a um repórter quando ele perguntou em quanto tempo eu escrevia a canção: tantos minutos, mas não são tantos minutos, é toda a sua vida. Para não achar que existe uma competição de quem é bom e quem não é. Não é isso, a questão não é essa, não existe bom ou ruim, não existe isso nas artes, não existe isso no campo vibratório que nós queremos para a nossa família.

Família é uma coisa interessante, porque no rap tem muito isso, "e aí, família", "vamos lá, família", é um sentido mais amplo para essa palavra que pode ser tão comum. É. Quando o Dandan fala isso, "vamos lá, família", é uma coisa dele, é a marca dele, "vamos lá, família", mas no sentido de que, por mais que você esteja num concerto, tem tantas pessoas, pode ter duas pessoas e pode ter 300 mil pessoas, mas não necessariamente essas pessoas se conhecem, então a música faz com que a gente esteja no mesmo espaço, pessoas que jamais iriam se ver na vida, mas uma minimamente passa pelo rosto da outra e a energia da pessoa está naquele lugar. Nesse sentido, como a música, como a arte promove esse encontro e a gente comunga daquele momento, por mais que seja apenas aquele momento, não é apenas, podem acontecer tantas coisas, então é nesse sentido, nesse momento, nesse recorte estamos aqui, juntos, um protege o outro.

A gente falou agora do Dandan, que é seu amigão há tanto tempo, e eu fico pensando: com ele, quais foram os momentos mais importantes nessa sua trajetória, vocês são amigos desde jovens, desde adolescentes? A música fez com que a gente se conhecesse. A Janaína, que é uma pessoa amável, uma mulher espetacular, inteligentíssima, extremamente importante para a nossa geração, uma grande dançarina, uma grande militante, uma pessoa muito especial, me fez um pedido: "Kleber, chame Dandan para tocar com você, ele precisa estar do lado de alguém que goste dele, alguém que valorize ele. Ele tem feito alguns experimentos e não têm dado certo". Eu não havia tido esse estalo, falei: "Nossa, óbvio! Certeza, muito obrigado". E nessa brincadeira nós já estamos há 18 anos no palco e com 21 de amizade.

Que legal! O Dandan é muito especial, eu não sei lhe dizer como é para ele, teríamos que perguntar para ele. Mas no momento ele já enxergava algo que eu não enxergava ainda, que foi a construção do álbum *Nó na orelha*, que não era para ser álbum, enfim, você sabe dessa história? Na hora em que ele estava na iminência de sair, ele me chamou em particular, me pediu uma conversa séria e me disse assim: "Meu amigo, eu amo você, você está vivendo algo muito especial, que vai te trazer muita coisa boa, e eu quero lhe dizer que estou aqui, que você pode contar comigo para o que quiser, e que se eu não puder estar com você neste momento, fique tranquilo, de alma tranquila, que eu te amo e vou estar com você do mesmo jeito".

Que bom de ouvir! Maravilhoso! Cheio de luz, né?

Pessoas especiais passam pela vida da gente, muito bom. Só que eu não, está comigo, e é uma grande honra, porque é um grande cantor, é um grande escritor, um grande compositor. Eu não duvido nada ter que falar para ele: rapaz, você tem um espacinho aí para mim das coisas que você vai inventar? Porque ele é grande.

**No palco a gente vê. Falando desses momentos e de pessoas marcantes nessa tua trajetória até agora, teve a chegada do Ganja também, que foi com o "Nó

na orelha". Justamente. O Daniel é uma pessoa que eu amo muito. Do mesmo jeito que eu devo à Janaína a parceria com o Dandan, que já era meu amigo, devo ao Marcelo Cabral a chegada do Daniel em nossa vida, e, antes do Marcelo, ao Ricardo da Matilha Cultural por Marcelo entrar em minha vida. Essas duas pessoas se tornaram irmãos, são meus irmãos, eles conseguem sublimar, eles conseguem construir algumas coisas que saem da minha cabeça, e o olhar de carinho, o olhar de cuidado, o olhar de preocupação com isso que está em nossas mãos não é só uma preocupação estética sonora, não é só uma preocupação de planejamento de carreira, mas os dois têm comigo um ato de amor, porque juntos nós conseguimos, mesmo que ainda capengas, nos comunicar um pouquinho com as pessoas, e isso é muito especial.

Eu não tenho dúvida. Acho interessante esse encontro, porque o Cabral é um homem elegante, sofisticado, com o contrabaixo dele, e o Ganja é o cara das parafernálias eletrônicas... Maloqueiro.

...maloqueiro, daquela coisa de *nerd* também, de buscar umas coisas ali. É. O Marcelo Cabral é extremamente elegante, mas também tem algumas porções ali que não aparecem assim...

Publicamente. ...publicamente, mas ele traz uma preocupação, ele é muito metódico, muito perfeccionista, e o Daniel também é extremamente perfeccionista, profissional, são profissionais incansáveis, e eles se completam muito. Então eu tenho uma felicidade muito grande de ter o Daniel, que é uma grande personalidade, o Marcelo e o Dandan.

Você também teve um enriquecimento musical com a chegada deles. Eu acho que o que eu tive, ou o que eu tenho de podermos estar juntos no dia a dia, eu tenho aula, do mesmo jeito que o Dandan toda vez que me encontra, nós estamos falando das coisas que a gente gosta de conversar, eu tenho aulas com o Dandan, que é um cara extremamente politizado, um cara extremamente preocupado com uma série de coisas, eu tenho aulas com o Marcelo e tenho aulas com o Daniel, eu sou aluno desses caras, eles me proporcionam aprender muito sobre música, aprender muito sobre a importância de cada coisa, a importância do palco, a importância da disciplina, a importância da seriedade no que se refere àquilo que a gente ama, e só complementa as coisas em que eu acredito. São histórias de vida diferentes, são vivências completamente diferentes da minha, então soma demais.

São pessoas deliciosas. Além de serem músicos que não têm um pingo de insegurança, não importa em que lugar do mundo eu vá cantar, não que tenha cantado em muitos, mas em alguns lugares eu já fui. Quando eu estou com o Maurício Bader na percussão, Guilherme Helt na guitarra, Sérgio Machado na bateria, Marcelo Cabral no contrabaixo,

SÃO HISTÓRIAS DE VIDA DIFERENTES, SÃO VIVÊNCIAS COMPLETAMENTE DIFERENTES DA MINHA, ENTÃO SOMA DEMAIS

DJ Dandan nas *pick-ups* e na voz e Daniel Ganjaman em sua nave interplanetária, assim como também estou com o Paul Lews, que é o diretor de palco, o Rubinho, que é como se fosse um professor para nós e cuida do monitor, o Fernandão, que cuida do PA, o Franja, que faz a luz, e o Nineras, que cuida do nosso palco de um jeito que você tem que tirar o chapéu. Não somente esses nomes, mas tantos nomes. O Edu, que faz toda a produção da estrada, o Alê, que cuida do internacional. É um time de pessoas que amam muito o que fazem, são muito sérios. Então eu não tenho um pingo de insegurança em cantar em qualquer lugar do mundo quando estou no palco com essas pessoas e quando tem essa equipe, a Beatriz, a Lígia, essas pessoas cuidando do que a gente anda fazendo por aí.

A gente percebe pelo resultado que a coisa está afinada dessa maneira. Agora vamos falar de samba, música do Nordeste, música africana, eu quero saber dessas referências, dessas fontes onde você vai beber e dessas coisas todas que aparecem na sua música. Como é que o samba, por exemplo, chegou à sua vida, qual é a parte dele nessa história? Eu acho que... eu sou brasileiro, então ele chega pelo rádio...

Naturalmente, no quintal de casa. ...pela TV, pelos vizinhos, pelas festinhas, isso é natural, é música, o samba é a elegância, é uma elegância. A música nordestina, os meus pais são cearenses, então, bora torá essa vitrola. E a música africana é muito por causa da canção "Bogotá", houve uma construção ali, e eu estava recebendo informações desses músicos que tinham acabado de se aproximar de mim por causa desse time de músicos maravilhosos que o Daniel e o Marcelo montaram, que na época também tinha o Tiago França, tinha o Samuca na bateria. Eu estava ouvindo o que já ouvi, ouvindo o que eles também ouviam e o que eles conversavam, então fui me apaixonando pelas coisas. Isso é tudo muito recente para mim, tanto que, de tanto amor e tanto carinho, em algumas canções alguns artistas foram citados, quando eu falo do Mulatu Astatke, quando eu fiz um verso conversando com o Chico e com o Milton. De modo natural isso vai acontecendo, e depois a força da música se encarrega de fazer o seu trabalho.

Como assim fez um verso conversando com o Chico e com o Milton, que verso é esse? Quando eu falo: "Como ir pro trabalho sem levar um tiro / Voltar pra casa sem levar um tiro", com a melodia da canção do Gil e depois do Milton: "Se às três da matina tem alguém que frita / E é capaz de tudo pra manter sua brisa". Esse pequeno textinho, que tem mais algumas outras linhas, fez com que depois o Chico também continuasse esse papo, ele fez a canção respondendo o papo. Depois eu acabei conhecendo o Femi Kuti, conversei com ele no Rio de Janeiro, ele nos convidou para cantar na Celebration, que é uma honra maravilhosa, uma festividade em homenagem, em memória ao pai, na cidade de Lagos, na Nigéria. E antes disso eu fui recebido com muito carinho pelo Mulatu em Londres, tivemos a oportunidade de cantar no Mercado dos Peixes e depois cantamos no Koko, no teatro. E depois fizemos um tour aqui no Brasil. Depois o Milton acabou virando um amigo, porque o Ney Matogrosso me apresentou a ele no dia do Prêmio da Música Brasileira, 23ª edição, estávamos lá para um ensaio, eu já conhecia o Ney Matogrosso, falei com ele na abertura do Carnaval de Recife e ele disse: "Venha para cá, para esse cantinho, porque vai lotar de gente, e você fica aqui até a hora de a gente cantar". Quando eu entro, era o camarim do Milton.

O cantinho. É. E nessa noite também tive o prazer, a honra de conhecer o João Bosco, a gente conversou um pouquinho. Então você vê a força que é e os presentes que a música lhe oferece.

Essa parceria que você fez com o Milton para o disco da Gal Costa é uma coisa de bonita. É. Ele me ligou e falou: "Olha, a Gal está fazendo um disco e me pediu uma música, e eu quero um texto seu para musicar". "Tá bom." Aos 49 do 2º tempo eu mandei a letra para ele, e aí ele fez aquela coisa maravilhosa, e muita gente também ajudando para que isso fosse possível acontecer, e aí aconteceu.

É uma das músicas mais bonitas do disco, é muito tocante, muito emocionante, são versos muito fortes. É. "Tanto para amassar, na sacola uma ilusão, na cabeça um querer, arma e ódio na mão."

Mas quando você fez esse texto você pensou no Milton, pensou na Gal, o que estava acontecendo? Eu não podia pensar nisso, porque senão eu não atenderia ao pedido do amigo, o amigo pediu um texto meu, eu tenho que ter a humildade e o esforço de fazer um texto meu para dar para o amigo, então procurei em minhas coisas, no que eu já tinha, e me debrucei em algumas coisas e me esforcei e passei para o amigo, porque senão eu enganaria o amigo. É um encontro de ruas, ruas que vêm de lugares diferentes, de pavimentação diferente. Essa canção para o disco da Gal é um grande presente, um grande carinho do Milton comigo, e da Gal por aceitar. A canção que saiu no disco do Gero Camilo também, nesse álbum lindo dele, o *Megatamainho*, forró.

Eu vi, eu toquei. Pouca gente sabe que eu tenho esse forró que ele gravou, que é um forró lindo. Ele teve uma sagacidade de interpretação, e quem construiu o disco são pessoas maravilhosas. Esse samba para o disco do Tom Zé, que eu fiz em homenagem ao bom sentimento de um fotógrafo da revista *Carta Capital*, que foi me visitar para aquele "Retrato Capital", que tem na última página. O rapaz não sabia nada de mim e me tratou com um respeito danado, eu falei: "Poxa, eu quero fazer algo". E aí eu fiz: "Veja aonde a formiga vai, isto é uma situação". Imagina, a formiga somos nós que estamos todo dia aqui, imaginando o Terminal Grajaú, aquele formigueiro, o Terminal da Praça da Bandeira, aquele formigueiro, a gente na luta para voltar para casa ou para ir para o trabalho. "Veja aonde a formiga vai, isto é uma situação, escrevo uma Carta Capital para os caros amigos desta banca de jornal." E aí o Tom com sua genialidade deu a contribuição, fez: "Veja, isto é Época, leia no grande bate-boca, e ainda escrevo uma Carta Capital para os caros amigos desta banca de jornal". A música segue. O Ney ter gravado "Freguês da meia-noite" é uma honra maravilhosa.

Você falou que se debruçou em cima de coisas que já tinha. O Itamar Assumpção tinha um quartinho na casa dele, bem pequeno, como se fosse o quarto dos fundos, e ali uma prateleira onde ele guardava caderno em cima de caderno... Você tem seus cadernos também, Criolo? É, não tão recheados da genialidade, ou melhor, nada recheado da genialidade do Itamar, mas eu também tenho um quartinho, que é um pouquinho maior que essa mesa que você está vendo, cheio de cadernos, e esse ritual me acompanhou por muitos anos, quase uma década.
Parou? É necessário sentir também, né?
Até porque tem muita coisa acontecendo. É necessário sentir também, não só escrever, senão você glamoriza o processo.
Você acha? É, nós somos muito falhos, porque existem fórmulas, e às vezes essa fórmula te formula.
Você teve que se desprender deles, então, ou foi natural? Não, é que eu venho do rap, e o rap não tem amarras, e eu também não sei tocar nenhum instrumento musical, e sou uma pessoa muito ignorante, eu dou graças a Deus pela minha mãe que vai me dando os toques das coisas, mas eu sou uma pessoa completamente ignorante, então eu fui escrevendo, deixando as melodias virem à minha cabeça, daí o cara fala: "Está errado. Isso aqui está capenga, isso aqui está faltando duas frases para completar, aqui era para ter duas frases e tem onze...". Isso também é maravilhoso, porque senão a fórmula te formula. Quando eu falo glamorizar o processo é com todo o carinho, é com muito carinho que eu falo isso. A gente pode se permitir mais do que algo que falaram que deu certo, porque o dar certo pode ser tropeçar num poço também, se o objetivo era cair, então deu certo também, quando todos acham que você está subindo, você caiu, só que ninguém lhe contou.
"É preciso estar atento e forte." Criolo, essa experiência de cantar Tim Maia com a Ivete Sangalo, uma banda maravilhosa, e fazer o Brasil de graça... Olha, eu fui pego de surpresa pelo convite, mas me senti muito sereno também. Esse rap que me ensina coisas até hoje, e lá atrás, em 1988, 89, 90, 91, ele era tomado de tantos sonhos, tanta esperança e tanta força, que um jovem que passa por essa experiência de criação, um jovem que experimente o hip-hop e a beleza das suas vertentes, e não estou fechando porta, eu falo do rap e do hip-hop porque foram as artes que me abraçaram, mas eu estendo isso a toda e qualquer expressão de arte, mas não vou ser um leviano de falar de dramaturgia, embora exista dramaturgia em tudo que você faça, mas respeitando esse debruçar de um estudar mais a fundo a coisa, esse rap te dá uma autoestima, mas não com soberba, te dá uma autoestima com serenidade. A gente embalava tantos sonhos, e como é bom ser jovem, esses sonhos junto àquela esperança de que eu lhe falei nos tiram de tanta enrascada que eu só agradeci, esperei confirmar mesmo, se era verdade ou não, se isso era um sonho, e falei: "Vamos trabalhar. Eu vou aceitar esse presente que Deus está me dando, que os deuses da música estão me dando, e vou procurar fazer de uma forma que

as pessoas sintam que o meu coração está ali, e que é um momento mágico para mim, um momento único para mim e para todos os músicos que estão envolvidos". E tive o prazer de conhecer essa pessoa, a Ivete, que é extremamente profissional e ama música.

Sim, percebe-se. Ama, ela é 24 horas falando de música, todo tipo de música, e as possibilidades da música, e os estudos da música, incansável. Então estamos sendo capitaneados pelo professor Daniel e músicos muito especiais, cada um deles muito especial.

Foi interessante porque é bastante inusitado: você, Ivete Sangalo e Tim Maia, é como se fechassem um triângulo. Mas não é óbvio, né, Criolo? Não é a primeira relação que viria à cabeça: vamos fazer um tributo ao Tim Maia e chamar a Ivete Sangalo. Já era uma coisa meio fora da caixinha. Aí chamam você para fazer par com ela, eu achei tão desafiador. É. Mas são essas coisas que ficam. Tem coisas que a pessoa tem que ir lá e ver se está a fim, se ela não estiver, respeite, tem coisas que são de momento. Nós também estamos tentando entender o que é isso, acho que já fizemos quatro ou cinco cidades e também estamos tentando entender isso, porque é um processo de arte para nós. Estamos nos permitindo viver esse encontro, nos permitindo viver esse desafio. Uma empresa que está bancando o projeto de homenagem a grandes nomes da música brasileira, essa empresa é isso e mais isso, faz x e y, tem as suas ações, o objetivo tal. Ótimo, ponto. Para nós é: eu fui convidado para algo extremamente grandioso, deixe-me entender o que é tudo isso aí, e depois disso tudo entendido, rapaz, vamos mergulhar. Porque quando você vê 200 mil pessoas, de todo o Brasil, reunidas com suas famílias, aí você vê que a música venceu. O garoto que curte rap, o garoto que curte axé, o senhor que era do punk rock, a filha dele que gosta de música clássica, a mãe que nem de música gosta, todo mundo foi lá ver o que é isso, ou não foi, ou ouviu dizer e comentou dentro de casa. Isso está além, é outro lance, sacou? É outro lance, está aí, caramba. A gente está vivendo isso a cada dia, a cada apresentação, a cada ansiedade. Eu acabei de chegar de Brasília, quando acabou, a ansiedade já estava louca, porque agora eu tenho Rio, é intenso.

Eu sei, é sempre grande. É verdadeiro, é intenso. A música me deu muitos presentes. Eu, criança grande, adolescente, me perceber capaz de criar algo, o rap me deu isso de presente, e depois conhecer tantas pessoas que também tinham as mesmas preocupações que eu, acabei não me sentindo tão sozinho, isso me deu oportunidade de conhecer grandes MCs e grandes DJs do nosso país. Agora, recentemente, pessoas que vêm de outras expressões musicais tão valorosas quanto, é muito especial, aqui e fora também.

Você me parece sempre um cara muito tenso e muito permeável a tudo. Não por acaso suas letras falam muito intensamente das coisas que você vive. Como é que você se protege de tanta informação, como é que se mantém tranquilo? Eu não sei. Talvez por eu nunca ter atacado ninguém, então não tenho a necessidade de me proteger tanto. Mas, olha, eu já passei por tanta coisa nesta vida, e é redundante, né, todo mundo passou por muita coisa nesta vida, olha como é a palavra e o que você constrói a partir disso. Mas eu me permito falar que já vi tanta coisa nesta vida, que ninguém é melhor que ninguém. Eu estou aqui te descrevendo uma emoção grande, e às vezes o cara que está no trem ali, ou a mulher que passou por você na calçada, tem uma história dez mil vezes mais louca e de superação mais louca que você. Procure fazer o seu melhor sempre, não importa no que você está envolvido, seja sincero com você, com as pessoas ao seu redor, lute contra os seus defeitos, lute contra os seus pecados, porque nós somos fábrica de pecado, o homem é uma fábrica de pecado. E me vem agora toda a beleza da voz de Abujamra falando essa frase, e o sorriso dele que transformava uma frase não numa frase, não era mais uma frase na voz dele, era uma teia saborosa na qual você adoraria se prender, por esse aracnídeo cheio de acentos em cada pata, um aveludado daquilo em que pode se transformar o verbo. Eu acho que música é isso.

LUTE CONTRA OS SEUS DEFEITOS, LUTE CONTRA OS SEUS PECADOS

Criolo, esse seu nome artístico, como é que pintou? Isso eu nunca te perguntei. Olha, nós vivemos numa sociedade completamente preconceituosa, superpreconceituosa. Uma vez eu sofri um acidente em casa, o meu pai estava chegando do trabalho por coincidência, como ele fazia muita hora extra, às vezes ele nem tomava banho na firma, já ia direto, sujo de graxa, de... Eu não consigo chamar de sujeira um homem estar sujo por um dia de trabalho, né?
Sem dúvida. São as aquarelas da vida. E prontamente ele me pegou e me levou ao pronto-socorro...
Que acidente foi esse? Eu já ouvi você contando essa história. É. Ele me levou ao pronto-socorro, eu fui muito bem atendido, em dez minutos fui atendido, em meia hora já estava de alta, mas nós demoramos mais de duas horas para sair do lugar porque o meu pai havia sido detido. Algumas pessoas, ao verem aquela correria nossa, ligaram para a polícia dizendo que uma criança havia se machucado em cativeiro e aí o meu pai foi detido, por ser um homem negro. Então essa palavra talvez seja porque é bonito sair uma foto de você sorrindo no caderno de cultura. O Alessandro Buzo diz assim: eles querem nos ver nos cadernos policiais, mas vão ter que nos aguentar nos cadernos culturais. Como é bonito ver um sorriso e uma chamada: "Criolo, isso ou aquilo, para bom ou para ruim". E isso ser aberto nas casas das pessoas que têm condição de assinar um jornal, isso é uma revolução silenciosa. Talvez por isso também.
A gente falou de palco, e uma das presenças mais fortes no Brasil no palco é Ney Matogrosso, e o encontro entre vocês foi antológico. É. Eu sonho um dia em poder fazer um show com ele, nem que seja só um dia. Com ele e com um menino muito especial, que é belga, o nome dele é Stromae, um jovem muito talentoso.

E o que ele tem de especial? Onde você viu esse rapaz? Eu vejo a verdade, eu assisti a uma apresentação dele, foi o suficiente para mim, eu vejo a verdade nesse menino, vejo muita verdade nele. E uma contribuição também para o Movimento Ocupe Estelita, em que o Mulatu nos permitiu cantar um texto que eu fiz, uma canção que fiz em homenagem às pessoas de lá que estão lutando. Uma poesia minha em prol de um afago, um carinho às pessoas em Recife. Isso também está presente na canção "Convoque seu Buda", no refrão, quando eu falo: "E se não resistir e desocupar / Entregar tudo pra ele então, o que será? / Sonho em corrosão, migalhas são / Como assim bala perdida? O corpo caiu no chão! Num trago pra morte cirrose de depressão / Se o pensamento nasce livre aqui ele não é não". É um texto simples, eu sei, uma construção simples, mas o meu coração está ali. E outras histórias. Eu tenho composição com o Cezar Mendes, que é de Itapuã, uma aula maravilhosa, um amigão que a música me deu. Ter feito esse tour com o Mulatu Astatke foi um presente maravilhoso, o Sesc conseguiu viabilizar isso. O tema do tour, a pedido do Milton, o nome do tour leva o nome da música minha de que ele mais gosta. São pequenas coisas que valem, você olha para trás e fala: valeu tudo. E você vê o nosso orixá cantando algo que você escreveu, e ele sorrindo porque você está cantando algo que ele pediu para você cantar. Porque até então havia uma música que não estava no repertório, eu ia cantar outra música, e aí o diretor musical me disse: "Kleber, essa música tem uma parte de improviso com Wagner Tiso que é pra lá de dez anos, viu?". "Rapaz, me tira dessa, eu não vou cantar essa música não. Deixa os caras lá, que eu também não quero perder de ver isso." Isso foi num show na Fundição Progresso, que era a reinauguração da acústica, do som. Aí eu conversei com ele, ele falou: "Tá bom, então você vai cantar 'Morro Velho'". Faltando um dia para o espetáculo. São pequenos desafios, que a gente não vê, mas que estão ali. No palco eu deixo sempre o meu pedestal a 1m ou 1,5m para trás do pedestal do professor e ele fica me puxando para a frente. São detalhes de coisa de carinho, de amor, de respeito. ▬▬▬▬▬▬▬▬▬▬▬▬▬▬▬▬▬

Claro. Quando eu pude cantar: "Ai meu Deus, ai meu Deus, o que é que há?" com o... Como é o nome dele? Um senhor maravilhoso, eu pude cantar com ele lá no Teatro Municipal do Rio de Janeiro, o Riachão. A honra de poder estar no palco com esse cara, o que é isso, quem somos nós? Você cantar "De frente pro crime" e a 5m de você está lá o João Bosco olhando para a sua cara. Então eu só agradeço ao rap. Tenho esperança de que um dia as pessoas entendam o quão plural, o quão rico é esse nosso rap brasileiro, que não é só chegar e escrever um texto, que isso só já é grandioso, mas como são tantas outras coisas, e como a gente é nisso. É a honra de ter um DVD, o único DVD que eu tenho gravado, o do Circo Voador, que foi um coletivo de pessoas que se esforçou muito para que isso acontecesse, o Gu Andrucha, a Paula e o De La Rosa dirigindo. A honra de dividir o palco com o Emicida, que é um menino tão especial, menino modo de falar, né, é um modo carinhoso de falar, não é um menino mais. Poder receber o Mano Brown, que participou do DVD. Então eu acho que não ouso pedir nada para a música. Andando pelas ruas do Grajaú, magro de fome, sem estima, faltando dente, roupa de bazar da pechincha. Mas o rap nunca tirou de mim o meu sorriso, pelo contrário, ele sempre me preencheu de força para a luta. E esse livramento que eu tive foi agora aos 35 anos de idade, e as canções sempre existiram na minha cabeça. Como a sociedade olha para um jovem de favela? Como a sociedade não se enxerga e vê o vexame que ela passa? Porque eu tenho certeza, ninguém vai tirar essa certeza do meu coração, que em cada canto do Brasil existe alguém com força para mudar o mundo, mas o nosso povo é humilhado, é reprimido, é massacrado. Mas eu opto por falar de amor, eu não vou descrever os assassinatos que presenciei e o cheiro do sangue, eu quero falar de amor, para que um dia isso não aconteça nunca mais. Porque é muito duro você ver um cara que passou da adolescência, chega à fase adulta e é desacreditado pela sociedade, não foi o meu caso ser desacreditado pela família, mas é desacreditado pela família porque não está dentro do que a sociedade diz que é o homem de sucesso, ter mulher com estereótipo tal, carro tal, som tal no carro, uma casa tal e andar com roupa tal e corte de cabelo tal. É muito duro, cara, é muito duro. Por isso eu acredito muito nas artes, acredito muito nessa revolução de amor que a arte proporciona e que a educação pode prcporcionar ao nosso país, os nossos professores, os nossos educadores, essas pessoas que doam a sua vida ao outro, ninguém vai tirar isso de mim. Eu sou muito grato a Deus, sou muito grato aos deuses da música, por essa minha pequena história. E faz diferença sim. Música faz diferença no mundo.

DAÚDE

A PRIMEIRA VEZ QUE VI DAÚDE NUM PALCO FOI NO BOURBON STREET, em São Paulo. A casa de jazz ficou pequena. Essa cantora baiana, que adora dançar e fazer dançar, merece o Olodum na base rítmica, *cajons*, interferências eletrônicas, uma orquestra de baile. O som de Daúde tem muito balanço e uma mistura de percussão acústica e eletrônica. Tradição e contemporaneidade aparecem já no primeiro disco, de 1995, que fez muito barulho na Europa e foi tocado com sucesso em rádios francesas. Ela diz que adora cabines de DJ e remixes de seus trabalhos. "A gente, quando gosta de música, não separa em gêneros. Transa arte com emoção." Ao ouvir um CD de Daúde, pode-se encontrar desde Patativa do Assaré com pífanos sintetizados, passando pela africana Miriam Makeba e pelo conterrâneo Carlinhos Brown, até as baladas de Herbert Vianna e Zélia Duncan. Filha de músico militar, aprendeu com Véu Vavá a disciplina. Com a mãe, ouvia as grandes cantoras do rádio. O gosto pelo brilho e pelo glamour a acompanha desde criança. Do tropicalismo, gostou mesmo foi da revolução estética. Gal Costa foi-lhe um exemplo de liberdade. É bom saber que o rádio foi um grande aliado na formação pop musical de Daúde. Um ouvido sem preconceitos como a música que ela faz. Aumente o volume e faça como Isadora Duncan na prescrição de Rita Lee: dance como bem quiser. Entrevista realizada em setembro de 2000.

Quando ouço notícias suas, quando escuto seus discos e até mesmo as entrevistas que fizemos lá na rádio, me dá sempre a impressão de que você tem muito prazer em trabalhar. Quando você percebeu que queria cantar profissionalmente? Parece óbvio dizer isso, mas desde criança sempre quis cantar. Sempre tive essa identificação com a fantasia, a fantasia da televisão, a fantasia do rádio, a fantasia do diferente, do glamour, do belo. Essa sempre foi a minha ambição, mesmo sem saber que era uma ambição. Quando saía com a minha mãe para comprar uma roupa, eu queria aquela com a correntinha, sabe como é? Quando ia visitar alguém, sempre reparava se a casa era bonita ou feia. Acho que isso tudo faz parte da sensibilidade artística, conseguir separar o belo do feio mesmo sendo criança, querer estar em certa realidade ainda que não seja a sua. Sou filha de pessoas humildes, e, para nós, a carreira artística é uma coisa quase impossível. Quando você nasce numa família humilde, nasce para se juntar, para se agregar ao orçamento...

A um destino comum? É, e esse destino é manter um orçamento para a sobrevivência da família. Fugi disso com uma força descomunal. Não estou me vangloriando por ter conseguido. Minha realidade era a mesma de muitos milhões de brasileiros – ou seja, não existia a possibilidade de investir algum dinheiro numa carreira artística, que é uma coisa tão incerta. Você pode dar certo ou não.

Havia algum estímulo por parte da família? Não, nunca houve ninguém que me dissesse: "Vai! Você vai conseguir, você tem talento!" Mas o contrário também não aconteceu.

O desestímulo? É. Isso também não houve. O que eu tinha mesmo era uma força de vontade muito grande. Sabe Deus que força é essa... Fui fazer teatro porque aquilo me emocionava. Fui estudar canto porque achava que tinha que saber cantar. Todo o investimento artístico fui eu quem fiz. Consegui tudo pelas minhas mãos, pelas minhas garras, ninguém chegou lá e abriu as portas para mim.

Você deixou a Bahia com apenas 11 anos, não foi? Por aí. Sou terrível com datas, mas acho que tinha 10 anos.

Carlinhos Brown, que também é do Candeal, em Salvador, fez uma música em homenagem ao seu pai, "Véu Vavá". A sua família tem uma trajetória musical interessante. Como é essa história? Nasci em Salvador, um lugar supermusical. Lá, é difícil encontrar alguém desafinado, é impressionante...

Todo mundo tem ouvido treinado desde pequeno? Desde pequeno. Meu pai era músico, e isso facilitou meu acesso a uma discografia extensa. Mas o que mais me tocava nele era sua disciplina: ele acordava cedo e estudava por várias horas seguidas. Isso me ensinou que, para pleitear uma carreira, você tem que ter disciplina.

Ele exercia a música profissionalmente? Era militar e, paralelamente ao serviço, tocava numa banda de música e em bailes.

De qualquer forma, você tinha um exemplo de artista dentro de casa. Tinha.

E o glamour? Na época dos nossos pais, havia as grandes cantoras no Brasil, as grandes vozes femininas. As suas lembranças da infância estão relacionadas a isso? Ou a coisa surgiu mais tarde? Acho que depois. Claro que eu ouvia muito Angela Maria, Dalva de Oliveira. Minha mãe tinha problemas com meu pai, e tudo era resolvido através da música: ela ouvia e cantava como se fosse ela mesma que estivesse vivendo aquilo. Essas mulheres, essas cantoras, falavam muito pelas mulheres, das dores femininas. Assim, a relação com essas cantoras era meio que uma extensão da sua vida conjugal.
Eles reviviam Dalva de Oliveira e Herivelto Martins? É isso aí. Para minha mãe, essas músicas representavam sua dor. Mais tarde, a televisão assumiu esse lugar com as trilhas de novela, que eram sensacionais. O *Globo de Ouro*, o *Chacrinha*, essas coisas foram fortes para mim, me influenciaram muito. O Caetano Veloso no ar, no programa do Chacrinha, era um parâmetro.
O Chacrinha era uma folia, era o Brasil estampado na tela... Pois é. E as rádios pop não eram as FM. Eu ouvia Pepeu Gomes, por exemplo, em rádio AM que tocava música instrumental. Havia também a influência dos grandes cantores e compositores americanos.
Foi a época do pop: Stevie Wonder, Marvin Gaye... Da black music. Era um repertório muito rico.
O ouvido sempre foi importante, não? Ah, foi. O acesso também era mais fácil. Bastava ligar o rádio que tudo tocava ali. O rádio tinha uma influência muito grande no gosto musical das pessoas.
Você acha que ainda é assim? Hoje é tudo mais segmentado. Em São Paulo, por exemplo, há quem ouça a Eldorado e quem ouça a Nativa. Tenho a impressão de que, antes, todo mundo ouvia a mesma rádio. Posso estar pirando, mas acho que era assim, tudo numa rádio só. *(Risos.)*
Antes de ter gravado o primeiro disco, como era a sua batalha para ser artista? Bom, primeiro procurei me sustentar. Consegui um emprego de meio expediente para poder continuar estudando teatro e canto. Ganhava a minha grana e, à noite, cantava numa boate. Mas, depois de algum tempo, não consegui mais manter esse ritmo de acordar muito cedo e cantar até tarde. Então, consegui uma licença médica por alguns dias para poder descansar. Não tinha mais saúde, e o trabalho também já estava me desinteressando, claro.
Você pretendia se profissionalizar no teatro? Na verdade, o teatro era apenas uma escada para a carreira de cantora. Por isso, eu sempre escolhia os produtores que trabalhavam com musicais. O Luís Mendonça era um desses: ele sempre me dava os primeiros papéis em que podia cantar bastante. Nessa época, eu já cantava bem. Meus primeiros trabalhos na televisão foram os quadros musicais do programa do Jô Soares, paródias e coisas assim. Tudo sempre em função da música.
Quando foi que você decidiu que iria só cantar? Percebi que, no Brasil, as carreiras artísticas são muito distintas. Não é como no exterior, onde o artista

pode ser cantor, ator, produtor etc. Não temos uma cultura do teatro musical, por exemplo.

Isso ficou para trás, com o teatro de revista. É. Então eu sabia que tinha que me direcionar, que não poderia ser uma "cantriz". Quando chegou a hora de fazer a escolha, abandonei os trabalhos na TV e no teatro e passei a investir apenas na carreira de cantora. Então, pensei: "Agora, vou parar tudo, ficar durérrima e enveredar pelo caminho da música".

E começou a cantar na noite? Na verdade, só cantei em piano-bar durante o tempo em que estava estudando teatro e canto. Depois, passei a cantar nos bares ditos "formadores de opinião".

No Jazz Mania, por exemplo? E também no Mistura Fina, aqui no Rio. Esse era o circuito onde os artistas consagrados cantavam e os novos nomes apareciam. Era um circuito que eu já tinha a intenção de frequentar.

Qual era o repertório? Sempre MPB. Cantava também umas músicas em inglês, mas sempre modificadas. A gente sempre fazia umas coisas diferentes, meio pop, meio eletrônico – qualquer coisa que fugisse do tradicional.

Você faz isso até hoje. A dança tinha alguma participação? Não. Era mais por conta das minhas referências do rádio, do pop. Sempre tive um gosto muito eclético, que ia de João Bosco a Michael Jackson. Lembro que a MPB tinha divisões mais claras, as coisas não se misturavam. Naquela época, eu estava trabalhando num espetáculo teatral cujas músicas tinham sido feitas por Maurício Tapajós e Aldir Blanc. Então, quando foram gravar o disco, eles me chamaram para o coro. No show deles, eu cantava as músicas da peça. Essa foi minha primeira apresentação como profissional, com dois monstros sagrados da MPB.

Muito bom para um primeiro trabalho! Eu cantava só duas ou três músicas. Sentia neles uma certa resistência ao meu jeito pop. Talvez fosse um resquício do momento político que tinham vivido. Minha geração não tinha o compromisso de dar sua colaboração política através da música. Eu não me preocupava com isso. Enfim, sentia que ali havia um certo...

Preconceito? Policiamento, vamos dizer assim. Acho que nem percebiam o que estavam fazendo. Isso talvez fizesse sentido na história deles. Naquela época, pegava muito mal se você dizia que queria aprender inglês. As pessoas achavam que o imperialismo americano estava arrasando o país e que o fato de alguém querer saber inglês era sinal de que ia se vender aos Estados Unidos.

E o tropicalismo? Como ele fez parte da sua vida? Ah, foi muito legal! Eu ainda vivia na Bahia quando a coisa estourou, e o tropicalismo chegou para mim através das minhas tias, e muito mais pela questão estética do que pela música. Quando a Gal apareceu com aquele cabelo, aquela figura, era uma coisa diferente de tudo. Lembro que minhas tias falavam: "Ah, não vou mais alisar o cabelo, espichar o cabelo...". Na Bahia dizíamos espichar. "Quero que meu cabelo fique igual ao da Gal Costa." Eu ficava sacando isso, ficava mesmo ligada nas roupas, na fotografia.

> **ACHO QUE NÃO SOU FILHA DA TROPICÁLIA, MAS RECONHEÇO A INFLUÊNCIA QUE ELA TEVE NO MEU TRABALHO, NA MINHA FORMAÇÃO**

Aquele disco *Índia*, com a foto dela na capa, me chamou a atenção, lembro exatamente da pose que a Gal fazia. Então, essa relação com a imagem foi muito forte. Eu era criança, mas me lembro dos acordes da música do "sem lenço, sem documento", não sei se é da tropicália, mas lembro do arranjo de "Domingo no parque", do Gil.

Do Rogério Duprat… É. Enfim, foram essas coisas que me marcaram. Era muito teatral também, eu conseguia imaginar a rosa, o sorvete, a mulher caída, as imagens, o cinema. Acho que não sou filha da tropicália, mas reconheço a influência que ela teve no meu trabalho, na minha formação. Lembro da primeira vez que ouvi "Maracatu atômico". Era um compacto que tinha o "Eu preciso aprender a só ser" do outro lado.

Um compacto do Gilberto Gil. Isso. Mas eu gostava mesmo era de dançar ao som de "Maracatu atômico". Foi a primeira música da MPB, digamos assim, que comecei a dançar.

"Maracatu atômico" de Jorge Mautner? Pois é! Eu tocava quinhentas vezes por dia na radiola, até que comecei a gostar de dançar música brasileira. Antes disso, só queria ouvir Michael Jackson. Dancei muito pop americano.

É uma música muito dançante mesmo. E é muito sedutora. Mas foi Gilberto Gil quem me fez dançar música brasileira. Depois veio o Ney Matogrosso e aquele disco maravilhoso dos Secos & Molhados. Não me lembro muito bem quando começou, mas a música brasileira foi ficando mais pop.

Acho que a partir dos anos 1970. É, talvez.

Você acha que a música brasileira contemporânea ainda vive à sombra do tropicalismo e, por isso, não se tem produzido nada de novo? Não acho, não. Acho que cada época tem sua história. Se o mundo muda, a música também muda. As influências existem, claro. Ainda mais agora, com a internet e o MP3. Todo mundo ouve de tudo, você pode ter um computador que transforma as coisas, pode viajar e trazer uma influência de fora. Acredito até que a gente teve um vácuo na produção musical. Foi muito marcante…

Na década de 1980? Não, já no final dos anos 1990. De uma hora para outra, qualquer coisa começou a vender milhões de cópias. Não estou falando só do pagode ou do axé. Acho que isso também foi importante de alguma forma, porque, em parte, rompeu com aquele aspecto elitista da carreira artística. De repente, surge o pessoal do pagode, uma gente humilde, que não sabe falar, e invade a classe média. O problema é que não dão espaço para mais nada. A indústria fonográfica só quer saber disso. Claro que tem o pagode genuíno, uns caras que sempre tocaram assim. Mas, para a indústria, fica tudo muito fácil: você pega quatro neguinhos e põe para cantar.

Sempre a mesma formulinha... Com a mesma cara, o mesmo terno. Isso não é legal, as mentiras em cima da verdade. Eu acho que isso é o tal do vácuo: só se ouve isso, só se investe nisso, é isso que vende.
Seu primeiro disco foi algo bem diferente do que havia no mercado: repertório variado, música eletrônica e um tom de modernidade. Houve uma elaboração? Qual foi o contexto? Eu sabia que queria cantar música brasileira dançante, mas não sabia como fazer isso. Então, confiei meu projeto aos profissionais que me acompanhavam, e eles souberam traduzir meu pensamento. Conseguiram dosar as misturas, as referências. Há algum tempo, o que se produzia de música eletrônica era pura imitação da música inglesa e americana, mas hoje já aprendemos a usar tão bem o eletrônico que muitas vezes isso passa despercebido no produto final. Já incorporamos à nossa cultura e ao cotidiano no estúdio.
Em alguns trabalhos, a música eletrônica se sobrepõe à voz do cantor, que entra só como mais um elemento. Como é no seu trabalho? Para mim, ela é apenas uma referência. Não sou cantora de música eletrônica. Já ouvi o Paulinho Moska dizer isso, e sempre repito, quando falo em música eletrônica, que estou me referindo aos recursos eletrônicos que se podem usar numa gravação, como o looping, por exemplo.
São só ferramentas? Isso. Como o violão foi para a bossa nova, a guitarra para o rock, o DJ é hoje para a música negra de periferia, o hip-hop, o rap. É uma referência para a música dos anos 1990, como os teclados são para a new age.
Os seus três discos têm uma marca muito pessoal. Qual é o procedimento para conseguir esse resultado? Através da interpretação, da escolha dos músicos, dos produtores, do repertório? Acho que o segredo é você tomar conta do trabalho. Para isso, muitas vezes, é preciso acompanhar bem de perto, ser chata e, se necessário, até brigar. Não é fácil sustentar uma opinião e ainda manter boas relações com o grupo. Mas é preciso ter a clareza de que aquele é o seu trabalho, é a sua representação. Você tem que manter o controle. Não existe outro caminho.
Esse controle começa já na escolha do repertório? Começa.
E como você escolhe as músicas? Ouço tudo o que me mandam.
Como você consegue misturar tantas coisas diversas, como uma parceria de Antonio Cicero com Caetano Veloso e uma embolada ou um motivo tradicional, e depois imprimir sua marca no disco? Acho que é um ecletismo que segue uma linha, que tem uma cara. Não é uma coisa do tipo: "Ah! Ela canta um tango, depois canta um rock, depois canta..." Tem uma personalidade mesmo, na voz, nos arranjos, na concepção. É um ecletismo com objetivo.
Seu primeiro disco foi produzido pelo Celso Fonseca. Como foi seu encontro com ele? Fui procurá-lo antes mesmo de ter o projeto de um disco. Eu queria músicas

dele para cantar nos shows. Nós nos entendemos muito bem. Mais tarde, gravamos uma demo juntos, e depois ele me apresentou à gravadora Natasha. A gente já estava namorando musicalmente, e eu o escolhi como produtor do disco.

Ele soube traduzir o seu desejo? Brilhantemente.

Houve muita expectativa de sua parte com relação ao primeiro disco? Houve, sim. Eu achava que ninguém ia entender. Não esperava essa aceitação. Você percebe como essa coisa da coletividade mexe mesmo com a cabeça da gente? Eu tinha que resolver musicalmente um problema assim: como fazer um rap com Patativa do Assaré ou um coco embolado? Eu não sabia que estava rolando o movimento do mangue beat, não sabia que as pessoas estavam misturando as coisas. Foi um encontro de pessoas pensando a mesma coisa numa mesma época. Eu nem sabia que estava integrada também nesse contexto, mas meu trabalho não foi muito divulgado porque estava representada por uma gravadora pequena. Os artistas que vinham de uma gravadora maior e estavam trabalhando com esse mesmo conceito tiveram mais divulgação. Essa mistura era vista até como um diferencial de qualidade.

Isso a prejudicou de alguma maneira? Não, levei numa boa. Minha trajetória foi contrária às outras: as pessoas, em geral, lançam o disco e depois partem para o palco, mas eu fiz o inverso. Já conhecia a reação do público.

O Bourbon Street, em São Paulo, é uma casa de shows muito intimista, com palco pequenininho, mas você entrou arrebentando, não foi? Esse lugar é uma casa de jazz. Não tem nada a ver com o meu perfil – mas eu não sabia disso.

O palco era pequeno para você, mas as pessoas lotaram a casa e adoraram o show. Foi bom, mas agora sou mais exigente. Antes, eu achava que, com força e coragem, você conseguiria cativar as pessoas. Hoje, acredito que é preciso ter bom som e tranquilidade. Acima de tudo, tenho que estar tranquila. A casa tem que me respeitar. Não quero mais me aborrecer. No começo, a gente precisa ser guerreira, heroica. Hoje, não estou mais querendo isso. Baixa o santo, sim, mas o terreiro tem que estar bem preparado, sabe? *(Risos.)* É verdade, é verdade!

A entidade é exigente? É. Talvez por já ter cantado em piano-bar, onde o garçom passa com um prato de bolinho enquanto você canta, eu já não tolere mais isso. O garçom pode até passar, mas aí não canto mais. Também não aceito mais microfonia no meu show.

Você faz esse controle tanto no show quanto no estúdio? Sim!

É você quem manda na casa? Não é mandar, é comandar. Quem manda nem sempre sabe o que quer, mas quem comanda tem clareza disso. Às vezes, as pessoas surgem com ideias melhores, e tenho a humildade de acatá-las. Conto com uma equipe de pessoas bacanas e não vivo em guerra com elas.

Fazer o segundo disco foi mais fácil? Foi. Mas o segundo disco tem um peso maior. Isso porque, no primeiro, existe a novidade de estar entrando no mercado, a desculpa da estreia e tudo mais que ocorre num começo. No segundo, você já tem prática de estúdio, já sabe como fazer um disco, e aí a expectativa de todos é maior. A crítica não vai mais tratá-la como novidade, e isso faz muita diferença na recepção ao seu trabalho. Para um crítico, é muito mais glorioso dar o aval a um primeiro disco do que apoiar a continuação de um projeto, de uma carreira. ▬

O fato de ter sido premiada já com o primeiro disco fez você acreditar que estava no caminho certo? É claro que isso ajuda muito. Leio todas as críticas, boas e ruins. E não tenho essa de não ligar para a crítica. Ligo, sim, me mordo mesmo! Quando encontro uma negativa, desrespeitosa, fico enlouquecida! Não só quando é comigo, com os colegas também. Alguns comentários são maldosos, desleixados. O artista sabe o trabalho que dá fazer um disco, desde levantar o dinheiro, o *budget* e a definição do repertório até a escolha do músico, do produtor. É uma trabalheira insana. ▬

Muita dedicação e energia? E nervosismo. Você tem que brigar por um repertório. ▬

E, depois, chega um jornalista e, em vinte linhas, destrói tudo... Muitas vezes, em menos de vinte. É maravilhoso quando alguém escreve vinte linhas, porque significa que ouviu o disco e pensou no que ia escrever. Já tive críticas de três linhas. O cara ouviu um compasso de uma música e escreveu: "Daúde faz macumba". *(Risos.)* Só porque naquele trecho havia um toque de afoxé, uma levada em três compassos. Acho que o texto crítico tem que ser informativo, mostrar ao leitor outra visão além daquela do artista. Isso serve também de parâmetro para a gente. ▪ Já recebi críticas ruins que me foram muito úteis, com textos tão bem escritos, fundamentados e respeitosos que até me impressionaram. ▬

Como é o relacionamento com os fãs? Acontece uma coisa engraçada: sinto que minha imagem é maior que minha música. Eu não tenho um público muito grande ainda. Mas as pessoas me param na rua, sabem que sou a Daúde, mas não sabem o que eu canto. ▬

E o que você acha disso? Fico feliz que, mesmo não conhecendo minha música, elas tenham sido tocadas pela minha presença. Isso já é uma grande conquista, é um bom começo, apesar de eu não estar começando. É muito louco isso. ▬

Então, isso lhe agrada, não? Muito. Você vê que não está maluca. *(Risos.)* Se entro num supermercado e a caixa diz "Gosto da sua música", se vou a uma exposição de arte e alguém diz "Adorei seu trabalho", se passo na rua e um camelô grita "Radical você, hein?!", significa que estou atingindo muitas camadas da sociedade. Talvez eu venda poucos discos, mas as pessoas sabem quem eu sou. ▬

Qual a sua expectativa com relação à vendagem de discos? Ah, isso é tão complicado... ▬

Vender muito faz parte da sua ambição? Claro! Quero estourar comercialmente. Não quero ficar dando murro em ponta de faca. Quando criança, minha ambição era cantar. Depois, foi fazer meu trabalho da maneira que eu queria. Em seguida, foi atingir todas as classes sociais. Agora, quero é vender muito disco. É esse meu objetivo hoje. ▬

Está trabalhando para isso? Sim, trabalhando para isso até encontrar sei lá o quê. A música também tem uma magia. Às vezes, as pessoas investem uma grana, as grandes e as pequenas companhias, em artistas que não vendem o que eles esperam. Também tem isso, a música é muito mágica. Eu faço exatamente o que tenho que fazer, entrevista, programa de televisão, shows nos lugares mais diversos. Não é só o investimento, é um conjunto de coisas, é a magia, acredito nisso. Tem que persistir, tem que acreditar, é a única forma de continuar.

Falamos daquela levada de afoxé na sua música. Como é que você mistura a percussão do couro com a música eletrônica? De uma maneira muito natural. Essas influências estão em mim, os ritmos mexem com o meu corpo... *(Risos.)* É uma coisa séria isso! Em Salvador, em qualquer praça pela qual você passe, tem sempre alguém tocando alguma coisa, ouvindo alguma coisa, jogando capoeira. No Rio, morei ao lado de uma escola de samba. Isso é muito brasileiro, é Brasil, é África, é muito próximo da minha realidade. Não sei se em São Paulo as pessoas têm essas referências, mas, no Rio e na Bahia, a música está em toda parte. São lugares onde o encontro se dá pela música, um ensaio de escola de samba é um grande encontro, matinê de baile funk... Não se vê isso em nenhum outro lugar do mundo.

Só no Brasil. Só aqui. Aí fora você vê neguinho tocando no metrô para ganhar algum dinheiro, mas não é um grande encontro, é sobrevivência. *(Risos.)* Ninguém toca pelo bel-prazer, entende? O brasileiro tem esse diferencial de fazer música pelo prazer cotidiano, para brincar, para namorar, para se encontrar. Então, eu acho que o samba não morre por causa disso, porque as pessoas se encontram para fazer um batuque, para tomar uma, para tocar...

É o prazer que liga você à música? Ah, é! A música sempre me emociona, quando estou trabalhando, ouvindo outros artistas, outras cantoras.

Que tipo de música você ouve hoje em dia? Tenho escutado muitos cantores novos, gente de quem nunca tinha ouvido falar. Recebo muitas fitas e estou sempre recolhendo repertório.

No início da carreira, havia alguma cantora ou música que a inspirasse? "Objeto não identificado", na voz da Gal Costa, era uma música que me tocava muito. Havia também dois discos da Maria Bethânia – *Álibi* e *Mel* –, que abriram a cabeça da juventude para a música brasileira. Também tinha a Miss Lane, a Lady Zu e outras coisas da época. *(Risos.)* Eu misturo tudo, a MPB e essa música mais popular mesmo.

O pop sempre foi mais forte para você, não? É. A Miriam Makeba, por exemplo, é pop à beça!

A gente cantava "Pata pata" sem nem saber o que era aquilo... Nem me recordo de que cara a Miriam tinha, mas a música eu não esqueço. Foi uma coqueluche. Lembro que, em Salvador, havia uma sandália chamada pata-pata, e parece que tinha um pente também, que a gente comprava em camelô. O que nos faz popular é o público. Miriam Makeba era um exemplo disso: não cantava nem em português nem em inglês, usava uma língua africana. Aliás, agora anda muito em moda essa coisa tribal, étnica. A gente vê isso na música, nas roupas.

Você já sofreu algum tipo de preconceito por trabalhar com música eletrônica? Já, muito. Existe uma desinformação total. Os jornalistas vão para a entrevista sem nem sequer terem ouvido o disco. Não entendem nada. Aí, vem um e pergunta: "Você é cantora techno?" E o outro: "Você virou cantora eletrônica?" E mais outro: "Você agora vai tocar sem músicos?" Ou então dizem: "O seu disco foi feito por gringo. É um disco frio". As pessoas não sabem que techno é um ritmo, assim como o dance e o rock.

Você faz música pop brasileira? De uma forma abrangente, sim.

Para você, o que é a boa música brasileira? Acho esse rótulo muito elitista. Quero fazer música para quem gosta de música séria, de música engraçada, de música que toque no rádio. Enfim, faço música popular, e popular é para todo mundo!

Hermeto Pascoal diz que a boa música é aquela que as pessoas gostam de ouvir, não importando os elementos que a compõem ou as ferramentas usadas para executá-la. É isso aí.

Ainda falando sobre preconceito: quando ouve superficialmente uma batida, você se preocupa em levantar camadas e saber o que tem por baixo daquilo, entender letra, conhecer quais compositores fazem parte daquele repertório, como o arranjo foi feito, quais instrumentistas estão tocando? Claro! Eu me interesso pela elaboração, por essa sofisticação do trabalho. Por trás de qualquer música, há sempre um cuidado. Pode ser que eu não goste dela, mas alguém deve gostar. Não dá para colocar tudo na mesma balança, todos os pagodes ou todos os forrós. Alguns são bons, e outros não dá nem para ouvir.

E as letras? Tem aquelas que são pura folia, que fazem brincadeira com a gramática, e tem outras, como as do Antonio Cicero, mais sérias. **Quando é que a letra faz parte da levada, aquela coisa sorumbática, peripatética, e quando é brincadeira?** Olha, eu acho que a arte tem a função de divertir. Então, quando ouço uma música que tem uma letra que me pega e me faz rir, eu acho que faz parte da minha personalidade, da minha alma, e isso cabe perfeitamente no meu repertório. E, dentro da música brasileira, nós somos agraciados também com essa coisa da letra, da melodia, da harmonia, de tudo ser bonito. É muito difícil encontrar uma música com uma harmonia superlegal e uma letra "sarapa", barata, é difícil acontecer isso aqui. Quem sou eu para falar dos Beatles, falar de Deus. *(Risos.)* Mas você pode reparar que há muita simplicidade nas letras dos

> **QUERO FAZER MÚSICA PARA QUEM GOSTA DE MÚSICA SÉRIA, DE MÚSICA ENGRAÇADA, DE MÚSICA QUE TOQUE NO RÁDIO**

Beatles, o que também é lindo. Mas a gente tem uma coisa bacana de juntar todas as coisas: melodia, harmonia, letra. O brasileiro gosta dessa combinação de simplicidade e beleza.

A poesia faz parte da sua vida? Sim. Até fiz umas letras. Não leio muito, sabe? Mas, através da música, consigo me apaixonar pelo autor.

Outro dia, um crítico disse que o Cazuza não era poeta, mas apenas letrista. Disse que ele não seria nada sem o rock'n'roll e que aquelas letras não são nada se dissociadas da música. Não acho isso, não. Para mim, "Faz parte do meu show" é um clássico. Se eu lesse a letra sem conhecer a música, acho que iria gostar do mesmo jeito.

O que você classifica como clássico? São as coisas perfeitas: música, letra, harmonia. São aquelas coisas que não há como mudar: podem-se fazer mil releituras, mas o original ainda é melhor. "Não identificado" também é um clássico para mim. Fico pensando em como posso cantar essa música de maneira mais bonita. O mesmo acontece com "Me deixas louca" e "Atrás da porta", que ficaram tão marcadas pela interpretação da Elis Regina que não sei se consigo melhorá-las.

Mas você gravou "Não identificado" e "Vamos fugir" e ficou muito bom. Dei sorte! *(Risos.)* Acho também que tenho bom desconfiômetro. Já tentei gravar outras coisas que não deram certo.

E a relação com os ídolos da música brasileira, como o Djavan, por exemplo, com quem você gravou uma música? É engraçada, porque, ao mesmo tempo que estão muito próximos da gente, eles são mitos, referências. Outro dia, fui fazer um show com a Cássia Eller, e a Cássia é contemporânea, é diferente, eu posso até brincar com isso, mas, ao mesmo tempo, ela é uma pessoa que eu respeito muito, é uma pessoa que me mete medo no palco. Eu a considero uma cantora muito forte, muito verdadeira, muito assustadora, visceral mesmo. Ela é uma mulher a quem eu encaro com certo respeito. Falei isso para ela, e ela disse: "Pô, cara, eu também". *(Risos.)* Uma vez, eu estava fazendo uma turnê pela Europa e fui ver um show do Ney Matogrosso, na Espanha. Depois do show, fui ao camarim conversar com ele. O papo foi muito agradável, mas é sempre estranho pensar que, quando criança, eu dançava feito louca ao som dos Secos & Molhados. Senti o mesmo com relação ao Caetano.

Você pediu ao Caetano que fizesse uma música para seu disco? Não! Ele já conhecia meu trabalho e, quando ficou sabendo que eu ia gravar um segundo disco, disse: "Vou fazer uma música para a Daúde". Então, pegou a poesia do Antonio Cicero e fez uma música linda.

É maravilhosa mesmo. Eu já tinha gravado "Não identificado", e o Caetano gostou da interpretação. Ele também já conhecia o Celso Fonseca. Tive muito cuidado ao gravar essa música, pois sabia que estava mexendo numa pérola.

O Antonio Cicero é um grande poeta, não? Sei muito pouco sobre ele. Eu o conheço basicamente pela irmã, a Marina Lima. Aliás, a Marina é uma cantora que influenciou muita gente com seu jeito de cantar mais "piano", porque aquela coisa de soltar a voz era mais uma tradição da MPB.

É uma voz e uma atitude. Uma artista que abriu caminhos. É. Não a conheço intimamente, mas, dentro do conceito pop, ela é uma referência muito importante para mim.

No seu repertório, há Antonio Cicero com Caetano, Herbert Vianna e muito mais. Quer dizer, além da Daúde dançante, tem a Daúde lírica, no sentido da poesia, no sentido da canção. Como é que você escolhe essas canções? O que é que liga você à canção? Ah, é a emoção, eu acho. É gostar mesmo da música, é gostar da letra, esse é o critério. No caso de Herbert Vianna, Antonio Cicero, Caetano, foram pérolas que eu ganhei. "Une chanson triste" eu adoro, amo o arranjo concebido para essa música, e "Quase" é uma canção maravilhosa. Já "Vamos fugir" virou uma canção, era um reggae e virou uma canção, e isso por eu gostar mesmo da música, da letra. Acho que a letra é dúbia, ela pode ser feminina e masculina, uma mulher falando disso, de fugir. Acho muito interessante, porque a mulher fala muito da dor, mas não fala como homem, não pede, não vai atrás, que é uma coisa da essência masculina, da caça. A Rita Lee fez muito isso, foi a única mulher na música a fazer isso. Então, "Vamos fugir" para mim tem esse cunho, a mulher sendo masculina, assumindo a essência masculina da caça.

Antes de termos começado a conversar, você estava cantando uma música antiga, "Matriz ou filial", do Lupicínio Rodrigues. Há algumas melodias clássicas que frequentam a vida das pessoas que gostam da música brasileira. E a produção recente? Como você vê a música brasileira contemporânea? Acho que agora há menos policiamento – a gente tem mais liberdade para fazer o que quer. Acho que é permissão, facilidade. As pequenas gravadoras ganharam mais espaço. Hoje, fazer um CD é muito mais fácil. As coisas estão muito mais soltas, e a própria moda confirma isso. Se você quer calça boca de sino, pode usar. Se quiser vestir uma calça prateada e sair por aí, tudo bem. Talvez por isso alguns críticos digam que, depois da bossa nova e do tropicalismo, não se fez nada de revolucionário ou vigoroso na música brasileira. Mas a verdade talvez seja que são tantas as possibilidades que não há necessidade de um movimento para direcionar as coisas. Também acho. As coisas mudam muito rápido. Tudo está se tornando descartável. Fico enlouquecida com essa velocidade: compro um aparelho hoje e, quando aprendo a usá-lo, ele já ficou obsoleto.

Você mexe nos aparelhos eletrônicos? Não! Não sei mexer em nada. É tudo muito complexo para mim.

> ACHO QUE AGORA HÁ MENOS POLICIAMENTO – A GENTE TEM MAIS LIBERDADE PARA FAZER O QUE QUER

Por outro lado, é bom: basta escolher a pessoa certa para fazer aquilo para você... É! Mas quero aprender algumas coisas também. O problema é que tem tanta coisa para aprender.
E tudo é tão efêmero! Não há muito objetivo nas coisas...
Não há nada que mobilize as pessoas... Hoje, em termos de produção musical, eu percebo um certo objetivo na música de periferia, que fala da violência, da injustiça da polícia com o trabalhador...
Você disse que o mais difícil é conseguir uma forma de expressar o seu trabalho. Você acha que conseguiu o que pretendia? Ah, tá redondo! Não é uma fórmula pronta – as coisas vão mudando, vão evoluindo, vão amadurecendo conforme as minhas necessidades.
Não é uma fórmula, mas é uma forma de expressão. É, é uma forma.
Um jeito de misturar música eletrônica e todas as outras coisas. De misturar o meu cotidiano, as minhas necessidades, as minhas angústias, as minhas ambições. As pessoas me perguntam se tenho inveja de certas cantoras. Respondo que as vejo não como alvo da minha inveja, mas como objetivos que desejo alcançar. Esses objetivos vão sendo substituídos ao longo da minha vida. Acho que esse é um jeito saudável de realizar sonhos. As coisas não caem do céu: temos um tempo limitado para correr atrás daquilo que queremos.
Esperar que as coisas caiam do céu não é do seu estilo... Não é mesmo. Não adianta querer o que cabe a outra pessoa. Acredito que as coisas acontecem a seu tempo. Estou seguindo meu caminho, escrevendo minha história e cumprindo meu tempo para chegar lá.
Chegar lá, onde? À realização de cada pequeno objetivo. Amanhã alcanço um, depois alcanço outro. É só ter perseverança. Talvez um dia eu não tenha mais essa perseverança. Talvez, quando estiver muito velha...
Talvez nunca deixe de ter... Talvez... É uma tranquilidade intranquila, sabe?
A menina que queria ter no vestido aquele detalhe douradinho também está satisfeita? Ah, sim, mas são várias as buscas. Hoje quero uma bainha benfeita, um bom corte, um tecido ideal. A gente vai se aprimorando, e chega uma hora em que você vai atrás não do que está aparente, mas do que está bem-acabado. Acho que é por aí.

DJAVAN

UM COMPOSITOR DE SUCESSOS, uma voz que está no rádio brasileiro desde a década de 1970. Um cantor inspirado em Dalva de Oliveira e Elizeth Cardoso. Para mim, é como a chegada do verão, sempre solar, azul, inesquecível. Seu nome veio de um sonho. Ninguém divide como ele. Botânica e arquitetura são suas grandes paixões depois da música. Cantou a África, e Steve Wonder tocou pra ele. Virou verbo na canção de Caetano. Compõe sempre no mesmo violão Romeu n. 1. Um prazer enorme estar em sua casa no dia em que recebeu mais um Grammy. Uma honra tê-lo aqui. Djavan é único. É um gênero sozinho.
Entrevista realizada em agosto de 2013.

Queria começar pelo momento depois do *Ária* [2010], em que você cantou composições de outras pessoas. Você já tinha feito isso antes, mas esporadicamente: "Coração leviano", "Correnteza". Nesse disco você fez só isso, e cantou lindamente. Teve gente que lembrou da sua época de *crooner*, em 1973. Qual foi a sua motivação para gravar músicas inéditas [para o disco *Rua dos Amores*, 2012]? Em 2010 planejei fazer um disco de regravação, um disco de encontro com outros autores. Isso já era um projeto muito antigo, sempre quis fazer isso, exatamente para reeditar a minha fase de *crooner*, que é a minha origem. Só que me abster de compor sempre foi uma grande dificuldade, porque para mim a composição é uma autoafirmação, é onde sou mais íntegro, onde me sinto completo, feliz. É sempre muito difícil parar de compor. Fiz a última música em 2007, para o *Matizes*. ▬

Parar de compor foi uma decisão ou simplesmente aconteceu? Foi uma decisão porque eu queria unir o útil ao agradável, queria ver como era não compor. Desde que me entendo por gente, lanço um disco de dois em dois anos, teve ano em que lancei disco um ano após o outro, mas a lógica sempre foi de dois em dois anos. Pensei: "Este ano vou parar de compor e fazer este disco", porque toda vez que pensava em fazer esse disco, fazia uma música, fazia outra e as composições iam se impondo e acabava não realizando o projeto. Foi ótimo porque pude adentrar por um outro caminho, que foi pesquisar todo o cancioneiro brasileiro. Foi muito importante para mim porque reouvi muita gente, Pixinguinha, Villa-Lobos... Desde o início até os compositores atuais, porque o grande mistério é que não sabia o que cantar, não sabia que repertório fazer, não tinha essa prática. O intérprete faz isso em todos os discos, sai à cata de repertório, buscando nos outros; eu não, sempre busquei em mim mesmo. Foi um negócio sofridíssimo, pensei que ia ser mole: "Não vou ter que fazer doze canções novas, doze letras novas". Foi muito difícil. ▬

Compor é a sua expressão primordial e você compõe desde muito cedo. Estava lendo que, quando você foi fazer o primeiro disco, tinha cerca de sessenta músicas prontas e as apresentou ao produtor. Você cantava como *crooner* e ia compondo. Aí deu essa parada; quando retomou, qual foi o primeiro acorde, a destravada? Olha, foi uma surpresa para mim, porque achei que ia ser difícil. Encontrei a Bethânia e ofereci uma música: "Bethânia, estou com saudade de ouvir você cantando músicas minhas, vou fazer uma para você". "Ah, faça sim", ela falou. Sentei com o violão e fiz a música "Vive", que ela gravou no disco *Oásis de Bethânia* [2012], com uma facilidade que me assustou, porque pensei que ia ter uma grande dificuldade em voltar a compor. Você sabe, tudo é a prática. Eu me lembro de que, todos os anos, quando voltava de uma turnê, dedicava um ano para a composição e produção do disco. Então, fico, logicamente, um ano sem compor, porque na turnê não componho nada, é muito difícil compor numa atmosfera daquela. Você precisa de um lugar onde possa atingir realmente uma introspecção favorável à inspiração, à composição, e na turnê é difícil, é hotel, muita gente, palco, por isso eu paro e dedico quatro, cinco meses só à composição.

PRECISO DE INTROSPECÇÃO PARA BUSCAR A INSPIRAÇÃO

Dizem que compor é quase um sofrimento, que é como o escritor que escreve porque precisa, é mais forte do que ele. Acontece isso com você? De modo geral se tem uma explicação mais romântica sobre a inspiração. Eu não tenho, acho que a inspiração é uma coisa tão concreta como qualquer outra. Como já falei, preciso de introspecção para buscar a inspiração, mas a composição, quando começa, é muito sofrida, sobretudo quando se trata de alguém que tem uma carreira longa, que já fez tanta coisa. Você tem uma autocrítica ferrenha, quer ter pelo menos a ilusão de que não está se repetindo. "Oceano", por exemplo, é uma canção que advém de um pedaço de canção que eu tinha feito anos antes, e depois a Flávia, minha filha, ouvindo as minhas fitas, porque eu nunca jogo nada fora, me mostrou e aí acabei a música. O que quero dizer é que é muito difícil começar um negócio e terminar, porque é preciso que me inspire para fazê-lo, senão logo abandono, acho que a informação já foi dada, só que cinco anos depois posso adorar aquilo e terminar a canção. Isso já aconteceu várias vezes.

E quando era menino, começando? Nessa fase é uma beleza. Nos primeiros cinco, dez anos de trabalho, a fluidez é total, porque você quase não fez nada.

Você não tem que se superar ainda. É. Depois, como a minha música decorre de uma formação bem diversificada, sempre priorizei ouvir de tudo, acho que a grande graça da música é a diversificação. Aliás, em tudo, gosto da diversificação na moda, na arquitetura, na dança... Na música, isso para mim é um valor, saber qual é a origem de cada gênero, onde é o acento mais forte do tango, da valsa, da salsa, do blues, do jazz.

Tanto que os seus discos não têm uma faixa igual à outra. Exatamente, você tem gêneros distintos ali.

Até mesmo numa canção só. Você falou da sua formação e me contou antes que canta desde criança. Como é isso? Como a música começou na sua vida? A minha mãe cantava muito em casa e no trabalho, e a minha irmã também cantava. Então, nasci e me criei num ambiente muito musical. Para cada filho que nascia a minha mãe fazia uma música para niná-lo. Lembro que aos 3, 4 anos, ela ficava pedindo para eu cantar para as amigas. A minha mãe era fã da Dalva de Oliveira, da Angela Maria, tanto que no disco *Ária* gravei o "Sabes mentir", que foi um grande sucesso da Angela Maria, que a minha mãe me ensinou quando eu tinha 6 ou 7 anos de idade. Costumo observar que quem inspirou o meu canto foram as mulheres, porque me acostumei a ouvir Angela e Dalva, a Elizeth Cardoso, que eu adorava também, Ella Fitzgerald, que sempre amei, aquelas grandes cantoras como Sarah Vaughan e Billie Holiday. Tenho uma coisa com o canto feminino, a minha voz tem uma tessitura longa com graves e agudos bem agudos. É engraçado,

está acontecendo uma coisa bacana comigo, com a idade a voz vai ficando escura e grave, mas a minha não, estou cantando ainda mais agudo.
Que maravilha! Você ouvia rádio? Ah, sim, sempre ouvi muito rádio. Mas a minha grande sorte, para quem tinha uma aflição por descobrir as coisas, foi que eu tinha um amigo chamado Máximo, ele era rico, o pai dele era um médico famoso e louco por música, tinha uma discoteca espetacular em casa e um equipamento de som incrível. Ele tinha uma sala imensa em que todas as paredes eram cobertas por disco de tudo que é tipo, e ele ficava horas ali ouvindo. O Máximo me levava para ouvir som na casa dele. Então foi ali, quando eu já estava com 9, 10 anos, que ouvi jazz pela primeira vez, todos os cantores da música clássica. As coisas acontecem assim, parece que você vai se encaminhando naturalmente, porque tinha que ter um amigo como esse que me trouxesse um acervo maravilhoso, com tudo que é música que você possa imaginar.
Ainda sobre a sua mãe, acho que te vi falando para o Charles Gavin que ela teve um sonho com um navio onde estava escrito o seu nome. Porque você é o primeiro Djavan que a gente tem na história. Exatamente. Ela disse que teve um sonho com um navio branco, bonito, enorme e com esse nome. É claro que odiei esse navio por longos anos, porque sofria com esse nome. Na escola a professora tirava onda comigo toda vez que fazia a chamada, os alunos me chamavam de tudo por causa disso, foi difícil para mim, carregar esse nome não foi fácil não.
E hoje você é homenageado, tem jogador de futebol com seu nome. É. Agora tem uma dupla sertaneja chamada Djavan e Darlan.
Sua mãe foi uma pessoa muito importante na sua vida artística. Ela foi muito importante, porque era muito musical, dançava, cantava, tinha um carisma.
Uma alma de artista. Para você ter uma ideia, a gente morava numa casa de esquina, cuja calçada era alta, bem larga, então, todos os finais de noite, depois das seis horas, quando todos jantavam, iam chegando aquelas pessoas com uma toalha, uma esteira, para conversar com a dona Gina. A minha mãe se chamava Virgínia, mas todo mundo a chamava de dona Gina. Ela não era parteira, porque isso é uma característica das parteiras das pequenas cidades, que são as mãezonas de todos, mas todo mundo se aconselhava com ela; ela era esse tipo de pessoa.
Agregadora. É, sempre tinha boas palavras para dar aos outros, era uma pessoa muito especial.
O que da sua infância ainda reverbera na sua música? Às vezes percebo muito natureza, chuva, limão, capim, uma natureza tropical e aconchegante. É, não falo de neve.
Não, de jeito nenhum, é totalmente a gente aqui, mas não é uma natureza agreste. Acho que está em todo o seu trabalho, mas no *Milagreiro* [2001] aparece mais forte. Você traz um pouco dessa vivência? Olha, uma das coisas que a minha mãe me ensinou, que mais agradeço até hoje, é contemplar, porque nasci num ambiente bucólico. Sempre fomos muito pobres, mas tive uma infância

belíssima, porque ela me ensinou a ver o céu, a ver as constelações, ela dizia os nomes das constelações, me ensinou os nomes das plantas e das árvores, onde morava tinha muito mato, tenho paixão pela mata. Hoje tenho uma mata aqui em Araras que amo, a gente vai para lá e sei o nome de tudo, tenho orquidário. É uma coisa que sempre me encantou. Botânica e arquitetura são as minhas grandes paixões depois da música.

Há paralelos entre a natureza e a vida da gente. Tenho a impressão de que é isso que você aplica. É, porque não posso conceber uma vida sem isso. Você vê o meu jardim, estou sempre ligado na natureza, isso me dá uma felicidade enorme, poder cuidar de uma planta, poder ver o desenvolvimento dela. Isso para mim é tudo. Por exemplo, estou pouquíssimo na internet e só vou quando realmente não tem outra saída, porque a internet é maravilhosa, mas muito mais maravilhoso é viver. E não posso prescindir de viver todos os dias, não tem um dia em que eu não acorde e não olhe o jardim, as flores, as plantas. Vejo por que essa não se desenvolveu tão bem quanto essa, mesmo sendo igual, acho isso fantástico.

Vamos falar do seu primeiro disco. Qual era a sua expectativa quando você saiu de Maceió para cantar? Olha, é evidente que eu acho que o sonho está muito atrelado às possibilidades, quer dizer, eu não sonhava em ser um artista internacional, é claro, o meu sonho naquela época era me estabelecer no Rio de Janeiro para desenvolver o meu lado de compositor e cantor. Não tinha um sonho concreto, não sabia o que poderia ser. Sobretudo porque os primeiros produtores que ouviram minha música tiveram opiniões diversas, um disse que era exageradamente complicada e ia me atrapalhar, que eu era uma pessoa que tinha até algum talento, mas podia fazer uma música mais simples, ele até citou Antônio Carlos e Jocafi, que faziam uma música mais simples e eram famosos. Eu me lembro muito bem disso, o outro disse: "Olha, a sua música é complicada, estranha, mas esse é o seu trunfo, continue sendo como você é".

Ainda bem que você ouviu esse. Então comecei já com essa polêmica, com essa coisa difícil de resolver. Para mim não era tão difícil porque não tinha opção, sempre pensei em ser o que sou, o que nasci para ser, sempre tive uma determinação forte para não mudar o meu pensamento, até hoje. Consegui fazer a minha carreira do modo como foi feita porque sempre valorizei manter a intuição, seguir o meu negócio. Penso assim: "Sou distinto e não vou mudar". Quer dizer, mudar cotidianamente é uma coisa saudabilíssima, mas a essência você tem que manter.

> **MUDAR COTIDIANAMENTE É UMA COISA SAUDABILÍSSIMA, MAS A ESSÊNCIA VOCÊ TEM QUE MANTER**

Uma coisa que sempre quis te perguntar... O que são os blues do Djavan que o Caetano canta? É lógico que tem blues na minha música, mas o que ele quer dizer é que sou um cantor que tem blues na alma. Tenho uma familiaridade muito forte com a música negra americana. Então tenho mesmo essa coisa do blues na alma, a lua na alma. ▬

Você falou da sua afinidade com a música norte-americana, ela se efetivou quando você foi para os Estados Unidos e trabalhou com produtores como o Bonham Carter, gravou com o Stevie Wonder. Quando você chegou, como é que você e a música norte-americana se encontraram? Eu era da Odeon e, quando fui me transferir para a Sony, que na época ainda era CBS, veio o Thomaz Munhoz da Espanha para salvar a Sony. A função dele na Sony era essa: quando ela estava mal em algum país, mandavam ele para levantar a gravadora e depois ele voltava para Nova York, onde estava estabelecido. E assim foi feito, ele veio para o Brasil para salvar a Sony e fui a primeira pessoa que ele contatou quando chegou aqui. Ele me disse que o projeto era que eu fizesse um disco nos Estados Unidos, o primeiro disco da Sony sob a direção dele, e me estabelecesse por lá por dois anos, porque achava que a música que eu fazia poderia ganhar o mundo com mais facilidade e efetividade se fosse através dos Estados Unidos. É óbvio que vivi a vida inteira encantado com a música americana e com os Estados Unidos, como todo brasileiro. Agora, como somos a sexta economia do mundo e estamos num progresso incrível, já faz algum tempo que isso não tem mais a mesma força, mas quando eu tinha 20 e poucos anos os Estados Unidos eram o grande modelo, e tudo que fosse americano, a música, os artistas sempre foram um sonho muito longínquo, mas presente na gente. Achava que se fosse para os Estados Unidos ia ser uma coisa incrível. Quando isso se tornou uma possibilidade concreta, parei para pensar: "Vou para os Estados Unidos, não vou voltar dois anos depois, porque isso é uma tática, ele sabe que vou e não vou voltar mais, porque ele vai me encher de possibilidades para crescimento". Trinta e tantos anos atrás, em 1982, isso fazia uma grande diferença, porque na época a diferença que havia de produção entre o Brasil e os Estados Unidos era imensa. ▬

De qualidade de estúdio. Tudo. Era uma sedução só, sofri muito para decidir, porque sempre foi um sonho estar naquele ambiente, com aquelas possibilidades todas, convivendo com aqueles artistas, com aquele universo, e chegou a hora, o cara me dava casa, carro, tudo para ir para lá. Aí pensei, comecei a medir: "Bom, vou para os Estados Unidos e vou perder o essencial, que é conviver com essa cultura que me encanta, vou viver numa outra cultura, com outra língua, compor em inglês, vou acontecer, não tem saída, porque sei que se grava para vender". ▬

Mas tudo isso te alimenta. Ele ficou arrasado, porque pesquisou antes, sabia que isso era uma coisa que eu queria muito fazer, mas eu disse não. Foi a melhor decisão que tomei na minha vida. ▬

E as colaborações aconteceram ainda assim. Conte como foi o encontro com o Stevie Wonder. Esse disco *Luz* [1982], que foi exatamente o primeiro que fiz nessa história que acabei de contar, teve o Ronnie Foster como produtor. Ele já tinha tocado com o Stevie Wonder, era amigo dele, e o Stevie Wonder já conhecia o meu trabalho. Quando cheguei lá, o Stevie Wonder estava no carro com a fita do disco *Seduzir*. Então, quando fiz uma música falei para o Ronnie: "Fiz uma música para manter um diálogo com a harmônica do Stevie Wonder, será que ele topa? A minha voz e a harmônica dele". Aí o Ronnie respondeu: "Fala com ele".

Já fez pensando. Fiz "Samurai" para convidá-lo. Aí o Ronnie falou: "Cara, ele topou". No dia em que ele veio foi bacana, porque ficou o dia inteiro no estúdio, entrou, sentou no piano e começou a cantar os clássicos de Cole Porter, Irving Berlin. E disse: "Fiz uma música nesta semana". E começou a tocar "Overjoyed". Ele é uma maravilha de pessoa.

Que maravilha! Bom, voltando um pouquinho, também houve uma participação do Gil num disco seu cantando em idioma quimbundo. Foi no *Seduzir*? Como você descobriu essa conexão com a África? Nós fizemos uma viagem para Angola, organizada pelo Chico [Buarque de Holanda], com vários artistas, não só eu, o Martinho da Vila, a Simone, a Marieta Severo, o Paulinho da Viola... Tratava-se de uma troca cultural, o Brasil levava a cultura dele e Angola nos mostrava a sua. Tinha um festival de coisas acontecendo, a música angolana de todas as partes do país, em todas as línguas, porque lá se falam sete dialetos, além do português, que é uma língua oficial falada em Luanda, mas não é a língua vigente no país. Nos guetos, nas outras cidades, há os dialetos de lá. E aí conheci o Hino do Congresso Nacional Africano, "Nkosi sikelel' iAfrika", que é em umbundo, e também alguns compositores, o Filipe Mukenga, o André Mingas. "Humbiumbi", que é uma das músicas que o Gil canta comigo, é do Filipe Mukenga. Então cheguei ao Brasil com toda essa bagagem e fiz uma música chamada "Luanda", baseada num fato que aconteceu comigo lá. Eles estavam em guerra com a Namíbia e nós fomos também para Lobito e Benguela, duas cidades afastadas. Benguela ficava próxima ao conflito e, quando fomos fazer um show numa arena em Benguela, tivemos que percorrer uma estrada de uns 30 quilômetros até chegar ao lugar do show. Eu me atrasei, mas como era um dos últimos a cantar, me deixaram dormindo no hotel e depois mandaram uma espécie de van me pegar. Fomos do hotel para o lugar do show, dentro da van com mais três ou quatro guias angolanos, além do motorista, numa estrada sem iluminação, e aí aconteceu uma explosão imensa do lado da van.

Uma mina? Não sei se era mina, não sei o que aconteceu, mas eles me disseram: "Estamos em guerra". E aí eu fiz a música chamada "Luanda", que fala disso.

É uma música linda. Eles também diziam que tinha assédio de guerrilheiros ali para pegar dinheiro, para manter o movimento deles. Passava um carro, eles faziam alguma coisa para o carro parar para eles roubarem, e podia ser também uma coisa como essa.

Acho que a maior parte da sua obra é só você, letra e música, mas você tem algumas parcerias esporádicas com o Chico, por exemplo, Aldir Blanc, Cacaso... O próprio Gil, Caetano, o que mais? Pouquíssimas mesmo.

Por que tão esporádicas? Amo essas duas viagens, fazer a música e a letra são duas coisas distintas, que dão um prazer imenso. Sempre gostei de mexer com a palavra. Tenho uma fórmula de escrever também, que é polêmica, uns acham isso, outros acham aquilo, mas gosto dessa busca, não me satisfaria em fazer só a música porque a letra também faz parte da minha alma. É o todo da composição que me interessa.

E a parceria te atrapalha um pouquinho. Não é isso, é que, como vivo comigo mesmo, uma parceria só acontece num evento, quando acontece um encontro. Recebo muitos convites para parceria até hoje, mas de modo geral não acontece porque estou envolvido com o trabalho, não estou pensando em ninguém, não vou mandar a música para ninguém, faço eu, até porque quero fazer, gosto muito de escrever, é um sofrimento que vale a pena. Outra coisa, no disco *Rua dos Amores* voltei ao processo inicial, quando compunha letra e música ao mesmo tempo, porque depois parei com esse processo, comecei a fazer a música para depois fazer a letra, porque já tinha mais domínio sobre uma coisa e outra. É mais difícil, mais trabalhoso, porque às vezes a minha música é um pouco monossilábica, com divisões, e para letrar isso é difícil. O Chico reclamou, todo mundo reclama para fazer.

É, porque tem uma quebra diferente. Tem uma quebrada diferente, exatamente. Na música que fiz para a Bethânia, saí fazendo letra e música ao mesmo tempo. Isso é uma coisa que me alegrou muito, porque sofro menos.

De que trata essa canção? Chama-se "Vive", é um amor que pela intolerância e imaturidade acabou não vingando, mas era um grande amor que poderia ter acontecido.

Muito bom. Queria falar com você um pouco mais sobre essa divisão diferente que tem a sua música, esse estranhamento, que em algumas canções se radicaliza. Estava ouvindo ontem "Om", por exemplo, que é toda quebrada. Essa quebrada dá o tal do suingue. É uma coisa que você faz de caso pensado? Ou a sua expressão já vem nesse quebradinho? Acho que sou assim, tenho a divisão muito própria, e isso me trouxe em vários momentos da vida dificuldades imensas, porque acompanhar isso é difícil. Acho que o meu maior talento hoje é saber tirar das pessoas aquilo que quero, ou seja, se você for um dia num processo de gravação para ver como é, embora sabendo que ali está acontecendo uma dificuldade imensa, a coisa tende a ter uma fluidez, porque aprendi como fazer com que as pessoas cheguem no meu ritmo. Mas tenho uma divisão muito pessoal, isso tódos os músicos do mundo, americano, espanhol, brasileiro, têm dificuldade. Gravando nos Estados Unidos com os melhores músicos não foi diferente, é preciso um momento em que vou para destrinchar aquilo, para colocar de maneira palatável, mas mesmo depois que fazem não sabem repetir. Pelo menos fazem o que quero na gravação.

É muito legal porque isso dá personalidade à sua música, que fica única, um som do Djavan. É, quem gosta de Djavan só pode buscá-la em mim.

E com relação às letras? Em "Capim" tem os nomes de plantas que você diz que aprecia e conhece. Quando você me falou das cidades, isso me caiu musicalmente e fiquei me perguntando se você busca isso ou, do mesmo modo como a divisão, é uma coisa que já vem da infância, que já vem de sempre. É claro que tudo isso está na minha alma musical, a divisão etc., mas tudo isso foi trabalhado, lapidado. Em primeiro lugar, foi uma coisa que percebi, porque quando você trata com os outros músicos percebe exatamente qual é a diferença entre eles e você. Então você evolui aquilo de modo a dar uma distinção no que você faz, mas ao mesmo tempo tem que ter uma forma de aquilo acontecer. Acho que a grande dificuldade é ter uma coisa particular e ainda assim conseguir disseminar isso ao máximo. Esse é um desafio que sempre admirei. Por exemplo, tem pessoas que acham que para ser sofisticado tem que ser incompreensível; acho o contrário, se você consegue ser popular e ter uma sofisticação, esse é o pulo do gato. A grande dificuldade é fazer o simples com sofisticação, é um dos projetos mais difíceis que existem.

A GRANDE DIFICULDADE É FAZER O SIMPLES COM SOFISTICAÇÃO

Não há dúvida. Com isso você prova aquela máxima dos modernistas, "biscoito fino para as massas". Você faz com que a massa tenha acesso ao fino. Acho que sempre valorizei muito isso, você vê que uma música como "Oceano", por exemplo, tem uma sofisticação e é um megassucesso, não há uma pessoa no Brasil que não saiba cantar um trecho dessa música. Isso me dá um enorme prazer.

Qual foi o seu primeiro susto de sucesso? Olha, o maior susto que tomei com a música, com a profissão, foi quando gravei a primeira música, que não era minha, uma música do Paulo Sérgio Valle e Marcos Valle chamada "Qual é?". Gravei na Som Livre e me prometeram que essa música iria começar a tocar no dia seguinte. Peguei o rádio e fiquei a manhã inteira, nada, demorou uma semana… Todos os dias ali no pé do rádio e nada. No dia em que tocou quase morri. A primeira vez em que ouvi a minha voz na Rádio Mundial foi para mim a maior de todas as emoções vividas com o trabalho. Chorava de emoção e a minha mulher do lado chorando também.

E você é um ouvinte de rádio, aí é mais emocionante ainda. E "Alegre menina" foi importante? Muito importante. "Alegre menina" é uma letra do Jorge Amado com uma música do Dori Caymmi. Na verdade, essa música começou a mostrar a minha voz mais concretamente. O Brasil inteiro ouviu na novela [*Gabriela*, 1975], o meu nome começou a ser palidamente mencionado, foi muito importante, e conheci o Jorge Amado também.

Muito bom. Depois de "Alegre menina" acho que "Flor de lis" foi a que talvez tenha tido maior sucesso. É, porque "Fato consumado", que foi a música com a qual eu ganhei o 2º lugar no Festival Abertura [TV Globo, 1975], me proporcionou gravar o primeiro disco [*A voz, o violão e a música de Djavan*, 1976], no qual aparece "Flor de lis". Então as duas músicas foram importantes, embora "Flor de lis" tenha sido o grande sucesso. "Fato consumado" começou a acontecer muito depois, embora sejam da mesma época.

Como é ter logo no primeiro disco um sucesso, aí no seguinte um outro sucesso? Às vezes vejo jovens cantores que escorregam nesse momento, que perdem um pouco o fio da meada, porque tentam repetir uma coisa que já aconteceu. Como é sentir isso, o que te fez segurar a onda? E você fez sucesso numa época em que a indústria fonográfica estava bombando. Imagino que era muito fácil a pessoa se perder no meio de uma coisa dessas. E você conseguiu manter a sua retidão. Acho que a razão de tudo talvez seja a determinação de só fazer o que quero. Acho que a pessoa vem com os subsídios, os elementos, os instrumentos para tocar a sua vida com a premência do tamanho da vida que vai ter, entendeu? Sempre fui uma pessoa que teve essa extrema dificuldade de impor um jeito que não era o jeito trivial, era um jeito distinto, uma música distinta, uma voz distinta, uma personalidade distinta. Hoje credito radicalmente todos os meus acertos e erros de toda a vida a mim mesmo, nunca fiz o que alguém queria que eu fizesse. Não estou dizendo isso como uma virtude, é um modo de ser. Ao mesmo tempo é bom, porque hoje faço produção, arranjo, toco, canto, escrevo, tenho estúdio, tenho editora... Sou um artista realmente independente, única e exclusivamente para ser o que quero ser, como sou. A primeira coisa que me deu o estalo foram os arranjos, pensei: "Não adianta fazer música, letra e harmonia e depois plantar aquela música sob a concepção de outra pessoa. Se quiser mostrar integralmente o meu pensamento musical, vou ter que fazer o arranjo". Porque quando faço uma música já estou pensando no arranjo, nas frases que vai ter ali, então comecei a ter problema com isso, de incompatibilidade de expressão, de enfoque. Começou a acontecer de neguinho fazer um arranjo para mim, um músico que eu adorava, que fazia arranjo para outras pessoas, e não ficar legal, o arranjo era lindo, a música também, mas eram incompatíveis. Isso aconteceu muitas vezes e era um constrangimento, um sofrimento. Lembro que eu dizia para um grande amigo meu: "Ó, bicho, não vou usar o seu arranjo porque não rola. Não tem a ver, não é isso". Você precisa ver como isso era difícil para mim, um sofrimento, então digo: "Quer saber, nunca mais vou dar arranjo para ninguém fazer". Aí faço tudo, a produção é um trabalho gigantesco, mas estou treinado e faço meio brincando, então acaba que trabalho muito, mas sem sofrimento.

Mas você teve arranjadores maravilhosos, como o Dori Caymmi e o Moacir Santos. É, mas tive também muitos problemas. Porque, mesmo quando eu ainda não fazia o arranjo, muita coisa do arranjo já era eu que fazia e levava o nomezinho da pessoa. Mas chega uma hora em que isso não tem vantagem. E hoje, só para concluir, não troco isso por nada, porque acho que é no arranjo que me divirto muito. O disco *Ária* foi um desafio porque foi a primeira vez que trabalhei com um som bem minimalista, era uma banda composta por baixo acústico, percussão, o meu violão e guitarra. Nunca imaginei que fosse ter uma banda sem bateria. Fiz isso também para dificultar um pouco essa onda e ver como me sairia fazendo arranjo para um time tão reduzido. Acho que a gente teve um resultado bacana, gosto muito do disco *Ária*.

O melhor exemplo é "Palco", que é uma música que bombou e é outra coisa quando você ouve no *Ária*. Porque na verdade, Patricia, busco me divertir. O disco *Ária* me fez sofrer muito do ponto de vista de não saber o que cantar, até escolher o repertório, mas foi um disco divertidíssimo porque eu tinha uma imensa dificuldade de transportar as minhas ideias para tão poucos instrumentos, e instrumentos limitados como o contrabaixo acústico, por exemplo, que é um tipo de instrumento que tem uma área de atuação limitada, sobretudo no mundo digital como o de hoje, onde tudo é eletrônico. Isso foi bacana. Já para o *Rua dos Amores* trouxe um bandaço com sete músicos, tenho dois teclados, uma guitarra, uma bateria, um baixo, um sax e um trompete. Fiz arranjo para essa turma toda e me diverti muito. As coisas fluíram, não tive nenhuma dificuldade para fazer o disco, ele é cheio de ideias e fiquei muito feliz com o resultado.

E os intérpretes quando cantam as suas músicas? Você acabou de falar de Bethânia, a primeira sua que ela gravou foi "Álibi". Inclusive foi o disco que ela mais vendeu em toda a vida, que também se chamava *Álibi*.

Qual é o segredo? Não sei, as coisas convergem para acontecer, mas não é tudo tão simples como pode parecer.

Não estou dizendo que seja, porque é uma obra de muitos anos. Acho que credito um pouco do êxito da minha carreira, da minha vida, a ter sido sempre rígido, porque você é levado, é induzido muito a fazer o que acham que é preciso ser feito, e não quero dizer aqui que é correto não ouvir ninguém, porque não é isso que faço, escuto todo mundo. Para você ter uma ideia, quando chego ao estúdio com uma música nova, mostro para os meninos, tiro a harmonia com eles e começo a ouvi-los, um por um, jamais cometeria o gravíssimo erro de não aproveitar ao máximo as ideias que possam vir dos outros. Só coloco a minha quando vejo que o meu objetivo não vai ser atingido com as ideias que estou ouvindo ou que a minha ideia é melhor, mas esse disco [*Rua dos Amores*] está cheio de ideia dos outros também. Às vezes riem muito comigo porque uso a ideia deles como base para outra ideia, faço isso muito também. O que quero dizer na verdade é que eu passei a vida inteira ouvindo, mas fazendo o que quero.

Já ouvi alguém dizer que você termina os discos no estúdio. Como é de fato, acontece sistematicamente? É o seguinte, não componho no estúdio, como pode parecer, componho no quarto ou em qualquer lugar na casa. Preciso de um momento em que esteja só, introspectivo. Nunca começo um disco com o repertório fechado, sempre começo com no máximo seis músicas, porque gosto de compor durante o processo de gravação, porque vou absorvendo também os elementos que estão fluindo ali, o que os outros dizem, o que os outros fazem... Aquela troca natural. Ao compor naquele período, acho que vou estar mais integrado ao processo. E também porque, se componho uma música para gravar quatro ou cinco meses depois, já não gravo, porque estou muito ligado no aqui e agora, no que acabou de acontecer, tenho várias músicas que não usei. Não usei porque passou, mas pode ser que uma hora eu volte e pegue.

Mas você deixa guardadinho? Não vai jogar fora uma inspiração. Não, está tudo guardado.

A gente estava falando dos intérpretes e acabou entrando nessa coisa do estúdio. Os intérpretes... É uma sensação muito boa, porque é bom ver o seu pensamento transformado, lido por outra ótica, isso é maravilhoso. É óbvio que não são todas as regravações que encantam a gente, mas o que vale é o processo de ver uma música que você criou com um pensamento vista por outra pessoa, pensada por outra pessoa, que traz uma versão bem distinta, às vezes maravilhosa, às vezes nem tanto, mas é uma coisa muito boa de ouvir.

Com o disco *Ária* você ganhou o seu segundo Grammy [2011]? O *Ária* me deu isso, é um disco que me deu um trabalho, me deu uma diversão e ainda me deu um Grammy. O primeiro foi com a música "Acelerou", em 2000.

A gente estava falando de intérpretes, é quase um lugar-comum dizer que é emocionante ouvir uma música na voz da Bethânia. Mas e a Cássia Eller, com quem você gravou "Milagreiro", como foi a experiência de gravar com ela? Chamei a Cássia para gravar essa música comigo porque ela tinha uma afeição pela música flamenca, assim como eu. Já tinha conversado com ela e, quando fiz essa música com um perfume flamenco muito acentuado, pensei: "Vou chamar a Cássia para cantar". E foi divertida a gravação, porque ela achava que não ia conseguir, porque o tom não estava não sei o quê, e eu dizia: "Cássia, vai lá dentro e canta", porque ela era muito tímida. A Cássia era uma pessoa incrível e ficou felizona com o resultado. Exatamente um mês depois ela morreu. Pelo menos esse registro é importante, porque eu gostava tanto dela.

Queria falar sobre "A rosa", que você gravou com o Chico e ficou linda de morrer. Por que você escolheu exatamente essa música entre tantas canções do Chico Buarque para gravar? Gostava dessa música e achava que ia ser um diálogo interessante, alegre, porque a gente tinha acabado de voltar da África e aí combinamos de fazer uma música, fizemos o "Alumbramento", que até deu nome ao disco. Não me lembro bem se foi ele ou eu quem sugeriu, isso já não lembro. A gente fez "A rosa" e nos divertimos muito, porque o Chico – as pessoas não sabem – é muito divertido, muito bem-humorado. Ele é aquela pessoa calada quando está num ambiente onde não conhece as pessoas, mas, entre as pessoas de quem gosta, ele fala o tempo todo.

E vocês têm, além da música, o futebol em comum também. O futebol. Parei um pouco de jogar, pelo menos lá no campo dele não vou há muitos anos. De vez em quando jogo lá no sítio, jogo aqui com o Ignacio, mas parei um pouco porque fiquei com medo de me machucar e estou sempre trabalhando.
Mas era uma opção de carreira no começo. No começo eu e todo mundo achávamos que ia ser jogador de futebol.
Nos seus primeiros discos tem aquele violão *ovation*, foi o momento dele nos anos 1980. Qual é o seu instrumento preferido? Você tem vários violões ou tem um que te acompanha? Tenho vários. Acho aquele violão uma incongruência [o *ovation*], só dá para usar se você não tiver barriga, se tiver alguma já não dá, porque compete com ela já que ele tem uma barriga assim. Aquele violão anatomicamente era muito desfavorável, mas era ótimo, foi uma febre na época, o mundo inteiro usou. Mas a história de violão mais bacana é a seguinte: quando vim de Maceió para o Rio, fui levado à Som Livre para fazer teste, e aqueles dois produtores me ouviram, o João Mello e o Waltel Branco. O Waltel, que era violonista, arranjador e compositor, foi o tal que me disse: "O seu estranhamento é o seu trunfo, seja assim, continue assim". Depois que toquei, ele falou: "O seu violão é muito ruinzinho". Tomei um susto porque era um violão que eu achava ótimo, tinha trazido de Maceió, comprado com uma dificuldade. Fiquei arrasado, ele falou: "Você quer um violão?". Aí eu disse: "Como assim, quer um violão?". "Te dou um violão." Falei: "Quero". "Então vem aqui amanhã." Cheguei no dia seguinte, entrei numa sala, tinha seis violões espalhados no chão, todos com *case*. Ele disse: "Escolhe aí". O primeiro *case* que abri é o violão que tenho até hoje. E gravei todos os discos com ele.
Que maravilha! Você compõe nele também? Tudo, tudo. É um violão espetacular. Nem vi os outros, porque quando peguei aquele, pensei: "Meu Deus, ele tinha razão, o meu violão era ruim pra caramba".
É um violão de pinho especial? Não, é um Romeu nº 1, da Di Giorgio, feito pelo Romeu, o avô antigo ainda. O violão foi feito em 1962, esse episódio aconteceu em 1974. O violão é magnífico, não tem mais hoje, não tem mais a madeira, não tem mais o *luthier*, que morreu, é um instrumento especial.
Que lindo! E você compõe nele ainda? Faço tudo, só não levo para show, porque já tenho instrumentos mais próprios, agora mesmo estou trabalhando com uns violões do Manuel Rodríguez, que é um *luthier* espanhol que alia o violão acústico ao eletrônico, é esse que uso em show quando preciso usar violão e não guitarra.
A música é cotidiana para você? Todo dia tem alguma coisinha ou é só quando você está trabalhando? Não, é uma coisa periódica. Quando estou gravando não penso noutra coisa. Porque o meu processo é assim, trabalho no estúdio desde 7h, 8h até 1h da manhã. Chego em casa, como alguma coisa, vou para o quarto e trabalho até as 6h em composição. Durmo e só acordo às 2h da tarde. Não penso

noutra coisa, e ao mesmo tempo faço arranjo, letra e tal. Faço uma música e, se não faço a letra na hora, já começo a pensar nela, então é um processo continuado até acabar.

O disco *Rua dos Amores* tem um mote ou ele é diverso? Preferi que ele não tivesse. É óbvio que você acaba falando de relacionamento, amor etc., mas espero que fale de outras coisas também. Tenho feito umas letras que têm me deixado contente por essa diversidade de assunto. A letra do "Reverberou" é um assunto muito adolescente, é uma experiência de você amar uma garota e não ter coragem de se revelar para ela, e um dia, numa festa, num baile, você vai chamá-la para dançar sem saber se ela vai aceitar e ela aceita. Procurei descrever isso na canção e ficou lindo.

Você acha que, como nos Estados Unidos tem a black music, a gente tem uma música negra no Brasil? A música feita pelo negro é específica, o negro tem suingue, são raríssimos os negros que não têm suingue, não têm uma divisão específica. Não é que o branco também não tenha, mas o suingue do negro é bem específico e natural. Em geral, o negro tem uma inter-relação natural com a música negra de todos os outros países. Sempre tive uma ligação com a música africana, com a black music americana, o candombe do Uruguai, com todo lugar onde tem música negra a gente tem uma proximidade natural, a gente entende aquela célula musical. A música negra é diferente da música branca.

Mas aqui no Brasil ela tem ao mesmo tempo uma diversidade. Acho que a diversidade na música negra é enorme, assim como também a diversidade na música branca. Na música negra você vai fazer qualquer gênero de um modo que só um negro faz, você vai tocar uma música flamenca, um jazz, uma valsa, um samba, um rock, um funk, um baião diferente do que o branco faria e vice-versa.

ED MOTTA

FOI ED MOTTA QUEM INVENTOU ESSA MODA.

Depois de um delicioso programa de rádio, ele me convidou para passar uma tarde no Rio ouvindo seus antigos LPs e conversando sobre música. Só voltamos a nos encontrar muito tempo depois do começo dessa história, e não foi para um "papo de carioca". A tarde de entrevista quase se estendeu noite adentro. Ed Motta sabe recepcionar muitíssimo bem. É ótima companhia para quem quer falar, ouvir e viver música. Temos em comum o gosto pelo antigo. Eu coleciono rádios, ele coleciona tudo. É aficionado de quadrinhos e dá apelidos aos acordes. Ainda adolescente, virou sucesso nacional. Sonhava ser americano, até ter descoberto a música brasileira, o gosto pela cerveja e o som do violão. Como é típico de seu temperamento, logo virou profundo conhecedor do assunto. Quando descobriu o vinho, virou *sommelier*, criou uma adega, escreveu colunas em jornais. É ávido consumidor de informações. É metódico na organização de suas coleções, assim como no trabalho no estúdio. Só não tem método para compor, porque a música é a vida de Ed Motta. Um novo tema sai ali mesmo, no teclado, no show, no chuveiro. É *só* um tema, porque a letra virá muito depois. Quando lhe pedem para tocar "Manuel", diz que prefere a música "vocal-instrumental". Houve um tempo, antes que Guinga tivesse lhe apresentado Aldir Blanc, em que Ed preferia música sem letra. A palavra não é abstrata o suficiente, mas a música, sim: somente ela é pura transcendência. Agora, quem vai dizer que "Outono no Rio" não é a cara de Ed Motta? O parceiro Ronaldo Bastos fez a mais perfeita tradução: "Há um lugar para ser feliz além de abril em Paris..." Coloque na vitrola *As segundas intenções* e divirta-se!

Entrevista realizada em 2001.

No show *Segundas intenções*, você fez uma brincadeira com uma zabumba dizendo para o percussionista: "Toca isso aí, bicho, porque o povo tem que falar que eu faço música brasileira". No início da sua carreira, as pessoas achavam que você traria de volta o Cassiano, o Tim Maia e a tradição soul nacional. Mas hoje sua música está muito mais sofisticada, e você está cuidando mais da harmonia e da melodia. É verdade. No início, a minha preocupação era literalmente imitar os americanos, e não fazer música brasileira com influência americana. Eu já colecionava discos, mas não tinha nenhum disco nacional, só ouvia música americana. Comecei a ouvir música brasileira por causa do jazz, do Bill Evans, do Claus Ogerman. Certa vez, entrei numa loja em Curitiba e vi um disco do Tom Jobim...
O *Urubu*, que tem arranjo e orquestração do Ogerman? É. Quando vi aquilo, pensei: "Tom Jobim com Claus Ogerman?! Tenho que ouvir Tom Jobim!" Pensei isso porque eu estava ligadaço no Claus Ogerman.
Com que idade foi isso? Foi em 1990 ou 1991. Eu tinha uns 20 anos.
Depois de já ter gravado dois ou três discos? É, depois de ter gravado dois. Pô, quando gravei meus primeiros discos eu tinha 15, 16 anos. Eu não ouvia música brasileira. Cheguei até a escrever um texto muito agressivo, dizendo que se tinha influência da música brasileira no meu trabalho eram os defeitos, os problemas do estúdio, o som ruim. Eu era muito radical. Não gostava da música nacional, não gostava de morar no Brasil, nem de ser brasileiro, nem de falar português. Não gostava de nada, não me identificava com nada. Não gostava de futebol, nem tomava cerveja. Antes de ter viajado para os Estados Unidos, eu já estava alucinado com essa história do jazz. Só aí comecei a ouvir música brasileira, e foi uma coisa muito emocionante esse primeiro contato. Foi o Guinga quem me fez descobrir a música brasileira. No começo, eu chorava muito ao ouvir o Chico, o Edu, o Hermeto, o Tom. A cada coisa, a cada audição, a cada artista novo que descobria, eu chorava pra caramba de remorso.
De remorso?! É, porque isso aconteceu às vésperas da minha mudança para os Estados Unidos. Eu tinha um acordo com a Warner que me obrigava a gravar um disco para eles. É um disco ao vivo, que odeio. Mas essa era a condição para conquistar a minha alforria. Fiz o disco, e eles me liberaram. Viajei já contaminado pela música brasileira. Sempre gostei de caminhar, mas não fazia mais isso no Rio. Gravei o meu primeiro disco aos 15 anos e, depois disso, já não vivia mais durante o dia. Não caminhava, não saía. Em Nova York, voltei a fazer isso. Saía andando, conhecendo gente, comprando cebola, visitando farmácias. Sentia falta disso.
Aqui não dava mais para fazer isso, porque você tinha virado ídolo muito cedo... Pois é. Tem gente que convive bem com isso, mas eu fico incomodado. Não me importo de dar autógrafo, só não gosto de estar num lugar onde as pessoas observam cada gesto meu. Sou paranoico, compulsivo, sofro muito com isso. Mas, voltando a Nova York, comecei a comprar disco brasileiro lá. Comprava disco

importado do Brasil. *(Risos.)* Comprei a obra inteira do Chico Buarque. Eu caminhava no Riverside Park e no West End ouvindo música brasileira e chorando, andando no parque e chorando...

O que o sensibilizava tanto na música brasileira? Principalmente a música. Antes, eu ouvia música americana o tempo inteiro e não sabia o significado das letras. Então, o que contava mesmo era a música.

Para você, a música prescindia de letra? Totalmente. Até hoje, consigo ouvir uma música sem praticamente escutar a letra. Só presto atenção à letra se é algo muito especial. Há um letrista da Broadway, o Stephen Sondheim, cujas letras são verdadeiras crônicas, às vezes muito ácidas, às vezes muito poéticas, e os temas também podem ser bizarros.

Sem metáforas? Não tem. Tudo é só crítica, é jornalístico, eu gosto. Nunca tive atração por poesia, pela palavra abstrata. Acho que a palavra e a música são coisas muito diferentes. A palavra tem uma função na comunicação, para deixar um bilhete, para falar "Olha, amanhã estou aqui no Rio para fazer a entrevista...", e na vida de modo geral. A música não é assim – ela não tem importância nenhuma no funcionamento da vida, do ser humano, da máquina...

> ACHO QUE A PALAVRA E A MÚSICA SÃO COISAS MUITO DIFERENTES

Não tem importância para o cotidiano? É, a música não tem a importância que a palavra tem, entendeu? Então, já de cara, acho que a música tem um caráter artístico intocável e totalmente abstrato, sem nenhuma ligação com a realidade, com o que acontece no dia a dia. Não tenho vontade de ter. Assim, existe um imaginário de que eu gosto, sei lá, coisas como esse radinho de pilha que você acabou de me dar, e existe a realidade, o dia a dia, seja político, seja social, seja estético, que eu esteja vivendo, a qual não gosto de transpor para a minha música. A minha música é uma música instrumental, bicho. O que me arrepia na música é a música, o que me faz chorar numa música é a música. "Luísa", do Tom Jobim, é uma música que me fez chorar muito. Nunca me esquecerei disso. Estava andando pela Broadway, e do outro lado da fita era só Tom Jobim. Quando chegou em "Luísa", comecei a chorar, e olha que eu choro feio, não tenho aquele choro Nouvelle Vague que é só uma gota. Não, é um choro desesperado. O nego olhou: "Pô, que é que foi, alguém morreu, cê tá sentindo dor?". Porque parece dolorido. *(Risos.)* Isso acontece muitas vezes comigo quando ouço algumas músicas, por causa dos muitos conflitos que tenho com a música. Volta e meia, eu me emociono, entendeu? *(Risos.)* Se eu tiver bebido, então, fica impossível.

Então, se abrir uma boa garrafa de vinho e tocar "Luísa"... Não, o vinho é engraçado. É uma bebida esnobe que exige *pedigree* comportamental, entendeu? *(Risos.)* Quando eu morava no Brasil, não tomava cerveja. Agora já entendo essa história de violão, cerveja, música brasileira, futebol... Antes eu tinha uma espécie de rejeição à cerveja e ao futebol. Ainda hoje, não gosto de futebol. Quando saí do Brasil, as pessoas diziam: "Pô, você tem que descobrir as coisas boas da música brasileira!". Mas, quando voltei, falavam: "Pô, Ed, você tem que cantar funk! Nós gostávamos de você americanizado!".

Elas queriam criar um rótulo. Acho que sim. Tenho umas músicas em parceria com a Zélia Duncan que são coisas bem nacionais no sentido da música, como as do Jobim, do Chico, do Edu. Melodias, harmonias, valsas, modinhas e choros... Mas, logo que voltei, gravei o *Manual prático* n.1, que é uma coisa que eu não queria ter feito. Não é que tenham me obrigado, mas, se você tem um programa numa rádio de samba, mesmo que lhe digam que pode fazer o que quiser, você vai acabar tocando samba. Como sempre quis ser o produtor do meu disco, eu mesmo puxei o gatilho: no disco, pus uma bateria eletrônica, que é uma coisa que odeio. Estou dizendo isso porque livro não é como jornal. Em jornal, não se podem dizer certas coisas, mas livro é coisa para guardar. A gente pode dizer o que quiser. Não tem censura. *(Risos.)* Eu estava lendo o livro de um crítico de jazz, e o cara descia o malho no Bill Evans. Não concordo com a opinião dele, mas há coerência no que diz.

Logo depois que você começou a ouvir o Guinga, passou a prestar atenção nas letras? Não! Primeiro, só o lance da composição, só as harmonias me interessavam. Depois, descobri as letras do Aldir Blanc. A poesia do Aldir é muito forte, ela sempre me emociona. Ele e o Chico. Eu falava: "Caramba, os caras conseguem fazer um negócio assim, o Chico é forte, a música está linda, a melodia está linda, a harmonia está linda, e o que ele está falando!". Para mim, são duas facas descendo pelo corpo, rasgando. Você fala: "O que é isso?" É muita coisa junta! Isso foi bom para eu perder a birra que existia contra a letra, mas a minha militância a favor da música sem letra permanece e vai ser sempre a minha bandeira. Se alguém me perguntar se quero fazer um disco só instrumental, direi que sim, que essa é a minha vontade. Mas as pessoas não querem falar disso, porque a letra é uma imposição. Às vezes a letra é muito bem feita, e às vezes é pseudointelectualizada, mas o que ninguém diz é que letra é legenda para música: as pessoas precisam da legenda para compreender a obra.

Para ir acompanhando a história... É. Não estou dizendo que não é legal chegar em casa e ouvir uma música que fale do seu problema, da sua fossa. A música sempre serviu de pano de fundo para todas as fossas. Mas essa coisa de estar sempre atrelada à letra é muito chata. A letra favorece uma relação teatral com a música.

É por isso que existe o intérprete... E as cantrizes. O pessoal do teatro tem uma relação dramática com a voz, e isso vem desde a ópera. A Broadway tem coisas maravilhosas em teatro e canto. Sou um instrumentista da voz: poderia tocar sax, piano, flauta ou oboé, mas a minha mensagem é a combinação de notas, é cor, é artes plásticas, Mondrian, Miró, não tem forma, não tem explicação. E ali está um monte de coisas que eu sinto e, de repente, tem alguém que sente algo parecido...

É o seu filminho? Cada um tem a sua locação. Com a música acontece a mesma coisa. As canções de que mais gosto têm letras, e isso é ótimo, mas quero tentar mostrar que há outras possibilidades.

Qual é a inspiração para compor, se a abstração é tanta? É a própria música. Talvez o cotidiano também me inspire sem que eu perceba. Talvez seja uma coisa como o sonho, que é inexplicável. Eu não tenho religião, mas acredito em Deus. Então, acredito que, quando estou compondo, apesar de ter o controle de algumas coisas, não tenho controle sobre a criação, sobre aquilo que vai sair, nem da criação mais sofisticada nem da mais banal. É como se fosse uma obrigação do inconsciente fazer o banal também de vez em quando, mas eu não tenho esse controle. Imagino que isso seja uma coisa meio de Deus, de uma energia que exista, um papo odara total... Existe um lance, e eu cada vez mais acredito nisso. Quando estou tocando, quando estou melhorando na música ou fazendo certas coisas, parece que estou chegando cada vez mais próximo de uma coisa subjetiva que nada consegue explicar. Tem uma coisa de sentimento mesmo, como se fosse o amor, que nem o amor, bicho. Quer coisa mais maluca do que o amor? *(Risos.)* É mais ou menos isso o que me inspira. Mas, quando eu falo da palavra, é porque sempre gostei de ler enciclopédias e catálogos – sou um colecionador de coisas diversas.

De almanaque? É. Leio guias de filmes, faço anotações sobre fitas a que assisti, fico sublinhando coisas, fazendo marcações com caneta colorida – sou desse tipo.

Você usa esse método também para compor? Não. Para mim, compor é como ser gordo: sei que não é bom para a saúde, mas não consigo evitar. Não sou burro, mas não consigo deixar de beber vinho e comer as coisas de que gosto. A composição também é assim: não sou eu que escolho, ela é que surge inexplicavelmente, talvez das mãos de Deus.

Aí você vai lapidando? Esse lado pragmático, obsessivo, compulsivo, aparece no momento de fazer o arranjo, o disco, o encarte, de decidir quem vai tocar o quê, quem vai ser o técnico de som. A paranoia começa no momento de lapidar a pedra, de escolher a ferramenta. O arranjo envolve inspiração e racionalidade. Às vezes, passo quinze dias trabalhando numa só música, olhando a partitura, delirando. Tive um professor de música que dizia que cada acorde tem uma cor. Então, se ouço o arpejo de um acorde menor, lembro da abertura da série do *Casal 20*: quando aparecia a casa, tocava um lá-rá-rá pi-du-bu-du. Outra sequência muito característica são as trilhas do Bernard Herrmann para os filmes do Hitchcock: para gerar tensão, ele usava sempre um acorde menor com uma sétima maior. Há também aquele acorde de sétima e nona aumentadas que são usados pelo Neil Hefti na trilha do seriado *Batman* dos anos 1960. Gosto de dar apelidos aos acordes. As notas cromáticas, por exemplo, chamamos de acorde helênico. A deficiência vira estilo, sabe como é? *(Risos.)* Tenho essas manias, gosto de usar um tá-lá-lá – é a Bette Davis com um vestido longo naquele salão enorme. É uma brincadeira divertida, uma piração.

O pessoal que toca com você já conhece isso? Todos já conhecem. São as brincadeiras de cada instrumento, umas sacanagens que simplificam o trabalho e ficam engraçadas.

Você nunca estudou música formalmente? Por isso a brincadeira com a "deficiência"? Tive vários professores. Aliás, estou a fim de voltar a estudar. Sempre que termino um disco, volto a estudar um pouco, mas aí surge alguma outra coisa, o estudo vira música e eu sumo da aula. Acabo sempre abandonando o curso depois de um mês, por aí.

Você se concentra no que vai fazer... É o lado lacaniano da música. Sempre ocorre esse conflito: se aprendo a tocar uma música, meu interesse por ela diminui. Não é que eu deixe de gostar, mas o fato de ter descoberto todas as passagens que o autor percorreu me faz perder um pouco o interesse.

Seu ouvido consegue captar todas essas coisas? Você tira as músicas, aprende a tocá-las só de ouvir? É. E, se descubro todas as passagens, acaba o mistério. Inevitavelmente. Todo mundo tem os seus truques, a sua deficiência que virou estilo. Por exemplo: em geral, toda música tem parte A e parte B. Assim, acabada a parte B, volta-se à parte A. Mas "Vitrines", do Chico Buarque, é uma música que não volta à parte A: ela não tem repetição. Fazer isso dá um trabalho de louco. O jazz tem esse formato "AB – A – BA". Você vai para a parte B da música mas pra voltar você tem os acordes de preparação, e eu não gosto de voltar à parte A de maneira banal. Então, demoro muito para fazer aquele retorno – os publicitários chamam isso de *brainstorming*. *(Risos.)* Aí, a técnica ajuda muito. É como escolher entre pegar um táxi ou ir a pé: sempre vou a pé, olhando a paisagem. Não posso reclamar, estou num momento muito bom, tenho feito muita coisa mesmo, estou gravando muito, compondo muito, o cara não para, bicho. *(Risos.)* Tudo está fluindo bem. Em certa época, a gente morava numa esquina da rua 93, em Nova York. Na 94, havia uma loja chamada Gaita Line and Experience, que pertencia a um cara especializado em vinhos do sul da França. Parece Gotham City... Foi aí que começou minha obsessão. Eu comprava livros e revistas sobre vinho, uma coisa muito interessante, muito prazerosa, como a música nunca será para mim. A música está presente o tempo todo, não é uma coisa que eu possa dizer: "Bom, agora é a hora do meu...". A música não me deixa um minuto sequer, ela só vai me abandonar quando eu não estiver mais aqui. Então, sempre digo: "Agora, eu e a minha música queremos fazer tal coisa". Enfim, quando voltei para o Brasil, não podia fazer a música que estava na minha cabeça, que era uma mistura de coisas brasileiras e americanas. Se fizesse o que queria, morreria de fome e não poderia ter a minha casa, as minhas coisas. Nisto, o vinho surgiu como uma válvula de escape. Se eu tivesse gravado tudo que queria, talvez nunca mais tivesse me interessado por vinho.

E você canalizou para isso? Virei especialista em vinho, passei a escrever coluna sobre o assunto. Então fiz o *Segundas intenções*, um disco que vale muito, por causa do tema instrumental "Tijuca em Cinemascope", que é antigo, mas que fiz questão de pôr ali, e no show tem uns temas instrumentais. Então, hoje o vinho está mais para aquilo mesmo que deveria ser.

Mais um prazer? Exato, um prazer. Eu dedicava 50% do meu dia ao vinho e 50% à música. O telefone tocava, e era um importador de vinho ou alguém dizendo que eu devia escrever uma matéria sobre a Toscana; a campainha tocava, e era alguém entregando milhares de garrafas de vinho. E eu bebendo muito, engordando muito.

O *Manual prático* e o *Remixes e aperitivos* foram feitos nessa época? Na hora, eu não via nada disso. Estava era achando tudo muito bom. Ainda acho maravilhoso, mas a minha vida não podia continuar daquele jeito, era só uma válvula de escape. O *Manual prático* tem coisas legais, mas traz um formato de gravação que não me agrada.

O *Remixes* veio na mesma leva do funk, da música para dançar? Veio. Mas o lance do eletrônico é assim, ainda não me pegou, entende? Ainda acho uma coisa asséptica. Eu gosto de funks como esses que aparecem no meu disco novo, com bateria. Mas é como tudo na vida, bicho. É um escape da privação. A música é uma coisa sublime, e ter que se privar dela é como se privar de um amor.

Você pira! É, pira. Eu diria até mais: é um sofrimento mesmo. Agora, vou teorizar e perguntar: "O que é o jazz na música popular, no pop?". O jazz é uma tomada de atitude diante da sociedade. É como ser gay: aos olhos da sociedade, é um erro. As pessoas não percebem que o mundo só é racional da boca para fora.

Quer dizer que, com o *Segundas intenções*, você fica mais próximo daquilo que está realmente a fim de fazer? Pô, ali já soltei a franga, entendeu? *(Risos.)* Tem um pouco do que realmente acho que precisa ser feito. Como produtor, prefiro ser eu mesmo a puxar o gatilho.

Você produz os seus discos desde o começo? Sim. Mas, no *Manual prático* n.1, trabalhei com o Lenine. Aliás, ficamos muito tempo sem conversar depois disso. O Lenine é um cara muito legal, com quem aprendi muitas coisas, mas sou paranoico: não consigo trabalhar em equipe. No colégio já era assim – os trabalhos em grupo viravam um inferno para mim. Gosto de fazer tudo sozinho. Uma vez, conversando com o Lenine, ele, que é um cara inteligente, me falou: "Mas, afinal de contas, o que você quer é porque você realmente quer ou é só pelo crédito?". Respondi: "É um pouco dos dois". *(Risos.)* É o crédito que o leonino quer. Ele quer ver seu nome e quer também o crédito intelectual da coisa, o crédito do que foi feito, entende? Todo o trabalho que se dispensou, toda a entrega. Eu sou um cara que pira no estúdio, todo mundo sabe disso. Eu chego cedo, chego junto com o assistente, porque sou paranoico, não quero que mexam nas fitas de disco. Então, tenho que estar lá para ver a fita ser colocada na máquina. "Hoje, sobre qual música vamos trabalhar? É a música tal? Então, é a fita tal. Coloquem a fita na máquina. Ah! Volta. Não. Lembra que o padrão é o canal 1 e 2, lembra disso?" Faço isso, porque, se eu

não estiver lá, a coisa não vai sair assim, e eu vou ficar mais paranoico. Tenho que estar tranquilo para poder criar e, para estar tranquilo, tenho que dar vazão a todas essas paranoias. Então, sou um cara que, quando estou gravando um disco, é uma pena, mas sempre tenho algum problema de saúde.
Isso o deixa muito tenso, não? Deixa. Eu fico louco! Sonho, acordo a Edna, que é uma santa! *(Risos.)* Durante a gravação do *Segundas intenções*, tive gastrite. Eu tinha pesadelos com a guitarra!
A guitarra estava muito alta? *(Risos.)* Estava. Tinha um problema também com o microfone, com o trombone – um inferno. As pessoas do estúdio gostam de mim porque sou brincalhão, falo com todo mundo. Por outro lado, insisto em ter as coisas como planejei, bato o pé pelos detalhes. Conheço o equipamento, leio muito sobre o assunto, sei como os aparelhos funcionam. Por isso, posso exigir que tudo seja feito da melhor maneira.
No fundo, os técnicos até gostam, porque sabem que você reconhece a importância do trabalho deles. Sei que adoram isso. Quando acaba o trabalho, fica sempre uma saudade. Nem sempre eles têm esse *feedback*. Muita gente não está nem aí para saber qual microfone vai ser colocado em cada prato da bateria. Já eu verifico tudo isso.
Afinal, é a sua viagem. É. Mas o Hermeto Pascoal nem liga para essas coisas e, ainda assim, é um gênio. Esse perfeccionismo no estúdio é uma herança do Steely Dan, que eu ouvia muito. E isso é uma cachaça, vicia mesmo.
Mas você só descobriu que o Steely Dan fazia isso porque você é aquele leitor de almanaque, não? Eu comprava uma revista editada pelo técnico de som que trabalhou em todos os discos do Steely. Aliás, o Steely só trabalha com esse cara. A revista trazia mil informações sobre estúdio, microfone, coro, timbre – enfim, todas as coisas que influenciam uma gravação. É a paranoia original do Steely Dan, dos técnicos xiitas, dos malucos por música clássica. E, modéstia à parte, é a minha paranoia no estúdio. Há pouco tempo, eu trouxe de Los Angeles um microfone que custa o preço de um carro, e isso só porque queria o melhor som no estúdio. Outro dia, por exemplo, fizemos uma gravação com cravo. Eu nunca tinha gravado com esse instrumento. O técnico de som também não. Então, eu disse: "Vamos ouvir o cravo de todos os cantos possíveis". Foi o que fizemos, e, assim, pudemos determinar onde iam ficar os microfones graves e os agudos. Tivemos que experimentar tudo. Não é rápido, mas tem que ser feito.
Quanto tempo você fica no estúdio? Já bati recordes, porque gravo com muitos instrumentos. Vou dar um exemplo: em "Dez mais um amor", do novo disco, a bateria usa uma caixa-piccolo, uma caixa fina de madeira que produz um som que dá mais esteira. Até termos encontrado essa caixa, várias outras foram testadas. E, para cada uma, testaram-se outros tantos microfones. É por isso que muita gente grava disco de blues e depois reclama que não ficou bom: o cara acha que é só ligar e sair tocando. Mas não: dá trabalho mesmo.

Quanto tempo leva isso? Uma bateria no padrão que eu quero demora umas três horas. Já no padrão americano, leva um tempão. Alguém, não lembro quem, me contou que foram gravar um disco num estúdio em Londres e que, no estúdio ao lado, o Peter Gabriel estava mixando um disco. Aí, o pessoal do primeiro estúdio passou o dia inteiro ouvindo um barulho do tipo bem-bem-bem-bem. Acharam que era uma obra ou alguma coisa com defeito ali, mas, no final do dia, lá pelas seis, não aguentaram e foram para o estúdio ao lado ver o que acontecia. Quando abriram a porta, descobriram que os caras estavam testando o som do bumbo. Vinham fazendo aquilo desde as dez da manhã! Fiz uma espécie de estágio no estúdio do Donald Fagen e até fiquei amigo do Phil Barnee. Lá, eles têm milhões de truques de gravação. Até hoje mando e-mail para fazer perguntas e pedir dicas. São as coisas de que tenho muita saudade dos estúdios americanos.

Você gosta mais do estúdio que do palco? Muito mais! Mesmo que, hoje em dia, eu goste bastante de fazer show – faz bem para a minha saúde.

Mais que o estúdio, eu imagino... Ah, sim! Por mais que eu me entregue, aquilo é como um mantra, todo mundo tocando junto. Quem está assistindo também sente. Mas não gosto de assistir a shows, nem mesmo aos dos amigos. Fico muito nervoso. Já basta a emoção do meu próprio espetáculo... Fico nervoso pelos outros e, por isso, evito ver shows. Os meus amigos sabem disso. Sofro com aquela tensão. É diferente de ouvir um disco: mesmo que o show seja uma droga, ainda há a luz, o som, a troca entre as pessoas.

Mesmo quando o show não é bom? Não! Nem me fale uma coisa dessas. Tem uma energia que circula para todos os lados. Acho o cinema, por exemplo, um lugar meio desconfortável. Não gosto de ficar no escuro com um monte de estranhos, não consigo me concentrar no filme. Fico pensando: "Estou sentado ao lado de alguém que nunca vi!" Avião também é assim. Imagine: eu, que trabalho com música, sou uma pessoa pública... *(Risos.)*

HOJE, O SHOW É UMA COISA QUE ME RELAXA

Mas você estava dizendo que, hoje em dia, o show lhe faz bem... Hoje, o show é uma coisa que me relaxa. Quando termino, parece que tomei um banho de cachoeira, é como ficar sentado na pedra de costas com aquela cachoeira gelada, *vuchh*, batendo no ombro bem forte. Com o show é a mesma coisa: primeiro vem aquele medo do frio, que todo show dá, depois você toma coragem e, quando entra, não quer sair mais, porque você faz parte daquele mantra. Mas, ainda assim, o estúdio me fascina mais, porque acho que estou mais em funcionamento. O show tem a repetição também.

O show também é uma celebração do fim do trabalho, não? É celebração, mas também é repetição – todo final de semana é a mesma coisa, o mesmo *checklist*. É sempre diferente, mas, ao mesmo tempo, é sempre igual. Show é mais ou menos como vinho: duas garrafas da mesma safra nunca são iguais, cada uma tem seu sabor. Já no estúdio, eu me sinto mais inteiro – tudo é mais dinâmico. Ali, estou em pleno processo – arranjo, capa...

O arranjo é uma coisa que o mobiliza muito? Demais! Para mim, é como na música erudita: a música é de Mahler, e o arranjo também.

A mesma pessoa faz tudo? É. Foi a música popular que deu origem àquela história: fulano faz isto, sicrano faz aquilo, e ainda tem beltrano, que diz como fulano e sicrano devem fazer o que eles já sabem fazer. O produtor também é um problema para mim: nunca consegui trabalhar com alguém que diga o que devo fazer musicalmente. Não acredito nesse lance de produção. Pode registrar no livro: nunca tive vontade de ser produtor.

Mas você recebe muitos convites para fazer produção, não? Recebo, talvez porque não acredite no papel do produtor... Se o artista não tem opinião ou não sabe o que quer, o produtor serve como guia. Os verdadeiros artistas acabam sendo lentamente afastados do mercado, enquanto aqueles que são assessorados por produtores estarão sempre aí, porque são manipuláveis. E a gente vive a era da música pós-guerra, que é uma música feita em conjunto, uma música Beatles, entende?

E o assédio dos fãs? Você tem essa neurose de pessoa pública? Como reage à fama? Ah, tem os dois lados. Há dias em que você vai almoçar numa churrascaria – para não ter que pensar nem no cardápio. Aí, chega um cara para falar com você, depois chega outro, alguém em outra mesa faz um comentário, outro vem e pede para sentar um pouquinho. E o almoço já era. Levo isso numa boa, porque também tem o lado bom, aquele dos privilégios, e, como sou um perturbado, eu uso mesmo! *(Risos.)* "Alô! Aqui é o Ed Motta, o cantor, sobrinho do Tim Maia, sabe aquele do 'Colombina', do 'Manuel', 'Eu não nasci pro trabalho'..." Peço para falar com o gerente, e a voz do outro lado diz: "Pois não, claro, o senhor tem toda a razão". Sempre consigo convite para o Free Jazz, por exemplo, quando os ingressos já estão esgotados. Não tenho grilo com isso, não. Eu tenho carinho com o reconhecimento, fico contente de ser assediado por um cara que adora jazz, adora blues. Sou leonino, e imagina se um leonino não vai gostar...

Em qual momento você percebeu que iria viver de música? Quando tinha 13 ou 14 anos, no embrião do Conexão Japeri. Assinei o primeiro contrato com 15 anos – na verdade, foi o meu pai quem assinou. Depois disso, eu não podia mais caminhar pelas ruas do centro do Rio nem frequentar os sebos a que costumava ir. Em São Paulo era diferente: eu podia andar com mais liberdade, as pessoas já conheciam o meu jeito de ser.

Antes de ter gravado o primeiro disco, você já havia sacado que a música era a sua vida? Ah, sim! Isso aconteceu com uns 7 anos de idade. Lá em casa, havia um disco do Earth, Wind and Fire. Eu ouvia aquilo e queria ser aquele disco. Também via o pessoal do Earth, Wind and Fire. Posso dizer com orgulho que fui criado pela televisão. Assistia a tudo que passava. Acho que ver TV é melhor que passear no parque. Tem muita coisa ruim, mas também dá para aprender bastante.

Scooby Doo, por exemplo, é maravilhoso. A televisão foi o *video game* da minha geração, só que a gente não tinha que atirar para ser o vencedor. No meu tempo, havia o Salsicha, o Barney, a *Corrida maluca*...

Era o maior barato! O Dick Vigarista...

E a Penélope Charmosa!... Mas e o disco do Earth, Wind and Fire? Esse disco mudou a minha cabeça – dava muito prazer. Quando o ouvi pela primeira vez, eu disse: "Quero estudar violão". Antes, sempre dizia que queria ser veterinário – adorava cachorro. Nunca tive um, mas adorava. Vivia comprando revista sobre cachorro.

Você já era colecionador... Meu pai me levava a exposições de cães em Jacarepaguá. Eu avaliava os cachorros, entendia de postura, de pontuação. Meu pai me apresentava aos amigos assim: "Olha, este aqui é o meu filho. Ele sabe tudo de cachorro". E eu lá, um gordinho leonino, exibido e egocêntrico. Em casa, minha mãe e minha irmã queriam ver novela, mas meu pai queria que a gente assistisse à TV Educativa. Então, eu acabava vendo muito documentário, debate, programa de jazz e muito, muito filme.

E ia formando seu repertório? É.

Qual foi a reação do seu pai quando você largou a escola na sétima série? Naquela época, eu estava começando a estudar música. Tinha muitos discos, várias enciclopédias de música, muitos livros de cinema, frequentava os cineclubes. Meu pai sabia que eu não era um playboyzinho que ia a Ipanema fumar baseado com os amigos e fazer um reggaezinho mané. Mas ele também sabia que eu não estava mais a fim da escola. Nunca me adaptei àquela coisa, e até nas aulas de música tenho dificuldade para lidar com esse esquema. O trabalho obrigatório sempre foi um trauma para mim. Minha saída da escola balançou um pouco o relacionamento dos meus pais. Minha mãe era contra, e ainda é. Mas posso dizer que nunca estudei química na minha vida – nunca. Quando estava na sétima série, eu pensava: "Cara, isto aqui vai ficar pior – vão começar as equações. Para que estudar isso?" No fundo, a equação matemática tem até uma função castradora. A matemática ensina que o mundo é exato, que todo problema tem resolução.

Era isso que o revoltava? Era. Eu dizia: "Não, não tem que ser assim. Não me importo se quatro mais quatro é igual a oito". Na escola, enfrentamos uma das primeiras dificuldades da vida: a autoridade. Nunca me dei bem com ela.

Logo que deixou a escola, você começou a se dedicar à música? Sim, 100%. Lembro que o meu pai disse: "Olha, vou tirá-lo do colégio. Vai ficar um ano estudando música e inglês. Vamos ver no que dá. Se você não progredir nada, volta para o colégio". Aí, eu estudava as duas coisas o ano inteiro. Um ano depois, já tinha contrato com a Warner. Não foi talento, foi sorte. Tem muita gente genial por aí que não consegue gravar. Então, só posso dizer que foi sorte, e agradeço a Deus por isso. É politicamente incorreto dizer que no mercado, que a gente sabe como funciona, as pessoas estão onde estão por causa do talento.

Você fez as letras do *As segundas intenções*? Apenas dei algumas diretrizes. **Vamos falar de "Outono no Rio", que acho um exemplo interessante, porque a letra tem as referências de...** Guanabara, "April in Paris"... **Pois é, uma letra do Ronaldo Bastos que tem as suas referências. Em "À deriva", você trabalhou com a Zélia Duncan. Como funcionam essas parcerias?** Quando componho a música, já penso em quem irá fazer a letra. Então, há coisas que faço pensando na Zélia, no Nelsinho Motta, no Ronaldo Bastos. A parceria tem que ter um clima, tem que ter convivência. É preciso conhecer o parceiro, o estilo, as preferências dele. Antes de eu dar a música a alguém, ela é só minha. Fazer parceria implica dividir aquilo. É por isso que tenho vontade de fazer música instrumental, porque sou um cara muito ciumento. **Você já recusou alguma letra?** Já. Não vem ao caso citar nomes, mas recusei letras de duas ou três pessoas com as quais depois não voltei a fazer música. Se não rola, a gente deixa para lá. Quero fazer música com certas pessoas, mas preciso ver se rola. Fazer música é como tocar ao vivo: tem que haver sintonia, não dá para ser diferente. É inexplicável. Existe um termo de música clássica, não me lembro da palavra, que define o momento em que a orquestra é um único corpo, um único som. Não existe individualidade, eles são um só. **Você tem um lado sofisticado, um lado funk, um lado soul. *As segundas intenções*, seu disco mais recente, é o resultado mais redondo dessa mistura. Qual é a medida? Ella Fitzgerald foi criticada pelos amantes mais fervorosos do jazz quando começou a cantar as canções que a fizeram muito famosa. Cole Porter fez canções populares e extremamente sofisticadas. Você acha que pode levar a sofisticação e seduzir pelo popular ao mesmo tempo?** Para ser extremamente transparente e sincero, quando eu projeto um disco, tenho que ter uma preocupação financeira. Afinal, não sou uma pessoa financeiramente resolvida – preciso trabalhar para viver. Se não fosse isso, eu poderia fazer música como o Stravinsky. Ele não se preocupava se o público seria de duas ou de mil pessoas, apenas fazia a sua música. Não posso agir assim. Moro no Brasil, nasci na Zona Norte do Rio, não posso ser o Stravinsky. Tenho que pensar à maneira do Hitchcock, um filho de mercador inglês que planejava lotar os cinemas fazendo filmes de qualidade. O Cole Porter tinha dinheiro. Ele e o Irving Berlin são os compositores populares mais maravilhosos que conheço. As letras do Cole Porter são inteligentes e rebuscadas. Gosto de música popular e gostaria de compor alguma coisa assoviável, algo que a Bibi – a Bibi trabalha aqui em casa – achasse muito bom e que tocasse no rádio o tempo inteiro. Então, tenho duas preocupações: fazer música como eu gosto e conseguir ganhar a vida com ela. Porque tem muita coisa instrumental que eu vou soltar aos poucos, coisas que não são populares mesmo, a pessoa tem que ouvir mais de três ou quatro vezes para começar a achar legal, porque a coisa é densa. *(Risos.)* **Umas vinhetinhas aqui e ali...** É. O meu próximo projeto é um disco instrumental com algumas músicas com letra, mas numa linha mais pop – não pop jazz, e sim jazz com tintura pop. Mexo com a terra do jazz o dia todo. Quando vou para o pop, minha mão está suja dessa terra. Eu gosto desse churrasco de domingo que é o pop. Mas na estética, na capa do disco, que é pop por excelência, você já tem um pensamento extramusical. Uma foto com um móvel, com uma ambientação, já é um pensamento mais marqueteiro, já entrou a pop music, já rolou Mick Jagger, não é mais Keith Richards, que não está nem aí – de camiseta branca, com a cara toda oleosa e os dentes não escovados – e tira a foto para a capa do disco em qualquer lugar.

Estou vendo aqui uma mistura dessas duas coisas de uma maneira muito interessante. Você é um cara que se preocupa com a capa porque, sem dúvida nenhuma, está antenado com arte. Na sua casa tem filmes, tem quadrinhos. Você acha que música é abstração, mas, ao mesmo tempo, tem uma visão muito racional do processo todo. Ainda assim, a música que você respira o tempo inteiro transcende a própria música, pelo que estou sacando. E você vive a música da mesma maneira, com o mesmo prazer que vive esse seu repertório todo, que está todo na sua música. Lógico! Tudo é o cotidiano, o colorido é o que faz a diferença nas coisas. Tudo depende da maneira pela qual você vê as coisas. Eu olho aquela montanha com os olhos do Herzog – parece que estou vendo *Aguirre, a cólera dos deuses*. Hoje, enxergo as coisas com enquadramento de cinema.

E tudo vira música? É uma coisa muito louca ver o mundo assim e tudo virar música. Se vou a um lugar onde a natureza está muito presente, muito exuberante, fico até com dor de cabeça. Eu me arrepio só de falar em Foz do Iguaçu, por exemplo. Aquilo é uma coisa gigantesca!

Qual o motivo dessa sua ligação estética com as décadas de 1950, 60, 70? Nasci em 1971. Cresci no Brasil do Fusca, do Hugo Carvana – enfim, dos anos 1970. Aliás, há um ator daquela época de que gosto muito. É um cara meio obscuro. Fez muitos filmes na década de 1970 e também na de 1980, entre eles *Rio Babilônia*. Não sei o nome dele. Não é um ator no sentido shakespeariano. É mais o tipo Ted Boy Marino. Meu pai morava na Lapa antes de ter casado e sempre trabalhou no centro do Rio. Conheceu minha mãe na Cinelândia e a levava ao restaurante Paisano. Depois de casados, mudaram para a Tijuca, onde sempre morei. Desde que eu era muito pequeno, meu pai me levava para andar no Aterro do Flamengo, na Cinelândia, na rua do Ouvidor, na rua da Assembleia. Ele sempre me mostrou muito mais o lado portenho ou parisiense do Rio de Janeiro.

Que não é o lado praia... Não é mesmo. Era sempre o lado mais Ernest Hemingway, mais Henry Miller. Mais denso, mais cinza. O próprio Paisano tinha no fundo uma pintura da Guanabara, e não do Rio de Janeiro. Quando fui lá com o meu pai, ele me disse: "Foi aqui que conheci a sua mãe". Nunca mais esqueci aquela frase, nem aquela parede pintada.

> **TUDO É O COTIDIANO, O COLORIDO É O QUE FAZ A DIFERENÇA NAS COISAS**

Pintura no azulejo? Isso! Olhava-se para o fundo do restaurante e via-se a pintura da Guanabara, mais três garçons velhos, uma mesa com um casal, muitas mesas vazias e aquele ar de decadência. Meu pai me levou muitas vezes à Confeitaria Colombo e à Leiteria Silvestre, que tem um clima *art déco*...

Foi isso que determinou a estética do seu repertório? Sempre frequentei muito mais a Cinelândia que a praia. Acho que em toda a minha vida, ou seja, em quase trinta anos, não fui à praia no Rio mais que dez vezes. Em Salvador, fui à praia muitas vezes. No Rio, não. Tenho certo bloqueio com relação às praias cariocas. O Rio do Ary Barroso, do Custódio Mesquita, do Cartola, do Nelson Cavaquinho, do João Saldanha, é mais interessante. É um Rio boêmio, de pé inchado, com gota, ácido úrico alto, do cara que come linguiça...

Meu pai é da Tijuca... e é exatamente esse o cenário! Esse Rio é maravilhoso. *(Risos.)* Você me entendeu? O que aparece é o Rio da Zona Sul, da gente bonita correndo com cachorro na praia. No centro, há um biótipo que não existe na Zona Sul. Moro na Zona Sul há onze anos e é como viver no West Side de Nova York. No Rio, a Zona Sul e a Zona Norte são coisas muito bem delimitadas. Para quem vive na Zona Sul, isso é maravilhoso, porque ninguém lembra que existe algo diferente daquilo...

Adoro o centro do rio, é um charme... Pô, bicho, falei a pampa, não é um capítulo do livro, é uma biografia!

ELBA RAMALHO

ELBA RAMALHO QUERIA FUGIR COM O CIRCO!

Era uma dessas meninas difíceis de segurar. Energia que a mantém no palco até hoje, fazendo shows quase diários. Elba é, ao mesmo tempo, uma intérprete sofisticada e uma cantora muito popular. Na música, ela é devota de Luiz Gonzaga. Na vida, de Nossa Senhora. O sol do Nordeste está em sua música como a doçura da sanfona de Dominguinhos quando canta o amor. Ela me recebeu em sua casa, cercada de verde e paz, e conversamos tranquilamente sobre quase tudo. A música só cede espaço em sua vida para a família e o trabalho de assistência. Aqui, disse que talvez fosse capaz de abandonar a vida artística para se dedicar à caridade. E acho que faria isso com o mesmo gás com que, há tantos anos, leva alegria a multidões pelo Brasil.

Entrevista realizada em 2005.

Vamos falar do ofício, da vida... Você acordou há pouco? Agora mesmo. O meu ritual de acordar é lento: acordo, rezo, faço ioga, depois rezo de novo, medito e, lá pelas onze horas, começo a aparecer por aqui, para a vida.

E você reza para o quê? Qual é a sua religião? Sou católica. Sou uma pessoa ecumênica, a palavra católica já é ecumênica. Eu sou, digamos assim, um ser espiritualista. Agora dou seguimento àquilo que aprendi com meus pais na infância, o ritual da igreja, das orações, da cruzada, do apostolado. Na verdade, a busca do autoconhecimento foi me levando a procurar uma identidade com algo que está no limite dessa consciência humana racional. Eu aprecio demais o espiritismo, também sou espírita, vou visitar obras espíritas, leio os livros de Chico Xavier, gosto do kardecismo, da interpretação desse Espírito da Verdade, que veio codificar um novo estado de consciência para a humanidade. Por uma necessidade interior, acabei voltando para a missa, para a Eucaristia, porque acredito nisso. Fora isso, as obras empreendidas pelas pessoas religiosas são obras sociais muito interessantes. Os espíritas são bastante caridosos. Os budistas têm uma compaixão extrema, que considero mais como entendimento filosófico. E, naturalmente, acredito na Igreja, na qual cresci e onde aprendi todos esses ritos bacanas. Sempre digo que os ensinamentos são puros, os homens é que são fracos, não só na Igreja Católica, mas em todas as religiões do mundo, porque o mundo está dessa maneira. Se houvesse amor, todas as religiões comeriam à mesma mesa do Pai, porque Ele é a verdadeira religião. Mas, se falta o amor, falta o resto.

Uma visão bastante feminina do mundo. Sou absolutamente devota de Maria, ela dá essa doçura.

Percebi isso ao ouvir pela primeira vez você cantar. Era o seu primeiro disco, um LP. Fiquei admirada: "Gente, mas é do Nordeste? É uma mulher cantando, é o jeito feminino de o Nordeste chegar aqui". É, no Nordeste – que tem essa face masculina, patriarcal, paternalista, machista, cangaceira, violenta, imponente, que perdura até hoje –, a mulher é o silêncio. Por outro lado, eu entendo que é muito precioso esse silêncio. Que era o silêncio de Maria. Ela falava pouco, ficava só acompanhando de longe a missão de Jesus, mas foi ela a escolhida para fazer o contraponto. Ela disse "sim", sem saber de nada, com 14, 15 anos. A mulher do Nordeste diz "sim" também; ela sabe que não adianta teimar, mas essa força feminina oculta faz que ela seja o esteio da família. Não existe família nordestina em que a mãe, por mais silenciosa, submissa e subserviente que seja, não detenha as rédeas da educação dos filhos e do comando geral da casa. É lógico que, para isso, ela abre mão de outras coisas para si mesma. Mas o que é a felicidade senão servir? Não é feminino isso? É um exercício de feminilidade incrível, você ser a dona da casa.

Você rodou muito, viveu muito antes de ter voltado ao catolicismo. Isso pautou de alguma forma a sua carreira? As suas escolhas musicais também são fruto dessa reflexão, desses acontecimentos? Em que momento as

coisas se cruzaram? Sempre. Eu vim expressando o sentimento de um povo, os costumes, a personalidade, a alma. Isso é religião, é espiritual. O meu trabalho é a influência do que eu já havia vivido, absorvido, sublimado. Era a voz de Luiz Gonzaga, o ritmo de Jackson do Pandeiro, a força de Marinês, a alegria dos trios elétricos, a simplicidade do povo, o canto dos pássaros, o clima do Nordeste, a seca, as chuvas – tudo isso está interpretado na minha obra. Toda a obra de Gonzaga, de Jackson e desses ícones da música nordestina reflete o sentimento do povo, o canto do vaqueiro, dos pássaros agourentos, dos pássaros alegres, como o sabiá, a juriti. São visões de coisas físicas e místicas ao mesmo tempo, isso é místico, é espiritual. O meu trabalho envolve muito o sagrado. A minha postura na vida é de respeito para com essa grande potência divina que está sobre todas as coisas. É verdade que o mundo não é bem assim, já levei muita patada, já sofri muito, mas faz parte do aprendizado. Também melhorei muito com base nos erros dos outros. O meu trabalho tem essa tônica mística. Luiz Gonzaga era um místico, Jackson do Pandeiro também, todo mundo que faz música é místico.

TODO MUNDO QUE FAZ MÚSICA É MÍSTICO

O canto para você é um dom? É um mantra, com certeza. Eu não atribuo absolutamente a honra do meu talento, grande ou pequeno, a mim mesma. Sou apenas o instrumento, como um violão. Que emite o som ao ser tocado: quem toca é quem tem o mérito. Quem me faz fluir na arte é Deus, nenhuma honra é minha. Isso contradiz o pensamento de muitos artistas. Que são muito egocêntricos e acham que tudo o que têm, tudo o que conseguiram se deve aos méritos pessoais; eu não consegui nada por mérito próprio, sou apenas um instrumento. Se for retirado o divino, o sagrado, a mão de Deus, essa força suprema que chamo de Deus, não seremos absolutamente nada, não haverá inteligência, não haverá força. Deus é o sol, é o logo central do amor. Se não houver o sol, não haverá mais vida, nem arte, nem talento, nem canto.

O seu gosto pelo canto começou desde menina. Ele surgiu como uma manifestação do brincar? Eu brincava de roda na rua e, mais adiante, de pastorinha na porta da igreja, nos autos de Natal. Isso foi me levando. Há um velho ditado nordestino que diz: "O espinho, quando tem de furar, de pequeno traz a ponta". Ele é usado para definir a personalidade de alguém, uma índole muito ruim ou muito boa. O meu espinho para a arte já vinha furando desde pequena. Eu me lembro perfeitamente: nasci no sertão, numa família de classe média baixa. Meu pai, com muito esforço, nos dava os estudos e a comida. Morávamos numa casinha ajeitada, tínhamos roupa nova uma vez por ano, nas comemorações de fim de ano. Meu pai trazia o tecido, e minha mãe fazia o vestido. Passava-se o ano todo com aquela mesma roupa. Eu me sentia absolutamente perdida dentro daquilo. Ao mesmo tempo em que eu pertencia àquilo, eu olhava e dizia: "O mundo não pode ser só isso aqui. Por que eu vim parar aqui?" Era muito diferente, o jeito de pensar era diferente, o jeito de falar era diferente, o jeito de olhar as coisas era diferente. Eu já vim ao mundo diferente, era diferente da minha família, e isso se revelou já nos primeiros anos de vida. Eu não gostava daquilo de que todo mundo gostava, não usava o que todo mundo usava, interpretava as coisas de um modo diferente daquele de todo mundo. Eu gostava de brincar de drama, de teatro, no quintal de casa, usava o lençol como cortina. Nunca tinha ido a um teatro na vida, só via um circo velho que era montado lá na frente de casa. Meu sonho era ir embora com o circo. Tentei várias vezes.

Quando foi que você resolveu se mudar para uma cidade maior e levar seu sonho adiante? Eu não resolvi levar isso adiante. Não existe o acaso, nem a coincidência. Eu gostava de brincar lá fora, queimava aula para ficar brincando com o pessoal. Tinha muita energia, e ainda tenho. Em certa altura, quando já tinha ido morar em Campina Grande para estudar, por volta de 12, 13 anos, eu detestava a professora de português – mas, um dia, entrei na sala de aula e havia um poema de Manuel Bandeira, chamado "Evocação do Recife", escrito no quadro-negro. A sala estava dividida, e ela, inteligente e irônica – hoje, uma grande amiga minha –, disse: "Chegue-se aos bons. Quer fazer teatro?". Eu disse: "Lógico que quero. É isso que é a aula de português agora?". Ela disse: "Vamos entender o mundo através da poesia".

Manuel Bandeira foi uma belíssima introdução, não? E depois vieram outros – Cecília Meireles, Mário de Andrade, Bertolt Brecht, Carlos Drummond de Andrade, Ascenso Ferreira, Thiago de Mello. Tudo isso foi sendo despejado assim, jogado dentro da gente, das nossas mentes, dos nossos corações, pela professora de português. Criou-se na sala um jogral, que chamávamos de coral falado, e ele virou grupo de teatro. Cinco anos depois, eu tinha me tornado a Bibi Ferreira da cidade, a minha veia artística desabrochou. Mas, lá em casa, o conflito continuava, porque meu pai tinha um propósito. Era um homem do sertão, sério, rígido, que pouco falava em casa. Trabalhava e tinha só um propósito na vida: formar os filhos, colocar um anel no dedo de cada um. Mas o meu negócio era o teatro. Hoje, meu pai tem 88 anos, e nos relacionamos muito melhor. Mas, um ano depois de o jogral ter sido criado na sala de aula, passei a tocar bateria numa banda de rock, na própria escola. ▪ Então, os estudos desandaram, meu aproveitamento ficou péssimo. Em casa, era uma briga, mas não havia jeito: eu driblava a vigília dos irmãos e fugia para o teatro, para o auditório. Fui várias vezes arrancada de cima da bateria por meus irmãos. Eles entravam e, literalmente, me puxavam, me tiravam do grupo de rock.

Eles a tiravam no meio do ensaio? Sim. Eu ia para casa chorando, ficava de castigo. Mas, três dias depois, eles me pegavam tocando num bar, num baile ou em outro canto. Fui uma revolucionária: posso dizer que a minha história é digna de medalha, porque venci a resistência da família.

Você é a caçula? São quantos irmãos? Sou a caçula das mulheres, tem mais dois meninos depois de mim. Somos seis. Então, foi assim que comecei a fazer a minha história na arte. Graças a Deus, não tive uma adolescência alienada nas boates, coisa que eu detestava e a que até hoje não sou afeita. Mas o palco, sim. Aos 17 anos eu era *hippie*, usava um cabelo enorme e calça toda rasgada. Era completamente louca, baterista de uma banda de rock. A minha irmã era uma dondoca, toda bem-vestidinha, com roupas bonitinhas, um namoradinho certinho na porta. Eu só andava com os cabeludos da cidade, que eram o Bráulio Tavares – hoje um grande compositor –, o Umbelino, o Homero, o Ricardo Soares – escritor – e o Marcos Soares – poeta. Só andava com homens. Vivia junto a uma mesa de bar, tocando violão, ou no Museu de Arte, lendo Sartre, Hemingway, Ezra Pound, discutindo filosofia e interpretando as letras dos Beatles. Isso foi a minha adolescência.

Uma formação quase erudita, mas não convencional. Não, não, uma formação pelos meus meios. A minha família só entendeu que eu era diferente quando o meu irmão mais velho, o segundo, se formou em medicina. Ele foi eleito orador da turma, mas quem fez o discurso fui eu. Sou muito grata a Elizabeth Marinheiro, a professora de português. Recentemente, fui eleita membro da Academia Feminina de Letras e Artes da Paraíba. Eu parecia uma menina no meio de todas aquelas senhoras idosas. Fiz um discurso improvisado, contando toda a história da minha vida. O conhecimento é fundamental para o ser humano, não? Presto muita atenção nas pessoas que encontro na rua: pode ser mendigo, rico, culto, inculto, sempre aprendemos com as pessoas, isso é fato. Como é que posso construir uma carreira, ser brilhante na minha arte, se não olho para o lado? Às vezes, francamente, penso em colocar uma pedra sobre tudo o que já fiz e me dedicar às questões sociais.

Você largaria a música? Pararia de cantar? Talvez não, mas há uma mensagem a ser transmitida, principalmente a mensagem da alegria. Eu gosto desse açúcar, desse mel, dessa farra, dessa festa, é saudável, positivo – mas a gente precisa dividir o tempo. Criei a ONG Bate Coração e tenho procurado fazer um trabalho relacionado a essa questão, mas sinto falta de me dar mais a isso, de fazer um pouco mais do que tenho feito. A carreira absorve demais a gente, é o violão na mão o tempo todo, é a banda, são os ensaios. E, ao mesmo tempo, aquele conflito: hoje, eu gostaria de ir a Vigário Geral, mas vou a São Paulo para fazer um show. Estou trabalhando hoje para que possa me dividir. Às vezes tenho vontade de parar, mas não sei... Isso não é muito sólido dentro de mim. Estou revelando a você uma coisa da qual nem eu mesma tenho consciência do peso que tem.

Você está ainda movida pelos acontecimentos de ontem – pelo encontro na porta da igreja com uma mulher com filhos e em dificuldades... Eu sou movida por isso há muito tempo. Ontem, foi mais uma farpa que entrou no meu coração como um alerta. Todo mundo é perfeccionista na sua arte, todo mundo quer ser o melhor, todo mundo – no fundo, no fundo, todo mundo mesmo – acha que é genial, que é bacana, que "Puxa, eu sou um baita de um artista!". Mas não serei um baita de um ser humano enquanto não me desprender de certas coisas. Talvez eu não seja capaz dessa perfeição como Jesus quer, mas talvez consiga me desprender de alguma forma do tempo, desta coisa que gira em torno do meu ego. Não quero mais ser julgada pelo que canto, pelo que danço, pelo que toco, pelo que represento na cultura nordestina, na cultura popular brasileira. Hoje, quero ser considerada pelo que amo, pelo quanto me dou ao próximo. A arte perde o sentido quando não olha com os olhos da compaixão, quando não olha para o próximo, quando alguém se fecha muito no seu egocentrismo. Aí, ela perde o encanto – juro que perde.

Nesse sentido, como você escolhe o que cantar? Esse trabalho recente com Dominguinhos sobre Luiz Gonzaga, por que você decidiu fazê-lo? Isso é uma delícia, esse trabalho que o Dominguinhos fez para homenageá-lo, para avivar a memória brasileira. Como intérprete, tenho o descompromisso de não compor, de não estar apegada ao que criei, de fazer o trabalho absolutamente autoral. A autoridade no meu trabalho se deflagra no meu jeito no palco, no conceito criado com a banda. Ao ver um show meu, você diz: "Puxa, é Elba Ramalho, é ela!" Tem um diferencial mesmo, não é melhor nem pior, mas sou eu. A partir de agora, estou com o propósito de trazer cada vez mais esse discurso para a música. Tanto que, no próximo ano, vou fazer um disco para comemorar 25 anos de carreira, a ser produzido pelo Lenine, e o que recolhi até agora é um discurso que envolve tudo isso. Talvez seja para eu mesma poder introduzir mais ainda na minha arte essa consciência que tenho do mundo.

E, para isso, você está pedindo músicas? Você e o Lenine trocam ideias a respeito desse conceito? Estamos começando a trocar. Eu adoro os compositores. Como intérprete, repito uma frase que ouvi da Mercedes Sosa: "Eu elejo a canção mais bonita, como intérprete". Tenho uma relação de intimidade com os compositores, procuro ter com todos eles pelo menos uma parceria. Porque, como diz o Zeca Baleiro, eles têm que captar um pouco da minha alma, da minha essência, quando vão fazer uma música para mim. Quando falei do disco, pedi uma música para o Zeca e disse: "A partir de hoje, vou aparecer nos seus sonhos. Eu vou ser aquela figura no invisível, que vai estar sempre lhe soprando. Vou ser aquela sereia, Zeca, cujo canto você vai ficar ouvindo ao longe para poder se inspirar e fazer uma música para mim". É muito quando chega alguém e faz. Olha que os compositores fazem muita música para mim. Zé Ramalho fez muitas, entre elas "Ave de prata". Geraldinho e Carlos Fernando fizeram "Canta coração". Tanto compositor me manda música que eu olho e digo: "Nossa, é a minha cara!". Às vezes, fico até com vergonha, porque é uma coisa de "Eu sou assim" e é muito "Eu, eu, eu, eu". Mas é genial quando o compositor capta você. Neste disco, o primeiro compositor com quem já tive conversas profundas é o Roberto Mendes. Já ganhei uma música dele com letra do Capinan, "Qual o assunto que mais lhe interessa?", para fundamento. É filosófica, mas não esbarra naquela questão de que a filosofia tem de negar o sagrado, o divino. Pelo contrário: ela mostra que, sendo humanista, você é divino. Às vezes, as pessoas negam, voltando à questão da religião. Já convivi com muitos artistas, e às vezes na própria classe se ouve dizer: "Eu sou ateu". "Mas como?! Você é um artista, um criador!" Quando Caetano Veloso diz "Eu sou ateu, não acredito em Deus", ao mesmo tempo que escreve "Luz do sol, que a folha traga e traduz, em verde novo, em força, em graça, em vida, em flor, em luz", eu não consigo entender – ele é o maior místico, a pessoa mais religiosa da música brasileira!

Também existe um antagonismo entre cultura e religião, não? A pessoa muito intelectualizada foge um pouco à questão religiosa. Mas não devia, porque, como dizia Einstein, a ciência sem Deus é nada, e Deus com a ciência é tudo. Essas são palavras de um dos maiores físicos da história e, ao mesmo tempo, um místico.

Vamos falar de um momento em que me parece muito próxima essa conexão com o divino. Quando está no palco, você canta para 180 mil pessoas de uma vez só. Ocorrem situações assim nas festas no Nordeste? Você canta não só para plateias europeias, mas também para esse povo... Para chinês.

Existe uma diferença? Bom, sendo ateu ou não, o ato de cantar é mais sagrado que tudo. Todo mundo sente essa transcendência que o palco propicia, digamos assim. É um êxtase, como se você estivesse realmente vivendo o gozo total. Quando você está no palco, é pela arte, a arte lhe proporciona esse prazer, um prazer infinito. E, naquele instante, você sente essa força divina mesmo, porque transcende a timidez, o cansaço, a doença. Todo mundo já passou por isso. Já cantei com febre, com diarreia, com dores de cabeça intensas – mas, naquele momento, tudo fica saudável. É como se você estivesse passando por uma...

Transformação? Isso. É alquímico, absolutamente alquímico. Eu diria que o palco é o lugar onde passei mais tempo na vida, e é o lugar onde me sinto absolutamente confortável. Aprendi a não dizer que a plateia da Bahia é mais animada que a de São Paulo. Pode até ser, mas não quer dizer que ela goste menos. Aprendi a respeitar e a repetir o que Milton e o Gonzaga diziam: a gente tem que cantar onde o povo está, você tem que caminhar para ir aonde ele está. Tanto faz ser aqui ou em Macau, sou habitante deste planeta, sou uma pessoa planetária, não separo mais o Nordeste da China, de nada. Vejo tudo como um todo, e é esse todo que precisa transcender, que precisa crescer. É para esse todo que preciso levar a minha arte.

Você tem preparação para entrar no palco? Agora de manhã, eu vi que você tem um ritual para começar o dia. E para entrar no palco? Quanto ao dia, ele tem que começar com esse ritual, a prática da ioga... Antes da ioga, eu já tinha rezado. Rezo o rosário todo dia. Vou rezando o terço, dividido em pedacinhos: a cada pedaço do dia, vou rezando o meu terço. Eu o tenho como um talismã. Sem ele, eu fico sem roupa. O dia começa assim, com esse agradecimento. Quando abro os olhos e estou viva, eu vejo a luz do sol e já é uma razão para agradecer. Eu me vejo com saúde, vejo os filhos crescendo, vejo o pão à mesa, vejo o verde ali, vejo que está tudo pulsando, vejo que está tudo trabalhando, tudo se transformando, porque essa coisa divina é muito bacana: a Criação é genial, ela nunca se estagna, você vê tudo se transformando o tempo todo, você também. É razão para agradecer. A preparação também é assim – a ioga, as rezas. Quando estou muito cansada, eu, meia hora antes de entrar no palco, digo: "Fecha a porta e só me chama daqui a vinte minutos". Sento e pratico a minha meditação, que faço há vinte anos. Gosto muito e foi muito útil para o entendimento de muitas coisas. Foi o silêncio, a meditação transcendental, técnica indiana mesmo, aquela coisa do curso, de receber o mantra. Pratico a técnica do Maharishi.

Você falou que adora os compositores, que tem uma relação superbacana com eles. São 27 discos, inúmeros trabalhos. Disso tudo, você consegue elencar algumas músicas com as quais se identifica mais, aquelas que canta até hoje e que lhe fazem bem cantar? Vou buscar lá no primeiro disco: "Ave de prata".

Zé Ramalho... "Kukukaya." "Nó cego", de Pedro Osmar – "é você a pessoa que deu um nó cego em peito de apaixonado?". "Canta coração", de Geraldo Azevedo. Aí, do segundo disco, vem "Caldeirão dos mitos", do Bráulio Tavares, que está na minha memória. Do terceiro disco não me lembro direito, mas tem "Dono dos teus olhos", de Humberto Teixeira; tem "Vem ser navegador", do Marco Pólo, um compositor jovem de Recife, bacanérrimo. Aí vem vindo... Trago muitas coisas, tudo o que cantei de Chico Buarque. "Palavra de mulher", "O meu amor", "Não sonho mais" são músicas que estão comigo e vão caminhando, por afeto mesmo, por uma ligação estreita, afeição, identificação, como é o caso de "Palavra de mulher", numa admiração profunda ao compositor. Chico é para mim o maior de todos, e qualquer coisa dele, ou com ele, vai ser eterna. Aí vem "Cajuína", de Caetano, que continuo cantando; "Estrela grande", que também é de Caetano, e eu adoro essa gravação; "Imaculada", que foi de uma trilha; "De volta para o aconchego". Depois vem "Banho de cheiro" e "Bate coração"; vêm alguns forrós, "O som da sanfona" e "Na base da chinela", de Jackson do Pandeiro. E por aí vai. Toda a obra de Gonzaga – Gonzaga é eterno, Gonzaga vai ultrapassando, rompendo no tempo, de forma fantástica, porque ele é grande, e tudo dele cabe em qualquer show, em qualquer circunstância, em qualquer momento. É evidente que gosto pra caramba de cantar samba, mas nunca trago isso para o meu trabalho; então hoje, nas horas vagas, eu tento formar uma banda de chorinho e samba, porque foi assim que aprendi a música, pelo samba, muito mais que pelo forró. Meu pai tocava em orquestra, no Nordeste as pessoas gostam muito de samba. E o próprio Jackson trouxe o samba, misturando a gafieira, as coisas do samba de breque, com forró. Outro dia, estava falando com o meu cunhado, que, assim como eu, gosta de samba pra caramba, e a gente ficou buscando Ciro Monteiro, Elizeth Cardoso, a gente ficou ouvindo lá Nei Lopes, e eu disse: "Marco, posso lhe fazer uma revelação? Eu gosto mais de samba que de forró". Não é bem assim, mas samba é muito bom. É uma coisa de que eu gosto, bate aqui. Eu poderia ter sido cantora de samba.

Mas você poderá cantar samba quando quiser. Pois é, mas digo brincando. Não acho que eu vim para cá para ser cantora de forró. As pessoas podem me ver assim, mas eu não. Vim para cantar, mas, como o Brasil é um país que rotula muito, você é assim ou é assado, todo mundo qualifica todo mundo. Para quebrar esses rótulos você precisa comer um boi a cada segundo e, ainda assim, engasgar com um mosquito, porque é tão difícil, Nossa Senhora!

Como foi o mercado para você? O primeiro disco já foi bem? O primeiro disco foi mais ou menos. O segundo e o terceiro também.

É, mas houve o momento do estouro, de tocar muito em rádio. Os primeiros discos chamaram atenção, despertaram o amor e o ódio – tinha gente que amava. As pessoas que amavam ficaram me amando para sempre, e as que odiavam ficaram me odiando para sempre. Não consigo entender quando alguém tem rejeição absoluta pela arte de modo geral. Tenho as minhas preferências – por exemplo, não ouço música sertaneja. Mas tenho o maior respeito, carinho, amizade, admiração, pelos sertanejos, que são profissionais ao extremo. O meu trabalho veio crescendo. Sabe quando houve o primeiro estouro? Foi com *Do jeito que a gente gosta*, o quarto disco. Os críticos diziam que a minha voz tinha sido aveludada. O que acho legal na minha carreira, fazendo a retrospectiva e me autoanalisando, é que eu cresci muito: nunca me acomodei, fui subindo degraus, hoje sou uma cantora que eu não era um tempo atrás. A arte tem também esse poder de ir transcendendo cada vez mais e de não se acomodar, de nunca achar que já chegou. Porque, como diz o Caetano, "o sol ainda brilha na estrada, e eu nunca passei". Assim é o meu canto, assim é a minha arte – meus discos melhoram a cada ano. Numa análise geral dos discos, talvez eu diga que ainda não fiz aquele que esteja à altura do que posso fazer, do que sou.

Mas deve ter um preferido... Sempre acho que os meus discos são fracos. Mas tem um disco meu que é muito bom, que eu elegeria como o melhor de todos: o *Solar*, que tem duas fases, uma ao vivo e outra em estúdio, com Nana Caymmi, Chico Buarque, Renata Arruda, Margareth Menezes. Esse disco é bom pra caramba, é benfeito, bem produzido. O disco com Dominguinhos também é um grande momento psicográfico. A trilogia *Leão do Norte*, *Baioque* e *Solar*... É uma trilogia, não? Eu acho que é, sim. *Flor da Paraíba* é bacana, foi um momento bom também. Mas tem umas coisas ruins no meio. Ruins assim, desleixadas – acho que me diverti mais do que levei a sério aquele momento do trabalho. Ainda assim, tenho a maior consideração por ele. Faz parte, os erros todos são parte da minha história. As críticas também. Às vezes dolorosas demais, mas são pedras que me jogaram, e construí castelos maravilhosos com elas. Essa falta de elegância, essa falta de ética na profissão, é que faz a coisa ficar um pouco feia, quando podia ser tão bonita. Já li muitas críticas em que me apontaram coisas e que, no trabalho seguinte, eu tive a preocupação de seguir. Assim, recebi como se alguém tivesse me dado um toque. Você procura crescer a partir daí. A crítica deveria funcionar dessa maneira. Não é bem assim, e nós, artistas, somos o alvo preferido deles.

Você tem que saber filtrar, né? Na verdade, não dá para ficar muito à mercê desse tipo de opinião. É, você desiste. Acho que ninguém soube filtrar mais que eu. Lembro uma crítica de uns vinte anos atrás, no começo da minha carreira e da carreira do Zé Ramalho, em que o jornalista simplesmente dizia: "Esses Ramalho têm que ser eliminados do planeta, como foram os Kennedy".

O que é isso?! Medieval, não? É, medieval. É isso que estou lhe dizendo, uma crítica absolutamente bruta, estúpida, e eu cheguei a ler. É o extremo da violência que alguém pode desejar ao ser humano. É por isso que digo que o mundo está cheio de brutalidade.

Você acredita que, quando canta, tem alguma responsabilidade pelo recado que está passando? Tem que provocar alguma sensação no outro. E alguma sensação boa, pelo menos. O meu conceito de arte é ser mensageira da alegria – que a minha música possa não tocar na poesia, que possa ser evasiva, porque fala de chameguinho, gostosinho, bonitinho, mas está mexendo num ponto da sensualidade e do sentimento da alma do povo nordestino, do povo brasileiro. Ela vai mexer pela alegria, mas já produziu uma sensação de bem-estar que induziu a pessoa a se mexer, a dançar. A arte, de modo geral, produz essa sensação. Qualquer arte: uma foto, um livro, produz em mim uma sensação maravilhosa, porque estou lendo o sentimento de várias pessoas e ele está me transformando também. A arte ajuda a transformar o mundo. É por isso que fiz alusão ao Caetano – ele não sabe como a música dele transforma as pessoas, essa é a função divina da música, ele está sendo um instrumento de Deus para ajudar nessa transformação. Não adianta negar a Deus, porque Deus já é ele próprio, já está dentro dele.

> O MEU CONCEITO DE ARTE É SER MENSAGEIRA DA ALEGRIA

Você disse que Cássia Eller foi uma das maiores cantoras. Isso pelo grau de interpretação? Pela dedicação à música? Pelo quê? Foi a grande cantora brasileira dos últimos tempos. Por conta de sua sabedoria na arte de cantar, foi uma grande música. Ajuda muito a cantora saber tocar um instrumento, e, pelo que escolheu para cantar, pela forma que cantava, ela era genial. Sabia fazer, sabia das coisas. Seu timbre era extremamente peculiar, uma coisa bem única, e ela se utilizava disso. Não se acomodava, vivia o tempo todo agarrada na música, ultrapassando os limites que a música supostamente impunha. Ela ia e ultrapassava, tanto que não encontrou limite para si mesma, essa a grande fragilidade da Cássia. Fragilizou o coração porque tinha este sentimento do mundo nas mãos: pegava e jogava tudo na arte, e, às vezes, a realidade que a gente vislumbra aqui não é suficiente. Ela precisava penetrar nas paredes, buscar o metafísico, o invisível. Todo mundo tenta buscar o invisível quando busca outras coisas, eu já busquei, e nem sempre a gente é bem-sucedida. Mas a Cássia extrapolou essa visão, ela teve isso na sua arte – foi rápida, foi breve, mas foi suficiente para mostrar que era uma artista perfeita, completa, grande.

No começo, além da brincadeira de rua, dos cantos, das festas, quem mais você ouviu? A primeira voz foi Dalva de Oliveira. Eu canto de modo bem parecido com o dela, tento imitá-la na minha intimidade, e soa muito bem. Adorava ouvir no alto-falante a Dalva cantar "Ave Maria", era lindo. E Aracy de Almeida, uma grande cantora – como eu era fã da Aracy de Almeida! Então veio a Marinês cantando forró, aquela voz aguda, afinadíssima e forte. Marinês é um gênio, a Rainha do Forró mesmo. Depois, um pulo mais adiante, comecei a ouvir bossa nova no rádio. Na época, eu morava na Paraíba. Tocava rock e cantava tudo da jovem guarda com a minha banda. Cortei o cabelo igual ao dos Beatles, vestia roupa igual à dos Beatles e fui beatlemaníaca total. Aí veio a bossa nova, com João Gilberto, que me encantou bastante. Fiquei muito encantada por aquele cidadão tímido, com aquele jeito de tocar, de cantar. Foi quando comecei a tocar violão, querendo tocar "Ela é carioca, ela é carioca, olha o jeitinho dela andar". E depois veio a tropicália, que foi extremamente revolucionária para minha cabeça. A visão de Bethânia, de Gal, de Caetano... O Caetano, meu Deus! Aquele homem magro, pequenininho, que sabia tudo. Estou falando de uma influência já na adolescência, porque Gonzaga e Jackson vieram da minha infância inteira.

É berço, né? É berço. Os olhos com que Gonzaga via o Nordeste e o mundo são os olhos com que eu os vejo, é parte de mim. O que o Caetano trouxe foi informação, era algo que estava vindo de fora para eu absorver. Caetano e Gil são duas universidades, e você tem que ser introduzido nelas para absorver. E, se você disser que não foi influenciado, é mentira, é puro despeito, pelo menos para o povo da minha geração. Às vezes vejo colegas nordestinos dizerem que não receberam influência nenhuma de Caetano e Gil, mas eu duvido do depoimento deles. Não quero dizer que são mentirosos, mas são, sim, omissos nessa hora. Não estão tendo coragem de dizer que, na calada da noite, na madrugada, ouviam um bom disco de Gilberto Gil e de Caetano, que foi uma grande influência para a minha geração. Vim exatamente dez anos depois deles, e tudo o que eles semearam gerou frutos, árvores frondosas, sou um fruto do tropicalismo. Mas o primeiro show que me arrebatou foi um da Maria Bethânia, em Recife, no Teatro do Parque. Eu fugi de casa, em Campina Grande, peguei uma carona com umas amigas, fiz uma roupa escondida – uma saia longa, roxa, de que não me esqueço nunca – e o cabelão. Não tinha dinheiro, fui para a porta do teatro. Minhas amigas todas tinham dinheiro para entrar, e, quando elas entraram, eu já estava sentada na beira do palco – para você ver como é que eu era tinhosa. Bethânia foi extremamente assustadora, no bom sentido. Veio aquela força, que ela tem até hoje. Bethânia é outro ícone da música que eu reverencio como a uma rainha, porque ela tem o porte de rainha, sabe ser rainha, sabe mostrar o Brasil e tem uma personalidade única. Isso faz dela uma grande artista, uma artista que não tem a imposição da personalidade – você sabe quem ela é. A tropicália foi muito importante – a voz da Gal, a afinação...

Foi comportamental também o susto da tropicália? É, eu ia chegar lá. Até nas capas de discos havia uma atitude, e uma atitude que influenciava bastante. A gente comprava o disco e já olhava a foto: tudo era revolucionário – a postura, a roupa, o jeito como eles se comportavam. O Caetano vestido de Carmen Miranda no Theatro Municipal, ao voltar do exílio... Nossa, eu já estava no Rio de Janeiro! *Gal fatal*, de pernas abertas, tocando "Vapor barato", "Falsa baiana"... Como era bacana ver tudo aquilo! Corria mundo um movimento de libertação da juventude, em que o jovem queria dar o seu grito de liberdade, pelas drogas, pela música, o que, em alguns casos, acabou se tornando uma antiliberdade, uma prisão. Mas essa questão da droga é como se fosse um portal que todo mundo da minha geração teve que atravessar. Muita gente dizia: "Não, eu não vou entrar nesse portal". Dos que foram, muitos se perderam. Como todo portal, é para entrar luz – mas, por onde entra luz, entra treva também. Então, a gente deparava com a treva nessa hora, a hora da droga, de a gente ter que tirar os véus todos das ilusões...

Foi um risco. Mas um risco que acabou ensinando a muita gente que passou por isso. Às vezes, converso muito com o Gil. Ele, de ídolo, se tornou um grande amigo e um mestre, uma pessoa que sempre tem algo importante a dizer e que, por ser muito inteligente e ponderado, sabe codificar bem as coisas. Sempre que temos oportunidade, muitos dos meus "retiros espirituais" são feitos com o Gil. Ainda o tenho como referência, um modelo de sabedoria e arte, de compreensão do divino e do maravilhoso. Foi o Gil que fez a ponte do Oriente com o Ocidente, que trouxe a comida vegetariana, a macrobiótica, que trouxe o *I-ching*... Na arte dele, há uma coisa especial que eu admiro bastante. Hoje, eu o tomaria como modelo do artista perfeito, que sabe tocar, se apresentar, falar, compor, filosofar, rezar. Gil é o meu modelo.

Já falamos dos tropicalistas. Agora, vamos falar um pouco do Lenine, que vai produzir seu disco. O Lenine é dessa nova geração. Acompanhei o Lenine e o Lula Queiroga desde Recife, quando surgiu também um cidadão chamado Marco Pólo. Eles eram bastante revolucionários naquela época. Aquele primeiro disco, *Baque solto*, do Lenine com o Lula, é maravilhoso. Lula se tornou um grande amigo, eu gravei também músicas dele no meu primeiro disco. Acho que fui a primeira cantora brasileira a gravar Lenine.

Acho que sim. Agora ele é popular. Às vezes ele me chama de madrinha e, quando faz isso, faz por generosidade, porque não precisa de mim em nada, nem precisou, mas sabe que eu o enxerguei muito antes de ele ter sido visto pela imprensa, pelos críticos, pelas tietes, pelos fãs.

Desses contemporâneos, quem mais? Chico César, que eu adoro, que é meu amigo. Adoro o trabalho do Chico, ele sabe disso, desde quando era jornalista na Paraíba. Mas eu me perdi do Chico e só vim reencontrá-lo quando ele estourou com

"Mama África". Só então me liguei de que aquele Chico que conheci na Paraíba, como jornalista e integrante do Jaguaribe Carne, com Pedro Osmar, era o Chico de agora. Achei esse disco *Aos vivos*, do Chico, um momento importantíssimo. Dessa geração deles, também são meus amigos Paulinho Moska, que eu adoro, e Zeca Baleiro, um irmão. Na música tem isso: às vezes você fica amigo de alguns artistas, mas de outros você vira irmão. Eu considero cantoras-irmãs Nana Caymmi, Alcione, Sandra de Sá, Joana, Margareth Menezes, Gal Costa, pela amizade que a gente tem – eu vou à casa delas, elas vêm à minha. Esses compositores, como Gil ou Chico, são pessoas para as quais você liga e não tem vergonha de deixar um recado. Há outros que são mais distantes, mas que também são significativos, como é Toquinho – um grande amigo e uma pessoa de quem admiro o trabalho – e como foi Tom Jobim, um mestre – de quem me aproximei poucas vezes. Ele gostava de brincar com as minhas pernas, "Cadê as pernas da Elba?", eu ficava muito honrada. Eu gosto muito dos meus colegas, todos são maravilhosos. Caetano é padrinho do meu filho.

Um ídolo que virou amigo. É por isso que tive a ousadia de levantar essa questão da fé do Caetano, com todo o respeito. Fico sempre tentando converter Caetano. Eu e Moreno. A gente faz várias incursões espirituais juntos, eu sou mais velha que ele, mas, desde que era muito menino, Moreno vem à minha casa, ficamos muito amigos. A gente questiona o Caetano sobre Nossa Senhora, e ele responde: "Eu não acredito em Deus, mas acredito em Nossa Senhora".

Olha, que figura! Aí, eu disse a ele: "Então já é suficiente". Porque, pecador ou não, Maria é o bom instrumento, é a face feminina de Deus no mundo, e pelas suas mãos tudo se resolve.

No começo da entrevista, você disse que, quando menina, tinha uma energia danada. Até hoje a gente comprova isso assistindo a um show seu... Eu tenho essa energia, e não é só no show, é na vida. Atravesso noites e noites de viradas toda semana, pelo menos uma ou duas noites eu fico sem dormir, pelas circunstâncias do show, e ainda faço coisas que neguinho não aguenta. Meu marido tem 29 anos e não aguenta certas coisas. Eu completo 54 amanhã. Tenho um prazer de viver muito grande. Desde criança tenho essas coisas ocultas, os mistérios, sempre quis transcender as paredes, sempre achei que existiam coisas que eu não estava vendo – essa coisa metafísica, que não está aqui, que não está revelada materialmente, mas que é muito maior. Hoje, eu não busco mais explicação para muita coisa, porque já consegui, por experiência própria. Talvez, por ter buscado tanto, o próprio Deus tenha permitido que eu vivenciasse muitas coisas. Então, nessas minhas caminhadas marianas, eu nos últimos anos tenho buscado Nossa Senhora no mundo, por causa do livro que estou escrevendo sobre as aparições. Passei a vivenciar aqui mesmo muitas graças, passei a compreender melhor, e me acalmei bastante. Antigamente, eram noites inteiras querendo desvendar os véus da noite – como diz o poeta, "o véu da noite se esvoaça". É isso mesmo, a noite é cheia de véus. Sempre gostei de dormir pouco e nunca me senti cansada. Sou muito positiva, não sei ter desânimo, não sei ter depressão, não sei ter tristeza. Ontem, eu voltei chorando e fiquei refletindo sobre aquela família que deixei na rua. Vou tirá-la, mas ontem pelo menos eu a deixei lá, pela minha insuficiência humana, porque ainda sou muito pobre de espírito, ainda sou muito pequena, ainda não cheguei à grandiosidade a que gostaria de chegar. Mas estou calma hoje, não estou mais...

Sim, mas a dor não se impõe em sua vida nem faz que sua vida se transforme naquilo que você não busca, naquilo que você não quer. Não fica triste, deprimida? Não, eu fico triste pelo mundo. Cada criança que morre de fome, cada bomba que explode, cada tiro que se dá na favela, eu sinto a dor das mães, dos irmãos, dos amigos, mas o meu sentimento primeiro é da força, da positividade, da luta, de nunca desistir da lida, entendeu? Hei de fazer parte do exército que vai transformar o mundo, hei de fazer parte desse exército do bem, o exército da paz e do amor, pela música, pelas minhas ações solidárias. Mas, para isso, eu preciso me mexer, preciso dividir, compartilhar esse tempo.

Entendi. Hoje, eu poderia chegar a São Paulo na hora do show, ir para o hotel, ver a novela de que eu gosto e dormir. Mas não: vou chegar antes, preciso ir a um orfanato, me chamaram lá, chegaram mais nove crianças novas, eles estão passando necessidade. Preciso me desabrigar desse conforto se quiser ser parte desse exército que vai transformar o mundo. E, para eu transformar o mundo, eu tenho que ser alegre, forte, positiva, mas firme. Essa firmeza é a da grande fraternidade. Jesus era extremamente amoroso, era o puro amor, mas falava com firmeza. Você precisa ser positivo para enfrentar a dor.

Você comentou que Caetano diz que, quando chega a morte, pronto, acaba tudo. Eu ouvi isso numa entrevista dele.

Mas, ouvindo você, penso, percebo, espero estar no caminho certo. Me dá a impressão de que você percebe a passagem do tempo, mas que também percebe que está deixando alguma coisa, e que essa coisa que você está deixando não são só os seus vinte e tantos discos. Ah, isso não é nada. Estou eternizada na minha obra, faça o que fizer daqui para a frente, alguma coisa eu fiz em favor da minha cultura, do meu país, do meu povo. Certamente toquei a alma desse povo. Às vezes, as pessoas nem dizem que a minha voz é isto ou aquilo, que a música que eu cantei agradou, que a minha alegria as fez se sentirem bem. Para mim, isso é parte da minha missão. Quando alguém diz "Defina-se, Elba", eu respondo: "Mensageira da alegria". Porque é isso que quero transmitir às pessoas. Todos os momentos difíceis da minha vida eu transpus com alegria, mesmo quando chorava, mesmo quando era magoada, machucada, quando morria de solidão. Esse estímulo da alegria é superimportante, porque estou rindo sempre.

É uma lição e tanto. Mas não é fácil. Às vezes você me encontra lá no meu santuário, na minha igrejinha. Eu entro, me ajoelho e choro durante duas horas, sem

VOCÊ PRECISA SER POSITIVO PARA ENFRENTAR A DOR

parar. Eu oro e choro. Como diz o Gil, lambo o chão dos palácios, desato o nó da gravata, dos desejos todos, e é somente aí que encontro o consolo. Se eu quiser esse diálogo profundo, tenho que me despojar de mim mesma e, para isso, vou às lágrimas, porque assim eu toco naquele coração. Pode ser paradoxal, mas é isso mesmo: é da dor que nasce a cura. Às vezes, é do não que vem o sim, como dizem no Oriente. É algo bastante oriental esse conceito. É da inação, do silêncio meditativo, que eu parto para a corrida. É preciso saber olhar, às vezes é da lágrima que vem o reforço. Mas, quando eu me levanto de lá, sou capaz de produzir qualquer milagre, sou capaz de ser o próprio milagre. Sou muito silenciosa, mas falo pra caramba. Adoro conversar, mas também sei ficar calada um dia inteiro. Antes eu buscava revelações; hoje não as busco mais, elas vêm, e estão exatamente nesse silêncio. É pelo silêncio que a gente ouve Deus. É preciso fazer silêncio, mas repare que o mundo não tem mais tempo para o silêncio... Bom, eu já falei tanto aqui, de tudo, de todas as minhas questões. É um livro de música, não?

É um livro de retratos através da música. A gente também fala de outras coisas. Da alma.

É, exatamente. A música é a alma. Então é isso. Deixa a ave de prata voar, tem muito para fazer ainda.

PENSE NUMA MENINA DE 13 ANOS, POBRE, NEGRA

enfrentando sozinha Ary Barroso e saindo vencedora com sua voz. Pense numa mulher que enfrentou uma nação por amor. Pense numa cantora admirada por Sylvia Telles; numa voz que já misturava jazz e samba antes da bossa nova e que fez isso sem referência alguma, por puro instinto. ▪ Elza Soares, sempre à frente! ▪ Com Wilson das Neves fez um dueto inédito e raro para sua época, unindo cantora e instrumentista. Com Miltinho, grande cantor famoso pelas divisões, fez álbuns históricos. Ronaldo Bôscoli inventou para ela a alcunha de bossa negra, mas Elza sempre foi mais. ▪ Nos anos 1980 estreou na música pop com as bênçãos de Caetano Veloso, arrasando na canção "Língua". Sempre contemporânea, qualidade de grandes artistas, se apresenta com DJs no palco e já fez um álbum inteiro com música eletrônica – cantando Zé Kéti. É a Mulher do Fim do Mundo! Com mais de cinquenta anos de carreira, fez o disco mais aplaudido de 2015. ▪ Quando Elza Soares canta, tudo fica menor. Ouve-se o timbre que é só dela, o balanço, a voz que soa como um instrumento. Trata-se, sobretudo, de uma artista que vive o seu tempo e que por isso não envelhece. Uma mulher que já levantou e sacudiu a poeira tantas vezes que perdeu a conta. Não é café pequeno. Elza Soares é a maior!

Entrevista realizada em maio de 2013.

Desde o começo, mesmo cantando samba nos seus primeiros discos, na década de 1960, você já tinha uma coisa meio jazz no seu canto, né? Muito jazz.
E não era um negócio que você tivesse aprendido em algum lugar, nasceu contigo. Nasceu comigo. Aprendi com o Louis Armstrong como se comesse um prato, o Louis Armstrong parecia uma comida bem sofisticada e eu comi até conhecer. Eu sempre procurei fazer um trabalho diferenciado, saindo da "Lata d'água", riscando o mundo com a "Lata d'água".
Como é riscar o mundo com a "Lata d'água"? Você sai de um mundinho pequenininho, que não era uma favela, mas era um lugar onde moravam os trabalhadores, os mineiros, e a gente não tinha muita possibilidade de asfalto. E com a "Lata d'água" eu consegui fazer caminhadas, fazer estradas, riscando o mundo com a "Lata d'água". Já era uma coroa, já era coroada, era uma rainha… Eu descobri que toda coroa pode ser de ouro, pode ser de prata, mas também leva lata, e a minha já está uma lata, só falta botar um pouco de brilho.
E "Lata d'água" você acabou gravando. Tem várias versões. Vários arranjos. No *Beba-me* eu saio da "Lata d'água" e faço: "Eu só quero é ser feliz, andar tranquilamente na favela onde eu nasci".
"O rap da felicidade". "O rap da felicidade", porque tinha muito a ver com "lata d'água na cabeça".
Quando foi que o canto passou a ser uma profissão para você, Elza? Porque fazia parte da sua vida, obviamente, desde criança. Olha, possibilidade de estudar muito não existia. Meu pai foi político, era membro do Partido Integralista do Brasil. O senhor Avelino Gomes. Mas a minha mãe era lavadeira, tadinha, que não sabia nem assinar o nome, a dona Rosária. Eu tinha uma… não era propriamente uma raiva, mas uma revolta de ver a minha mãe carregando tanta água, lavando tanta roupa para fora e entregando roupa na casa das madames. Como eu tinha aquele hábito de cantar com o meu pai, chegava e cantava um pouco também.
Como era esse hábito de cantar com o seu pai? O meu pai pegava o violão para cantar. O senhor Avelino me deixou viciada nesse negócio de cantar, e eu cantava, ia cantando, brincando, até que depois de casada e muito menina, 12 para 13 anos, nasce o meu filho e meu filho estava morrendo, ninguém tinha dinheiro para me ajudar a salvá-lo, e eu intuitivamente escutava um programa que quase ninguém lá em casa escutava para não gastar luz, era o programa do Ary Barroso.
O programa de calouros do Ary. O programa de calouros, eu ouvia o programa desse jeito: eu vou ganhar para salvar o meu filho. Menina, ninguém dava muita bola para mim. Eu me inscrevi no programa do Ary Barroso escondido dos meus pais e do meu marido, fui lá na Rádio Tupi, o Salomão Rosenberg disse: "Tudo bem, mas todo mundo bonito aqui domingo". O que é bonito? Eu descobri o que era bonito, era bonito daquele jeito com as minhas roupinhas bem miseráveis, sapato dos outros que sobrava, que a minha mãe ganhava para a gente. Aí eu fui, tinha que voltar domingo e eu fiquei pensativa: como voltar bonita? A minha mãe pesava um

bocadinho a mais que eu, a minha mãe pesava na época uns 60 e poucos quilos, eu pesava um pouquinho menos, 32 quilos.
Metade. Um pouquinho menos. Mas era a salvação da lavoura, aí eu peguei uma saia de minha mãe, e aqueles alfinetes, que antigamente não tinha essas fraldas lindas, maravilhosas, que é só botar e colou, fincava os alfinetões mesmo, aí eu peguei alguns alfinetes, que eram muitos, a saia de minha mãe e uma camisinha também, você não imagina o tanto de pano que sobrava, e na época eu tinha uma sandália que hoje é um grande sucesso no pé da Gisele Bündchen, uma que amarrava até aqui de barbante. Aquilo a gente comprava na feira, porque ninguém queria aquilo, só a gente comprava aquela coisa, era uma merda, porque você andava, o cordão arrebentava, era triste aquela sandália. Eu fui para lá, não existiam os mercados com essas sacolas de plástico, era aquele saco de pão, eu não sei o nome daquele saco.
De papel pardo? É, papel pardo. Eu peguei um papel pardo daquele, dobrei a saia da minha mãe, a camisa da minha mãe e a sandália e fui para lá escondido da minha mãe, fugi de casa, fui para a Rádio Tupi. Só que eu esqueci que o programa de calouros do Ary Barroso era um programa que todo mundo ouvia, era como o *Fantástico*.
Era o Brasil inteiro. Aí eu cheguei lá com aquela roupinha bem safadinha, com os alfinetes, e tinha o regional que acompanhava todos os calouros, eu comecei a cantar, ele disse assim: "Não, para, dá uma encostadinha ali". Eu pensei: "O cara não foi com a minha cara". Aí acabou todo mundo, ele veio e disse assim: "Vem cá, quem ensinou você a cantar?". "Ninguém." "Mas você sabe cantar." Eu falei: "O meu pai toca violão e eu canto". "Mas ele te ensina alguma coisa? Porque você canta muito, garota, você vai ganhar nota 5." Eu magra que parecia um palito, aí acabei de passar a música com ele, queria um lugar para trocar de roupa, que não existia, na época eu acho que quem tomava conta era o Nilton Franco, que era um cara famoso também da Tupi, tanto que depois ele ocupou o lugar do Ary Barroso.
No programa mesmo? Ele ficou fazendo o programa de calouros. Aí eu fui ao banheiro, um banheiro lindo, sujo que dava gosto, mas para mim era um banheiro imenso aquele, eu nunca tinha visto aquilo, aí eu troquei de roupa e fiquei escondidinha para ninguém ver a roupa, muitos alfinetes, o pano ia sobrando e eu colocava alfinete, quando acabei parecia uma farda de alfinetes, e a minha sandália também estava uma merda, eu fiquei sentadinha assim, tinha um banco onde ficavam todos os calouros, ficavam sentados no banco e, quando o Ary Barroso chamava, a gente saía daquele banco e ia para lá. E para mim aquilo foi uma festa, porque eu nunca tinha visto ninguém levar gongo...
Você estava se divertindo. Eu ria muito, porque os caras que levavam gongo davam um pulo, ai, aquele susto, para mim aquilo era ótimo. Até que chegou a minha vez, eu nem me lembrava que estava ali.

Já estava na brincadeira. Estava na brincadeira, também não fez mal nenhum não. Aí chamou: "Elza Gomes da Conceição". "Ih, sou eu!" Só que eu – é coisa de criança mesmo – não coloquei Elza da Conceição Soares porque o meu pai, a família, todo mundo ia descobrir, porque eu já era casada e usava o Soares, mas o meu nome de solteira é Gomes, do meu pai, Elza Gomes da Conceição. Eu me levantei muito sem graça, com aqueles alfinetes todos, cara, quando eu me levantei, aquele auditório veio abaixo. Mas eu ria muito, eu nunca tive medo de cara feia, se tivesse não estaria viva. A fama não deixa você sorrir o tempo todo, a miséria também não, eu já estava acostumada, e fui andando. Parei, o Ary Barroso usava um óculos muito gozado, ele usava um oculozinho pequenininho assim e te olhava assim, ele olhou e disse assim: "Aproxime-se". Aí eu fui chegando perto dele, o auditório chamava Maracanã dos Auditórios de tão grande que era o auditório da antiga Rádio Tupi, aí ele disse: "O que você veio fazer aqui?". "Olha, senhor Ary..." Eu sempre fui muito despachada. "...eu acho que as pessoas, quando vêm aqui, vêm para ganhar nota 5, vêm cantar, que é um programa de calouros." E todo mundo rindo. "Quem disse que você canta?" "Senhor Ary, eu sei que eu canto, eu canto." Aí ele disse assim: "Mas me responda uma coisa, de que planeta você veio?". Bom, quando ele falou aquilo serviu de mais motivo para as pessoas rirem, aí dobraram a gargalhada, porque naturalmente ficaram pensando: quero ver o que ela vai dizer, o que essa menina vai dizer de onde veio? Olha, mas foi uma porrada que eu levei na boca do estômago, eu falei assim, com muita raiva: "Eu venho do planeta seu, senhor Ary". "Mas qual é o planeta?" "Planeta fome." Ali ele perdeu o rebolado, ficou sem jeito, né?

Mas desarmou. É, desarmou, porque o auditório estava rindo muito, já foi todo mundo colocando a bundinha de volta na cadeira, e eu já estava assim com aquela cara de não brincar, e tinha um neguinho que rodava um pau grande, eu acho que ele me perseguia, porque não era possível aquele neguinho com aquele pau na mão, aí eu falei: "Olha, senhor Ary, pode mandar esse neguinho parar de rodar esse pau, porque ele não vai bater esse pau para mim não". Que era o gongo. Aí o neguinho abaixou o pau, botou a mão para baixo e eu comecei a cantar. Primeiro eu disse o nome dos autores, porque ele tinha uma coisa que era muito importante, não era possível você cantar a música de alguém sem falar o nome dos autores.

Claro, ele mesmo era compositor. Lógico, ele exigia muito isso. Aí eu disse o nome dos autores e cantei "Lama", com raiva, desejo de ganhar, e na metade da música ele veio por trás, me abraçou e disse: "Senhoras e senhores, neste exato momento nasce uma estrela". Você não queira saber que medo, que pavor: como é que nasce uma estrela assim? Vai cair essa estrela em cima de mim e vai me matar, que estrela é essa?

É o pensamento de uma criança, que entende tudo literalmente. É. Talvez também não fosse eu, "vai nascer uma estrela", e eu fiquei olhando para o teto, e

> **EU NUNCA TIVE MEDO DE CARA FEIA, SE TIVESSE NÃO ESTARIA VIVA**

a tal estrela era eu que estava nascendo, quem ria muito começou a aplaudir em dobro, e eu ganhei nota 5. O Ary Barroso ficou pasmo e meio boquiaberto: eu comecei a desfazer de uma pretinha, de uma neguinha, que chegou aqui malvestida, com o cabelo com duas marias-chiquinhas, com uma sandália muito na merda, uma coisa horrível, eu parecia um ETzinho mesmo. E ganhei nota 5 e pela primeira vez andei de carro. Na porta da Tupi tinha vários carros, eu já entrei num carro daqueles: "Me leva em casa". Aí, quando foi chegando perto de casa, eu falei: "Olha, o senhor está vendo aquele pessoal todo ali?". O pessoal desceu da pedreira e ficou esperando, parecia uma festa, mas o meu pai com uma correia dobrada na mão, uma festa porque eu ia apanhar muito, ia ser linchada naquele momento. "Eu não tenho um tostão, mas não para o carro não, eu vou receber o dinheiro quarta-feira com o senhor Samuel Rosenberg, e se o senhor puder me buscar aqui, o senhor vem me buscar que eu vou lhe pagar."

E ele topou. Ele topou. "Por favor, o senhor desce comigo e diz àquele senhor que está parado ali, é o meu pai, e à minha mãe, o senhor fala assim: olha, eu estou trazendo a menina..." Ele era português. "...porque o senhor Ary Barroso falou que ela agora é uma estrela, tem que ser bem tratada, tem que ser vigiada, tem que ter gente guardando, essa coisa toda". E eu desci, e dei um abraço nesse português maravilhoso, que depois ficou sendo meu amigo, em todos os lugares aonde eu ia ele estava presente, ele foi lá na quarta-feira buscar o prêmio, foi o máximo.

E você escapou da surra? Escapei da surra, porque eu falei: "Se alguém me bater eu não dou um centavo, não dou um tostão". E o dinheiro que eu queria era para salvar o meu filho, e salvei o meu filho, graças a Deus.

EU TENHO A IMPRESSÃO DE QUE JÁ NASCI ABENÇOADA PELA MÚSICA

Ah, que maravilha! Com o seu canto, isso é maravilhoso. Foi com o meu canto que eu salvei o meu filho, que é o João Carlos. Foi difícil, mas o canto, a música, eu tenho a impressão de que já nasci abençoada pela música. Tanto que me formei atriz com o Grande Otelo, mas o Grande Otelo queria que eu fosse advogada, ele disse: "Você como advogada vai trabalhar para a sua raça". Eu me matriculei, comecei a estudar direito, fui até um certo ponto, depois não pude mais, porque sabia que morreria de fome, eu ia trabalhar para quem? E também trabalhar como atriz eu não queria, porque ia acabar trabalhando em novela de época, e não é isso que eu quero, eu não vim ao mundo para isso, eu vim aqui como uma mancha, não importa se é um ponto, tem que manchar, tem que ser aquela mancha imensa para que ninguém duvide, para que ninguém me procure, que eu estou na frente de todo mundo, aquela mancha iluminada com "Salve Jorge" na minha vida. Mas foi assim, a música me ajudou a salvar meu filho, salvar minha mãe sem ser profissional.

Você chegou a fazer teatro de revista com o Grande Otelo? Eu fiz uma peça com ele em que eu era Garrincha e ele era Pelé, eu batia muito nele.

Você fazia o papel do Garrincha... É, e ele era o Pelé, aproveitei, batia muito, "toma, Pelé!". Mas eu não podia ficar como atriz, não tinha emprego para eu trabalhar, e, com a voz bendita que Deus me deu, eu falei: eu vou usar a minha voz.
Quando você fez o seu primeiro disco, era o momento em que a bossa nova estava aparecendo. Aí colocaram uma coisa de Bossa Negra nos seus discos, né? Foi o Ronaldo Bôscoli. Mas quando comecei a cantar tive sorte, do programa do Ary Barroso eu fui convidada para fazer um programa na Rádio Mauá, que era o programa do Hélio Ricardo, em que se apresentavam grandes cantores, os novos. Também tive um programa escrito pelo Antônio Maria na Rádio Mayrink Veiga...
Que chique, coisa maravilhosa! É, a minha estrada começou rica. E o Moreira da Silva me ouviu no programa do Hélio Ricardo e pediu a ele que fosse meu padrinho e me levasse para o programa do Aérton Perlingeiro na Rádio Tupi, que era um programa aos domingos, com a orquestra do Maestro Cipó. Eu fui para lá e a minha primeira experiência nesse programa foi luxuosa, mas ao mesmo tempo muito triste, porque jogaram metade de uma gilete dentro do meu vestido.
O que é isso? Eu saí do programa aplaudidésima, todo mundo muito feliz, e eu mais feliz ainda, porque sabia que ia ganhar um dinheiro, não ia mais comer sardinha com os meus filhos, já estava a coisa melhorando e, quando eu volto, que eu entro no ônibus, um senhor disse: "Ô, minha filha, eu acho que está acontecendo alguma coisa com você".
Você estava sangrando. "Moça, você está toda ensanguentada." O que você pensa, né? "Meu Deus do céu! E agora?" O sangue estava descendo, aí ele falou: "Deixa eu ver?". "Pode ver." Eu já estava muito assustada, aí ele tirou um pedaço de gilete. Uma cantora na Rádio Tupi com raiva me jogou uma gilete.
Que loucura! Depois de muitos anos eu encontrei o filho dessa cantora e contei para ele, ele ficou horrorizado.
Coisa de filme. E para ganhar o Oscar. A minha história é assim, ela tem o poder da riqueza porque eu passo muito por cima da dor. Eu não sei se foi por isso que Deus me colocou ao lado do maior driblador, mas eu tenho o hábito de driblar as coisas. Quando elas são muito difíceis, eu paro: não é esse caminho, vou voltar, vou perder não sei quantos passos, mas eu tenho que retroceder para poder caminhar, e continuo fazendo o meu caminho assim.
E nunca teve medo, né, Elza? Não, eu tenho medo de ter medo algum dia, o resto...
Foi o Moreira da Silva que te levou para cantar em gafieira? Foi o Moreira, e para a boate Texas Bar foi o Aérton Perlingeiro, e lá eu conheci a Sylvinha Telles.
É muito legal essa história, ela te chamou para assuntar com ela depois. Eu disse para ela: "A senhora está muito enganada, eu não vim aqui para sentar à mesa com ninguém, a senhora me desculpa". Ela ficou parada assim, pasma: "O que é isso, menina?". Eu falei: "Não senhora, eu fui contratada para cantar, está me chamando

para sentar com a senhora". Ela disse: "Não, não, minha filha, o meu nome é Sylvinha Telles, está o presidente da Odeon, está todo mundo ali querendo falar com você". Eu disse: "Dona Sylvinha, me desculpe!". Mas já tinha cometido uma gafe imensa. E foi ela que me levou para o mundo do disco, entendeu?

Foi através dela que você fez o disco… É, o Aloysio de Oliveira estava lá também, ele foi me ver porque houve uma proposta da RCA Victor, e tinha um compositor, eu vou lembrar o nome dele, que estava empolgadésimo também para me levar, mas aí foram me ver e chegando lá disseram: "Que pena, canta muito, mas é negra! Não dá". Aí ele ficou muito sem graça, não quis me falar isso: "Ah, eu acho que vai ter outra oportunidade". Quando o Aloysio de Oliveira descobriu que tinha sido isso, me levou para a Odeon, foi a melhor coisa que fez.

A melhor coisa, discos lindos, né? Ele tinha sido produtor da Carmem Miranda.

Pois é, cantou junto com Carmem Miranda, fez o Bando da Lua com ela. Agora eu vou aproveitar e puxar um pouco essas referências de canto, pois a gente percebe no seu jeito de cantar que tem Ciro Monteiro, Aracy de Almeida… Aracy de Almeida, que eu imito num disco, até faço brincadeira.

Você imita a Aracy num disco? Eu imito quando ela fala: "Olha aqui, meu compadre, não vem com jabaculê para mim que não me interessa nada disso, meu irmão, o urubu está lá em cima, mas também come embaixo". Saem essas coisas gostosas dela.

E, naquele momento em que você ainda era menina e cantava com o seu pai, o seu repertório era aquele que ele te apresentava, né? Que ele me apresentava.

Depois teve esse outro momento em que você começou a cantar na gafieira, conheceu músicos, compositores, outras cantoras, como Sylvia Telles, o próprio Aloysio de Oliveira, e o repertório foi se ampliando. Nesse momento o que te interessava? O rapaz que eu falei que ia me levar para a RCA Victor era Aldacir Louro, um grande compositor. Mas eu já estava muito apaixonada pelo Lupicínio Rodrigues. A primeira música que eu gravei foi do Lupicínio, "Se acaso você chegasse", depois cantei "Esses moços", cantei "Cadeira vazia". Eu já estava muito apaixonada por ele. Na Odeon existia um produtor em busca de repertório para o cantor, e eles buscavam, eu não tinha muita escolha, e também tinha muito medo de perder o emprego: eu vou escolher aqui, amanhã me mandam embora. Eu achava que cantar era um bom emprego.

Tem o seu primeiro disco aqui, *Se acaso você chegasse*. E essa camisa é da Sylvinha Telles. Ela me emprestou para fazer a foto.

Sensacional! Aí o segundo já tinha essa coisa da Bossa Negra. É, o Ronaldo Bôscoli queria me fazer Sarah Vaughan. Tanto que ele pôs uma coisa que eu fiquei assim meio Sarah Vaughan. Aí um dia o maestro Nelsinho falou: "Com essa voz que você tem, você vai arrebentar".

> **EU ACHAVA QUE CANTAR ERA UM BOM EMPREGO**

Foi por isso que você gravou "Mack the Knife". Foi. Só que a minha voz era bem diferente, era muito vazia. E comecei a ouvir Ella Fitzgerald. O primeiro presente que eu ganhei em termos de música foi do Mané, ele me deu um disco da Billie Holiday. Ele me achava muito parecida com a Billie, e eu queria ficar parecida com a Billie na fisionomia, mas não na dor.
É, o canto dela é muito triste. Muito doído, mas eu gosto do canto da Billie.
Mas o seu canto não é triste. Não é triste, mesmo sendo triste fica alegre, canta triste e se torna alegre. Tanto que os meus cantores são a Billie e Chet Baker. Eu tenho paixão por eles. E fiquei amiga da Ella Fitzgerald, quando eu morava em Roma, quando fui expulsa do Brasil para Roma, e a Ella Fitzgerald estava fazendo um projeto, "Ella canta Jobim". Ela ficou com um problema muito sério de catarata, não podia dar continuidade ao projeto. Disseram para ela: "Você vai para Roma, lá tem uma cantora brasileira sensacional, eu acho que é a única que pode substituir você". Eu cantava com muito agudo, tinha aquela coisa meio Billie e meio Ella, aquela vozinha dela muito gracinha, e ela foi me procurar em Roma. Na época eu era contratada pelo empresário do Chico Buarque, o Franco Fantano. Então o Franco preparou um jantar com Ella Fitzgerald, o Trio Mocotó, que é do meu primo Fritz, eu amo esse bandidinho, e Jorge Ben. E o Mané Garrincha que estava à mesa, eu acho que foi a coisa mais incrível não se ter essa mesa, nem em fotos. E ali eu fiquei muito amiga da Ella Fitzgerald e ela propôs que eu terminasse o projeto "Ella canta Jobim".
Você chegou a cantar o repertório? Eu fiz o restante da turnê da Ella Fitzgerald, cantei em todos os teatros da Itália. Em cada teatro tinha um pôster imenso da Elza Soares no meio de todos os cantores, e fiquei mais conhecida como cantora de jazz. Depois eles falaram: "A Elza canta jazz, não canta samba". "Não, eu canto samba sim, mas da maneira que eu gosto de cantar."
Mas tem o jazz forte, mesmo nos primeiros discos os arranjos são de orquestra de jazz. É *big band*.
É, de *big band*. Mas tem o negócio quebrado do samba ao mesmo tempo, né? Outro dia eu estava ouvindo Frank Sinatra, tenho um arranjo muito parecido com uma música do Sinatra. Todos os arranjos do maestro Nelsinho na época tinham muito a ver com os arranjos do Sinatra, da Natalie Cole, porque é banda, aquelas coisas.
Mas o bacana era que chegava no seu disco e virava um samba com orquestra. Com outra jogada, outro suingue.
Eu queria te perguntar de uma gravação de "Chove chuva", já que você falou do Jorge Ben. O Jorge foi fazer também o Teatro Cistina, e eu não sabia que o B&B – eu chamo ele de B&B – tinha tanto medo de chuva, eu falei: "Jorge, você vai almoçar comigo, o que gosta de comer?". "Eu gosto de feijão, arroz, ovo e batata frita." Aí preparei um grande almoço, feijão, arroz, bife, batata frita, e até hoje estou esperando o Jorge.

Mentira que ele não foi! Porque trovejou, teve um temporal, ele disse: "Não vou, Elza, me desculpe, mas eu não saio com temporal". Mas a gente se ama muito. Tanto que nós íamos abrir uma grande casa, uma boate em Roma, uma boate que ia ser minha e do Jorge, mas o consulado não quis assinar, não nos deu o aval para abrir a casa.

Você gravou, nos anos 1960, "Mas que nada" e "Chove chuva". É, eu cantava muito Jorge Ben.

Como era isso? Você falou que tinha um produtor para escolher o repertório, mas é óbvio que, com a intimidade com os maestros e os músicos, eles arranjavam para você. Você começou a dar palpite? Quando é que você começou a dizer "assim eu quero, assim eu não quero, assim eu canto melhor"? Foi até ruim, porque eu comecei a entender que não era só batuque que eu queria, eu queria uma coisa mais quebrada, samba soul, samba jazz. E nessa época eu fiz um grupo, o Wilson das Neves, Dom Salvador, Nizo Barroso e Geraldo Vespar. O nome do grupo, eu botei Só Som, e fomos primeiro para os Estados Unidos, onde eu fui aplaudida por mais de três minutos, e eu parada sem saber por que me aplaudiam tanto, era uma inocência, né? Quando terminou o show em Nova York, e a gente ia para o México, eu fui procurada pela secretária do Sammy Davis Jr., que queria fazer um trabalho comigo na Motown, a gravadora dos negros. Foi quando a minha gravadora, a Odeon, e eu não vou citar nem o nome do produtor porque chega a ser doentio, escreveu dizendo que eu não gravava mais havia cinco anos, que era uma cantora fora do elenco, que estava fazendo uma turnê, e eles tinham um adiantamento na época de 10 mil dólares. E, quando eles receberam, eu assinei, só que não pude cumprir, porque a Odeon entrou com o impedimento do contrato, e eu fiquei proibida de entrar nos Estados Unidos por seis anos. O Dom Salvador ficou lá, maravilhoso. E nesse período a gente aproveita o que é bom, eu tinha o Wilson das Neves, que é outra paixão, eu amo o compadre demais. Fizemos *Elza e Wilson das Neves*. Esse disco, eu tenho por ele todo o carinho, porque ele é louco, eu faço um esquete com voz e bateria...

"Balanço Zona Sul", "Mulata assanhada", "Samba de verão", "Copacabana", "O pato", "Deixa isso pra lá"... É um disco histórico. Eu nunca me senti melhor do que cantora nenhuma, do que ninguém, porque eu não tenho esse privilégio e não tenho essa audácia e também não tenho esse desejo, não é aquilo que eu gosto, mas como atrevimento, eu me considero a mais atrevida, eu tive coragem de pegar um baterista e dizer: vamos fazer. Naquele CD *Do cóccix*, eu peguei o Marcos Suzano e faço uma faixa só voz e pandeiro. Eu acho que a gente pode fazer tudo isso, eu gosto disso.

Você divide também, você tem uma coisa... não de percussão na sua voz, mas de divisão, né? Completamente.

E Miltinho, me fala dele, você fez três discos com ele. Ah, o Miltinho é tudo, eu chamo ele de meu compadre Miltinho, ele tem ritmo até na orelha, ele e o Jackson do Pandeiro, eu nunca vi tanto ritmo, tanta divisão perfeita como tem o Miltinho. Ele também é uma voz que você reconhece em qualquer lugar. A gente ganhou o prêmio no Municipal no ano em que foi o Jackson do Pandeiro, e eu ganhei, "te-co-teleco-teco, gol!", com o Miltinho de pandeiro, foi lindo.

Escola de samba teve alguma coisa a ver com a sua formação? Você tinha bateria de escola de samba por perto, não? Não. Parece que eu já nasci com tudo preparado. A minha escola do coração é a Mocidade Independente de Padre Miguel, eu dei a batuta para o Mestre André, eu amo essa escola e fui a primeira cantora a puxar samba na avenida, eu já pedi até: "Pelo amor de Deus, não deixem que eu me engane, se existem outras, procurem", porque eu não sei, não me lembro, mas fui consagrada como a primeira mulher a puxar samba na avenida, e foi lindo isso que eu fiz. No chão, eu disse: "Não quero carro, quero ir no chão". Hoje é fácil de cantar, o Jamelão não gostava que chamassem de puxador de samba, de puxar o samba na avenida, porque o cantor com um coral de oito, nove, dez é fácil, agora, quando eu fui, fui sozinha, eu e minha voz.

O desfile inteiro. Sozinha mesmo. E deve estar no Salgueiro com "Bahia de Todos os Deuses", o compositor do samba é o Bala, que era um engraxate, e eu dei uma casa para ele com esse samba.

Poder fazer essas coisas é uma maravilha! E me fala da ocasião em que você gravou "Língua" com Caetano em 1985, foi um momento em que a música pop te reconheceu, né? É verdade. Foi uma fase em que eu estava meio descrente da música, porque ninguém me aceitava sem ser sambista, tinha que ser sambista, e eu disse: "Eu sou sambista também". E começaram a fechar o cerco, eu não tinha mais repertório, vim para São Paulo, vim trabalhar num circo aqui em São Paulo para ganhar dinheiro e poder comprar leite para o meu filho, que era o Garrinchinha. Foi quando um dia eu saí, tinha uma casa de criança que estava procurando pessoas que quisessem ser voluntárias para trabalhar lá, eu falei: "Eu vou me inscrever para o meu filho, porque ele come, eu como". Aí vim andando e estava ali perto do antigo Hilton, onde tinha uma faixa dizendo "Caetano Veloso". Aí encontrei o Bineco, que trabalhava com ele na época, e disse: "Bineco, eu quero muito me despedir do Caetano porque parei de cantar, eu não quero cantar mais. Depois que você vai para um circo, perde toda a esperança de vida, não que o circo seja pejorativo, mas não foi no circo que eu comecei, e estou perdida, não sei o que fazer, mas tenho que cantar para dar comida para o meu filho". Aí ele me levou ao apartamento do Caetano, o Caetano me recebeu. Quando ele chegou eu caí nos braços dele e chorei: "Eu vim me despedir de você, Caetano, que eu amo muito, você é meu amor, você é tudo que eu amo na música, tem os outros, mas a gente tem sempre um preferido, e você é meu preferido". Ele disse: "O que você está fazendo em São Paulo, maluca?". "Caetano, eu estou cantando." "Onde?" "No circo, eu preciso dar comida para o meu filho." "Pega tudo o que você tem e volta para o Rio." "Mas eu não tenho casa mais no Rio." Eu hoje tenho, aliás, sempre tive; o mundo gay, foram eles que me seguraram na fase pior de minha vida, eram eles que me alimentavam, que me sustentavam. Eu fui para a casa de um gay que amo muito, que é o Nélio, que me recebeu na casa dele. Fiquei ali com o meu filho, e ele com todo o carinho comigo. E recebi um convite para cantar no João Caetano, no Projeto Seis e Meia do Albino Pinheiro, já arranjado pelo Caetano, eu não sabia. Aí fui lá para fazer o show, aceitei, era uma grana boa, cantar no Teatro João Caetano no Projeto Seis e Meia. No terceiro e último dia, veio um telefonema, era o Caetano dizendo: "Eu vou te buscar hoje para você fazer uma coisa comigo, tá?". Na passagem para a gravadora, que é lá na Barra, nós passamos pelo Canecão, onde estava o Gilberto Gil, que é outra figura que me deixa completamente anestesiada, hipnotizada com aquilo ali no palco. Aí ele me deu um abraço, a gente falou, eu não sabia qual era a surpresa do Caetano, ele disse: "Faça o que você quiser agora aí". Foi quando eu fiz aquilo com a voz e cantei, comecei a brincar. Daí começou, a coisa foi mudando, eu com esse padrinho maravilhoso, esse guru maravilhoso, que a gente não pode esquecer nunca.

Claro. Isso foi em 1985, né? É, 1985. Aí eu voltei para o Rio.

E fez o disco *Somos todos iguais*. Você cantou Cazuza nessa época? Já cantei Cazuza. *Somos todos iguais* foi feito com o João de Aquino, arranjo dele, que é outra figura...

Com quem você tem até hoje um trabalho de voz e violão. Tenho, o João de Aquino é um xodó. Parece que ele nasceu para o outro cantar e ele tocar.

E como foi gravar Cazuza, Elza, o que era o Cazuza para você naquele final dos anos 1980? A gravação de "Língua" atraiu uma moçada que ouve você hoje, que a tem como referência, mas que começou a te ouvir naquele momento. Justo. Eu sempre tive esse lado, os Titãs, "O respeito", a gente estava muito junto, e fiz um trabalho muito louco também no Madame Satã, foi na época em que eu fui totalmente roqueira. E o Cazuza, eu o vi como um anjo, sabe aquele anjo inquieto? Acho que ninguém descreveu o Cazuza assim, numa inquietude, aquela coisa gorila, que pode mexer com as pessoas. Eu me abracei muito ao Cazuza e a gente ficou assim muito amigo, dele chegar na minha casa, sentar e botar a cabeça no meu colo e a gente ficar ali de carinho. Eu respeito muito a Lucinha também, mãe, mulher que botou essa coisa maravilhosa no mundo. Eu comecei a amar o Cazuza e fiz com ele uma música, "Milagres", que tem um clipe lindo, mas não passam esse clipe meu com o Cazuza. A gente fez no Cemitério dos Automóveis.

Vocês tinham muita coisa em comum. Muito, éramos loucos, éramos lindos, né?

E essa coisa sua com o rock e agora com o rap? Na época em que você surgiu, teve uma conversa com a bossa nova, com o jazz, tem uma coisa na sua arte que é essa contemporaneidade. Muitas vezes até um pouco à frente. É, porque aonde eu vou ninguém tinha ido. Você sabe quantos anos tem este *blazer*?

Não. Trinta anos.

O quê? Trinta anos! Um dia eu olho e vejo: "Olha, eu estou com essa moda preto e branco porque vai ser a moda agora". Eu falei: "Mentira! Eu já uso há muito tempo, só guardei porque estava fora de época, fora da moda". E voltou com ele novinho, faz trinta anos que eu tenho este casaco.

Você acha que na música é a mesma coisa? É tudo a mesma coisa, eu faço, daqui a um bocadinho surge: "Mas eu já fiz isso!". Então o que veio não é novidade.

Não te assusta o novo, de jeito nenhum. Não me assusta, mas ao mesmo tempo me deixa meio: "A-há, eu não falei que ia dar certo? A-há, você que me xingou, você que ficou contra mim, disse que eu era audaciosa, disse que eu queria matar a música, disse que eu estava completamente fora do contexto, agora você está me copiando, né? E ainda é capaz de dizer que eu estou copiando você".

Recentemente eu estava fazendo esta pesquisa para a gente conversar e achei você cantando esse "Samba de preto" com uma banda chamada Huaska… e é rock, né? Rock, rock pesado, rock dos bons, uma maravilha, Huaska, maravilha. O Huaska tem uma coisa mais atrevida, eles escreveram um samba para a Mocidade Independente de Padre Miguel, que foi o enredo "Rock in Rio", e o nosso samba, que eu fui defender com eles, ficou em segundo lugar, não foi o vencedor, mas esse vice eu vou gravar.

Agora você está fazendo rap com esses meninos, e no *Vivo feliz* você já estava fazendo isso. Completamente.

Tem uma versão aqui de "Opinião" do Zé Kéti, tem "Volta por cima" do Paulo Vanzolini, num arranjo tão absolutamente 2015… 2020, né?

É impressionante. Como foi a produção do *Vivo feliz*? Foi com um menino aqui de São Paulo, Arthur Joly, de uma competência, uma capacidade monstruosa, eu vim para cá e fiz esse trabalho, arranjo meu e dele, foi tudo maravilhoso.

Olha que beleza a "Opinião", percussão da Simone Soul, que é fantástica. Tem "Lata d'água", "Computadores fazem arte", do Fred 04, "Concórdia", do Nando Reis. É um disco bom demais, tem o repertório que hoje o pessoal que não tem 30 anos está frequentando, né, Elza? E eu já estava fazendo isso para eles, para que eles chegassem e já estivesse feito. O Chico Buarque usa uma expressão que me deixou muito feliz, ele fala assim: "A Elza não pertence a um esquema, ela é ela só, ela não pertence a ala nenhuma, ela corre por fora". Eu nunca estou incluída em movimento de música, eu faço os meus movimentos. Estou sempre dando a volta por fora, e cai no ouvido das pessoas o que eu estou fazendo.

Mas tem que ser um ouvido atento, curioso, esperto. E o Caetano volta para a sua vida quando faz a música "Ciúme" no *Do cóccix até o pescoço*, que é uma coisa maravilhosa, e ele fez para você, né? Fez para mim.

Esse disco também é um disco histórico. É o trabalho mais bonito que eu fiz. Tem o José Miguel Wisnik com "Flores horizontais", que é demais! Eu não consigo terminar a música sem lágrimas.

Com toda a razão. Tem uma história que eu queria que você contasse. Eu estava assistindo a um *Roda Viva* que você fez, na época em que estava lançando o *Do cóccix até o pescoço*, e você fala do louva-a-deus, que te ensinou alguma coisa. É, o louva-a-deus foi cruel comigo, foi por causa dele que eu me casei...
É verdade, você foi buscar o louva-a-deus. Não, eu fui levar café para o meu pai na pedreira, o café das 3h, e eu, como sempre muito sapeca, tinha um louva-a-deus, eu tenho paixão por esse bichinho. Coloquei o bule de café e o pão que eu levava para o meu pai comer todo dia e vi um louva-a-deus, aí saí de cócoras até me aproximar do bichinho, e quando eu fui para cima do louva-a-deus eu escutei um barulho, levei um susto muito grande, era um garoto, entornou o café e não me deixou pegar o louva-a-deus. Aí nós saímos no pau, eu briguei muito, ele me bateu muito também, foi aquela briga, bate pra lá, bate pra cá, e meu pai havia subido: "Eu não estou entendendo, a minha filha no mato com o cara, rolando no mato, o que aconteceu, meu Deus do céu? Comeu a minha filha". Nesse tempo não se usava essa palavra, mas eu acho que ele deve ter dito isso.
Desonrou. É: desonrou a minha filha, e agora? Chegou lá, me pegou pela orelha e pegou o menino pela orelha, eu toda ensanguentada, o meu pai disse: "Não quero nem ver, casa". Eu voltei para casa, mas fiquei esperando ele passar no caminho, tinha um monte de pedra, e tome-lhe pedra, joguei muita pedra no cara e fui para casa. Não tinha acontecido nada, que eu nem sabia o que era. Aí cheguei em casa, contei para a minha mãe que o café tinha entornado, que eu briguei por causa do louva-a-deus, que ele espantou o louva-a-deus, e que o meu pai ia me bater mais. Tinha um caixote onde eu me escondia quando fazia arte, eu me escondi dentro do caixote, aí o meu pai chegou, ficou procurando, falou: "Já está no caixote, fez merda, é lógico". Foi lá e me tirou do caixote pela orelha. E ali estava aquele cara parado, eu queria bater mais nele, espantou o meu louva-a-deus, aí o meu pai falou: "Você vai casar com a minha filha". Eu falei: "Não, eu vou matar ele". O meu pai não entendeu nada. "Eu vou matar ele por causa do louva-a-deus." Ele pensava que fosse outra coisa e me casou com esse cara.
É maluco, né, Elza, às vezes dá a impressão de que as coisas vão nos empurrando. É, e tem que ter jogo de cintura para poder coordenar. Eu sempre digo, quem me ajuda também é São Jorge.
Você é devota assim? Muito, eu tinha 5 anos quando vi esse santo. Ficava parado na porta da minha mãe, atrás da gente, eu me lembro do vestidinho que eu estava usando, estava com um coco na mão, eu andava sempre com um na boca e outro na mão, toda despenteada, descabelada, porque era o máximo que eu podia viver, eu era uma praga, e atrás do cavalo dele tinha outro cavalo, um cavalo marrom, lindo, ele era feito um índio, só que esse homem não me olhou um minuto sequer e eu fazia tudo para que ele me visse.
Ele estava na porta da sua casa? Estava na porta da minha casa, e eu falava assim: "Ah, São Jorge, não deixa o meu pai me bater não". "Mas você vai apanhar porque

você é levada." "Não deixa não." E a vida me bateu tanto que depois eu comecei a entender o que é, por que eu apanharia mais tarde tanto, não era o meu pai que ia me bater, não era a Elza criança, menina, era a Elza, a vida, e até hoje eu tenho por ele um carinho tão profundo, ele me mostra tanta coisa, meu Deus do céu, ele é meu pai, ele vive do meu lado. Nem todo mundo acredita, eu também não faço força para que acreditem, eu sei o que é, eu sei como é a coisa e empenho todo o meu respeito.

E esse fôlego seu? Eu lembro que te vi em Belo Horizonte, tinha uma *big band* gafieira e estava muito bom o show, aí você entrou, sentou ali no meio da orquestra e começou a cantar, roubou o show dos meninos, cantou "O neguinho e a senhorita" com o rapaz que tocava trompete. É um fôlego invejável. É, menina, nem eu sei, isso só pode ser uma bênção.

Porque não tem exercício, não tem aula... Você nunca sentiu desgaste, nada? Não. Olha que eu ainda estou sentindo dor na coluna, porque operei a coluna, mas na hora em que eu entro no palco acaba tudo, não tem dor em lugar nenhum, a voz está linda, está maravilhosa, eu estou mais assanhada do que qualquer mulata e está ótimo.

É o lugar, né? É o lugar, é o meu mundo.

Tem algum tipo de ritual para entrar no palco? Não.

É absolutamente natural para você então. É muito natural, eu acho que eu estou tão bem acompanhada que esqueço. E só agradeço a Deus: obrigada, meu Deus, obrigada, meu pai! E tudo bem.

Eu queria que me dissesse: para você, o que é música de preto, tem música de preto feita no Brasil? Existem os pretos que cantam, os negros que cantam, eles cantam a música da cor deles, então é música de preto, mas não é uma divisão de branco, de preto, de amarelo, é a música.

É, mas tem um jeito diferente, não tem? É a música, é a dor, é o suingue, é o lamento, é a alegria, no fim é tudo isso. Eu acho que o preto, quando canta, canta a música dele. Eu sou uma preta que canta. E agora junto com o Huaska, que é uma garotada com vontade de cantar.

FERNANDA ABREU

MÚSICA E DANÇA. Não tem show de Fernanda Abreu a que se possa assistir sentada. Ela preenche o palco, cheia de suingue carioca, com um rebolado de dar inveja às musas do funk. Dançar, aliás, quase virou profissão. Ela foi das primeiras no Brasil a usar o sample – e aproveitou a maquininha para escancarar as referências. Desde seu primeiro solo, trouxe a música negra americana para se misturar com o samba de um jeito muito original. Por aqui passeiam Jorge Ben Jor, Fausto Fawcett e o melhor da música gringa para dançar. Não existe uma tendência Fernanda Abreu, nem genéricos por aí. É música de festa, sem preconceito. Com ela, torcemos pela paz, pela alegria e pelo amor. Aqui ela conta sua história, fala da Blitz, do morro e da Zona Sul. ─── Entrevista realizada em outubro de 2003. ───

Já são seis discos, mais esse *Ao vivo*, e os do tempo da Blitz. Quando foi que a música pintou pela primeira vez na sua vida? A música está comigo há muito tempo. Na minha casa, ela sempre foi muito presente. Minha mãe era pianista, meu pai sempre gostou muito de música, eles sempre acompanharam os movimentos musicais brasileiros, eram pessoas muito antenadas. Ouvi muito samba e, olhando em retrospecto, percebo que eles acompanharam a bossa nova, a jovem guarda, o tropicalismo, a MPB "tradicional", vamos dizer assim, da época da ditadura. Isso me deu uma cultura musical muito grande. E eu e meu irmão estudamos em colégio público desde a pré-escola – minha mãe optou por esse caminho mais democrático no âmbito escolar. Ela era de classe média, filha de desembargador, e seus irmãos estudaram em escolas particulares caras, como o Colégio Jacobina, por exemplo, mas minha mãe não queria muito isso e pediu à minha avó para entrar na primeira turma do Colégio Aplicação.

Uma jovem revolucionária. Lá, ela conheceu meu pai, um português que veio para cá com 13 anos. Estavam na primeira turma daquele colégio, que para a época era muito alternativo, muito experimental, e se encantaram. A escola pública onde estudei também tinha auditório, laboratório de ciências, ateliê de artes, sala de música. Na quinta série, tive uma professora de música, chamada Raquel, que foi uma pessoa muito importante na minha vida. A dona Raquel tinha um filho que era professor de violão, e a gente começou a estudar o instrumento e botamos umas músicas no festival da escola.

As suas próprias? Que tipo de música você fazia? A gente fazia uma coisa meio MPB, uma mistura de Chico Buarque com Boca Livre, sabe? Também havia um pouco de toada, uma coisa meio mineira, ainda muito sem forma – mas era música para a escola. Meu irmão era o compositor e eu apenas tocava violão. A gente chegou a gravar um disco com a dona Raquel. Meu avô fez a capa, e a gente começou a ter uma participação grande na música na escola. Não só eu e meu irmão, mas também um grupo de pessoas que gostava de música. Para mim, a música começou de maneira muito informal. Depois disso, a gente fez muitas coisas na escola – grupos de coral, instrumentais, só vozes... Eu ficava brincando. Enquanto isso, meu pai e minha mãe tinham um grupo de samba chamado A Patota. Todo fim de semana, a gente ia para Teresópolis, meu pai tocava cuíca, e minha mãe tocava ganzá e cantava no estilo das Gatas [grupo vocal]. Eu e meu irmão ficávamos com as outras crianças zanzando por ali e ouvindo todo aquele repertório. "Aquarela brasileira", por exemplo, que gravei no *Raio X*, veio dessa minha memória de Silas de Oliveira, da Império Serrano. Meus pais adoram samba, desfilaram todos os anos em escola de samba.

Adoram carnaval? Adoram. Isso sempre foi muito informal, mas era o que mais juntava a família. Ficávamos ali ao lado da Patota, ouvindo as músicas, cantando junto. Eu e meu irmão gostávamos muito de ouvir música.

Ele é mais velho que você? Um ano. É professor de canto e produtor vocal, chama-se Felipe Abreu. Fez a preparação vocal dos concorrentes do programa

Fama, você se lembra? A música nos juntou muito porque brincávamos com isso. Paralelamente à música, estudei dança durante anos, fui bailarina clássica. Comecei a dançar aos 9 anos e sempre tive muito talento para a dança clássica. Fui muito incentivada pela Tatiana Leskova, que era minha professora desde sempre.

A dança era a primeira coisa? A primeira a ser levada a sério. Eu fazia três horas por dia, me empenhava. Nem pensava muito em ser bailarina, mas as pessoas insistiam, diziam que eu tinha que ser bailarina, que havia nascido para aquilo, que tinha talento. Fui indo. Com toda a disciplina de uma boa virginiana, fui fazendo as coisas com a maior seriedade. Sempre fui bem na escola, nunca repeti, fiz vestibular para sociologia e para arquitetura – porque meu pai cismava que eu desenhava bem –, fiz faculdade. Os pais sempre querem que a gente faça universidade. Eu entendo, querem uma coisa mais segura: "O que será da minha filha sendo bailarina, ou cantora, ou artista?" Quando cheguei aos 18 anos, dei um grito de independência naquela história do balé clássico e comecei a procurar outras expressões de dança. Foi quando conheci a Graciela Figueroa, entrei para o Grupo Coringa e comecei a entender a dança de maneira um pouco diferente. A dança contemporânea me deu uma abertura enorme. Tudo na minha vida foi acontecendo sem ter sido muito planejado por mim. Em determinado momento, em 1981, eu fazia arquitetura no Fundão, sociologia na PUC e balé clássico na Tatiana Leskova e dançava no Coringa. Formei dupla com uma amiga e fui participar de um festival de dança na Bahia. Demoramos trinta horas para chegar ao tal festival. Lá, encontrei o Léo Jaime, que também fazia dança, e ele disse: "Tenho uma banda, você precisa cantar com a gente". De volta ao Rio, fomos lá ensaiar rapidamente umas músicas. Era uma mistura geral. Fizemos um show no Emoções Baratas, um bar em Botafogo. Nesse show, a Márcia Bulcão, que era minha vizinha aqui no Horto, falou: "Ah, estou namorando um guitarrista que tem uma banda chamada Blitz. Ele quer que eu cante, porque a banda dele só tem homem. As músicas são do Evandro Mesquita e dele (Ricardo Barreto), mas têm uns diálogos. Vou cantar e levar você". "Ah, está bem. Vou fazer um show lá no Emoções Baratas, manda esse cara ir lá ver." O Evandro foi e se amarrou no show, e então fui cantar na Blitz. Era mais uma aventura...

Era a época do Circo Voador, do Asdrúbal Trouxe o Trombone... Era o pessoal do Asdrúbal que tinha formado outras turmas de teatro: o Evandro Mesquita e a Patrícia Travassos dirigiam o Banduendes Por Acaso Estrelados; o Hamilton Vaz Pereira dirigia o grupo Vivo, Muito Vivo & Bem Disposto; e o Perfeito Fortuna, o Paraquedas do Coração, que tinha Cazuza e Bebel Gilberto. Estávamos todos ali, e, em novembro de 1981, a Blitz foi fazer o show no Circo Voador. ▪ O ano de 1981 foi um período de "tudo ao mesmo tempo agora". Ao mesmo tempo que eu dançava na Bahia (onde inclusive conheci o Luiz Stein, que hoje é meu marido, e começamos a namorar), cantava na banda Nota Vermelha (do Léo Jaime), comecei a cantar na Blitz, estudava arquitetura mas não conseguia mais ir ao Fundão, estudava sociologia na PUC, que eu adorava. Na época eu também queria trabalhar, ter minha grana, e meu pai, que é arquiteto e sempre trabalhou na prefeitura, no plano da cidade do Rio de Janeiro, conseguiu um estágio num projeto para cadastrar todas as favelas do Rio. Eu ia para as favelas animadíssima – com o meu passado de escola pública, já me sentia completamente em casa. Na época, fizemos um levantamento de mais ou menos 450 favelas. Resumindo, era "tudo ao mesmo tempo agora".

Você ouviu o som do morro ali naquele momento? Já estava ligada nisso? Não, não estava ainda. Era uma coisa bem específica mesmo, de contar as casas, os moradores, as vielas. No meio daquilo tudo, a Blitz foi mais forte, porque a gente ia fazer o "último show". Essa história é muito boa. Em março de 1982, o Evandro chegou e disse: "Olha, esse vai ser o último show da Blitz. Se não der certo, eu vou fazer outra coisa". O Evandro é ótimo ator, ele obviamente tinha outras coisas a fazer. Mas, para esse show, a gente resolveu investir, fazer cartaz, botar um cenariozinho, e foi genial. O Mariozinho Rocha foi assistir, e conseguimos um contrato com a EMI, onde gravamos "Você não soube me amar".

A Blitz foi um estouro nacional. Foi um susto para todo mundo, uma coisa muito surpreendente. O Evandro veio com um discurso, uma letra, uma musicalidade próprios. Foi a inauguração do pop como mercado naquele momento de abertura política. Não que a jovem guarda já não tivesse essa veia, mas a Blitz foi uma coisa que abriu as portas para o que toda a galera – Paralamas, Legião, Kid Abelha, Barão Vermelho, Cazuza com Bebel, Léo Jaime e os Miquinhos Amestrados – estava fazendo nas garagens. Quando "Você não soube me amar" estourou e a indústria viu a possibilidade de ganhar dinheiro e formar um mercado com isso (música feita por uma nova geração), foi superbacana.

Entraram todos no turbilhão. É, foi um turbilhão. Não consegui nem ir à faculdade para trancar a matrícula – perdi o curso. Ser bailarina clássica, então, já era. Mas foi muito legal. Sinto que, durante todo o tempo de existência da Blitz, talvez pelo meu jeito de ser, pela minha personalidade e pela maneira como fui educada, eu intuitivamente consegui manter o pé no chão. Aprendi muito: a Blitz foi uma escola de todas as coisas legais e de todas as coisas estranhas – grana, sucesso, fracasso, política, indústria fonográfica, mídia, rádio, imprensa, TV, *show business*, montagem de show, luz, cenário, palco, coreografia. Sempre tive claro que a Blitz era a banda do Evandro (e do Barreto) e que eu estava ali para dar o melhor de mim como *backing vocal*. Apesar de sermos o Evandro, a Fernanda e a Márcia, era o Evandro o cara que compunha, que defendia o peixe. Ele era o conceitual, a estética da Blitz. Não só ele: a Patrícia Travassos também era importantíssima na criação, assim como o poeta Chacal e várias outras pessoas que eram da criação, da estética. Nessa época, o Luiz Stein e o Gringo Cardia eram sócios num estúdio chamado A Bela Arte, e eles criaram muito da representação visual da Blitz, como a estética das histórias em quadrinhos. Aquela representação visual foi muito importante e acabou se refletindo no comportamento e na ideia da Blitz. Todos em volta contribuíram muito, cada um com seu talento específico. Eu queria muito aprender, era nova – dez anos mais nova que o pessoal do Asdrúbal. Poderia ter ficado aqueles anos todos na Blitz curtindo, viajando, fazendo show, e, se alguém me perguntasse "O que é uma mesa de monitor?", respondido: "Hã?". Acho que é importante você estar atenta o tempo todo.

Isso, sem dúvida, a preparou para a carreira solo. Total, total. Quando a Blitz acabou, fiquei um momento naquela: "Onde é que estou? O que é que vou fazer? Qual vai ser o meu disco?" Mas, em seguida, pensei: "Não preciso, não posso ter pressa". Logo as gravadoras vieram: "Vamos fazer um disco, vamos contratar já, imediatamente". Respondi: "Não tenho condição". Eles disseram: "Você não sabe o que está fazendo! Vai ser esquecida, tem que aproveitar tudo o que a Blitz já lhe deu de imagem, de prestígio, e sair agora com seu trabalho". E eu disse: "Entendo isso e até concordo, mas não tenho trabalho para lançar ainda. Prefiro me recolher. Azar o meu se daqui a pouco, quando o meu trabalho sair, ninguém se lembrar de mim – não vou poder fazer nada. Mas também não posso assinar agora um contrato que vai me dizer o que tenho que cantar".

Você teve essa tranquilidade? Não sei de onde tirei aquilo, mas acho que é do meu jeito de ser, não gosto de ser pressionada. Quando começam a dizer: "Você vai ter que fazer isto e aquilo", eu respondo: "Então, não precisa". Porque a vida é uma só e eu não quero um negócio me enchendo o saco. Não gosto desta conversa: "É pegar ou largar, este show agora é pegar ou largar". Então eu largo, porque preciso ter tempo para pensar, para fazer as coisas.

Saber que você faz bem aquilo que se dispõe a fazer dá tranquilidade, não? É, e não tem muito mistério. Claro que, se eu resolver tocar um instrumento no próximo show, vou ficar um pouco mais nervosa, porque nunca me mostrei, nunca experimentei tocar um violão nem outro instrumento no palco. Mas, se eu me sinto segura o suficiente, aos poucos a coisa vai. Fico desafiando a mim mesma, senão fica meio chato fazer sempre a mesma coisa.

Chato para você? É, chato para mim. Foi aí que comecei a compor.

Nesse período, antes do solo e depois da Blitz? A Blitz acabou em 1986, e eu lancei meu primeiro disco solo em 1990.

Você ficou compondo com violão? Não, comecei a compor numa bateria eletrônica que o Liminha me deu. Conhecemos o Liminha no segundo disco da Blitz, o *Radioatividade*. Nesse disco, havia uma música disco chamada "Ridícula" – *(cantando)* "Ridícula, ah-ah-ah-ié" –, e o Liminha queria botar uma bateria eletrônica. Mas ninguém da Blitz deixou: "Não, a banda tem baterista, tem baixista, tem todo mundo, não faz sentido ter uma coisa eletrônica". Eu disse: "Pô, Liminha, e agora? Me dá essa bateria aí". Ele sabia que eu curtia essa coisa mais Black, mais disco music, e foi aí que compus minha primeira música, "Kamikazes do amor", uma letra que eu tinha escrito depois de uma briga com o Luiz. Fiz uma programação na bateria e comecei a fazer o refrão e o verso. Achei que estava legal e guardei.

Depois fiz a segunda, a terceira... Então, logo que acabou a Blitz, o Fausto Fawcett, que é uma figura muito presente na minha vida, me ligou: "Agora que acabou a Blitz, você pode trabalhar comigo".

Ele já estava de olho, esperando a hora. Nós nos conhecemos na PUC, mas entrei na Blitz e nunca mais voltei. Em 1986, ele me ligou: "Você tem que ver um show que estou fazendo no Mistura Fina". Era a história da Kátia Flávia, uma história longa – o Fausto gosta de fazer umas coisas meio ópera rock. Quando acabou o show, eu disse: "Agora, vamos trabalhar juntos". Era uma história comprida, contada por mim e pelo Fausto. Em alguns momentos, a banda entrava musicando, e a gente contava: "Fulana desceu no submundo de Copacabana, entrou no inferninho, encontrou fulano, tirou a roupa e gritou". Aí, entrava a banda e cantava a música que ela gritava no inferninho. Eram textos enormes, mas não tinha que interpretar – porque eu não tenho nada de atriz. Era só narrar com certo suingue por causa das rimas do Fausto – a quantidade de adjetivos que ele usa é uma coisa inacreditável. Fizemos uns três ou quatro desses espetáculos, e depois o Fausto gravou o primeiro disco, chamado *Fausto Fawcett e os Robôs Efêmeros*.

Foi sensacional. Cantei uma música, que era "Juliette". Depois, ele fez o segundo disco, *Império dos sentidos*, que tinha a Silvia Pfeiffer na capa. Com esse disco, o André Midani, que na época era da Warner, ficou encantado com o Fausto: "É isso! É sexo! O assunto é sexo!" Fomos fazer o show lá em São Paulo; eram o Fausto e a banda – eu só dirigia. O Fausto me chamou porque eu organizava bem as cenas, a banda, o figurino, o cenário.

Foi no Aeroanta? Exatamente. Mas, antes da estreia, gravamos o *Império dos sentidos*, em que cantei "Androide nissei". Quando fui gravar, o Herbert Vianna, que estava produzindo o disco, disse: "Fernanda, você está cantando muito bem – que legal! O que você está fazendo?". "Estou em casa, compondo, estudando guitarra, estudando canto, estou na minha e tal." "Puxa, como você se desenvolveu! Se você tiver alguma coisa algum dia, me chama, que quero fazer." No show *Império dos sentidos*, não havia ninguém para passar o som, e eu ficava passando. Numa dessas idas ao Aeroanta, disseram: "Pô, você tem que fazer um show aqui. A gente faz uma *jams* às terças-feiras. O Nando Reis toca com não sei quem, o Ed Motta com a Marisa Monte, o fulano com sicrano".

Aquilo era bom demais! "Tá bom, então vou fazer um show disco – serve?" Ele falou: "Genial, chocante! É isso mesmo, não é para ter nada a ver com nada". Aí falei com o Fábio Fonseca, que eu conhecia da banda do Léo Jaime e sabia que ele curtia esse som: "Me arruma umas pessoas, uns músicos". Foi assim que conheci o Aurélio Dias, baixista, o Fernando Vidal, guitarrista, e o Bodão, baterista, que tocam comigo desde 1989. Fizemos esse show, que estava superlotado e foi superlegal, e, quando cheguei ao Rio, o cara do Jazz Mania, que tinha ouvido falar, me chamou, e eu fiz um show aqui, também superlotado. Aí, ficou aquela conversa: "Pô, a Fernanda saiu da Blitz e agora está fazendo cover de disco music?!" Não era por aí; aquilo era só brincadeira. Foi legal, mas foi uma coisa feita para o Aeroanta, que, por acaso, veio para o Rio. Agora eu queria fazer meu disco. Eu tinha quatro músicas prontas, então liguei para o Herbert, e ele foi maravilhoso. Fomos para o estúdio dele e fizemos a pré-produção. Com a fitinha pronta, eu disse: "Bom, Herbert, vamos ter que mostrar para alguma gravadora". Fomos ao velho e bom Jorge Davidson. "Passaram-se esses quatro anos, estou com essa fitinha aqui... Se lhe interessar, fale comigo." "Pô, mas já se passou tanto tempo... Vamos ver, vamos ver..."

Ele fez aquela onda... No dia seguinte, ele me ligou: "Está contratada. O seu trabalho é muito bom, sensacional. Você foi para uma onda totalmente diferente do que era a Blitz". Respondi: "É, fui para a minha praia de sempre, a black music, a disco. É isso que eu gosto de fazer". "Qual o nome do disco?" Eu já tinha o nome: "É SLA *Radical Dance Disco Club*". "O que é isso?" "SLA são as iniciais do meu sobrenome [ela se chama Fernanda Sampaio de Lacerda Abreu], quero que seja um disco radical de dance music. Não tem rock, não tem reggae, não tem blues, não tem nada, só tem dance music." Como o Herbert não podia ficar o tempo todo no estúdio, eu, em acordo com ele, chamei o Fábio Fonseca, e fizemos o primeiro disco – eu, o Herbert e o Fábio.

Quais eram as quatro primeiras músicas? "Kamikazes do amor" e o que mais? "A noite", "Kamikazes do amor", "Speed Racer", que é uma letra minha que tinha uma música meio caída e para a qual o Herbert fez uma música maravilhosa...

Essa é linda! Ele também a gravou no *Santorini Blues*. Maravilhosa – a guitarra é demais! A quarta era "Vênus cat-people". Depois fizemos "Space sound to dance".

Marcou época. Era muito bom esse disco, inacreditável. Fizemos o disco inteiro na EMI, num ambiente maravilhoso, eu, o Herbert, o Fábio e a banda, que tinha o Aurélio, o Vidal e o Bodão. Fomos mixar no Nas Nuvens, mas eu gostava muito de trabalhar com o Serginho Mekler, que é editor de imagem, hoje em dia montador de filme. Ele é do Chelpa Ferro – você já ouviu falar?

Sei, claro. O Chico Neves, o Luiz Zerbini, o Jorge Barrão e o Serginho. O Serginho, o Carlos Laufer e o Fausto Fawcett eram o núcleo do Robôs Efêmeros. O Serginho esteve o tempo todo ligado à música, à conceituação de uma porrada de trabalhos de um monte de gente da minha geração, da nossa turma. Eu liguei para o Serginho. "O negócio é o seguinte, cara: parece que está rolando um sampler, um gravador. É tudo o que a gente sempre quis, essas referências todas que a gente usa mas finge que não é referência, dizendo: 'É uma coisa meio assim, eu quero fazer uma coisa assado'. Vamos pegar as próprias coisas e botar no disco." O Serginho: "Genial, genial!". Então, o Liminha chegou com um E-Max. Não era um puta sampler, nenhum Akai, nada disso...

Você foi a primeira a usar? Fui. Bom, não sei se posso afirmar que fui a primeira, primeira. Sempre tem alguém na garagem usando essas coisas.

Mas, em disco, você foi a primeira. Ah, sim, e foi sensacional. Olha a situação: chegou o tal sampler, e ficamos duas semanas no estúdio sampleando tudo. Aquele disco é uma árvore de Natal, e o mais incrível de tudo é que sampleávamos a voz da Madonna, do Michael Jackson, do Prince, do George Clinton – tudo de que gostávamos estava no disco. Entregamos superfelizes o disco para o Jorge Davidson, e ele: "Sensacional o disco, só que o departamento jurídico da gravadora disse que não dá para sair". Foi um balde de água fria, nós naquela inocência. "Mas como?! Estou há três anos fazendo este disco, pelo amor de Deus!" O Jorge respondeu: "Você está usando a voz de outras pessoas, tem a questão do direito autoral". Eu: "Mas, Jorge, não tem nada, não tem nenhuma legislação sobre isso!" Chorei, chorei, chorei. "Por favor, faça o que puder para este disco sair." Demorou um tempão, mas o jurídico da EMI topou lançar o disco. É como a internet, coisas que vão acontecendo de acordo com a tecnologia. Bom, lancei o disco e não aconteceu absolutamente nada, não chegou nenhuma reclamação. Naquele tempo, estava todo mundo sampleando tudo sem nenhuma legislação, com liberdade total. O James Brown foi o mais sampleado.

Tinha pintado um brinquedo novo. Exatamente. Foi um disco superlegal. No segundo, resolvi ir um pouco mais fundo, mas não no sampler, porque isso tinha evoluído um pouco na minha cabeça. O sampler era um brinquedo com que eu já não queria brincar daquela maneira ilustrativa. No primeiro disco, havia muita ilustração das minhas referências que eu achava legal as pessoas verem. No segundo, não – o que estava rolando aí era a dance music brasileira.

Não houve certo preconceito por não ser um gênero genuinamente brasileiro? Metade da inteligência brasileira entendeu de cara e achou superlegal. A outra metade fez cara feia por vários motivos. Primeiro, porque eu escancarava a utilização do sampler, como se estivesse roubando a obra dos outros. Mas, principalmente, porque eu estava colocando na roda da música brasileira, na história da música dançante, a dance music. O brasileiro tem memória muito ruim da música dançante. A disco realmente invadiu o Brasil na década de 1970. Entre 1974 e 1978, começaram a abrir danceterias – foi quando saiu a novela *Dancing days*. A disco music estourou no mundo inteiro, e, no Brasil, era o momento da maior repressão política, da ditadura brava. A trilha sonora da inteligência era a música de protesto. Então, qualquer coisa dançante era tida como alienada, e a disco music era um negócio execrado pela inteligência.

Era música americana, importada, com pequenas manifestações nacionais. Sim, mas, se fosse jazz, teria sido muito mais incorporada pela elite, pela inteligência da época. Com todas as dificuldades para se expressar que um compositor tinha por causa da censura, havia padrões e estilos musicais que eram muito mais aceitáveis – ninguém nunca torceu o nariz para o jazz americano, pois era uma música sofisticada.

Naquela época, o Caetano fez "Odara" e foi supercriticado. Exatamente. Senti que esse primeiro disco, SLA *Radical Dance Disco Club*, estava mexendo com uma situação meio delicada. Sempre fui uma pessoa de esquerda, a minha vida inteira, mas havia um patrulhamento muito bitolado, que dizia que dançar não era legal, que o corpo era intocável.

Tinha que ser sisudo, macambúzio, mal-humorado, revoltado com a vida. Era uma espécie de caretice da esquerda da época. É claro que brasileiros morrendo ou sendo torturados pela ditadura tinham uma urgência maior na discussão, portanto temas como o corpo etc. não eram colocados na pauta do dia. ■ A sunga do Gabeira foi um negócio! Durante algum tempo, senti que a minha imagem nesse primeiro disco ficou muito ligada ao dance.

Como se fosse coisa vazia, puro entretenimento? É. Houve até uma parte da mídia que gostou muito e disse que as letras eram interessantes. Então, dava para fazer uma dance music com letras mais bacanas. Eu quis mexer um pouco na questão que o primeiro disco trouxe à tona – o que é música dançante? O que é dance no Brasil? É música americana cantada em português? Como posso fazer uma música dançante brasileira? Como, mesmo cantando em inglês, posso chegar a outro país mas a minha música soar brasileira?

Marcos Suzano entrou no seu segundo disco? Entrou. Foi o Serginho Mekler quem me apresentou o Suzano para "Rio 40 graus". Eu queria fazer uma música sobre o Rio. Escrevi um refrão que dizia "Rio 40 graus, cidade maravilhosa da beleza e do caos", fiz uns versos sobre o cotidiano carioca e chamei o Fausto, porque achei que seria bacana falar dessas situações inusitadas que ocorrem no Rio e usar aquela associação de ideias quase cinematográficas que o Fausto faz. Não tenho talento para isso como ele tem. O Fausto chegou lá em casa com uma música de quatro páginas. "Fausto, tudo bem, mas nós precisamos escrever uma música de no máximo cinco minutos." Junto com o Laufer, que é uma pessoa maravilhosa, um supercompositor, com um poder de síntese e de refrão como nunca vi na minha vida, fizemos. Liminha criou a programação da bateria eletrônica (ele estava produzindo disco com o Fábio Fonseca), pintou o sampler do O'jays (da música "Money"), chamamos o Vidal para fazer a guitarra. Liminha pegou o baixo, e o Fábio Fonseca, o teclado. Ao vivo, no estúdio, para a letra caber na música, a gente ficava passando direto. Ficou meio funk.

Saiu funk – foi isso? Ficou meio funk, mas ainda faltava um negócio – podia botar um pandeiro, um tamborim. Eu achava legal fazer uma música que tivesse elementos do samba, ainda que numa bateria sequenciada, mas usando o timbre do pandeiro, o timbre do tamborim, sem ser com aquela clave que sempre usam da mesma maneira. Aí, o Suzano foi lá, e senti que era aquilo. Era uma estrada que estava se abrindo para mim, para eu desenvolver cada vez mais o que achava ser a música dançante brasileira, uma música pop com a minha linguagem pessoal, com referências de milhares de artistas que adoro. O principal deles era Jorge Ben

Jor, mas havia Caetano, Gil, Martinho da Vila, George Clinton, Michael Jackson. Soul music, black music, com samba – entendeu? Percebi que aquilo era um caminho muito extenso, com muitas possibilidades, e que ali era a minha praia. "Rio 40 graus" (de 1992) foi a descoberta dessa longa estrada que pretendo trilhar. Por coincidência, comecei também a ver que não era à toa que aquela mistura de funk, samba, bossa nova e tal estava na música sobre o Rio: esses ritmos, mesmo quando não tinham sido criados nesta cidade, eram muito valorizados por ela. Aí, comecei a me lembrar da minha escola pública, da Patota, da dona Raquel... Pensei: "Isso sou eu, é isso que tenho que fazer".

Na música que se faz hoje, é interessante a geração que, mesmo não tendo vivido a bossa nova, o tropicalismo nem a jovem guarda, tem esses movimentos em sua formação musical. Eles foram muito importantes, com certeza. O Gil é um espetáculo, um negócio! Isso vale para qualquer disco que você ouça hoje de todos os baianos, assim como de toda a galera do samba e da bossa nova... E acho que está acontecendo a mesma coisa com o rock, apesar de o rock dos anos 1980 ter sofrido muito preconceito no começo, porque as pessoas diziam que era imitação do que se fazia lá fora: "Ah, então o Paralamas é o Police... O Kid Abelha é o B-52..." Ficava sempre uma comparação. Na verdade, todo artista começa imitando alguém, quanto a isso não há a menor dúvida. Comecei a minha vida artística na dança, em que a gente olha uma pessoa e faz igual. Nunca vai fazer igual, mas esse espelho serve para você depois achar a sua própria imagem, sua própria identidade. Na música, um cantor sempre começa imitando outro que ele acha do caralho.

Você começou imitando quem? Eu não consegui imitar – sempre gostei muito mais de homem cantando que de mulher, esse é o meu problema. No palco, os meus ídolos são Mick Jagger, Michael Jackson e Prince, muito mais que Madonna. Há um pouco de David Bowie também, aquela coisa andrógina. Mas meu grande ídolo, o que faz parte da minha vida e fez parte da minha adolescência, é Gilberto Gil, embora meu canto não tenha nada a ver com ele. Também adoro João Gilberto, Caetano Veloso – são cantores sensacionais, arrebentam. Lá fora, tem Stevie Wonder, que, para mim, é sem dúvida o maior cantor do mundo. Eu também gosto da Clara Nunes. E de hip-hop. Não gosto só de música cantada – sempre curti aquela coisa falada no meio da música.

Desde que você fez aqueles espetáculos com o Fausto? Desde o Jair Rodrigues. O Martinho da Vila é genial. Tenho uma relação com o canto muito menos ligada à melodia e mais ligada à divisão rítmica da música.

Menos canção e mais ritmo? Adoro canção, mas fico muito mais impressionada quando vejo alguém cantar e dividir a melodia de maneira interessante, como a Elis Regina – que eu acho foda – ou o Miltinho.

Uma escola Ciro Monteiro? É. Eu penso: "Deus do Céu, como a pessoa pode entender a música daquela maneira?!" Ela já conhece a canção, e não é porque está dando três vibratos, cinco oitavas ou usando técnicas de canto e de voz...

É no dividir, no sincopado? É a musicalidade da pessoa, como ela está interpretando, como ela está entendendo aquilo. É fantástico!
Quando se dá uma geral na música brasileira contemporânea, a gente consegue colocar uma turma aqui e outra ali. Mas, com você, isso não acontece. Você não está dentro de nenhum nicho? Não sei muito bem por quê, mas minha linguagem musical é muito particular, sem que necessariamente seja uma coisa única. É mais uma interpretação dos outros. É difícil para mim – quem classifica é o jornalista, o crítico de música. Compreendo que haja aquelas prateleiras: o cara da gravadora tem uma prateleira na loja onde ele vai botar o disco; o crítico de música tem lá uma sessãozinha de samba ou de rock. Mas não senti isso quando fui lançar no exterior o meu disco *Da lata*. Na França, na Espanha, em Portugal, no Japão, achavam que eu fazia samba funk. Diziam: "Diva do samba funk". Fico sem saber ao certo. Eu faço MPB, mas a MPB ficou muito marcada pelos anos 1970.
É uma sigla antiga. É uma sigla que ficou marcada por uma geração, lembra sempre Bethânia, Gal, Simone, Chico Buarque, Ivan Lins, Francis Hime…
João Bosco, MPB4… Quarteto em Cy… Existe uma pressão e a cobrança em cima da sigla MPB. Não aguento quando abro o jornal e alguém escreve que a MPB está em crise ou que não temos mais compositores da safra do Milton Nascimento, do Djavan, do Chico Buarque.
É um ranço antigo. Sinto que ficou uma enorme reverência a essa sigla e a esses compositores, como se nunca mais pudéssemos numa próxima geração chegar ao nível em que estivemos. É tudo uma bobagem, uma coisa totalmente conservadora e boba. Mesmo esses compositores estão o tempo todo trocando com as pessoas mais novas, evoluindo. Eles estão sempre participando, falando de talentos da nova geração – ou seja, vê-se que não é uma coisa deles, vem de fora para dentro.
Quero abrir um pouco mais esse arquivo do funk na sua vida. Quando foi que esse som veio até você? Ou você estava indo lá fora buscá-lo? O Herbert me apresentou ao Hermano, irmão dele, que estava fazendo uma monografia sobre o funk carioca. Ele me levou a um baile do Mourisco, onde o DJ Marlboro estava tocando, e adorei. Fiquei completamente amiga do Marlboro, ia a todos os bailes com ele. Foi aí que voltou todo o negócio das favelas, os bailes; eu ia lá dançar, não ia fazer pesquisa, ia me divertir. O Marlboro e o Memê são DJs clássicos do Rio de Janeiro. No primeiro disco, chamei o Memê para fazer "Space sound to dance", que é meio house. A música do Marlboro é "Melô do radical", que era uma brincadeira com o Herbert e as pessoas que estavam lá no estúdio. O Memê e o Marlboro foram muito importantes para a minha formação. O Memê já me mostrou muitos discos legais. Quanto ao Marlboro, até hoje, um fim de semana por mês entro no carro dele e fico dando voltas por esses bailes e curtindo as novidades.

SEMPRE FUI DEFENSORA DO FUNK

Eu já a vi encerrando shows com brincadeira de baile funk – coreografia e tudo. Sempre fui defensora do funk. As pessoas dizem:

"O funk tem letras horrorosas, a 'Eguinha Pocotó'... Onde já se viu uma música que se chama 'Eguinha Pocotó'? Falar de 'cachorra' denigre a mulher". Primeiro, as pessoas ficam procurando interpretar o funk como se fosse MPB, tentando usar os mesmos quesitos de crítica para duas coisas que não têm nada a ver. Quando a gente estava na Blitz, fazia playback em clubes. Alguns deles eram em favela, mas a maioria era no asfalto, no subúrbio, mas embaixo. O que tocava antes de o artista se apresentar no playback era música black, James Brown. Depois disso é que vinha a apresentação da Blitz ou do artista ou sucesso da época. Todas as bandas faziam playback. Só que os artistas não fazem mais playback nesses bailes – quem faz isso são os grupos de funk, para o mesmo público. Na verdade, é o público excluído da sociedade, é a periferia do Rio de Janeiro. O funk carioca começou com uma ideia de tradução do funk americano, como a "Melô da mulher feia". Era aquela música americana que, na hora do refrão, os DJ tiravam e deixavam a galera cantar *a cappella*, depois entravam com a base para fazer o verso e tiravam de novo no refrão. O funk é a expressão mais autêntica do morro carioca, das favelas, assim como foi o samba no passado. É o que as pessoas gostam de cantar, e é uma expressão cultural do Rio de Janeiro que foi evoluindo – começou com a coisa black, americana, e agora tem outra base muito utilizada, o tamborzão, uma coisa muito brasileira, como um ponto de macumba. ▪ Inclusive o funk carioca agora está estourando na Europa. Quem diria que a música brasileira iria exportar mais esse gênero musical! O funk carioca tem tudo pra ser a música eletrônica do mundo! Basta investir nos talentos, na criatividade e nas misturas.

A sua música tem esse trânsito – ela traz essa informação também. Essa ponte tem que ser construída, e cada música é um tijolinho. Como diz o Pedro Luís, existem tesouros na favela. A favela é uma expressão cultural rica, e para mim, que trabalho com cultura, com arte, com música, é impossível estar no Rio e não prestar atenção a isso. É como estar em Ipanema e conseguir não respirar Tom Jobim. Gosto muito de ir aos bailes, aos desfiles, aos ensaios de escola de samba. O problema é que o Rio de Janeiro virou um gueto, e a favela se tornou um problema por causa do crime organizado, do Comando Vermelho, do Terceiro Comando, sei lá. Para os moradores da favela, essa circulação ficou muito difícil. E nós do asfalto também estamos limitados ao asfalto. O desafio hoje está em repensar o Rio como uma cidade inteira, e não como a cidade partida.

Enquanto você falava da cidade, eu estava pensando no seu disco *Entidade urbana*. Tenho a impressão de que as coisas acontecem naturalmente para você, mas, ao mesmo tempo, há uma reflexão muito grande – talvez por você ser virginiana, que pensa, pensa –, e o resultado é a tradução daquilo que você vem pensando. O *Entidade urbana* foi um disco assim. Eu estava lendo muitas coisas sobre cidades, e esse tema tem muito a ver com as minhas filhas. Naquele momento, eu sentia que estava começando a rolar uma espécie de guetificação no Rio de Janeiro, como se não se pudesse circular tranquilamente pela cidade.

A CIDADE É UMA EXTENSÃO DA MINHA CASA

Começou a me preocupar olhar para esta casa e pensar: "Tudo o que eu não quero na vida é que as minhas filhas fiquem dentro de casa, no Jardim Botânico, indo à Cultura Inglesa, indo a festinha no Leblon. O que vão fazer com este Rio de Janeiro, onde não se consegue atravessar a Linha Amarela porque tem tiroteio?" A cidade é uma extensão da minha casa – eu encaro a cidade como a minha casa. Sou chata: se vejo alguém jogando lixo na rua, abro o vidro do carro e falo.

Mas o processo é sempre de reflexão? É. Tem essa coisa da vida que vai indo tipo "deixo a vida me levar", mas tem também a racionalização das coisas que acontecem. Sempre tive muita liberdade na minha gravadora; não preciso entregar um disco ano sim, ano não, ou todo ano. Quando se começa a fazer o disco, já se têm algumas coisas escritas e uma data muito longínqua. Existe uma pressão da nossa própria parte para fazer uma coisa nova. Nesse período, desde que se começa a escrever as primeiras letras, a reunir os parceiros, as músicas, as coisas que você ouve, o olhar é também um pouco mais atento, como um escritor que observa tudo. Há muitas fases. Há uma que é muito espontânea, de sentar às três da manhã e anotar uma ideia no caderno. E há outras um pouco mais racionais, de construir um conceito, uma estética. Aquilo tudo vai se juntando e formando um disco.

Você está preparando um novo disco (*Na paz*, 2004). Em que fase está esse processo? Neste momento, já percebi do que o disco fala, só que ainda não consegui dar um nome a isso. Já passei por várias fases e achei muita coisa: que o disco estava triste; depois, que estava sério; depois, que estava falando de assuntos pesados demais. O que vem por aí é a Fernanda Abreu, só que com algumas novidades. Uma delas é que eu mesma estou produzindo o disco – quero aproveitar ao máximo as ideias todas que tenho. Estou trabalhando com o Rodrigo Campelo, mas às vezes, quando se tem um produtor como o Liminha ou o Will Mowat, você abre mão de algumas ideias pelo relacionamento. Não abre mão totalmente, mas... Sou muito difícil, muito controladora, chata, exigente, mas funciono bem em equipe, tanto que sempre tenho muitas pessoas trabalhando comigo. Mas ainda não sei dizer exatamente como será esse disco.

Tem canção? Tem.

É dançante? É dançante, sempre vai ser. Mas não sei se é dançante para boate. Já faz muito tempo que não faço disco próprio para pista. Também não sei como estão as rádios.

Você não está preocupada com isso? A gente se preocupa com isso não quando está fazendo o disco, mas quando está ouvindo a mixagem. Quando o disco está pronto, sendo mixado, chegam os primeiros caras da gravadora: "Tem que tocar em algum lugar". Se não tem a música para tocar, fazem um remix e tudo bem. Não tenho o menor problema com remix.

Você já começou arrebentando na Blitz. Depois, passou um período pensando no que fazer e optou por uma coisa particular, não tendo que se adequar ao mercado. Então, tocar em rádio nunca foi preocupação para você? Isso não existe. Tentar se adequar ao mercado é como seguir a moda. Seguir as tendências da moda é uma coisa muito duvidosa, porque significa que você está atrás, literalmente seguindo. Eu tenho um lado "Foda-se, vou fazer o meu disco. Se acontecer, aconteceu. Se não, azar o meu – faço outro". Não sei calcular o que está tocando, o que as pessoas estão falando. Isso é impossível para mim – ou eu vou estar dentro do inconsciente coletivo para que a música toque e as pessoas já se identifiquem? Mas tenho o desejo de me comunicar. Tem também a parte do marketing, do jabá, do lançar o disco, mas às vezes, mesmo com todo o marketing, o disco não acontece. Não posso adivinhar isso. Não é papel do artista. Prefiro não me preocupar com vendagem – sempre separo as coisas.

As coisas estão mudando. A Maria Bethânia, por exemplo, foi para uma gravadora pequena, a Biscoito Fino, e ali abriu o selo Quitanda. Isso que é legal! Estou fazendo o mesmo na minha vida: abri o selo Garota Sangue Bom, e vou lançar o meu disco no selo licenciado pela EMI, uma grande gravadora. Estou fazendo um estúdio, espero ter grana para montá-lo como quero e depois poder lançar pessoas novas que eu acho legais. É um projeto de vida: gostaria de dar minha contribuição para a música com essas pessoas que são talentosas. Fui uma das primeiras pessoas que gravou o Pedro Luís. Ele sempre foi genial, não fiz mais que a obrigação gravando coisas suas. O Curumim, de São Paulo, também é um garoto genial. Rodrigo Maranhão também. ▪ Tudo bem se a mídia pensa que é ótimo eu estar dando uma força danada – mas, de novo, não faço mais que obrigação. As pessoas com um mínimo de visibilidade poderiam estar abrindo espaço para um monte de gente talentosa. O mercado é difícil.

Se você não imita alguém, se não é o genérico de outra coisa, as coisas se complicam. Se o artista não entra no mesmo esquemão, fica difícil. Rádio é complicado: há o jabá, você precisa ter grana, é uma estrutura muito viciada. A venda de discos acabou por causa da pirataria – ficou tudo resumido ao show. Você está aí fazendo o seu trabalho, então tem que se desvincular do dinheiro. Dinheiro é uma coisa, e o que a gente faz é outra.

Dinheiro é consequência, não objetivo. Seria bom poder ganhar dinheiro com isso. Seria ótimo. Mas, não podendo, também dá para se virar. Você pode viver de outra coisa, fazer outra coisa, não pode é ter medo de trabalho. Para mim, não há problema nenhum em ganhar menos dinheiro. Se um dia não ganhar mais dinheiro e tiver que vender esta casa, tá ótimo – eu vendo e vou para outro lugar, sem problema algum.

Ali na sala, tem um movelzinho com várias imagens de São Jorge. Como você se relaciona com a religiosidade? Tenho muita dificuldade com essa parte mística da minha vida porque sempre fui uma pessoa de esquerda, com toda a dialética marxista. Mas tenho dois lados. Minha família inteira é católica, não de ir à igreja, à missa – não tive uma formação religiosa. Fiquei no limbo: sou católica porque sou brasileira, fui batizada e fiz a primeira comunhão. A fé segura muito as pessoas. Um pensamento cartesiano não se encaixa na vida; então, você tem que ter outro sentimento, que não é um pensamento, é uma coisa sentida, mística, que vá confortá-la nessa busca de uma explicação que não há. São Jorge representa minha fé. Por isso, nem tenho outros santos. ▬

Isso começou com a gravação de "Jorge de Capadócia", que é uma oração? Ou vem de antes? Começou em parte com a gravação de "Jorge de Capadócia". Escolhi essa música de um disco do Caetano que sempre adorei, o *Qualquer coisa*, que tem outras músicas lindas de que gosto também. No meu segundo disco, havia a questão da música brasileira com dance music, e consegui fazer uma versão dançante para um clássico da música brasileira. O Ben Jor ligou para dizer que achou superlegal, e isso foi muito importante para mim. Eu ficava preocupada, porque o cara é meu ídolo. Não entendi por que escolhi essa música, mas prefiro acreditar simplesmente que há coisas que não posso explicar. Uma delas é essa representação do São Jorge. Muito mais que São Jorge em si, o guerreiro, o protetor da casa e de tudo, ele é um símbolo da minha fé. ▬

Você me falava do que estava lendo sobre cidades na época do *Entidade urbana*. Você lê muito? Ou é mais de ouvir as coisas? Passei por várias fases. Na faculdade, lia pra caralho – na Sociologia, só se faz isso. Depois, lia quase nada, só revista, jornal, quadrinhos, resenha, coisas rápidas de avião. Hoje eu leio, mas não sou daquelas pessoas que estão com três livros ao mesmo tempo. Pego um livro e vou até o final. Li *Abusado*, do Caco Barcellos, que é sensacional. Estava pensando em ler o *Budapeste*, do Chico Buarque. E há uns livros que estão sempre ali, como o do Sérgio Cabral sobre escola de samba, que vou lendo aos pedaços. ▬

Você lê poesia? Adoro ler poesia. Houve época em que só comprava poesia – Chacal, Paulo Leminski. Adoro livro de poesia, é superlegal para o que a gente faz. Sempre gostei de comprar essas revistas de poesia, de cultura alternativa, que você acha em algumas livrarias. ▬

Tem a *Coyote*, do Ademir Assunção, que é sensacional. Também escuto muita música. Não gosto de televisão. Cinema, vejo em vídeo, porque nunca consigo chegar no horário ao cinema – é muito cedo, deveria haver sessões às onze e meia todos os dias. ▬

Você fica aqui no estúdio até as três da manhã. É nessa hora que escreve? Eu durmo tarde – quatro, cinco da manhã – e acordo às dez. Essa é a hora em que escrevo ou fico com o Luiz. Tenho que dar conta de uma série de coisas – filhas, marido, casa, trabalho, banda. Todos me ligam, é preciso ver os deveres das meninas, tem que estar atenta o tempo todo. ▬

Você parece estar bem satisfeita com a vida. E estou. O que acho mais difícil na vida não é conquistar, e sim administrar o que se conquistou. ▬

A sua imagem é muito ligada ao Rio de Janeiro, ao fato de ser carioca. É como se você fosse o melhor retrato do Rio. Mas, de certa forma, isso também limita a maneira de olhá-la e de ouvi-la, não? Também acho. Faço música brasileira e, como vivo no Rio de Janeiro e tenho uma relação muito intensa com a cidade, isso é muito forte na música. Mas, se eu fosse de São Paulo, seria superpaulistana, e a minha música talvez fosse também. Na França, ouvi coisas do tipo: "A música da Fernanda é a síntese da música carioca brasileira". Na verdade, é uma das representações da nova música brasileira, que os caras lá fora entendem.

O Rio de Janeiro é, de certa forma, um ícone do que a gente tem de mais bacana no Brasil – tem praia, já foi capital, tem a bossa nova, tem um charme incontestável. E, ao mesmo tempo, é cosmopolita. Não fico muito grilada com isso, porque não há explicação para dar. A minha música é carioca, sim, mas pode tocar em qualquer lugar, e as pessoas a cantam em qualquer lugar do Brasil.

MINHA MÚSICA É CARIOCA, SIM, MAS PODE TOCAR EM QUALQUER LUGAR

A sua música sobe o morro? O povo de lá a ouve? O povo de lá ouve. Ouve funk e ouve samba. Eu já falei disso com o Marlboro, que é importante que os DJs não botem só os funks que são feitos lá. Claro que tem que botar, senão não toca em lugar nenhum, mas de vez em quando há umas coisas que me surpreendem. Gravei o "Baile da pesada" no morro do Salgueiro, e as pessoas de lá conheciam a música. Era uma que tinha acabado de ser lançada, o clipe estava sendo feito naquele momento, e a receptividade foi boa. Na época do primeiro disco, havia músicas que eram bem mais conhecidas – a gente fazia playback lá, cantava "Você para mim", "A noite", e as pessoas conheciam e cantavam junto.

Você tem uma parceria com Lenine – "Jack Soul Brasileiro" –, que foi um arraso. Qual sua opinião sobre a música brasileira contemporânea, sobre a sua geração, sobre essas pessoas que estão fazendo música há vinte anos? São muito bons. Lenine, Pedro Luís... É tanta gente que tenho medo de esquecer alguém. O Rappa, D-2, o Black Alien, todos da minha geração. O Herbert, o Frejat também são pessoas da maior competência. Mas fico sempre tentando ver os mais novos. É legal ver o que os garotos, as meninas, estão fazendo agora. A nossa geração, que é dos anos 1980, queria se inserir no mercado mundial de música pop, e por isso a gente tentava chegar um pouco à sonoridade que ouvia de fora – Londres e Nova York –, tentava chegar junto com aquela linguagem pop dos anos 1980. Todo mundo fez isso – Blitz, Paralamas, Lulu, Kid Abelha, Barão, Cazuza, os arranjadores, os produtores, as pessoas que lidam de maneira profunda com a linguagem musical, com a própria estética pop. Nos anos 1990, havia mais a necessidade de botar o Brasil nessa linguagem pop. No *Raio x*, juntei o Carlinhos Brown, o Chico Science, o Lenine, o Herbert Vianna, o Ivo Meirelles e o André Abujamra, que eram pessoas que eu via em estados brasileiros que tinham mais ou menos uma sintonia com aquela linguagem, uma linguagem pop que era universal mas tinha esse sotaque brasileiro. Como diz o Lenine, resgate é a pior coisa do mundo, mas era quase uma descoberta, porque todo mundo tem essa formação de música brasileira – já estava tudo lá.

É o arquivo morto, aquilo que vai se abrindo conforme vamos mexendo nas coisas. Esse papo da mistura já encheu o saco: todo mundo mistura tudo, as pessoas estão até nervosas com tanta mistura. "A minha é uma mistura de funk com samba..." "A minha é uma mistura de rock com maracatu..." "A minha é uma mistura de coco com hip-hop..." Isso já era. Nos anos 1990, foi uma coisa importante para o desenvolvimento musical e, principalmente, para as gerações novas, que não têm mais que ficar procurando como é que vai fazer, do jeito que eu procurei. A minha preocupação era saber como faria uma música bastante brasileira, que não parecesse uma base americana cantada em português. Não existe mais isso: as pessoas já fazem essa música, com identidade brasileira forte, até por causa da geração dos anos 1980. A música brasileira sempre vai ter a questão da mistura, pela própria formação do povo, que também passa pelo verbo misturar.

Etnicamente. É uma contradição. Você vê pessoas de outra geração reclamarem que a gente não tem memória cultural, que a gente não dá valor às raízes culturais brasileiras, mas essas raízes já são misturadas. A gente vê aquele projeto do Hermano Vianna, *Música do Brasil*, e fica impressionada.

Aquilo é lindo. Parece a coisa mais de raiz folclórica do mundo, mas, para os caras, já era a mistura de um negócio que veio da Europa e que se entendeu e interpretou de um jeito. É como quando você vai ao Maracanã e tem um cara vestido de Mr. M, mas está tudo errado: ele só tem um pedaço do Mr. M, porque o resto é um chapéu de Tio Sam, de Batman... O brasileiro é isso, essa interpretação muito louca, que eu acho fascinante e que é o diferencial. Não sei explicar, é uma mistura de Macunaíma com não sei o que lá. Gostei de ir a São Paulo e encontrar outras pessoas; tem gente despontando. A Trama é uma coisa nova que aconteceu em São Paulo, uma estética, todo mundo ali dentro. O hip-hop de São Paulo é superforte, desde Racionais MC até Z'África Brasil, um monte de gente que faz isso bem. Há também essa outra galera com quem fui trabalhar, que não é nem isto nem aquilo – o Curumim, o Instituto, uns caras novos que não são nem a Trama nem o hip-hop. São outra coisa que está rolando, outra praia que eu não conhecia – e que achei legal.

Você gosta mais de estar no palco ou de gravar disco? Não sei, são energias totalmente diferentes. Adoro estar no estúdio porque aprendo muito. No palco aprendo também, mas é mais uma coisa de catarse, de energia, de fluir a energia entre você, o público e a banda. O estúdio é mais concentração, aprendizado, pesquisa. Agora, meu desafio vai ser realmente aprender a trabalhar no Pro Tools *(um software de edição musical)* sem precisar de técnico.

É isso que você quer fazer? Ficar na produção? Não, eu gostaria de aprender a operar a coisa. O produtor é o cara que tem que ouvir o que está acontecendo.

Precisa estar ali ouvindo as coisas – não pode estar concentrado com a gravação, não dá para fazer as duas coisas ao mesmo tempo. Apesar de eu conhecer produtores fantásticos, que também são técnicos de gravação excelentes e sabem o som que querem tirar.

GAL COSTA

TORQUATO NETO E JOÃO GILBERTO JÁ DISSERAM,
Gal Costa é a maior cantora do Brasil. É inegável o papel dessa voz na história da canção brasileira. Uma carreira imensa em muitos sentidos, tantos que não caberiam aqui numa única entrevista. Por isso temos duas neste capítulo. A primeira delas feita em 2005 com uma pilha de discos na mão para o programa de rádio *Vozes do Brasil*. A outra, depois da retomada com *Recanto* (2011), para mim um de seus discos fundamentais. Sua trajetória e seu repertório – tão marcantes em diversas fases – contam um pouco da história do nosso país através da música.
Entrevistas realizadas em 2005 e 2015.

Gal, estou com um disco seu de 1969 *[Gal Costa]*, o primeiro disco solo depois de *Domingo*, que você dividiu com Caetano Veloso. Queria que você destacasse uma música de que goste muito, depois digo qual é a minha preferida. Adoro "Não identificado", é claro, o Caetano sempre foi o compositor que mais compôs para mim, o que faz de uma forma muito especial, talvez pela nossa ligação através da música do João Gilberto, que é muito forte. Vamos escolher outra... "Que pena", em que o Caetano também participa. Essa música foi o grande sucesso desse disco. **Quero falar de uma música que adoro, que é "Vou recomeçar", do Roberto e do Erasmo Carlos.** Ah, é bacana! **O que significavam para você o Roberto e o Erasmo nessa época? Estamos falando de 1969, você em plena tropicália e eles chegando com a jovem guarda.** Vou confessar... Quando comecei a minha carreira era muito radical, gostava de muito pouca gente e amava João Gilberto. Então, o tropicalismo me ajudou a ampliar minha visão, a ver outras coisas. Não que não gostasse da jovem guarda, mas existia aquele preconceito dos artistas da bossa nova em relação à jovem guarda. Quando me engajei no tropicalismo, passei a ver a jovem guarda de uma outra maneira, comecei a gostar muito da jovem guarda e do Roberto Carlos. Lembro que no início da minha carreira o Guilherme Araújo queria que eu fosse uma cantora de iê-iê-iê. Ele dizia assim: "Você tem que cantar iê-iê-iê, fazer como a Wanderléa e ir para a jovem guarda". Mas eu sabia que esse não era o meu caminho. O Roberto é um grande compositor e um cantor maravilhoso, o Erasmo também. Gravei essa canção por esse motivo. **Outra música desse disco de 1969 que adoro é "A coisa mais linda que existe", que tem o poeta Torquato Neto como letrista. Como era o Torquato?** O Torquato Neto foi um grande poeta, um grande amigo, uma grande figura, mas estranha. Lembro que ele tinha mãos frias e suadas. Quando tocava me dava uma certa aflição. Lembro muito bem disso, mas ele era uma pessoa adorável e um poeta maravilhoso, um cara que escreveu textos lindos sobre mim nos jornais naquela época. O Torquato deveria estar com a gente até hoje, compondo. É uma saudade que não acaba. **Sem nos preocuparmos com a ordem, podemos pular para outro disco? Vamos fazer *Caras e bocas*?** No *Caras e bocas* [1977] tem duas versões do Augusto de Campos que acho extraordinárias, para a música "Crazy he calls me" ["Louca me chamam"] e outra para "Solitude". Posso incluir também "Tigresa". **Você ouviu "Crazy he calls me" com a Billie Holiday?** Sou apaixonada por três grandes cantoras americanas: Billie Holiday, Sarah Vaughan e Ella Fitzgerald. Três grandes divas que eu ouvia muito. Billie Holiday, então, é maravilhosa. Nessa época, lembro que pedi ao Augusto de Campos que fizesse essas versões e ele fez de uma forma tão extraordinária que parecem músicas brasileiras, e não versões. **Agora vou escolher uma do *Caras e bocas*. Gostaria que você comentasse "Me recuso", composição de Rita Lee, Luiz Sérgio e Lee Marcucci.** "Me recuso" é uma música muito boa. Aliás, a Rita é uma grande compositora, e acho que não fez essa música especialmente para mim, mas na época que gravei era inédita. ▬

Acho que só você gravou. Não, acho que o Ney Matogrosso gravou também. Ela tem uma certa ironia, é uma música muito interessante. Agora, esse disco é muito legal, mas meio triste. Acho que foi um disco de transição para o que vem depois dele... ▬

Deixa eu ver, *Caras e bocas* é de 1977, logo depois veio *Água viva* [1978]. Depois do *Água viva* é o *Gal canta Caymmi*, não é isso? ▬

Não, *Gal canta Caymmi* é de 1976. *Gal tropical* é de 1979. É, então, 1976, 1978 e 1979, é isso, em 1977 não fiz nada. ▬

Fez o *Caras e bocas*. Então, é exatamente isso. Vou lhe explicar... O Caetano voltou do exílio, fiz *Índia* [1973], que seria dirigido por ele, mas Caetano ficou na Bahia com preguiça de vir ao Rio, então mandou uma fita com sugestões de repertório e de direção. O Gil fez a direção musical do *Índia*, em que estreava o Toninho Horta como guitarrista e o Dominguinhos tocando acordeom, pela primeira vez no show business. Em seguida, fiz *Cantar*, produzido por Caetano. *Cantar* foi um momento de rompimento com o público que eu tinha, que era totalmente jovem e com uma estética musical ainda muito ligada ao tropicalismo. Caetano realmente produziu esse disco, com a presença de João Donato, que tinha acabado de chegar dos Estados Unidos. Ali tem realmente a minha essência. Sou uma cantora, essencialmente uma cantora com uma voz melodiosa, com uma voz como instrumento, enfim, mostrando a minha essência. Aquele foi um momento de crise da minha carreira, porque o disco vendeu pouco, o show não foi um grande sucesso. Foi um momento de rompimento total, radical. Então, o que eu fiz? Gravei *Gal canta Caymmi* em seguida. Lembro que fiquei um tempão sem fazer nada, um ou dois anos. Foi quando o Roberto Menescal me procurou, eu era da Polygram, e o Roberto era diretor artístico da gravadora. Ele sugeriu que fizesse um disco cantando Caymmi. Aí fui reouvir todas as coisas do Caymmi e escolhi o repertório do disco, que é de 1976. ▪ Em seguida, o meu trabalho já começou a tomar outra cara, outro caminho. Em 1977, fiz *Caras e bocas*, que acho que é um trabalho de transição, em 1978 fiz o *Água viva*, e depois disso vem o *Gal tropical*, que também é um momento de mudança radical e uma confirmação dessa transformação que veio caminhando, acontecendo através desse disco que acabei de citar. *Gal tropical* representou uma nova fase da minha carreira, em que adquiri um público maior. Foi um show que ficou um ano e dois meses em cartaz no Rio de Janeiro, depois veio para São Paulo. Foi um grande sucesso no Brasil todo. ▬

Foi mesmo, até hoje é uma referência. Aí virei uma outra pessoa, a *hippie* de pés descalços virou isto aqui. Quer dizer, se você for perceber, esse caminho tem uma lógica, porque enquanto Caetano e Gil estavam exilados eu representava o tropicalismo. ▬

O MEU JEITO DE VESTIR, O MEU COMPORTAMENTO MANTINHAM VIVO O TROPICALISMO AQUI

Claro, você ficou aqui como a nossa peça de resistência. Era como se fosse a representante deles, cantava as canções deles. O meu jeito de vestir, o meu comportamento mantinham vivo o tropicalismo aqui. Com a volta deles isso não tinha mais sentido.
Claro, ficou difuso, aí você podia ter o seu próprio papel. Em 1970, o *LeGal* é bem isso mesmo, você com o Macalé e o Waly Salomão. Ainda cantando "Eu sou terrível" do Roberto e do Erasmo Carlos, mas com o "Acauã", do Zé Dantas. Essa capa é do Hélio Oiticica, é linda.
É *pop art* total, 100%. E tem um disco que é mais radical ainda, que tem uma capa toda pintada: *Gal* [1969]. Esse é o disco mais radical que fiz, em que o lado B é intocável no rádio porque grito de uma forma propositada. Canto "Cultura e civilização", dou uns berros, uns gritos, era uma forma de protesto, de reclamar do momento, da situação.
A expressão possível. E aqui tem o *Fa-Tal: Gal a todo vapor*, que foi um espetáculo dirigido pelo Waly Salomão. Esse disco é lindo.
Tem aqui "Antonico", do Ismael Silva... E você tocava violão. Tocava. Essa gravação é comigo ao violão. Toda vez que canto "Antonico" me dá um nó na garganta porque é uma música tão bonita... Primeiro, porque me lembro de que ela fez parte do *Fa-Tal*, me lembro de toda a história, nessa época isso tudo era para o Caetano e o Gil, que estavam exilados num momento difícil. Depois, a música é tão bonita, a letra fala de um cara pedindo ajuda para o outro. Meu Deus, que canção!
Tem várias canções nesse disco que são incríveis, tem o famoso "Vapor barato", que virou o ícone de uma época. É, essa música é belíssima! Cantava também no *Todas as coisas e eu* [show do disco de 2004]. E sempre pedem nos shows, canto, e as pessoas adoram essa música.
Que delícia! Outra, "Sua estupidez", de novo de Roberto e Erasmo Carlos, que ficou sensacional. "Coração vagabundo", que é de morrer. Ah, "Coração vagabundo" é de morrer mesmo.
Vocês já gravaram no *Domingo*. Depois regravei no *Acústico*, e a canção do Roberto que você acabou de citar eu gravei na década de 1960 num compacto simples, depois no *Fa-Tal* e no disco *Acústico*, com arranjo do Wagner Tiso, só com cordas e a minha voz, ou seja, *cellos*, violinos, violas e a minha voz. Existem três ou quatro versões dessa música.
Mais uma música desse disco, "Pérola negra", assim a gente pode falar um pouco de Luiz Melodia. Pois é, foi o compositor que lancei no *Fa-Tal*. Adoro o Luiz Melodia, um compositor extraordinário, o primeiro grande compositor que lancei.

É verdade essa história de que o Waly Salomão subia e descia o morro e trazia as coisas para você? Ele subia e conhecia o Melodia, que morava no morro nessa época. E foi realmente o Waly que me trouxe o Melodia, me mostrando algumas canções. Eu me encantei pela "Pérola negra". E depois ele gravou "Juventude transviada", que foi um grande sucesso. Ele é muito talentoso, uma pessoa que adoro. ▪
Ele te considera madrinha, né? É, sou madrinha e ele um afilhado amado, amadíssimo. ▪
Estou com outro disco aqui, Gal, de outra fase sua, o *Plural* [1990], e vejo que tem música da Marina Lima, do Caetano... É. Esse disco foi produzido por Leo Gandelman e Waly, né? ▪
Tanto que tem "Holofotes", de João Bosco, Waly Salomão e Antonio Cicero, uma música sensacional. Esse disco é ótimo, e o show era maravilhoso. A gravação que destaco aqui nesse disco... ah, não está nesse, está no outro. Tem um de que você não falou e que eu amo muito, é um de capa azul que se chama *Gal* [1992], em que gravei "Tropicália" e uma canção do Noel: "Quem acha vive se perdendo/ Por isso agora eu vou me defendendo" ["Feitio de oração"]. É um disco de capa azul, com uma foto minha, escrito Gal. ▪ Ele foi feito depois do *Plural*, com sobra do repertório do disco, do show e algumas coisas que acrescentei. Mas vamos ver aqui do *Plural* o que destacaria. Tem uma música interessante que é o "Cabelo", do Ben Jor e do Arnaldo Antunes. Outra que adoro é "Fon fon", que é muito legal. ▪
Vamos falar um pouco do *Ensaio*? [DVD gravado a partir do programa "Ensaio", da TV Cultura, em 1994, e lançado em 2005] Esse programa que virou um DVD foi gravado logo depois do show *O sorriso do gato de Alice* [1993], e a gente junto com o [Fernando] Faro mais ou menos idealizou um repertório, que começa com "Meu nome é Gal". É muito bacana porque tem um espírito de improviso, foi feito com Jaquinho [Jaques Morelenbaum] no *cello*, Luiz Brasil no violão e Armando Marçal na percussão. Em alguns momentos o Jaquinho usa o *cello* como contrabaixo, então é muito bacana. O repertório tem "Meu nome é Gal", "Sua estupidez", "As time goes by", que adoro, e que cantava no show *Sorriso do gato de Alice*, e também faz parte do repertório do Chet Baker. Ele gravou essa canção já na época decadente, quando estava sem voz. E tem várias canções nesse DVD. "Se é tarde me perdoa", que nunca gravei, está nele. ▪
É do repertório da Sylvinha Telles, né? É, e do repertório do João Gilberto também, assim como "Eu vim da Bahia", do Gilberto Gil, que foi a primeira canção que gravei, junto com "Sim, foi você" do Caetano, num compacto simples na RCA Victor [1965] – ninguém conhece esse disco. Mas no *Ensaio* tem "Saudosismo", "O Largo da Lapa", que canto *a cappella*, e que é do Marino Pinto e do Wilson Batista, ouvi através do João Gilberto, aprendi com ele. ▪
O João Gilberto é o cara, né? Para mim é o cara. "Quando bate uma saudade", do Paulinho da Viola, e "Desde que o samba é samba", do Caetano Veloso, a gente faz de um jeito completamente diferente. Tem também "Canto triste". É muito

legal esse DVD, tem a participação do Tom Zé, porque eles fazem uma montagem dessa música do Roberto, "Sua estupidez". Canto naquele momento em que eles gravaram e eles fazem uma fusão com uma gravação antiga minha da década de 1970. Estou com um chapéu bonito e tem o Tom Zé falando um texto sobre mim, e depois ele aparece no momento da gravação para conversar um pouco comigo. É muito bacana.

Você gravou "Namorinho de portão" do Tom Zé, não foi? Gravei "Namorinho de portão" no primeiro disco solo que fiz, em 1969.

Você estava contando uma história que eu adorei, sobre o livro da sua mãe, que conta um pouco da história dela com você. Essa vontade de ter um filho músico... É uma história da relação dela com a família, uma família imensa, com 13 irmãos. O irmão mais velho tinha idade de ser pai dela, que era louca pelo meu avô. No livro é engraçado, sê vê a paixão que ela tinha pelo pai. A minha mãe conta um pouco também da relação comigo, o sonho de que o filho fosse artista, quando estava grávida. Fazia meditação ouvindo música para influenciar o feto. Ela tinha o sonho de que eu fosse música, queria que fosse um violonista clássico... e eu não fui pouca coisa.

Não, de jeito nenhum. Ela ficou muito feliz, tinha muito orgulho, porque eu realizei um grande sonho dela. Ou talvez por intuição divina, vamos dizer assim, dos anjos, das energias, ela já tivesse a visão de que eu seria artista e trabalhou realmente para que acontecesse. Acho que o fato de ela ter ouvido música quando eu ainda estava no útero deve ter influenciado bastante, porque todo mundo é musical, todo mundo pode fazer música ou cantar, é só desenvolver esse talento, mas eu já nasci com esse talento, com esse dom. É engraçado, porque eu sempre gostei de música, mas quando comecei a ter um pouco de noção e a ouvir muita música na rádio – como João Gilberto, que mudou a minha vida completamente –, eu já tinha noção de técnica vocal sem ninguém ter me ensinado.

Com que idade foi isso? Ah, na bossa nova. Eu não sei, sou péssima com o tempo, tem que fazer as contas, mas eu era bem novinha quando o João apareceu: devia ter uns 13, 14... 15 no máximo. Reaprendi a cantar.

Você lembra o que ouvia? Dalva, Nora Ney, Luiz Gonzaga, Orlando Silva, Jackson do Pandeiro, Angela Maria, Miltinho, todo mundo. Eu tinha muita influência daquilo que ouvia. Não sei como eu cantava, mas sei que cantava, gostava. Quando ouvi João foi uma atração muito grande, porque, além de ter tido no momento uma admiração profunda, senti também uma estranheza, eu falei: "Nossa, que coisa estranha e bonita! O que é isso?" Comecei a buscar nas rádios, mudar o *dial* para encontrar João cantando "Chega de saudade", a primeira música que ouvi dele. E fiquei fascinada. Depois a minha mãe me deu uma vitrola, e os dois primeiros discos que tive foram

> **TODO MUNDO É MUSICAL, TODO MUNDO PODE FAZER MÚSICA OU CANTAR, É SÓ DESENVOLVER ESSE TALENTO**

Chega de saudade e o primeiro de Jorge Ben Jor. Eram duas coisas novas musicalmente de que eu gostava muito. Eu ouvia o João e treinava em casa, diafragma e tudo o mais, sem nunca ninguém ter me ensinado – ouvindo João e aprendendo: como ele segurava, o tempo que segurava uma frase musical sem respirar. Ia praticando isso em casa, sozinha, então já nasci com um talento natural mesmo. ▬

Quando é que você começou a trabalhar tecnicamente a sua voz? Eu nunca trabalhei tecnicamente nada, porque nunca estudei canto. O que eu sei realmente é fruto da vivência que tive desde o começo até agora, as mudanças todas pelas quais eu passei, não só como pessoa, mas também musicalmente falando. Fui aprendendo a soltar a voz: no início eu cantava com a voz muito contida, como o João. E, na verdade, ele tem um vozeirão: tem um disco que eu não conheço, em que canta assim como o Orlando Silva. Ele tem um vozeirão, aquilo tudo é estilo. Então eu fui muito influenciada por ele, tanto que, quando comecei, fui chamada pelos críticos de música nos jornais de João Gilberto de Saias. ▬

Naquele primeiro disco com o Caetano? É. ▬

Quando você fez o segundo já era outra coisa, completamente diferente. Mas ainda conservava. ▬

Sim, mas já tinha também uma coisa mais própria acontecendo ali, não? Não, eu mudei mesmo com "Divino maravilhoso". Foi a primeira grande mudança. Quando eu cantei no Festival da Record, aqui em São Paulo, cantei totalmente para fora, de uma maneira que nunca tinha cantado antes. Veio [então] toda a fase dos anos 1960, em que eu usava o grito e cantava sem preocupação com limpeza, estética, canto clássico, João Gilberto, nada – era mais uma rebeldia do que qualquer outra coisa. Depois é que veio toda a fase pop e a minha voz foi tomando corpo, eu fui aprendendo a ser daquele jeito e fui embora, alcei voo. ▬

Você nunca pensou em fazer outra coisa na vida? Não, nunca pensei. É engraçado, porque eu não só nunca pensei como sabia que ia ser cantora. É uma coisa meio estranha, eu intuía que essa era a minha missão, o meu projeto de vida, o meu trabalho. Era o que eu tinha que fazer na vida aqui, então alcei voo e fui. Meti a cara naquilo que sonhava, que eu queria, e as coisas foram acontecendo. É claro que eu investi, mas muita coisa veio a mim, parece que enviada... ▬

Eu tenho a impressão, olhando para toda a sua obra e carreira, que de fato é como se as coisas convergissem para você. As pessoas vêm à sua volta; uma cantora como você não aparece a todo momento, então bons músicos a cercam. É, bons músicos, bons compositores... É verdade, você tem razão. Eu me dei conta estes dias, dando entrevista, de que a minha tendência a gostar da estranheza, do abismo – vamos chamar de abismo –, a coisa de fazer um negócio diferente do que vem fazendo, não deixa de ser um risco. Isso é um risco, mas é muito prazeroso. Eu me dei conta falando de João Gilberto, o primeiro encontro com João, quando ouvi pelo rádio, já era indício de que a minha personalidade tinha tudo a ver com aquilo, com aquele novo, aquela estranheza... Muita gente achava o João a coisa mais esquisita, desafinada e horrorosa do mundo, e não era. Então a partir daí foi que eu me conectei com isso e reaprendi a cantar, comecei a imitar João Gilberto mesmo. Acho que é por isso que tenho essa coisa moderna no meu canto. É por causa de João, porque ele é muito contemporâneo; até hoje, quando pega uma canção, ele a transforma completamente. Então o meu gosto por essa ousadia, vamos dizer assim, por esse risco, por não ter medo de fazer essas coisas e se jogar nelas, vem daí. ▄

Como foi o seu primeiro encontro presencial com João Gilberto? Foi na Bahia, em Salvador, por acaso eu estava na casa de Dedé e Sandra[1] – nós sempre fomos amigas, desde a infância – quando entrou um cara chamado Sílvio Lamenha, cronista social que escrevia num jornal em Salvador. Ele veio falar com o pai de Sandra e Dedé, que eu chamava de tio. Ele sabia que eu gostava de João, e disse: "Eu estou indo encontrar João Gilberto". Então falei: "Pelo amor de Deus, me leve, eu quero ir". Aí fui pedir à minha mãe, que sabia que eu era louca por ele e deixou; a mãe de Sandra e Dedé não deixava elas saírem depois de uma certa hora da noite, mas a minha mãe era mais liberal e me deixou ir. Eu fui com ele e vi João, no pátio, fora do prédio. O Sílvio Lamenha me apresentou: "Olha, esta é a Gracinha". Eu não sei se ele falou Gal ou Gracinha, porque as minhas amigas de colégio me chamavam de Gal e a minha família me chamava de Gracinha, e o João falou assim: "Ah, você é aquela menina que canta bonito. Já ouvi falar de você aqui. Você tem violão?" "Tenho!" "Vá buscar seu violão." ▪ Aí o Sílvio Lamenha me levou, pertinho, de volta em casa, peguei o meu violão e a gente foi para a casa do Sílvio. Acho que ele estava com a Astrud do lado; não era casado ainda, estava começando a relação, eu acho. Pegou o violão e começou a tocar. Quando ele começou a tocar e a cantar, já nos primeiros acordes, eu sentada no chão concentrada... a sensação que tinha era de realmente estar levitando. O som que eu ouvia com tanta paixão através do disco e das rádios [estava] ali na minha frente, sendo cantado daquele jeito, igual. Eu não acreditava naquilo. ▪ E aí, de repente, ele acabou e virou para mim: "Gracinha, cante Mangueira". Eu estava cantando "Mangueira" na época. Ele perguntou: "Que tom é o seu?". "Lá." Ele deu o acorde e eu cantei. ▄

Que música é essa, "Mangueira"? "Mangueira, teu cenário é uma beleza..." ["Exaltação à Mangueira"]. Nossa, eu cantei a música em pânico, mas cantei. Cantei várias vezes, enquanto ele rodava, como gosta de fazer, e aí quando acabou ele não falou nada. Eu, cá comigo, pensei: deve ter odiado. Ele falou: "Gracinha, cante outra". ▪ Cantei o repertório dele todo, aquelas músicas que eu ouvia. Ele não dizia nada, nunca dizia nada, e eu no sofrimento. Estava tão em pânico que achava que ele estava odiando – imagina, se ele estivesse odiando não ia pedir mais. Até que ele falou: "Você é a maior cantora do Brasil". ▄

Falou nesse momento, lá? Nesse momento. Ele falou ali, na casa de Sílvio Lamenha. Aí no dia seguinte eu encontrei Caetano: "Caetano, você não sabe o que aconteceu: eu encontrei o João, cantei..." ▪ Contei tudo. Ele me levou até em casa, conversou com a

minha mãe, que estava na janela me esperando. Eu morava numa casinha que tinha duas janelas. Ele estava indo para os Estados Unidos e conversou com a minha mãe, queria saber de onde vinha a minha musicalidade. Depois eu levei um tempo enorme sem vê-lo. Fui reencontrá-lo na época do *Fatal*, quando ele estava no Rio...
No show *Fatal* você ainda tocava violão, eventualmente guitarra, né? Tocava violão. Guitarra, não.
Acho que foi no *Caras e bocas* que você tocou guitarra... Guitarra eu toquei no primeiro show que fiz, quando fui para a Sucata [boate carioca]. Caetano e Gil tinham recém-ido para o exílio, eu ainda fiquei um tempo vivendo aqui em São Paulo quando eles viajaram, com a turma toda aqui. Aluguei uma casa na [alameda] Ministro Rocha Azevedo, e todo mundo morava comigo, o Ali, o Fernando... Eu tinha muito contato com o Tenório, o Péricles, todo mundo. Morei um bom tempo aqui. Logo depois do *Divino maravilhoso* eu fui chamada pelo Ricardo Amaral, que era dono da Sucata, para fazer um show no Teatro de Arena, em São Paulo, e esse show foi para o Rio, para a Sucata, com cenário do Hélio Oiticica. Fui para fazer poucos shows, mas acabou sendo um sucesso tão grande que eu fiquei um tempo enorme lá – não sei quanto, mas foi muito tempo.
E o violão ainda a acompanha de alguma forma? O violão eu parei de tocar, sabia? Por uma bobagem, parei de tocar. Preciso voltar, voltar a treinar. Faz tempo que não toco, mas se eu voltar a treinar pego o jeito.
Porque você se acompanhava muito... É, eu me acompanhava muito. Tem muitas gravações ao vivo [em que] eu [apareço] tocando violão, com um som bonito e tudo. Eu reouvi um tempo atrás "Trapinhos", aquela... como é o nome? "Junte tudo que é seu, seu amor, seus trapinhos".
"Saia do meu caminho." É, "Saia do meu caminho". Aquela gravação é ao vivo, e eu toco violão me acompanhando. Tocava bastante, gostava. O Gil me ensinava muito harmonia, aprendi muito com ele. Eu era ruim de harmonia, mas aprendia, ele me ensinava.
Hoje eu vejo você fazendo no mesmo ano, na mesma temporada, um show com Lupicínio Rodrigues e o show do disco *Estratosférica* – quer dizer, você está cantando os clássicos e a vanguarda contemporânea. Eu acho isso de uma coerência tão adorável, é tão bom de acompanhar... Nesse momento muitas pessoas me perguntaram: "Você não acha uma loucura ela lançar dois discos no mesmo ano, fazer trabalhos no mesmo ano?" Ao que respondi: "Mas a mulher tem toda a propriedade, se alguém pode fazer isso é ela". O Lupicínio não vai ser comercializado.
Sim, é uma coisa patrocinada... É interna. O CD vai ser gravado ao vivo, mas para a Natura e para mim. Eventualmente pode ser, mais para o futuro, não só pode como deve ser lançado, que é um registro bonito. Esta coisa é bem tropicalista: resgatar esses compositores do passado, valorizar, por exemplo, Luiz Gonzaga, de quem quando a bossa nova começou ninguém falava. Era tido como um compositor de

segunda categoria, sem prestígio. Acho que o tropicalismo abriu o caminho para muitos, o próprio Jackson do Pandeiro e tantos outros. Eu conheço essas canções, desde a Bahia ainda. Antes de sair de lá eu cantava todas, conhecia, tocava no violão. Mas é uma coisa tropicalista isso, é bonito, faz coerência... Sabe por quê? Porque quando você imprime ali o seu estilo, a sua maneira de fazer aquilo, acaba se harmonizando com o resto.
Claro. Como no disco *Índia*... Como no *Índia*. Como no show [*Índia*] mesmo, em que a gente pegou as coisas do disco e juntou com "Folhetim" e outras coisas.
O show *Recanto* acabou virando uma grande amostra do seu repertório, de coisas muito relevantes gravadas por você durante esses cinquenta anos de carreira. Cinquenta anos... A gente [eu, Bethânia, Caetano e Gil] faz mais ou menos junto, eu fui a última... ▪ O meu primeiro disco foi um compacto simples, em que gravei "Sim, foi você" e "Eu vim da Bahia", ainda com o nome de Maria da Graça. Guilherme Araújo dizia que era nome de fadista, que eu não podia ter esse nome – é verdade, ele tinha razão. Mas o meu primeiro disco [LP] é *Domingo*, que eu fiz com Caetano pela Philips. Então faz sentido, nós quatro fazemos cinquenta anos mais ou menos ao mesmo tempo.
Você acha que os discos *Fatal* e *Recanto* se conversam de alguma maneira? Não, acho que um é bem diferente do outro. Mesmo porque *Fatal*, quando eu fazia a parte rock'n'roll, que era a parte eletrônica, eu cantava de um jeito muito rasgado, ao contrário do *Recanto*, em que na verdade foi uma quase imposição de Caetano que o meu canto fosse *cool*. Naquela música que é um rock, em que eu queria cantar para fora, ele disse: "Não, cante *cool*. Você tem que cantar tudo *cool*". ▪ Então ele queria aquele meu canto *cool* que ele gosta... E faz sentido, é bonito com aquela coisa, com aquela estranheza toda que tem no *Recanto*. Mas eu não vejo conexão; pode ser que tenha, me diga.
Eu fui assistir ao *Recanto* em Belo Horizonte. Sentado atrás de mim tinha um casal. Você cantava, cantava, e a mulher falava: "Ela não vai cantar uma conhecida?". Aí você cantava uma música famosa. "Ah, finalmente uma conhecida!" Então ela cantava a música inteirinha, mas quando você voltava para o repertório do *Recanto* ela virava para o marido e dizia: "Puxa, outra?...". O público quer cantar junto, é natural. É. E quer ouvir coisa conhecida. O *Recanto* no estúdio é um disco difícil, não é para todo mundo, não é para qualquer ouvido. É um disco lindo. Quando o *Recanto* veio, foi para dar [algo] à garotada que estava ligada no meu trabalho e no trabalho da minha geração de uma maneira geral e, ao mesmo tempo, foi um rompimento. E o *Estratosférica* é um disco palatável, eu queria fazer um disco assim, pop, palatável, que as pessoas ouvem – um disco fresco, jovem, alegre e que tem muita força também. ▪ Eu gosto muito do *Estratosférica*. É um disco que eu acho forte. Primeiro, aquela música do Cicero é foda, cara, aquela música do Cicero... aquela letra é um negócio maravilhoso. É tudo o que eu queria dizer, tudo o que eu deveria e queria dizer neste

momento: é apropriada para a minha história e meu momento, é incrível como ele conseguiu fazer uma letra espetacular. É coisa que ninguém sabe fazer melhor do que Caetano para mim – e agora o Cicero conseguiu fazer uma.
Que bom! Mas, assim, Caetano... Ninguém faz [letra] como ele para mim, ninguém fez.
É *Recanto*, todo o *Recanto*... É. Mas tem outras. O *Recanto* todo ele fez para mim, mas é [um disco] muito misturado, eu e ele, é uma ideia estética, musical, uma composição. Por exemplo, na música "Recanto escuro", as nossas biografias se misturam; ali tem coisas que ele fala e ninguém sabe, que aconteceram na nossa adolescência. Pequenas coisas que ele diz, coisas que são dele, que são minhas, e que se misturam. Tem muito dele e de mim ali. Tudo bem, *Recanto* ele compôs para mim, tem algumas músicas ali que já não são inéditas, que ele já tinha feito, mas quando ele faz "Errática", quando ele faz "Vaca profana", "Minha voz, minha vida", sacou o que eu quero dizer?
No repertório do *Estratosférica* tem uma canção bem bonita do Criolo com o Milton Nascimento ["Dez anjos"]. Eu gostaria que você falasse um pouco sobre essa música, que tem uma certa densidade. Tem. Ela é talvez a música mais política do disco, [com] a letra do Criolo. Quem juntou essa parceria foi o Marcus Preto, que pediu a letra ao Criolo. Ele tinha feito três letras, que [se tornaram] três músicas, e eu ouvi uma delas, não lembro qual. Mas aí essa letra foi para Milton, porque o Marcus queria essa parceria, e o Bituca fez aquela melodia, que é meio... Ele compôs de um jeito meio aleatório. É difícil aquela música, porque as notas nunca são iguais, o refrão não repete, quer dizer, sempre tem uma notinha ou duas que são diferentes. É quase igual, então a gente foi lá, procurou nota por nota, trabalhou, e eu fiz igualzinho a como ele compôs. Mas eu acho que a música tem uma dignidade incrível – e o arranjo também, eu gosto do jeito que resultou. É uma música de respeito.
Quando um autor te entrega a música, eu imagino que você vá se dedicar a ela. Depois você manda de volta e diz alguma coisa? Não.
Ou você canta ou você não canta, então? Se vai mexer nela, você nem grava? É, ou eu gosto dela ou não gosto. Mas geralmente eu não mexo. Não faço isso – tem gente que faz, mas eu não faço, não. Às vezes posso até mudar uma notinha ou outra, mas não.
Não uma frase. Não, letra não.
A gente já falou meio rapidinho sobre a música da Mallu Magalhães. Eu acho legal a gente falar da Mallu porque ela é superjovem, uma menina que começou de um jeito típico do nosso tempo, quer dizer, tocando o violão dela na internet e tal. Mas está se aprofundando, estudando... Uma vez ela foi fazer um programa comigo para falar do disco dela, e chegou com um caderninho debaixo do braço perguntando se podia me mostrar as músicas do Chico Buarque que ela estava estudando. Aí me mostrou, tocou no programa, foi superdivertido.

Ela declarou que a partir de agora vai tomar muito mais tento nas coisas, porque afinal de contas tem uma música gravada por você, e não é uma coisa à toa um negócio desses acontecer. As meninas – não só da geração da Mallu, de 30 e pouco, mas até a Marisa Monte, que já está aí há mais tempo – têm você como referência, de canto, de carreira... De comportamento. **...de comportamento, de postura, enfim, porque você é excepcionalmente uma intérprete da música brasileira. Você não se aventurou a tocar, não se aventurou a compor. Você canta, então a referência de cantora que essas meninas todas têm é Gal Costa. Como percebe isso, quando fala que** Recanto **foi um jeito de atender essa geração, que busca em você e no Gil uma referência, uma inspiração? Como vê esse papel? Não é uma responsabilidade, porque você não buscou isso, mas como é que você enxerga?** Nem é mais uma responsabilidade, porque eu não tenho mais que... Já fiz tanta coisa em cinquenta anos de carreira que o que você fizer é lucro – e eu quero muito fazer muita coisa. Fiz esse trabalho com a maior garra, como *Recanto*. Não me sinto responsável. Eu me sinto, aliás, muito gratificada por ver que Marisa Monte tem influência minha, porque todo artista tem conexão com outro artista, com vários artistas. É um mundo muito grande, a música. Gosto de João Gilberto no início, era aquela radicalidade, eu só gostava de João Gilberto e meia dúzia de pessoas. Hoje eu gosto de tanta gente mais... [Isso acontece] quando você aprende a abrir, prestar atenção nas outras coisas. Então, as referências minhas são muitas. Acredito que todas essas meninas também têm uma referência minha, Marisa Monte, como a própria Céu, a Mallu, é uma coisa mais que natural.

Fale da música do Lirinha, "Jabitacá", que considero outra das canções lindas de Estratosférica**.** Eu acho que resultou uma canção bem bonita. Quando o Marcus trouxe, no início, eu tinha optado por várias outras e esta eu deixei de lado. Mas o Marcus insistiu muito e eu acabei encontrando beleza nela, me identificando. A gente mudou uma notinha, eu mudei uma notinha por causa da harmonia, que faço diferente do Lira. Acho que ele devia fazer assim também, ficou mais bonita.

Você falou do Moreno... Tem uma música dele com o Domenico no disco, que é "Anuviar". A gente se encontrou na plateia do show do Moreno aqui em São Paulo, no Sesc Pompeia. Fale da música dele e de sua participação na música. A gente estava no estúdio, ele queria fazer a música dele e eu estava com vontade de fazer outra música. Dei uma enrolada, a gente acabou não fazendo a música dele e, no dia seguinte ou dois dias depois, quando ele já tinha viajado, eu fiz e vim com uma ideia para cá e a gente... Se tivesse sido planejada, pensada, idealizada por Moreno, ela teria saído totalmente diferente do que ficou no disco. Eu acho que ela, do jeito que está, dá uma loucura ao disco, enriquece muito. Mas era para ser mais *cool*, formal, então eu vim com umas ideias e a gente fez. Depois isso tudo foi montado no estúdio. Essas pausas, na verdade, não havia na base feita pela gente, pelo Kassin; foram uma montagem no estúdio.

Esse jeito de trabalhar é um jeito... Bem bacana.
É, mas não é o seu jeito de sempre, você ir lá, gravar, discutir, não sei o quê, depois o Kassin entrar lá no computador e ir alterando as coisas. Esse é um jeito de trabalhar que eu queria porque, na verdade, tem a ver com o *Recanto*, embora seja totalmente diferente. Na verdade é envenenar aquilo que foi feito, botar um veneno, um gás. Mas, assim, eu gosto de trabalhar em conjunto. No show do Lupicínio a gente tinha aquela banda e não tinha direção musical. A gente começou a trabalhar de ideias assim: "Vamos pegar tal música". Eu tinha uma ideia: "Vamos fazer assim". Aí cada músico contribui com o que ele tem, e acaba nascendo uma ideia maravilhosa. Porque música é feita de ideias, não é só tocar. Se você for só tocar, fica aquela coisa que não é nada, mas, se você tem ideias e começa a colocar, enriquece. Foi o que aconteceu com a música do Lupicínio, "Vingança": ficou um espetáculo, porque a ideia era fazer um negócio, aí o menino já veio com um baixo, o outro já puxou uma coisa e acabou nascendo aquilo espontaneamente. Quando há uma sintonia é bom demais trabalhar. Eu detesto trabalhar com produtor arranjador, ou arranjador. Já trabalhei, mas não acho que seja a melhor maneira, a mais criativa; o cara chega com o arranjo pronto, grava e fica aquela coisa bonita, mas pastel, meio... Então trabalhar assim, com todo mundo, é superbom.
Imprime outra energia. Exatamente.
A gente se viu nessa plateia do Moreno, fomos lá ouvir o disco solo dele. Como é que você ouve a música feita pelo Moreno, como ele é para você? Eu acho lindo. Ele é muito musical desde pequenininho, sempre foi muito afinado...
Você é madrinha dele. Sou. Desde pequenininho ele é muito afinado, sempre foi. Eu adoro o jeito como ele canta. É afinado, tem um jeito *cool* de ser, é muito tranquilo, uma pessoa calma para trabalhar, ele é ótimo. E o disco dele é lindo, essa *Coisa boa*, tem aquele jeito de fazer música bem minimalista. O show foi lindo, né?
"Espelho d'água", de Marcelo Camelo e Thiago Camelo, deu nome àquele show que o Guilherme Monteiro faz com você (*Espelho d'água*), um show de voz e violão e de voz e guitarra que é fantástico. Aliás, você está trabalhando, hein? Estou. Esse show *Espelho d'água* nasceu tão despretensiosamente... Eu tinha um show com outro músico, em que cantava os grandes hits da minha carreira, mas já estava cansada, porque eu fiz muito e queria mudar. Então disse a ele para a gente encerrar a parceria. Aí conheci o Guilherme e me encantei pela maneira de ele tocar. Ele tem aquele jeito doce, um lado jazzístico, mas tem também o lado rock'n'roll e uma cabeça muito aberta, tem muito bom gosto em tudo que faz. Aí o Teatro Safra me convidou para fazer um show, eu queria fazer. Lembro que o Marcus estava lá em casa, e eu o chamei para fazer comigo: "Eu queria fazer as coisas mais emblemáticas do meu repertório, mas não tenho os meus discos". Ele disse: "Eu tenho todos". Foi para casa, pegou os discos, e a gente se encontrou outro dia para ver o repertório. E aí a gente escolheu as músicas e fez o show.

E no show tem os standards da canção brasileira com Gal Costa e Guilherme Monteiro, uma coisa espetacular. Vocês tinham que fazer um disco disso. É. Mas é muito mais do que standards; é mais uma coisa ligada à minha história, ao meu repertório. ▪ Tem o "Passarinho", tem aquela música de Bethânia e Caetano ["Caras e bocas"] que está no *Caras e bocas*, que Bethânia fez para mim. Tem coisas muito pontuais e fortes da minha carreira, mais do que standards. [Mas] não deixam de ser standards.

São. Foi isso que na hora me pegou: canções que eu não ouvia havia muitos anos. Era isso que eu queria também, cantar coisas que a garotada ouve mas nunca viu [ao vivo]: "Puxa, eu estou vendo ela cantar 'Vaca Profana', eu não vi isso." É bacana, foi um pouco por isso também, foi bastante por isso.

Agora, você não imaginava chegar aos cinquenta anos de carreira com esse tanto de coisas acontecendo ao mesmo tempo... Não, claro que não.

As coisas foram acontecendo... Ninguém planeja nada, como é que eu ia saber que com cinquenta anos de carreira ia estar cantando para um público jovem, de volta ao começo, né? Não, a gente não imagina essas coisas. Imagina, eu com 20 e poucos anos, 30, pensava: quando estiver mais velha eu vou cantar, não vou parar de cantar, não quero nunca parar de cantar. Eu sabia [disso], mas achava que ia fazer muito poucos espetáculos, em lugares pequenos, para as pessoas verem – quem viu, viu, quem não viu, não vê mais. E, ao contrário disso, estou sendo empurrada pelos acontecimentos que a vida traz. A vida é assim... Você faz o seu destino, faz a sua história, mas a vida lhe mostra, lhe diz: vai lá, faz isso. Hoje é uma geração nova que curte e ouve o meu trabalho, como os artistas da minha geração, então é claro que eu quero devolver essa coisa, mostrar: "Olha, eu vou cantar isso para vocês. Você não viu na época, mas pode ver [agora]". ▪ É bacana, então isso aí foi na verdade uma imposição do destino, da vida, e ao mesmo tempo é prazeroso. A vida é assim, é um movimento que você constrói, mas a vida também vai te levando. Como diz o sábio Zeca Pagodinho: "Deixa a vida me levar, vida leva eu".

> **NÃO VOU PARAR DE CANTAR, NÃO QUERO NUNCA PARAR DE CANTAR**

---

[1] As irmãs Dedé e Sandra Gadelha, que mais tarde viriam a se casar com Caetano Veloso e Gilberto Gil, respectivamente.

ITAMAR ASSUMPÇÃO

ITAMAR ASSUMPÇÃO TINHA ACABADO DE COMPLETAR 51 ANOS
quando nos encontramos para esta longa conversa. Foi na manhã seguinte ao aniversário dele. Itamar tem grande importância e influência no cenário musical contemporâneo. Foi da chamada vanguarda paulistana, um grupo de músicos que fazia arte independente em plenos anos 1980, a década marcada pela presença do rock nacional. É um exemplo de retidão para alguns, de teimosia para outros. Sua música tem personalidade única. O ritmo marcado pelo contrabaixo e pelo sangue negro é muito particular. Veio da África, como ele mesmo diz. Nas letras, é irônico, doce e crítico ao mesmo tempo. Seu jeito de cantar é inimitável. Como compositor, é fonte preciosa. Ná Ozzetti, Cássia Eller e Zélia Duncan são algumas de suas melhores intérpretes e sempre procuram alguma coisa nova que Itamar possa cantar ao telefone depois de um sonho. Nesta entrevista, Itamar Assumpção lembra os tempos de criança em Tietê, as brigas e parcerias com o amigo Arrigo Barnabé. Ele fala de Ataulfo Alves, de melodias e canções populares. Tudo com o maior bom humor. Itamar Assumpção se cerca de orquídeas e presenteia música. Foi uma manhã deliciosa. Tão boa que foi até o meio da tarde.
Entrevista realizada em setembro de 2000.

Você tinha uns 12 anos quando se interessou por música pela primeira vez, não foi? É, acho que foi por aí, de 11 para 12 anos, lá em Tietê. Fui criado por meus avós. Minha avó era zeladora do grupo escolar. Entrei na primeira série com 5 anos e terminei o primário com 9, mas só pude ingressar no ginásio aos 10. A moçada ia para a aula todo dia, e eu, pela primeira vez, fiquei sozinho. Cavoucando a memória, acho que esse foi o meu primeiro momento solitário de criação. Eu estava separado do coletivo.

É solitário? Totalmente. Como escritor, é totalmente solitário. Eu não tenho uma explicação, ninguém consegue explicar. Sempre falo de espiritualidade. Sou filho de pai de santo, meu pai é pai de santo, e eu o consultei formalmente sobre isso uma vez.

O seu primeiro instrumento de fato foi um violão? Eu queria entrar na banda. Tinha um amigo que tocava tuba, que é o equivalente do contrabaixo. Ele era mais velho, tinha 17 anos, tocava num conjunto de baile e tinha um carrão no estilo Al Capone. Ele me convidava, e eu ficava lá assistindo. A banda tocava os Beatles. Aí, fui à casa dele e falei: "Você quer me ensinar a tocar violão?". Ele pegou o violão, tocou alguma coisa e disse: "Olha, isso é fácil". Mas não me disse mais nada, e eu fiquei ali pensando: "Bom, isso é fácil". Quando minha avó morreu, meu pai e minha mãe moravam no Paraná – ele era fiscal-furador do Instituto Brasileiro do Café –, e nós fomos para lá. ▪ De repente, os amigos com quem eu jogava futebol resolveram montar um conjunto. Era a época da jovem guarda, de Renato e Seus Blue Caps. Havia um cara que não cantava nada, mas pegava o violão e tocava todas as músicas que se ouviam no rádio. Não sabíamos tocar, ele nos ensinava, e, em troca, dávamos a ele um maço de cigarros por aula. Eu ainda não fazia parte do conjunto, mas ia às aulas assim mesmo.

Ainda era só um observador. É, eu era bom observador, ficava ali olhando. Uns três meses depois disso, eu e meu irmão estávamos em frente de casa com um daqueles radinhos que meu pai tinha trazido de Santos. Aquilo era uma coisa diferente lá no Paraná.

Radinho de pilha? Radinho de pilha. A gente estava lá ouvindo o rádio, e um cara veio de bicicleta, parou e disse: "Quanto você quer por esse radinho?". Respondi: "Esse rádio é meu e do meu irmão, mas, se você souber de alguém que queira trocar por um violão, eu troco". O cara foi embora e, no outro dia cedinho, apareceu com um violãozinho todo pintado a óleo. Eu o achei lindo. Peguei o violão sem cordas, sem nada. Comprei um encordoamento e coloquei. E na aula dos meninos eu ficava tentando afiná-lo.

Que idade você tinha? Eu já estava com uns 13 para 14. Até hoje brinco com minha mãe, que é minha superfã: "Pô, como é que você não me matou naquela época?" Eu ficava o dia inteiro com aquele violão no ouvido daquela pobre mulher, e ela nunca fez uma queixa que fosse, apenas dizia: "Isso mesmo, meu filho". Até hoje ela é assim. Depois descobri que ela aguentava não só porque era minha mãe, mas também porque acreditava que ali havia algum talento.

Não era só barulho... Não, não. Foi assim que percebi que podia desenvolver coisas no violão. E o professor era o rádio! Televisão, nem pensar... Não existia naquele tempo. Sei que meu método de aprendizado foi muito estranho, porque comecei a fazer isso sozinho, sem ter nenhuma noção, nenhuma orientação. Minha mãe tinha um rádio portátil, daqueles que tinham umas antenonas e funcionavam com oito pilhas deste tamanho. Eu saía de manhã e só voltava à noite, com aquele rádio a todo o volume pela rua.

O que se ouvia no rádio naquela época? Jovem guarda? Eu ouvia de tudo: os programas matinais, programas de meio-dia e, à tardezinha, música caipira: Tião Carreiro e Pardinho, Tonico e Tinoco, Canário e Passarinho... Música realmente caipira. Nessa época, eu já conseguia tocar alguma coisa, mas não sabia os nomes dos acordes.

O que você tocava? Tentava tirar músicas? Não tocava nada! Eu só batia no violão. Isso foi indo. Até que, um dia, ouvi no rádio uma música do Jerry Adriani: "Eu sei que tu vais me deixar...". Então, comecei a bater no violão acompanhando aquilo, e, como se diz, tirei a música. Tirei a música e descobri que o meu negócio era esse: ouvido! Eu conseguia ouvir e achar o acorde, a batida. Um dia, eu estava no portão de casa quando passou esse meu amigo que jogava bola comigo, aquele do conjuntinho. A gente estava conversando, e ele falou: "Você tem um violão aí?". Ninguém sabia que eu tinha um violão – aliás, ninguém sabia nada de mim. Busquei o violão e toquei "Namoradinha de um amigo meu". Ele ficou todo animado: "Pô, mas como é que você aprendeu a tocar isso?". "Eu tirei do rádio." "Pô, cara, então você vai passar a tirar música para a gente, para o nosso conjunto." Ali, eu meio que já arrumei um emprego, passei a tirar músicas. Essa foi a minha escola. Eu não pensava em compor, naquela época eu queria cantar e tocar, e fazia isso muito bem. Era bom imitador.

EU NÃO PENSAVA EM COMPOR, NAQUELA ÉPOCA EU QUERIA CANTAR E TOCAR, E FAZIA ISSO MUITO BEM. ERA BOM IMITADOR

Você imitava o Jerry Adriani? Sim, e também o Tim Maia, o Roberto Carlos, qualquer um. Eu imitava na voz mesmo. Jorge Ben eu tocava e imitava. Então, o pessoal não podia me ver que já jogava um violão na mão. Quando terminei o ginásio, fui fazer contabilidade junto com meu irmão. Ele escrevia umas peças de teatro, e a gente tentava montar. Foi a primeira vez que me vi com o violãozinho tentando fazer uma trilha sonora. Aquilo era incumbência natural. Meu irmão se envolveu mais e foi embora para Curitiba fazer teatro profissional no Guaíra. A Denise, minha irmã, foi junto com ele. Fiquei só com minha mãe e meu pai em Arapongas, o pessoal sumiu. Passei um tempo lá. Eu estava no segundo ano de contabilidade quando, um dia, passou um técnico de futebol, me viu jogar e me chamou para jogar na Portuguesa.

Aqui em São Paulo? É. Larguei a tal escola no fim do ano e vim para São Paulo.

Para jogar futebol? Sim. Cheguei ao Canindé e só vi campinhos de terra para todo lado. Era onde se fazia a triagem. Cheguei num dia de chuva; segunda-feira, chuva; terça, chuva; quarta, chuva; quinta, chuva. No alojamento, aquela coisa, um cara da Bahia, outro de não sei onde. De repente, aquele entusiasmo todo sumiu! Pensei: "O que é que eu estou fazendo aqui?". Pelé tinha 27 anos naquela época, década de 1970, os maiores jogadores do mundo estavam no auge, credo! Fui à tesouraria: "Olha, eu quero ir embora", "Mas, raios, chegaste aqui agora mesmo!". Eles me deram trinta cruzeiros, e voltei para casa em Arapongas. Cheguei lá, frustração geral, a moçada estava puta comigo, acharam que eu tinha feito corpo mole.

E o violão? O violão? Eu nem pensava em violão! Não pensava profissionalmente em música. Tocava e cantava bem música dos outros. Foi nesse momento que conheci o Arrigo Barnabé, quando pintou um festival universitário em Londrina. Acho que existe a questão espiritual da coisa: você vem para a Terra e tem um bagulho que *você* vai ter que encarar. Mas você tem que achar e se identificar com essa coisa. Quando comecei a frequentar Londrina, ela era a cidade do teatro. Quase entrei na roda: decorei um texto desgraçado para fazer *Arena conta Tiradentes*. Quando chegou o primeiro dia de ensaio, minha entrada triunfal... pá!

Deu branco? Não, não deu branco nenhum, só que não abri a boca. Só falei: "Tô fora!". *(Risos.)* Caí fora e fui para casa. Fiquei lá quieto e não quis nem ver aquele pessoal na minha frente. Esse pessoal que só enche o saco, esse negócio de teatro... Fiquei em casa puto. A coisa toda passou devagarzinho, um outro ator foi fazer o Tiradentes, e eu passei a fazer parte do coro. Foi quando pintou uma possibilidade de fazer um show com o pessoal de Londrina: Arrigo, Paulinho Barnabé e Neuza Pinheiro, uma das melhores cantoras e violonistas que conheço. Quando conheci a Neuza, que é dois anos mais velha que eu, ela era a pessoa que tirava as músicas, que ensaiava o coro.

Aquilo que você fazia com o seu irmão lá no começo da história? Só que eu não fazia nada, só enganava. Na época, não tinha aquela coisa de violão com alça. Tinha aquelas coisas de música caipira: o violão vinha com uma cordinha para a gente pendurar no pescoço, e ele ficava aqui no peito, como nos violeiros. A Neuza era daquelas que pegavam o violão e saíam andando sem nada o amarrando. Essa é uma técnica que aprendi no teatro. A troca de Tietê por Londrina não foi só geográfica, foi cultural. Em casa, a minha avó era a matriarca, como naquelas tribos africanas em que a mulher é que manda. Minha avó lutava, e meu avô era alfaiate. Ela cuidava de tudo, da gente, do galinheiro, da horta. Aprendi tudo com ela.

Você foi um menino bem criado! Muito bem criado. Nossa, havia uma mangueira no quintal que já tinha uns trinta anos!

A ida para Londrina foi um contraste? Quando cheguei lá, fiquei meio perdidão. Mas nessa época eu já tinha "Prezadíssimos ouvintes", "Luzia" e acho que mais umas três ou quatro músicas. Aí o Arrigo me mostrou "Clara Crocodilo". Achei aquilo meio esquisito, diferente.

Mas o diferente nunca o incomodou. Não, não! Aliás, sei lá... *(Risos.)* Antes disso, eu tinha participado do festival universitário com uma musiquinha que era um ponto de terreiro. Minha primeira música tinha "caboclo da mata, por quem come fogo, caboclo da mata, por quem come fogo?". Era uma influência de casa. Eu saí da Igreja Católica em Tietê e caí num terreiro em Arapongas. Três vezes por semana, era batata! Meu pai sempre fez daquilo a missão dele. A missão dele não era trabalhar no IBC. Acho que talento é isso, alguém que tem uma missão. Há fases na vida em que você é colocado em xeque, e aí pode desistir, pode partir para outra coisa, sei lá.

Como foi o primeiro encontro com Arrigo Barnabé? Foi no teatro universitário, num festival em 1972. A Neuza ia interpretar uma música do Arrigo e pediu que eu fizesse o acompanhamento. Fui com o violão e dois atabaques, meu irmão e minha irmã. A primeira apresentação foi uma coisa performática que até causou um problema no festival. Criou-se uma polêmica danada, e me deram um prêmio de Apresentação Total. Para mim, o que aconteceu ali foi que pude mostrar logo de cara que não estava lá só para pegar um violão e fazer umas melodias. Depois do festival, comecei a me encontrar com o Arrigo, conheci as músicas dele, e fomos todos os compositores de Londrina fazer um show.

Foi nessa época que você foi preso? Pois é, eu estava lá e, de repente, sumi, cara! Era aquela coisa de ir de manhã para Londrina e tomar o último ônibus às onze e meia da noite para voltar para casa. Então, onze horas, eu estava na rodoviária com a minha malinha e um gravador do Domingos Pelegrini, que é um contista bravo com quem comecei a fazer "Prezadíssimos ouvintes". De repente, ouço: "Tio, esse gravador você roubou! Você vai ter que ir para a delegacia agora". Fui andando com os caras e, quando cheguei lá: "O quê!? Tira esse negócio do pé, tira o cordão da calça, tira tudo! Cala a boca!". Cara, eu não tive nenhuma reação, fiquei quietinho. Enfiaram-me num corredor, veio o carcereiro e abriu uma grade, fui andando até chegar a uma cela minúscula com uns quinze caras lá dentro, todos de cócoras porque não havia espaço para deitar. Aí alguém me perguntou o que eu tinha feito. Contei a história do gravador. Um negão que parecia um guarda-roupa começou a gritar que aquele não era lugar de músico. O cara ficou furioso. Passei cinco dias ali, incomunicável.

Cinco dias?! Sem comer e sem beber nada além de um pouco de água que pingava incessantemente numa latinha. Aquilo pingava o tempo todo, dia e noite, e os carcereiros ameaçavam mandar para o pau de arara quem ousasse tampar a goteira. Era um pesadelo. Mas, por outro lado, desenvolvi uma admirável capacidade de ignorar ruídos desagradáveis. Naqueles cinco dias, vi cenas de tortura que pareciam coisa de cinema.

Aquilo virou música? Você de alguma maneira usou essa experiência na música? Não. Não era essa a função, mas aquilo me fez virar gente. Eu era anjo demais. Passei 23 anos numa boa, mas em cinco dias virei gente. Vi de tudo ali, fiquei quieto no meu canto, observando tudo o tempo inteiro. A saída é que foi linda. De repente, alguém apareceu dizendo: "Vão soltar todo mundo amanhã". Aí, chegou o delegado do dia e disse: "Fulano, sai beltrano". E foi saindo todo mundo. Quando chegou a minha vez, o cara falou: "Você é o cara do gravador, não é? Fica aí. Amanhã vamos pendurar você. Você tem muito serviço para dar". Ficamos eu e mais um sujeito. Esse cara caminhou para o montinho de roupa dele, pegou um livreto de modinhas e falou: "Você, que é músico, sabe tocar isso aqui?". Pô, aquilo eu sabia, Tião Carreiro e Pardinho, "Rio de lágrimas". O cara começou a chorar. Eu cantava, e ele chorava. Então, falei: "Por que você está chorando?". Ele: "Porque você sabe cantar!". Por fim, o Domingos Pelegrini apareceu e me tirou de lá. Quando cheguei a Arapongas, contei a história ao meu pai, e ele me disse: "Você precisa desenvolver a sua mediunidade". E eu: "Não quero saber desse negócio, não. Não quero passar as segundas, quartas e sextas me dedicando a espíritos". Ele respondeu: "Se você recusar essa missão, sua vida vai ser um inferno". Voltei a Londrina e retomei os ensaios. Aí, resolvi que só iria interpretar músicas de outros compositores.

Quando foi que baixou essa coisa de "eu sou músico"? Foi com o cara na prisão? Foi ele que me falou. Eu estava procurando aquilo e fui ouvir na cadeia. Naquela situação, entendi que só se é cantor se você conseguir emocionar o outro – essa é a função da música. Depois disso, passei um ano e meio planejando vir para São Paulo, até que Domingos Pelegrini me deu seiscentos cruzeiros para eu ir embora.

O que você tinha na cabeça? O que pensava em fazer em São Paulo? Aí, tudo já era música para mim. Peguei o violãozinho e vim morar numa república. Perto da Oscar Freire com a Cardeal Arcoverde. Vim pensando em pegar o violão e ir para uma gravadora mostrar minhas coisas.

Você trazia algumas composições? Nem cinco músicas. Mas eu ia até as gravadoras, cantava uma música minha e ouvia: "Olha, faz um samba, você tem uma voz legal". Eu ficava puto, sem entender nada. Isso aconteceu inúmeras vezes. Até que chegou um momento em que: "Opa! Sabe o que é, você não está sabendo apresentar o negócio, não..."

Quem lhe disse isso? Eu mesmo! Eu tinha uma outra voz dentro de mim. Na verdade, eu não sabia apresentar as minhas músicas, ainda não tinha assumido que era compositor. As coisas vieram por etapas, o cantor, o ator, o compositor. Só fui sacar que era compositor quando comecei a ouvir outras músicas. Hoje não ouço mais nada, porque não há mais novidade para o meu ouvido. Antes, havia vários gênios ao mesmo tempo: Cartola, Noel Rosa, Ataulfo Alves. Não existe mais essa possibilidade, porque o compositor de hoje é isso de que estou falando, um Arrigo Barnabé ou eu próprio. Não dá mais para fazer só melodia, não dá para não saber tocar.

Você está dizendo que tanta coisa boa já foi feita que não há mais nada para fazer? Não tem mais novidade? Eu tenho novidade! A novidade vem da informação, sem informação é impossível. Eu não seria Itamar Assumpção se não tivesse conhecido o Arrigo, é nesse sentido que estou falando. Mas não é só conhecer o Arrigo como compositor, é compreender a música dele. Antes de terem entendido o Arrigo, já falavam: "Olha, isso aí não dá". Porque realmente dá trabalho, o novo dá muito trabalho, o novo está ligado a tudo. O Arrigo está ligado a tudo, à vanguarda que conhece Proust e Orlando Silva.

Ele faz o que quer em música? Não, o que quer, não. Eu, sim, só faço o que quero. O Arrigo, não. Complicado? Não! Sou descendente de escravos; ele, de europeus, italianos. Ele tem influência europeia; eu, africana. Isso veio comigo quando nasci. O Arrigo não serve para tocar samba, funk. É claro que ele sabe tocar, ele é músico, é um maestro. Mas não aguento ouvi-lo cantar um samba, não fico num lugar onde o Arrigo esteja cantando samba.

Não fica?! *(Risos.)* Não, e é sério. As pessoas dizem: "Itamar e Arrigo são vanguardistas". Eu sou bantu, não tenho nada a ver com a Europa. O Arrigo, sim, ele é ligado diretamente ao atonalismo, que não é brasileiro. Ele trouxe uma coisa que não existia na música popular brasileira.

A vanguarda paulistana e o rock nacional surgiram juntos na década de 1980. Os críticos sempre falam desse período como um hiato na produção musical brasileira, uma fase em que a vanguarda paulistana fazia resistência ao rock banal. É assim que você vê essa fase? Não, acho que não fazíamos resistência a nada. Havia a história desse cara que nasceu em Tietê e que fez isto e aquilo até chegar a São Paulo. Quando chegou aqui, com uma linguagem pronta, encontrou outros caras também com uma linguagem pronta. Esses caras – o Arrigo, o pessoal do Premê, o Luiz Tatit, o Zé Miguel – eram todos acadêmicos, amigos de universidade, e eu era o elemento estranho ali. Não havia outro preto no grupo, só dava eu. Então, digamos assim, do lado dos pretos – Cartola, Clementina, Luiz Melodia, Milton Nascimento, Gilberto Gil – estou eu, porque sei cantar tudo isso e mais alguma coisa. Aprendi tudo de ouvido. Essa foi a minha escola. Quando conheci o Arrigo, ele perguntou: "Como você pode fazer música sem saber música?".

O bom e velho radinho de pilha... Existem duas formas: o ouvido e a leitura. Como não sou instrumentista, e sim compositor, desenvolvi o ouvido. Mas que novidade é essa de desenvolver o ouvido, se o Chico Buarque não sabe música, se o Cartola não sabe? Ninguém sabe, ninguém! João Bosco não sabe, ninguém sabe! Essa é a coisa do Brasil. E como é isso? Não sei, ninguém sabe… Então, é aí que eu entro, só que já não é mais o Cartola, que tem só espontaneidade. Fui tocar com o Arrigo, fui músico antes de ter montado a minha banda. Bateu em mim a coisa de aprender a tocar contrabaixo. Quando comecei a ouvir Jimi Hendrix, por exemplo, não entendia nada. Então, em certa hora parei e resolvi destrinchar aquele negócio. Fiquei um ano ouvindo Jimi Hendrix.

Era agradável ou incômodo ouvir Jimi Hendrix? Como músico, me incomodava não entender aquilo. Comecei a ouvir e descobri que eram três os instrumentos: baixo, guitarra e bateria. Percebi que a guitarra dele era solo e que ele cantava. Mas eu não compreendia os ruídos antes de ter visto pela primeira vez a imagem dele. O cara era canhoto, mas não invertia as cordas da guitarra. E também tocava com os dentes! Vi também a questão dos afrodescendentes nos Estados Unidos, a coisa da sobrevivência dos negros. Eles realmente são muito perigosos, eu entendo o racismo lá. No Brasil, não, porque o preto aqui não está buscando o poder. Então, não existe racismo aqui, é bobagem esse papo.

A gente aqui mistura tudo. Estive cinco vezes na Alemanha, mas nunca tinha ido à França. Em 1996, eu, o Doutel, o Dante e a Ná Ozzetti fomos nos apresentar em Paris. Lá, encontramos o Antonio Cicero – irmão da Marina Lima –, a Timbalada, o presidente da TV Cultura, o Fernando Henrique com todos os ministros e um monte de bandeiras do Brasil. Eles tinham ido participar de um evento oficial.

Vocês também estavam incluídos nessa programação? Não, estávamos lá fazendo outra coisa. Mas o que eu ia dizer é que, no outro dia, o *Le Monde* e o *Libération* publicaram matéria com fotos sobre o nosso show e apenas uma notinha sobre o evento oficial. Então, parece-me que na França as pessoas têm mais liberdade com essas coisas.

Você fica muito na sua, seguindo seu próprio caminho, não? Acho que 100% dos artistas gostariam de viver assim. Mas, por outro lado, há o sacrifício. Estou falando de você chutar para o alto um BMW, um Mercedes, uma fazenda. Tem que ser muito macho para desprezar uma coisa assim. Porque a mídia está sempre tentando legitimar as abobrinhas que vendem 1 milhão de discos para o cara poder ganhar uma fazenda. Eu não preciso ter fazendas. É um saco aguentar as pessoas dizerem: "Pô, você com tanto talento, e uns caras aí ficando ricos!". Não gosto desse tipo de cobrança. Chega uma hora em que é isso, aquela coisa solitária de que falei, em que não dá para compartilhar nada, senão estou lascado, minha missão vai dançar.

Quando estava interpretando Ataulfo Alves, você disse que aquilo era uma revisão da obra dele e que gostaria que o mesmo fosse feito com a sua daqui a cem anos. Você acha que ela vai ficar? Acho que a missão é essa. Se formos analisar o que aconteceu em termos de música de 1980 para cá, a minha obra já dá uma tese. Fico assustado com esses resultados sofisticados de quem nunca estudou formalmente. Acho que o meu trabalho tem condições de ser analisado. Acho que o novo é isso. Estou cansado de dizer que sou o novo, e não estou falando só do que é novidade agora e depois desaparece para dar lugar a outro novo, entende? É mais do que isso.

É se manter atual? Eu compreendi isso quando fui cantar em Cachoeira de São Félix, na Bahia. Fui acompanhar a Tetê Espíndola e combinei de abrir o show dela com o meu violãozinho. Peguei o violão e, de repente, veio: "Sei que vou morrer, não sei o dia. Levarei saudade da Maria...". Todo mundo começou a cantar junto. Parei de cantar e fiquei só tocando, seguindo. Aí pensei: "Caramba, como é que pode? Esse cara, sim, é compositor". Compositor popular é aquele que deixa melodias que se tornam eternas, aquelas que não tem como esquecer: "Não posso ficar nem mais um minuto...". "Laranja madura, na beira da estrada...". Não é preciso aprender isso formalmente. Está no inconsciente, essa é a única explicação para Ataulfo. Para mim, ele é único no Brasil, é nosso maior compositor popular, no sentido de ter alcançado todas as camadas sociais. Daí, toca levantar o repertório do cara.

Que é imenso. Três anos, cara! Foram precisos três anos.

De trabalho em cima do repertório de Ataulfo Alves? Três anos estacionado com o Itamar, porque o repertório do *Bicho de sete cabeças* tinha me deixado vazio como compositor.

É? Em 1992 eu já estava com uma banda só de mulheres e já tinha gravado dois discos com as Orquídeas. Tinha esgotado minha linguagem para com os homens.

Com a banda Isca de Polícia? Com a Isca e com todos os homens.

Que interessante! Eu me lembro de uma entrevista que fiz em que você dizia que a Banda Isca era especialista em Itamar Assumpção. A minha ideia era tocar contrabaixo na Banda Isca e ter um cantor que interpretasse as minhas músicas. Eu tocava contrabaixo com o Arrigo. Depois do Jimi Hendrix e daquela coisa toda, resolvi aprender a tocar contrabaixo, porque achava que no violão não estava mais dando para eu compor. Percebi que a minha condição estava além do violão.

Por que o contrabaixo? O que esse instrumento tem que serve para o som do Itamar Assumpção? É porque é mais percussivo? O contrabaixo é o mais percussivo dos instrumentos de cordas. É um instrumento percussivo que dá nota, e o que me pega é a possibilidade do ritmo, porque o meu negócio é ritmo. O contrabaixo me deu uma possibilidade maior de frases. Às vezes, nem componho no violão.

Compõe no contrabaixo? Não, componho para o contrabaixo. Assim, não é harmonia, acorde, são só notas. As quatro cordas de cima do violão são as quatro cordas do contrabaixo, só que já inventaram a quinta, a sexta do contrabaixo. Só para complicar a minha vida. *(Risos.)*

Quando está compondo, você pensa no desenho da música? Há uns arranjos vocais que são muito particulares do seu trabalho, é uma característica bem

marcante. Havia o trio inicial e, ainda hoje, há as Pastoras. Quando pensa no ritmo, no que mais você pensa? Que outros desenhos vêm à sua cabeça?
Fico vendo que existe uma diversidade. A música do Adoniran não precisa disso, a melodia está lá. Posso fazer um arranjo para orquestra aqui com "Sei que eu vou morrer, não sei o dia...", como aquele que coloquei no disco do Ataulfo. Onde está o Itamar Assumpção ali? Na modernidade da linguagem. Não mudei nem uma vírgula da melodia, porque isso é o eterno. Quando canto "Você, que é tão avoada, pousou em meu coração...", estou cantando *a cappella* uma música que é quase impossível cantar. O Milton Nascimento é complicadíssimo, tem uma harmonia que Deus me livre! Ele faz a harmonia no violão. Então, não vai dar para chamar: "Todo mundo agora!". Milton já chega acrescentando a linguagem de orquestra. Aqueles mineiros são tudo! São os reis da melodia, da harmonia. Eles harmonizam que nem louco. Adoniran não sabia harmonia, era o seu limite, ele só precisava de um apoiozinho para fazer a melodia. No Ataulfo, eu encontrei duas músicas com a mesma harmonia. Na minha música isso é impossível, cada faixa é uma coisa, é uma história. No Ataulfo, a harmonia é igual, mas a melodia é completamente diferente, então o que manda é a melodia, você pode harmonizar como quiser. ▅
Mas na sua música o que manda não é a melodia. Se o Milton já complicou, por que você quer que eu facilite? Sim, está ruço, está complicado tocar a minha música. Chegou um momento em que comecei a brigar com as pessoas que queriam cantar as minhas músicas. Em vez de agradecer, como todo mundo faz, eu disse: "Sabe tio, não vai dar, não". ▅
As pessoas lhe pedem muitas músicas? Pedir? ▅
É. Elas não dizem: "Itamar, me manda uma música?" Há muitas cantoras que gravam lindamente suas músicas, como a Cássia Eller ou a Zélia Duncan, que, aliás, arrebentou com "Código de acesso". Isso é óbvio. A Zélia e a Cássia são sérias como eu. Gente que leva a sério a missão, com lealdade e fidelidade. Não é casamento, não é namoro, mas tem que ter fidelidade. É mais do que casamento, mais do que qualquer coisa. Eu ouvi a Cássia e a Zélia cantando ainda muito novas, quando a Zélia ainda era Zélia Cristina, andava sonhando e morava em Brasília. Lá, todo mundo sempre me curte muito. Ela me mandava as fitas que gravava nos shows, eu ouvia e falava assim: "Vai, vai por aí que está livre". Quando a Cássia foi gravar seu primeiro disco, tive que assinar uma autorização para ela cantar uma música que eu tinha feito e que só Arrigo tinha gravado. Eu não queria que ele gravasse, mas, como já havia brigado com o Arrigo quando ele fez o *Uga-uga*, não quis brigar de novo. Falei tantas vezes: "Arrigo, você está louco, cara!". Acho que ele pensou: "A música atonal não é um sucesso, então vou fazer uma música de sucesso", que é "Uga-uga". Fez e se deu mal. A música era "Já deu pra sentir", que deveria ser o nome do meu disco. Na época em que eu estava à porta do estúdio para gravar o Intercontinental, em 1988, mostrei umas músicas para o Arrigo, e ele falou: "Ah, não! Essa eu vou gravar". Fiquei numa situação... ▅

Teve de brigar de novo? *(Risos.)* Não dava mais para brigar, o Arrigo é mais que um irmão para mim. As nossas diferenças se completam. Depois que ele gravou "Já deu pra sentir", o meu disco ficou pronto, mas não tinha o nome. Então, eu botei *Intercontinental! Quem diria! Era só o que faltava!!!* A gravadora era a Continental, e isso criou uma confusão danada. Mas foi com esse disco que viajei para fora do Brasil, fui para a Alemanha, foi um choque.

Mas você chegou lá com uma música que foi muito bem aceita por eles. Ah, uma amiga, que é física, me explicou. Fui para Hamburgo me apresentar numa casa que tinha abrigado uma fábrica de bombas e que virou um centro cultural. Esse lugar tem capacidade para 1.500 pessoas e é onde todo mundo se apresenta, João Gilberto, Miles Davis. Enfim, entrei para ensaiar, comecei a passar o som e, lá pelas duas horas da tarde, o pessoal já estava chegando, cerca de trezentas pessoas. Do palco, eu ouvia: "Oba! Samba!". Aquilo me deu um frio na barriga. Como eu ia explicar que não iria cantar samba? Eu estava com o Paulo Le Petit, o Luiz Waack na guitarra, o Gigante na bateria e a Denise. O show começou, e eu andei pra caramba, cantei na orelha de um, na orelha de outro, azucrinei aqueles e tal... Quando eu estava na quarta música, ouço novamente aquele burburinho. O show acabou, e fui para o camarim arrasado. Daí a pouco, começaram a chegar os alemães querendo comprar o disco. Eu não tinha nenhum para vender. Aí, essa minha amiga me explicou que para eles a coisa é diferente. Aqui é assim: ouço uma música, sinto se ela é legal ou não, se bateu. Se não bater, já era. Os caras também, só que quem comanda isso é a razão. Então, eles ficavam conversando para decidir se aceitavam aquilo ou não. Fizeram uma assembleia rapidinho. Depois de um tempo, recebi um pacote pelo correio: eram contratos de direitos autorais. Havia um cara de uma gravadora alemã interessado em lançar o *Beleléu* por lá. Fizeram um acordo com a Continental, e, seis meses depois, voltei a Frankfurt para lançar o disco com as letras em alemão.

Que bárbaro! Então, é assim: fui aceito no país mais difícil do mundo.

Você falou do frio na barriga antes do show. E o público no camarim? Você deixa as pessoas entrarem? Antes do show, não; depois, um pouquinho pode ser. A hora em que estou no palco é sublime. Depois que desço, sou isto aqui, entende? Para mim, o pior dessa coisa de ser artista é ter que ser gente 22 horas por dia e artista duas horas. As pessoas querem que você seja artista 24 horas por dia.

Como assim, sublime? É uma transcendência? O que acontece? Foi aí que entendi o que meu pai dizia sobre a mediunidade. Eu não queria receber espíritos às segundas, quartas e sextas, mas isso acontece com relação à música. Quando subo no palco, sou incapaz de reconhecer quem quer que seja. Sei que são presenças familiares, mas não sei quem são. Meu pai dizia que há dois tipos de médium: o consciente e o inconsciente.

Você é o médium consciente do palco? Sou médium consciente. E é gozado, porque, durante as sessões no terreiro, o cavalo apanha muito se a coisa não está bem. Essa é uma lembrança das sessões que aconteciam lá em casa. É uma imagem muito impressionante que sempre me vem à cabeça. Havia um carinha que frequentava as sessões, ele era sapateiro e recebia o cavalo de Exu. O coitado ficava reclamando que não queria mais receber porque fisicamente é uma coisa devastadora, você sai batendo a cabeça na parede. Meu pai falava assim para ele: "Roberto, você sabe muito bem que não tem como fugir disso". De repente, aquele cara sumia. Um mês, dois, três, quatro, cinco, seis meses, e nada do cara. Um belo dia, um caminhoneiro encontra o Roberto em Ourinhos, barbudo, com um saco nas costas cheio de pedra. Ele preferiu carregar pedra a ser cavalo de Exu!

Como é esta história de que o Itamar está sempre abrindo espaços? Ataulfo, a Banda Isca, as Orquídeas, as Pastoras, você está sempre apresentando uma turma. Acho que é a minha missão. Se eu fizesse outro tipo de música, não teria condições para isso. Sou muito rígido. Na Banda Isca, os caras sempre sofreram muito comigo: o ensaio começava às nove horas da manhã e terminava não sei a que hora da noite, todos os dias.

É preciso encontrar aquele som que está na sua cabeça? Enquanto ele não sair, o ensaio não acaba? Não é por aí. O problema é com a execução, é como a coisa tem que soar, como é que vai ficar o contrabaixo. Eu faço tudo de ouvido. O Arrigo, quando ia me mostrar uma música, era uma coisa! Não dá para você entender nada se escrever, então: "Toca, Arrigo!". Tocou uma vez: "Eu já sei! Pronto". Para mim é rápido.

É sempre rápido para quem já nasce com esse ouvido. Mas tem aquelas pessoas que leem tão rápido quanto eu ouço. Acho que essas são informações adquiridas em outra vida, porque esta vida realmente é apenas mais uma etapa. Somos eternos, vir para a Terra ainda é um atraso, porque a linguagem da Terra é o dinheiro. Então, todos os homens são iguais – hierarquia é coisa dos homens.

Vamos falar de poesia, Itamar. Não sou poeta, não.

E aquela coisa de "A lua cheia reduz…" "… nós dois a pedacinhos…"

Acho isso tão lindo! Quando eu disse para o Leminski que não sou poeta, ele não aceitou isso.

Eu compreendo. Hoje eu também o entendo, mas para mim foi muito difícil. A música leva a um universo sem palavras, eu não tive tanto exercício com literatura, li muito pouco. Gosto de ler, mas tem essa coisa de formação que a gente carrega. Foi aí que percebi a transa entre o espírito e a fala humana. É só o invisível.

Quando você escreve as letras, essa história da mediunidade também conta? A Ná Ozzetti me disse que você já chegou a passar uma letra para ela pelo telefone. Como essas coisas funcionam? Um dia, a Ná me mandou uma fita com três músicas e um recado, dizendo assim: "Olha, eu estava não sei onde e compus isso, não sei se sou compositora, mas queria que você me desse um toque". Não dei toque nenhum, fiz as letras e mandei para ela como resposta.

A MÚSICA LEVA A UM UNIVERSO SEM PALAVRAS

As letras saem rápido, num estalo? Ou você elabora, reescreve? Escrevo muito. Mas, não é uma coisa planejada, do tipo "Agora, vou falar sobre isso". Não tem a menor possibilidade de isso acontecer. Às vezes, começo a fazer uma coisa e passo para outra. Se o verso não fica legal, eu mudo o assunto. Porque não tenho uma coisa específica para falar. Falo de amor, falo de tudo, de filosofia, de alemão...

Você disse que o Ataulfo Alves fala de coisas muito pesadas de um jeito muito leve. Você é um tipo mais irônico, até quando fala de amor tem essa coisa de "sou dos males o menor". Isso é o papo de alguém que está brigando e falando para você prestar atenção na pior coisa do mundo e tal. Então, presta atenção no que está a seu redor e você vai ver que dos males eu sou o menor. *(Risos.)* E tem a declaração: "minha flor de trigo". Acho que sou muito apaixonado.

Apaixonado pelas coisas? Você é movido a isso? Na paixão de que falo, não entra o humano, mas, mesmo nesses termos, sou humanamente muito apaixonado. Só não tenho mais idade para isso. Porque não tenho meio-termo, vai para a cabeça mesmo, eu vivo tudo. O legal é o horror da paixão. Agora, na música não entra o humano. Porque só posso compartilhar com você depois que a obra está pronta. É aquela coisa da solidão.

Você se fecha para compor? Não. Sou naturalmente fechado, não tenho nenhum problema em ficar mal com alguém por ter dito: "Você não está com nada, acabou". Não tenho problema com o que vão achar da minha imagem. Sou uma pessoa legal. Se antes eu tinha que matar um leão por dia, hoje não tenho mais. Tem muita gente do meu lado, isso é gozado. Não devo mais para os homens, nem para a Ordem dos Músicos, nem para o presidente da República. Quando, no meio desse caminho, começaram a mostrar as vantagens do paraíso, eu saí correndo e vim para a Penha ficar quietinho. Senão, de repente, você sai da trilha por causa da pressão e deixa de fazer o que tem de ser feito. Os três anos que dediquei ao Ataulfo foram um aprendizado, foi liberdade. As pessoas falam que se pode ser livre numa gravadora a partir do momento em que você se vende, mas como se pode ser livre assim? Não existe. Roberto Carlos tem todo o dinheiro do mundo, mas não é livre. Não tem como ser livre, ele é obrigado a fazer aquilo, obrigado! Eu tenho a missão da liberdade, a liberdade de não ficar milionário. Agora, por exemplo, estou musicando um soneto do Glauco Mattoso, um soneto, uma coisa rígida. Estou escrevendo bastante, uma coisa por dia.

Num caderno? Como funciona? Está vendo aqueles dois cadernos ali? E aquele monte em cima das prateleiras?

É neste quarto que você trabalha? Agora estou trabalhando aqui, porque as meninas têm namorados, e sou muito mal-humorado, não quero que invadam meu espaço, é uma coisa complicada. Acordo às cinco horas da manhã, sou meio

> **NÃO TENHO PROBLEMA COM O QUE VÃO ACHAR DA MINHA IMAGEM. SOU UMA PESSOA LEGAL**

ao contrário mesmo. Caetano diz que acorda às quatro da tarde. Eu não consigo fazer isso, assim como não consigo compor em hotel.

Só em casa? Eu saio daqui e vou andando pela Penha, todos os dias. Esse é um hábito que trouxe do interior. Vou tomar uma garapa, dou umas voltas, penso na vida, ando muito mesmo.

Nessas caminhadas, tem uma hora em que baixa a inspiração? Acho que tem uma coisa de continuidade. Mexo com várias coisas ao mesmo tempo. Quando começo a escrever uma música, a melodia surge também, assim como o arranjo. É por isso que, sobre os compositores que não são Adoniran, digo que vão fazer só a melodia e que depois ela terá que ser arranjada, trabalhada. Já cheguei assim. Quem me disse isso, de maneira até bem-humorada, foi o Rogério Duprat. Foi ele que me deu a primeira oportunidade de gravar.

O maestro Rogério Duprat? O próprio. Ele tinha um estúdio na Alves Guimarães que era um dos melhores da América Latina. E foi o Duprat quem me colocou na música. Quando mudei para cá, para a Penha, vim com a minha fita, com as coisas que eu tinha, para viver de entregar imposto predial. Saí ralando. Foi legal porque dava tempo de trabalhar e compor, mas não era para ficar só nisso.

Você acha que consegue definir seu som? Música brasileira. Só o brasileiro mesmo pode fazer uma música assim, não tem conversa. Porque música é com preto. Falo isso porque sei que bomba atômica é com alemão, física é com Einstein, e tem umas coisas de branco que são de branco. Quando me perguntam do rap, falo: "Fui eu que fiz o primeiro rap". Brincadeira. Mas "Eu faço, eu aconteço, eu boto para correr, eu mato a cobra e mostro o pau, vou provocar e você vem comprovar, meu nome é Benedito João dos Santos..." Se isso não é rap, o que é? Rap é *rhythm and poetry*. Eu não sou rapper porque trabalho com harmonia. Os Racionais não vão poder tocar Arrigo nem Ataulfo, é disso que estou falando, só o descendente de escravo aqui é que vai. O mestiço, não, a não ser um Macalé, um Paulinho da Viola...

Jards Macalé é um dos melhores instrumentistas do Brasil, um grande violonista, um grande compositor... Claro! Devo dizer que sou especial, não por mim ou por minha obra, mas porque caras como ele me acham legal. Acho que tenho alguma coisa especial para que esses caras gostem desse jeito de mim. Duas pessoas me disseram o que eu vim fazer aqui: uma é a minha mulher, que está comigo até hoje, e a outra é aquele carinha lá da cadeia. Um dia, no programa do Serginho Groisman, *Matéria-prima*, ainda na TV Gazeta, eu estava quieto num canto e, quando levantei a cabeça, vi na minha frente ninguém menos que Hermeto Pascoal. Ele falou: "Você está aí concentrado, vou deixá-lo quietinho, mas vou dizer só uma coisa – admiro muito a sua música". Quando ele disse aquilo, o que você acha que se passou na minha cabeça?

Quem você gosta de ouvir cantar as suas músicas? Eu estava prestes a conhecer a Elis Regina. Já tinha ouvido a Elis falar bem de mim, e fiquei todo aceso. Mas ela morreu uma semana antes. Tinha dito que não gravaria nenhuma música minha. Fiquei mal com isso, cara. Pô, sou um compositor, e a Elis Regina é alguém! Ela disse que, se gravasse, estaria me colocando no sistema. Só não entrei no sistema porque a Elis não quis. Ela sacava essas coisas. Eu ainda não entendia que, se ela gravasse uma música minha, eu entraria para o sistema como João Bosco ou Milton Nascimento. A Elis divulgou os caras dentro do sistema. Aliás, o Bocato, que conheci com 15 anos e já tocando daquele jeito, também tocou com a Elis. Foi ele que nos levou, a mim e ao Arrigo, até a Elis, até a Rita Lee, até o Ney Matogrosso. ▪

O Ney gravou "Chavão abre a porta grande". O Ney veio com uma história de gravar só Itamar Assumpção. Mas nunca admiti essa possibilidade, porque entendo o sistema. Você não vai poder gravar um cara que não edita as músicas, porque quem manda é a editora que vai ser proprietária da sua obra. Você acha que pode gravar Chico Buarque de Holanda sem pedir para uma editora? Não, senhor. ▪

Mas você tem uma boa lista de intérpretes, não? Em 1994, fiz um show no Sesc (São Paulo), onde pela primeira vez chamei a Zélia para cantar. Convidei também o Melodia, o Tom Zé e a Virgínia Rosa. A Zélia cantou "Vou tirar você do dicionário". Depois, junto comigo, ela deu uma entrevista ao *Jornal do Brasil*, em que contava: "Ele nem me olhou!". A gente ainda não tinha intimidade mesmo, mas acompanhei toda a sua batalha até gravar o primeiro disco. Quando a Cássia veio com aquela proposta de gravar "Já deu pra sentir" no seu primeiro disco, era ela que queria fazer uma parceria. Mudou a harmonia, deixou a melodia e a letra e botou "Tutu" do Miles Davis. Então, pensei: "Essa mulher é louca! A gravadora não vai aguentar essa mina". Depois eu a conheci um pouco melhor e, no segundo disco, quando me ligou pedindo música, respondi: "Agora você não vai gravar música que eu já fiz, não!". Desliguei o telefone e na hora fiz "Sonhei que viajava com você". Hoje, não deixo mais esses meninos ficarem cantando música minha, não. Quando olho para a cara da pessoa, pego e faço a música. Como fiz com "Aprendiz de feiticeiro", para a Cássia, e "Código de acesso", para a Zélia. ▪ A transa é assim, o amor é igual, mas acho que a Zélia é a mina com quem mais me identifico, é uma coisa de paixão brava, chegou no humano. Depois que a gente se conheceu, a forma dela me complementa, porque sou o cão chupando manga, e ela é aquela coisa doce... Quando você perguntou de quem gosto de ouvir cantar as minhas músicas, eu respondo: Zélia e Cássia. Até porque não daria certo gravar minha música sem entendê-la. Quando você grava Chico Buarque, é um samba. Pode transformar em samba a minha música, em reggae, em rock, pode transformá-la no que quiser, mas eu não sou nada disso. Para me entender, tem que saber que, por exemplo, "Dor elegante" não é minha. Eu recebi uma missão. O Leminski estava morrendo de cirrose quando me deu isso. Fiquei uns três anos com essa letra. Cara, isso foi no auge da dor! ▪

O Leminski era um cara especial. Totalmente. Acho que é isto que tenho de especial: os especiais gostam de mim, me dão todo o apoio. Tanto é que eu só entregaria minha obra para o Paulo Leminski ou a Alice Ruiz, porque eles saberiam resguardá-la.

JARDS MACALÉ

UM VIOLÃO QUE É SÓ DELE. Um jeito de cantar que ninguém mais tem. Macalé é referência para gerações desde o tropicalismo, e aqui a gente entende por quê. Muito bem formado! Como se não bastasse ser único e, ainda, um excelente músico, estudou orquestração e regência com Guerra Peixe, foi copista para Severino Araújo, hospedou Bethânia, criou com Capinam e Wally Salomão, e rápido entendeu que Debussy, Ciro Monteiro, Clementina e Nora Ney são todos parte de uma mesma história. ▪ Diz-se um seresteiro. Foi fundamental em momentos únicos da canção brasileira. Criou seu próprio universo e, como ele diz, "fui emprenhando a rapaziada pelo ouvido. Quando toco aquele violão e começo a dizer aquelas loucuras, não tem outro Macalé, eles vão ter que aguentar aquele mesmo". ▪ Macau: fundamental. Entrevista realizada em agosto de 2013.

Macalé, me preparando para o nosso encontro, ouvindo mais as suas músicas e pegando os seus discos, pintou uma sensação de que a década de 1970 foi fundamental dentro da sua obra. Claro. Tanto que fico relendo as coisas da década de 1970 pelo simples fato de que naquele momento ouviram assim, mas o ouvido do público...
Não estava preparado? Não, estava acontecendo tanta coisa... Passaram-se essas décadas, quando vem a recuperação do "Vapor barato", principalmente no filme do Walter Salles Júnior [*Terra estrangeira*, 1995], em que aparecia o "Vapor barato" original com o Cacau tocando violão. Deu uma levantada na música, e "Vapor barato" se traduz em Waly Salomão e Jards Macalé. Aí de repente vem o Rappa que arrasa, estão no hit desse "velho casaco de general", e vem o reconhecimento, a busca de uma rapaziada que nasceu em 1980, até 1970, mas que vinha ouvindo esse pessoal como se fosse uma novidade. Bacana, né? Porque ficou tudo enterrado. Aí comecei a reler minhas músicas com arranjos mais ou menos diferentes: "Olha, isso aqui sou eu". Ontem, não amanhã, sou eu ontem. É maravilhoso.
Aquele foi um momento muito fértil da música pop brasileira. E era uma música pop que ainda não tinha espaço, não era mais tropicalismo também. Não, não era pop inglês nem americano, era misturado com a bossa nova e não era bossa nova, era um rock mesmo internacional, misturou tudo e ficou aquele caldeirão fervendo. Com o tempo do desbunde, ali naquela área do desbunde, onde a gente brincou no Posto 9, que era o centro de um núcleo, juntava o cinema novo com o teatro novo, com o tropicalismo, o pós-tropicalismo, as dunas da Gal, as dunas do barato, como a gente também chamava. Esse negócio todo deu um caldo naquela época. Mas lhe digo que em 1985 desisti de ouvir coisas.
Por quê? A rádio tinha uma programação que foi encaretando, aí ficou uma relação de gravadoras, rádio, televisão, tudo empurrando já uma coisa.
Via jabá. É, via jabá. Eu disse: "Quer saber, não quero". Desliguei o rádio, a televisão gosto sem som, e quando me interessa a imagem vou ver o que é. E aí comecei a ouvir as coisas que gosto, da década de 1960, da década de 1950, de 40, nasci em 1943. A partir daí tomei tenência da vida e comecei a estudar, como disse Tom Zé, comecei a estudar o samba, me liguei a Moacyr Luz, que é um sambista maravilhoso, que me trouxe à memória as coisas de 1962, 63, que eram os 4 Crioulos [grupo formado por Élton Medeiros, Nelson Sargento, Jair do Cavaquinho e Anescar do Salgueiro], a minha amizade com o Paulinho da Viola sempre foi grande. Lembro que o Hermínio Bello de Carvalho me convidou para acompanhar a Nora Ney num show chamado *Mudando de conversa*, no qual conheci mais *tête-à-tête* o Ciro Monteiro, que já era meu amigo, e a Clementina de Jesus, uma pessoa maravilhosa, Élton Medeiros, o conjunto Época de Ouro, o pai do Paulinho, aquela patota barra-pesada. E o Hermínio me convidou especificamente para acompanhar a Nora Ney. E com a Nora Ney aprendi a respirar, a dizer coisas. Aquilo para mim sempre foi um laboratório, participar dos trabalhos sempre me enriqueceu. Então, viajei no tempo na década de 1980, fui parar na década

de 1930, de 20. Como fiquei na geladeira durante onze anos depois de *O banquete dos mendigos*, em 1973, tinha que arrumar o que fazer, só vivia de show, não tocavam as minhas músicas na rádio, na televisão, e aí disse: "Bom, vou estudar". Ouvi, reouvi Duke Ellington, Miles Davis, a minha parcela de jazz, o jazz progressivo, o clássico. Lobão me deu o violoncelo dele e recomecei a estudar violoncelo, as coisas mais díspares foram se juntando.

Que interessante, uma oportunidade para retomar a escuta. Eu me alienei da década de 1980, da música que estava se fazendo. Inclusive perdi o Legião Urbana, os Titãs, o Barão Vermelho. ▪ Voltando no tempo, durante a tropicália, a Bethânia estava morando lá em casa. Conheci o Caetano muito antes, mas ele estava tomando conta de Bethânia. O seu Zezinho disse assim: "Vai, mas toma conta da sua irmã". Aí a Bethânia foi morar lá em casa e virou um núcleo, Caetano, Gal. Inclusive o Guilherme Araújo conheceu a Bethânia na minha casa. Nesse período o pessoal estava botando pra quebrar a ideia de tropicalismo. Com a Bethânia dentro de casa se aproximaram todos e começou a haver umas conversas entre eles. Mas eu queria ser músico de verdade. Então, nessa sequência, entrei na Pró-Arte e meu professor de orquestração e harmonia era o Guerra-Peixe. Outro que dava aula na Pró-Arte era o Peter Dauelsberg, o primeiro violoncelo da Orquestra Sinfônica Brasileira, e comecei a estudar violoncelo com ele. Comecei a estudar regência com o Mário Tavares, e com a Esther Scliar, essa gaúcha maravilhosa, análise musical. Quem estudava também com ela, não na Pró-Arte, mas com ela, eram o Paulinho da Viola e o Edu. Então começou a acabar para mim a fronteira, numa análise musical geral entrou a música como elemento fundamental, se é popular, erudito, samba, rap, não me interessa, o que passou a me interessar fundamentalmente foi o som só, sem catalogação, sem adjetivação.

Você fez aula com o Turíbio Santos também? Não, que bom que a gente vai botar as coisas no lugar. Quando acabou o *Opinião* [o show], com o "Carcará", que foi aquele sucesso horrível, o Guilherme Araújo disse: "Tem que fazer um show de Bethânia individualmente". Aí pegou Torquato, Caetano e Capinam, se não me engano, para fazer o roteiro, e me pegou para a direção musical. Começamos a ensaiar o primeiro show individual da Bethânia [1966] na boate Cangaceiro, ali na rua Fernando Mendes, em Copacabana, onde cantavam as divas da época: Elizeth Cardoso e Nora Ney. O Guilherme Araújo me botou na mão o Edson Machado Quinteto. O Edson Machado era um grande batera, inventou o samba no prato, e eu fiquei muito tímido, porque menino bossa nova me enfiava com Dori Caymmi, meu amigo desde os 15 anos de idade, na casa do Dorival Caymmi, que todo mundo frequentava, em Copacabana. Ia para lá ouvir discos e, no meio dessa história, quem cantava justamente na casa dos

Caymmi eram Os Cariocas, Tom Jobim, Baden Powell, Vinicius, quer dizer, a nata desse pedaço de música dita bossa nova. Então, quando pintou Edson Machado... Por incrível que pareça, generosamente, resolveu colaborar. Aquela batera toda exuberante começou a tocar pianinho, mas cheia de balanço. O que aprendi de divisão com o Edson Machado, tocando com ele... O que quero dizer é o seguinte, enquanto o pessoal estava tocando, tropicalisticamente falando, eu estava estudando em aula Sebastian Bach, Erik Satie, Debussy, o pessoal impressionista da época, até que pinta Villa-Lobos, e aí não tem mais jeito, é o Brasil. Mas o Turíbio Santos é o seguinte... Enquanto a gente estava ensaiando com a Bethânia na boate Cangaceiro, uma moça que fazia parte da família deles, a Tereza, filha do Augusto Rodrigues, que era amicíssimo da família do Turíbio, foi até o meu ensaio com a Gisilda, fazer entrevista com a Bethânia. Conversa vai, conversa vem, comecei a conversar com a Gisilda. Mais tarde, a gente já meio que namorando, ela me convidou para ir à casa dela, cheguei lá e o irmão dela era o Turíbio Santos, que vivia o dia inteiro tocando violão. Enquanto namorava a Gisilda, ouvia o Turíbio se preparando para o Festival Internacional de Violão na França, que ele ganhou. Mas para estudar violão ele me indicou uma pessoa formidável, um violonista chamado Jodacil Damasceno. Eu não diria que era melhor que o Turíbio, mas era pau a pau, só tinha um problema, ele subia no palco e ficava tão nervoso que se atrapalhava todo. Comecei a estudar com o Jodacil a técnica de violão, o violão dito erudito, e cheguei a tocar algumas peças, até os estudos de Villa-Lobos. Quando o Turíbio ganhou o concurso em Paris, começou a experimentar violões alemães e deixou seu violão de lado. Um dia, eu disse assim: "Você não está mais tocando esse violão? Eu gostaria de comprar". Aí ele fez um preço simbólico, porque é um violão de *luthier*, é do Uruguai, onde tem as melhores madeiras para se fazer violão, é o meu Stradivarius. Comecei a estudar com o Jodacil com esse violão.

Então não é que você estudou com o Turíbio Santos, você estudou com o violão do Turíbio. É o meu violão oficial.

A gente começou esta nossa conversa falando dos anos 1970, da sua música que é uma música pop, mas ao mesmo tempo é samba e é blues também. Aí você me conta que estudou, teve esse mergulho na música erudita, e no fim das contas, quando a gente te vê tocando violão, você desce a mão nele. É claro.

Por que é claro? A questão do instrumentista de violão foi porque conheci Baden Powell muito menino, morava em Ipanema. Ao lado do meu edifício havia o edifício gêmeo onde morava o Severino Araújo, um dos meus mestres mais barra-pesada. Conheci o filho do Severino Araújo porque a gente fez um pequeno grupo de amigos de quarteirão, ele tocava bateria, eu, violão. A gente montava aquilo lá em casa e ficava tocando, a bateria ocupava o espaço do quarto inteiro, só me sobrava tocar violão em cima do armário. É verdade. Do meu edifício, no sexto andar, eu ouvia no edifício gêmeo, separado por uma papelaria, exatamente igual, no sexto andar, um sopro lindo, uns estudos, uns chorinhos. Ia para a janela, não sabia de onde vinha o som, mistério. Um dia, o Chiquinho Araújo me leva à casa dele e, quando abre a porta, quem está sentado no sofá? O próprio Severino, que diz: "Você é músico, meu filho?". Aí começou a rolar papo da Orquestra Tabajara e não sei o que lá, e ele botou uma música, uma faixa do *City of Glass* do Stan Kenton, que é uma cacofonia doida, um negócio maluco, e fiquei fascinado porque desconstruiu toda a música formal. Eu adorava jazz, só que aquele jazz ali era Stravinsky, tudo misturado, uma loucura. O Chiquinho Araújo fazia as cópias da orquestração do Severino para a Tabajara e estava muito cheio de trabalho. "Macalé, você não topa dividir o trabalho e de vez em quando você copia para o meu pai?" Topei, então ficava na casa do Severino Araújo. Depois de algum tempo, a gente tinha mais intimidade, eu via o Severino Araújo escrevendo de cabeça, é impressionante, como a gente escreve uma cartinha, e me passava. Aí pegava as partituras e copiava a orquestração. Foi assim que aprendi a ler e escrever, copiando, e comecei a saber tudo sobre a orquestra de sopro, que era a Tabajara. Só quem batia na minha letrinha bacana era o Jamelão, ele parecia um computador. Ele copiava sentado nas escadas da Rádio Nacional.

Era um trabalho? Era um trabalho formal, não tinha computador, o orquestrador escrevia as grades e o copista ia lá e tirava cada partitura para cada instrumento. Tudo passível de erros, é claro, a letra de orquestrador era qualquer nota na partitura. Eu escrevia aquelas partituras e levava à Rádio Nacional nos ensaios da Tabajara e ficava na plateia vendo o ensaio.

Você era moleque? Tinha uns 15, 16 anos. Sentava na plateia e, na hora em que aquela orquestra começava a ensaiar, sentia como se fosse minha, aquela partitura, aquela orquestra e o Severino, generoso como sempre, mas na dele. No ensaio corrigia harmonias que tinha escrito, eu ficava dando as correções para ele, e de vez em quando tinha nota errada mesmo, ele dizia: "Não, essa nota é essa, é essa, é essa". Nunca virou para mim e disse: "Está errado". Aprendi a ler e escrever os timbres dos sopros. A Orquestra Tabajara foi até um ponto em que a música pop começou a tomar conta, o rock etc. e tal, e o Severino parou um pouco com a orquestra e ficou só arranjando.

Ele tocou num disco seu, né? Tocou, a minha faixa querida, o samba "Choro de arcanjo". Aí fui estudar na Pró-Arte já sabendo ler e escrever mais ou menos essa coisa de orquestra. Foi quando disse assim: "Sabe o que mais? Agora quero saber da música erudita". O Edino Krieger era o diretor musical [da Orquestra Sinfônica Nacional da Rádio MEC], fui até ele e disse: "Olha, sou aluno do Severino Araújo, do Guerra-Peixe...". Dourei a pílula. "...e agora queria estudar, ser um dos copistas da Orquestra Sinfônica." Ele achou formidável, é meu amigo até hoje, vai aos shows. Aí aprendi cordas, violino, violas, violoncelo, sopro, entendi uma orquestra inteira.

Você passou da gafieira para o erudito. Misturei tudo e senti o seguinte: não existe música erudita, não existe música popular, o que existe é a música. Aí fica mais fácil, né? Nessa me aprofundei com a minha querida Esther Scliar e tal. E entre essa coisa toda, entra o show *Mudando de conversa* [1968], com o Ciro Monteiro, o Élton Medeiros, a Clementina de Jesus, o conjunto Rosa de Ouro, e me coube a Nora Ney, porque o Hermínio sacou que eu podia tocar naquele balanço da Nora Ney na minha forma de violão mais sofisticada, sofisticada nada, mas bluesada. O Dori amava isso e o Menescal mais ainda, era bossa nova com blues, no caso do meu violão para a Nora Ney. E aprendo com a Nora Ney, fiquei amicíssimo de todos ali, o Ciro me apresentou Nelson Cavaquinho numa noitada louca no final do Leblon, o Élton é uma maravilha, a Clementina de Jesus me ensinou a noite inteira a tocar prato e acabei comendo tudo que o prato quebrou. Depois, podendo gravar, comecei a convidar os meus amigos, não só amigos, mas pessoas que tocam de verdade. E a Nora Ney me ensinou a respirar.

> NÃO EXISTE MÚSICA ERUDITA, NÃO EXISTE MÚSICA POPULAR, O QUE EXISTE É A MÚSICA

O que você fez junto com a Nora Ney? Tem o disco *Mudando de conversa* e a parte só da Nora Ney com o meu violão, aquelas coisas: "Garçom, apague essa luz que eu quero ficar sozinha" ["Bar da noite", canção de Haroldo Barbosa]. Aquela inspiração, que maravilha! Depois dessa coisa toda vou parar aonde? No *Arena conta Zumbi* [1965], no teatro, o Augusto Boal dirigindo, porque substituí Dori Caymmi como violonista, ele tinha coisa para fazer e me pediu para ser violonista da peça. Resultado: conheci Maria Gladys, Paulo José, Dina Sfat, Milton Gonçalves, a nata… Enfim, somando tudo, um pouco antes teve o *Opinião* [show de 1964], o Dori Caymmi era o diretor [um dos diretores] do *Opinião*, teve que sair e botou como substituto o Roberto Nascimento. Depois substituí o Roberto e, como ele tocava com a Elizeth Cardoso, levou uma música minha em parceria com ele para ela, que gravou a nossa música.

Ela foi a primeira pessoa a gravar uma música sua? A Elizeth Cardoso gravou a minha primeira música e fiquei como violonista dela. Mas antes, quando a Nara Leão convidou a Maria Bethânia para substituí-la no *Opinião*, eles não sabiam onde botar a Bethânia… Pimba! Ela ficou lá em casa, no quarto da minha avó, que estava viajando.

Aí vocês ficaram amigos. Namoramos, mas muito pouquinho. E a gente vivia de manhã à noite tocando, tocando, tocando.

E como foi que você encontrou esses parceiros poetas, o Waly Salomão, Capinam? Estava lendo o "Geleia geral", também do Torquato Neto, que amava você. Tudo começou quando o Torquato estava hospedado na casa de um piauiense, o João Viana; a mãe de Torquato e a dele eram amicíssimas. O Torquato veio ao Rio de Janeiro em 1958 e ficou na casa do Jota. O Jota fazia parte do meu pequeno grupo, o Chico e eu, a gente se deu o nome de Dois do Balanço. Quando o Jota entrou com a flauta doce virou Três do Balanço.

Fazendo bossa nova nessa época? Ah, sim. Quando o João me apresentou o Torquato começou a amizade. Em 1959, pinta o Alvinho Guimarães, que era teatrólogo na Bahia e conhecia o Torquato Neto, e Torquato veio com Caetano de Salvador. Alvinho estava fazendo um curta chamado *Moleques de rua*, para o qual Caetano ia fazer a trilha sonora. Aparecem o Alvinho e o Caetano para procurar o Torquato na casa do João e nos encontramos todos. O Caetano se interessou em ver alguns ensaios da gente, que já não éramos mais Três do Balanço, já tinha trompete, sax, contrabaixo, virou Sete do Balanço, com eventual saída de um, com agregação de outros, Oito do Balanço era o formato do grupo. Caetano foi lá em casa em Ipanema e, quando viu aquele pessoal tocando bossa nova, disse: "Isso é parecido com o movimento que a gente está fazendo na Bahia". Não era ainda um movimento, eram ideias, era bossa nova, o João Gilberto, Centro Cultural, todo mundo estava ligado nessa "Chega de saudade" e pimba, explodiu aquela coisa. Eu me lembro de que Caetano foi com a Anecy Rocha, irmã do Glauber Rocha, eles estavam meio que namorando. Aí perguntei para ele no intervalo: "Você é compositor, né?". Ele disse: "Sou". Aí ele pegou o violão e cantou: "É de manhã, é de madrugada...". Peguei o violão, fui fazendo umas notinhas só para entender e nasceu uma grande amizade. Tanto que ele me convidou depois para o *Transa* lá em London, London. Naquela época, Caetano compôs uma música linda com o Jota: "Sim, foi você quem não quis voltar, toda noite a saudade...". Aí Caetano voltou para a Bahia em 1960 e disse: "Vai lá tocar para o meu pessoal". Eu era um cara muito novo, sem dinheiro, mas queria ir para a Bahia e acabei indo e conhecendo o pessoal de quem ele falava. Depois eles voltaram de novo com a Bethânia e começou aquele negócio de tropicalismo. Aí conheci o Capinam, que me foi apresentado na casa da Bethânia. Conheci Rogério Duarte.
O Capinam falou que, naquele momento em que fez o "Movimento dos barcos" com você, ele já tinha desencanado de Edu Lobo e essa turma toda porque até aquele momento acreditava que a palavra poderia mudar o mundo e aí viu que não mudava nada. A palavra não era politicamente tão forte que mudasse realmente, mas é forte porque muda o mundo, sim. Mas naquele momento, depois de tanta porradaria... Inclusive faço questão de dizer que não sou tropicalista, não vou me enfiar no meio da rapaziada. Torci a favor e tudo mais, mas não vou dizer que sou tropicalista. Porém, peguei vários elementos do tropicalismo com "Gotham City ", com o Capinam para fazer aquela loucura toda no Maracanãzinho [ele se refere à vaia que recebeu no IV Festival Internacional da Canção, na TV Globo, em 1969]. Mas não era mais tropicalismo, aquilo ali já é outra atitude.
É, como *Gal Fa-tal,* que também não era mais tropicalismo. Como foi fazer "Movimento dos barcos", como é que pintou essa canção? Ele trouxe a letra, a gente sentou na casa dele na Gávea. O Capinam era o único que tinha dinheiro, tinha agência de propaganda daquelas *must*, ele era redator, um grande poeta, um criador maravilhoso. Eu tinha essa patota que morava na minha casa,

mas Capinam tinha casa, mulher, enfim, a gente ia para lá e ele me apresentava letras. A nossa primeira música se chama "Módulo lunar", que foi gravada pelos Brasões, que acompanhavam a Gal e passaram a me acompanhar no "Gotham City". É engraçado como essas coisas vão, o tropicalismo foi para cá e o grupo vai para lá, uma fusão total, tudo misturado e junto, como o pessoal diz aí. A segunda foi "O crime": "Um quadro em chamas, só tenho pena de minha esperança...", e a terceira foi "Movimento dos barcos", depois "Gotham City". Ele me apresentou a letra e eu comecei... Quanto a "Vapor barato", eu e o Waly fizemos em 15 minutos, o resto foi cantar, cantar para formatar. "Movimento dos barcos" também foi assim, a gente cantou de primeira, aí eu fui cantando. Poeta de parceria... Ele apresenta aquele catatau e depois começa a mudar dentro da música, dentro de para onde vai a música. A gente não tinha nem medido o que seria "Movimento dos barcos", só sei que no final a gente gostou. Mais tarde, saquei que não tem uma frase musical igual a outra de ponta a ponta.

É uma música riquíssima. É impressionante. E mesmo porque a escrita poética, a letra falava: "Estou cansado e você também, vou sair sem abrir a porta e não voltar nunca mais...". E botaram o apelido no "Movimento dos barcos" de "Melô do fantasminha", porque sair sem abrir a porta, como é que pode? Só atravessando, o nego sacaneava. Mas a canção em si se tornou um classicozinho na música brasileira.

É um clássico, com certeza. O que você achou da versão da Ava Rocha para essa canção? Ela está amadurecendo o trabalho dela, tanto que a convidei no último disco para cantar a nossa canção de ninar, minha e do Waly: "Ah, de dia painho, de manhã cedim..." ["Berceuse crioulle"], que a Bethânia gravou no meu disco. Dentro da nossa obra, ela [Ava] escolheu "Movimento dos barcos" para ser o hit dela. E, naturalmente, a Gal Costa escolheu o "Vapor barato", e fez dele um hit. Tanto que, no último show da Gal, o *Recanto*, ela botou "Vapor barato" no meio do show. Nunca vi um negócio desse porque ela dá uma interpretação tão forte que, quando acabou a música, o público levantou e ficou batendo palmas de pé... no meio de um show tem quem bata palmas de pé para uma música. Aí tem que sentar todo mundo para continuar o negócio.

Também ficou uma canção emblemática do repertório dela. E também tem o seguinte: é uma música datada. O Waly dizia: "É o nosso pobre menino hippie". Só que atravessou o tempo. Vem o *Terra estrangeira* e vai parar no Rappa e aí estourou geral. Porque datada é o seguinte: "Vou descendo por todas as ruas e vou tomar aquele velho navio, eu não preciso de muito dinheiro e não importa, *honey*...". Essa frase, como "eu não preciso de muito dinheiro"? Todo mundo na miséria total... E contando essa história do exílio, todo mundo saindo. E o título "Vapor barato" tem duas leituras, o "vapor" é o vapor do rio São Francisco e também é aquele que vende droga. E tem o "barato" da droga. Então é "Vapor barato", e para os íntimos "Vapor barato" [entonação irônica].

Como era compor com o Waly Salomão, que era aquela figura... Bom, o Waly, intenso como sempre, sempre ativo, positivo, estava sempre afirmando a coisa. A gente sentava e fazia canções lá em casa. Inclusive o "Vapor barato" nasce de uma coisa interessante. O Waly foi preso em São Paulo pela Rota, os caras iam atrás de cabeludos, éramos suspeitos o tempo inteiro, numa dessa o Waly foi pego com uma baganinha de maconha no bolso e levaram ele para o Carandiru. Quando ele sumiu, todo mundo ficou procurando: "O Waly vive viajando, cadê o cara?". Até que souberam que o Waly estava no Carandiru. Aí todo mundo fez um movimento para soltá-lo. O Waly ficou traumatizado com esse negócio de cidade grande, ele é de Jequié, então, depois desse fato, em vez de ir para o Rio de Janeiro, ele foi para Niterói. Eu morava em Botafogo, ele vinha de Niterói para o Rio de Janeiro na barca da Cantareira, cantando aos berros, botando todo mundo para cantar: "Ê, Cantareira..." ["Mambo da Cantareira", do disco *Aprender a nadar*, 1974]. Já sabia quando o Waly chegava perto de casa porque ouvia ele vindo da esquina: "Ê, Cantareira, ê, Cantareira...". O menino estava avisando que estava chegando. Num dia desses, ele apresenta a letra do "Vapor barato" lá em casa e aí comecei a ler direto e cantando a música. Gosto de pegar jornal, revista, livro e tal, e leio cantando para mim, é um exercício pessoal. Em 15 minutos estava pronto o "Vapor barato". **Que maravilha, um clássico feito em 15 minutos!** Claro que a boneca, como chamam no jornalismo, foi como o "Movimento dos barcos". Tem a primeira ideia, depois você vai depurando. É a mesma coisa com o "Vapor barato". Você vai ajeitando a nota até que consegue uma forma. Com o Torquato foi a mesma coisa, e com o Duda [Machado], o "Hotel das estrelas"...

"Hotel das estrelas" é uma coisa maravilhosa. O Duda é um grande poeta, mas ele não estava a fim de ficar nesse negócio de música, ele tinha outras coisas na cabeça, literatura.

Ele fez pouca coisa, né? Pouquíssima, comigo duas ou três. Sei que ele não queria se enfronhar nesse negócio e atualmente é professor lá na PUC ou na USP.

Vamos falar dos sambas, Macalé. Você fez *Contrastes* [1977], que é um disco maravilhoso, depois fez *Quatro batutas e um coringa* [1987]. Isso foi porque eu estava na geladeira, durante esses onze anos, só fazendo show, até que o Gordo do Lira Paulistana produziu aquela tropa que se juntou para fazer o Lira. Um dia, conversando pra lá e pra cá, ele me convidou para fazer um disco e eu não estava compondo. "Que disco eu vou fazer?" Tímido, para não gastar dinheiro dos outros, bolei voz e violão e escolhi quatro batutas da música brasileira: Paulinho da Viola, Nelson Cavaquinho, Geraldo Pereira e Lupicínio Rodrigues. Aí fui para o estúdio e, quando ele pegou e ouviu o teste, falou assim: "Isso pode ser muito melhor, refaça, arrume uns orquestradores, você escolhe". Eu digo: "Tá legal. Tenho carta branca?". "Claro." Convidei o Júlio Medaglia, que fez os arranjos do Lupicínio Rodrigues e Nelson Cavaquinho, eu mesmo fiz os do Geraldo Pereira e Paulinho da Viola.

Um discaço aquele. Como é que o samba pintou para você, Macalé? Do que você gosta no samba? Gosta da divisão, do ritmo? Do jeito que é, do batuque, da batucada, do ritmo, é um negócio riquíssimo. Por exemplo, quando comecei a me relacionar com o João Gilberto mais proximamente, um dia ele me chama na casa dele e diz assim: "Macala...". Ele me chama de Macala. "...você quer saber o que é a bossa nova?" O mundo quer saber... e eu de frente: "Quero, é claro". Aí ele pegou o violão, olhou para a minha cara e fez esse acorde e ficou três horas só nesse acorde. Não, isso não é maluquice, o cara é um professor zen, ele pegou o violão e ficou olhando para a minha cara [Macalé toca violão e canta], mostrando o negócio, e eu lá. A obra dele está toda aqui. Uma hora depois, já estava sorrindo e fiquei lá. Na terceira hora, ele próprio estava se exercitando e sorrindo. Aí pensei: "Isso vai demorar... Então, se bossa nova é isso, vou saindo de fininho". Deixei ele lá sozinho, fui para a minha casa, peguei meu violão, sentei no meu sofá e... [toca violão]. Até aí tudo bem. Aí um dia ele me telefonou e disse: "Macala, a bossa nova não existe, o que existe é o samba". Eu já tinha detectado que esse negócio... [toca violão]. Primeiro, a bossa nova era a batida do cara, ele que inventou essas harmonias geniais. Agora, a bossa nova é o tamborim: pa ta cat cat... Ele isolou o tamborim e botou a harmonia em cima da batida do tamborim. O cara é um gênio, fez tudo que fez, e é só isso. "Macala, a bossa nova não existe, o que existe é o samba." Pronto, acabou.
Como é o nome desse acorde que você fez? Ré 7ª maior com fá sustenido no baixo.
Você acha então que toda a música brasileira vem do samba? Não, a música brasileira tem influências diversas, mas o samba deu a estrutura, o ritmo para essa coisa toda. O samba veio daquele pessoal de fazenda, do Donga, do João da Baiana, junta tudo no terreiro e aí...
A casa das tias... A tia Ciata. Junta aquela patota e gera o samba básico, que é o africano, que vai gerando uma coisa que vai se depurando, se organizando e que acaba com uma linguagem nacional, que é o samba.
Fale da sua escuta do blues, mais especificamente do jazz. Você já falou daquele momento do Severino Araújo, mas como o blues pintou na sua vida? O blues pinta junto com o jazz. Quando ouvi o Louis Armstrong, disse: "Que maravilha! É por aqui". E aí veio tudo isso, os instrumentistas. Comecei a andar com o Luiz Eça, o Tamba Trio. O meu negócio era ver ensaio. Os Cariocas ensaiam dia tal na casa do Severino Filho, aí arrumava um jeito de chegar ali, porque já conhecia o Severino e o Bebeto [do Tamba Trio]. Ia nos ensaios e ficava quietinho num canto. Num ensaio acontece tudo, quando você vai gravar, você vai registrar o melhor do ensaio. Então fiquei ensaiando em tudo quanto foi lugar. Ia à casa do Baden Powell e ele nem me falava nada. Batia na porta, ele abria: "Hã, você, hum". Abria a porta, sempre com o violão na mão, eu entrava, ele sentava num velho sofá e mexia num negócio que ele estava estudando, e eu quieto, não falava. Ficava ali e lá pelas tantas: "Baden, vou para casa". "Hã." Abria a porta, saía e ele continuava

no barato dele. Tudo isso é uma escola, "A vida é uma escola que a gente precisa aprender..." [cantarola "Pra machucar meu coração", de Ary Barroso]. E minha mãe gostava muito de blues também. A Rádio Nacional, o João Gilberto, o Orlando Silva. E essa coisa meio bluesada que o Orlando Silva fazia também.
O Orlando Silva fazia uma coisa bluesada? É, meio bluesado, aquela voz menor, não era Chico Alves, e ele reduziu a...
A emissão. "Lábios que eu beijei, mãos que eu afaguei..." ["Lábios que eu beijei"]. Para mim era um blues também, e aí a coisa vai se misturando.
Você gravou Orestes Barbosa, achei sensacional. Gravei. Orestes Barbosa com o Valzinho: "A lua é gema de ovo no copo azul lá do céu..." ["Imagens"]. E finalmente o Orestes Barbosa com o Noel Rosa: "Positivismo". Orestes é uma maravilha!
Queria que você falasse sobre "Negra melodia", que teve uma gravação com o Gil tocando violão. Essa história é o seguinte... Estávamos em Londres e o Caetano fez uma música: *Walk down Portobello Road to the sound of reggae, I'm alive...* ["Nine out of ten", gravada no disco *Transa*, 1972]. Ouvia isso e não sabia muito sobre o reggae, o Caetano já tinha ouvido e tal, e o Gil discutiu um pouco a música negra, a Jamaica... Mas ninguém estava tocando reggae, e esse reggae que a gente gravou é mais blues que outra coisa. Bom, fiz aquele arranjinho lá. Aí quando voltei para o Brasil, o Waly tinha escrito "Negra melodia": "Negra melodia, que vem do sangue do coração...", em homenagem ao Luiz Melodia. O Melodia entrou no canal pelo Waly e aí olhei e disse assim: "Vou fazer um reggae". E já conhecia o reggae original porque, quando Caetano disse: "Vamos fazer essa música?" [ele se refere a "Nine out of Ten"], passei em Portobello Road, numa loja de uns africanos malucos, onde a gente comprava maconha numa boa, a melhor possível. Fiz amizade com um músico jamaicano e disse: "Me ensina essa batida aí, cara". Foi uma troca cultural, eles me ensinaram o reggae e eu ensinei o samba. E na hora de abrir a faixa *"Walk down Portobello Road..."*, botei dentro uma sessãozinha de tchum, tcha, batida original, e terminei também tchum, tcha. Foi o que eu ouvi lá. Quando cheguei aqui, achei por bem gravar a melodia e convidar o Gil, que era fissurado nesse negócio. Ele não tinha gravado nenhum reggae, e o Gil tinha uma batida interessante, não era tchum, tcha. O Gil mudou, na gravação inteira ele só faz tananan, tananan, e ficou aquilo. Cruzei a batida dele de reggae com o reggae original: terere tac tac chum. Antes de sair do Brasil também regi o coro na gravação dele para "Aquele abraço", o coro vagabundo e louco dos amigos. E aí toco também o apito: pririm.
Que barato! Aquele disco que tem o Naná Vasconcelos tocando tudo com você é o... *Let's Play That* [1994], mas essa amizade tem três momentos. Quando estava ensaiando o "Gotham City" no Maracanãzinho, de repente me pinta um cara de bata branca dizendo: "Posso tá nessa?". Olhei para ele e disse: "Pode". E aí ele pegou nas tumbas e nasceu a amizade. Daí convidei ele para gravar a primeira faixa do meu primeiríssimo disco, em 1969 [*Só morto*], que é "O crime", só

nós dois. Porque a gravação original do "Gotham City" no Maracanãzinho é uma maluquice. Quando chegou nessa história do *Let's Play That*, olha que história maluca, uma amiga minha namorava um cidadão que amava jazz, um dos donos do Ponto Frio Bonzão, e a gente ia para lá na casa dele e ficava... Um bom uísque, uma boa bebida, ouvindo os discos de jazz, ele me deu um disco que eu adorava, e deu para mim um LP do Louis Armstrong com um pianista canadense genial [*Louis Armstrong Meets Oscar Peterson*], e conversando: "Por que você não grava um disco?". "Meu amigo, não tenho produção, estou na geladeira há um tempão." "Mas como assim?" Expliquei para ele, que falou: "Tá, quanto custa um disco?". "Não sei, tenho que ver." Aí fui falar com o Dudu, um técnico meu amigo que conheci na Polygram e estava na Eldorado ou na Bandeirantes, sei lá, estava na direção de um estúdio desses na Tijuca. Aí levei para ele: "Queria fazer um disco e não sei o preço de estúdio". Aí ele fez tantas horas de estúdio, tantas horas disso, ensaio, bababá... Peguei esse *x* e entreguei para o cara: "Olha aqui, custa isso". Ele olhou e disse: "Passa amanhã na praça das Flores, onde fica a chave do Ponto Frio Bonzão". Tudo bem, passei lá. "Olha, ele está em reunião, mas mandou lhe entregar isso." Um cheque, olhei, peguei esse cheque, fui à Tijuca e falei: "Dudu, está aqui, vamos fazer o disco". Aí convidei o Naná, justamente, o disco se chamaria *Encontro*, não era *Let's Play That* [1994], mas acontece que "Let's Play That" era o título de um poema do Torquato. Naná Vasconcelos pediu a Torquato que fizesse alguma coisa para o trabalho dele e o Torquato pediu que musicasse essa letra a que ele deu o nome de "Let's Play That". E o disco acabou se chamando *Let's Play That* por essa junção, mas na realidade a gente tratava como *Encontro*, foi tudo ao vivo. Tanto que "Let's Play That" tem duas versões.

Abre e fecha o disco. Porque as duas ficaram lindas. A gente não sabia o que fazer, aí bota uma no princípio e outra no fim.

Então foi totalmente independente. Bote independente nisso. E o cara morreu e nunca ouviu *Let's Play That*. O tal do disco que ele mesmo produziu.

Depois o Naná fez também um disco com o Itamar Assumpção. Até parecido, né? Meio que, mas já com a linguagem do Itamar, maravilhosa. Aquele negócio ali é sério. Engraçado que tacharam algumas das melhores cabeças da época de maldito. No início, achavam que maldito era estar junto com Baudelaire, Rimbaud. Maldito, pô, isso dá um negócio. Mas, à medida que as novas gerações não sabiam o significado de maldito, pouquíssimas pessoas sabiam, o maldito foi virando um incômodo, um negócio chato. Aí fui ao dicionário para ver o que era maldito, você já viu maldito no dicionário?

É horrível. Começa assim, aquele filmete [*Jards*, de Eryk Rocha, 2013]: "Maldito é a mãe". Vai ao dicionário ver o que é maldito. Você viu o filme? Começa assim... Ah, vai pra puta que pariu, maldito é o cacete, já faz um discurso. Só agora vi uma crítica em relação ao filme do cara, tirando o maldito e me botando finalmente como músico, ele viu a valoração toda e não tocou na palavra maldito.

A ÚNICA ADJETIVAÇÃO QUE RECEBO COM PRAZER É MÚSICO, O RESTO FODA-SE

Mas ainda tem quem... Tem, aquelas adjetivações todas, irreverente... Olha, o cara é músico, é só músico, ponto, acabou, não precisa de adjetivação. A única adjetivação que recebo com prazer é músico, o resto foda-se. ▬

É a necessidade do jornalista de tachar. É, de tachar, adjetivar, o jornalista tem que dar o seu toque pessoal. Então começa a inventar cada absurdo... No momento em que estava essa coisa do maldito dos poetas foi engraçado, aí vi que malditos, amaldiçoados foram Villa-Lobos, João Gilberto, não era eu o maldito, nem o Sérgio Sampaio, nem o Melodia, nem o Tom Zé. Eles botaram os malditos no mesmo barco. ▬

E hoje você vê que tem uma molecada de olho nesses malditos, está todo mundo buscando, porque o que se faz de música contemporânea hoje é o que vocês inventaram um tempão atrás. Cuja invenção já estava inventada, não só pela poesia brasileira de início, Manuel Bandeira e todo mundo, Drummond, como os irmãos Campos, a vanguarda paulista, misturou tudo, é uma grande mistura. ▬

O Mautner tem um negócio interessante. O Mautner é original. ▬

O que acho mais incrível é que "Vampiro" é de 1958. A Nara Leão ficou fascinada com as "Cinco bombas atômicas". A Nara é outra figura. Ela ficou fascinada ao ouvir um cara que tinha botado bomba atômica numa música e gravou, bacana. Quem grava "Desafinado", o Mautner era o desafinado da bossa nova. Aquela rabeca... Então ficou essa coisa do desafinado com o descontente. Era tudo uma coisa de sair daquela e não negar o passado, incorporar o passado no presente e abrir uma porta para o futuro, para a criação, para a invenção. ▬

Para o original. Estamos falando tudo isso e fui me lembrando agora dessa coisa do "Vampiro" do Mautner de 1958, e você com essas coisas todas que estava fazendo nessa época em que tinha bossa nova, tropicalismo... Artes plásticas. O nome "tropicália" foi registrado em cartório por Hélio Oiticica como o nome da obra dele. Na confusão se deu o nome de tropicália a... não era movimento. Pensa bem, veja a distância entre uma coisa e outra, pouquíssima, começou em 1967, com aquela barulheira toda em São Paulo, em 1968 baixa o AI-5, e o nego vai preso, pronto, acabou, vamos embora. E tudo por culpa e graça do senhor José Celso Martinez Correa e Guilherme Araújo, que foi à França, voltou e disse: "Coisas incríveis estão acontecendo, as ruas pichadas, é proibido proibir". Aí começou a encher o saco do Caetano para ele fazer uma música, o Caetano não estava muito ligado nisso. Ele encheu tanto o saco que o Caetano fez "É proibido proibir", a partir daí deu-se aquela confusão. Enquanto isso, o Teatro Oficina estava fazendo "O rei da vela", o Caetano ficou impressionado com a peça, aí começou a matutar, o Guilherme Araújo enchendo o saco de um lado e do outro, aí pimba, e deu o nome de tropicália, ninguém pediu licença, o Hélio Oiticica, por pruridos culturais, intelectuais e pessoais, não reclamou, muito pelo contrário, era a ampliação da obra dele. ▬

Claro, era um cara que tinha uma visão de artista, não uma visão comercial. Isso não tira o mérito de nada que foi a tropicália, mas tem uma história essa história. Uma vez eu ouvi um papo interessantíssimo quanto à tropicália, entre o Hélio Oiticica e o Glauber Rocha, o tropicalista real. Eles foram apresentados um ao outro por Rogério Duarte, o nosso caos, que é o ponto de ligação intelectual dessa coisa toda. Ele conhecia Caetano da Bahia, Rogério era um intelectual barra-pesada, conhece o Hélio Oiticica, fecha o ciclo. O Glauber Rocha também, o Rogério era o mentor intelectual do Glauber, junta aquela turma ali, pronto, dá na tropicália.
O que aconteceu é que o disco *Tropicália*... É um manifesto.
É um marco, sem dúvida, mas o que estava acontecendo no país culturalmente falando era muito mais do que isso. Era mais do que isso. A tropicália é um dos elementos, como é música popular, toca no rádio e na TV. É um dos elementos que ficou mais tcham. Agora, tem um negócio engraçado, eles gravaram o disco *Tropicália*, e na casa da Gisilda, irmã do Turíbio, vem Caetano para mostrar o disco para a gente. Reuniu a patota, bota na vitrola, a gente estava escutando: "Genial!", "Que maravilha!", aquela coisa toda. Aí Caetano terminou o negócio, chegou para mim e disse: "Você gostou?". Eu disse: "Não". "Não?" "Eu gostei muito dessa música 'Clarice'." Música dele e de Capinam, que era mais do tipo de "Movimento dos barcos", gostei disso aí. Era mais melodiosa, o resto estava importante, manifesto: "Presidente Vargas...". Era inteligente.
E aquela canção que a Nara cantou, "Lindonéia"? "Lindonéia" também é linda. No final, comecei a conhecer Hélio Oiticica, Rubens Gerchman, Roberto Magalhães, Lygia Clark, caí nesse pedaço também. Então, a minha música, além disso tudo, como interpretação tem muitas artes plásticas.
A capa do *Let's Play That* é incrível. O que ia te falar do Mautner é sobre uma coisa que ele fala do José Bonifácio, o conceito da amálgama. Acho muito interessante, porque é uma coisa que José Bonifácio já falava, que o Brasil é essa mistura, e da originalidade que vem da mistura desde o começo do Brasil. Mas aí é que nasce uma ideia: vamos fazer a civilização brasileira. Ainda não chegou lá, não chegou mesmo. Agora, a soma dessa cultura negra, europeia, colonização americana e tal deu um país original. Esse elo, esse pensamento uno, o elo do Brasil ainda não está formado, é uma bagunça generalizada, por isso está essa porra-louquice toda, mas essa porra-louquice nossa é de uma originalidade fantástica no mundo. Então, ainda dá para ser formado, não unir num pensamento único, mas somar tudo para dar um barato, esse barato ainda não deu, mas está em progresso, em processo.
Sobre a sua música hoje, você tem a sua própria banda, o Let's Play That, que é uma molecada. Inclusive a tradução para o português de Let's Play That é Vamos Nessa.
**É uma molecada tocando com você. Tem esse disco *Tributo* que fizeram com a sua obra, a Ava Rocha que fez regravações lindas, fez "Movimento dos barcos",

o Frejat cantou com você, enfim, a impressão que tenho é que está havendo na música brasileira uma retomada.** A tal retomada da linha evolutiva. **Exato, que não termina nunca.** Só soma, soma, soma, soma. **Você me contou aqui que tirou o time e ficou estudando. Naquele momento, em meu entendimento, não houve originalidade, aquilo era...** Era um balão de ensaio para outras coisas.
Aí, nos anos 1990, começou a dar mais uma misturada, começou a perder a fronteira do que era rock, do que era MPB. Nos anos 2000, a gente tem o que estava rolando nos anos 1970. É claro, mas foram buscar para ter alguma luz, porque chegou a um ponto de impasse musical. No país mais musical do mundo, como dizem, chegou ao impasse de nego estar querendo beber de uma fonte que eles acham que é original, e para eles é. Essa coisa está se formando ainda, retomando e tomando uma nova perspectiva, expectativa, é bacana. Ainda bem que estou incluído nessa, se estivesse excluído ia ficar muito puto. Aí pinta Itamar, Walter Franco, o Lira Paulistana...
Entrevistei Marina Lima recentemente e perguntei sobre a formação essencial dela, e ela falou muito de você. Que ela te ouviu, que teu violão fez parte da formação dela. Interessante. Você fala desse violão, a Adriana Calcanhotto é fissurada no violão, me chamou para gravar uma coisa dela, aí levei esse violão, não, o violão do *Transa*, que é outro. Gravei *Transa* com um Di Giorgio, e ela ficou tão feliz, começou a dizer em entrevistas: "O Macalé gravou com o violão do *Transa*". Virou uma marca, e meu violão, na soma de todos os violonistas que estudei, peguei uma linguagem única para mim. Como cada músico assina embaixo do som dele. E o meu negócio de música e interpretação tem uma porção de Caetano Veloso, de Gilberto Gil, de Maria Bethânia, de Gal Costa, uma porção de uma porção de gente. Não tem um Macalé, só eu, o que é bom. E nessa nego vem, quem não ouviu começa a ouvir. Aí ganho pelo ouvido. Fui emprenhando a rapaziada pelo ouvido. Quando toco aquele violão e começo a dizer aquelas loucuras, não tem outro Macalé, eles vão ter que aguentar aquele mesmo.
Como é que foi isso? A gente ouve seus discos antigos, os primeiros, o seu jeito de cantar era mais... Sou um seresteiro. Vinicius, a nossa seresta linda, outras serestinhas que fiz e a Nara gravou. Depois da Elizeth Cardoso, a Nara gravou três músicas minhas, uma em cada LP, e quem produzia era o...
Aloysio de Oliveira? Não. Aliás, tem uma piada ótima. Fiz "Um abraço no Oliveira", uma musiquinha em homenagem ao João Gilberto. Não ia botar "Um abraço no João Gilberto", botei "Um abraço no Oliveira", aí falei: "Olha, eu fiz uma música para você". "Ah, é?" "É, chama-se 'Um abraço no Oliveira'." "Ih, é para o Aloysio!" Eu digo: "É, João, é para o Aloysio, só o Aloysio se chama Oliveira no mundo". Mentira, era para ele.
Acho que isso encerra a nossa conversa lindamente. É? Mas não tem *Banquete dos mendigos*?

Que coisa mais engraçada, você fez o aniversário do *Banquete dos mendigos* [show em comemoração aos 40 anos do disco em 2013] e não tinha nada de *Banquete dos mendigos* naquele show do Sesc Vila Mariana. Não, o *Banquete dos mendigos* virou uma marca para falar sobre direitos humanos. A grande estrela dessa história são os artigos de direitos humanos. O nome *Banquete dos mendigos* foi dado porque, conversando com o Rubens Gerchman, que fez a capa com aquela Santa Ceia, ele falou: "Cara, que banquete dos mendigos é isso aí". Eu digo: "Pois é". E *Banquete dos mendigos* [*Beggars Banquet*] é o disco dos Rolling Stones, lembra? Aí chupei dali, *Direitos humanos no banquete dos mendigos*, deu uma poesia só, quem entendeu, entendeu, quem não entendeu, nem sabe, e fica por isso mesmo, mas a ideia era essa. Só se fala de direitos humanos agora. Antes, nem podia falar porque senão levava porrada, agora todo mundo está com os direitos humanos. Então tá, não tenho outra coisa a fazer senão reforçar os direitos humanos, do lado de cá, aí fica esse negócio, é bom, bacana. [Foi lançada em 2015 uma caixa com três CDs com o registro integral do show de 1973.]

Você ainda está cheio de projetos? Estou. Na vida só tem sentido criar, tudo é criação, para o bem ou para o mal, então vamos continuar no processo. A tal da linha evolutiva que ficou com a música, a arte brasileira está na ponta do lance. Uma obra maldita do Hélio Oiticica atualmente é vendida por milhões de dólares, a Lygia Clark, que empobreceu fazendo escultura, tanto quanto o Hélio Oiticica, agora valem milhões. Legal, é a nossa representação criativa no mundo, foi o que deu. O nosso querido Tom arrebentou, o João, a coisa cresceu internacionalmente, para o cinema, para a música. Nelson Pereira, estive com ele agora, até brinquei com ele: "Magnífica é a escola de bola de um homem chamado Pelé..." ["Tudo é magnífico", canção de Haroldo Barbosa]. Ele está cheio de projetos aos 83 anos de idade, querendo muito mais. Sou aluno dessa história, sou um eterno aprendiz, porque só dá para ser isso. Fiz porque quis.

Sim, e continua fazendo. Você está compondo com novos parceiros? Componho com a Ava, com o Nego Léo, o maridão da Ava, com o Frejat... Eles mesmos estão me indicando pessoas, que eu vou ver, e aí pumba, na hora que ajeitar direitinho faz.

E o filme que Eryk Rocha, filho do Glauber, fez sobre você? O filme já está arrebentando [*Jards*, 2012], eu e o Eryk fomos ao MOMA [Museu de Arte Moderna], em Nova York, ao Lincoln Center. A imprensa brasileira não deu uma linha, isso é que é difícil. Lá o nego bateu palmas de pé, debates maravilhosos. O MOMA pegou esse filme para seu acervo permanente. Aqui nem falam, não sabem direito o que é. A gente ia fazer um DVD desse meu disco da Biscoito Fino, o tal do *Jards* [2011], e convidei o Eryk para fazer o DVD. No processo, o DVD foi virando um filme, um longa-metragem. Aí a gente deu uma pernada na história e pumba, quando acordaram... Ah! Para o DVD a Biscoito Fino deu uma verbinha, e o Canal Brasil, em associação com a Biscoito Fino, deu a aparelhagem, som, luz, e conforme a coisa saiu do DVD e foi virando um filme, acabou a grana, porque era muito pouca. Aí o

Eryk: "E agora? Vamos fazer o seguinte: vamos botar grana do nosso bolso, confio na sua tacada, você confia na minha, vamos nessa". Botei uns 8 mil, ele botou uns 10 mil, e aí foi finalizando o filme. Chegou uma hora, o velho Natale de São Paulo disse: "Pede para trazer o filme". Conversou com o pessoal do Itaú Cinema e aí: "Traz o filme para dar uma grana para a finalização". O Eryk veio, mostrou um pedacinho, o nego já comprou. "O que precisa?" O Eryk fez as contas, eles pegaram a grana. A troca foi a seguinte: botar no Espaço Itaú de Cinema, que são bons cinemas, em dez cidades do Brasil, com entrada franca, e aconteceu. Só não aconteceu uma coisa, eles não bancaram a pré-estreia com cuidado. E a gente está bombando com o filme internacionalmente e não chega aqui no Brasil, eles não mandam reportagens enormes no *New York Times*, mandam a gente mesmo fazer as críticas. Então a gente está fazendo isso sozinho, principalmente o Eryk. Estamos em vários festivais, fomos para Berlim. Ganhou o Festival Internacional de Cinema do Rio de Janeiro [2012], ganhamos melhor direção. Depois, peguei na internet um cara de cinema do *Estado de S. Paulo*, sei lá, botou os dez melhores filmes do ano e botou o nosso. Está acontecendo, independentemente daquela velha história de gravadora. ∎

E o disco? O disco é ótimo, críticas daqui e dali e sumiu. Aí ele resiste assim... Ganhou uma outra alma com *Jards*, o filme. Vou batalhar para que eles lancem, porque está esgotado, nego vai procurar e não encontra, para variar. Estou cansado disso: "Macalé, cadê aquele disco?". Ninguém sabe onde é que está. Já fizeram a reedição em LP agora do *Jards Macalé*, o primeiro LP. ∎

Aquele de 1972? De 1972. O LP foi mixado e masterizado nos estúdios da Abbey Road, aquela coisa, e agora virou cult. Antes isso do que nada, mas ainda é muito pouco para o que deveria ser. ∎

Acho também, mas está rolando o movimento. Está rolando. O movimento continua, o movimento dos barcos, o eterno movimento... ∎

JUSSARA SILVEIRA

NUMA DAS PRIMEIRAS VEZES EM QUE NOS ENCONTRAMOS, Jussara Silveira reclamou da minha pressa e disse que ficava então entre nós uma promessa de felicidade... Essa delicadeza, essa baianidade se imprimem também no seu canto. É poeta no jeito de ser. Quando lembra que, ainda menina, cantava uma dolorida música de Chico Buarque, a gente entende mais ainda. Jussara lê poesia o tempo todo, e o hábito a contamina – é uma cantora cujo repertório fala de amor e saudade. Talvez por isso tenha tanto mar, porque existe ali a sereia que vemos no palco desde os primeiros figurinos de Carlos Maltez. Jussara tem sua própria noção do que é cantar, do que é estar à disposição da música. Ofereceu o bom café, recitou Catulo, cantou Gonzaga. Felicidade completa, promessa cumprida!.
Entrevista realizada em maio de 2004.

Você contou que sua mãe tem loucura por música erudita e acha estranho você fazer canção popular. É! Mas agora ela já acostumou… E, na verdade, nós todos sempre gostamos muito de música popular.
Como era isso na sua infância? Tinha muito essa vivência da música clássica, de concerto com minha mãe e foi minha tia Lia Silveira, uma referência muito especial para mim, quem me encaminhou para a canção popular. Na casa dos meus avós – em Vitória da Conquista, no sertão baiano, de onde é minha família –, todo mundo ouvia Caetano Veloso, Chico Buarque, Nara Leão, Tom Zé, Elza Soares, Elis Regina. Eu sempre tive meus eleitos: Chico Buarque e Caetano Veloso.
Já de cara, desde menina? De cara. Eu chorava quando escutava "No dia em que eu vim-me embora". Ficava pensando naquele homem com aquela história – a mãe até a porta, a irmã até a rua, o pai até o porto. Eu viajava nisso, sofria, ficava triste. Mas, enfim, entendi que a gente deve partir mesmo.
No seu terceiro disco, há uma música que é referência daquele tempo – "Desencontro", do Chico. É, eu já ouvia "Desencontro" na época. Sabia de cor o disco todo, cantava todas as músicas.
Com doze, treze anos? Não, com oito, nove, dez, antes de ter ido morar em Salvador. Foi ainda em Vitória da Conquista, durante umas férias ou um ano em que a gente morou lá.
Por conta dessa ligação com música clássica, sua mãe a estimulava a cantar? A cantar sim, mas não que eu me tornasse cantora. Eu até já fazia canto coral com o professor Lindenbergue Cardoso. Minha mãe era assim: ela deixava a gente meio solta e ficava lá com os livros, com a música dela. Depois, foi fazer artes plásticas aos quarenta anos. Algumas vezes, a gente ia assistir aos concertos na reitoria da UFBA ou ouvir as orquestras que apareciam em Salvador. Comecei minha carreira fazendo vocal para muitos grupos e cantores baianos e a convidava para os shows. Ela dizia: "Não sei, não. Eu não vou sair daqui para ouvir você fazer vocalzinho". Ela não confiava nisso.
O Luiz Melodia conta que o pai queria que ele fosse doutor, dizendo que música não dá camisa para ninguém. Nessa coisa de menina, de cantar Chico e chorar com Caetano, quando você descobriu o canto? Ele sempre esteve comigo.
O prazer de cantar? O prazer de cantar, não de ser cantora. Tudo na minha vida é lento à beça – é muito gradativo. Eu não tinha esta ideia de ser cantora, mas a de cantar tive sempre. A família é musical, sempre houve violão e piano na casa. Eu sempre soube que era afinada, que cantava bem. Quando era menina, fomos assistir *A ponte do rio Kwai*, e minha prima saiu do cinema cantando aquela música do filme, totalmente desafinada. Eu disse: "Não é assim, é assim". E cantei. Muita coisa aconteceu em Vitória da Conquista na minha infância – eu ia lá passar férias, tinha os amigos, o cinema e a festa de São João, que é uma referência muito importante. Aqui no Sudeste, a gente chama de festa junina, mas lá é são-joão. É bem diferente.

A referência é religiosa ou cultural? É a referência da festa, da farra, da música, das fogueiras, das chuvinhas, de tudo aquilo. Eu sabia que já cantava, então era uma coisa muito fácil, muito comum na minha casa. Hoje em dia, alguns amigos que ouvem minha mãe cantar dizem que ela tem voz de veludo. Minha mãe tem não só a referência da música europeia, mas também a da música popular. Era fã de Luiz Gonzaga, correu atrás de Orlando Silva, mas casou e foi viver numa cidade pequeníssima – Nanuque, no norte de Minas, onde teve os quatro filhos e não tinha nada para fazer. Foi ali que descobriu a música. Minha mãe tinha uma vitrola antiga, e meu avô chegava com uns discos, *La traviata* e outros, para ela ouvir. A música estava presente, só que ela elegeu outra coisa para sua vida e, de certa forma, passou isso para a gente. Mas, quando se é da canção popular, se é, e ponto, como é o meu, o nosso, caso. Estudei canto lírico pela primeira vez com a professora Adriana Widmer, na escola de música da UFBA. Era uma professora espetacular, que me ensinou muita coisa, mas que já no primeiro ano me disse: "Olha, a gente não pode fazer mais nada – o seu lugar não é aqui". Naquela época, na UFBA, só não se trabalhava com música popular, embora tivessem passado por ali Walter Smetak e Lindembergue Cardoso, grandes professores ligados a um tipo de música que não era a europeia, a erudita. Eu tinha 20 e poucos anos, mas já sabia daquilo.

Quando você foi para Salvador, já foi para prestar vestibular? Não, fui com 11 anos de idade.

Menina ainda. É, menina. Fui fazer o primário, como a gente chamava na época. Terceiro ou quarto ano primário, no Instituto Social da Bahia.

Você começou na canção popular fazendo *backing* e os shows pintaram depois? Olha, começou com serenatas em Itapuã.

Serenatas em Itapuã? É, com Sylvia Patricia, cantora e compositora baiana. A gente tinha 16, 17 anos. Por essa época, também fiz *backing* num disco de Caetano, *Outras palavras*. Eu já era um pouco mais velha e cantava com Ted Vieira. Foi aí que surgiu em Salvador a AMA – a Academia Música Atual, uma escola de música popular dos professores Sérgio Souto e Aderbal Duarte, que são meus grandes mestres. Ali, estudei improvisação e música, e aquilo mudou o cenário. Tinham um grupo, o Sexteto do Beco, uma coisa forte de música instrumental, e a gente cantava, fazia vocal nos shows. Depois, cantei um pouco na noite – mas, como costumo dizer, eu não era cantora da noite, era cantora *na* noite, porque era uma coisa eventual e eu tinha uma postura diferente daquela das meninas que eu via cantar. Eu não ia com caderninho e ficava ali lendo música, lendo sucessos. Não: eu escolhia umas coisas bem diferentes, não eram os sucessos do rádio da época.

Eram coisas do seu próprio repertório? Foi superimportante. De segunda a sexta, eu cantava num hotel com o

> **EU TINHA UMA POSTURA DIFERENTE DAQUELA DAS MENINAS QUE EU VIA CANTAR**

pianista Zeca Freitas, um cara maravilhoso. Depois, a gente resolveu colocar baixo e bateria e fazer uma banda. Aí, um casal me chamou à mesa e o homem disse: "Olha, você canta muito bem, tem uma voz linda, mas esses caras vão acabar com você. Não toque nunca mais com eles". Aquele homem percebeu a diferença entre o meu canto e aquela banda expressionista, que tocava bem mas tinha arranjos exagerados.

Pela formação, parecia uma banda de jazz. Exatamente, um quarteto de jazz que não combinava com o meu canto. Esse tipo de alerta é muito importante para a gente. Como eu ainda não sabia a importância daquilo, pensei: "Pô, esse cara está votando contra meus amigos, meus companheiros! Eles são grandes músicos!" Mas agora reconheço: ele tinha razão.

Quando você se sentiu segura de ser cantora? Quando estudava música com Adriana Widmer. Ali, na UFBA, era estudante também Beto Pellegrino, que depois se tornou compositor. Um dia, ele me apresentou a Ariston, outro compositor baiano, que foi o parceiro mais frequente de Beto. Trabalhei muito tempo com Ariston, e foi ele quem me deu a segurança de que sou uma cantora.

Em que ano foi isso? Em 1985 ou 1986. Mas 1989 foi um ano mais significativo. Se alguém me perguntar quanto tempo tenho de carreira, vou contar a partir de 1989.

E esses shows antes de 1989? Não, isso aí é da vida: eu canto desde os 6 anos, mas não posso dizer que tenho quarenta de carreira. O primeiro espetáculo em que o anúncio dizia "show da cantora Jussara Silveira", para referência da imprensa, foi em 1989. Um grande amigo, Carlos Maltez, estava em Veneza acompanhando um festival de cinema. Lá, ele assistiu a um filme de Bruce Weber sobre a vida de Chet Baker, *Let's Get Lost*, e me mandou um cartão muito emocionado, dizendo que nunca tinha escutado aquele cara, que tinha visto o filme, que aquilo se parecia muito comigo e com Caetano, que a lembrança que ele tinha da minha voz e do meu canto era aquela. Dois ou três meses depois, voltou para a Bahia – ele já morava em São Paulo, mas foi passar férias lá – e disse: "Vamos fazer um show!". Na época, eu não estava fazendo muita coisa de música. Claro que havia Beto, Ariston, a AMA, um monte de coisas, mas eu estava precisando daquilo. Ariston e Carlos Maltez de fato me impulsionaram para que eu me tornasse cantora e estivesse aqui hoje falando como cantora da canção popular. Parecia uma coisa impossível, mas, em um mês, a gente montou um espetáculo, conseguiu patrocínio e teve a ideia genial de fazer no teatro Castro Alves, que tem um ciclorama gigantesco, um fundo de palco que vai daqui até São Paulo e uma plateia com praticáveis – ou seja, eu fazia o show de costas para a plateia original do teatro.

Olha só, que piração! O teatro é gigantesco, talvez 1.500 lugares, mas aquele era meu primeiro show, e a gente montou uma plateia de uns trezentos lugares, e ficou lindo. Não era uma ideia original – a Cida Moreira já tinha feito um show no palco do Castro Alves muitos anos antes –, mas também não era uma coisa usual. Acho que só a Cida e eu fizemos, mais ninguém. É uma boa ideia, e o palco ainda está lá.

É muito bonito, é como estar num "teatro municipal". É lindo, maravilhoso. Quando fiz aquele show, o Carlos morava em São Paulo e disse: "Bom, agora a gente tem que fazer em São Paulo também, porque deu o maior pedal".

Houve a maior repercussão na Bahia. É, falaram à beça. Comecei a virar a "cantora *cool* de Salvador", como a imprensa me chamava, e fui para São Paulo. Na época, Daniela Mercury, a Banda Mel e outras bandas de axé music que tocavam em trio elétrico estavam indo para São Paulo também. Quando eu ia aos programas, sempre me perguntavam se cantava em trio elétrico, e eu respondia: "Não, meu show é outra coisa". Havia este mote de "Vamos tirar o pé do chão, que o negócio é alegria, é dançar", e o meu show era mais "Vamos botar o pé no chão". Com isso, a referência de cantora *cool* de Salvador ficou mais forte, para me contrapor àquela música que era totalmente para fora.

Você tem uma presença de palco impressionante. Como foi para você a primeira vez em que subiu lá? E como é hoje? Qual é o barato? Bom, não sei exatamente qual é o barato. Não vejo o palco como um lugar sagrado, como ouço os cantores dizerem. Mas, ao mesmo tempo, é um lugar especial, aquele que você escolheu para trabalhar, e isso é muito sério – seriedade é entrar no lugar para trabalhar e aprimorar isso a cada dia. Claro que hoje eu entro com mais segurança do que em 1989, quando tinha que ficar com as pernas abertas para me sustentar de pé. Não é um lugar sagrado, mas é mágico – é ali que você vai realizar e pôr em prática o que determinou para a sua vida, ou o que a vida determinou para você. Costumo dizer que, se eu escolhi a música, a música também me escolheu. É uma escolha de vida, tenho responsabilidade sobre isso, mas é também a escolha da vida, do caminho. Do palco do Castro Alves, fui para o grande auditório do Masp. Esse outro show é uma referência em minha vida. Todo mundo se lembra dele. Era às sete da noite do dia mais frio do ano.

Na Bahia, você estava em casa, mas São Paulo, a maior cidade da América do Sul, foi uma provação, não? Ah, foi. E Carlos Maltez, muito envolvido com moda, tinha loucura por uma mudança de padrão estético em tudo, a começar pelo figurino. Carlinhos tinha um grande parceiro, um estilista chamado Décio Xavier, que montava o figurino com a gente. Décio me levou à Santaconstancia – a tecelagem de Costanza Pascolato – para comprar tecidos. Eu me lembro de que era uma roupa da cor da minha pele, e a Costanza dizia: "Ah, vai ficar uma sereia de areia!". O figurino era inspirado em Romeo Gigli, um estilista italiano, e eu cantava "Al di là", que é do filme *Candelabro italiano*.

Que loucura! Era mesmo. As referências eram de Carlinhos, eu não tinha nada com aquilo – nunca tinha assistido a nada de Almodóvar. Ele trazia esses padrões, e eu ganhei muito com isso.

Você já disse que o Caetano e o Chico são suas principais referências musicais, não? Com Caetano e Chico tenho uma ligação particular, especial, uma referência de infância, de adolescência, que não acabou nunca. Gil é uma descoberta de quando eu já estava mais velha. Uma vez, cantei com ele "Meu amigo, meu herói". Zé Miguel Wisnik, que também veio anos depois, teve muito mais influência que ele. Gil é base para todo mundo, referência do canto, do jeito de cantar, mas eu estou mais para João Gilberto, que é um cantor que descobri muito depois. O primeiro disco de João Gilberto que escutei foi o "Álbum branco" [o disco *João Gilberto*, de 1973], quando eu já tinha 15, 16 anos. Foi minha maravilhosa tia Lia Silveira quem me aplicou João Gilberto e Paulinho da Viola ao mesmo tempo. Minha mãe era fã de Dorival Caymmi, mas foi via Caetano e Antonio Risério que me fizeram prestar atenção.

E as intérpretes, Jussara? Quais a fizeram querer ser cantora? No comecinho, as cantoras de que eu gostava eram Nara Leão, Gal Costa, Maria Bethânia e um pouco de Elis Regina. Ouvia muito Nara, Bethânia e Gal – amava essas mulheres. Bethânia diz que o Brasil é um país de cantoras, e realmente são muitas. Depois, fui crescendo e ouvindo outras, como Nana Caymmi. Mas houve uma senhora com quem me identifiquei muito: Billie Holiday. Não sei se aprendi este jeito de cantar com ela ou se já cantava assim e me encontrei nela. Eu a escutei a primeira vez lá pelos 20 anos. Foi um negócio – eu via que não estava sozinha!

Em que você se identifica com ela? Não falo inglês, e muitas vezes não entendia o que ela dizia. Mas, pelo jeito que cantava, eu sabia o que ela queria dizer. Tudo foi convergindo – Carlos Maltez ter me identificado com Chet Baker, eu ter escutado Billie Holiday, os Beatles terem feito diferença para todo mundo da minha geração.

Vi muita gente comparar você com Maria Bethânia, mas nunca concordei. A Bethânia tem um modo muito mais dramático, e você é mais *cool*, mais Chet Baker. Eu vi você lá no Supremo, em São Paulo – e em momento algum me veio à cabeça Maria Bethânia. Lembrou, isto sim, a Gal Costa dos anos 1970, de *Cantar*, de "Flor de maracujá", de "Flor do cerrado". Que coisa linda!

O que me impressionou naquele show – além da sua personalidade, claro – foi que fazia muito tempo que eu não ouvia alguém cantar e tinha a sensação, completamente subjetiva, do vento, do ar, na cara. Ah, que delícia!

Eu tinha e tenho a mesma sensação quando ouço a Gal dos anos 1970 cantar aquelas coisas pós-tropicalistas. Para o meu ouvido, é a melhor época da Gal. Quando vi você ali, a referência que me veio foi essa. Há mesmo alguma coisa da Gal no seu canto? Muita. Sou da turma que fala bem de Gal até hoje, que nunca vai dizer: "Ah, Gal está com preguiça, se estragou, gravou Sullivan e Massadas". Sei que há um divisor de águas ali, e posso até concordar com alguns pontos no que se refere ao repertório, mas sou mesmo da turma que ama Gal. Sou fiel a ela, acho que é uma grande cantora que me ensinou muito, tanto que você notou essa referência. Por eu ser soprano, muita gente diz: "Ah, pensei que fosse Gal". Consigo perceber uma diferença nítida: não é Gal, sou eu, é diferente. É lindo esse tipo de referência, não vou ser como Gal. Hoje, vejo que muitas cantoras cantam de modo muito parecido com o de Elis Regina. A referência de Elis está entranhada em quem a ouviu muito, e não estou falando de Maria Rita, que é filha dela e é deslumbrante.

O talento vem com a genética... Em nenhum momento procurei imitar a Gal. Ela é uma referência natural, assim como Bethânia – que, por mais explosiva que seja, é às vezes a coisa mais *cool* do mundo. Por incrível que pareça, alguns homens me ensinaram mais que as mulheres a cantar. Foi o caso de João Gilberto, de Paulinho da Viola e de outros que nem são considerados grandes cantores. Como exemplo, posso citar Péricles Cavalcanti. Assistir a um show dele é aprender a cantar. Toda cantora devia assistir a um show de Péricles, assim como de Arnaldo Antunes, que também não é o cantor por excelência.

Nem mesmo ele se define assim. Mas é um puta cantor.

Eu o adoro. É demais. Esse cara canta muito no *Paradeiro* e no *Saiba*, ele consegue dizer quinhentas palavras com clareza, é lindo isso. Eu, com a minha vozinha de soprano, tenho muito essa referência dos rapazes, dos cantores.

Você tem três discos, mas sei que o seu repertório é bem maior do que o que está nos CDs. No primeiro, você já colocou Zé Miguel Wisnik e Paulo Neves com aquela linda "Saudade da Saudade", e os compositores da Bahia – evidentemente, porque já eram parte da sua história. E há um fado, não? Sim, "Orientação", do Tuzé de Abreu.

Para um primeiro disco, ele é bastante corajoso. Tem Caetano Veloso, mas não é um disco óbvio, com o repertório que uma cantora estreante daquela década faria. Você foi buscar outras coisas, como o Zé Miguel. Você já o conhecia? Já. Eu fiquei sem gravar de 1989, quando fiz meu primeiro show, a 1996, quando gravei o *Jussara Silveira*. Claro que batalhei por gravadora, mas não muito.

Na década de 1980, vivemos o *boom* do rock nacional, e o mercado não era muito favorável a esse tipo de repertório. Exatamente. Mas, em contrapartida, fiz muito show na época. Gravava tudo em fita cassete – tem fita minha espalhada pelo mundo inteiro. Eu não vendia, mas aquilo foi crescendo em progressão geométrica, as pessoas iam pegando, e até hoje eu encontro muita gente que diz: "Tenho uma fita sua daquele show". A minha sorte foi ter cantado muito naqueles cinco, seis anos: a cada ano fazia um show diferente e renovava o repertório. Com isso, fiquei com um repertório gigantesco. Quando fui fazer o CD, eu cantava em show quase todas as músicas que estão aqui. "Dama do cassino", que é de Caetano Veloso, tem uma história que adoro contar: ela faz um jogo do amor e da relação de duas pessoas com as cartas do baralho; fala de damas, copas, espadas e paus.

Waly Salomão dizia: "Cante aquela dos paus, que eu adoro". A "Dama do cassino" já era sucesso sem ter tido CD, sem ter tocado em rádio...
Já era sucesso *seu*? As pessoas já cantavam no show, já era sucesso. Mas espera aí! Vamos arrumar outra palavra...
Por quê? Era sucesso, sim. Enfim, era um êxito, um negócio que satisfazia pra caramba.
Até hoje, as pessoas pedem nos shows. Pedem mesmo. Como disse Cezinha Mendes, "Dama do cassino" é a minha "Babalu". Na verdade, esse disco foi assim: eu já morava aqui no Rio – em 1995, 1996, sei lá – quando participei de um edital da Copene, que era uma empresa baiana, eu queria ter uma referência de muitos compositores de lá. Fui atrás dos meus prediletos: Caetano, lógico; Beto Pellegrino e Ariston; Tuzé de Abreu; Duda e Paquito, de quem gravei "O que pode ser"; Roberto Mendes e Risério; e Batatinha. Além disso, não podia deixar de fora compositores como Luiz Melodia e Chico Buarque, que são parte da minha vida de cantora; e Zé Miguel Wisnik, que conheci em 1990, quando pedi um autógrafo no livro *O som e o sentido*. Havia também "Bolero Maria Sampaio", de J. Velloso e Almiro Oliveira, esse último um maestro que fazia choros, boleros e dobrados, mas que não conheci. Acho que nunca vou fazer um disco porque pretendo que ele estoure ou sei lá o quê. Mas um disco, para estourar, tem que ser pensado assim desde o começo – a capa, os arranjos, as canções, tudo. Ariston foi quem me ajudou a inscrever o projeto; ele me ajudou muito nessa escolha, e fui contemplada. O prêmio era gravar um disco. Havia coisas diferentes; tirei algumas, incluí outras. Basicamente, o disco seria feito por mim e por César Mendes, o tribalista, grande violonista e grande compositor.
Por que tribalista? Além de Arnaldo, Marisa e Carlinhos, tocam no disco Dadi e César Mendes, que são os dois tribalistinhas. Cezinha estava começando a fazer um trabalho com Carlinhos Brown e participa muito do CD.
Na época, você e ele faziam um show, não? A gente já tinha feito o show. Eu queria que só ele tocasse, porque é um violão muito especial.
Você queria um disco voz e violão? Não, eu queria muito Cezinha, porque ele tem uma voz linda, uma voz de madeira como a minha – apesar do timbre agudo, a minha referência são os instrumentos de madeira.
Instrumentos de madeira? É, sopro de madeira, violões e tudo o mais. Cezinha não topou a ideia, mas topou participar. Foi uma participação significativa, e fiz a festa. Queria chamar todo mundo, era meu disco, meus fonogramas. Então chamei Armandinho, que considero um músico excelente, e Luiz Caldas, que é outra referência e fez sucesso com axé music, carnaval, trio elétrico, e é um puta instrumentista e cantor, um grande músico – ele arrasa numa faixa chamada "Eu vou te esquecer", deslumbrante. Também chamei Fred Dantas, que é um grande trombonista, maestro e produtor de discos.
Tem Luiz Brasil aí também. Tem Luiz Brasil. Ele fez a produção do CD comigo.

Quando foi o seu primeiro encontro com ele? O primeiro show que fiz com ele foi em 1990 ou 1991, no teatro Ipanema. Foi meu primeiro show no Rio. Luiz já estava aqui havia muitos anos, tinha mulher e filho, e fui morar no mesmo prédio que ele. Era subir de elevador e trabalhar. Foi bacanérrimo, porque conheci Ricardo Cristaldi.

Tecladista. Sim, liguei para ele e perguntei se queria tocar comigo num show aqui no Rio. Ele respondeu: "Claro!". E não só concordou em tocar comigo, como também cedeu sua casa para os ensaios – ia todo mundo para lá, porque a gente não tinha grana para pagar estúdio. Ele tratou de arrumar um baixista maravilhoso, Pedro Baldanza. O único que veio de São Paulo comigo foi Marquinhos da Costa, um baterista fantástico, que tocou com Itamar Assumpção, Maria Rita, RPM, muita gente em São Paulo, e me foi indicado por Suzana Salles, a quem conheci na época.

Por quanto tempo você ficou fazendo show desse disco? Pouco. O disco é de 1996, foi para o mercado em 1997, e o *Caymmi* saiu em 1998. Então, foram uns dois anos de show. Era uma banda incrível, profissional – Luiz Brasil, Toni Costa, Marcelo Costa, Lan Lan, uma galera muito boa.

Depois, veio o *Canções de Caymmi*, que saiu pela gravadora Dubas. A Dubas licenciou o *Jussara Silveira* e logo em seguida lançou o *Caymmi*. Ronaldo Bastos veio com a proposta pra que eu fizesse isso: "Pô, você tem que cantar! Ninguém faz isso do jeito que você faz". Eu respondia: "Absolutamente, não tenho esse poder". Eu disse "não", porque, como diria Rogério Duarte: Caymmi é bom por ele mesmo. Até o dia em que ele falou: "Tá bom, então a gente vai para o estúdio em que estou gravando um disco com canções do mar e você escolhe uma canção de Caymmi". E escolhi "Quem vem pra beira do mar". Era só voz e violão. Fui lá com Luiz Brasil, e ele tocou quase ao vivo. Quando terminou a gravação, o Ronaldo pôs para a gente ouvir e disse: "É por isso que você tem que cantar Caymmi". "Por quê?" "Por isso, por causa desta gravação. Você tem que cantar várias músicas dele." Aí, aceitei o desafio.

E cantou lindamente. Isso me valeu dois encontros com Dorival Caymmi.

Você cantou para ele? Ele tocou, e eu cantei. Eu tinha levado um violão e comecei a cantar "Lá vem a baiana". Quando chegou à parte que diz "pode esperar sentada, baiana, que eu não vou", eu cantei com a referência de João Gilberto, e Caymmi disse: "Essa nota não pode ser assim, tem que ser assado, é um acorde maior. João Gilberto transforma muito as coisas, acho lindo tudo no que ele transforma as minhas canções. Mas esta, não. Esta tem que ser maior". Como resultado, eu disse a Luiz: "Chame Zeca Assumpção e leve o seu violão, porque a gente vai ter que mudar o acorde – é impossível contrariar Dorival Caymmi".

Se ele fala, tem que ser feito. E Caymmi gostou de ouvi-la cantar? Foi uma tarde bem bacana. No final, ele cantou "Horas". Eu disse a ele que ia gravar essa música, e Caymmi quase chorou, porque fazia muito tempo que ninguém falava naquela valsinha.

Ele cantou com você? Cantou. Ele disse que essa valsinha é das canções que ele mais acarinhava e que a compôs em Rio das Ostras quando Ana Terra estava lá. Eu me lembro de que dona Stella estava fazendo um tratamento e não veio à sala. Em certa hora, ela chamou, ele foi lá dentro e, quando voltou, disse: "Stella quer te conhecer". Fui lá cumprimentá-la, e conversamos um pouco. Não sei se devia contar, mas é tão lindo: eu vi ali um aparelho de som portátil, e, na tecla PLAY, havia um esparadrapo onde estava escrito "Tocar".
Ah, que amor! Eu chorei, lógico. No STOP, tinha "Parar". E isso para todos os outros botões: "Avançar", "Retomar". Aquilo me comoveu de tal maneira!... Eu já estava apaixonada por aquela tarde, por dona Stella ter me chamado, mas aqueles esparadrapos escritos foram realmente demais para mim.
Caymmi é um mestre, um dos ídolos da chamada era de ouro do rádio. Você já trabalhou em rádio, não? Fiquei cinco anos fazendo programação numa rádio.
Gostou? Eu não era brilhante como você, mas achava o máximo.
Mas houve um tempo – e ainda existem alguns oásis por aí – em que se podia ouvir de tudo: Caymmi, Milton, Luiz Gonzaga, instrumentais... *(Cantando.)* "Sebastião, meu bem, anda logo e vem, vem pra mais perto de mim, chegadinho assim. Tua mulher não tá por perto, quem mandou não tá? Vamos dançar mais um baião, larga de me olhar..."
Que é isso? *(Cantando.)* "Encrenca não vai dá, somos de maior. Deixa de tanta confusão, não se avexe, não. Casquinha é bom de tirar, vamos aproveitar a melodia do baião."
De quem é isso? Foi gravado por Luiz Gonzaga. *(Cantando.)* "Não me enrola de tanto assim que o vento pode dar, minha saia vai subir e todo mundo vai olhar. Chega, nego, vem pra cá, não esqueci." É muito boa, né? É de Chico Anysio.
É! "Casquinha é bom de tirar..." "Casquinha é bom de tirar..." Antigamente se dizia "fazer cinema" para aquilo que fosse escandaloso, que causasse uma sensação.

Teatro te mobiliza? Zé Miguel cantando canções compostas por ele para as peças de Zé Celso, é um negócio. Mas eu não me considero uma cantora-atriz, nem sei explicar o que seria isso.
Tem uma postura, mas não necessariamente uma atuação. É, é diferente, não é atuação. Eu considero mais difícil o trabalho do ator. Tem gente que diz que cantar é superdifícil. Mas é a coisa mais banal, todo mundo pode cantar. Já atuar é realmente um negócio muito difícil, e talvez por isso eu não me considere uma cantora-atriz.
Você acha que a Bethânia é uma cantora-atriz? Há um limite, uma fronteira, que eu não sei explicar, e acho que Bethânia até poderia ser, por tudo.

É A COISA MAIS BANAL, TODO MUNDO PODE CANTAR

Aquela história dela com o Augusto Boal já no começo... O gestual. Há o referencial de sua história com diretores de teatro, com o texto. Bethânia chega com tudo pronto, o show inteiro: como a banda vai entrar, quando ela disser tal e tal palavra a banda vai começar a subir e o baterista vai fazer não sei o quê – ela faz esse tipo de marcação. No meu show, eu faço gestos, mas é uma coisa mais intuitiva. Eu não preparo em casa, não ensaio, não vou ao espelho – eu piraria com isso, não conseguiria. Mas, quando falo de cantora-atriz, não estou falando da performance. Falo do canto em si. Quando Caymmi canta "quem vem pra beira do mar, ai, nunca mais quer voltar, ai", não é um lamento.
Não, é malemolência. É um jeito de dizer que aquilo é maravilhoso e que você vai ser seduzido por aquilo e não vai querer sair dali nunca mais. A canção tem dessas sutilezas.
Há compositores que, quando fazem parceria e pegam uma canção para gravar, como a Adriana Calcanhotto... Mal você começou a falar, eu pensei nela.
Ela se apropria da canção. Isso faz sentido para você quando aquilo que você está cantando é aquilo que você queria mesmo dizer e, assim, a canção passa a ser sua também? Por exemplo, em "Por que é proibido pisar na grama?". Primeiramente, a gravação do Jorge Ben Jor é fantástica. Essa é uma das poucas canções que eu trago muito para a minha vida pessoal, para a minha história de vida. Em geral, canto qualquer canção, mas não canto uma canção que trate da minha vida. Quando escutei "Por que é proibido pisar na grama?", senti que aquela era uma que eu precisava cantar. Era uma coisa que eu precisava dizer de forma pessoal, porque a canção fala de família, de amor, de você ter que se cuidar, "Preciso de uma casa para minha velhice". Ter casa própria ou carrão não é minha preocupação constante, mas de vez em quando ela bate em todo mundo.

> CANTO QUALQUER CANÇÃO, MAS NÃO CANTO UMA CANÇÃO QUE TRATE DA MINHA VIDA

Se você tivesse que dizer aquilo que a canção diz, você o faria daquela maneira? Estou falando não só de "Por que é proibido...?", mas de todo o repertório. Naquele CD de 1996, há uma canção, "Eu vou te esquecer", que é um negócio absurdo: "Eu vou te esquecer tão completamente que nem a falta ficará no seu lugar". É uma letra muito bem escrita, uma música muito bem-feita para a letra – mas eu canto tendo certeza de que jamais diria isso, de que aquilo é uma mentira, é uma coisa barra-pesada. Eu não poderia acreditar naquilo – nunca vou esquecer ninguém assim. Mas na canção, tudo é possível.
Claro. Outro dia, eu estava ensaiando "Nunca", do Lupicínio Rodrigues. *(Cantando.)* "Saudade, diga a esse moço, por favor, como foi sincero o meu amor... Nunca, nem que o mundo caia sobre mim, nem se Deus mandar, nem mesmo assim, as pazes contigo eu farei..." É lindo, é bem escrito, é benfeito, mas eu não acreditaria nisso para a minha vida pessoal.

Entendi. Mas acredito na canção. Por exemplo, o "Fria claridade", um fado lindíssimo que gravei no meu disco mais novo. Aquilo é de uma tristeza! Mas é tão bem escrito, tão benfeito, que você sente. É uma coisa fantástica da língua portuguesa.

Aliás, como foi que os fados entraram na sua vida? Amália Rodrigues está na minha vida há muitos anos. No meu primeiro show, eu já cantava "Confesso", que Amália tinha gravado. É como gostar de João Gilberto. Ou é como gostar de Maria Callas – não conheço ópera, mas gosto da voz daquela mulher, do jeito que canta aquilo. Eu não conhecia os fados, nunca a vi pessoalmente, mas me impressionei com Amália cantando. Eu e Ariston a ouvíamos muito, e foi ele quem me indicou "Barco negro", um fado que eu cantava no começo dos anos 1990, já nos primeiros shows. A gente atentou para o fato de que os compositores se chamavam Caco Velho e Piratini. Depois, vim a descobrir que eram gaúchos e, numa biografia de Amália, vejo uma foto dela, Amália, com Caco Velho – um preto. Aí, fiquei louca: "Pô, o gaúcho que compõe um fado desses ser preto é tudo o que eu quero na vida!". É um universo onde fui me aprofundando cada vez mais. De novo, Ariston me apresentou uma fadista: "Olha, tem Hermínia Silva e tal...". Aí, anos depois, fui reouvir *Araçá azul* e rever a advertência: "Um disco para entendidos". Ali havia Bola de Nieve, Hermínia Silva, Clementina de Jesus, Dinailton, dona Morena. Eu tinha escutado muito o disco, me lembrava da advertência – mas, anos depois, ao ouvir Hermínia Silva, fui ver o que ele queria dizer.

Caetano, de novo. É, Caetano. Ele já tinha me dado a referência, aquilo já estava gravado em algum lugar. Um ano e meio atrás, fui lançar o meu CD mais novo em Lisboa e conheci Camané, um fadista da melhor qualidade. Fado castiço...

Castiço? É, porque tem fado vadio, fado dos becos, fado margarida, fado não sei das quantas. Camané é dos que cantam o fado mesmo, o fado-fado, mas são várias as referências. Acho que não foi à toa que eu fui convidada por Antônio Chainho, um grande guitarrista português, para cantar num disco dele, o *Lisboa-Rio*, que ele fez com músicos brasileiros e que foi produzido pelo Celsinho Fonseca – grande Celsinho, fofo! Depois, fui lançar o disco com Chainho em Lisboa. São vários cantores: Ney Matogrosso, Armandinho, Virgínia Rodrigues, o próprio Celso. Chainho mistura composições dele com composições brasileiras, parcerias dele com Ronaldo Bastos e Celsinho, e por aí vai. Por essa época em Lisboa – na Alta, como dizem por lá –, conheci Felipa Paes, uma grande cantora que não é tão famosa aqui, conheci Marta Dias, conheci músicos que tocavam em casa de fados. Comecei a ir por esse universo cada vez mais, a ler sobre isso, e descobri que há fados que dariam sambas lindos – e vice-versa, porque você pega um samba de Nelson Cavaquinho e pode cantar como fado. Tenho vontade de fazer isso, um disco em que possa misturar o fado, o samba e o semba, que é o ritmo angolano que deu origem ao nosso samba.

Mas misturar o repertório é algo que você faz um pouco. No disco *Jussara*, por exemplo. Esse disco foi produzido por Chico Neves e coproduzido por Mauricio Pacheco. É do selo baiano Maianga, dirigido por Sergio Guerra, que fez Elza Soares,

Zé Miguel; ele é um artista empresário que acredita na canção brasileira. No disco, há o fado e uma música angolana. No show, há mais samba, mais fado. Fora a música cabo-verdiana, que é linda.
Mornas e coladeiras... É aquela pirraça com a língua portuguesa o que eu acho genial. Para isso, para me dar um esteio, não poderia ser outra coisa senão "Língua brasileira", composição de Tom Zé.
Eu me lembrei de um poema do Fernando Pessoa que você me mandou quando embarquei num navio de pesquisa... "Mar português".
Isso, "Mar português". Eu já lhe perguntei sobre prosa e poesia, falamos de teatro, chegamos de novo às letras das canções. **Como é que a literatura a inspira, se é que isso acontece?** Olha, eu leio muito pouco. Tenho umas três ou quatro dúzias de livros, e nem li todos. Agora, a referência de poesia é um exemplar da *Obra poética* de Pessoa que tínhamos em casa desde que eu era menina. Por causa do poeta, o apelido de minha mãe é Pessoa. Muita gente só a chama assim.
Porque ela é louca por ele? É. Era um livro que eu lia bastante. Na adolescência, era apaixonada por Álvaro de Campos. Gosto dele muito ainda, gosto de todos os heterônimos, mas hoje sou apaixonada por Ricardo Reis. Não consigo sair de casa sem ler um poema. É uma coisa, assim, natural. Não leio muito, mas leio pelo menos um poema por dia. Não foi à toa que eu me atrevi a colocar um poema de Borges num show. Borges junto com aquela canção do Arnaldo Antunes que tem parceria com Alice Ruiz, Paulo Tatit, João Bandeira...
Não por acaso, dois poetas no meio da parceria. É uma discussão bem interessante esta da poesia e da letra na canção popular, e toda hora estou batendo essa bola com um monte de gente. Há quem diga que uma coisa é completamente diferente da outra – letra é letra, e poema é poema. Concordo – poema é poema, letra é letra. Mas é possível musicar certos poemas. Recentemente, eu mesma pedi a Zé Miguel que musicasse um de Haroldo de Campos, e já vi musicados poemas de Bandeira e do próprio Pessoa. Às vezes, você pega uma letra, vai lê-la sozinha, está faltando alguma coisa, mas, ao mesmo tempo... gosto de ver aquilo escrito no papel.
Você já falou das suas influências entre cantoras e cantores. Agora, eu queria que você falasse da sua geração, pessoas que estão agora fazendo música e com as quais você se identifica ou admira. Olha, só para fechar aquela onda de que eu pareço com Gal, eu não pareço. Durante uma época, convivi muito com Cássia Eller. Ela ia aos meus shows, e eu, aos dela. Fiz uns vocaizinhos em disco dela, e Cássia cantou em shows meus. Quando alguém me entrevistava e dizia na entrevista que pareço com Gal Costa, eu sempre respondia: "Não, acho que eu canto igual a Cássia". Eu e ela temos um canto muito parecido. Uma vez, depois de ter assistido a um show meu uns dois ou três dias seguidos, ela me disse: "Caroço, eu imito você!" Respondi: "Pois eu imito você também!". Acho isso lindo, porque é uma cantora da novíssima geração que eu sempre admirei muito, mesmo antes

de tê-la conhecido pessoalmente. Pensando nas cantoras do meu tempo, as minhas companheiras, eu me lembro de Ná Ozzetti, que considero uma das maiores cantoras do Brasil. Sou muito fã há muito tempo, é uma das intérpretes que eu programava lá na Rádio Educadora da Bahia, e uma coisa que me identificou muito com Cássia foi o fato de eu ser louca pela Ná.

A Cássia também era louca pela Ná. Ela também. Então, é superpossível que a gente imite uma à outra porque goste da Ná. Foi das cantoras com quem tive maior ligação musical mesmo. Podemos também fazer uma listinha das maravilhosas, como Marisa Monte, de quem sou muito fã – da voz, do jeito, do repertório. E adoro os tribalistas. Amo Carlinhos Brown – da música mais nova, um correferência é o *Alfagamabetizado*.

Um grande disco. Eu escuto "Argila" e choro. No meu próximo show, a ideia é incluir essa música. Das pessoas com quem fiz coisas, já trabalhei no palco com Rita Benneditto. Mônica Salmaso é outra referência. Uma grande parceria também, por eu ter vivido muitos anos e feito shows com ela e por ter cantado músicas dela, é Lan Lan. É aquela história: muita gente diz que ela não é cantora por excelência. "Ah, é a percussionista que tá cantando?!" Mas, putz, um show da Lan Lan é um deslumbre, é genial… Assim como Mart'nália, que eu adoro. E eu ia esquecendo Numa Ciro! É uma cantora paraibana que mora no Rio há muito tempo… Outra referência muito importante é a minha querida Teresa Cristina.

Naturalmente. No Rio, o meu programa predileto é ir ouvi-la no Centro Cultural Carioca. E ainda há tantas outras! Ontem, fui assistir a *Eu me transformo em outras*, o show de Zélia Duncan, com aquele repertório incrível. Fiquei muito impressionada – já tinha visto Zélia algumas vezes, mas esse aí foi diferente. E como não falar de Zé Miguel Wisnik, grande parceiro? Aliás, volta e meia falei dele. Um encontro para sempre, um mestre – já posso considerá-lo assim.

Eu queria voltar a um assunto de que a gente falou muito rapidamente lá atrás. "Dama do cassino" já era sucesso, mas você disse: "Sucesso nenhum…" Para você, o que é sucesso? Não sei. Para mim, não é nada! *(Risos.)* Sucesso é, sei lá, Madonna, Rouge, esse grupo de garotas que é uma graça e que minha sobrinha adora.

O sucesso de que você está falando é o sucesso comercial… Ah, estou feliz pra caramba com o que faço. Eu gostaria de cantar muito mais do que canto, mas se sucesso é bom êxito, resultado feliz, como está no dicionário, eu sou uma pessoa de sucesso.

LENINE

UM REVOLUCIONÁRIO PERNAMBUCANO.

Um socialista que aprendeu por intermédio de seu pai, aos 8 anos. a conexão com o divino através da música. Antropofágico, brasileiro, canibal, louco pelo mar e por orquídeas. Dono de um violão sem igual na música brasileira. Um violão percussivo, rítmico, pleno, amplo, que ele mesmo chama de "sujo", exemplo e referência para os mais jovens. Lenine se diz irrequieto e admira seus pares irrequietos solitários. Todos em movimentação. Ele é um compositor compulsivo que tem uma estranha relação com as canções já criadas. Um cantautor muito crítico consigo mesmo como intérprete. Se não é verdade, não faz. Fizemos esta entrevista numa casa no bairro de Laranjeiras, Rio de Janeiro. Conversamos na cozinha, sempre o melhor lugar. Lenine é verborrágico, o que facilita a vida da entrevistadora, que só precisa conduzir a conversa. Foi muito rico. Colorido como é o som de Lenine, cheio de informações preciosas.
Entrevista realizada em setembro de 2000.

Você começou a compor aos 17 anos? Isso mesmo.

De onde veio a fagulha para a primeira composição? Primeiro, tenho que falar da descoberta consciente da música. Houve também um processo inconsciente, que só vim a perceber muito tempo depois. A trajetória consciente começou com a descoberta do rock'n'roll. O rock foi o meu elo com a música. Foi por intermédio dele que tive vontade de fazer música – por causa da violência, do vigor, da atitude, da autoafirmação e de uma série de coisas próprias do rock. Hoje, está mais claro que a minha relação com a música começou com o rock, mais pela postura que pela guitarra.

Mais até que pela sonoridade? É. Descobri a música no momento em que descobri a mim mesmo, e o rock foi o meu único estímulo para aquilo que descortinou o belo em minha vida. Para mim, a arte é a eterna procura do belo. Encontrar ou não já é outra história. Essa minha procura começou com a descoberta do Led Zeppelin, do Police. Nesse momento, tudo que eu queria era estar junto daquela cultura, daquela atitude, daquela coisa. Tempos depois, vim a saber que, inconscientemente, aquilo já estava em mim havia muito. Tive também uma influência socialista, que veio de meu pai. Ele acabou exercitando lá em casa o que pretendia para o mundo.

Exercitou a utopia. Exatamente. Tínhamos plenária para tudo. Mas não na hora do almoço, porque aí era da alçada da minha mãe – que, aliás, era cristã-macumbeira. Vejam-se aí os paradoxos da minha família.

O sincretismo. Como boa cristã, na hora do almoço ela fazia as suas rezas. Papai respeitava esses momentos, mas não perdia a chance de fazer piada com aquilo. Todos fomos iniciados numa formação religiosa, mas com muito despojamento, como aliás tudo lá em casa. Tudo acontecia de uma maneira muito bem-humorada. Tanto que, até hoje, sou totalmente junguiano. Eu me interesso muito mais pelas similaridades, sincronicidades e tudo isso do que por Freud, um pequeno-burguês que transava pouco. Papai tinha a seguinte teoria, que ainda hoje acho muito interessante: até os 8 anos, toda criança, independentemente do sexo, tem com a mãe uma ligação uterina, e o pai não deve competir com isso. Assim, papai ficava de canto. Mas, a partir dos 8 anos, começava a participar efetivamente da educação dos filhos. Minha mãe ia à igreja todos os domingos pela manhã, e nós, em nossa ligação uterina com ela, íamos juntos. Mas, quando completávamos 8 anos, meu pai nos dava a opção de tomar outro rumo. Podíamos nos comunicar com o divino indo à missa com minha mãe ou ouvindo música com meu pai.

Que delícia! Era aí que minha mãe perdia todos os parceiros. Minha formação musical foi muito abrangente, porque com papai ouvíamos de tudo: Bach, Chopin, Beethoven, dodecafonismo...

Muito interessante essa ligação com Deus através da música. Papai foi seminarista. A coisa toda era muito doida, porque ele era um ateu que tinha passado quatro anos e meio no seminário. Mais tarde, percebi quão próximos estão o cristão e o comunista. Lá em casa era uma mistura muito maluca mesmo. Foi papai quem me deu essa universalidade de pensamentos que tenho hoje, porque me permitiu ouvir não só os eruditos, mas também canções napolitanas, modinhas portuguesas, música bávara, música folclórica russa, Glenn Miller, Mario Lanza e todos os nomes da música popular brasileira da época: Nelson Gonçalves, Orlando Silva, Luís Gonzaga, Jackson do Pandeiro, Elizeth Cardoso, Angela Maria, Cauby Peixoto.

Mas você era criança ainda... Justamente. Isso acabou se transformando num arquivo oculto que, durante muitos anos, eu nem sabia que tinha. Na faculdade, virei radical, um roqueiro que via muito defeito na música brasileira. Não na produção musical, mas nos vinis e nos cassetes da época. Naqueles sulcos, havia mais ruído do que música gravada.

Que curso você fazia? Engenharia química. Quando cheguei ao diretório central dos estudantes, que naquele momento servia como ponto de aglutinação dos irrequietos, um cara que eu tinha acabado de conhecer pôs na minha mão um disco do Jackson do Pandeiro: *O rei do ritmo*. Pensei: "Acho que conheço esse cara de algum lugar..." Já na primeira audição, obtive a senha do arquivo oculto. Cantei o disco inteiro, lembrei de todas as manhãs de domingo, toda a informação subliminar que tive a felicidade de receber.

Em casa... É, em casa. Mas foi ouvindo Jackson do Pandeiro que descobri que conhecia muito mais de música brasileira.

É curioso que tenha sido o Jackson a fazer essa conexão entre a MPB e o rock'n'roll. Muito. Era a maneira pela qual ele fazia sua arte.

A atitude era roqueira. Justamente, e aquilo caiu como uma luva. Eu me lembrei de tudo e tive vontade de conhecer mais. Foi então que passei a ouvir. Mas, sinceramente, não gostava da produção técnica. Veja bem, não estou falando da obra literomusical de um Gilberto Gil, Chico Buarque ou Caetano Veloso. Estou falando é de um jovem irrequieto que não via nessa música nada que o preenchesse naquele momento. Mas eu queria conhecer e fui atrás. Então descobri um disco que mudou a minha cabeça: o *Clube da Esquina*. Aquele foi o primeiro disco bem produzido que ouvi. Tudo nele era muito benfeito.

Grandes músicas! Além da beleza musical, percebia-se que tinha se tomado certo cuidado com a qualidade fonográfica, com os arranjos. Havia ali uma ousadia rítmica, harmônica, melódica, pós-bossa-novista, retrô em relação ao tropicalismo. Isso, é claro, só foi formulado depois que tomei consciência do que era historicamente a música popular brasileira. Naquele momento, só havia a sensação de estar ouvindo um grupo de pessoas que tinham suado sangue para produzir um disco compatível com os que eram feitos em outros lugares do mundo. Percebi naquilo a possibilidade de fazer uma coisa diferente. Descobri que no Brasil havia bons estúdios, bons equipamentos e bons músicos.

Foi aí que teve vontade de fazer música? Foi. Tanto que a minha produção cultural dessa época é totalmente mineira.

De canções? De canções e de harmonias, aquelas cabeludas – lindas, mas cabeludas, porque tudo tinha que ser difícil, cerebral. Era preciso passar horas em torno daquele negócio. Bom, foi esse o meu estímulo inicial. O engraçado é que, algum tempo depois, fui ver o show, e foi a maior frustração. Nunca vi as coisas tão sem prazer. Não que fosse ruim. O que estou dizendo é que não havia ousadia naquilo. Era muito bem resolvido no estúdio, mas a gente tinha descoberto o prazer do palco, num show do Gilberto Gil.

Um prazer de palco absoluto! Foi isso que aconteceu. Alguns meses depois, o Galetinho, um amigo que, como eu, era DJ e trabalhava numa loja de discos importados, perguntou se eu queria ver o show do Gil no Teatro Santa Isabel, aqui no Rio. Eu disse que não estava a fim de Gil, *Refazenda*, violão desafinado… Aí o Galetinho disse: "Ele é o nosso Stevie Wonder, cara!". Fui, e aí entendi que palco e estúdio são dois processos completamente diferentes. Nem tudo que funciona bem no estúdio funciona no palco. E o que eu queria era me divertir nos dois ambientes – é isso que procuro.

O prazer é o mote? O meu prazer é o impagável, por isso sou tão intransigente e tão cabeça-dura. Só faço o que me dá na telha. Sei que é muita prepotência, mas ralei muito para conseguir isso. Acho que é o que dá veracidade ao meu discurso. O público que conhece o meu trabalho já conta com esse tipo de risco, de ousadia, de inquietação. A minha história é o prazer, é a possibilidade de me divertir fazendo o que gosto. Sou um felizardo.

Você já tocava violão quando era garoto? Já, mas o meu instrumento era a bateria. Toquei bateria, percussão, violão, baixo. Nunca fui muito a fundo nas coisas, nunca me apliquei muito. Não sou grande músico, não sou bom intérprete, não sou violonista. Eu engano legal, sabe como é? Na verdade, o que faço é amplificar as sujeiras, os ruídos. As pessoas querem a limpeza, a perfeição, a execução primorosa, mas eu quero a sujeira, o tracejado, o ruído. É isso que me interessa. Acho que tudo se resume ao foco da atenção, e sempre tive isso. Assim, nunca me especializei. Não sou grande letrista, nem grande melodista, nem grande cantor, nem grande violonista. Faço meu trabalho, sou "cantautor": canto o que componho. Agora, componho mais do que canto. Componho muito para muita gente.

Qual foi a sua primeira composição? Não lembro. Papai conta que, aos 8 ou 9 anos, fiz uma versão para uma música dos Beatles. Se não me engano, foi "Ob-la-di, ob-la-da". Mas isso pode ser só história dele.

Então qual é a primeira composição de que você se lembra? Tenho vontade de esquecer. *(Risos.)* O que faço é tão instantâneo que, depois de pronto o clipe, não gosto de ver, porque o clipe é um mero reflexo daquele universo naquele momento anterior, e sou volúvel, eu mudo demais. O que ontem achava legal hoje já não

> **O MEU PRAZER É O IMPAGÁVEL, POR ISSO SOU TÃO INTRANSIGENTE E TÃO CABEÇA-DURA**

acho – sou movido a isso. Então, a maneira que encontro para burlar essa minha autocrítica é não ver. Guardo a sensação do que foi o momento. Sofro muito ao ver, porque nunca gosto.

Muito modesto da sua parte. Você está sendo irônica?

Não, de jeito nenhum. Não é modéstia, não! É que, passado o calor do momento, eu começo a perceber os defeitos da fotografia, vejo que um trecho ficou desafinado, que alguma coisa não ficou legal. O problema é que sou *over* demais, faço muita careta, e isso me obriga a me ver no espelho fazendo o que faço. Como sou muito intuitivo, tenho medo de tentar podar isso e acabar perdendo a naturalidade. É tão abstrato... Tem que ter transpiração, mas não dá para desconsiderar a inspiração. A maneira que achei de burlar tudo isso foi não me ver nem me ouvir – só me entregar totalmente na hora do fazer.

E que hora é essa? Para mim, são três momentos, três processos, três universos. O primeiro, a feitura da música, é solitário, por mais que haja parceiros – e tenho grandes e assíduos parceiros, como o Bráulio Tavares, o Lula Queiroga, o Dudu Falcão. Sempre falo dessas pessoas, vou morrer falando delas, porque no fundo são os meus desconfiômetros. Faço de tudo para agradá-los, esses caras são muito importantes.

Nesse primeiro momento, o que é que te liga? O olhar. O que me liga é tudo que vejo, e não o que ouço. Uma menina escreveu para O *Globo* dizendo que achava ridículo eu ter dito numa entrevista que ouvia com os olhos. Aquilo era só uma metáfora, eu estava falando do trabalho de catalogar, de documentar. Faço colagem, documentação. Tenho a ousadia de achar que sou um repórter, porque tudo o que faço parte de um estímulo visual.

Como um cronista do seu tempo? Justamente. Na verdade, todo o meu trabalho é permeado por esses estímulos visuais. Músicas como "Relampeando", "Rede" e "Alzira" são extremamente visuais. As canções são como pequenos roteiros de curta-metragem, e o disco é um compêndio desses curtas que registram determinado momento da minha vida. Uso uma direção, uma edição, uma câmera, um ângulo, uma música, uma ferramenta diferente para o tipo de linguagem que cada música permite. Procuro as ferramentas depois de ter a canção. Voltando aos três momentos, esse seria o primeiro. Depois, tenho que dar àquelas canções uma roupagem de disco, tenho que formatar para CD. Há um salto aí.

Nesse momento, ainda lhe vem aquela lembrança da primeira audição do *Clube da Esquina*, uma vontade de fazer da melhor maneira? E também a vontade de ir fundo, de não ter nenhuma rédea, nenhuma canaleta que estreite o caminho. Aquele momento já é solidário – essa palavra é importantíssima, porque ali não estou mais sozinho. Nesse ponto, há a presença de vários profissionais, pessoas extremamente competentes. Não dá para mensurar o trabalho de um Carlos Malta, que é um músico que em todos os discos...

Faz os pífanos? Justamente. Como mensurar isso? O disco solo não existe. Quando as pessoas dizem "O *dia em que faremos contato*, seu disco solo...", eu pergunto: "O que difere O *dia em que faremos contato* de *Olho de peixe*?". Nada. *Olho de peixe* era um disco de cinco pessoas – eu e Suzano, mais Fernando Moura, Paulinho Muylaert e Carlos Malta. Quer dizer, não era um disco de dois, era de cinco. O mesmo acontece com um disco solo. Ele é coletivo, completamente coletivo.

Nesse segundo momento, você está pensando só no fonograma? Penso exclusivamente no fonograma. Depois vem o terceiro momento, que é gravar no estúdio com o mesmo prazer que tenho ao fazer a canção ou trabalhar com os arranjos. E depois vem o palco, e aí é outro *upgrade*, é um salto emocional. Estou há um ano excursionando com o show *Na pressão*, e cada apresentação é diferente da anterior. Faltando alguns minutos, eu digo: "Vamos tocar esta e aquela outra".

Vocês armam o roteiro do show em cima da hora? É, mas ele tem uma espinha dorsal, que é o disco. A gente ocupa 80% do show com as músicas do disco e fica com o resto para exercitar outras canções. Eu me divirto da mesma maneira. Ouço alguns colegas falarem com certo sofrimento do processo de composição, da gravação e do show, e acho que sou um felizardo, porque não sofro. Eu me divirto muito. Mas depois revejo e não gosto, acho que ficou muito assim ou assado...

Você é tão perfeccionista assim? Sou muito criterioso como intérprete das minhas canções. Como compositor, sou muito mais generoso.

E quando ouve suas composições na voz de outras pessoas? Aí sou muito generoso. Isso soa meio pretensioso, mas a ideia não é essa. O que quero dizer é que ser intérprete é uma consequência direta do exercício da composição.

Como é mesmo que você chama isso? "Cantautor." Isso existe em todo o mundo latino, só no português do Brasil não existe essa palavra. Cantar minhas próprias composições torna mais fino o poro da peneira, e nisso eu sou criterioso. Não sei representar, não sou bom intérprete, só sei cantar o que é verdadeiro para mim naquele momento. Interpreto bem algumas músicas porque são verdadeiras para mim, não tenho que representar uma personagem. Por isso, não canto algumas das minhas músicas. Se fizesse isso, eu me sentiria um canastrão, aquilo não seria uma verdade para mim. Tenho música gravada pelo Chrystian, da dupla Chrystian e Ralf. Fiz música para o Biafra. Sou um compositor compulsivo e, como tal, sou um operário da canção. O grande desafio é, no universo musical de um Chrystian, encontrar uma verdade que seja minha e dele. Esse é um lado do compositor. Aquela música que fiz para o Chrystian e que deu certo, eu não saberia cantar. Isso é muito louco. Há também os momentos em que componho exclusivamente para esse ser criterioso, intransigente...

Coisas que você vai interpretar depois. Justamente.

E esse outro é mesmo outro? Não, não é outro. É a mesma coisa, só que diferente. Quando você diz que sou um cara que compõe muito, eu respondo que fiz quinhentas canções, mas que, na verdade, tenho só onze.

Onze? Onze. No disco *Na pressão*, por exemplo, as canções são totalmente minhas.

E *O dia em que faremos contato*? Ali, já transcendo o fato de ter sido o porta-voz daquelas músicas. "Faremos contato", por exemplo, foi gravada pela Fátima Guedes, e isso transfere autoria da interpretação. É a mesma música, minha e do Bráulio Tavares, mas a Fátima se tornou coautora naquele momento pela maneira com que interpretou, não pela roupagem que deu à canção. Assim, no sentido mais filosófico, ela deixa de ser minha e passa a ser uma coisa camaleônica. Ou seja, vai se adequando por aí. A música só é minha mesmo até eu terminar. Depois, eu a exorcizo de mim.

Como você encara a perenidade da obra? Você tem essa preocupação? No que diz respeito à obra, estou mais preocupado com o que falta do que com o que sobra. Não me preocupo muito com isso. Sou muito irresponsável com o que estou fazendo, com a vida. É bem verdade que tenho critérios que não me permitem mostrar uma canção da qual eu não goste. Não mostro, e ninguém fica sabendo o que fiz, mas acho que é assim com todo mundo. Cada um tem o seu poro, o seu filtro, mas nunca parto para a decupagem do que vou fazer. Nunca premedito, eu saio fazendo, é um jogo de tentativa e erro. A minha vida toda tem sido assim.

Muito mais sanguíneo e passional do que... Orgânico, totalmente orgânico.

***Olho de peixe* é um disco que tem uma sonoridade, uma referência, uma responsabilidade, digamos assim. Ele fez diferença na música brasileira...** É, fez.

... trouxe uma percussão, um violão acústico... As pessoas sempre associam isso a uma coisa meio *unplugged*, mas eu não acho não. Para mim é *unfocked*. Eu estava usando os melhores microfones, a gente foi mixar isso no *total recall*, tecnologia de ponta. Embora fossem dois instrumentistas acústicos, era tudo plugado.

Quando você e o Marcos Suzano se juntaram para fazer o *Olho de peixe*, que hoje é *cult*, como foi esse encontro? O que cada um tinha para aquilo dar no que deu? Legal você ter levantado isso. Eu e o Lula Queiroga lançamos em 1983 um disco chamado *Baque solto*. Era vinil ainda...

Mas já trazia essa sonoridade, essa pulsação diferente. Só que era muito imaturo. Tínhamos 19, 20, 21 anos, éramos todos muito jovens. Em 1992, saiu o *Olho de peixe*. Parece ter havido um grande hiato entre 1983 e 1992, mas não é verdade, porque foi justamente esse o período em que mais compus. Compor, mesmo que seja com um parceiro, tem sempre essa coisa de você se bastar. Você está com o violão, sozinho, fazendo uma canção. No meu violão, já havia um ritmo, uma harmonia, uma melodia. Já havia um arranjo implícito no formato da canção, do violão e da voz. E, de repente, eu fazia uma percussão de boca, usava tudo como elemento sonoro para dar roupagem à canção. Nesses nove anos, de 1983 a 1992, fui fundo nisso. O Suzano

> **A MÚSICA SÓ É MINHA MESMO ATÉ EU TERMINAR. DEPOIS, EU A EXORCIZO DE MIM**

e eu tínhamos muitos amigos em comum. Ele tocava umas músicas minhas, e eu sabia dele através de um amigo, o Papito, que também era compositor. Um dia, fui assistir a um show do grupo Nó em Pingo D'Água e vi aquele cara ali, com pinta de padre, um seminarista tocando um pandeiro muito envenenado, diabólico, e tive um *insight*. Ele fazia a percussão sair do segundo plano.

Exatamente! Ele tirou a percussão do fundo do palco. E com uma figura mais alegórica que sonora: aquele cara meio rastafári, que tocava bongô, tumbadora, dava uns pulos no palco e soltava uns gritos muito loucos. O Suzano deu uma roupagem artística para a percussão, e isso me interessou muito. Um dia, tivemos um encontro na casa dele, que durou quatro horas. Quando fui embora, já tínhamos 70% do disco pronto. E, três semanas depois, encontramos um novo parceiro, o Denílson Campos, que é coprodutor do disco e conseguiu um estúdio liberado nos finais de semana. Mantivemos esse ritual durante dois ou três meses: sexta-feira à noite, chegávamos com o equipamento e montávamos tudo. Então íamos dormir, e de manhã cedo já estava tudo prontinho para começarmos a trabalhar. Mas o disco já estava praticamente pronto desde aquele encontro na casa do Suzano.

Naquelas primeiras quatro horas? Foi completamente intuitivo. Eu tinha sacado desde o início: quando vi o Suzano, percebi que a gente poderia realizar uma síntese que eu estava procurando havia tempos. Tinha deixado de tocar com banda porque, como expliquei, acho que o ato de compor é muito solitário, e eu tinha no violão o baixo, a harmonia, o ritmo e a bateria. Toda vez que eu passava isso para os instrumentistas, eles sempre me diziam: "Ó, seu violão tá sujando!". Eu perguntava: "Mas como tá sujando?". Percebi que, no baixo, o cara estava fazendo o mesmo que eu, assim como na guitarra e no ritmo. Então, eu sempre tinha que fazer uma quarta coisa para poder entrar num universo que eu mesmo havia criado. Chegou uma hora em que fiquei de saco cheio e resolvi que tudo seria feito a partir do violão. Foi o que aconteceu com Marcos Suzano: não houve mais *overdubs*, a gente gravou praticamente tudo ao vivo. Quem viu o show *Olho de peixe* sabe que é igualzinho ao CD, tem o mesmo tipo de formatação. Esse disco foi um divisor de águas para a gente.

Depois, em *O dia em que faremos contato*, você abriu outro leque. Claro que manteve a percussão e o volume do violão, coisa que acho espertíssima no seu som. Mas ali havia elementos novos? Como você os foi inserindo? Eu fui esbarrando, tropeçando, caindo de paraquedas. As coisas foram acontecendo, sou o que chamo de...

Catalisador? Isso. Sou um ponto de aglutinação. O que melhor sei fazer é reunir pessoas, é intuir a química das pessoas, entender as linguagens. Antes de começar, eu já digo: "Pô, com Naná Vasconcelos e Raimundos vai ser legal! Carlos Malta, Tom Capone e Pedro Luís, pô, legal!".

É uma engenharia? É uma alquimia, eu acho. Acabo fazendo a mesma coisa que fiz na faculdade: química. Acho que é por aí mesmo. A minha vida tem sido assim, desde *Baque solto*, com Lula Queiroga; *Caixa*, com Cláudio Vilney e Paulinho Muylaert; *Olho de peixe*; *O dia em que faremos contato*, com Chico Neves, uma parceria maravilhosa.

Essa coisa de *looping*... Foi uma conspiração. Já *Na pressão*, com Tom Capone, vem do rock radical, dos Raimundos, virulento. Não sei dizer como, mas é tudo muito intuitivo. Descobri que tenho tempo para fazer isso, que a minha carreira não é como a de muitos dos meus amigos, que gravam um disco por ano. Comigo não é assim, levo dois anos e meio, três anos entre um disco e outro. Isso também não me impede de passar cinco anos sem fazer nada nem de gravar três discos num mesmo ano. É assim o meu processo, um tempo de vida útil...

De maturação das coisas? Não digo de maturação, porque nunca estou maduro. O *Na pressão*, por exemplo, ia se chamar Falange canibal. Isso até os 42 do segundo tempo, quando já tínhamos pré-gravado 23 canções. Então sentei para fazer o roteiro e percebi que todas as músicas já tinham mais de três anos, e isso me incomodou profundamente.

Muito antigas? Tenho uma ligação passional com as músicas. Eu me lembro de quando as fiz, do que estava tocando na rádio enquanto eu compunha. Elas podiam parecer inéditas para as outras pessoas, mas, para mim, eram datadas. Então fui passando a caneta. Resultado: um disco chamado *Falange canibal*, com 23 canções gravadas, virou *Na pressão*, com apenas três músicas. "Na pressão" foi a primeira canção que surgiu depois desse *insight*. Daí veio o nome do disco, que é uma coisa também da minha paixão pelo Jung.

Como pintou? A Fernanda Villas-Boas, o Barrão e eu resolvemos fazer um ensaio fotográfico, que ficaria no meio do libreto do *Na pressão*, cujo tema é exatamente esse. Aliás, "na pressão", para a gente, é uma gíria com aspecto muito positivo, entende? Começamos a fazer as fotos com todas as possibilidades de "na pressão". De repente, quando a gente já estava tirando a foto dos peitos, começou no estúdio uma perseguição policial, tiro, corre-corre...

Então aquilo foi real? Não foi, mas podia ter sido. *(Risos.)* Entendeu?

Ah, a crônica... Justamente. Existe a possibilidade de a música servir para esse tipo de metalinguagem...

Você trabalha tudo assim, participa do processo inteiro, do ensaio fotográfico, da capa, do encarte? É, embora eu tenha uma preocupação de parecer que não estou trabalhando. Delego muito poder, confio muito nas pessoas, porque sei que todas as vírgulas, todas as reticências, foram pensadas. No final da música "Meu amanhã", depois de um minuto e meio, há uma última estrofe, que tem a ver com o Santo Graal: "Às vezes eu penso que sai dos teus olhos o feixe de raio que controla a onda cerebral do peixe". Estou mandando um recadinho para alguém. Se o cara sacou, não sei, mas a intenção estava ali.

Vamos falar das suas letras ou das letras que você fez em parceria. Como é a construção, a palavra, o verbo? Como é que ele serve a você? Tenho uma ligação profunda com a palavra. Sou um compositor solitário, embora sempre prefira a parceria, a troca. Cheguei à conclusão de que isso se deve à minha formação socialista. Gosto da parceria, mas sempre trabalho sozinho. Sou muito preguiçoso, adio muito as coisas, sou cíclico. Há fases em que vivencio a arte 24 horas por dia. Em outras, tenho asco do violão: não consigo ouvir nem uma música sequer. É louco, mas é assim que eu funciono. Tenho uma ligação com a palavra, com a poesia. Escrevo tanto música como letra. Tenho uma relação muito promíscua com os meus parceiros mais assíduos, como o Bráulio, o Lula e o Dudu, para citar três dos mais próximos. Parceria é assim: às vezes a vírgula de um, às vezes o ouvido de outro, às vezes um telefonema na madrugada para perguntar o que acho disto ou daquilo.

Rola esse tipo de coisa? Em momentos de criação, fica todo mundo ligado? Ah, fica, sim. E esses caras que mencionei são todos notívagos, como eu. Então é mole.

Todo mundo no mesmo ritmo. Justamente. Se eu não fosse tão cético, acreditaria que sou uma antena receptora, que o tipo de música que estou fazendo é na verdade o reflexo de alguma outra coisa. Eu me sinto muito camaleão: transito entre universos tão distantes, tão díspares, e todos são tão verdadeiros para mim, que fico dizendo: "Como é que pode ser assim?"

Essa coisa catalisadora é uma manifestação coletiva? Talvez seja. Estou muito próximo de um Caju e Castanha, fui meio padrinho, gravei um disco deles, assim como do Arnaldo Antunes, um parceiro mais recente, mas que admiro há muitos anos. Acho que ele é um maravilhoso irrequieto, e foi um prazer tê-lo como parceiro. Quer dizer, uso a música como ferramenta.

Ferramenta para o que você tem a dizer? É. Quando a gente faz alguma coisa, é porque acha que aquilo vai ser importante para alguém, vai ter algum valor artístico real. É um pouco egoísta falar só desse valor real, de mercado, de venda de disco, de grana, porque a música me dá muito mais. Ela me dá a relação com essas pessoas, que são ícones e que nesse processo viram almas gêmeas. ▪ A música está me tornando uma pessoa melhor, mais bem-educada, mais generosa. Por intermédio da música, descobri gente com visão muito parecida com a minha, atitudes semelhantes, o mesmo jeito de lidar com a vida, o mesmo tipo de questionamento.

Mas não deixa de haver a relação da música com o mercado, que serve para você alavancar outras questões que passam muito longe do socialismo e daquela conexão com o divino... É verdade. Sabe o que é engraçado? Essa relação funciona como um filtro, impedindo que a turma do mal chegue junto. A turma do mal existe mesmo, sabe? Mas é curioso: embora eu tenha conhecido tanta gente, não chega uma "mala" junto de mim. As pessoas se aproximam com tanto carinho, com tanta generosidade, que acho que é uma

> **A MÚSICA ESTÁ ME TORNANDO UMA PESSOA MELHOR, MAIS BEM-EDUCADA, MAIS GENEROSA**

resposta ao meu jeitão de ser. Tenho um amigo, não vou dizer o nome dele, que ficou arrasado quando estávamos os dois andando na praia, assim de férias, e uma menina chegou com muita gentileza e disse: "Que legal vocês dois aqui!". E esse meu amigo, que estava de ovo virado, respondeu: "Pô, dá um tempo...". A menina parou, olhou para a gente e disse: "Desculpe, eu só estava...". Isso o deixou arrasado. Ele passou o resto do dia se perguntando por que tinha feito aquilo. É uma pessoa extremamente inteligente e carinhosa, mas naquele dia estava cheio de grilos, totalmente exposto, "com a bunda na janela com todo mundo passando a mão nela", como disse o Gonzaguinha. Se numa hora dessas chega uma pessoa que passa um pouquinho da conta, o cara pode levar a mal, e acontece o que aconteceu. ▬

Você acha que tem uma coisa meio de Mefisto aí nessa história? Talvez. Faço esse tipo de trabalho querendo vender milhões. Por enquanto, estou vendendo milhares, mas acredito que, nesse processo, vai chegar o dia em que vou vender milhões. Mas não sei como será meu universo se isso vier a acontecer. Agora é tudo muito carinhoso, muito generoso, muito próximo, muito educado. ▬

Falemos sobre a palavra. Você reescreve? Disse que tem uma inspiração visual, mas algum poeta o inspira também? Sim. João Cabral continua na minha cabeceira, principalmente agora que a Nova Fronteira lançou suas obras completas. Eu gosto muito dele. Leio muita poesia. Tem essa coisa brainstormeada que é o primeiro rompante. Mas depois releio, reescrevo, um tiro no escuro. É preciso muita ousadia para ser compositor num país em que existe Chico, Caetano, Gil, Djavan, Ivan, todos ainda na ativa. Vou contar uma coisa engraçada que aconteceu comigo: certa noite, acordei de repente, corri para pegar o papel e escrevi o que eu pensava ser uma pérola. No outro dia, fui ler aquilo. Estava escrito: "Nunca se leve tão a sério, nunca! Mas nunca se deixe levar, nunca! Pois nossa vida não passa de uma noitada numa espelunca". Eu tinha feito um achado sonoro maravilhoso: "nunca" e "espelunca". Seis meses depois, estou ouvindo um disco do Chico Buarque e lá está o meu achado... ▬

"A história de Lily Braun." *(Risos.)* É muito difícil ser original, legal, honesto. O Bráulio Tavares já me disse uma vez: "Não há originalidade que resista a uma boa pesquisa bibliográfica". ▬

É uma grande verdade! Quando a gente fala de ser artista, cronista do seu tempo, está falando também de ser formador de opinião. As pessoas estão ouvindo seu disco e se identificando com aquilo, às vezes até mudando sua cabeça. Como você encara isso? Existe uma responsabilidade? Existe, porque eu jamais disse em quem voto. Isso não interessa a quem gosta do meu trabalho. Além disso, como a minha música é crônica, e não há crônica que não seja política, então faço a política da boa vizinhança, do amor, das relações humanas. Não existe arte apolítica, mas ela deve ser apartidária, para que possa aglutinar coisas comuns tanto à direita quanto à esquerda. Saúde e educação não são bandeiras só de esquerda ou só de direita. Então, se o objetivo da arte é uma coisa apartidária, eu estou junto.

Agora quero voltar a falar de música e saber o que você acha da recente discussão a respeito da produção musical no Brasil de hoje. Na década de 1980, você trouxe uma sonoridade diferente, que tinha a habilidade do rock'n'roll, mas que também tinha Jackson do Pandeiro, os sons de Pernambuco e Marcos Suzano. Hoje, os seus discos têm uma sonoridade que é nova, mas que muita gente entende como mais um mix daquilo que se iniciou com o tropicalismo. Sei...

Existe uma corrente de pensamento que afirma que, depois do tropicalismo, nada mais se fez de inteligente e revolucionário na música brasileira. Então eu não existo, Carlos Malta não existe, Vítor Ramil não existe, Pedro Luís não existe, Fernanda Abreu não existe, Mundo Livre não existe, Nação Zumbi não existe, Nei Lisboa não existe, Itamar Assumpção não existe, Arrigo Barnabé não... Ah, me poupe! Se a minha música é filha de alguma coisa, ela é filha da puta. É filha da puta porque é filha de muitos pais. Quando a gente fala do tropicalismo, está falando de uma referência histórica muito poderosa na carreira de qualquer um que trabalhe com música no Brasil. Mas o chorinho, por exemplo, é tão importante quanto o tropicalismo. Primeiro, houve um intercâmbio cultural entre o Brasil e o exterior, e isso começou com a França, com Pixinguinha, na década de 1920. Esse foi o primeiro *link* de intercâmbio: o cara foi lá com os Batutas e coisa e tal. Daquele tempo para cá, muita coisa aconteceu: o movimento universitário, por exemplo, que nos deu João Bosco, Ivan Lins, Djavan, Gonzaguinha, que é filho híbrido disso aí. Principalmente, a gente se esquece de falar dos solitários, dos paraíbas, entre os quais me incluo também. Houve ainda os cearenses, mas chamo atenção para os solitários, em que se enquadram Raul Seixas, Jorge Ben, Tim Maia, Chico Buarque de Holanda, Hermeto Pascoal, Egberto Gismonti, Uakti, Naná Vasconcelos. Olha, não decorei isso, estou falando de cabeça. Na minha formação, esses solitários tiveram papel muito mais fundamental que os movimentos. Primeiro, porque não era uma coisa sectária, não era um grupinho de pessoas em torno de um espectro, batendo em todo mundo que estava à volta. Segundo, não era representativo porque não tinha unidade estética, não tinha aquilo de "Nós fazemos isso, nós fazemos aquilo". Esses solitários são os mais generosos, os mais solidários, porque trilham o seu próprio caminho e, por reconhecimento, passam a ser cúmplices das outras trajetórias. O que acontece hoje no Brasil é exemplo disso. O que me une a Fernanda Abreu, Pedro Luís, Carlos Malta, Marcos Suzano, Karnak, Paulinho Moska, Chico César, Carlinhos Brown, Marisa Monte, Arnaldo Antunes é o que a gente tem de diferente. Isso é o que de mais salutar vem acontecendo no Brasil – a necessidade não de movimentos, mas de movimentação. O que eu gostaria de dizer sobre o tropicalismo é que os caras fizeram muito numa época muito interessante do país.

Estavam ali no momento certo, indelével, da história. Mas tinham uma atitude predatória. Se a gente for ver, as influências que sofremos são todas importadas. Todas chegaram com a colonização. Chegou africano, árabe, europeu, japonês, tudo por via da colonização. Mas houve também uma coisa anterior à colonização, que é essa atitude predatória, o canibalismo, a antropofagia, cujo primeiro registro foi feito não por um português, mas por um alemão...

Hans Staden. Justamente porque não foi comido e, assim, pôde contar a história de que havia gente comendo gente. Esses paradoxos são a cara do Brasil. A atitude predatória é anterior ao Descobrimento, é genuinamente nossa, desta terra que a gente chama de Brasil. É uma atitude que reconheço não só no tropicalismo, mas também no Carlos Gomes, que fez um hino antropofágico e foi para a Itália compor nos moldes da linguagem europeia, de igual para igual.

Levou um *Guarani* para lá... É. E um Villa-Lobos, por exemplo, foi tão virulento e predatório quanto o tropicalismo. Para mim, a questão é a MPB – Música Predatória Brasileira – que todos fazemos. O Brasil está cheio de irrequietos doidos e predadores, graças a Deus.

LUIZ MELODIA

NUM TERRAÇO, COM VISTA PARA O **HORTO** FLORESTAL

e o Cristo Redentor, conversei com Luiz Melodia. Depois do sucesso do CD *Ao vivo*, uma coletânea de seus quase trinta anos de música com Renato Piau e Perinho Santana arrebentando nos violões, ele estava preparando *Acústico e ao vivo*, lançado em 1999. Entre outras maravilhas, sempre contemporâneas, Melodia tira da manga o poema que deu nome ao seu novo disco: "Retrato do artista quando coisa", de Manoel de Barros. Canta *a cappella* com aquela voz maravilhosa de poeta malandro e romântico. Como fez quando cantou "Amapolla" olhando para mim, gestos de delicadeza e sedução sempre presentes. Que privilégio! Luiz Melodia foi descoberto no morro do Estácio naqueles loucos anos 1970. Desceu para fazer parte da turma das dunas do barato com Gal Costa, Waly Salomão e Torquato Neto. Com a tradição do samba nas veias, misturou em sua música, de maneira muito particular, a estética pop e plural daquele tempo. Curtiu a jovem guarda e hoje admira o hip-hop. Reclama de ter sido pouco gravado, mas não para de compor. Tem vários cadernos cheios de poemas manuscritos, "tiradas", como ele diz. Lances geniais, eu diria. O autor de "Pérola negra" ainda tem muitas joias a serem descobertas em seu repertório. Nessa tarde no terraço, lembramos algumas. Numa fase tranquila da vida e da carreira, Melodia contou muitas histórias, desde o já conhecido encontro com a madrinha baiana até a amizade com o compositor Sérgio Sampaio. A infância no morro deixou boas lembranças, uma forte ligação com a natureza e com o rádio. A elegância de mestre-sala que leva para o palco faz parte do charme do homem bem-vestido que nos recebe em casa. Luiz Melodia é cachaça pra se beber.

Entrevista realizada em novembro de 2009.

Vou começar falando da imensa satisfação que é você ter aceitado participar deste livro. Para mim, dentre os contemporâneos, você é o cara que se iguala a Cartola, a Nelson Cavaquinho... Verdade? Maravilha...
Sei que para você esses caras tiveram uma importância muito grande. Claro.
E você tem a mesma importância para a moçada que faz música hoje. A Cássia Eller, por exemplo, adora seu trabalho e sempre gravou coisas suas. Como você se sente sendo par daquelas figuras? É uma coisa maravilhosa, mágica até. Tive o privilégio de nascer no morro, onde as informações musicais são muito fortes. O rádio foi muito importante no começo da minha carreira. Foi uma grande influência, eu ouvia de tudo. Nos morros mais próximos havia Cartola, que era Mangueira, havia Jamelão. Quer dizer, além de ouvir pelo rádio, ainda tinha a proximidade física. Ismael Silva... Que maravilha, que privilégio, que graça viver lado a lado com esses grandes craques da música e da velha guarda. Enfim, é uma satisfação imensa.
Era curiosa a crítica que se fazia quando você começou: "O cara é do morro e não canta só samba!". Na verdade, eu rebati essa crítica, essa violência até, porque automaticamente a relacionei à questão da pele. Em geral, o compositor negro em início de carreira tende a fazer samba. Acho que a novidade surpreendeu os mais radicais – os colonizadores, por assim dizer. Para rebater essa tolice, compus "O sangue não nega", que foi uma maneira bacana e musical de responder a essa tolice. Se você vive no Brasil, sabe que tem oportunidade de fazer muitas coisas, tanto no Nordeste quanto no Sul, isto é um panelão de gêneros musicais e de folclore. Então, por que não participar dessa coisa de "nossa terra" que é tão grandiosa? O resto é besteira.
Quero que você me ajude a lembrar daquela época em que os meninos subiam o morro atrás de você, o Waly Salomão, o Torquato Neto... Como era essa turma do barato? Isso se deu assim: minhas amigas Tineca e Rose, que eram irmãs, moravam embaixo, no asfalto. Nós chamávamos de zona, no baixo meretrício. Aí resolveram ir morar no morro – assim como a Rúbia, que até fez parceria comigo em algumas músicas. Waly Salomão, Torquato Neto e Gal Costa, que elas conheciam já havia algum tempo, passaram a ir visitá-las. Foi desse jeito que nos conhecemos. Eu e o Waly ficamos muito amigos, muitíssimo mesmo. Foi assim também com o Luís Otávio, já falecido, que era cineasta, com o Arnaldo, que era fotógrafo, e mais uma rapaziada que subia o morro. Aí a gente formou um "círculo vicioso" de amizades, e era muito legal pra mim, porque eu estava naquela fissura de acontecer, e foi daí que tudo começou. O Waly ouviu umas composições minhas e disse: "A gente tem que mostrar isso pra Gal". O Torquato Neto já tinha me ouvido. Ele escrevia uma coluna de jornal chamada "Geleia Geral" e tinha publicado umas notinhas sobre o meu trabalho. Mas a coisa se deu mesmo quando conheci Gal Costa, na época do show *Gal a todo o vapor*.

Foi com "Pérola negra"? Ou ela ouviu outras coisas? Não, foi com "Pérola negra". Waly até sugeriu que aquele fosse o nome do show, mas isso acabou não rolando.

O Torquato já conhecia sua poesia? Como era sua produção naquela época? A gente se encontrava no morro e dali seguia para algum lugar. O Torquato morava na Tijuca, e eu, volta e meia, estava tocando violão na casa da Ana, mulher dele, na Adega Pérola, nos bares da Zona Sul, nas festas na casa do Capinã ou da Gal... Toda música que eu fazia o Torquato mencionava no jornal. Eu até estava presente numa das vezes em que ele tentou se suicidar.

O Torquato? É, o Torquato Neto. Ele tentou se matar várias vezes. Até que um dia a Teresa, que é muito minha amiga, ligou e disse: "Olha, o Torquato faleceu". Nem fiquei surpreso, porque ele estava querendo isso havia muito tempo. Foi triste. Ele deixou algumas letras comigo. Uma eu nem musiquei ainda. Outra eu pus no *14 quilates*. E outra, que ele me passou pouco antes de morrer, ainda vou musicar. Éramos quase uma família. Depois de um tempo, eu já nem ficava muito no morro: descia para a Zona Sul. Lembro que o Waly e o Jorge Salomão moravam por lá, não sei se o Jorge Mautner e o Carlos Pinto também. Você conheceu o Carlos Pinto, compositor baiano?

Conheci o trabalho dele. Ele compôs com o Torquato "Três da madrugada", que a Gal gravou. Isso mesmo. Até fui influenciado pelo Carlos Pinto na maneira de tocar. Eu me lembro claramente de quando ele era recém-chegado da Bahia. O Waly foi morar em cima do cinema Ricamar, em Copacabana, e fui ficando cada vez mais por ali, na Zona Sul. Ia muito pouco visitar minha mãe e minhas irmãs.

Uma república de poetas. É. Foi ali que conheci o Caetano. Na época, chegaram a pensar que eu era baiano – viviam dizendo isso no jornal. Acabei casando com uma baiana, mas foi só!

Mas você fez uma música linda: "Ainda não fui à Bahia este ano, mas ainda vou..." "Sorri para a Bahia."

A Rúbia não foi sua parceira em "Veleiro azul"? Foi. Tem uma composição dela que está comigo há anos, para eu terminar. Quero trocar a letra. Eu me lembro de um pedacinho: "Caindo de bêbado, rolando/ Nas ruas eu vou/ De tanto beber no bar da esquina/ No amor". Isso aí e "Cadê o seu dinheiro/ Perdi seu dinheiro..." A Rúbia tinha umas composições muito bacanas, muito legais.

Você começou a compor com 14 anos? É, mais ou menos nessa idade.

A jovem guarda estava acontecendo... Havia também o bolero, a música italiana... Mas foi a jovem guarda que me pegou. Claro que eu ouvia de tudo, mas curtia mesmo era a jovem guarda, porque acho que tinha mais a ver. Eu sentia essa ligação com o romantismo – sempre fui um cara muito romântico, você pode observar que as minhas composições têm essa caída. Roberto Carlos, aquelas canções, Erasmo, Renato e Seus Blue Caps, os Beatles... Aquelas melodias me fascinavam, mais até que as letras. Eram tão...

SEMPRE FUI UM CARA MUITO ROMÂNTICO

Pueris? É, mas tão doces! Até hoje algumas gravações do Roberto Carlos são sensacionais. Eu gosto do LP *Quando*. A jovem guarda foi bem marcante, e com ela aprendi um pouquinho do que sei de violão...

Aprendeu na adolescência? Meu pai foi o grande colaborador, embora não quisesse de jeito nenhum que eu enveredasse pela música. Ele era compositor, mas tinha aquela coisa: "Ah, você é jovem... A música não vai lhe dar camisa... É melhor você estudar e ser doutor". Meu pai sempre quis que eu fosse um doutor, um deputado. Mas ele era um compositor interessante, tinha músicas legais, e eu vivia no meio de compositores. Por isso, a coisa foi mais forte que eu: "Ah, não tem jeito, pai! Agora já era!". Os primeiros acordes aprendi na viola dele, que era de quatro cordas, muito bonita.

Viola de quatro cordas? Chamava-se "viola americana", toda fechada. Os repentistas usam muito. Fiquei fissurado em tocar, e aquela era a minha oportunidade. Participei de muitos programas de calouros naquela época – anos 1960, por aí. Formava dupla com o Valmir. A gente compunha e ia para as rádios, os programas, os festivais. Éramos uma dupla afinada pra caramba, eu e o Valmir. ▪ Depois formamos o grupo Os Instantâneos: eu, o Valmir e dois caras que eram irmãos. Eu cantava, e o Valmir cantava e tocava bateria. Ele era impressionante: não tinha nenhuma das pernas, mas tocava bem, era um cara versátil. E havia os dois irmãos, que na hora de ensaiar brigavam muito, saíam no braço mesmo. Era uma loucura, mas era divertido. Com esse grupo, percorremos os morros mais próximos, bailes, festas de debutante, festivais, era uma festança. Até que nos separamos, e cada um seguiu para seu lado.

Foi aí que você começou a frequentar a Zona Sul? Foi. E depois tive o privilégio de ter uma música gravada pela Gal Costa.

Qual foi a sensação de ouvir a Gal cantando a sua música? Ah! Foi muito emocionante, chorei muito. Lembro-me de ter chorado na estreia, foi um chororô terrível lá no Teresa Raquel. Imagine que, de repente, uma pessoa que você sempre teve a maior vontade de conhecer grava uma música sua e diz: "Agora vou ser sua madrinha, rapaz!" ▪ Aí ficamos amigos. Foi emocionante mesmo. Até hoje é assim. Agora mesmo acabei de compor uma música para a Gal, e ela ainda não gravou – não sei por quê... Gosto de ouvir a Gal cantar, ela interpreta bem as minhas músicas. O problema é que ela canta muito mais Caetano Veloso. *(Risos.)* Caetano bem que podia dividi-la um pouquinho comigo. Mesmo assim, ter iniciado minha carreira graças à Gal Costa e ter músicas gravadas por ela é um privilégio.

No seu primeiro disco, produzido pelo Guilherme Araújo, a primeira faixa é "Estácio, eu e você", uma linda declaração de amor ao seu lugar, com acompanhamento do Regional do Canhoto. Ali, você já mostrava uma diversidade sonora. Pois é, não havia essas barreiras, não! Era essa diversidade o que eu ouvia no rádio. Quando menino, eu acordava com a *Hora sertaneja* para ir à escola. Ouvia isso todos os dias. O rádio era o meio de comunicação mais comum nos morros, todo mundo tinha um, pelas vielas todo mundo estava ouvindo. Ao meio-dia, a gente ouvia as músicas que estavam nas paradas de sucesso. Isso foi marcante pra caramba. **Abrir o disco com o Regional do Canhoto e com uma música que era uma declaração de amor ao Estácio era uma forma de registrar uma tradição?** Ah, claro! Desde muito garotinho, eu ouvia regionais tocarem no morro, recebi a essência dos mais velhos. Todos os domingos, nos dias de folga, a rapaziada se juntava e fazia grupinhos de seresta ou então de bolero. É claro que havia muita influência do Cartola, do Zé Kéti. Quando eu compunha, a graça já vinha toda para esse lado, por que não? **Então está tudo aí?** Tudo. No próximo disco, vou gravar um bolero do Papa Kid. Eu escutava muito Carlos Alberto, Lucho Gatica, Angela Maria, Elza Soares, Anísio Silva, Orlando Silva. Vivia cercado de música por todos os lados, era uma metralhadora musical! **Havia também o reggae, o calipso...** É, eu ouvia calipso, muito Harry Belafonte. Com um tio, eu ouvia bolero. Com outro, ouvia Jimmy Cliff, antes de este ter virado sucesso. Com os primos, eu escutava The Platters, e eles faziam mímicas desses discos... era maravilhoso! **Vamos falar um pouco de poesia, do Negro Gato, do Felino, do Poeta do Estácio. As pessoas sempre dizem: "Que lindo, que frase, que sacada!". Como foi que a poesia surgiu na sua vida?** Acho que é uma coisa mais intuitiva, uma coisa mais jogada, assim no bom sentido, sem uma preocupação tão radical. Às vezes, estou a fim de fazer uma letra de certo jeito e, pouco me importa, eu acho lindo e aí escrevo "raspão de estrela". O que é raspão de estrela? Não sei, mas acho lindo e vou pôr. *(Risos.)* Há músicas que algumas pessoas ouvem e acham uma maravilha e de que outras não gostam. Então eu reelaboro, mas acaba ficando o que é de coração mesmo. Tanto que as minhas canções sempre fizeram sucesso. Já com as canções de outras pessoas eu nunca me saí muito bem. Eu gosto desses flashes que aparecem nas minhas letras, umas arrancadas, umas sacadas bacanas. Eu gosto, e ninguém tem nada com isso. **Que tipo de flash?** "O couro me cobre a carne e não tem planos...", coisas assim. "Vem de lá, vem da praça, o mistério da raça, cachaça para se beber", e por aí vai. **"Mistério da raça" é uma música maravilhosa.** "Quem não pisa na terra não sente o chão..." **Essa frase é clássica, eu sempre digo para a minha filha. Acho que todos falamos para os nossos filhos.** Gosto da maneira que escrevo. Em certa época, havia perseguição por parte de algumas pessoas, mas isso não vingou. **Que tipo de perseguição?** Diziam não entender o que eu escrevia. Esse tipo de implicância, sabe como é? Não tenho que ficar dando explicações sobre o que escrevo. Está lá, e quem quiser que ouça e reflita, ou melhor, que sinta o que eu sinto. **Houve época em que você, o Jards Macalé e mais alguns ficaram conhecidos como os "malditos" da música brasileira. Como foi isso?** Foi nos anos 1970, um tempo em que a gente se recusava a aceitar certos padrões. O Sérgio Sampaio, o Fagner e outros mais também estavam nisso. Os jornais começaram a nos chamar de *underground*, e isso virou rótulo, as pessoas repetiam por aí. Muitos jornalistas vinham me entrevistar e nem sabiam direito de onde tinha surgido aquele nome, mas ficavam repetindo. Até que, um dia, eu disse que aquilo estava ficando repetitivo. Então acharam que eu estava puto, que não queria mais ser maldito. Meu Deus do Céu, eu nunca quis ser nada! Enfim, isso acontece ainda hoje, e a maior parte das pessoas nem sabe por que somos malditos. Mas já aprendi a lidar com aquilo.

> NÃO TENHO QUE FICAR DANDO EXPLICAÇÕES SOBRE O QUE ESCREVO

Era uma forma de não se render muito ao sistema... Pois é, era isso. A gente era muito jovem, ia a mil por hora, ninguém estava a fim de ficar preso. Quando as coisas não davam certo e as opiniões não combinavam, eu abandonava uma gravadora e ia para outra.

Isso também é determinado pelo conceito que você tem da sua música, da sua arte. Pois é, a minha arte. Hoje sou um cara mais comedido, sinto-me mais satisfeito com isso. É claro que há momentos em que pinta mágoa de algumas coisas, mas acho que faço um bom trabalho para as cabeças que estão aí. Eu me sinto mais seguro fazendo o que estou a fim de fazer, trabalhando com pessoas que querem realmente trabalhar comigo. Se não for assim, tudo vai ficar muito deprimente. Com o Sérgio Sampaio foi assim: quando percebi, ele já estava muito deprimido, estava em Salvador, não queria voltar e bebia desesperadamente...

Era um compositor talentosíssimo. Muito, muito. A última vez que estive com ele foi na casa do Fábio, aquele que cantava "Estela". Foi quando ele me mostrou "Cruel", uma música a que dei muito pouca atenção na época.

Mais tarde você a gravou. É. Na época a gente vivia numa correria, mas eu percebi que o Sérgio estava se afastando, se entregando ao álcool. Quando veio para o Rio, já estava muito mal. Foi uma triste perda. Se alguma vez pertenci a uma panelinha musical, foi com o Sérgio. Ele estava sempre comigo, era meu camarada. Nessas situações em que você se dá muito ou marca touca, o esquema te mói, faz bolinho de você e aí joga fora. *(Risos.)*

E depois vende na embalagem que quiser. Pois é.

Dentro da sua verdade, Melodia, o que então é ser artista? Acho que ser artista é poder dirigir a própria vida, ser respeitado profissionalmente e ter espaço para fazer o que quer. É fazer sua música e levá-la ao público, que, na verdade, é quem comanda tudo, ele é que é o nosso superior, mais do que qualquer dessas multinacionais.

O público? Não sou um artista que grava um disco por ano, só gravo a cada três, quatro anos. Mas o meu público está sempre lá. É o meu deus, é a ele que devo respeito, e não a nenhuma multinacional. Acho que artista é isso. Eu me vejo dessa forma, e meu público é muitíssimo importante.

O palco deve ser um lugar maravilhoso para você. E é. É toda essa abstração, meu público, o palco. Já o estúdio é uma coisa à parte. Hoje, você pode ter um estúdio de quarenta e poucos canais em casa, gravar suas coisas e fazer você mesmo a distribuição. Ainda mais sendo alguém que, como eu, já tem um tempo de carreira. Você acaba tendo mais trabalho, mas as oportunidades são melhores.

Existe alguma diferença entre a primeira vez que você pisou num palco e os shows que faz agora? Você fica mais tranquilo ou ainda bate aquele friozinho na barriga? Nunca senti essa coisa, esse desespero nunca me acometeu. Claro que há sempre uma emoção, mas nunca me aconteceu esse tipo de coisa. Lembro-me de uma das primeiras vezes em que subi no palco, não sei se no Teresa Raquel ou no Opinião, num projeto que se chamava A Fina Flor do Samba, faz muito tempo. Entrei tranquilo, peguei meu violão, toquei e me saí bem. Nunca me abalei. Nunca toco para público grande. Sendo assim, qualquer multidão me surpreende – mas não me abala.

Você tem uma *mise en scène* que é muito peculiar... Parece sempre muito à vontade no palco, de um jeito seu, meio passista, meio mestre-sala. Acho que é resultado da minha experiência, do lugar onde nasci e fui criado. Eu fui muito moleque, brinquei muito quando criança. Acho que essa malemolência, essa esperteza, esse gingado, é coisa própria de quem vem do morro. Não estou puxando a brasa para a minha sardinha, mas acredito que é preciso ter agilidade para viver lá no alto. Então aproveito para botar em prática no palco também. E gosto de dançar, de ser showman mesmo. Isso me ajuda pra caramba.

O Perinho Santana e o Renato Piau são violonistas que o acompanham há bastante tempo. A sua música tem uma sonoridade muito própria, no uso dos metais, por exemplo. Como você resolve os arranjos? Os metais eram mais presentes nos discos anteriores, não? Os primeiros discos é que tinham metais. Sempre trabalhei com os mesmos arranjadores – o falecido Oberdan Magalhães, da banda Black Rio, por exemplo. Eu confiava no trabalho dele. Há ainda o Serginho Trombone, o Márcio Montarroyos e o Leo Gandelman, com os quais sempre me identifiquei e nunca tive de mudar nem um arranjo sequer. Eu me sinto seguro com eles. Ultimamente, o Humberto Araújo tem trabalhado comigo – volta e meia, é ele quem arranja os metais. Cada um faz um pouco, é assim que me organizo. Minha mulher, a Jane, também participa bastante. Sempre peço a opinião dela sobre quais músicas devo gravar. Depois, passo para o Liber, que é o meu produtor.

> ACHO QUE ESSA MALEMOLÊNCIA, ESSA ESPERTEZA, ESSE GINGADO, É COISA PRÓPRIA DE QUEM VEM DO MORRO

Liber Gadelha? Ele mesmo, um cara sensacional. Talvez eu tenha finalmente encontrado um produtor legal... A gente se encontra e ele dá a opinião dele: "O que você acha, Luiz, de tal cara tocar nessa faixa?". E isso é muito bom.

Quando vai gravar um disco, você primeiro escolhe as músicas e as distribui entre os arranjadores? Às vezes, começo até sem ter as músicas.

Elas vão surgindo ao longo do processo? Agora, por exemplo, já tenho quase todas as músicas para o próximo disco, mas ainda quero compor algumas. Já faz um tempo que não componho sozinho: ultimamente, escrevo muito e estou achando bacana escrever e mandar.

Outro dia você me disse que tem um caderninho de poemas... *(Risos.)* Fico escrevendo e enviando para um e outro. Estou achando bacana esse outro lado. Mas, para esse novo disco, quero compor umas duas ou três músicas sozinho, só eu e o violão, como sempre faço. Há uns três meses, tive de ficar de molho por causa de uma cirurgia. Então, musiquei umas coisas do Manoel de Barros. Você o conhece?

Sei, um poeta. Eu gosto muito do estilo dele.

Você leu o poema e fez a música? Já apareceu uma melodia? É, no ato. Fui fazendo ali mesmo. Estou pensando em usar orquestra de câmara. *(Cantando.)* Borboletas já trocam as árvores por mim/ Insetos me desempenham/ Já posso amar as moscas como a mim mesmo/ Os silêncios me praticam/ De tarde um dom de latas velhas/ Se atracam em meu olho/ Mas eu tenho o predomínio por lírios/ Plantas desejam a minha boca/ Para crescer por cima/ Sou livre para o desfrute das aves/ Dou meiguice aos urubus/ Sapos desejam ser-me/ Quero cristianizar as águas/ Já enxergo o cheiro do sol".

Parece que foi feita para você. Tem a sua cara. [Chama-se "Retrato do artista quando coisa", parceria de Luiz Melodia com Manoel de Barros.] São várias as maneiras. Às vezes, ouço alguém cantar uma música bonita e resolvo gravar. Tem uma do Osvaldo Nunes, com letra romântica, simples, pequenininha, uma letra de amor, que eu vou cantar em ritmo de reggae.

Como você explica ao arranjador o que você quer que ele faça? Às vezes, uso o violão. Outras vezes, cantarolo. Ou então vem uma ideia do Liber, ou mesmo do William Magalhães, que sempre faz uns arranjos muito bons. Nunca tive dificuldade com isso, eles sempre dão continuidade ao que já fiz. É rápido e eficiente.

Não há o processo doloroso da criação? Não, não. Essa coisa de fazer pesquisa eu acho besteira, não ligo para isso, não. Eu não lido com essas coisas. *(Risos.)* Pelo menos até agora não me bateu nada disso. Sempre procuro o jeito mais simples e rápido.

Esse CD acústico faz a gente matar a saudade de um Luiz Melodia de vinte anos atrás. A gente canta o disco todo junto. O que você acha desse sucesso agora com músicas que são até do começo da sua carreira? Pois é. No início, eu não tinha a pretensão de gravar um disco desse show. Mas, a cada apresentação, víamos que a resposta do público era muito positiva. As pessoas iam ao camarim e ficavam maravilhadas... Viajávamos com a banda para fazer shows, e depois a banda partia e ficávamos eu, o Renato Piau e o Perinho Santana para fazer apresentações nas cidades próximas. Isso foi dando certo: as pessoas vibravam, e eu ficava emocionado. Quando chegamos ao Rio, o Liber Gadelha sugeriu que gravássemos, os meninos também quiseram, e o disco acabou vendendo muito bem. ▬

Ele lhe rendeu um Disco de Ouro, não foi? Pois é. Foi um dos shows mais emocionantes da minha carreira. Eu e esses dois violões. O Perinho é muito harmônico, e o Renato Piau é mais agressivo, ele faz tudo, ritmo e harmonia ao mesmo tempo. Eu achava que esse "choque de cordas", de levada e harmonia ia ficar muito legal. E ficou mesmo. Tem uma pulsação muito especial. ▬

Disseram aqui na sua casa que você gosta é de ficar no sofá, deitado, vendo futebol... Gosto pra caramba. Torço pro Vasco. Estou há algum tempo sem jogar, por causa da cirurgia, mas assim que o médico me liberar... Sempre jogo com o Chico Buarque aos sábados e, às vezes, bato uma bola com o Zico, com outros artistas e com jogadores de futebol. É legal porque não tem pancadaria. Em casa, fico sempre recolhido no quarto, escrevendo ou ouvindo música. ▬

Que tipo de música? Ouço de tudo. Ultimamente, tenho recebido muitos discos, umas coisas alternativas, interessantes. ▬

Seu filho está fazendo rap? O Mahal? Faz. Ele está indo bem, é um estudioso, passa noites em claro. Às vezes tenho que dar bronca, porque ele fica acordado até as cinco da manhã e não vai para o colégio. ▬

Você gosta desse tipo de som? Claro! Nunca fiz restrição a nenhum tipo de música. Esses dias, até comprei uns discos africanos. O Mahal me mostra as coisas que faz, e dou a maior força. Agora mesmo, vai gravar comigo no disco novo. Acho que ele escreve muito bem. ▬

Você percebe alguma influência da sua poesia na poesia dele? Não, o que ele faz é outra coisa. ▬

Como é que você lida com a imagem do Luiz Melodia? É uma coisa espontânea ou é uma imagem construída, como alguns artistas fazem? Quem é a pessoa e quem é o compositor Luiz Melodia? Levo uma vida muito simples. Venho de uma família humilde, e isso conta muito. Meu dia a dia é absolutamente normal, como o de qualquer outra pessoa. Quando eu sair daqui, vou assistir a um filme chamado *Celebridades*. *(Risos.)* ▬

O filme do Woody Allen? Vou com a Jane. Mas eu gosto mesmo é de futebol. Às vezes me cuido um pouco, faço uma ginástica, mas tudo muito rápido. Depois, paro e fico um tempo sem fazer nada. Eu me preocupo com a minha alimentação, gosto de comer bem. Quanto à coisa da elegância – isso é culpa da Glória Kalil –, para mim é muito natural. Sempre procurei me vestir da maneira que acho legal. Então, se sou elegante, bacana. Fico satisfeito com isso, mas não forço a barra. Claro

que há coisas de que eu gosto, como sapato, por exemplo. Amo sapato, tenho um monte deles. Sou um sapatão... *(Risos.)*
A primeira vez em que o entrevistei, eu tinha 20 e poucos anos e fazia um programa chamado *Radiografia* na Rádio Cultura AM, de São Paulo. Você estava lançando o disco *Claro*. Já faz tempo, né? Bom, estávamos conversando, e me lembrei de uma música do Cartola... "Cordas de aço".
Isso. Cantei um pedacinho, você cantou a música inteira para mim, e quase morri do coração. A sua voz é deliciosa, as pessoas adoram ouvir. Você se preocupa muito com ela? Eu deveria me preocupar mais. Quando meu pai era vivo, sempre me aconselhava a cuidar da voz. Dizia que era o meu instrumento de trabalho: "Não tome nada gelado, não beba cerveja", e olhe que eu gosto muito de cerveja. Às vezes, quando ia à casa dele, no morro de São Carlos, eu tomava muita cerveja com os amigos, saía de lá carregado... Mas minha voz é um privilégio, e eu deveria cuidar mais dela. Lembro-me de quando eu e a Zezé Motta viajávamos com a Marina, que tomava o maior cuidado para não prejudicar a voz. Eu bebia muita cerveja gelada e depois entrava e cantava numa boa. Quer dizer, a voz ficava um pouco pesada, mas eu não perdia a afinação. Hoje em dia, evito bastante esses abusos.
Você gravou umas músicas do Cartola. Também gravou "Só louco" no *songbook* do Dorival Caymmi. Assim, vez ou outra, você faz umas incursões na obra de outros compositores... Faço quando me convidam, e acho até que me convidam muito. Houve época em que choviam convites para gravar e eu dizia que não aguentava mais. Há pouco tempo, gravei em vários discos de artistas independentes e pensei: "Estou virando um quebra-galho". Eu me queixo muito, mas acabo gravando. Outro dia, o Sérgio Natureza me ligou e disse: "Pô, Luiz, você já gravou pra todo mundo, mas e o meu?". Respondi: "É mesmo... Semana que vem, a gente faz". Acho que é uma música que ele fez com o Paulinho da Viola, acho que é "Vela no breu". Também gravei uma com o Chico, mas ainda nem ouvi. É curioso como você acaba deixando as suas características em tudo o que grava. Às vezes, tenho medo de que o compositor reclame. Eu soube que o Dorival Caymmi não gosta muito que mexam nas coisas dele.
Quem você considera um bom intérprete das suas músicas? Gal Gosta. Ela gravou muitas músicas minhas. Mas não há muito intérprete de música minha por aí. Nos anos 1970, havia bastante. Depois, ninguém gravou mais. Eu tinha muita vontade de ver minhas músicas gravadas por outras pessoas.
Cássia Eller gravou "Sensações" e, no último disco, também gravou aquela música linda, "Tô na rua", que é sua e do Piau. Só a Cássia Eller grava. Eu adoraria que a Simone gravasse músicas minhas, ou essa menina do "l love you... amor, I love you...".
Marisa Monte. Isso. E a Nana Caymmi, principalmente a Nana. Ou a Angela RoRo, acho lindo o timbre de voz dela... A Marina... Mas elas não gravam as minhas coisas,

não. Não sei nem se elas me conhecem! Eu gostaria muito de ver essas pessoas gravando minhas músicas. Elas gravam muito Djavan, muito Caetano Veloso. É por isso que digo: "Me gravem! Vou ficar satisfeito!".

O "Poeta é sempre malandro"... *(Risos.)* Pois é. *(Risos.)* Compus essa música numa época em que o amor não estava valendo nada. Nada estava valendo nada, eu estava completamente magoado, de coração ferido mesmo... e fiz essa letra assim, rasgando com tudo.

O blues "Abundantemente morte" é do primeiro disco? É.

É um blues dolorido à beça. Você sempre falou de amor de um jeito muito especial... Há uma máxima que diz que as paixões passam e as canções ficam. É verdade, pode crer.

Acho que as dores de amor também passam... Claro. Se não fosse assim, pelo amor de Deus!... Você cria as canções, a dor passa e fica a música.

Você já tem uma obra, um trabalho que possui uma... Consistência?

Isso. Como você vê a perenidade da sua obra? Acha que ela vai ficar, que ela tem importância na música brasileira? Eu a vejo de maneira positiva. Quando digo que o meu público está presente, reconheço que foi ele que me deu a consistência, a segurança e a estabilidade que tenho hoje. Claro que também me esforcei. Considerando tudo o que passei e o fato de ter chegado até aqui "sarado", posso dizer que, com apenas algumas feridas, eu me sinto gratificado.

Então você está satisfeito? Estou, embora haja algumas coisas que eu ainda gostaria de fazer, coisas que faltam na minha carreira, como fazer mais shows no exterior, por exemplo, porque fiz muito poucos.

Você está prestes a fazer 50 anos (completados em janeiro de 2001), mas suas músicas se mantêm contemporâneas. É um som jovem, gostoso, suingado. O que você faz para se manter jovem assim? Não me preocupo com isso, nunca me preocupei. Acho que a gente é o que faz. Se você tem motivação, se você se sente bem com o que faz, não envelhece. Aqui no Brasil, quando o artista fica velho, ele perde o brilho que tinha no início da carreira, fica ofuscado. Mas, enquanto você tiver a força e o brilho que tem a Elza Soares, pelo amor de Deus, você tem que estar sempre na mídia. E por que não? Se o seu trabalho é legal, você deve continuar, não importando a idade. As pessoas vão envelhecendo e vão fazendo coisas ainda mais interessantes, como o Tom Jobim ou a Tina Turner – que, aliás, só encerrou a carreira porque quis. Mas lá fora as coisas são diferentes, a atenção é sempre redobrada com os grandes monumentos. Quando digo isso, estou falando de um Duke Ellington e outros mais.

Os ícones. Essa rapaziada toda. São muito conhecidos ainda hoje, e seus discos continuam vendendo muito – vão vender para sempre. Já a Elza Soares tem dificuldade para gravar, e o mesmo aconteceu com o Ismael Silva, que não tinha gravadora. O público jovem não conhece Ismael Silva, não recebeu essa informação. Isso é muito ruim, ainda mais num país musicalmente tão rico. Um Zé Kéti não pode morrer nunca, mas as crianças nem sabem quem foi ele. Às vezes, isso acontece até quando o cara ainda está vivo. Veja o Miltinho, por exemplo. Ele é um cantor genial. Sou fã da Elza Soares, o Canecão devia estar sempre cheio para vê-la. É uma sambista...

Muito mais que isso. Pô, muito mais que isso! É uma coisa de presença mesmo. Veja também a Angela Maria, pelo amor de Deus! Ela devia tocar o tempo todo no rádio. Você ouve muito mais Elis Regina no rádio, acho que é uma das artistas mortas que mais se ouve no rádio, mas não se ouve Angela Maria nem Elza Soares. Claro que admiro Elis Regina, ela era maravilhosa, mas há cantoras do mesmo gabarito ou até melhores.

Por que você acha que isso acontece? Porque simplesmente não botam para tocar. Acho que é isso, não há interesse. É uma pena.

O que você acha da música brasileira que está se fazendo hoje? É tão difícil você chegar junto, porque é tanta coisa ruim! É tão fácil fazer disco em casa ou chegar a uma rádio para tocar! A bem dizer, existe a coisa do jabá. E também há as rádios que tocam discos alternativos... Estou muito confuso, sabia? Lá em casa, até hoje ouço Cartola, Jamelão... Mas tenho gostado de algumas letras novas, só das letras, porque há certas melodias que têm um baticum só, sem harmonia, sem nada, só aquela coisinha, e você faz a letra em cima. O Zeca Baleiro escreve legal, o Pedro Luís, o Charlie Brown também, eu gosto muito desse menino. Eu estava a fim até de gravar com eles.

Luiz, o que você acha dessa opinião corrente que limita a história da música brasileira a uma sombra tropicalista ou à sombra do que já foi feito? Não estou nessa... Eu não vi, por exemplo, Sérgio Sampaio ligado ao movimento. Ele até tinha umas coisas que me lembravam um pouco o Caetano Veloso mesmo, um jeito de imitar o Caetano, ele era todo Caetano Veloso, era fã. Mas tinha muito mais gente fazendo música nessa época – o Jards Macalé, por exemplo... Mas acho que o Macalé não tem nada a ver com o tropicalismo. Ele é bem carioca, Tijuca mesmo. Sou fã dele. Pô, tantas outras pessoas, outros artistas, faziam e fazem coisas boas e interessantes! Não estou de acordo com aquilo não, de jeito nenhum.

Macalé então é muito mais Geraldo Pereira, muito mais Moreira da Silva, do que tropicalista? Eu o acho é muito Jards Macalé, isso sim...

E o trabalho com a Jane? Como é misturar trabalho e casamento? Profissionalmente, mudou muita coisa. Para mim, foi bem legal. Foi aí que pude viajar para fora do país, porque até então era um artista só conhecido no Brasil. Algumas vezes, as gravadoras me punham na lista dos artistas que iam se apresentar em shows lá fora, na França... Como é mesmo o nome do lugar, meu Deus? Era uma ponte aérea... Com a Jane, eu acabei indo. Viajei muito, porque ela é muito eficiente. São dez anos de trabalho conjunto. E fica tudo dentro de casa, a grana, a sinceridade, coisa que dificilmente você encontra num empresário. Isso me deixa muito mais tranquilo para compor. Trabalhei um pouco com o Guilherme Araújo, foi legal, mas eu ficava sempre em segundo plano. Fiz muitos shows com a Gal, mas era sempre a abertura, não era o meu show. Já com dona Jane Pinto Reis eu estou bem. *(Risos.)*

Uma grande parceira? Grande parceira.

Como Luiz Melodia define Luiz Melodia? Rapaz, sou meio suspeito para definir Luiz Melodia, mas... um cara gente-boa, que quer o bem das pessoas, principalmente dos descamisados, até porque tive isso muito presente. Sou uma pessoa que procura ser positiva e tirar da vida coisas positivas, para ter uma vida familiar tranquila, em comunhão com as pessoas. É assim que eu me defino.

Você é religioso? Não de frequentar igreja, aquilo de ir aos domingos e coisa e tal. Mas sempre rezo. E nos hotéis, antes de sair para o show, peço a benção do meu superior. Acredito muito nele. É a criação, é o outro, é o ar que a gente respira, a nuvem, o matagal, a selva amazônica. Acho que Deus é isso. Outro dia, eu estava no Maranhão quando abri a janela e vi aquele mar imenso. Era de uma espiritualidade, de uma positividade, que fazia a gente querer viver. Isso é bacana.

MARINA LIMA

PARA COMEÇAR ELA ME DIZ ISSO: a música é o mar, aquele mar que é forte, fortíssimo, suave; as embarcações são as letras. Se já não fosse fundamental para mim e para a música pop no Brasil, ali mesmo, naquele momento passaria a ser. Muito já falei sobre Marina Lima. Seu disco de estreia com a capa provocadora, suas transformações, sua busca incessante pelo contemporâneo na arte. Uma artista que admiro imenso, uma mulher que atravessou muita arrebatação e que fala de música usando o mar como metáfora... Falou de cabala, filosofia, análise, das ferramentas para compor, do trabalho de ser. Do seu lugar neste mundo. Nos nossos corações, faz tempo. Uma entrevista que desejava fazer desde a primeira edição dessa minha empreitada. O resultado foi maravilhoso para mim. Compartilho com orgulho e alegria. Entrevista realizada em setembro de 2013.

Vamos começar por esse momento que você está vivendo agora, que é um registro da sua obra feito por você mesma, por ter resolvido fazer o livro. Foi o momento em que conseguiu ter um distanciamento para ver que há uma obra. O que eu mais gosto nesse aspecto de obra é aquela discografia que tem atrás. Agora eu tenho várias visões sobre os discos, eu tenho críticas dos discos. Eu achei legal poder falar um pouco deles, porque as pessoas falam, muitos críticos, sobre cada disco, e a gente não fala. Foi bacana, há uma objetividade em relação a isso, e na realidade há muitos discos também. São vinte discos, são 34 anos de carreira, é muito trabalho. O livro abriu outra janela, até os shows ficaram melhores com o livro.
Ficaram mais prazerosos? Ficaram mais leves, porque antes a sobrevivência dependia dos shows. Eu tenho que ficar o tempo inteiro inventando formas prazerosas para não ficar uma coisa pesada. E permitiu escrever para um *site*, escrever outro livro, tudo isso foi bom. Tudo isso na verdade é derivado de música.
Claro, derivado daquele que é o seu principal ofício. Na realidade, eu tive um excelente professor, que foi o Cicero. Eu comecei a compor com o Cicero, e o Cicero vivia sonhando, ele era um poeta. Ele foi um excelente professor, a pessoa que me iniciou nisso, aprendi essa coisa de sílaba, sílaba tônica, rima, ritmo, porque o ritmo vem da música.
Sim, mas tem o ritmo do poema também. Mas o poema vai em função da música, não tem jeito, é a música que leva a maneira de compor. Foram no mínimo vinte anos que a gente trabalhou junto intensamente. Eu aprendi muito com ele e ele muito comigo também. É bacana porque o Cicero é tão seguro com relação à poesia dele que não tem o menor pudor de colocar a letra dele em função da música. Tem uma generosidade, uma cumplicidade, uma confiança de se expor um para o outro. A gente percebeu que ficava mais musical a letra acompanhar a música.
Qual foi a primeiríssima que vocês fizeram? Foi "Alma caiada". É um soneto dele, a métrica é toda certinha o tempo inteiro, foi fácil musicar. Depois teve outra música que eu nunca gravei, "Em mar de amor". A gente fez a segunda música com esboços de um poema dele que eu comecei a musicar, mas não fiquei muito satisfeita com o resultado, aí ele começou a terminar um esboço de melodia que eu tinha feito. A partir da terceira música a gente começou a ver que gostava mais que a letra seguisse a métrica musical.
Aí vocês começaram a fazer juntos mesmo. Eu não digo nem juntos, eu fazia músicas, harmonias, melodias, e ele botava a letra na música pronta. Depois de um tempo começamos a fazer juntos, mas isso requer mais intimidade, demorou mais um pouco para a gente achar essa ideia. A gente começou a morar junto no Brasil, ele veio dos Estados Unidos, foi para a casa dos meus pais, onde eu morava, e tínhamos que compor para o primeiro disco da Warner, o *Simples como fogo*. Às vezes surgia uma ideia de uma frase musical, de uma frase de letra, e começamos

a compor mais juntos. Quando tinha uma música meio começada, em que ele começava a botar a letra, as canções saíam melhores.

Quais, por exemplo? "Três", "Fullgás", "À francesa", que ele fez com o Zoli, era uma música toda pronta, "Pra começar", "Acontecimentos". Todas têm uma música que ele ouve, ele ficou bom nisso, começou a entender qual é a sílaba forte, onde há rima, e foi se tornando musical. Eu entregava as fitas e ele ia botando letra. Tem algumas que não são assim; por exemplo, "O solo da paixão" era um poema que ele me entregou, tinha frases lindas, então comecei a musicar e ele terminou com a música mais adiantada.

A parceria com o Cicero é a mais clássica. E tem agora essa novidade que é a parceria com a Fernanda Takai, para mim foi uma surpresa. Eu sempre tive uma atração pelo Pato Fu, primeiro porque eles compõem bem, o John é muito bom, ela também, eles têm uma forma muito inteligente de lidar com timbres, a faixa nunca é cheia, são poucas coisas e tudo aquilo soa. Como compositora presto atenção nisso, como arranjadora também. Até que teve uma música que dizia assim: "quando penso em nós dois fica tudo pra depois, quando penso em nós três fica para a outra vez". Eu ri tanto, falei: "Que coisa genial, essa menina com a voz angélica, com o arranjo totalmente econômico, e eles estão falando de uma suruba". Comecei a perceber que eles lidavam com temas de amor diferentes com naturalidade. Depois ela gravou o disco da Nara. Quando eu estava descobrindo música, não foi a Nara que mais me tocou, era mais a Bethânia, a Gal. A Nara tinha uma voz menor, eu queria outro tipo de mensagem. Quando a Fernanda gravou aquele disco em homenagem à Nara, ela me fez redescobrir Nara Leão. Com o arranjo mais perto de mim, era como se estivessem trazendo a Nara Leão para os anos 2000. Eu falei: "Como eles são inteligentes!". Eles estão me mostrando uma praia que eu não conheço.

Como foi para vocês comporem juntas? Eu adorei esse exercício. A Fernanda chegou com a parte musical pronta, ela queria que eu terminasse a letra, então comecei a pensar como tornar essa música minha e dela, como achar um assunto comum a mim e a ela, porque musicalmente a canção já estava resolvida, eu sabia que ela não queria que eu mexesse naquilo.

SER ORIGINAL REQUER UM ESFORÇO GRANDE

Você fala em solidão em diversas situações, muito ligada à criação. Compor é muito solitário? Você se acha muito solitária? Eu acho que isso pode existir em qualquer lugar, em qualquer profissão. Ser original ou não se identificar com a maioria, e para não negar a vida tem que achar uma forma diferente de ser afirmativa. Ser original requer um esforço grande. Quando você não se identifica com a manada, como criar uma opção em que possa também ser afirmativa em relação à vida e ao mesmo tempo propor uma coisa nova? Isso requer um certo isolamento que nem sempre é bem-vindo, por exemplo se eu estiver ocupadíssima com trabalho, se estiver apaixonada, vou preferir muito mais dar o que eu tenho de imediato e viver aquilo, porque o lado bom da vida é festejar as conquistas. Mas se eu tiver que criar novas saídas para mim, porque as que vejo não estão bastando, isso dá muito trabalho e é solitário. Você tem que ir para o mar ou para o mato, tem que ficar em São Paulo sem conhecer ninguém ou ficar trancada num prédio, como a Rita Lee descrevia: "Lá embaixo a vida parece tão chatinha", porque essa coisa de pensar em novas soluções para o dia a dia requer uma solidão, e isso às vezes não é confortável. Você paga um preço por isso também.

Naturalmente, veja a Joni Mitchell, o preço que ela paga, ela é absolutamente solitária. Ela é completamente solitária e genial, reconhecida por um grande número de artistas, um público fiel, mas talvez fosse isso que ela quisesse para ela. Eu também pago um preço por isso, de não ter um grupo tão grande e ter umas pessoas que ficam desconfiadas de mim.

Mas você fica tão quieta, na sua. Mais ou menos, porque o meu trabalho fala muito por mim, e as poucas entrevistas que eu dou também. O que eu queria na realidade? Quando comecei a criar, eu tinha uma ambição musical muito grande. *Fullgás* tinha isso, todos os discos ao vivo tinham isso, *Virgem* tinha isso, *Marina Lima* tinha isso, porque eu vim de uma geração pós Caetano, Gil, Gal... Quando eu comecei, queria música pop. Claro que tinha a música pop meio brasileira, mas já estava defasada, eu comecei a gostar mesmo a partir do Dalto, do Lulu.

Você curtia o pop norte-americano, Michael Jackson... O que eu curtia era Beatles e Stevie Wonder, depois vieram os derivados, eu gostava disso, de coisas muito fortes, mas populares. Aqui não tinha um lugar de música norte-americana, era música pop FM. Eu me lembro de quando o Dalto apareceu, tomei um susto.

Por quê? Porque ele era muito estranho mesmo, era um homem mais velho, não tinha nada a ver com o padrão de beleza, fazia uma música pop. Comecei a comprar todos os discos do Dalto. Depois estava começando banda de rock...

Você curtia desde aí, ou não ainda? Eu vinha dos Estados Unidos com muita ligação com o rock, Beatles, Byrds, Beach Boys. Mas não me liguei nos Mutantes, queria ouvir outra coisa que eu achasse diferente, não adiantava mudar a língua. Quando a Rita Lee começou com o Tutti Frutti, eu não era tão ligada em banda de rock, estava mais interessada no violão do Gil, no Caetano cantando, na Maria Bethânia. Porque a Rita Lee parecia que eu já conhecia um pouco, era um caminho que eu poderia tomar, mas não quis tomar. Eu tinha uma visão muito Elizeth, muito Elis Regina, muito Jair. E esse pessoal, o Gil principalmente, tinha isso, porque ele tocava violão muito bem, foi para Londres, começou a compor rock, tirava tudo no violão, tinha uma pegada rock que eu conseguia entender, com uma coisa de Luiz Gonzaga, de Jackson do Pandeiro. Aquilo casava com o que eu estava buscando no Brasil. Quando Caetano e Gil foram para Londres, eu morava no Rio, e a Gal ficou lá no Rio de Janeiro. Eu fiquei louca pela Gal porque me via nela, ela tinha um grupo de pessoas interessantes, diferentes. Quem eram os parceiros dela? Era o Macalé, era o Waly, era o Carlos Pinto, era o Paulinho Lima, que era empresário dela, era o Lanny, eram os Novos Baianos, a Baby, o Pepeu...

A cultura daquele momento. Daquele momento no Brasil. Eu ficava louca com aquilo. O Macalé era muito importante, o violão dele... eu ficava louca por ele porque tocava violão também, e aquelas músicas com a pegada do Macalé, do Gil, eu conseguia tirar porque tocava bem. Não eram sambas, porque samba é mais fácil, era uma levada misturada, sincopada, uma coisa estranha, meio blues, meio música pop. Aquilo era a música brasileira em que eu era ligada, até surgir o Dalto, o Lulu, até eu começar a me profissionalizar.

Você viu o show *Deixa sangrar*, da Gal? Eu vi mais de trinta vezes, *Índia* eu vi umas vinte. Eu tinha 12, 13 anos, era louca por música, tocava violão o dia inteiro. Quando vim para o Brasil de navio, não trouxe o violão e quase morri, foram 12 dias de viagem, eu falei: "Ah, não posso ficar mais sem esse instrumento". Eu compreendi que está na minha alma. Eu ia aos shows, via Pepeu tocando, Lanny tocando, Novelli tocando baixo, eu tirava tudo, "Vapor barato", "Mal secreto", "Deixa sangrar"... Tirava o repertório da Gal, eu era louca.

O Macalé tem um jeito louco de tocar, o violão é meio solto e ele toca ao contrário, larga o violão e faz uma coisa assim com a mão, porque a música ainda está rolando. E canta também assim.

Canta. E ele é tão safado que, se quiser cantar bonitinho, ele canta. Mas não quer, ele canta daquele jeito destrambelhado, esquisito. Aquele homem era tão atraente, eu tinha um pouco de medo dele, e do Galvão. A minha prima Marília era casada com o Moraes Moreira, tanto que o Davi e a Cícera são nossos primos-irmãos. O pai da minha prima Marília é irmão da minha mãe. Ela casou com o Moraes Moreira quando eu tinha 13, 14 anos. Então vi o Dadi começando, a Baby, o Pepeu, o Galvão. Eu tinha medo do Galvão, do Macalé, mas ficava totalmente fascinada, principalmente pelo Macalé, porque tocava violão. Você sabe quem é o Lanny, aquele guitarrista?

Lanny Gordin, claro! Esse cara ao vivo, eu imagino que fosse o representante do que era a guitarra do Paul e do John em Londres. Não que ele tocasse igual, era uma tradução brasileira daquela vontade de mudar alguma coisa, era incrível. Eu não queria perder isso, nunca quis perder isso.

O que você estava fazendo na adolescência? O que estava formando a sua alma? Na adolescência, a Rita para mim não era tão atraente, porque ela fazia o que eu já sabia fazer. É uma coisa engraçada, porque a Rita sempre quis se aproximar de mim, ela me deu "Doce vida" sem eu pedir, e eu gravei. Teve uma época em que ela me mandou um fax com uma letra para eu musicar, fiquei meses com esse dilema, porque, primeiro, não gostava de musicar letra, e eu queria, na realidade, ver uma coisa louca que transformasse ela naquela música e eu também, como quis fazer com a Fernanda. Uma coisa que mude, que mexa comigo e mexa com você, que eu aceite a sua melodia e harmonia, que não é a minha cara, mas que eu bote uma letra que me traduza na sua melodia. Eu queria isso com a Rita, então eu não fiz, ela acabou mandando para a Zélia e a Zélia fez.

Que música é? Aquela música que diz "toda mulher é meio Leila Diniz".

"Pagu"... ▪ Mas, mudando de assunto, em que momento você começou a achar que estava estourando? Depois de "1 noite e ½".

Você acha que foi seu maior sucesso popular? Foi, com certeza. "Fullgás" foi muito sucesso, "Pra começar" também, agora, "1 noite e ½" foi uma coisa tipo o axé, uma coisa absurda, primeiro lugar em todo o Brasil, para uma coisa lasciva, sacana, que não tinha um olhar inteligente como "Fullgás", "Pra começar", "Acontecimentos". Era uma coisa mais popular e ousada, não é à toa que um monte de gente ficou com ódio: como é que ela faz isso? Foi a partir dali que eu tive que tomar mais cuidado, porque eu gostei dessa música, que o meu baixista me mostrou em Ribeirão Preto: "Nossa, Renato, que loucura! Vamos cantar essa música amanhã no show". Depois acabei gravando, eu percebi o potencial que tinha aquilo, naquela época ninguém falava "bundinha", eu gostava daquilo, e não foi à toa que foi o sucesso que foi. Mas a partir daquilo parecia que eu só podia querer músicas assim, os próprios compositores achavam que eu só queria coisas fáceis assim, e o público ficou desconfiado de mim também, uma certa inteligência jornalística, a classe A. Foi uma loucura essa música. A Polygram mandou para a rádio, eu nem comecei a ensaiar e a música estourou em todas as rádios do Brasil, foi uma coisa avassaladora. E aí estava tendo o Hollywood Rock, a minha produtora me chamou: "Olha, vamos fazer?". Eu falei: "Monique, eu nem comecei a ensaiar e vou estrear no Hollywood Rock?". "Marina, vai estrear para um público de milhões de pessoas, vai ser bom." Eu fiquei em pânico.

Jura? Claro, porque eu estava acostumada a estrear no Teatro Ipanema, no Canecão, no Palace. No Hollywood Rock eram 70 mil pessoas, eu não tinha feito nada, a música estourou antes de o disco sair, o Hollywood Rock foi três semanas depois do disco.

E como foi? Eu contei com a torcida e cumplicidade do público, porque já tinha feito antes "Pra começar", "Fullgás", "Me chama", "À francesa". O público todo estava do meu lado. Eu entrei depois do Lulu Santos, que é um mestre no palco, e o palco não era o meu forte no começo, o meu forte sempre foi mais cantar, tocar e fazer disco. Então eu entrei tímida, porque era muita gente, mas o público cantava tudo do começo ao fim...

Que sensação isso dá? Por um lado é conforto, por outro eu pensava que podia ter feito muito melhor, eu devo isso a essa gente. Essa gente fez com que eu conseguisse fazer, eu percebi como eles gostavam de mim, eu percebi como era querida no

> **EU PERCEBI COMO ERA QUERIDA NO BRASIL, NUM NÍVEL QUE EU NÃO IMAGINAVA**

Brasil, num nível que eu não imaginava. Foi muito importante para mim, até para ter coragem depois de deixar de fazer um monte de coisas, porque eu sabia que tinha muita gente por aí que gostava de mim.

Eu acho bonito ver como o público te recebe. Eu fiz alguns shows que achava muito bons, mas houve uma época em que eu senti que não estava boa, mas era o melhor que eu podia fazer, e tinha que fazer para não sumir. Agora eu me sinto bem melhor, mas passei uns três shows assim, eu fazia um esforço para fazer, ainda bem que o público ia. A música é um elemento realmente muito importante na vida de cada um, ela é trilha sonora das coisas que a gente vive, você sente que tem alguém que está dando a alma para você poder traduzir a sua alma.

Eu posso imaginar o que deve ser para você estar no palco para 70 mil pessoas, o amor que você transmite – essa energia que vai e volta. Faz uns dois anos, eu fiquei pensando que a questão não é a voz, a questão é que, por causa da voz, por causa de um certo constrangimento que eu acabo sentindo diante de pessoas que vão em busca de uma coisa que não tem mais, eu acabo ficando desconfortável em algumas canções e não dando o melhor de mim. Eu quero dar para os outros coragem e crença, você pode até mostrar um momento de derrota na sua música, mas eu não falo disso nunca. Sou uma pessoa otimista em relação à vida, eu só acredito nisso, só gosto disso, quando as coisas puxam para baixo eu não gosto. Então eu ficava constrangida às vezes em alguns trabalhos, em alguns shows, porque para algumas pessoas eu não conseguia cantar determinadas músicas como elas esperavam, mas eu não conseguia também mostrar que tinha mudado, não tinha conseguido ainda achar esse lugar, e há dois anos eu comecei a achar, fiquei mais confortável, até a voz está muito melhor.

Quando você disse "não é a voz", eu imediatamente pensei numa coisa que as pessoas diziam: "A Marina não está cantando". Eu falava: "Gente, mas a Marina não é uma voz, a Marina é outra coisa". Eu sou uma artista. Eu sou intérprete, eu crio as canções. Por isso o Cicero percebeu que ele tinha que escrever letra para a minha música. Eu já estava criando uma assinatura musical. Fiz curso de linguagem de música, gosto de estudar música, acho que não adianta você ter só talento musical, tem que investir no talento para poder dar elementos para ele atuar. Eu vim para cá [São Paulo] muitos anos atrás, em 1998, estudar a linguagem *midi*, que me possibilitou começar a fazer arranjos, ou seja, programar baixos. Eu comprei um baixo elétrico, comecei a tocar baixo, a programar levadas de bateria, a criar timbres, a criar meu som. Eu crio quando componho. No *Clímax* eu fiz mais isso, mas em todos os discos eu crio quadros: essa cor, essa perspectiva, para a minha voz entrar por último. Eu crio as canções que os arranjos adornam, e a voz é a cereja final, é quem está contando a história de tudo aquilo que está acontecendo. Então eu componho para poder cantar. É por isso que o Liminha fala assim: "É difícil, eu pego umas cantoras, elas querem gravar música sua, ninguém consegue, sempre fica pior". É por causa disso, porque as minhas músicas vêm desde o arranjo, vêm desde cada pausa, têm uma razão de ser.

Que vozes te apaixonaram? A escuta eu considero muito importante para a formação do músico, do compositor. Primeiro Paul McCartney...

Paul McCartney como cantor? O Paul McCartney é um puta cantor, tudo bem, tinha os Beatles, mas as canções que ele cantava... ahhhh, era a voz do Paul. Paul McCartney, Diana Ross, Stevie Wonder, Aretha Franklin, Gal Costa, Elizeth Cardoso, eu diria que essas são as mais importantes. Porque o Tom não era voz, era composição. Podia ser o João Gilberto ou o Tom, não importava para mim, eram as canções, eu acho lindas. O João Gilberto era genial, mas eu não era apaixonada pela voz dele, era pelo Paul, pelo Stevie Wonder, pela Diana Ross, pela Gal, pela Elizeth, pela Ella depois, pela Billie.

Mas quando você começou a se manifestar artisticamente? Eu aprendi música muito cedo, com 5 anos de idade me deram um violão, com 8 eu já tocava muito bem, com 9 comecei a aprender violão clássico. Eu adorava cantar, tirar músicas dos Beatles, depois da Gal, do Macalé, mas o meu negócio não era cantar, era o instrumento, era o resultado da onda que aquilo provocava, a onda não era só com a voz, era com a levada, com os acordes, com o arranjo... Parecia que aquilo me traduzia uma coisa que ainda não tinha tradução, que era o meu ser, era eu no Brasil, o que eu queria ser no Brasil, o Brasil tinha um lugar para mim, e aí: "Eu vou ter que morar aqui". Então a música era isso, não era para cantar. A minha ambição sempre foi criar parâmetros, lições e canções que trouxessem o público para onde eu estava. Nunca tentei a coisa que o Milton diz: "O artista tem de ir aonde o povo está". Eu entendo o que ele está dizendo, acho bacana fazer show em tudo que é lugar, mas penso que o artista, as pessoas que têm um lugar de destaque no mundo, têm a obrigação, eu acho que não é nem ambição, de elevar o nível. Eu sempre quis fazer algo de que eu gostasse muito, que não fosse muito normal, mas que se tornasse normal. Eu já tinha ouvido Tom, tinha ouvido Caetano, não queria mais aquilo, queria outra coisa mais radical, e aí a gente criou a música pop e o rock no Brasil. Mas o rock também não era o que eu queria. O Renato [Russo] dizia assim: "Você é rock". Eu entendi o que ele queria dizer, porque o Renato achava que música rock era mais atitude e mais nobre, é como se a música pop fosse uma vira-lata. Para mim não era essa a questão, eu queria que o mundo mais pobre pudesse se elevar, para mim o mundo não era só pobres e nobres. Tinha toda uma coisa de que eu gostava, como o Carnaval, não de frequentar, mas da permissividade, da liberdade que traz isso tudo, nem tudo tem que ter leis por trás, às vezes são coisas mais nutritivas, que também liberam as pessoas, as pessoas mais simples.

É a responsabilidade que você tem pelo tanto de gente olhando para você. Mais do que isso, a responsabilidade é com você mesma, com o que você acredita. A coisa de você ter muita gente olhando é uma oportunidade, a responsabilidade é muito mais, é uma conversa muito mais íntima, muito mais com a alma, com uma coisa muito mais nobre. A conversa não é primeiro com o público, é com os seus alicerces, a partir disso você tem oportunidade de mostrar, mas começa com você mesma. A minha ambição sempre foi muito grande, com dez, com cem, com mil pessoas. Por isso conquistar aquele público de 70 mil foi maravilhoso. Eu não era uma artista de palco, era uma compositora, era uma pessoa que tinha ambição de criar grandes músicas, o meu negócio não era estar no palco, eu não sabia isso ainda.

Naquele primeiro disco seu, *Simples como fogo*, a capa é você de bota de couro, com as pernas abertas, a guitarra no meio... Leia-se Carlos Prieto. Um querido amigo meu, o primeiro diretor de arte no Brasil, o primeiro *stylist* que eu conheci, ele me adorava e adorava o Cicero, fez a capa do meu primeiro disco: "Você toca guitarra, você é roqueira, tem que ser assim". Foi como o Carlinhos achou que podia me traduzir para a massa, eu mesma não sabia, fiquei com uma vergonha, pensei: "Será, meu Deus. Realmente eu toco guitarra, realmente não tenho como fazer". Eu achei agressivo, mas contei com ele, com o olhar visual dele, que eu não tinha.

Foi muito marcante, né, Marina, e foi um recado, porque era uma mulher abrindo um disco com uma canção da Dolores Duran, com uma proposta autoral, com um instrumento. Foi. Por isso hoje em dia eu acho que a Rita Lee prestou tanta atenção em mim, mais do que eu nela, porque ela fazia isso do jeito dela.

Olha só, que capa poderosa. Tem algumas capas suas que eu acho emblemáticas, acho que são recados; por exemplo, em *Virgem* você está com os braços cruzados, em *Marina Lima* está com os braços abertos... A de *Virgem* eu acho que é a melhor foto, foi feita às 2 horas da tarde na praia da Tijuca, tinha sol, não era a questão do braço cruzado, era a luz. Em *Marina Lima* a foto é de braços abertos porque tem a coisa do pássaro.

E assumindo o seu nome completo, eu acho que foi um recado. Foi mesmo. Eu adoro aquele disco, é uma carta de alforria, como se eu tivesse feito 21 anos, 18, sei lá. As coisas que eu tive que assumir, a minha independência, são coisas que eu amava, o Cicero, a parceria, uma escolta que eu tinha da família... Então pensei: tem uma hora em que você cresce e tem que responder pelos seus atos, eu não sou uma dupla, sou uma artista solo, sou Marina Lima mesmo. Tem coisas que não têm a ver com o Cicero, têm a ver comigo. Aquilo foi muito importante para mim. Porque até então a gente compunha sempre juntos, ou eu sozinha às vezes, porque era inevitável, mas teve uma hora em que comecei a compor mais e ele começou a ter convites do Lulu, da Adriana. Só que, para o Cicero, ele compor com o Lulu não tinha problema, mas eu compor com outras pessoas era um problema, porque a família toda ficava emburrada...

Ele podia e você não. É. Mas isso é inconsciente. É família. Como eu era cantora, aparecia mais, tinha que compor com o meu irmão, mas com outras pessoas não, e ele podia compor com outras pessoas, porque só tinha a mim. O *Marina Lima* me cortou disso tudo, foi muito importante para mim. É um disco de pássaro, eu estou livre para voar. É o disco de que eu mais gosto de todos. Porque eu adoro esporte, dirigir, pegar onda, coisas que tenham a ver com comando.

E o mar te deu lições? A música é o mar, a música é outra linguagem. Por isso, quando eu escrevi o livro, tive que imaginar o ritmo do livro, só que não tinha música, então o que fazia o ritmo eram os capítulos, a ordem, as pontuações, as vírgulas, os três pontos, era uma música silenciosa. Mas a música é o mar, aquele mar que é forte, fortíssimo, suave, tudo aquilo é a música, as embarcações são as letras. O Nietzsche disse isso, ou seja, mesmo o que ele próprio fazia era uma mera embarcação no mar, onde não havia controle, não havia lógica.

Você foi fazer um curso para pintar mesmo? Não, para estudar arte contemporânea. Porque eu percebi que, de alguns anos para cá, a arte visual ficou muito importante, eu acho que por causa do advento da internet. A linguagem visual, como você faz um *site*, como você faz um vídeo, é a linguagem de hoje em dia. Porque o que acontece? Eu tenho Twitter, tenho Facebook oficial, tenho que contratar gente para divulgar o meu trabalho. Eu quero entender, quero poder até ajudar.

Uma coisa que muito me admira no seu trabalho é isso, não houve momento em que eu tenha te ouvido e pensado: a Marina está datada. O disco *Clímax* é totalmente contemporâneo. Mas não tenho nenhuma preocupação com isso, é natural. Eu já tive no começo: isso tem que ser a tradução da realidade do mundo em que eu vivo. Eu ouço alguns artistas mais jovens, não só brasileiros, que me parecem ter uma nostalgia, parece que a pessoa quer voltar a viver aquela época.

Você estava me falando a respeito desse seu jeito de compor hoje, que a música é o mar e as palavras são embarcações. Sim, o que causa a correnteza na música é a música em si, o primeiro movimento instintivo na música são a harmonia, o ritmo, a melodia, são esses códigos do mar. Quando a palavra chega à música, ela chega quase como enfeite, como embarcações em cima daquela corrente. Não diminuindo a palavra, claro que o navio é muito importante, mas o mar é uma coisa que o homem não inventou, é uma natureza incontrolável, então ele compara a música com essa natureza incontrolável. Nas minhas canções, o que me provoca volúpia é a música, eu procuro as palavras que vão traduzir aquela sensação de emoção incontrolável que a música provoca. Agora, quando eu escrevo, como em algumas crônicas que fiz para o livro, não há música, então o que provoca essa volúpia, fora o significado da palavra

> **A MÚSICA É O MAR, AQUELE MAR QUE É FORTE, FORTÍSSIMO, SUAVE, TUDO AQUILO É A MÚSICA**

em si, o som dela, para mim é a pontuação, uma interrogação, uma reticência, se é contínuo, se é absoluto, isso me ajuda a formar as minhas frases. Não tem música, cada um que bote a sua.

Mas ainda assim tem um sentido musical no jeito de escrever. Tem, porque eu acho que, quando você escreve música, talvez seja mais fácil conseguir formular frases do que sons, acho que com o tempo você vai aprendendo isso melhor. Mas o fato de você conseguir escrever para a música, que tem uma métrica, faz que você treine isso. Você vê, algumas letras ficam como poesia. Até algumas que foram escritas para a música. Isso foi muito importante na parceria com o meu irmão, não é que tudo que ele fizesse servisse, eu rejeitei muitas coisas dele, não porque não fossem boas, de jeito nenhum, tanto é que ele aproveitou aquela música com o Lulu, "os litorais desse oceano Atlântico", isso é uma coisa que ele tinha feito para mim e eu não quis, e que o Lulu fez muito bem depois. A melhor coisa para o músico é achar o letrista, o poeta, que mergulhe no universo dele como sereia e volte com as palavras que você quer.

Você me disse: "Eu digo muito pelas minhas músicas"... Quando eu crio uma coisa, realmente tem que valer a pena ser dito, não são coisas que estão ali por acaso, tudo é muito calculado. Quando eu sinto que consegui criar um negócio que realmente vale a pena ser dito e que possa se destacar e servir para um monte de gente, isso é arrebatador. Mas não é fácil. No começo você quer terminar as coisas, você pensa ter achado uma solução para aquela música, quer logo matar aquele desejo, quer logo mostrar. Eu estudei algumas coisas de filosofia com um cara chamado Fernando Muniz, que é professor e amigo, uma pessoa que foi muito importante na minha vida. Teve um curso que o Fernando deu sobre o senhor e o escravo, aí ele dizia o seguinte: quando o ser humano está com fome, pega uma maçã, come-a e fica saciado, mas quando o ser humano tem desejo sobre o desejo de outro ser humano, que não é uma coisa, você não pode comer e pronto, não pode saciá-lo assim. É um verdadeiro clímax ou orgia intelectual quando você consegue vencer ou domar esses grandes encontros. Compor não é como comer uma maçã e jogar fora, não é saciar rapidamente um desejo, eu acho que é obra de arte. A questão é aquilo durar para sempre, é você ter orgulho daquilo por anos, olhar para trás e dizer: "Nossa, aquilo ficou muito bom".

Você me falou que está compondo para a Rita Lee e para a Maria Bethânia, eu queria que contasse como é esse processo, você se encanta com alguém ou com alguma coisa... Olha, eu tenho que lembrar muito a Bethânia e a Rita Lee. Por motivos diferentes na minha vida, foram encontros que eu tive e vão ficar para sempre, foram determinantes, apesar de eu nunca ter dito isso a elas diretamente. São mulheres com quem dialoguei no silêncio, são artistas que eu admiro. Só uma mulher sabe o que é uma mulher criando, ou querendo criar de igual para igual, o resultado talvez seja igual para os homens, mas o que move é muito mais complexo, o caminho não é parecido. Então eu tenho pensado muito na Rita e na Bethânia como mulheres com quem tive a oportunidade de cruzar na vida e agora estão muito interessantes. Quanto à Bethânia, faz tempo que eu não vejo show dela, mas as coisas que ela faz, as coisas que ela diz, ela recitando poesia, a figura dela toda, o cabelo branco, várias coisas com quem fico assim: "Nossa, estou muito feliz de ter cruzado com essa mulher". E a Rita também, teve um desligamento total com o passado, com o sucesso dela, e olha para isso com um interesse distanciado, eu imagino o que não está se passando na cabeça dessa mulher agora. Eu tenho uma vontade enorme de encontrá-la e ver se tem alguma coisa minha ali.

Então esse é o primeiro movimento, aquilo que te interessa. E aí você começa a trabalhar musicalmente... Me interessa muito encontrar a Bethânia e a Rita, não sei se vou conseguir, porque faz tempo que não as vejo, a Bethânia eu não vejo há mais de trinta anos... Ela sai pouco, eu sempre vou para outros lugares, nunca mais a encontrei. A Rita Lee mora em São Paulo e eu morava no Rio. Mas são pessoas que eu preciso reencontrar, então é um assunto sobre isso, sobre encontro. Vai ser difícil falar, eu acabei de fazer uma música mostrando a admiração enorme que tenho por elas e o desejo de reencontrá-las.

Você estava falando dessas duas mulheres que, sem dúvida nenhuma, têm uma importância para a história da música brasileira. A minha primeira pergunta para você foi sobre esse seu olhar distante sobre a sua carreira, a sua obra, que acabou resultando nesse livro. Eu fiquei pensando como é a construção de uma carreira, que acho muito parecida com a construção de uma vida. O que você tem como meta? Deixar uma obra, a minha meta é essa. Quando passa dos 50, você olha a vida de uma maneira horizontal, começa a ver tudo misturado, o que você tinha em comum com aquela mulher, com aquele cara, o que você aprendeu, o que pode ter ensinado. Eu percebo que a Bethânia e a Rita são mais fáceis de detectar como mulheres que construíram uma carreira, porque elas são dez anos mais velhas que eu, agora mais do que nunca elas são tidas como ícones incontestáveis. Eu sou mais nova, mas, por ser estranha, diferente de tudo que está aí, mas ter uma consistência no meu trabalho, as pessoas começam a pensar que talvez eu vá ocupar um lugar desses.

Eu não tenho a menor dúvida. E para mim isso é bom, porque eu sempre fui precoce, então acho que consegui, depois de passar por vários testes e não ter me vendido, que as pessoas vejam que eu tenho importância na história da música brasileira.

Mas que ferramentas você usa para isso? O instrumento de trabalho, o instrumento de música, violão, guitarra. É uma ferramenta muito importante para quem trabalha com música, o instrumento te dá uma autonomia e uma sabedoria musical maior. A segunda ferramenta é estudar. Eu estudei arte contemporânea, talvez faça algum curso sobre autores e poetas de que gosto. Estudar cabala também é uma coisa muito importante, que me torna sempre um canal, porque a vida, a espiritualidade, a luz, o que quer que tenha aí que não se vê, te dá alguns dons, mas não se pode contar só com isso, isso é preguiça, é preciso merecer isso, aí entra a cabala. É preciso merecer a musicalidade que eu tenho, o ouvido que eu tenho, o talento que eu tenho, eu preciso merecê-lo para ele poder crescer, ou seja, eu preciso investir nele, não posso ficar só contando com ele.

A cabala apareceu na sua vida há quanto tempo? Há quinze anos.

E você já tinha essa noção? Eu buscava essa noção através de análise. Eu fiz análise durante mais de trinta anos, mas não conseguia me satisfazer, faltava alguma vivência, eu tinha explicação para algumas coisas, mas não estava convencida. A cabala são leis da espiritualidade das coisas, são leis do universo. Cabala não é uma religião, é uma sabedoria. Eu acho que é isso, tem que estudar, se for para fazer música eu tenho que contar com esses instrumentos, tenho que fazer mais cursos de música, voltar a estudar teclado, linguagem *midi*. E também ler, fazer um curso que tem a ver com as embarcações.

Você falou que fez algumas escolhas, disse alguns nãos, escapou de algumas armadilhas, não é só sorte, né, Marina? Claro que não, imagine. A sorte só vem para quem merece.

Você falou sobre a maturidade de uma forma musical que vem buscando nesses anos todos, e falou que no *Clímax* isso está muito forte. Quando você escreve, quais são os temas que te mobilizam? São coisas que imobilizam, são coisas que me fazem querer parar para compor canções, pode ser um amor, pode ser um encontro... Aquela música "Muda Brasil" eu fiz por causa do SOS Nordeste, que eu tinha ido gravar com vários artistas, e percebi que era muito difícil para o Chico, o Caetano, o Edu saber onde me colocar, percebi que não tinha muita importância para eles. Eu comentei isso com o Cicero: "Estou chateada, esse pessoal não gosta muito do meu trabalho, não pode ser assim". Aí a gente fez aquela música "Muda Brasil", que tem uma letra incrível: "Se eu sou descartável, seu baralho só tem mesmo essa carta, muda Brasil, muda, fale mal da minha moda, das modinhas tuas tô farta, muda Brasil, muda, eu também sou daqui xará, e não sei de nada eterno, mas olha pra mim e vê na minha cara mais de mil Brasis modernos". Era uma coisa muito forte, era um sentimento de rejeição, estranho, meio silencioso, que eu senti ali e que a gente potencializou, pegou aquilo e criou uma canção potente sobre uma coisa nova. Esses são os temas, coisas que te mobilizem a ponto de você parar e falar sobre elas, porque a vida é muito boa para ser vivida. Quando você está feliz, quer parar e escrever? Eu não quero, quando estou muito bem eu quero mais viver aquilo, a gente gosta do prazer. Falar sobre isso requer uma disciplina, um esforço, um desejo.

Eu queria que você falasse sobre a música negra que se faz no Brasil. Você me falou de Stevie Wonder, Aretha Franklin, do Dalto, que tem uma coisa soul, que tem uma coisa pop. A música de preto significa o que para você? Você sabe que eu me sinto negra, eu me sinto preta. Quando fui morar em Washington, aos 5 anos, estava no auge da segregação racial, e eu era morena de cabelo crespo, da América do Sul, do Brasil. Ninguém sabia onde ficava, então para eles não interessava se era Ásia, África, América Latina, México, Brasil... Nos anos 1960 os americanos não se interessavam por nenhum povo a não ser eles mesmos. Então eu fui negra na escola pública americana, e quando ouvia rádio eu entendia. Stevie Wonder, The Four Tops, eram os negros furando através da música, com um jeito irresistível e talentosíssimos, era tanta ginga que os negros tinham, e eu me via nisso como brasileira. E a música negra sempre foi muito importante. Eu sempre ouvi Elizeth Cardoso, Dorival para mim era negro, meus pais ouviam Baden Powell, que era mulato, o Vinicius dizia que se sentia mulato... Para mim sempre foi muito forte. Eu aprendi a tocar violão no Brasil com o Gil. Tocava violão clássico, tocava os Beatles e música pop, mas essa mão direita brasileira eu aprendi com o Gil, isso é dos negros. Eu tenho a alma negra.

Você fez o disco *Abrigo*, que é muito importante na sua carreira, cantando músicas de outras pessoas. Eu queria saber o que você sente quando outras pessoas cantam a sua música. Do que você gosta e do que não gosta? Sempre sou invadida por uma sensação de felicidade quando fico sabendo que alguém gravou uma música minha, porque é sinal de que há interesse. Na minha carreira inteira eu não quis lidar com *lobby*, os empresários são bons nisso, as mulheres dos compositores são boas nisso, não é à toa que a Márcia era ótima nisso quando trabalhava comigo. Então, quando alguém grava porque sabe o valor daquilo, porque reconhece que é uma boa canção, é um sinal de reconhecimento, eu fico felicíssima. Eu tenho boa vontade para ouvir tudo porque sei que, se fulano fez isso, foi um tremendo sim na minha direção. Eu posso gostar mais de uns ou de outros, mas sempre fico grata quando me gravam.

MART'NÁLIA

VOCÊ IMAGINARIA MART'NÁLIA MENINA tocando piano clássico num recital? Pois é... ela fez isso. Ficava de castigo ouvindo música clássica e adorava. Diz que foi criada musicalmente por pessoas antigas. Bebeu das melhores fontes – e tinha muitas, em casa, por onde passavam os maiores bambas do Rio, todos parceiros, compadres, colegas da inspiração maior, seu pai, Martinho da Vila. Nesta entrevista você vai ver um desfile de ícones. Da velha guarda do samba de morro aos tropicalistas, passando pela batida bossa nova e pelo violão de Djavan. ▪ Que alegria estar ao lado dela. Risada fácil, malandra, gentil. Mart'nália é uma festa. O maior sorriso do Brasil. Entrevista realizada em agosto de 2013.

Eu te acompanho há bastante tempo, mas não estava contigo quando você começou. Eu queria saber como foi. Você cantava com o seu pai quando tinha 16 anos, fez o seu primeiro disco com 22. Como foi essa história para você? Nessa época era só uma brincadeira de verdade. Eu me lembro de que o meu pai tocava com o Ruy Quaresma, e aí chamaram o Ruy para ser diretor da 3M, ele ficou me enchendo o saco: "Ah, eu indiquei o teu nome e tal". Todo mundo ficava falando para eu cantar, para eu fazer alguma coisa, eu achava tudo muito chato. Quando fiz 16, quando comecei com o pai, era com os meus irmãos, com a Analimar e o Martinho Antônio, era um disco chamado *Terreiro, sala e salão*.
E você fazia *backing*, né? Não, não fazia nada, eu só estudava.
Ah, só estudava? É, eu não tinha nada a ver com isso. O meu pai sempre foi muito família, e chamou a gente para a música, antes as minhas tias cantavam com ele, as irmãs dele. Daí ele falou: "Vamos lá, vamos fazer uma brincadeira". Na hora do terreiro tinha macumba, a gente ajudava porque sabia cantar aquelas coisas, tinha as vocalistas profissas, a Cibele e tal, cantei com elas, aprendi pra caramba. E aí ela chamou a gente para brincar mesmo, só para fazer aquele burburinho do salão: "um pierrô apaixonado...", tinha que ter umas desafinadas no meio, uma coisa mais alegre, que não fosse tão certinha.
Tinha que ter o povo cantando. O povo cantando, e o povo era a gente. O meu pai também é todo certinho, aí ele falou: "Por que vocês não tiram uma carteira da Ordem dos Músicos, assim já têm um negócio para fazer, se não estiverem fazendo nada dá para ganhar um trocado". Fomos lá, todo mundo fez teste, mas nunca me profissionalizei, a minha carteira estava sempre provisória, ela só virou profissional quando não precisava mais. Trocaram a forma, então todo mundo com mais de não sei quantos anos de carteira viraria profissional, isso foi uns três anos atrás, eu virei profissional. Então todo ano tinha que correr lá e pagar, porque tinha aquele negócio de que eles tiravam do palco, aquela coisa toda. Depois eu fiz esse disco que o Ruy Quaresma me chamou, porque a gente já estava fazendo vocal com o pai nos shows e nos discos dele. Antes disso teve o festival da Globo, o Festival dos Festivais, e o pai botou uma música com o Zé Catimba, "Recriando a Criação", só que ele não queria cantar. Foi no final da época dos festivais, que já estavam meio desacreditados, e o pai achava que ele cantando ia ser apelação demais, aí ele: "Vocês vão fazer. Vocês vão cantar no meu lugar". Ele me ensaiou, fizemos, passamos. Antes disso, teve um festival que a gente não pôde fazer porque era menor. Era um festival da Globo, e a gente fez ficha lá, uma música do João de Aquino com o pai, uma música toda séria: "Meu irmão, a gente não tem mais o que comer", aí, na boca do festival, a gente não podia porque era menor. Ficamos só com aquele gostinho. Depois pintou esse festival.
O que eu achei interessante do seu disco é que ele é mais sério. Ele é careta pra caramba.
Tem o Raphael Rabello tocando violão. Eram meus amiguinhos.

Tem um repertório denso, né? É denso. O repertório foi feito junto com o Ruy, tem algumas músicas que eu não queria gravar, gravei porque eram de amigos, como a música do Paulinho da Aba. Na verdade, eu não queria gravar o disco, porque eu não tinha nada a ver com aquilo, e na época eu era mais séria musicalmente falando. Naquele tempo, eu ficava muito atrás dessas coisas, o Arthur [Maia] já era meu parceiro, tinha que ter a música dele, a música nossa lá. Eu vivia muito com músicos, a minha diversão era ficar junto com os músicos. O Raphael ia muito lá em casa no Grajaú, onde tinha aquelas festas. Eu ficava olhando muito, ouvindo, tinha Rosinha de Valença, Mão de Vaca, Manoel do Cavaco, Paulo Moura, eles ficavam horas tocando e eu ficava lá ouvindo. Eles brincavam comigo: "Que música é essa, timtim tiririm tiririm?".

Ô, Mart'nália, que privilégio! Foi um privilégio, eu não sabia, fui sabendo com o tempo. Cada um mostrava um pouquinho, me dava uma canjinha de uma técnica, de um negócio, sempre me empurrando. Eu achava incrível aquilo tudo, aquela misturada toda, aqueles sons rolando dentro de casa, eu não sabia nada, só ficava ali ouvindo. Era uma época do pagode bom, estava vindo todo mundo, a Jovelina, o Fundo, Almir Guineto, o Zeca. Eu convivia também com o pessoal que é mais do samba, o Candeia, eu me lembro de que a gente ia para a casa dele lá em Madureira, e na roda eram essas pessoas que estavam. Só que a gente que era criança não podia mexer em nada, não tinha aquele negócio: "Ah, que bonitinho a minha filha tocando!".

O primeiro disco foi o retrato dessa convivência, porque tem Paulinho da Viola, eu acho que tem Candeia também; você cantou "Preciso me encontrar" ali ou foi mais para a frente? Não, foi mais para a frente.

Tem "Molambo", tem uma que a Elizeth Cardoso cantava, uma música linda, mas que é música de uma mulher mais velha, não era música para uma menina de 22 anos. Tinha uma música do Sidney Miller. Eu conheci o Cláudio Jorge, aí gravei uma música dele, "Quando uma mulher deseja...". Era tudo muito careta, o meu ambiente era bem careta, não digo careta, mas essas pessoas eram sérias.

Sim, claro, você andava com um povo mais velho. Mais velho. Então as músicas também eram mais velhas, eu acho que só tem um samba. Algumas coisas eu gostaria de ter feito diferente, tipo o vocal do "Luxuosos transatlânticos", eu botaria o vocal mais meu.

Foi o Quarteto em Cy, né? Foi o Quarteto em Cy, era lindo, como é que eu ia recusar o Quarteto em Cy?

Mas o primeiro disco vem com a sua cara, que já é essa mistura de hoje em dia. Exatamente. Tem um funkzinho, tocou o tio do Maia, o Luizão, no lugar do Maia, que não foi. Ele falou: "Ah, eu não estou indo, neguinha, mas estou levando um cara que eu acho que tu vai gostar". Aí eu: "Que bom que tu não veio!". Ele me deu um presentão, porque o Luizão também era um cara que vivia em casa junto com o meu pai. O meu pai não entende nada de música, mas sempre foi muito músico.

O seu pai não entende nada de música? Ele que não te ouça! Não, eu digo assim, em negócio de escrever, de tocar, não lê, não toca nada...
Ele não toca nem violão? Nada, é ruim. O meu pai não toca violão, não toca cavaquinho, não toca piano, não toca nada, ele toca o pandeirinho dele e muito que ruim, o pandeiro dele e um tamborinzinho de mão. Ele nunca pegou num instrumento pra valer, então para mim é um fenômeno, porque a melodia que ele faz é tudo torta, e tudo lindo.
Deve ter sempre alguém para traduzi-lo musicalmente, os caras que fazem os arranjos... É, mas a coisa já vem com ele, porque eu já vi muitas vezes ele teimar: "Não é isso que eu fiz, tem que ser do meu jeito". E vai e faz do jeito dele e aí fica lindo, e as coisas têm que sair exatamente como ele criou.
Você estudou música, estudou piano. Eu estudei piano, na verdade estudei piano de ouvido, estudei mais o meu ouvido. Eu tinha uma professora, a tia Grace, que morava na casa ao lado, e tinha um sarau que ela fazia, aquele piano ficava rondando a minha cabeça, e um dia eu não aguentei, meti o cabeção na porta, estava todo mundo tocando, ela disse: "Entra, entra". Eu entrei, fiquei ouvindo. Na segunda vez deu aquela parada, serviram o chá, um pavê, é por causa do pavê que eu ia, depois estava mais vazio, ela me chamou: "Senta aqui". Eu sentei do lado dela, aí ela começou a tocar: "Se você quiser, pode mexer, pode tocar". Eu: pim, quando eu fiz o pim, a maior sorte, caiu numa nota que era o tom certo. Eu já tinha ritmo, não sabia, mas já tinha ritmo dentro de mim. Então ela sacou que eu tinha ouvido, aí chamou a Ruça...

> **EU JÁ TINHA RITMO, NÃO SABIA, MAS JÁ TINHA RITMO DENTRO DE MIM**

A Ruça é a sua mãe? A Ruça é a minha segunda mãe, a minha mãe é a Anália, que já faleceu, e eu fui criada com a Ruça e com a Anália, sempre tive duas mães. A Ruça tinha aquela mania insuportável de fazer francês, inglês, ginástica, capoeira, não sei o quê, ocupar a cabeça das crianças, eu fui criada meio assim. E aí a tia Grace chamou a Ruça para uma conversa e convenceu a Ruça a me botar na aula. Eu tenho os livros até hoje, do dedinho, não sei o que lá, mas o meu lance era o ouvido.
E o ritmo. E o ritmo. Ela tocava, eu ficava olhando, decorava o que estava ali, e com isso fiz até recital. Tem foto minha de cabelo esticado, saia longa, blusa até aqui com babado, um bico desse tamanho, tocando.
E tocando o quê, clássico? Tocando clássico, eu gosto de piano clássico. Eu fiz uns cinco ou seis recitais. Era tudo moçada naquela época, chegava lá a maior pretinha tocando, eu de sapatinho, saia longa, e ficava com um mau humor do cacete porque tinha que botar aquela roupa.
De tocar não, né? De tocar não, eu ficava nervosinha um pouquinho. Na primeira vez, lembro que falei assim: "Ih, errei. Vou começar de novo, tá bom?". Eu ficava à vontade e não prestava muita atenção no público, nunca prestei muita atenção no público, era mais o som que me encantava, e eu tinha que acertar, porque era

tudo de ouvido, estava lá a partitura, mas eu nem olhava. Todo mundo adorava e eu curtia. Daí a Ruça comprou um piano para a casa e todo mundo fazia piano, eu, a Analimar, o Martinho Antônio. Só que o meu horário sempre foi errado, então de madrugada eu estava lá, aí o meu pai: "Ai, meu Deus, que saco esse piano!". Depois eu ficava meio com vergonha dos meus amigos.

De tocar piano? De tocar piano. Era muito diferente, não tinha nada a ver, você saindo para o baile, e eu: "Caramba, tem recital!". Aí eu fui largando o piano por causa dessa reclamação deles, o barulho de madrugada. Eu larguei o piano e comecei aquele negócio de colégio, acampar e tal, violãozinho, porque não podia levar o piano, né? Aí eu passei para o violão.

E a percussão? A percussão foi por último. Eu sempre tocava na bateria da Vila, porque a rapaziada sempre me considerou, ficava me chamando, era sempre um desafio: "Quero ver você tocar esse negócio". Aí eu pegava e tocava, então quando eu ia para o samba só ficava na bateria, ou dormindo. A percussão antigamente era assim, repique, tamborim era uma coisa mais de escola de samba ou de bloco, então quem tocava eram as pessoas já cascudas, eles eram meus parceiros e me davam na mão e tal. Eu gosto mais do tamborim, porque gosto de tocar com ele aqui na caixa. Depois fico cinco dias com aquele negócio todo na cabeça. Então a percussão entrou assim, por causa da escola de samba, e quando eu fui tocar com o pai a gente começou a fazer um vocalzinho com ele, no primeiro disco dele foi o "Verso e reverso", que eu fiz com os meus irmãos. Daí o que aconteceu? Eu tinha que fazer o vestibular, não sabia o que eu queria. O que eu queria fazer não tinha, não tinha faculdade de música, estava começando. Eu queria ser veterinária, mas já tinha desistido havia muito tempo, por causa do sangue; o Martinho Antônio fez uma brincadeira idiota comigo, me levou na sala dos defuntos.

Ele fazia medicina? Não, fazia comunicação. Ele me levou numa sala e falou: "Abre essa gaveta aí". Havia um defunto pequeno, eu quase desmaiei, ele rindo de mim pra caramba. Aí desisti.

Você chegou a fazer comunicação, ou só prestou o vestibular? Eu só prestei, nas federais eu não passei, aí fiz UVA na faixa, e lá na Estácio, parece que era a mais legal em comunicação na época. Não entrei, eu tinha que falar pro meu pai. Aí ele: "Não fica triste não, venha para Nova York comigo. Tem um showzinho lá para fazer". A minha irmã não podia ir, o meu irmão já estava quase se formando, a Analimar estava grávida do Raoni, aí eu fui com ele para Nova York, e peguei um tamborinzinho para disfarçar a timidez no palco, porque antes eu fazia vocal com a minha irmã, com os meus irmãos, e agora estava pela primeira vez sozinha. Comecei a tocar e cantar, eu pegava um chocalhozinho para fazer o vocal, pegava o tamborinzinho e ajudava, e aí eu fiquei forte no tamborim.

Era timidez, mas não era medo de palco, era? Eu não sei se é medo, mas até hoje eu tenho. Acho que é medo de errar. Foi muito esquisita essa minha carreira, eu fui deixando os meus erros acontecerem, porque sempre fui muito caxias, né, virginiana, mala, e os meus erros foram me deixando à vontade.

O que você chama de erros? O que você acha que é errar no palco? Ah, é tocar errado, é desafinar, é tocar no tempo errado, é quando o comportamento musical que você tem ali não condiz. Eu fui criada musicalmente por pessoas mais antigas, então foi bom, porque eu sei que no palco dá para a gente fazer tudo. O lance que me interessa é o som que está ali, o problema de me expor é porque eu sou tímida.

Nesses anos todos em que eu te vejo no palco, parece que você está cada vez mais solta. É, eu estou ficando mais solta sim, estou conseguindo com a música ficar solta ali, mas não é que eu tenha deixado de ter medo. É que a chance de dar certo ali é de 99%. Eu via como o meu pai fazia os shows dele, a construção disso tudo, tinha a Tereza Aragão na direção, que era muito brava.

Você tem direção no seu show desde o começo? Não.

É você que inventa, é você que faz? É. A gente começa a trocar uma ideia, mas é só um roteiro. Agora eu tenho direção, mas no palco não sei o que está acontecendo com o cenário, não estou nem aí.

O que te interessa é o que está rolando com a música. É o que está rolando. Eu não consigo achar interessante essa coisa, isso é problema de alguém, alguém tem que resolver isso para ficar legal. É só a música que me interessa. Quando começa o som, quando eu fico à vontade, penso no Vasco, penso no meu amigo que morreu, penso no aniveráario de amanhã, puxa, eu estou com fome, entendeu? Está meio que virando normal. É meio casa demais.

Com esse seu temperamento, tímida, virginiana, tendo aprendido com esses músicos mais velhos, você fica confortável se sabe que está fazendo bem. É só isso que me interessa. Como transportar o disco para o palco, porque o disco é uma coisa que está trancada no estúdio, e o palco é diversão.

É a celebração daquilo que você trabalhou até então. Daquilo que eu já fiz. Depois que fiz os meus discos, eu não ouço, já fiz, acabou.

Se não ouve os seus discos, você ouve o quê? Continuo ouvindo Nana Caymmi, os meus baixistas, o Marcus Miller, Ron Carter. Curto jazz pra caramba, os clássicos, não sei quem é quem, mas eu tenho. A Ruça me botava de castigo com música clássica, eu adorava. Teve uma vez que chamaram a polícia achando que eu tinha sumido, eu estava dormindo embaixo da cama, ouvindo música clássica.

Agora me fale de ouvir música pop. O pop, para mim, sempre esteve presente no seu samba de qualquer maneira. Na verdade, eu vou te dizer, nunca fui de ficar ouvindo samba. Achava chatinho. Porque era todo dia, querendo ou não. O Paulinho da Viola é compadre do meu pai, padrinho do Tonico, eles iam lá jogar buraco, depois tudo virava música. Como músico não era profissão respeitada, nunca pensei em ser música. E a música pop, eu sempre gostei à toa, acho que era fuga, eu queria ver outras coisas, e meus amigos me levavam para isso. A música negra não, eu sempre fui atrás dela.

Atrás como? Desde quando eu morava com a minha avó, em Pilares, eu tinha uns 5 anos de idade, a gente começou a ir para baile.
Baile charme, baile funk? Baile funk, que hoje em dia seria mais charme. Tinha matinê no Centro de Comércio e Indústria de Pilares. Aquela primaiada toda, todo mundo dançava, então comecei a dançar.
Dança de coreografia, com todo mundo junto? De coreografia, a gente passava horas coreografando, entrava no baile de graça porque dançava bem. A Analimar entrou num concurso de Donna Summer, já mais velha. Eu ficava rezando para chegar o final de semana para ir ao baile, a minha vida era dançar. Quando viemos para o Grajaú, íamos ao Grajaú Tênis, eram todos brancos, não tinha nenhum pretinho, só a gente. E na época nós pretinhos tínhamos uma coisa de não ir aos lugares.
Por quê? Por medo de racismo, de uma brincadeira sem graça. Então os meus amigos pretos, os meus primos não iam. E nós continuamos indo. Quando mudamos para o Grajaú, eu pegava um ônibus e ia para o Papagaio dançar, sexta, sábado e domingo. Era nessa onda, Michael Jackson, Marvin Gaye, Aretha Franklin, era muito próximo do subúrbio a música black, hoje em dia não tanto, eu nem gosto mais, só gosto daquela velha, da antiga. E depois tinha muito show de Primeiro de Maio, eu já sabia que no Primeiro de Maio ia ouvir um monte de música diferente, nesses eventos a gente via desde Baby Consuelo até Martinho da Vila no mesmo palco. A gente ficava na porta vendo o Moraes, o Pepeu. Depois teve o Grupo do Samba, o Melodia... Eu ia aos Rock in Rio...
Cazuza você ouviu, você curtiu? Cazuza eu curti depois, eu tinha um pouco de raiva dele.
É? Por quê? Porque eu era careta, né?
Me explica isso, como assim você era careta, o que significa? Musicalmente careta. Esses músicos me irritavam muito, para mim aquilo não era música.
Eu entendo, era o começo do rock nacional, que eu também achava chato. Eu achava profundamente chato, e era massificado...
Era só o que se ouvia. Eu gostava de uma coisa ou outra, uma música da Blitz, que era engraçadinha, pouca coisa, quase nada. E aí saiu uma matéria no *Jornal do Brasil* dizendo: "Cazuza é o poeta do século", aí aquilo me travou em tudo. Fiquei implicada, eu nem fazia música direito, mas gostava muito de literatura, e parei de ler, parei tudo, fiquei revoltada. Aí a gente que é do meio já sabe a história, estava do lado do repórter, é filho do João Araújo, só que depois eu fui vendo que só gostava dele.
E não do Barão, né? Eu entendo isso. Não gostava do Barão, eles são a mesma bobeira que é hoje, são meus amigos, tal, mas é a formação careta mesmo. Eu estava cheia de orquestra, o meu pai teve uma orquestra, a gente sempre ali com Banda Black Rio, o Paulinho Black toca até hoje com o meu pai, conheci o Oberdan. Então isso para mim era o cúmulo. Nem li mais jornal. Aí me joguei na música americana.

Eu gostava de coisa assim, então fiquei no pop, na Marina, no Lulu Santos, gostava muito do 14 Bis, dos mineiros.

Quando você começou a compor, Mart'nália, como foi esse tipo de referência? Complicado. É uma trava, porque eu não estudei música, e o que eu fazia, para mim, estava uma porcaria. Eu sempre prefiro fazer música com outro, porque acho que não consigo terminar, mas é preguiça. Então foi difícil, eu joguei muita música fora, não mostrava, eu me lembro de quando mostrei uma música para o meu pai, demorou.

Como foi que ele reagiu? Ele ficou todo orgulhoso, falou: "Que coisa bacana!". Meu pai é sempre positivo. Foi a Ruça que mostrou para ele, na verdade é uma música que eu fiz para a Maíra, a minha irmã que estava nascendo. E nunca saía samba. Como é que eu vou mostrar para o meu pai uma música que não é samba? Eu pegava o violão, fiz aula com a Misha Diak. Ela achava que eu tinha talento, mas eu ficava com raiva desse negócio de talento, porque me tirava do baile. Aí eu falei: "Ah, eu não tenho talento não". Eu achava chato, mas toquei violão clássico. Fiz recital clássico de violão. E as músicas eu sei até hoje, tudo de ouvido. Eu tirava as músicas, todo mundo ficava impressionado, pensava que eu tocava pra caramba, mas eu sabia aquela música bem, as músicas de que eu gostava eu sabia. Mas a minha referência musical era o pop para o violão, tinha umas musiquinhas americanas que eu tocava sempre, do Eric Clapton. E a minha batida era sempre bossa nova, não era batida de samba, eu não sei tocar samba direito, sei tocar samba lento, tipo samba-canção, que eu misturo com bossa nova na batida. Mas é chato, porque eu misturava com a batida do João Gilberto, com a batidinha do Caetano, com a batidinha do Djavan, do João Bosco. Era assim que eu investia no violão, não tinha outra forma. No samba, como era tudo profissa, eu tinha esse bloqueio de me mostrar. Acho que foi a Rosinha de Valença que me deu o primeiro violão, e ela falava: "Violão você toca do jeito que pegar, não entra nessa dele não, senão você vai ficar com preguiça e não vai querer saber de nada". E era verdade, eu não gostava da formalidade, de ter que tocar com um pezinho, eu falei: "Pô, vai fazer isso na praia".

Você falou que lia muito. O que você lia, Mart'nália? Cara, eu li tudo do Jorge Amado, tudo do Monteiro Lobato, eu achava lindo, a língua portuguesa eu achava linda, depois li o Drummond, o Vinicius.

Era uma coisa muito cotidiana na sua casa tudo isso. É, tudo muito próximo. Tinha reunião dos vermelhos lá, um monte de artista, um monte de ator, com o Sérgio Cabral. Alguns ficavam escondidos na fazenda do meu pai, cada um por um motivo, queriam matar o Almir Guineto, porque o irmão dele era bandido, o meu pai escondia ele lá em Duas Barras. As reuniões do Partido Comunista, aquele monte de gente fumando charuto e tomando uísque, a gente ouvia as reuniões, tinha que ter uma posição política, eu fui para as Diretas Já. Depois das Diretas, eu parei com o Brizola, mas, quando entrou o Collor, eu parei com política.

Mart'nália, nessa atuação política, a gente que trabalha com comunicação, em música ou jornalismo, tem uma responsabilidade com o discurso. Isso em algum momento passa pela sua cabeça? Você acha que precisa dar um recado, ou não? Cara, não, não mesmo, eu tento fugir o máximo possível, porque para mim não está em minhas mãos, eu não consigo.

Você não vai usar a música para isso. Não, eu acho que você tira o foco da coisa, daqui a pouco você fica meio Lobão, aquilo para mim nunca teve um sabor, muitos desses caras deveriam escrever livro, não falar de música. Eu sempre fugi muito disso, para fugir dessa coisa muito forte que tinha dentro de casa politicamente. Meu pai também nunca foi de movimento negro, ele sempre achou ruim isso. Eu sou o movimento negro. O meu movimento era ir para os lugares, não tinha nenhum preto, então eu ia. E essa coisa também da bandeira de gay, de homossexual, é uma coisa que você puxa e daqui a pouco está dando entrevista sobre isso, entendeu? Você tem que evitar essas coisas porque a gente acaba se acostumando, o neguinho te põe num quadradinho. Eu sempre pensei que, se fosse artista, queria ter a chance de falar: "Ah, o que você acha disso?". "Eu não acho nada."

É isso aí, eu quero fazer música. E aí você se expõe, você não é obrigada a ter uma opinião formada sobre nada, está no processo de formação de uma coisa que está fervilhando, aí você dá uma opinião e o cara diz: "A Mart'nália é uma idiota". O meu pai já falou que o brasileiro não sabe votar, neguinho tem raiva dele até hoje.

Você falou que o seu pai era mais engajado, acho que era uma coisa de época, né? De época.

Voltando para a composição, um rapaz foi me entrevistar para um programa de rádio do Rio Grande do Sul e me perguntou sobre a composição de amor contemporânea. A canção contemporânea parece falar de amor de um jeito muito raso, muito frívolo, que não é mais passional. Será que não é porque, para esses meninos que têm no máximo 30 anos, o amor não é passional? Não é passional.

Será que é porque é outra época? É outra. Todas as músicas antigas são mesmo assim, meu mundo caiu.

Meu mundo caiu, ninguém me ama, ninguém me quer. Antes era aquela coisa muito corpo a corpo, o casamento...

Era para o resto da vida, até que a morte os separe. Se eu não morrer, eu não me livro dessa mulher.

Então o cara se matava. É. Alguns podem usar uma melodia melhorzinha, uma poesia melhorzinha, mas não tem essa profundidade, essa dor. Eu acho que isso era uma coisa que espantava, por exemplo, os amigos da minha idade que não ouviam Nana Caymmi, não ouviam samba. Eles achavam isso tudo muito careta, não suportavam essas músicas muito melodiosas, muito lindas, falando daquela coisa que os caras não sabiam, e a gente ouvindo seresta, decorando aquelas melodias do tamanho de um bonde, o Romeu e Julieta nosso particular, bem nosso. Eu acho que passou um pouco.

E a música de amor que você faz, como é? Eu acho que está no mesmo nível dessas de agora.

Amor facinho, né? Amor facinho. Eu não consigo ficar séria. Mas eu gosto mais assim.

Mart'nália, isso no samba é histórico ou vem de intérprete, ou de compositor? O quê?

Isso de o samba falar da dor de amor sorrindo. Ah, vem de compositor. O samba tem essa possibilidade de tu ser o que tu és. O Zeca Pagodinho é o Zeca Pagodinho, o Martinho da Vila é o Martinho da Vila, o Paulinho é o Paulinho. E eu acho que é meio ambíguo, porque tem aquela coisa de o cara sofrer, mas ele vai para o samba.

Agora a Adriana Calcanhotto está fazendo um negócio muito bacana, você até canta uma das músicas dela, ela fez para você, que é a mulher indo para o samba, o que é novidade. Tem uma música sua que fez parte da novela, eu acho que era o tema da Deborah Secco, como é? Celso Fonseca e Ronaldo Bastos, "Ela é minha cara".

É você cantando, o tema do samba é uma mulher que é a sua cara, é uma contravenção do começo ao fim. Se isso fosse há vinte anos eu acho que não poderia. Estaria presa, respondendo a atentado ao pudor.

E hoje é uma alegria, né? É, é gostoso ter passado por isso. Tinha uma época em que eu não queria saber de música, acho que pelo preconceito que a música tinha em si, eu achava isso chato, o cara que é pobre tem que ser pobre, o branco tem que ser branco, o preto tem que ser preto, o samba tem que ser samba. Até em casa meu pai esquentava muito porque eu ouvia um monte de música louca, ele: "Para, eu não aguento mais esse negócio no meu ouvido!".

Conflito de gerações clássico. Mas tinha uma responsabilidade na época, os sambistas, a bossa nova. E quando veio Caetano eu pirei o cabeção dentro de casa, porque não tinha contato com essas pessoas.

Aí já era ídolo. Era ídolo, e meu pai tinha até um pouco de ciúme, porque eu ouvia tanto Caetano, Gil, eu achava incríveis aqueles caras. João Gilberto eu gostava, mas achava meio chato. Tudo bem, a harmonia linda, mas era chato.

Qual foi o primeiro Caetano que você ouviu? Eu não me lembro, mas o primeiro disco do Caetano que eu ganhei foi *Cores e nomes*, eu decorava o disco inteiro. Ouvia muito Elis Regina em casa, coisa que irritava um pouco o meu pai também, ouvia muito Chico e Bethânia. Ouvia muito o disco da Gal, aquele vermelhão... Meu pai gostava, ele tinha os discos, porque artista ganha disco. E a gente aproveitava, meu pai ouvia uma vezinha para saber o que estava acontecendo com a música, mas ele não gostava de nada. Meu pai gostava de música bucólica e samba, e eu achava chato ouvir samba.

E quando foi o primeiro Djavan que você ouviu? Djavan foi com a minha mãe, tinha um lado da dona Anália que era do baile, ela gostava de Jorge Ben Jor, eram 24 horas Jorge Ben Jor lá em casa. Eu decorava aquelas músicas todas, eu cantava: "Os alquimistas estão chegando". A minha mãe era desse lado, Jorge Ben, Simonal, Elza Soares. Ela ouvia muito também Dalva de Oliveira, Carmem Miranda, Elvis Presley, Bill Haley e seus cometas, eu decorava aquilo tudo, sei até hoje.
E hoje o Djavan produz seu disco, canta com você, Caetano... Eu me lembro da minha mãe falando do Djavan, que tocou no Renascença, que era o clube mais negro do Rio. Ainda existe o Renascença, eu faço lá o Quizomba. Não podia entrar de tênis, era estiloso. Eu lembro que a minha mãe falava do Djavan, quando ele chegou ao Rio ela deu força para ele: "Ô, deixa o menino cantar". E aquele samba era um samba mais para gafieira, e como eu gostava de dançar, eu adorava. E tinha muito lance do jazz, nessas harmonias loucas. Eu achava maravilhoso, porque a música, não só o samba, antes do Dja e da tropicália, era muito "tem que ser por aqui".
Muito formulinha. Muito formulinha. Eles ainda estavam brincando com os clássicos, então tinha que ser muito formulinha, e o resto podia ser o que quisesse. Eu gostei da galera.
É desse som que você gosta, quando pode fazer o que quer. O meu pai também sempre fez o que quis, sempre se misturou muito com tudo, ele é o sambista mais misturado que tem, é o mais aberto deles.
É verdade, dos tradicionais ele é o mais aberto. Agora, falando da sua geração, você tem uma turma, o Paulinho Moska, a Zélia Duncan, a Marisa, a Adriana... Eu nunca pensei que ia ser da turma deles, porque eu os ouvia, né? Eu não pensava em fazer música, só que a gente tem a mesma idade.
Exato, a mesma idade, mais ou menos as mesmas influências e essa mesma pegada pop dentro da música brasileira de hoje em dia, que não é uma MPB. Não é uma MPB, parou com esse negócio.
Exatamente. Então tem uma identificação geracional, cada um dentro do seu estilo, porque vocês são todos muito diferentes uns dos outros, mas se frequentam. Eu acho isso muito interessante, porque a gente, jornalista, fica tentando dar nome e achar que é movimento, mas não tem nome e não é movimento. Em sua opinião, o que vocês têm em comum, o que junta você ao Paulinho Moska, à Zélia Duncan, à Cássia até? Eu acho que essa informação toda, essa coisa de ficar de saco cheio de ser rotulado, de ser posto num lugar como "A Rainha do Samba". A cabeça mais aberta musicalmente, acho que é um tipo de músico que estava incomodado com essa geração de músicos antigos, dentro da caixinha. Coincidentemente, as nossas músicas foram ficando parecidas, depois que tirou o rótulo vira música. O Moska, a qualidade do que ele escreve, a personalidade, a forma como ele trata a música... Eu acho que são pessoas que são artistas, mas são músicos. Músico velho tem preconceito e um

pouquinho de inveja. É mais fácil ficar falando dos outros que fazer alguma coisa. A Cássia é o rock'n'roll na veia, mas ser brasileira fez uma coisa dela. A Marisa Monte é responsável por isso também, porque podia ter ficado fazendo igual ao primeiro disco, que é maravilhoso, muita gente prefere, até. Mas deixa a menina cantar o que ela quer.

Isso incomoda, né? É, incomoda, porque ninguém quer sucesso, e você conseguir uma coisa sua, independentemente de sucesso ou não, é muito bonito. Hoje é uma honra estar ao lado dessas pessoas. E tinha uma época também muito chata da música brasileira, só se fazia música ruim.

Como assim? Porque tinha uma formulazinha, tipo, pagode tem que fazer música ruim.

Para vender. Para vender, eu vi muitos compositores fazerem música ruim. Eu falei: "Não quero isso para mim não, estou fora". O que neguinho me manda de música porque sabe que eu sou da macumba. Eu falo: "Gente, só porque eu canto santo, não vou ficar cantando isso o tempo inteiro, eu quero cantar o que eu quiser". Se eu fosse me encostar num lugar, no começo eu gravava só Martinho da Vila.

Eu estava ouvindo você falar dessa coisa de dividir diferente, de ter que ensaiar a música, acho que foi uma música do Gil, que é mais intrincada, foi um desafio enorme. Foi, faz tempo que eu não tenho desafio assim, foi maravilhoso. As músicas que me mandavam eram só samba, tudo na mesmice, ou falando de Vila Isabel. Isso foi me irritando, e aí, coincidentemente, esses camaradas que formaram o repertório do CD me mandaram essas músicas maravilhosas. Eu fiquei muito feliz com esses encontros e essa coincidência. Quando pedi ao Djavan para dirigir um disco meu, eu ainda não tinha o disco, então foi tudo ficando bonito dessa forma, e ele me entendeu. Esse disco foi muito difícil de fazer, porque o Dja tem também...

Um apuro, né? É, e eu nem tanto, depois é que eu lapidei *mart'naliamente*, claro, tem que estar ali o que eu quero. Quando você chama um diretor, você quer a mão do cara, lógico. Por isso eu não insisti com o Gil para me mandar outra música. E ele: "Você quer outra música? Você não gostou?". Eu falei: "Não é isso, professor, eu gostei, mas achei que fosse vir uma coisa mais tropicália, uma Bahia mais assumida". Um Gil mais para esse lado, porque aí ficaria louco mesmo. Tanto é que foram dois que me mandaram samba, Caetano e Gil. A Adriana já tinha me mandado, eu acredito que tenha ficado com a minha cara.

Uma coisa que eu reparei no show desse CD é que você deu uma apurada no canto, como instrumento. Você fez aula? Não, cara, eu fui fazer e só deu errado. A mulher falou que eu não podia isso, não podia aquilo, não podia aquilo outro:

> **PARA VENDER, EU VI MUITOS COMPOSITORES FAZEREM MÚSICA RUIM. EU FALEI: "NÃO QUERO ISSO PARA MIM NÃO, ESTOU FORA"**

"Não pode beber gelado, não pode sei lá o quê, mimimi, momomo". Eu achei tudo engraçado, parei, tem uns exercícios, brurrr, tsitsitsi, coisa para fazer.

Para aquecer? Para aquecer, só, e o resto a mesma coisa, eu não fiz nada não. Eu acho que as músicas, eu acho que é o momento, sei lá, as músicas. Ah, também teve o lance do Dja, dessa puxada dele, do pulso, tipo, ele queria tirar umas coisas, uns vícios de samba, como ele dizia. Porque eu tenho uma coisa de não terminar a frase e de cantar curto, que é uma coisa meio Martinho da Vila. E eu não consigo tirar.

Mas no show você tirou, eu pensava: "Olha, a nega está estendendo". É, ele falou para eu fazer isso, ele falou: "Não é que eu queira mudar você, eu gostaria muito que você... só experimentasse alongar".

Você curtiu? Eu fiquei meio assim: hum, coisa chata. Aí disse: "Ah, é, tá bom, não custa". Eu não procurei uma coisa nova para fazer? Aí eu falei: "Eu não estou querendo porque não sei fazer, eu acho que é isso". E eu fui e fiz. Isso é maravilhoso de aprender, eu não sabia que eu não terminava o negócio.

Você estava fazendo como sempre fez. É. E os "s", vocês, você. Não é um lance de trocar, eu sempre tive muito cuidado com isso, porque as outras que querem cantar, cantam a mesma coisa, da mesma forma. O meu pai sempre falou assim: "Olha, está cantando como essas mulheres, tudo a mesma coisa". Eu sempre tive preconceito quanto a estudar canto, porque achava que, primeiro, para que eu vou estudar canto se não vou cantar, então só fazia vocal na época do vocal. Eu queria trazer de volta esse músico antigo que existe dentro de mim, então andar com essas pessoas, o Dja que fala isso, a Bethânia que me falou: "Você tem a voz". Aí fui fazer aula de canto com uma mulher que eu conheço, que tem a voz fina, e ela me disse que eu tinha que parar de cantar grosso porque a minha voz era fina: "Menina, você pode estar acabando com as suas cordas vocais, você tem extensão". Eu falei: "Eu sei que eu tenho extensão, até posso alongar". Eu já sei disso, mas não é o meu primordial, não é o que me interessa, no palco eu ficar alongando, mas daí a dizer que eu tenho uma voz fina... Eu nunca cantei com a minha voz, comecei a cantar a partir do Caetano, nem no *Minha cara*, era uma voz forçada, tentando o impossível.

Sei, uma coisa mais tensa. É, a voz ficava tensa. Por isso eu achava que nunca ia cantar, porque tinha que cantar com aquela voz e não ia dar para mim. Eu chego numa aula, a mulher me fala um negócio desses, caiu comigo. Depois uma coisa me grilou também, antigamente as cantoras eram divas, eu sempre fujo disso. Então também fui ver um show em que a cantora não conseguia cantar se a preparadora de voz dela não estivesse. Virou uma paranoia da cantora. Eu falei: "Eu vou ficar assim? Não quero estudar não". Como eu nunca estudei canto, vai no impulso, na emoção, eu não tenho essa técnica, não sei respirar, aí comecei a fazer umas aulas, eu me cansava tanto, aquilo me cansava para cantar.

> COMO EU NUNCA ESTUDEI CANTO, VAI NO IMPULSO, NA EMOÇÃO, EU NÃO TENHO ESSA TÉCNICA

Vai tirar a sua espontaneidade. Tem que ser uma brincadeira, né? Tem que ser uma brincadeira, uma conversa de todo mundo. Não é uma conversa só minha, tudo bem que o show é meu, mas não é só meu, pelo menos foi assim que eu aprendi. E é na época também de músico artista, na época em que a gente sabia o nome dos músicos, em que o músico já tem a sua identidade, eu sei quem está tocando, tinha esses valores legais de estar ali em família.

Eu acho que isso não é época, acho que é caráter, sabe? Você não pode tocar com uma banda que não respeita. Eu já vi muita gente fazer isso e o músico tocar por dinheiro, claro, às vezes o cara precisa... Nisso eu fui me acostumando, fiquei só com o meu pai, porque fui ficando com medo das outras pessoas. É que ali o papo é outro, o meu pai sempre respeitou o músico.

Mart'nália, por conta daquela música que o Caetano fez e o Djavan canta, você acha que tem música de preto? Tem, tem sim.

E o que é? Cara, eu não sei, porque é o som mesmo, não é a cor do preto. É o som, a pegada da coisa, que fica muito preto. Teve uma época em que a Sandra de Sá ficou até um pouco zangada comigo, porque eles estavam querendo lançar música para preto.

Música Preta Brasileira. Eu achei aquilo um absurdo, achei e acho, eu fugia quando me chamavam para reunião, eu falei: "O que é isso? Como é que separa isso dessa forma? A música é a única coisa que une a gente de verdade, e onde é que você vai botar o João Bosco, a Cássia Eller?". Eu acho que é mais uma atitude. Eu acho que é um rótulo legal Música de Preto, porque identifica que são eles que estão cantando, dessa forma é bonito. É a força da música, é musical mesmo, esse papel é musical.

Não é racial. Não é racial, não é a minha pele, não é o meu nariz, não é o nariz do outro. É bacana, tem que ser dessa forma.

MÔNICA SALMASO

MÔNICA SALMASO OUVIU DE CHICO BUARQUE que ela é a mãe de criação de suas canções. Acho que Chico também percebeu a alma de música dessa grande cantora. Ela cria atmosferas, recria as músicas que escolhe para cantar. Entre músicos, ela é mais um: conversa com o piano, com a flauta, com o contrabaixo, cantando ou percutindo seus brinquedinhos sonoros. Mônica é dessas intérpretes que todo bom músico gosta de ter por perto: é divertido tocar com ela, dizem eles. E tem o seu timbre muito particular, cheio de ar, que faz com que a gente prenda a respiração para ouvir, de tão bom que é. Dá conforto e encanto. Ela canta um Brasil de dentro. Por isso é que, nessa virtuose, vive também uma contadora de piadas. Dá para imaginar? Entrevista realizada em 2004.

Vou começar perguntando sobre a infância. Onde você morou quando criança?
Aqui em São Paulo. Sou daqui mesmo. A minha família é metade muito brasileira, misturada, e metade imigrante italiana e que morava em Santana. Na época, era longe. Lá havia o clube e a família do meu pai – os avós, filhos de imigrantes, aquele pequeno núcleo familiar.

Por conta das músicas que escolhe para cantar, fica às vezes a impressão de que você teve uma vivência de interior. De onde vem esse interesse? É quase turístico mesmo. Só não é porque tenho certo fascínio por uma emoção religiosa que, embora eu não tenha sido criada nela, reconheço como brasileira. É um jeito torto de chegar ao mesmo lugar. Eu não sou dessa cultura, nunca morei em cidade pequena, nunca fiz procissão, mal sou católica, não sou nem religiosa, nada disso. Mas, ao mesmo tempo, eu vejo de fora e reconheço como meu. É poético isso que o Brasil tem em relação à religião e às pequenas coisas, à convivência pequenininha. Esse interesse me aproximou um pouco de um Brasil que reconheço, mas que não sou.

Você buscou conhecer a música do interior? Ou essas coisas foram chegando?
Veio de escutar. Nem sou daquelas pessoas que fazem expedições. Na verdade, quando comecei a cantar, não cantava só música brasileira: eu estava aberta a tudo. Ainda estou, mas a vida foi caminhando para um lugar onde apareceram essas coisas; foi assim e não um plano de vida. Comecei a cantar e a conhecer pessoas que tinham envolvimento com esse tipo de música. A música brasileira que eu escutava quando criança em casa é hoje a MPB clássica: Caetano, Chico, Milton, Dorival Caymmi. Para mim, Dorival e Chico são pilares musicais e, mais até, emocionais; parece que eu já entendia aquilo ali de algum jeito. Quando comecei a trabalhar de fato, encontrei pessoas que tinham interesse parecido. Na verdade, tudo meio que começou na hora de escolher as músicas para *Trampolim*, que foi o primeiro disco em que selecionei o repertório. Antes, houve o *Afro-sambas*, com Paulo Bellinati, que era um projeto fechado. Na hora de fazer o *Trampolim*, eu levei para o Rodolfo Stroeter uma maçaroca de coisas. Eu não conhecia o Rodolfo nem a Pau Brasil, a gravadora que estava me convidando, e ele também não me conhecia. Ele deu um chute: "A gente estudou no Equipe, acho que a gente vai se dar bem no trabalho. Vejo que você não espera da minha pequena gravadora mais do que ela pode oferecer". Não mesmo: para mim era um luxo ser parte de um catálogo que eu adorava e adoro. O Rodolfo disse: "Eu não sei por onde começar". "Eu menos ainda – nunca fiz." "Traz umas coisas aí de que você goste." Eu levei: um monte de Chico Buarque, um monte de Dorival Caymmi, Stevie Wonder, Beatles, tudo misturado, uns troços que eu nunca tinha cantado, mas de que eu simplesmente gostava. O Rodolfo ouviu o material e disse: "Tem de tudo aqui, mas reparo que, volta e meia, aparece um assunto musical ou poético que combina com uma coisa de que eu gosto – o meu selo se chama Pau Brasil. Vejo aqui, por exemplo, 'A permuta dos santos'". É uma música relativamente nova, que fala de um comportamento

brasileiro, religioso e, ao mesmo tempo, bem-humorado. É a história dos santos que são trocados e que, se não fizerem nada do que prometeram, terão que voltar sozinhos. Aquela seleção voltava sempre para um Brasil que era meio interessante para os dois, e a conversa foi ficando fácil. "Beleza, vamos aí." ▪ Eu tinha medo de fazer um disco colcha de retalhos, muito medo de fazer um disco com cara de nada, só porque era o primeiro e eu queria mostrar que cantava reggae, xote, samba. Achava isso desesperador e, então, disse: "Olha, pelo amor de Deus, você que vai produzir, toma cuidado só com isso – é o meu único medo. Pode até ser um disco ruim, pode até ter cara ruim, mas tem que ter só uma cara". ▬
Você queria unidade. Disco é como livro. Eu não quero fazer coletânea, quero fazer disco. Quando a gente assumiu isso, entraram outras pessoas, como o Paulo Dias, que fez o Espaço Cachuêra [centro cultural e estúdio]. Na época, ele tinha um monte de fitas cassete com material regional que ele havia recolhido do Brasil inteiro. ▬
É um cara superligado nessas coisas, tem um trabalho de pesquisa bonito. É um Mário de Andrade. Sentei lá e falei para o Paulo: "Estamos fazendo um disco mais ou menos assim e procurando uma coisa que tem a ver com estes Brasis. Você é o cara". Ele se animou, me mostrou a Mestra Virgínia, o "Canto dos escravos", o LP da Eldorado com a Clementina de Jesus e coisas que ele ia recolhendo. Voltei para casa cheia de fitas cassete. Fui falar com o Edgar Poças, outro pesquisador, e ele também se apaixonou por isso e me mostrou o Waldemar Henrique, e escutamos juntos um monte de coisas. Entraram outras pessoas que procuravam essa mesma trilha. É um mundo meio sem volta, porque, quando se começa a procurar, abre-se uma portinha que fica difícil fechar. ▬
O que você fazia antes do primeiro disco solo e, aliás, antes do disco com o Bellinati? Desde pequena, eu cantava na escola, até bem. Minha mãe tocava um pouco de violão, bem pouquinho, numas reuniões de adultos. A gente morava num sobrado, e, à noite, vinha o professor de violão de minha mãe com uns amigos. Juntavam-se meu pai, minha mãe e os amigos deles e tocavam violão e cantavam. Eu descia a escadinha e ficava lá. Achava lindo. Todo mundo me dava a maior bola, porque era criança e cantava as músicas de adultos. Eu achava superbom, mas nunca mais cantei; quer dizer, não pensava que pudesse vir a ser cantora. Eu ouvia muita música. Quando fiz 15 anos, pedi um microfone de presente, e cantava em cima do som. ▪ Quando comecei a comprar discos, não parei mais: eu consumia e adorava instrumental e canto, mas nem me passava pela cabeça ser cantora. Aí, fui fazer o colegial no Equipe e cantei um pouco mais, porque sempre havia oportunidade. Cantava, tocava um pouquinho de violão, Pink Floyd, *The Wall*, por aí. Um repertório jovem... Quando acabou o colegial, tinha que fazer cursinho para jornalismo. Eu pensava: "Para esse curso, tem que ter curiosidade, gostar de informação, gostar de se comunicar. Como gosto disso, vou fazer". Fui para o cursinho e odiei: "Vou fazer aula de música ou qualquer negócio para ser mais

feliz. Esse treco é horrível!". Cursinho de manhã, humanas, era aquele Anglo da rua Sergipe – o pior lugar do mundo para quem vem do Equipe. Aí, fui para a Espaço Musical, a escola do Ricardo Breim, simultaneamente ao cursinho. Fiz aula de musicalização com o Breim e de canto com a Regina Machado. Foi sensacional, porque a Regina era uma profissional do canto, ou seja, uma referência de cantora profissional. Eu, como todo brasileiro de quinze anos atrás, achava que cantor era só aquele da TV.

Gal Costa, Maria Bethânia, Elis Regina... É, os artistas das grandes gravadoras. Quinze anos atrás, para ter carreira de cantor, não havia outro jeito. Mesmo a Regina só gravou seu disco muito tempo depois. Mas dava aula, cantava e se apresentava. Eu grudei nela: "Como é que é?". "É assim, eu dou aula, canto em grupo de estudo, tem um vocal, me apresento aqui e ali, vida de cantora, né?" Foi quando entendi que existia essa profissão.

Você quer dizer que há quinze anos não havia outra possibilidade? A Marina, cantora e compositora, o rock nacional, Titãs – isso estava muito distante? Isso estava fora de alcance – completamente, totalmente, absolutamente. E ainda está, mas de um jeito natural, porque calhou de eu fazer um caminho muito mais de instrumentista que de cantora. A minha realidade de público, de condução, de selos, de gravadoras, andou por um caminho que tem muito mais a ver com o jeito com que o músico cria uma carreira. Não é igual ao do cantor, porque este, mesmo o pequeno, tem mais visibilidade que o instrumentista. Eu nunca tive reunião em gravadora, nem sei como é isso.

Hoje em dia, há quem diga que é sorte sua... Não sei, em tudo há dificuldades e facilidades. Naquele momento, eu ouvia Gal, Bethânia, Elis. Havia as cantoras dos grupos de rock dos anos 1980. Marisa Monte estava aparecendo, numa época em que nenhuma cantora vinha acontecendo na MPB, pelo menos nessa linha. De repente, ela apareceu – legal pra caramba! Eu achava cantora uma coisa muito ET – como é que se vira cantora? Não sei como é. Não dá mesmo para saber, menos ainda naquela hora, em que tinha começado a existir esse universo, essa possibilidade.

Você estava com 17, 18 anos, não? Dezoito. Quando conheci a Regina, pensei: "Ah, legal!". Havia Chacrinha, continuou sendo isso, mas existia outra vida possível, profissional, com a mesma designação cantora. Era engraçado: às vezes, quando ia comprar um negócio numa loja qualquer, eu preenchia "cantora". A pessoa olhava e imediatamente dizia: "Mas eu nunca vi você na TV!". Comecei a ter aulas e fui cantar nos botecos de São Paulo.

Ou cantava em barzinho com música ao vivo, ou cantava na televisão – era oito ou oitenta... Você cantava em bar noite adentro e então se deu conta de que seguiria com isso? Deu um clique assim no momento em que comecei a ter aula, quando conheci a Regina, antes mesmo de ter ido cantar em bar. Fui ter aula com ela e, dois meses depois, anunciei em casa: "Ó pessoal, eu vou ser cantora. Não sei o que é, estou muito ansiosa, mas é isso que vou ser". Meus pais: "Bonito, legal, mas como é que faz?". Eu falei: "Não faço a menor ideia, vou fazer aula de música e esperar para ver o que acontece". ▪

Eles a apoiaram? Ou foi um susto? Não, apoiaram completamente. Sou muito barulhenta e era um turbo quando adolescente – eles topariam qualquer coisa que me acalmasse. A primeira coisa que fiz foi ter aulas e mais aulas, e logo apareceram grupos que vinham do Equipe, do Oswald, e a gente começou a fazer o circuito dos bares em São Paulo. Havia o Bar da Virada, o Blue Note e boteco de cantar mesmo. ▪

Cantando de tudo? Tudo, tudo. Uma vez, a gente tentou fazer um grupo meio *standard*, trivial, mas durou pouco: logo entraram outras coisas, e a gente perdeu o conceito. Depois veio a intenção de ser pop, com várias referências muito boas. Essas pessoas foram estudar fora do Brasil, perdi meu trio, mas continuei cantando em boteco. Fui para o Café Paris e o Vou Vivendo, que eram os *top* – subi na vida totalmente... Ali, eu cantava sem parar. Fazia a minha entrada e ficava dando canja na entrada dos vizinhos. Eu não sabia bem para onde estava indo, mas era imensa a minha vontade de cantar sem parar – eu queria cantar, aprender. Havia o regional do Xixa [Bernardo Cascarelli Jr.], pai do Celso Pixinga. O Xixa era lindo, lindo. "O que é que você vai cantar, santinha?" "Ah, quero cantar 'Lábios que eu beijei'." "Pô, santinha, eu não aguento mais tocar essas músicas. Tirei a música do Pepeu Gomes, da novela..." "Não quero, Xixa. Eu quero cantar 'Trem das onze'." Aí, eles tocavam "Trem das Onze". Foi no Vou Vivendo que conheci o Eduardo Gudin. Ele era frequentador, havia sido sócio e já tinha a ideia de montar o grupo *Notícias dum Brasil*. Ele queria fazer um disco, convidar cantores que fossem solistas e que, ao mesmo tempo, se comportassem bem com os arranjos vocais que estava a fim de escrever. Mas essa ideia do Gudin sofreu várias mudanças, e se passaram uns quatro anos desde aquele primeiro convite, quando ele me viu cantando no Vou Vivendo. ▪

Você topou na hora? Total! Eu estava aberta, queria trabalhar, precisava virar alguma coisa. A gente começou a trabalhar ali, e, quatro anos depois, finalmente saiu o disco, o primeiro *Notícias dum Brasil*. ▪ Nessa época, o Gudin produzia os discos para a gravadora Velas e me propôs gravar um solo. A gente tinha convivido por quatro anos, ele já sabia como eu cantava. Mas aí eu parei: "Putz grila, gravar disco agora?! Não tenho disco para gravar!". Não dava para inventar a coisa... É por isso que o caminho combina com a natureza das pessoas. Eu não ia gravar naquela hora, daquele jeito, porque o meu fígado não suporta inventar um treco em dois minutos, criar um circo, para gravar um disco. Eu estava muito mais a fim de cantar do que de ser cantora. Sempre foi assim. Estava muito mais a fim de escolher as coisas, experimentar, aprender música, conhecer gente que faz, fazer amigos, cantar, do que virar cantora da tv ou do Palace, que hoje é DirecTV Hall. Eu olhava aquilo com muita admiração, mas esses grandes saltos eram uma violência para mim. "Olha, não vai rolar..." ▪

Era medo de quê? De fazer alguma coisa de que eu não me orgulhasse, em que não me reconhecesse. De fazer parte de um circo. Porque, na verdade, é um circo.
Um circo? A grande estrutura é meio circense, meio efêmera. A pessoa que é parte dela não sabe bem como chegou lá nem como saiu, e fica aquela ideia estranha. Hoje, isso está muito mudado: mesmo numa estrutura maior, o artista e o cantor têm obrigatoriamente que ficar espertos e entender o que está acontecendo. Mas a história do canto popular não é bem essa. Ela é assim: cantores de rádio viram grandes mitos; quinze anos depois, são velharias; e, às vezes, envelhecem sem nada e sem entender o que aconteceu. "Eu estava andando. De repente, eu dava autógrafos. De repente, estava na miséria."
Com Nora Ney, aconteceu exatamente isso... Essa história é curta, é recente. Eu achava esse troço um pouco esquisito – muito "entorno" para pouca coisa. Achava muito esquisito dar entrevista. Lembro que, na primeira vez em que fui dar entrevista, eu tive muita vontade de dizer para o cara: "Desculpe, mas eu não tenho nada para falar – eu acabei de começar". Honestamente. Não era falsa modéstia, era assim mesmo. Talvez eu seja muito autocrítica, não sei, mas sabia que eu mesma não estaria interessada em ouvir o que tinha para dizer aos 18 anos.
Tinha uma história para acontecer ainda. Pois é, a sensação é essa. Mas o circo, ele já vinha...
Nunca foi medo de público nem de palco? Não, de jeito nenhum. Uma vez, um cara da *Folha de S.Paulo* fez uma entrevista lá em casa, muito bizarra, sobre o lançamento do *Trampolim*. Para mim, era um grande acontecimento: *Folha*, lançamento do disco. O cara chegou sem sequer ter ouvido o disco e não teve vergonha de dizer. "Olha, não tive tempo de ouvir, mas, aqui pela ficha técnica, estou vendo que você gravou um negócio..." Caramba! Fiquei com zero de vontade.
Há quanto tempo foi isso? Gravei *Trampolim* em 1998. Faz tempo, mas eu já tinha alguma ideia do caminho. As pessoas com quem eu convivia eram todas desse mundo autoral, pequenininho, de selo pequeno. Falei muito sobre isso na entrevista, e, quando saiu no jornal, estava lá que eu tinha alergia a sucesso, que eu tinha medo de público. Fiquei muito ofendida. Primeiro porque era uma puta bobagem, não era nada disso. Eu até teria medo se o sucesso quiser dizer tudo aquilo de que a gente já falou – mas não foi bem assim que ele escreveu. Fez uma coisa assim: "Esse trabalho não vai crescer porque a pessoa tem medo de público". Absolutamente, não era verdade – por mim, eu cantava no Maracanã. Não porque goste de aparecer, mas porque realmente gosto que as pessoas ouçam as músicas que escolhi. Isso, de eu cantar no Maracanã, provavelmente não vai acontecer. Mas sinto que hoje, quando você diz "cantora", a pessoa já entende um pouquinho mesmo que não a tenha visto na TV.
Há vários universos coexistindo. Mudou um pouco o conceito. E vai mudar cada vez mais. A gente já tem muito trabalho em pensar como é que vai criar esse

jeito. É aquilo do show de risco: quando o artista tem que se responsabilizar pelo próprio caminho...

Por encher a casa também... Coisa confortável é muito bom, todo mundo gosta, é da natureza do ser humano fazer pouco esforço. Mas, às vezes, a gente cai em armadilhas por causa disso. Não investir no risco, no público. "Eu não vou a tal lugar porque ninguém me chama... Nunca passei por uma determinada cidade porque não tem nenhum projeto que me leve..." Coisas assim são armadilhas perigosíssimas.

Sobre o convite do Gudin para um disco solo, a resposta naquele momento foi "Agora não". Mas, quando você encontrou o Paulo Bellinati, saiu o lindo *Afro-sambas*. Foi a continuação daquela conversa. O Gudin deixou pendurado esse negócio do disco solo, até que um dia ele disse: "Eu tive uma ideia. Por que você não grava os afro-sambas do Baden e do Vinicius?". Eu conhecia alguns afro-sambas, o "Consolação", o "Berimbau", o "Canto de Ossanha", mas não conhecia todos eles.

Na ideia dele, já constava o Bellinati? O Bellinati tinha trabalhado com a Vânia Bastos em alguma coisa que o Gudin produziu, e eu conhecia o trabalho dele com a obra do Garoto [o violinista Aníbal Augusto Sardinha]. Fui lá, roxa de vergonha, conhecer o Bellinati, e ele foi superlegal. Levei uma fita demo em que eu cantava Seal e umas quatro coisas que tinha feito. O Bellinati estava indo para o Japão com a Gal no dia seguinte. A ideia original era que ele seria o produtor do meu primeiro disco para a gravadora Velas.

Mas acabou virando um disco de vocês dois. Ele seria o produtor musical desse primeiro disco, que teria talvez percussionistas. O que aconteceu foi que a gente começou a trabalhar, comecei a ir à casa dele para ensaiar, o Bellinati foi supergeneroso, simples. Eu era uma cantorazinha começando, e o Bellinati era um grandão, violinistão, arranjadorzão, mas ele sempre me perguntava: "Você está gostando disto?". Aquilo durou uns anos. Quando a gente já tinha o material pronto, ele disse: "Você não acha legal fazer este disco só em duo, voz e violão?". Na verdade, o Bellinati é solista. Ele foi criando os arranjos ali comigo, me perguntando, e foi preenchendo automaticamente as lacunas. Foi virando um negócio em que não cabia mais ninguém. A Velas desencanou do disco, cansamos de esperar por eles, o Bellinati foi propor o disco lá para a gravadora americana dele. Fizemos então um disco em duo – o nosso disco, dos dois. Achei engraçado ter disco nos Estados Unidos e não ter aqui, mas eu estava com o barquinho ao vento. Ia sair só lá, na GSP, mas a Atração se interessou e licenciou. Quando comecei a fazer o *Afro-sambas* e fomos fazer shows, foi incrível pra mim. Eu estava dividindo o palco com o Paulo Bellinati, era um caminho contrário, eu era acompanhante. Para mim, o canto é sempre assim.

Era um duo – quando a gente assistia a vocês, percebia dois músicos no palco. Era e é um duo até hoje. É diferente, é totalmente não-circense. Não é, nunca foi: "Olha, vou ser cantora... Eu tenho uma banda... Minha banda me acompanha...".

"Troca o baterista porque tanto faz, troca o guitarrista porque tanto faz..." Além disso, eu tinha aprendido um monte de coisas com as aulas de canto. A minha voz apareceu ali, era uma voz pequenininha, tímida – mas a atitude de cantar, eu aprendi com o Bellinati.

Ah, é? Sobre as relações musicais, a troca, a relação de cantar com o som que vem de outra pessoa, o que eu tive com o Bellinati foi um intensivão. Eram só os dois, voz e violão, os arranjos lindos, ele tocando muito. Aos poucos, fui entendendo que não importava se cantasse aquela mesma música duzentas vezes: nunca era igual, porque surgia um detalhe, a respiração dos dois... Houve uma hora em que ficou demais: a gente não precisava nem se olhar que apareciam umas coisas para os dois ao mesmo tempo. Isso é muito bacana, é a música. Depois, quando comecei a cantar com outras pessoas, essa relação só se ampliou.

Era isso o que você buscava? Era. Foi um pouco porque a minha vida foi seguir por esse caminho e muito porque a minha natureza é assim, é esse o tipo de caminho que eu faço. Sou menos cantora arquetípica e mais musicista.

Todos os músicos que a acompanham dizem que têm imenso prazer nisso porque você canta como se estivesse tocando com eles. Quando já sabia que queria cantar e estava ali xeretando, surgiram modelos que me serviram de escola. A Zizi Possi com *Sobre todas as coisas*, pela Eldorado, que é maravilhoso. E o Ney Matogrosso, que já fazia esse tipo de coisa, com *Pescador de pérolas*, que era um disco ET – um cantor popular que grava um concerto.

SOU MENOS CANTORA ARQUETÍPICA E MAIS MUSICISTA

De paletó e sem maquiagem... Tinha mais essa... Era o Rafael Rabelo, o Paulo Moura, um puta disco de duos, trios, acústico, um disco de música clássica – "Meu Deus, o Ney Matogrosso pirou, enlouqueceu!". Aquilo foi foda! Eu entendia que estava acontecendo um pingue-pongue diferente daquele dos anos 1980, que era o oposto. Até os discos de gente muito boa dos anos 1980 são ruins.

Ainda estavam descobrindo os sintetizadores. É, era tudo muito igual, sem dinâmica, uma maçaroca meio eletrônica, a voz muito alta. Você baixa o volume, e só tem voz, era a anti-relação acústica da voz com os instrumentos. Eis que aparece aquele disco. Eu o ouvi muitas vezes, achava especialmente lindo. Daí, a Zizi veio com *Sobre todas as coisas*. Não sei como foi fora de São Paulo, mas aqui, também por conta da Eldorado, foi um negócio muito legal para ela. A Zizi saiu de uma estrutura maior, o release do trabalho era menos de música e mais de postura, uma cantora que estava deixando o *mainstream* para fazer som acústico.

O som que ela queria fazer. O som que ela queria fazer. Isso virou notícia. "Então há outro jeito de ser cantora!" Fui ver o show no Sesc Pompeia e, quando estive naquele palco e disse que aquele lugar é especial, eu estava me referindo muito a esse show. Porque eu fui sem saber bem o que ia fazer da vida e, quando cheguei, lá estavam o Lui Coimbra, o Benjamim Taubkin, o Jether Garrotti, o Marcos Suzano, acho que o Guello e ela. Foi emocionante: as pessoas urravam, e, quando ela cantava "O que é, o que é", do Gonzaguinha, as lágrimas saíam. Ao mesmo tempo, havia violoncelo, piano, clarinete, aquela puta percussão linda... A relação do canto com essas coisas era outra, diferente do que vinha acontecendo. Estava começando ali o desenvolvimento do canto. Para mim, não tem mais sentido aquele jeito antigo, com o cantor que é acompanhado pelos músicos. Isso vem do crooner – era uma orquestra e um crooner, a herança do canto do rádio, uma herança que não faz mais sentido. À medida que as formações foram diminuindo, ganhou-se a possibilidade da conversa, do diálogo – microdiálogo; claro: voz, piano, clarinete. Existe muito espaço: um mostra uma ideia, o outro escuta e responde, o primeiro também escuta. Já com o arranjo escrito do maestro, todo mundo tocando em orquestra, o cantor berra para um microfone, que tem que pegar aquele negócio; não há espaço para o micro, para essa texturazinha; só há lugar para o sonzão. O bom desenvolvimento do canto popular brasileiro é esse, um desenvolvimento natural, a música feita da conversa entre a voz e os instrumentos. É muito chato cantar sem escutar, cantar sem brincar.

Sobre aquele show no Sesc Pompeia, o André Mehmari contou que é muito divertido fazer o som com você, porque às vezes ele vai numa onda no piano e pensa: "Vou pegar a Mônica", mas aí você olha para ele como quem diz: "Não pegou, não! Eu saquei e, agora, vou por aqui". Com o André, é gozado porque são níveis diferentes. Quer dizer, cada encontro, com cada pessoa, dá um papo diferente. Quando a gente compara o instrumento, isso fica mais visível.

O André Mehmari é um pianista superjovem e virtuoso. Há o Benja também. O Benjamim é matador. Mas isso acontece em todos os duos: estou fazendo voz e acordeom com o Toninho Ferragutti e é uma delícia. Cada pessoa tem um jeito de funcionar. O Benjamim começa escutando – a primeira coisa que ele faz é escutar. É incrível, inexplicável: cantar juntos é um conforto generoso. Não é só cantar, é tocar também. O Benjamim é muito aberto para o som, ele completa... O André é um monte de ideias musicais, uma coordenação que responde a esse monte de ideias... O Toninho Ferragutti é de outra escola, e o Bellinati, de outra... Cada uma dessas parcerias traz um assunto. São formações que me dão cultura musical.

Eu estava ouvindo o show que a gente fez em prol da Associação Carpe Diem – quatro cantoras e a Orquestra Popular de Câmara. Houve momentos em que você, Jussara Silveira, Ná Ozzetti e Zélia Duncan cantavam juntas, e outros em que você, com a orquestra, acompanhava as meninas. Era como se você as recebesse ali, no palco. Eu me senti um pouco assim porque sou da orquestra. E porque sou assim, fazedeira. Sou aquela que, na escola, forma grupo e acaba fazendo tudo sozinha.

Essa conversa com os instrumentistas também se dá com outras cantoras, com outras vozes? É algo intuitivo ou você estudou teoria musical? Estudei, mas a verdade é que sou péssima. Sei um pouco de teoria, até consigo ler uma partitura, mas preciso de tempo. Tenho memória auditiva muito boa, então eu roubo... Mas, sim, fiz faculdade de música. Depois que gravei *Trampolim*, entrei na Santa Marcelina. Antes eu tinha feito o curso de rádio e TV na Faap, mas foram só dois anos, porque precisei parar quando comecei a gravar o disco do Gudin – eu estudava de manhã, o disco era gravado de madrugada, não dava certo. Aí, fui para a Santa Marcelina e fiz o curso até o final. É curioso porque, na faculdade, não se fala muito sobre, por exemplo, a relação do cantor com a música. Fala-se sobre a história da música, harmonia e estrutura, nome de notas, solfejo etc. Mas não me lembro de nenhuma discussão sobre aquela relação. ▬

Quem a vê no palco sabe que, além da voz, o instrumento é a frigideira... Lembra-se daquele cara: "Mas, vem cá, você só toca frigideira ou toca outra coisa?" Tive aulas de violão, uso o instrumento para tirar música, para fazer um negócio que venho fazendo desde *Trampolim* – são só três discos, o *Trampolim*, o *Voadeira* e o *Iaiá* –, é um troço bacana que me ajuda na hora de fazer o disco. Escolhi um grupo de músicas e fiz o teste da nudez: gravei no meu MD a mim mesma tocando aquela música que escolhi, no meu tom. Cantando bem, tocando mal, para ver como aquela música se comporta fora daquele arranjo e fora daquela voz. Mestra Virgínia cantando o seu coquinho. Eu cantei, gravei e fiz um disco "imostrável", só para tirar da cabeça o som da Mestra Virgínia. Ou o do Chico Buarque ou da Vanessa da Mata. Faço isso para saber se ainda gosto da roupagem com que a música me chegou ou se preciso tirá-la. Nessa hora, uso o violão, que é o que eu conheço. Tenho boa capacidade de tirar músicas no violão, às vezes músicas difíceis, mas sou incapaz de somar conhecimentos dos instrumentos. Eu tirava a música de Dori Caymmi, um monte de acordes absurdos; tocava aquela música até cansar, até ir substituindo por outra música que eu estava tirando; e aquele acorde anterior eu nem sei mais o que é. Nunca mais vou fazê-lo, não virei dona dele; não é um conhecimento, é um pequeno aprendizado passageiro. A percussão surgiu como jeito de usar as mãos, porque é chato não ter o que fazer com elas. ▬

Mas, como diz o seu avô, "Abra os braços para a plateia". Fica feio, eu não tenho vontade. Não lembro bem como comecei com a percussão. ▬

Não foi com a caixinha de fósforos? Não, foi com o pandeiro de "Ilu-ayê". Um dia, eu, o Caito Marcondes, o Rodolfo Stroeter e o Benjamim estávamos no Supremo [casa de shows em São Paulo] passando o som de um show do *Trampolim*. Fui passar a voz e peguei emprestado o pandeiro do Caito. Dei um tapa, fiquei batucando um partido alto e cantei em cima "Ilu-ayê". Aí, o Benjamim disse: "Isso é muito legal, continue!". Fiz e achei gostoso, embora não tocasse bem, porque priorizava a voz. Eu e o Sérgio Reze fizemos juntos um show do Dorival Caymmi, e, certo dia, ele me deu uma frigideira de presente. Na casa dele, há uma parede com uns preguinhos e umas frigideiras afinadas. O Sérgio é o nosso Professor Pardal. Ele me deu a vassourinha e a frigideirona. Fui ao mercado em

Belo Horizonte e achei uma frigideirinha filhote. É muito bom tocar percussão – delicioso.

É uma diversão? É. Eu não sei tocar, mas faço porque funciona.

Agora quero falar das letras. Você não só sabe o que está cantando, como também se diverte muito com a história da "Cidade lagoa" e chama atenção para essa letra porque ela tem uma cantada genial. Como é a escolha do seu repertório? Escuto coisas, e, de repente, uma música dá um pulinho, ela se levanta, me chama a atenção por alguma coisa, às vezes por emoção, como quando você lê um livro. Falo de livro, embora não seja meu objeto de trabalho, mas acontece isso e, se funciona com livro, funciona com música: você lê uma coisa e aquilo bate direto. "Putz, eu já senti isso, que louco!" Há música que chama atenção pela estrutura também. O Zé Miguel Wisnik e o Luiz Tatit, por exemplo, fizeram o "Baião de quatro toques", pelo qual estou apaixonada. No meu duo com o Toninho, há essa música. O "Baião" tem esta graça: a melodia brinca com o toque de Beethoven, e a gente vai cantando. Fico contente por eles terem feito a música, quero mostrar, é uma felicidade. Nunca tive vontade de compor, porque fico tão feliz quando descubro uma coisa que outra pessoa fez e acho aquilo uma graça! É pleno, é como você compor uma coisa de que gostou.

Uma coisa mais pessoal, íntima, que não vai para o palco? É como dizer: "Não fui abandonada, não estou na fossa". Essa não é muito a minha. É pela música mesmo, que universaliza as questões pessoais. A arte faz isso. Ela diz: "Ei, você aí, da terceira fileira, da 3M, você está sentindo um troço?". O Dorival fala sobre esse troço, e, na hora em que a gente canta, a 3M e o Dorival se encontram. Isso é lindo.

A música que você está cantando agora, em 2005, o Dorival fez na década de 1940. É sensacional, espetacular! O cantor pode fazer isso – unir, mostrar. Nessa hora, ele é um livro, o que é demais, bonito pra caramba. Você traz isso ao vivo ou, quando a pessoa escuta, lhe mostra: "Olha, esse seu problema, essa sua dor, essa sua saudade, essa sua alegria, essa piada de que você riria, já foram cantados por esse cara, que estava rindo, ou chorando, ou suspirando, em 1935!". Na hora de cantar, não tenho medo, não tenho vergonha, não tenho nada, porque estou apaixonada por aquela música. Quando ela acaba, vem um vazio insuportável: ali, não há função para mim.

Como assim? Quando não há a música, está todo mundo só me olhando, não há função naquela aparição. Eu já vi pessoas falarem disso, dos terríveis momentos de silêncio entre uma música e a outra. É terrível mesmo, porque não está acontecendo nada de útil até que comece outra música, quando você se tornará útil de novo. Você está ali só por causa da música.

> **NA HORA DE CANTAR, NÃO TENHO MEDO, NÃO TENHO VERGONHA, NÃO TENHO NADA**

No seu repertório, há uma brejeirice! Por exemplo, a "Cabrochinha", uma música bárbara que mistura samba com francês. A primeira vez que ouvi falar do seu trabalho, ainda sem tê-la ouvido, disseram: "A Mônica é muito triste, não dá para tocar no rádio". Ainda dizem isso. Agora talvez menos, e não sei se sempre foi assim. Para mim, ainda é um pouco engraçado quando alguém me mostra uma música, "Compus uma música que é a sua cara", e é em geral uma canção triste, lenta.

Eu nunca vi isso. Nem o seu primeiro disco tem essa coisa tão acentuada. É verdade, não tem. Mas o Benjamim, que está envolvido com o meu trabalho desde o *Trampolim*, me disse uma vez: "É engraçado, a gente dá muita risada, você gosta de falar bobagem, eu gosto de contar piada, nós, músicos, somos assim". E somos mesmo. Se tem um lugar bom de piada, é um grupo de músicos – os caras adoram, é uma atrás da outra. O Toninho Ferragutti telefona para contar piada, você já viu isso? Ele liga: "Sabe aquela do…?". Quando acaba a piada, eu digo: "Mas e aí, o que é que você ia falar?". "Nada, não, eu só ia contar aquela piada, que é nova. Você conhecia? Eu precisava dividir, é muito boa, muito boa mesmo." E desliga. Mas, quando a gente está no palco, isso não aparece. Hoje, eu me sinto mais à vontade no palco até para falar besteira, para errar – já errei muitas vezes, vou errar muitas mais. A gente relaxa quando percebe que errou e que, apesar disso, não aconteceu nada de grave.

Que dá para seguir assim mesmo. Que dá para errar. Já falei besteira. Uma vez, eu fui me referir ao Saci, do Monteiro Lobato, e acabei dizendo Mauricio de Sousa. Outra vez, no meio da "Valsinha", sumiu a letra, evaporou, deu um branco daqueles sem solução: "Pessoal, acabou, esqueci, não dá para continuar". Depois, a letra apareceu de novo, as pessoas riram, e correu tudo bem. Você vai se acostumando, hoje tenho menos medo do público do que quando comecei a cantar. No começo, nos shows do *Trampolim*, usava um vestido longo, umas coisas que fazem o estereótipo da cantora, um jeito de estar, uma coisa mais dura, que é próprio da pessoa insegura. Isso cria uma fôrma: "Não vou contar piada se estiver insegura. Tem coisa mais triste que piada vinda de pessoa insegura? É muito triste. Não vai ser bom, não vai rolar".

Não tem graça. Então, talvez esse negócio de algumas pessoas me mostrarem música triste para cantar venha um pouco daquela imagem. Não sei, juro que não vejo isso, eu sou eu o tempo todo, e não sou uma pessoa triste, carregada. Sou dramática às vezes, barulhenta, mas não melancólica.

O barulhento é do lado italiano? Um pouco. Não sei, talvez tenha vindo daquela postura do começo. O meu jeito de cantar no palco era uma coisa de quem estava insegura, tentando estabelecer uma solenidade. Hoje, até no jeito de me vestir, de me comportar, não me sinto mais assim. Entro no palco nervosa, como sempre, como todo mundo, mas eu me acho rapidinho. Às vezes, preciso diminuir a luz para enxergar as pessoas, e aí vejo três ou quatro, e isso me acalma um pouco, dá até para contar piada. Estou tentando, imagino que tenha a ver com isso.

No show do *Iaiá*, você passeia por momentos diferentes. Canta a "Ave Maria", só você e o Benjamim. É solenidade pura.
Dalva de Oliveira, aquela letra, aquela melodia... Eu chorei, emocionada. Uma senhora ao meu lado soluçou. Ô dó!
Mas, no mesmo show, você canta "Cidade lagoa" e "Cabrochinha" e faz uma brincadeira qualquer. Quer dizer, o show passa por vários momentos. Essa ideia de som triste pode vir de quem ainda não a viu no palco, ou de quem só a viu no começo. Pode ser, porque é muito diferente. Para mim, hoje, o repertório do *Iaiá* – o show, não o disco – tem o *Trampolim* e o *Voadeira* juntos. Isso não são diferenças, é só dinâmica. Há uma solenidade na "Ave Maria". Tem uma graça na "Americanizada". Tem uma coisa meio política, mas não político-bandeirosa, com "Cara de índio". Cada coisa em seu planetinha, mas todas se encontrando no planeta "Músicas Que Amo e Gosto de Cantar", ponto final. Tanto faz se faz chorar ou se faz rir – o sentido é o mesmo, "Eu gosto de cantar, trouxe aqui para mostrar para vocês. Ó, tem essa aqui, tem essa outra, tem aquela". É esse o sentido. Nos shows do *Trampolim*, não era assim. Eu estava nervosa, e era melhor ser solene e impor respeito do que tentar fazer rir. Não sou comediante, sou uma pessoa que gosta de piada. Quando estou relaxada, no meio de amigos, eu faço piada. Mas, naquela situação, não era assim. Hoje, quando olho para a frente e vejo o Benjamim, pô, é o meu amigo Benjamim. Sete anos atrás, era: "Meu Deus, o Benjamim está logo ali tocando comigo!". Eu cantava pensando: "Tenho uma responsabilidade gigante. Sou uma iniciante, com muitas limitações, que caiu num lugar que eu bem sei qual o tamanho". Não o tamanho da fama, é o da responsabilidade: "Aqui está fulano, que toca há trinta anos... O outro toca há 25... O outro tocou naquele disco... E euzinha aqui, começando!...". Essa diferença era um pouco pesada, eu me sentia no dever de fazer o triplo para justificar a sorte que tinha por estar ali. Sempre foi assim. Até a Orquestra Popular de Câmara eu nunca entendi como um lugar meu: sempre achei que havia tirado a sorte grande e que agora tinha uma responsabilidade monstruosa de não fazer feio. Isso é realmente pesado. Houve um dia, me lembro superbem, em que saí do Supremo com alívio: "Nossa, que engraçado! Nem sei que tamanho tem este lugar, mas ele é o meu lugar". Como se eu tivesse o nome na cadeira. Essas pessoas são minhas amigas, este jeito aqui é o meu, eu não estou com medo, não tenho mais a dívida, tenho uma profissão, eu vivo dela. Trabalhei muitas vezes com pessoas que reclamavam que eu não era da turma, e eu pensava: "Será que sou uma estranha?". Quando fui para a Orquestra, senti que era daquela turma. São doze pessoas diferentes, mas eu sou da turma, do Núcleo Contemporâneo, da Pau Brasil, da Orquestra Popular de Câmara, essa é a minha turma. Sem panelismo, eu me sinto bem aqui, e nunca mais pensei que estivesse devendo nada para ninguém. Simplesmente faço o que estou a fim de fazer e ponto. Gostosa sensação. A partir desse momento, há um ano e meio ou dois, comecei a sentir que cantar era uma situação mais leve. Pode ser que, de tudo que falei, isso seja o mais provável.

O repertório dos três discos é muito semelhante. Mas o *Trampolim* não tem leveza, pelo menos não na maneira de cantar. Tem o "Saci", tem a "Permuta dos santos", que canto no *Trampolim*, mas a música do Chico está nervosa, hoje eu nunca a cantaria daquele jeito. O que agora sinto por ela é exatamente igual ao que sentia antes, mas, na hora de gravar, a voz saiu forte, quase gritada, parecendo que eu estava preocupada: "Nossa, Toninho Ferragutti está bem aqui na minha frente! Meu Deus do Céu, estou gravando um disco!".

Seu timbre é muito particular, a gente ouve e parece cheio de ar. Não sei traduzir isso tecnicamente, mas é um timbre completamente diferente. A voz tem várias possibilidades. A voz de uma pessoa não é uma só, ainda mais com o microfone – ela pode cantar baixinho que ele vai amplificar. Dá para escolher uma possibilidade estética. Não é coisa tão racional assim, mas existe: a voz pode ser modificada. O João Gilberto começou cantando como o Orlando Silva...

Depois de ter cantado como o Mário Reis... É, como o Mário Reis. Veio cantando como o Orlando Silva e virou uma escola de canto, que era o João Gilberto e que não tem nada a ver com o Orlando Silva. É uma única pessoa, com a mesma garganta e as mesmas pregas vocais, mas fazendo uma opção estética praticamente oposta. Isso existe, não dá para afirmar: "Eu não posso fazer nada, a minha voz é assim, parece com a de fulano de tal, não tem nada que eu possa fazer sobre isso. O que posso fazer? Eu abro a boca e sai fulano de tal!". Isso é espiritismo, é outra coisa, não existe. A voz não é só o som, é um monte de outras coisas: é o som, é a articulação que a pessoa produz, é a dinâmica que ela cria, tem variantes que fazem virar um som. Se eu tivesse ouvido muito a Nana Caymmi, por exemplo, talvez tivesse ficado parecida com ela. Tecnicamente, nós duas temos possibilidades vocais semelhantes: ambas as vozes pesadas, parecem mais graves do que de fato são. Se formos olhar no piano, a nota em si não será tão grave, mas o som da voz será gordo, escuro, e por isso a voz parecerá mais grave. Ouvi muito mais instrumentistas que cantores, e isso talvez tenha ajudado. É muito estranho cantores que, no período de formação, não escutam outros cantores, mas acontece.

Pode-se escutar com o ouvido crítico? Pode ser... Deve ser... Não sei – a minha voz também mudou muito desde que comecei a cantar, desde que gravei a minha primeira fita demo. A voz vinha mais nervosa e, por isso, vinha com mais pressão, com menos ar do que quando você me escutou pela primeira vez. Era ar mesmo: vinha com menos ar, era um pouco mais metálica. Fui escutando e fazendo opções.

Foi se escutando? Eu gosto de cantar, sempre gostei, desde criança. Sempre achei prazeroso abrir a boca, fazer sair um som. Esse som diz coisas, é um milagre, algo muito bacana. Eu gosto de me ouvir cantar – ouço bastante, ouço curiosa, procurando saber, tentando não ser eu. É impossível: eu queria muito saber como é que é me ouvir sem ser eu, mas não dá. Eu me ouço bastante, e com prazer. Passados oito anos, escuto a "Permuta dos santos" e acho ruim, cru. Espero que, daqui a oito

EU QUERIA MUITO SABER COMO É QUE É ME OUVIR SEM SER EU, MAS NÃO DÁ anos, eu ouça o *Iaiá* e o ache cru. Espero continuar andando para algum lugar. Imagino que, quando essas cantoras que se parecem demais com outras escutam a si mesmas, o que ouvem é aquela referência, e não a elas próprias – a referência toma conta. É quase um resumo: "Cantar é cantar como a Elis Regina. Então, quando eu canto..." Puxa, isso aconteceu muito! A Elis é uma escola de canto...

Sempre que aparecia uma cantora, era a nova Elis Regina. Ficaram décadas esperando por isso. A coisa mais impressionante da Elis não era o timbre da voz, não era o fato de ela cantar "Tatuagem" e chorar no palco, não era o braço do "Arrastão". A coisa mais impressionante era a musicalidade, essa coisa de que falávamos. Ela escutava o som e se comportava com base no som, com o som. O canto de Elis era influenciado o tempo todo pelo som, e os músicos eram bons. Isso dava um puta som, é óbvio. Foi uma grande cantora mesmo. Quando a pessoa faz e escuta aquilo que a Elis fez, automaticamente escuta a ideia de cantar, e não o som que ela faz.

Você depois ouviu Nana Caymmi, mas já ouvia muito Elis. O que mais você ouviu para sua formação? Da música brasileira, o que havia em casa. Alguns discos do Chico Buarque, um compositor cuja forma de cantar eu adoro, mas que não tem a carga de intérprete, não é escola de voz, embora tenha cantado tanto e explique as músicas muito bem – ao cantar, ele explica a letra, explica a melodia, então seria uma escola até boa. Do Milton Nascimento tínhamos alguma coisa, dois ou três discos, bons pra burro; esse, sim, um cantorzaço, cheio de possibilidades vocais, mas era uma voz masculina e mais distante. Da Elis havia pouca coisa: numa caixa de discos dos meus pais, *Aquarela do Brasil* e aquele da cadeira de balanço, que tem "Cartomante" e eu ouvi bastante. Havia um disco do Dorival Caymmi, o fundamental, de capa cor-de-rosa, em que a Nana canta "Acalanto" junto com ele; a voz do Dorival Caymmi é tão distante, tão de outro tempo, de outra estética, que não interferiria num possível modo de cantar. Havia Simon & Garfunkel, The Mamas & the Papas e *Sgt. Pepper's*, dos Beatles, que ouvi muito. Esses discos que havia em casa eu ouvi ininterruptamente. Depois, quando comecei a comprar, eram os malditos anos 1980, aquele mau gosto característico. Primeiro, foram discos de cantoras americanas, não de jazz, mas de gospel. Como não sabia o que levar, comprava trilha de filme sobre racismo, em que sempre aparecia categoricamente, num grande momento, uma voz cantando gospel, fodida e inesquecível. Então, *Mississippi em chamas*, *A cor púrpura*, todas essas trilhas, eu comprava em vinil. Eu tinha interesse por aquelas vozes, um interesse estético – acho lindo o lamento dessa voz e as possibilidades ornamentais que existem no canto americano. Mas não uso quase nada disso, pois nunca achei bonita a mistura – não acho bonito cantar música brasileira com estética americana, é feio. A música brasileira tem uma relação com letra, a clareza da letra é fundamental, e o canto americano é muito ornamentado nas melodias, tem muita nota, é muito elástico: voz sobe, voz desce, tem muitos números, como no fado. Na música brasileira, eu sinto que isso dispersa o som, o que está sendo dito. Pode ser preconceito – ou pós-conceito – meu, mas não acho bonito. Tenho duas paixões: o Bob McFerrin e a Maria João. A Maria João é uma cantora portuguesa, e o Bob McFerrin, um vocalista, compositor e maestro americano de jazz. São os únicos cantores de quem tenho praticamente tudo e ouço tudo, eu os acho geniais. O McFerrin é homem – minha voz nunca vai chegar à dele – e é de uma cultura, de um canto americano, que não é coisa minha, mas ele me influencia; bebo da voz dele, mas não viro o McFerrin. A Maria João é uma cantora com registro muito diferente do meu; quando passei a escutá-la, eu já estava no *Voadeira*. Não tenho mais medo dessa possibilidade de virar alguém – na verdade, ninguém deve ter. O problema não é ouvir uma pessoa e se transformar nela. O problema é ouvir uma pessoa e não se escutar quando canta, não reconhecer que aquilo ali é outra coisa. Outro dia, fiz uma nota, um som, e pus a voz num lugar em que naquela nota parecia o registro da Björk. Bom, você tinha que ouvir – demos risada...

Se você não reconhece a referência, corre o risco de perder a originalidade, a personalidade. É, mas não acho que a originalidade tem que ser procurada assim. Nem é originalidade. A personalidade acontece sozinha se não há ninguém atrapalhando, só não pode haver bloqueio. Esse negócio da admiração por uma pessoa única pode virar bloqueio.

Você já me falou bastante da Teresa Cristina, do Rio, que é uma jovem cantora e compositora de samba. Você canta as coisas da Clementina e faz a sua percussão. Entre os gêneros do Brasil, o samba é o que a atrai particularmente? Passou a ser. Na verdade, eu não sabia muito, mas o samba é um mundo imenso, particular. Na música brasileira, ele é um mundo infinito. Tem gente ali, como a Cristina Buarque, que começou, se interessou por isso e criou uma carreira de tantos anos. Ela está lá dentro e continua descobrindo coisas, é surreal. A pessoa ouve o dia inteiro, procura, fala com outra, conhece quem conhece, convive com quem faz e, mesmo assim, continua descobrindo coisas. Esse universo é novo para mim, mas é apaixonante. Não pretendo virar sambista, cantora de samba. Cantar samba é bem mais que isso. É uma cultura.

É quase como cantar gospel? Gospel ou qualquer coisa regional. Quando fizemos o projeto *Ponto em comum*, o seu Jair estava recém-operado, e ficamos com muito medo de trazer aquele senhor de 80 anos. Fomos ao Rio para ensaiar e visitar o seu Jair na casa dele. Pegamos lá o ônibus, o frescão, e fomos para um lugar longe da Zona Sul. Quando cheguei lá, entendi quanto o samba é um planeta. É tudo – é o jeito como o lugar funciona, as pessoas na rua, a criançada brincando, a maneira como as pessoas se comportam umas com as outras, o compadre de um que é compadre do outro. É uma cultura muito diferente da minha, de São Paulo – sou superpaulistana, moro no Itaim-Bibi. No samba, tem resistência política e tem diversão. Tem a piada, de um jeito muito ácido e, ao mesmo tempo, muito inteligente. Tem ainda a história da malandragem de que a gente fala, mas que quase não existe mais. O jeito de ser malandro, que é ser esperto com poesia...

É coisa do tipo dar carona na canoa do papai... Exatamente, é uma esperteza engraçada, bem-humorada, uma tirada. Tem um jeito muito bonito de lidar com a tristeza, quase religioso, muito católico: "Tá tudo errado, mas eu tenho esperança num futuro". O samba tem um olhar cultural do Brasil. Sou muito agradecida à Teresa Cristina e à Cristina Buarque por terem me aberto as portas para uns sambas que eu não conhecia, nem desconfiava. Elas são de gerações diferentes, a Teresa aprendeu muito e continua aprendendo com a Cristina. Mas eu me aproximei das duas meio que no mesmo momento, e elas foram extremamente generosas comigo.

A Teresa fica ali muito quietinha, concentrada talvez... Ela é quietinha de verdade, e a gente se parece. Se ela adora determinada música, parece que está rezando quando a canta, dividindo-a com as pessoas. Eu me vejo assim, e por isso logo ficamos amigas, tricotando. Fui cantar com ela e percebi algumas coisas. O próprio jeito de cantar, por exemplo. Quando eu ia cantar a minha parte, parecia que eu estava empurrando a música, como se entendesse que, pelo fato de o samba ser rítmico, é preciso empurrar a música cantando. Estou falando do comportamento vocal. Eu me interessei profundamente por isso e comecei a ouvir mais. Mas repito que não quero virar sambista, nem tenho essa pretensão.

É mais um universo para ouvir e descobrir. Um universo que se abriu. Há dois anos ganhei lá do Sesc Ipiranga um projeto de presente, que foi o *Ponto em comum*. Eu e o produtor Homero Ferreira inventamos oito encontros diferentes e aproveitamos para fazer coisas de que estávamos a fim, mas que não tínhamos muita oportunidade nem estrutura para fazer. Eu trouxe o pessoal do Rio, e fizemos uma noite de samba – aprendi sessenta sambas para fazer aqueles dois shows. A Cristina e a Teresa os mandaram para mim. Sessenta sambas é muita coisa, e não são quaisquer sessenta: são da triagem que a Cristina faz há não sei quantos anos. Depois, houve a noite do choro. Cantei uma canção da Luciana Rabello, uma do Pedro Amorim, uma do Mauricio Carrilho, e vocalizei coisa do Proveta. Eles trouxeram várias canções para eu aprender. Nisto, eu descobri aquela coleção de discos que o Maurício fez com a Petrobras, a história do choro. Você vai ouvir aquilo e quase morre de tão bonito que é. Depois, houve uma noite só com música caipira, e foi a mesma coisa. O que aconteceu com o samba poderia ter acontecido, e talvez aconteça, com a música caipira. O Paulo Freire chegou aqui na minha sala, abriu a malinha – que parecia aquelas de médico, que abrem do lado – e começou a tirar LP, fita cassete, CD...

Isso é a cara dele: violeiro, pesquisador, contador de histórias... Trouxe coisas que eu nunca tinha ouvido: duplas caipiras, modas de viola e outros estilos na música caipira que não são nem uma coisa nem a outra. Coisa engraçada: é muito parecido com o samba, um universo simbólico muito semelhante. É um embrião cultural do mesmo Brasil, mas se desenvolveu e deu uma árvore diferente em cada lugar. Enfim, é isto: uma hora, você encontra uma pessoa que entende daquilo e que está a fim de lhe mostrar. É uma coisa que não para de ser boa.

NÁROZENÍ

AOS OLHOS AZUIS DE NÁ OZZETTI MISTURA-SE O VERDE DA PAISAGEM.

Sua voz calma e pausada, referência para as melhores cantoras de nosso tempo, conta uma história de coerência. De formação clássica, ela compreende e usa o corpo como instrumento. O gestual, resultado de muitos anos de dança, pode ser percebido nessa conversa à sombra das árvores ou nas apresentações de palco. Ná é apelido de criança. Tom Zé foi genial ao perceber que o nome pequeno e forte, como um haicai, traduz perfeitamente o jeito zen dessa brasileira de sangue italiano que sabe remar uma canoa caiçara. Elegância e delicadeza são alguns dos adjetivos da cantora, que despontou nos anos 1980 como a voz feminina do grupo Rumo. Em carreira solo, manteve o canto falado do mestre Luiz Tatit e o envolvimento com a canção popular. Ao lado do irmão, o arranjador e compositor Dante Ozzetti, desenvolveu sonoridade própria e repertório coerente. Toca piano desde criança. Sempre participou da concepção dos arranjos. Hoje é uma compositora com parceiros exigentes, como Itamar Assumpção, por exemplo. Já tem seu próprio selo, o Ná Records, e constrói seu caminho com muita tranquilidade. Musa da música, é inspiração para gerações de cantoras, e sua voz é objeto de desejo de jovens compositores. Ná Ozzetti é cigarra e formiga ao mesmo tempo. Isso é sabedoria. Tom Zé tem toda a razão. Entrevista realizada em março de 2001.

A gente vai conversar sobre música, sobre composição, sobre cantar, sobre ser artista – enfim, sobre o trabalho que você está fazendo hoje e sobre como começou. Você vem de uma família em que quase todo mundo trabalha com música, e, de tudo o que você vem fazendo hoje, o que está fazendo há mais tempo é cantar... É verdade.
Quando foi que você descobriu que sua vida também seria dedicada à música? Como carreira, acho que pintou lá pelos 15 anos.
Adolescente ainda. É, adolescente. Agora, a relação com a música é... Nossa, bem anterior!... Eu canto desde criança. Tinha fascínio por cantoras...
Quais cantoras? Ah!... A primeira cantora que me fascinou foi a Rita Pavone...
Olha, que legal! *(Risos.)* Eu imitava a Rita Pavone, eu era pequenininha...
"Datemi un martello", essas coisas? É. Cantava, tinha roupa igual e tudo... Nessa mesma época, surgiram os Beatles. Era pequena ainda para comprar discos, mas tinha um primo adolescente que gostava da Rita Pavone e dos Beatles. Eu ficava completamente fascinada por aquele som.
Pelo som ou pela atitude? Os Beatles eram comportados, mas também eram uma banda de rock'n'roll... Eu não tinha ainda a atitude. Nem sabia o que era isso. Era pelo som mesmo. No caso da Rita Pavone, era mais pela faceirice, pela voz dela.
Ela parecia uma menina cantando. É, e eu me identificava com aquilo. Acho que é normal – crianças têm dessas coisas. Eu aprendia muito rápido as músicas.
Ouvido bom desde cedo... Lá em casa, sempre se ouviu muita música. Tanto meu pai quanto minha mãe sempre gostaram muito. O pai da minha mãe também. Depois do almoço de domingo, meu tio tocava acordeão, e todo mundo dançava. O meu avô percebeu que eu decorava logo as músicas, então me estimulava a cantar. Mas não havia essa coisa de a família achar que eu seria cantora. Só mais tarde comecei a estudar música.
Você tinha algum instrumento? Quando criança, estudei piano. Depois, parei. Na escola, uma professora de música começou a estimular os alunos a comporem. Ela fazia uma espécie de minifestival, uma imitação dos festivais daquela época, e era superlegal. A gente usava o Tuca, e aquilo lotava de crianças, de amigos. Isso acontecia basicamente na turma do meu irmão Dante, que é dois anos mais velho que eu. Minha turma era muito jovem ainda. Mas foi aí que decidi: "É isto que quero fazer da vida. Quero ser cantora, subir ao palco". A turma do meu irmão ensaiava lá em casa, mas, como eu era muito pequena, nunca me chamavam para participar, ficava só naquele desejo. Quando fiz 15 anos, meu irmão começou a participar de festivais interescolares, e passei a fazer *backing* para eles. Para mim, aquilo já era a glória, e foi ali que eu decidi mesmo, não tive mais dúvida.
Como era estar no palco? Era o máximo! Ficar no palco, olhar para as pessoas, cantar, ensaiar – tudo era demais.

E depois? Comecei a estudar música mais seriamente. Fui me aprimorar, fazer curso de música e canto. Na época, uma professora me disse que eu era muito nova para estudar canto. Então, só voltei a ter aulas de canto quando já havia completado 20 anos. Eu queria fazer faculdade de música, mas o curso da USP era erudito. Então pensei: "Puxa, a minha ligação é popular, eu não sei se estou a fim de entrar num curso de música erudita". Prestei vestibular para vários cursos, entre eles cinema, mas acabei indo fazer artes plásticas na Faap, também em São Paulo. Adorei! Eu era a maior CDF.

Ser CDF em artes plásticas é legal... Mas foi a primeira vez! Claro que depois, com a música, mudou tudo, com a música eu sou assim. Antes, eu detestava escola e sempre passava raspando. Na faculdade, descobri o prazer de ir à aula. Esse gosto pelas artes plásticas foi muito importante para o processo de aprendizagem de música. Digo isso porque foi muito bom tudo que veio depois com a música, esse convívio com as artes plásticas e o processo de criação, sabe? Às vezes, preciso soltar um pouco a mente... para a música, para a linguagem musical, para outros elementos que também possam me enriquecer.

Você está falando em termos de composição ou de interpretação? De elaboração, de concepção do trabalho. Se assisto a um bom filme ou espetáculo, tento trazer um pouco daquilo para o meu trabalho musical. Acho que abri uma lacuna na conversa... Mas, voltando, para mim estava muito claro que o caminho ia ser musical, que as artes plásticas eram parte de um processo. Porque eu convivia com os meus amigos da faculdade, e eles eram muito bons naquilo, eram bons desenhistas, tinham histórico nas artes plásticas, e eu não tinha nada. Na verdade, eu estava ali de gaiata. Claro que estava adorando aquela história, mas... Sentia que a minha história, minha vivência mesmo, era música, sem dúvida. Eu falei: "Puxa, é muito mais rápido, muito mais fácil para mim lidar com música do que com artes plásticas. Eu vou ter que malhar muito para fazer algo significativo".

> SENTIA QUE A MINHA HISTÓRIA, MINHA VIVÊNCIA MESMO, ERA MÚSICA, SEM DÚVIDA

Nessa época, sua carreira musical estava em que ponto? Eu era amadora ainda. Uma das artistas plásticas que estudavam comigo, a Edith Derdic, namorava o Paulo Tatit, que era do Rumo. E, na faculdade, nos trabalhos em grupo, eu fazia a trilha sonora e cantava. Um dia, fui apresentada ao pessoal do Rumo. Eram só homens na época, e eles queriam uma cantora. Para mim foi tudo novidade, eu não conhecia o Rumo, eles já tinham um trabalho muito interessante, releitura de clássicos e uma nova proposta de composição, que é o trabalho do Luiz Tatit, baseado no canto falado. Eu fiz uma reunião com eles para entender esse trabalho e gostei de estar lidando com experimentalismos. Acho que eu estava bem na fase de botar a mão na massa, ver o que sairia dali... Adorei a proposta e entrei para o grupo. Aí já virei profissional, porque eles já tinham uma temporada agendada de um mês no Teatro do Bexiga, e eu fiz. Já era profissional, e daí para a frente terminei a faculdade, mas fui me especializando em música mesmo.

E largou as artes plásticas? Nunca mais fiz nada em artes plásticas. Acho que a minha relação com aquilo era só de estudante.

Você estava ali basicamente para conhecer a Edith... Pois é, para conhecer o Rumo.

Agora a gente não dissocia mais o Rumo da Ná Ozzetti. Quando você entrou, o grupo estava formado, mas você virou a cantora do Rumo, a voz feminina do grupo. É, acho que entrei também num momento que o Rumo estava começando a se profissionalizar, porque até então eles eram amadores também. Eram um bando de estudantes que só se apresentavam no circuito alternativo, universitário, na faculdade ou na Aliança Francesa. A primeira vez que eles encararam mesmo uma temporada num teatro foi essa. Na sequência, o Arrigo já estava lançando o *Clara Crocodilo*. Aqueles foram os primeiros passos de toda essa moçadinha, de uma época...

Uma época histórica, da chamada vanguarda paulistana... É, o Arrigo estava lançando o *Clara Crocodilo*, havia também o Premê, e estava surgindo o Lira Paulistana. O primeiro show a que assisti do Lira foi a estreia do *Beleléu*, do Itamar Assumpção, de quem nunca tinha ouvido falar. O pessoal do Lira tinha produzido o disco do Itamar, e aí resolvemos fazer um disco do Rumo. Lançamos logo na sequência, de forma independente, que era o lance do momento. E tinha mercado. Na verdade, o mercado que eu digo era o público, que estava muito aberto para música independente, foi um boom mesmo. Acho que nunca mais vai acontecer nada daquele jeito, até mesmo como interesse geral e da própria mídia em apoiar. Acho que, hoje, a música independente está tomando uma forma mais profissional. A gente era amador pra caramba, estava começando. Hoje, a música independente está num outro momento. Naquela época éramos um grupo, um movimento.

Vocês faziam uma música diferente, que não era parte daquilo que se apresentava no mercado na década de 1980, o chamado rock nacional, que era na verdade o que vendia muito. Vocês apareceram como uma alternativa. Não sei se estou lendo corretamente... Sim! É verdade, uma alternativa em duplo sentido. No sentido de estar fazendo alguma coisa diferente, uma continuidade da música brasileira e uma opção de mercado.

Como é para você fazer parte dessa história? Porque esse período da música brasileira, aqui em São Paulo, foi muito importante. Muita gente bebe dessa fonte ainda hoje, como vocês na época bebiam de outras tantas. Olha, tem duas coisas. Uma muito legal é que eu sempre tive muito prazer de pertencer a esse momento. Eu tinha muito orgulho, por exemplo, do Itamar Assumpção – sempre fui muito fã, nunca perdi um show dele, fã de carteirinha mesmo. Do Arrigo também. Na época do *Clara Crocodilo*, eu ia a todos, várias vezes na mesma temporada. Eu adorava aquilo. Vivi muito intensamente aquele momento, além, é claro, de estar trabalhando com o Rumo. Era um trabalho muito intenso, a gente ensaiava praticamente a semana inteira, quase todos os dias, para montar um show ou um disco. Na verdade, o disco era sempre o resultado do melhor dos shows, mas para montar um show a gente trabalhava muito mesmo, dava duro.

A concepção dava trabalho? Dava, dava. Até chegar e conseguir o que se queria, dava trabalho. Hoje, vinte anos depois, continuo tendo orgulho. Das coisas que o Luiz Tatit faz, de continuar esse trabalho com ele, das parcerias com ele e com o Itamar, que é um parceiro muito presente. Até hoje, vira e mexe, a gente está fazendo alguma coisa junto.

E o outro lado qual é? É o lado mais difícil dessa história, porque houve um momento em que todas as atenções ficaram voltadas para aquilo. Eu estava tão entretida na época com a produção, com o musical, que não tinha me dado conta ainda daquilo tudo como um movimento que chamava atenção. Eu convivia mais com a história e com o fazer a história do que com a projeção disso. Engraçado, não sei se apenas eu ou se todo mundo também passou por aquilo, mas a só agora percebo a importância disso. Na época, não achava uma coisa assim tão importante. E, depois que passou, as pessoas daquela geração ficaram meio de escanteio no mercado pesado da música. Acho que ficou difícil.

Ficou uma coisa de malditos, alternativos, não é? E foi muito difícil encarar isso. Quer dizer, quando caí em mim com relação a essa coisa do mercado, a gente já estava tendo dificuldade em conseguir espaço, e isso foi vivenciado por todos nós.

Os grupos foram se desmanchando... A gente não sabia muito como lidar com esse negócio de "somos uma turma, propusemos alguma coisa, por onde vamos continuar?", porque cada um foi para um lado. Foram uns dez anos de muita dificuldade. Acho que agora todo mundo está chegando à maturidade com relação ao próprio trabalho e a tudo que significou aquele momento. Estou numa fase muito mais à vontade.

Você se estranhava? Não! Não é que eu me estranhasse, mas foram vinte anos de procura, de busca, de preocupação em fazer algo que valesse a pena, que não fosse apenas uma continuidade, mas que realmente valesse a pena como linguagem. Não fazer o novo pelo novo, porque o que faço é música, e não mero entretenimento, tem que representar alguma coisa para o cenário da música. Sei lá. Já estou falando do meu caminho individual, de quando comecei a fazer carreira solo, quando não tinha mais o grupo, sabe?

Claro! Retaguarda... Exatamente, retaguarda! Ter que encarar tudo sozinha, num momento em que as atenções já não estavam mais voltadas para mim. A minha preocupação como musicista, como artista, era trabalhar com a estrutura da linguagem, e acho que isso me trouxe uma vivência e acabou me dando maturidade. Não sei qual é o resultado para as pessoas. Por isso, não sei se é relevante, sei lá...

Bom, o que a gente vê é que todo mundo se reporta a Ná Ozzetti como uma referência muito séria dentro da música. Você é uma cantora que as outras têm como referência... Ah, que bacana! Não sabia disso. Uma coisa é a sua visão do que você faz, da sua batalha. Você não sabe se isso é importante ou não, mas é o seu caminho. Depois de vinte anos de trabalho, de mão na massa, é que começo a ficar à vontade com esse caminho. Era sempre uma busca e uma incógnita.
Uma incógnita com relação ao reconhecimento? Não, ao resultado mesmo.
E como medir esse resultado? Está de acordo com o que você quer ou não? Você tem a satisfação pessoal de estar cantando aquilo que escolheu para cantar, da maneira que pensou, tem seu público, seu mercado e essa referência de qualidade para muita gente. Há uma vontade de ser mais "popular"? Ah, sem dúvida, sem dúvida! Essa história de relação direta com o grande mercado sempre foi uma dificuldade. Acho que desde o Rumo. Não que eu não quisesse ou me opusesse, mas, às vezes, tem alguma coisa no caminho que leva o artista a estabelecer essa ponte. Ou alguém que faz parte do jogo e tem essa visão mercadológica e aí faz com que esse movimento ganhe mercado. Quer dizer, isso a gente vê na história...
Claro. O tropicalismo mesmo. O tropicalismo, os Beatles. A própria geração do rock já tinha uma visão de mercado. Há bandas que, por exemplo, começaram com uma linguagem mais fora do mercado e se adaptaram bem. Um exemplo muito claro disso são os Titãs. Eu os conheci bem quando estavam começando, e eles tinham uma linha bem próxima a essa linguagem, sei lá, da vanguarda paulistana. Só que pegaram uma coisa que os aproximou do mercado. Aí, encontraram uma gravadora e pronto. Mas, como banda, sempre tiveram uma posição meio vanguardista e ainda assim fizeram uma ponte com o mercado, e isso é superbacana. É uma prova de que havia mercado também para o que fizéssemos – nós é que não sabíamos lidar com aquilo. Depois que comecei a carreira solo, fui tentando equilibrar isso para não sumir do mapa. Acho que as portas estão mais abertas, sem dúvida. Consegui colocar música no rádio, que, na verdade, era o mais importante. O padrão sonoro do que produzíamos não era o de rádio, e aí tive que cuidar disso também. Pensei: "Vou fazer meu trabalho, mas vou cuidar desse aspecto". Então, chamei o Manny Monteiro para produzir: "Manny, olha, eu quero fazer o meu trabalho, as músicas são estas, os arranjos são estes, a interpretação é esta, mas quero uma sonoridade de rádio". A partir daquele momento, tudo começou a mudar. Há rádios que têm público mais cativo, e elas tocavam bastante "Atração fatal", "Céu", do meu irmão Dante, e "Nós", do Tião Carvalho. Essa última tocou muito mais na voz da Cássia Eller.
Tocou muito mesmo. Eu gravei primeiro, mas a gravação da Cássia fez mais sucesso. "Morro Dois Irmãos", do Chico Buarque, também tocou muito. É claro que não nas rádios mais comerciais, mas, ainda assim, tocou bastante no Brasil inteiro. Tenho um público muito bom em Brasília, Belo Horizonte e partes do

Rio Grande do Sul. Depois, lancei *Love Lee Rita*, um disco bem mais radiofônico, porque aí eu já tinha pegado a manha. Uma das faixas chegou a ser a terceira música mais tocada no Rio.

Qual era? "Modinha". As pessoas ouviam no rádio e cantavam junto. Nos shows, o público já ficava esperando essa música. Cheguei à conclusão de que o rádio nunca vai deixar de ser importante para a música.

Além das músicas do Dante, do Itamar e do Luiz Tatit, você gravou "Rancho Fundo", do Lamartine Babo, e "Sua estupidez", do Roberto Carlos. O que mais você gosta de cantar? Ah, são muitos... nossa, tem muitos compositores que me agradam...

Comecemos pela velha guarda, então. Você cantou músicas de Sinhô e do Noel Rosa ainda no tempo do Rumo. É claro que o gosto pelas releituras é uma influência direta do Rumo, mas eu sempre tive fases, como a fase Tom Jobim, que é uma escola para o intérprete. Cantar bem Tom Jobim faz parte da escola... Ah! e Ary Barroso, Dorival Caymmi, Assis Valente, Nelson Cavaquinho...

Quando criança, sua inspiração para cantar vinha de Rita Pavone. Hoje em dia, existe alguém que a inspire? Quando adolescente, minhas referências eram Elizeth, Elis Regina, Gal Costa e Maria Bethânia. Eu queria cantar como elas. Depois comecei a estudar cantoras de uma fase anterior, como Maysa, Dalva de Oliveira e Carmen Miranda. Durante uma época, eu quis ser igual a Carmen Miranda.

Abrir o sorriso na cara? E entender como ela conseguia fazer aquilo.

Fazer o quê, exatamente? A brejeirice, o suingue. São muitas as cantoras que fizeram parte da minha formação. Elizeth Cardoso e Clara Nunes, por exemplo, estão entre elas. Hoje em dia há outras, como a Zélia Duncan, a Cássia Eller, a Marisa Monte, a própria Zizi Possi. São tantas que certamente estou esquecendo alguém importante. Dentre as que foram minhas colegas, há a Tetê Espíndola, a Virgínia Rosa, a Mônica Salmaso. Ah, tem várias. Quando ouço essas cantoras, é inevitável, elas mexem comigo, sempre penso: "Nossa, que vontade de ir para casa e pegar tal música, que vontade de cantar!". Acontecem essas coisas quando você ouve um grande intérprete, aquilo mexe com a gente, estimula mesmo.

Aquele show no Sesc Pompeia, que foi um tributo ao Itamar, foi uma experiência maravilhosa, não? Para todos nós, imagino. Isso também tem a ver com enxergar a própria história, com olhar para trás e dizer: "Olha, fizemos alguma coisa significativa".

Havia o pessoal de uma geração mais jovem cantando com vocês... Aquilo foi emocionante!

A Zélia e a Cássia cantando juntas foi muito bom. Elas tinham tudo a ver. Para mim, são as grandes intérpretes do Itamar. Ouvir a geração da Anelis Assumpção e da Iara Rennó, que são ainda mais jovens, foi também muito emocionante. Elas eram bebês, ou nem isso, quando tudo começou.

O Itamar é atualmente o seu grande parceiro. Como tem funcionado essa parceria? Ele dita as letras por telefone e não tem hora para isso: "Anota aí". *(Risos.)*

Qual é a sua parte? Normalmente, faço a música e mando para os parceiros. Eles fazem a letra. Cada um trabalha de um jeito. O Itamar gosta de ditar por telefone. O duro é que às vezes ele faz isso de madrugada... Acho que quer me passar a letra assim que acaba de fazê-la. Não sou compositora por excelência, é muito cíclico pra mim, só consigo conceber a interpretação quando concebo o arranjo. Já vou imaginando a interpretação com os instrumentos. Não sei fazer diferente. O Dante sempre estava lá para fazer os arranjos para a gente.

Você assistia a essa concepção? Não, a gente fazia junto. No primeiro disco, foi difícil, mas depois se estabeleceu um diálogo, e tudo ficou melhor. Antes do disco *Ná*, houve uma época muito difícil para gravar e fazer shows. Então, resolvi me dedicar mais ao estudo de piano e harmonia, para poder ter maior autonomia na concepção de arranjos. Como estava com muito tempo livre para estudar, comecei a desenvolver umas composições, mas sem nenhuma pretensão. A Edith ia fazendo as letras. Nós as mostramos ao Luiz Tatit. Ele adorou, e comecei a fazer músicas para ele pôr letra. Nesse sentido, o Luiz é muito diferente do Itamar. Se você disser para ele: "Quero uma letra para esta música, com este tema e estas características, para as 3h42 da tarde", pode ter certeza de que, no fim do prazo, o Luiz vai lhe entregar exatamente o que você pediu. Ele é muito metódico e muito rápido.

Você já entregou ao Tatit alguma música para a qual tivesse tema? Não, nunca fiz isso. Mas soube que ele já fez isso para o José Miguel Wisnik e para o pessoal do Palavra Cantada, que trabalha com música sob encomenda. Enfim, o que eu queria dizer é que o Tatit, assim como o Itamar, me deu a maior força na composição. Essas são parcerias de muito tempo que conservo até hoje. O disco *Ná* tem músicas feitas em parceria com o Itamar, o Tatit, a Edith e a Suzana Sales. No *Estopim*, há o Zé Miguel. Mantive as parcerias, porque, além de outras coisas, é muito prático. Não é que eu não esteja aberta a novas parcerias. É só que a gente se entende tão bem!

Você é uma compositora compulsiva? Não, eu componho quando há um projeto de disco ou show. Não sou como o Itamar, que não consegue parar de compor. Estou sempre pensando em música. Minhas composições são sempre voltadas para a questão da estrutura musical. Não sou cancionista. Não sei fazer letras. Imagine que um cancionista pegue seu instrumento e componha já pensando no casamento de letra e música. Sou incapaz de fazer isso.

Você trabalha mais o arranjo, a concepção musical, não? A elaboração e a interpretação.

MINHAS COMPOSIÇÕES SÃO SEMPRE VOLTADAS PARA A QUESTÃO DA ESTRUTURA MUSICAL

Seus alunos de canto sempre falam da extensão musical, dessa capacidade que você tem de passear por vários tons e timbres de maneira muito elegante. Isso ocorreu naturalmente desde o início da sua carreira? Ou foi adquirido ao longo do tempo? Creio que tenha sido as duas coisas. Tenho um dom natural, mas trabalhei muito para melhorar. Quando comecei a estudar canto, não havia professora de canto popular – só se podia ter aula de canto lírico. Mas tive a sorte de conhecer Cláudia Mocchi, uma grande mestra, que também foi professora da Cássia Eller. A Cláudia era uma cantora da escola italiana que tinha se apresentado no Scala, de Milão. Como eu já contava com algum conhecimento de ópera, por vir de uma família italiana que adorava aquilo, tudo ficou mais fácil. Aliás, os irmãos da minha mãe têm todos nomes de ópera...

Que divertido... É. Como eu ouvia muita ópera com meu avô, quando conheci a Cláudia fiquei fascinada e quis estudar canto lírico. Mas sabia que não poderia usar aquela técnica para o canto popular. Então, sempre mantive estudos paralelos de canto popular e erudito. Uma boa escola para o cantor ou para o instrumentista é a imitação: aprende-se muito com as referências. Minha formação como cantora se deve basicamente à pesquisa e à imitação das grandes cantoras. É a chamada escola dos passarinhos, que aprendem imitando, se eles não tiverem a referência do outro canto, não aprendem a cantar. Então, acho que com o cantor é a mesma coisa, você aprende pela referência.

UMA BOA ESCOLA PARA O CANTOR OU PARA O INSTRUMENTISTA É A IMITAÇÃO

Você ficava cantando em casa e tentando montar um repertório? Não. Eu escutava os discos delas e cantava junto, exaustivamente, pelo prazer mesmo de ficar cantando junto. O canto lírico me deu muita técnica para isso. Foram dez anos de estudo para conseguir cantar as óperas mais pesadas. Mas eu sabia que aquilo me seria muito útil, assim como foi a escola do Rumo, que era completamente o oposto do canto lírico.

O canto falado? É. A sutileza na expressão é a base do canto falado, porque a melodia da fala não é muito clara, e você tem que achar a expressão ali. Aprendi muito com isso. Passada a fase da imitação, dos 15 aos 18 anos, eu não queria mais imitar ninguém. Queria ser eu mesma, mostrar algo realmente meu.

Na escola lírica, qual é a definição do seu canto? Da minha voz?

É. Soprano. Soprano lírico. Mas hoje em dia, com a idade que tenho, não sei se minha voz já não está muito pesada. Faz tempo que não exercito o canto lírico.

A voz muda com o tempo? Muda. Você vai amadurecendo, e a voz, ganhando peso. Eu, por exemplo, comecei cantando as óperas de Mozart e Bellini, que são para vozes mais leves. Minha voz era muito leve, muito delicada. Depois passei para os franceses – Bizet, por exemplo –, que exigem voz delicada, mas com um pouco de malícia. Estudei bastante Micaela, uma personagem de *Carmen*. Não podia fazer a própria Carmen, porque o papel exigia uma *mezzosoprano*. Fiz algumas coisas de Ravel e também uns vocalises. Depois, parei de estudar canto lírico.

Você disse que não dá para aproveitar o canto lírico no popular. Apesar disso, a maleabilidade você acaba levando, não? Não só a maleabilidade, mas também o conhecimento técnico. Você aprende a conhecer a mecânica do seu instrumento. É preciso conhecer isso para saber tirar o som do instrumento. Para mim, o canto lírico, além de ter proporcionado o aspecto lúdico, me fez entender as personagens, saber como um compositor compõe para as personagens, saber por que esta ou aquela tem que ter determinada voz. O canto lírico me ensinou a conhecer o meu instrumento, a apoiar a minha voz. O canto lírico é como o balé clássico...

Que é a base da dança moderna... É como estruturar a musculatura e depois exercitá-la do jeito que quiser. Nesse sentido, posso dizer que consigo a qualquer momento exercitar sem problemas a minha musculatura.

Quando a gente ouve você cantar, em shows ou discos, percebe uma tranquilidade tão grande que chega a emocionar. Quem a ouve tem a impressão de que não existe nenhum esforço nesse seu trabalho. É como se a música fluísse naturalmente da sua boca. É uma impressão equivocada? Ou isso acontece mesmo? Acho que a música já tem um caminho natural no meu corpo. Tenho uma relação corporal muito clara com o canto. Esse caminho passa pela musculatura, pela expressividade e pela técnica. Não preciso me preocupar com isso – o processo acontece naturalmente. Um bailarino sabe que o mínimo movimento, a menor contração muscular, carrega uma expressão. O mesmo acontece com a voz. Quando chego ao disco ou ao palco, esse trajeto todo já foi percorrido.

Sua estreia no palco foi fazendo backing para o Dante. Como é subir lá hoje? É a mesma coisa. Claro que a primeira vez é mais marcante, mas há sempre um ritual antes de subir ao palco, ritual que fui desenvolvendo ao longo da vida. Quando comecei, havia a espontaneidade, o fogo da adolescência. Não dá para esquecer aquela sensação. Hoje em dia, o palco é para mim um lugar sagrado. Entrar ali exige concentração e preparo.

Você precisa de um tempo antes? Preciso de um momento para mim. Preciso estar centrada em meu eixo antes de entrar em contato direto com o público. Cada artista cria seu próprio ritual. Eu gosto de repassar todo o show antes. Se há algum músico novo no grupo, às vezes ele acha estranho, mas o fato de passar o show mais uma vez antes de fazê-lo na presença do público ajuda a me concentrar, a me integrar no encanto da coisa. Por exemplo, se o show vai acontecer às nove num teatro, eu apareço às quatro para repassar o som e o roteiro todo. Não gosto de chegar em cima da hora.

Ainda dá aquele frio na barriga? Dá, sempre dá. Mas depois passa, e se instala o espírito lúdico. Isso é bom, porque o público fica bem à vontade. A relação com o público é sempre de aprendizado. Com o passar do tempo, vai-se criando uma familiaridade, uma proximidade com o público. As pessoas já me conhecem, e isso me deixa cada vez mais à vontade com a plateia.

Cada artista tem uma atitude e uma relação diferente com o palco. O Itamar, por exemplo, conta que recebe um santo no momento de entrar no palco. A Zélia diz que o palco é o melhor lugar do mundo e que, se ela morresse depois de um show, morreria feliz. E você? É verdade. Para o show ser um sucesso, é preciso dois tipos de comunicação. Uma interna ao palco, em que os integrantes do grupo se entendem perfeitamente, e a outra entre quem está no palco e quem está na plateia. Quando tudo dá certo, há uma grande troca de energia, e todos saem com a alma lavada, parece que você tomou um banho de mar, depois um de cachoeira... É uma sensação de integração mesmo. Felizmente, nos últimos anos, 99% dos meus shows têm sido assim. Acho que muito se deve ao fato de eu ter aprendido a lidar com as pessoas e não criar um distanciamento do público. Tem gente que já nasce com isso. Eu precisei aprender.

Você é muito tímida, muito reservada. Sou mesmo.

E você está feliz agora com o sucesso do disco *Estopim*, com "Capitu" fazendo sucesso... Estou. Mesmo na condição de selo independente, tudo está indo bem. Como já disse, depois do *Ná*, as portas do mercado se abriram. O público vem crescendo. Parte desse público me acompanha desde os tempos do Rumo, do *Ná*, do *Love Lee Rita*... então assim vai, num crescendo, e isso é muito bom.

NANÁ VASCONCELOS

NANÁ ENSINA, CANTOU O TAMBÉM MESTRE ITAMAR ASSUMPÇÃO.

Uma referência fundamental para a música no mundo – um inventor de sons, um maestro intuitivo, sábio, encantador. Diretamente conectado com o divino através da sua arte. Um receptor de lindas mensagens. Sorte a nossa ter Naná Vasconcelos. Nosso encontro foi no Recife e durou dias: começou no aeroporto, passou por uma aula coletiva, prosseguiu em um almoço em família e se concluiu com um café em sua casa. Foi um presente. Naná começou a nova série de entrevistas aqui apresentada, quando minha pauta era a música negra feita no Brasil – e sobre isso ele logo me disse: "É interessante que se pense em um artista negro, um músico negro, um compositor negro... porque eu não penso em compor uma coisa necessariamente africana, eu vou muito nos extremos". Adoro quando o entrevistado me dá o que eu mais quero, a desconstrução. Naná ensina! Entrevista realizada em outubro de 2011.

Você diz que, quando compõe, não pensa na matriz africana... Porque ela está lá. A minha marca maior é isso. A maneira como eu toco os instrumentos, a maneira como eu misturo o som, a sonoridade de cada instrumento que eu misturo com a sonoridade da minha voz. Eu tenho um vocabulário e uma sonoridade para a corda vocal, tenho uma sonoridade para a cuíca vocal, para misturar com o som da cuíca, tenho uma sonoridade do vocal para misturar com certas partes do berimbau, aí entra essa coisa que vira uma terceira coisa. Mas isso vem da minha maneira, é a percussão, é a orquestra, de timbre, de tudo, eu jogo a percussão para fazer música, um pouco mais alto, ou mais rápido.
Não é aquela ideia de que a percussão é barulho, batuque. Batuque não é comigo. Som é timbre. Normalmente, quando eu estou com outras pessoas, tocando a música delas principalmente, procuro fazer elas entenderem que eu toco mais quando não toco.
Claro, no silêncio, nas pausas. É, porque isso valoriza a maneira como eu toco. Se eu escutei a música toda e não fiz nada, de repente, pronto, isso parece um teste. É uma sonoridade africana.
E essa coisa orgânica que você diz, que vem do corpo, vem da sensação? Exatamente, do corpo. O primeiro instrumento é a voz, o resto é consequência do que você absorve, de como você vê, do reflexo do momento, de como você se sente. Eu acabei de fazer a trilha do filme *Alice no País das Maravilhas* em São Paulo, ao vivo no cinema. Foi interessante porque eu trabalhei com músicos de uma área totalmente diferente da minha, que não trabalham com percussões, eles fazem instrumentos de pvc. Eles são do interior de São Paulo, chamam-se Grupo Experimental de Música. Engraçado, o filme já tem música, eles tiraram a música do filme...
Para você fazer em cima. Eu e eles. Ensaiaram lá, depois eu cheguei em casa, disseram: "Olha, escolhemos uma parte para você" – olha que loucura –, "é quando a Alice entra no Reino Branco". Eu que sou bem negro, bem africano.
Quando é que começou essa coisa, como é que você descobriu, ainda criança, eu imagino, né? Não, foi criança, mas foi o negócio do Villa-Lobos.
Ah, foi o Villa-Lobos. A música do Villa-Lobos é muito visual, o processo de se influenciar pela música do Villa-Lobos, pela potência visual que existe na música do Villa-Lobos, é uma fonte de inspiração, porque os elementos meus são percussões, mas essa potência visual muito forte dá ênfase a isso. Você sabe que o Villa-Lobos é como se ele colocasse você na janela do trem vendo as paisagens do Brasil.
Ele também é um apaixonado pela floresta, pelas coisas do Brasil. É. Então essa ideia minha é como eu faço isso com percussão. Eu vou contando uma história. Eu quis fazer uma do trem: o trem para numa cidadezinha do interior, nessa cidade tem sempre uma igreja, uma feira, isso é corriqueiro, e eu estou com um grupo de crianças e vou mostrando a elas o que está no alto do céu, mas o meu chapéu é o alto do céu. Então vem essa coisa de pensar nos momentos antes de

compor. Quando eu toquei com o Itamar, por exemplo, ele gravava na base com a voz, e agora? Para que lado leva? Que som tem isso? Você me dá uma música? A percussão tem esse poder.

A percussão faz a cena também? A cena que você quer, isso que eu pergunto a alguém: e aí, por que você pensou nisso? Porque às vezes a letra sugere uma coisa e eu faço uma coisa totalmente diferente da ilustração, surrealista, o que é um perigo.

EU APRENDI TUDO SOZINHO, SABE, MUITA CURIOSIDADE...

Naná, você teve um mestre? Assim como os meninos, as meninas, o pessoal que toca com você e te olha como um mestre? É engraçado, eu aprendi tudo sozinho, sabe, muita curiosidade...

Onde você ouviu o Villa-Lobos? Em casa, o meu pai era músico, tocava na noite, tinha que ter uma autorização do Juizado de Menores para tocar com 12 anos, porque tinha mulheres da vida, essas coisas. Mas o meu pai gostava de música, gostava de tupi-guarani, era assim.

Ele gostava de tupi-guarani? Será que tem a ver com o seu pai a referência à cultura indígena na sua música? Ele gostava de ler, de se interessar, era ligado nessa coisa tupi-guarani. Nós éramos de uma família pobre, e o pai, apesar de tocar em lugares assim, era uma pessoa que gostava muito de ler. Ele tem um negócio assim, era Ceci, Jurandir, depois tem Juvenal, esse daqui é o Ismael e a Iraci, esses nomes indígenas. O meu não, o meu era Juvenal, parecia o dono da palavra, uma coisa assim, mas a minha mãe sempre me chamou de Naná, que no fundo espiritualmente vem de Naná do candomblé.

O que você tocava com ele quando ia aos bailes? Eu tocava maracas e bongôs, porque era a época em que se tocava muito bolero, chá-chá-chá. Tinha um cantor muito famoso que era o Bienvenido Granda, *"el bigote que canta"*. Eu tocava com autorização do Juizado de Menores para poder estar lá e não tinha o direito de descer do palco.

Não podia se misturar. Não. Um músico tocava 45 minutos e parava 15. Eu ficava lá em cima. E as mulheres me diziam: "Pierre, me dá esse menino para eu tirar o cabaço dele".

Quando é que você começou a fazer a sua música? Quando o meu pai morreu, eu prometi que nunca mais voltaria àquele lugar.

Te incomodava ir lá? Porque a minha intuição falou: "Eu não sou músico". O meu pai morreu muito jovem, eu devia ter uns 14 anos, comigo é muita coisa na intuição, sempre foi assim na minha vida. Eu nunca procurei nada, tudo aconteceu assim, aí eu entrei no lugar de meu pai, ele era arquivista da Banda Municipal. Eu perdi o emprego, aí com o dinheiro que eu ganhava comprei uma bateria. Eu ouvia a Banda América na hora da "Voz do Brasil", no rádio lá de casa, ondas curtas, a "Voz da América". Eu ouvia essas coisas, jazz, e estudava bateria, mas eu via coisas que os músicos daqui normalmente não viam. Comecei a estudar bateria sem ninguém saber, no camarim. Eu saía de manhã, a minha mãe fazia um sanduíche para mim, e eu estudava a manhã toda, sozinho, sem professor, sem nada. Dava meio-dia eu tomava banho, às 14:30 começava o ensaio da banda, e ninguém sabia que eu estava estudando, até que teve o 1º Festival de bossa nova do Recife. Essa história é engraçada porque tem um pianista aqui que era o melhor pianista das paróquias, que queria cantar uma música do Roberto Menescal, uma música chamada "Adriana". Acontece que quando eu vi a partitura...

Você sabia tocar. Era 5/8, eu sabia e ainda fazia solo nesse ritmo. O cara queria tocar, não queria um baterista, que se desse tocaria limpo, que era no compasso 5/8. Ouvindo a conversa, eu falei: "Eu toco e ainda faço solo". O cara pensou que era piada, nós estávamos na frente da Rádio Comércio, e ele disse: "Vamos lá".

Ele queria que você provasse para ele. Ninguém sabia que eu tocava bateria, eu fui o melhor baterista do ano. Mas foi muito na intuição. De repente eu estou no Rio, estou no Festival, não é que fui convidado? Era o Festival Brasil Canta no Rio, que tinha lá no Maracanãzinho. Alguém representava Pernambuco, mas o Festival só mandou a passagem para um cantor, não mandava para o acompanhante. Aí eu fui à casa do Capiba, a música era do Capiba, e disse: "Seu Capiba, ninguém lá no Rio de Janeiro vai saber cantar a sua música, que é um maracatu". E assim eu fui. Eles me deram a passagem de ônibus, eu fui com uma sacola cheia de coisas, um berimbau. Às 4h da manhã eu saí de casa para ir à rodoviária.

Que idade você tinha, 18? Dezoito, 20, por aí. Quando eu cheguei lá, procurei um restaurante para telefonar, perguntei onde é que os músicos do Festival ficavam. Quando eu consegui chegar ao hotel, vi que estava entrando um grupo chamado Os Vocalistas Tropicais, que eram seis cegos. Eles iam entrando um com a mão nas costas do outro, aí eu entrei no meio também. O cara do hotel perguntou: "Você é do festival?", "Sou." Aí ele me deu um papel e disse: "Vai ter uma festa amanhã, sexta-feira, na casa do Milton". Eu fui à casa do Milton, ele me apresentou para o Milton Nascimento, ele disse: "Eu vim aqui para tocar com você". E olhou para mim com aqueles olhos dele. Festa vai, festa vem, dali a pouco só ficou eu, o Milton, o Geraldino, fim de festa. Aí o Geraldino: "Tu não vai gravar na segunda-feira?". Estávamos na sexta-feira. "Consegue alguma coisa aí pra gente." O Milton pegou o violão, aí, com licença, eu fui à cozinha, peguei umas caçarolas e comecei cantando e ele tocando e, quando ele terminou, disse: "O que você vai fazer segunda-feira?".

Que sensacional! No outro dia eu me mandei para a casa dele sem querer, aí eu virei a orquestra. O neguinho estava dizendo: "De onde é esse negócio aí?". A hora que chegou o violão, tu toca diferente, todo mundo só estava tocando bossa nova. Ele estava precisando de mim para a música dele.

Maravilha! Isso é a parceria. Eu nunca procurei trabalho. Foi tudo assim, de repente eu estou me trocando, passa um músico argentino para fazer o primeiro disco do Milton nos Estados Unidos. "Vamos?" "Vamos." Foi tudo assim. E daí veio

a intuição, que me fez entender que eu tenho coisa que ninguém tinha, que só eu tenho e que fazia a diferença.
Fale de quando você chegou aos Estados Unidos. Nos Estados Unidos foi uma grande descoberta, não só misterioso, mas eu acho que a maior descoberta foi o interior. Eu fui para a Argentina com o Gato Barbieri, de lá fui para os Estados Unidos, de repente eu sei falar inglês sem nunca ter visto neve, estou lá no meio de uma panela de músicos, porque o produtor era quem tinha botado o Gato dentro da panela. E de repente eu estava no meio desse lance de comprar disco importado para ouvir, e estou falando com eles sem saber falar inglês, sem nada. Mas o melhor foi quando eu descobri por que o Gato me dava uma parte do show, me dava um solo de dois minutos. Daí a crítica, o *New York Times*, esses jornais começaram a dizer que o homem da floresta estava em Nova York. Airton Moreira, que tinha chegado ao mesmo tempo, estava tocando com Miles Davis. Eu fui morar com Glauber Rocha.
Nossa Senhora! Eu fui dividir apartamento, um *loft*, com Glauber Rocha, e imediatamente disse: "Esse é o jazz do Terceiro Mundo". Aí virou o jazz do Terceiro Mundo, mas o jornal só falava de mim porque eu era muito diferente. Eu já fazia essas coisas. Nunca tinha tocado berimbau no Brasil porque tinha medo.
Imagina, por quê? Porque eu não tocava como todo mundo. Eu saí da capoeira, então tenho medo daquelas coisas, "cadê a Tupã do Astral de Sonhos?". Daquela época vem a descoberta interior, porque com a ciumeira do Gato, porque ninguém falava dos outros músicos americanos de que eu tinha tanto orgulho, só falava de mim porque eu era aluno, porque não tinha nada a ver com a história ali, mas a música ficava diferente com o que eu fazia, virava outra coisa, os meus sonhos, as minhas coisas. Foi o que o Milton me deixou fazer na música dele, o "Navio negreiro", só que esse "Navio negreiro" está no Amazonas. A minha história com o Milton era assim, com a imagem do que ele cantava eu fazia o som. O Milton me deixava fazer as minhas coisas. Na contracapa de um disco dele está escrito: "As garrafas esvaziadas de cachaça e as imposições de um indivíduo chamado Naná".
Você contava essas histórias para ele, dizia para ele o que estava imaginando? Exato, quando o Milton ouvia as músicas, dizia: "Olha, esse negócio do negão já está aí". Então foi tudo muito assim. Da minha solidão, de reflexões, porque eu não me pareço com nada deles. Eu faço a diferença. Quando o Gato estava para ir embora de Paris, eu disse a ele: "Vá com Deus. Eu estou com dinheiro da turnê aqui em Paris, se der certo, deu, se não der eu volto para o Brasil para ficar com o Milton". Acontece que uma semana depois eu estava no estúdio gravando o meu primeiro disco, *Africadeus*, os jornais todos em volta de mim, com sucesso. Eu descobri que tinha de fazer um trabalho, o meu solo, isso foi em 1971.
Em 1971, a gente está em 2011, são 40 anos. Agora no Brasil não tem sido mais tão fácil? Eu gravei o meu primeiro disco, *Africadeus*, que saiu em 1972, a minha namorada ficou brava, se for para o Brasil lançar, o Brasil vai ver esse berimbau.

Ninguém queria ver, porque o Brasil estava precisando da palavra, da volta de Caetano, de Gil, aí o André Midani disse: "É, meu querido, esta é uma gravadora muito pequena, não dá, se você tivesse outro disco para fazer...". "Tenho." "Eu vou falar com o Roberto Menescal." Aí eu gravei o *Amazonas*. Na época eu comecei a ver televisão no Brasil, *Amaral Netto, o repórter* veio rasgando o *Amazonas*.

Eu me lembro perfeitamente desse programa, eu assistia. Estávamos na ditadura ainda, em 1977, mas era um programa incrível. Então a minha coisa foi sempre assim. Em 1970, quando eu ia para a Europa era assim: eu já tenho o meu percussionista lá, todo mundo é como eu, mora em Paris. Fui convidado para um programa de televisão com as crianças, era *Palácio do sonho*, e me pediram para fazer o tal do som que eu tirava do berimbau. Eu falava um pouco de inglês, falava um pouco de francês. Eu estou dentro de um projeto que não é musicoterapia, eu quero coisa diferente, quero emprego, carteira assinada. Então duas vezes por semana eu pegava metrô, trem e ônibus para chegar nesse lugar, que era na periferia francesa.

Você fazia o quê? Construía experimentos de música, eu era músico. Foi aí que comecei a mostrar as coisas da natureza, a coisa do Amazonas. Foi lá que eu compus o "Zumbi", a "Dança das cabeças", o "Codona".

Tudo lá com as crianças? As crianças me fizeram desenvolver o meu trabalho pessoal. Eu não tinha necessidade de ficar tocando em barzinho, tinha o meu salário. Era um grupo de crianças com dificuldade de coordenação motora, foi aí que eu desenvolvi esse trabalho. Para mim sempre as coisas foram acontecendo, eu queria contar uma história, nunca procurei trabalho. Até hoje é assim, é coisa da intuição. Eu gravei a "Dança das cabeças", o cara da gravadora disse assim: "Você tem alguma ideia de fazer um disco seu com berimbau?". "Quem pode escrever isso?" "O Egberto, que trabalha comigo, que conhece essas coisas."

Onde foi que você conheceu o Egberto, foi com o Milton? Eu conheci o Egberto no Rio de Janeiro, quando ele trabalhava com o Milton. Eu estava morando em Paris, o Egberto passou por lá e me disse: "Eu vim pegar um violão que mandei construir, de oito cordas, estou indo gravar o meu disco". "Você não vai ficar? Vem para cá, vem no meu lugar." Ele foi. Ele estava esperando o grupo dele, que era o Mauro Senise, o Luiz Alves, o Robertinho. Acontece que nessa época, para sair do Brasil, qualquer pessoa tinha que deixar um depósito de 20 mil, um depósito compulsório, que depois recebia de volta. Aí, dois dias depois que ele estava em casa, os músicos telefonaram: "Não podemos ir porque o governo não liberou a gente, e a gente não tem esse dinheiro para deixar para o governo". Aí ele, desesperado, falou para o cara: "Os músicos não podem vir, eu não sei o que fazer". "Você está em que hotel?" "Eu estou na casa de um amigo meu." "Quem é?" "É o Naná." "Que Naná?" "O Naná Vasconcelos." "É o homem, traga o homem."

Aí nasceu esse disco antológico que vocês fizeram. É, o *Dança das cabeças*.
Você é um homem de sorte. Sou. Foi assim.

Vocês refizeram agora, vocês se reencontraram. É, é tudo assim.
Eu acho que a gente tem uma retidão, meio sem querer, que nasce com a gente, que permite que essas coisas aconteçam. É. Quando eu fiquei em Paris, todos os músicos americanos ficavam comigo, me queriam. Na época era um Festival de Jazz realmente, não de gravadoras como é agora, eu tenho discos gravados dessa época, gravados no festival.
Todos os gêneros e estilos, né? É. Eu fiquei trabalhando no hospital com as crianças. Quando eu voltei, em 1976, disse: "Eu já fiz a minha coisa aqui no hospital". Eu prometi ao médico: "Eu vou parar tudo para me dedicar a isto". E me dediquei, eu quase não saía para fazer shows. Eu ia todo dia, ele disse: "Não, você vem aqui só duas vezes por semana". "Eu venho todo dia porque eu quero." Então vi que eu estava realmente aprendendo como lidar com essas coisas. Eu disse a ele: "Eu preciso viajar, vou fazer uma série de concertos, porque é importante para mim". Então, quando eu ia, as crianças ficavam aguardando, porque eu criei essa coisa para as crianças. Dentro do meu ateliê no hospital tinha som, tinha Milton...
Eles ouviam tudo, você punha isso para eles ouvirem? É claro, Villa-Lobos, tudo. Tem umas coisas engraçadas. Eu resolvi fazer um disco sobre o Zumbi. Quando comecei a trabalhar no hospital, tinha tempo de pensar, aí eu comecei a pensar na história do Zumbi, como eu iria contar. Aí eu imaginei a primeira vez que o povo africano entrou no Brasil, o primeiro navio negreiro entrando no Brasil: eu vou fazer sem instrumento. Acontece que isso complica para as crianças que tinham dificuldade de coordenação motora.
Sabe a impressão que me dá? É que você se coloca a serviço. É.
Você se coloca disponível. De corpo e alma.
E as coisas vão acontecendo. Você foi ensinar essas crianças, foi cuidar dessas crianças, e ali nasce uma obra assim. Foi assim, eu fiz esse "Zumbi" lá dentro do hospital com as crianças.
Isso nasceu com você, ou teve alguma coisa de exemplo de mãe, exemplo de pai? Não, nasceu comigo, vem de outras vidas, é espiritual, eu sou muito antigo, devo ter uns 400 e tantos anos.
Quase a idade do Brasil. Eu devo ter essa idade. Já estive aqui quando isto era gelo.
Essa menina que dá aula para a sua filha e para os meninos, você a conheceu onde? Procurando uma professora para a Luz. Porque foi assim, eu faço uns trabalhos para um músico polonês, que é um virtuoso pianista de Chopin, e ele faz um trabalho incrível, é um erudito, mas saiu do mundo erudito e entrou no mundo do jazz. Ele é famoso lá na Europa, aí a Polônia fez um movimento aqui no Brasil, no Rio de Janeiro, chamado Polônia Carioca, trouxeram artistas plásticos, filmes, pintores, escultores, uma exposição no Rio de Janeiro. Ele era o músico, e disse: "Eu quero tocar com um músico brasileiro, eu quero tocar com o Naná Vasconcelos". Aí procuraram saber onde eu estava e me encontraram. Eu disse: "Eu quero ouvir,

me mande um DVD". Aí ele mandou o DVD, eu disse: "Então eu toco". Foi a Polônia Carioca. Veja que loucura. O primeiro concerto foi na Central do Brasil, armaram um aquário ali na entrada, onde as pessoas pegam o bilhete para entrar no trem, botaram no aquário um piano de cauda, eu e ele. E o segundo concerto foi na Mangueira, com piano de cauda.

Como é o nome dele? Leszek Mozdzer, é maravilhoso. Quando eu fui ensaiar com ele, levei Patrícia e Luz lá para o Rio, elas foram passear, eu fiquei ensaiando com ele no estúdio. Quando elas voltaram do passeio, entraram no estúdio, aí Luz Morena viu ele tocando. No intervalo ela foi lá perto do piano. Aí voltamos para Recife, e ela: "Papai, eu quero tocar aquele instrumento". Eu fiquei pensando: daqui a pouco ela vai querer tocar guitarra, daqui a pouco vai querer tocar... Aí, uma semana depois: "Papai, eu quero tocar aquele instrumento". Uma semana depois: "Papai, eu quero tocar aquele instrumento". Aí eu procurei uma pianola num lugar de antiguidade, não era piano: uma semana depois ela desiste e quer uma guitarra. Mas não é que a menina insistiu? Aí eu fui procurar uma professora, ela tinha 6 para 7 anos. Procurei uma professora, no conservatório não podia por causa da idade. Então encontrei essa moça, as duas se deram bem, ela começou. Agora ela compõe, mas só faz quando eu não estou em casa.

Ela se intimida com você? Não, mas é um negócio da personalidade dela, de ela querer fazer o negócio e não foi Naná que...

Ah, tinhosa, hein? É. E pior, depois eu ainda tenho que saber se ela deixa eu tocar. "Morena, eu posso tocar aí, fazer um negócio nessa música?" "Eu vou ver." Não é porque você é Naná que chega aqui mandando, não. Aí a primeira música: "Como é o nome dessa música?". "É mistério." Na outra vez, eu viajei, cheguei em casa, a Patrícia disse: "Olha, ela fez uma música nova". "Cadê? Me mostra aí." Aí ela tocou, eu dei um nome, "Pedalando", porque foi quando ela descobriu a importância do pedal, de fechar e abrir.

Você nota alguma influência sua na música dela? Eu não sei, acho que não, ela é musicista nata, de outras vidas, eu acredito muito nessas coisas. Ela tem o gosto dela. Ela tem a influência minha de... Eu ensinei ela a ouvir música.

É uma arte. Mas ela tem um gosto, não gosta de brega. Por outro lado, ela gosta de Jonas Brothers, um forrozinho pé de serra, Santana. Ela gosta de música mesmo, sem eu me meter. É ela que me ensina, eu falo: "Morena, o que é isso?". "Ah, esse é..."

Fale da sua história com o maracatu, como é que começou? Quando eu fui para a Bahia, o bairrismo pernambucano disse: "Levaram o nosso Naná. Os baianos levaram o nosso Naná". Quando eu saí, porque estava virando mais um festival baiano, os pernambucanos disseram: "E agora, está morando aqui?". Eu não morava ainda aqui, mas de repente percebi: "Basta, eu não vou ficar só no exterior, o Brasil vai conhecer o meu trabalho". E vim para fazer trabalho com criança de rua. Aí a proposta para mim foi a seguinte: "Tu topas juntar no

maracatu?". É como você juntar escola de samba, é impossível, você não vai juntar a Mangueira com...
Com a Portela. Eu falei: "Convida os mestres, eu vou conversar com eles e ver se eles aceitam". Eu fui fazer um negócio que ninguém conseguiu, botar 17 nações de maracatu para tocar junto. Muita coisa mudou, quebraram barreira, hoje tem muita mulher tocando, o que era proibido, porque na África, na Índia, mulher não pode tocar isso ou aquilo. Hoje tem maracatu que tem maestrina, eu disse: "É isso que eu quero". Então abriu. Hoje o pessoal de classe média, alta, vai lá no morro, nas favelas, ver os ensaios, porque eu criei isso. Eu vou visitá-los onde eles estão, então eu abri esse leque. Eu represento eles para melhoria de salário, essas coisas, eu ajudo, mas continua sendo dose para leão. Eu consegui dizer para eles: vamos celebrar as diferenças e exaltar as similaridades, ou vice-versa. A maior parte não entendeu, mas mudou muita coisa entre eles mesmos, na relação entre os mestres. A coisa de competir, da rivalidade, continua, mas muita coisa mudou e muita coisa se inovou. No maracatu eles começaram a ter um grupo pequeno para fazer o show, quebraram barreiras, mulheres tocando, o que não existia, universitários visitando e querendo participar.
Mas o maracatu fazia parte da sua infância, Naná? Sim. Fazia parte, eu me lembro de uma coisa muito forte espiritual que aconteceu comigo, quando eu devia ter uns 6 anos. Naquela época não tinha muita poluição sonora, nem todo mundo tinha rádio, televisão nem pensar, não existia. Eu lembro que uma comadre da minha mãe chegou para ela e falou: "Petronila, eles estão dormindo?". A minha mãe: "Estão". E eu na cama, naquela época sem poluição sonora, na minha cabeça de criança estava ouvindo músicos de longe, aquele som, e aquilo na minha cabeça de criança parecia trovão, mas não estava chovendo. Quando chovia tinha uma poluição sonora incrível, porque numa parte da casa o telhado era de zinco. "Gente, não é trovão, não está chovendo, é maracatu!" Aí eu levantei e a minha mãe teve que me levar na corcunda, de macaquinho, como dizia, para ver o maracatu que tinha o famoso tocador de alfaia, o Mestre Veludinho. O Veludinho era o rei da cocada preta, todo mundo ia ver o Veludinho com aquele charme todo, inclusive a minha mãe, que me botou na corcunda para ver o maracatu. Essa é a minha primeira lembrança mais forte, que eu carrego até hoje: "Maracatu é trovão". Aí vem a história na minha cabeça: todo tambor transmite o som da terra, o eco dela é o trovão.
O curioso é que você toca o berimbau de um jeito que ninguém tocava. Hoje em dia muita gente toca assim, já tem uma escola Naná Vasconcelos. Porque eu criei...
Você tira do contexto. Eu tirei do contexto. Mas essa coisa assim, ouvindo Villa-Lobos, eu vi a coisa da música com o aspecto visual, a potência visual que existe na música. Ouvindo Jimi Hendrix, aprendi que instrumento não tem limitação. Eu fui tocar berimbau para valer na Argentina, a primeira vez, com o Gato Barbieri. Eu

aprendi a tocar berimbau porque fiz parte de um grupo, o Geraldo Azevedo, eu, a Terezinha Calazans, Edy Star, naquela época do teatro musicado, que tinha Zumbi, a coisa da imitação do Nordeste com as coisas que aconteciam no Teatro Opinião, e fizemos uma peça chamada *Memória de dois cantadores*, que era uma pesquisa, um resgate de todo o folclore do Nordeste. A gente ia falando dos folclores, quando chegava na Bahia tinha que mostrar a capoeira, foi aí que eu tive que aprender berimbau para tocar na peça.

Foi do mesmo jeito, você pegou o berimbau e saiu tocando? Eu aprendi a tocar as coisas.

Sem nenhum mestre? Não, era ouvir gravações dos toques, se é um ambiente grande, se é um ambiente pequeno, Angola, Cavalaria e Benguela, que são os toques tradicionais da capoeira. Depois terminou a peça, eu fiquei com esse instrumento em casa, que tinha comprado. Como eu não podia estudar bateria num apartamento, numa quitinete, por causa dos vizinhos, eu estudava berimbau, mas foi daí que eu saí dos toques de capoeira e fazia outros. Eu comecei a descobrir que dava, que não eram só aquelas coisas, porque eu me dei conta de que o centro da situação era a capoeira. O centro do folclore é a capoeira, é a dança, o berimbau era só um elemento que acompanhava. Então eu vi que o berimbau, na África, sempre foi utilizado para contar histórias, até hoje. O que eu estava fazendo era tirar ele desse contexto para ele virar um instrumento solista. Eu procurei sons no berimbau, coisas eletrônicas, por causa da ideia do Jimi Hendrix de que tudo era som, tudo era música.

É uma coisa que segue com você, porque agora você fez música com a água. É, já me falaram, eu já li, o Marcos Suzano, por exemplo, disse assim: "Eu quero fazer com o pandeiro o que o Naná fez com o berimbau". Quer dizer, tirar do contexto de que o pandeiro é só para samba. Ele procurou mostrar que no meio do pandeiro tem uma bateria toda, tem o surdo, tem tudo ali naquele pequeno instrumento. Eu acho que essa ideia de tirar do contexto questiona o negócio das tradições, a religiosidade, que é muito arcaico: "mulher não pode". Por que não pode? "Mulher não pode entrar ali, mulher não pode tocar esse instrumento", o que é isso? Quebrar essas barreiras é uma boa. Está todo mundo no mesmo barco, está todo mundo vivendo a mesma coisa. É claro, eu respeito as tradições, mas estamos vivendo outro...

Outro tempo. É. Não desrespeita as tradições, só muda a maneira de ver. Está abrindo um leque para um maior entendimento, para um maior diálogo, para uma transparência maior. O que aconteceu com o maracatu foi isso, ele abriu um leque, porque na terceira vez que eu fiz com eles eu levei uma orquestra sinfônica, eles não tinham ideia do que eram os instrumentos de uma orquestra sinfônica. Os maracatus aconteciam só no território deles, nas comunidades deles, e com

> ESTÁ TODO MUNDO NO MESMO BARCO, ESTÁ TODO MUNDO VIVENDO A MESMA COISA

esse projeto foi aberto um leque, pessoas de fora indo para lá, para ver de perto a comunidade deles. Antigamente era só para negros, só para quem fazia parte do candomblé, porque cada maracatu tem um orixá que é patrono, às vezes até dois. Eu topei esse desafio e, para minha sorte, os mestres aceitaram. E todo ano eu pergunto: "Vocês querem ainda que eu esteja?". "Queremos."

Tem uma política, uma diplomacia. É, porque eu não faço isso no meu trabalho pessoal, eu não dou ênfase a essa coisa do maracatu. Eu faço como fiz nesse último disco, em que começo com "Menininha Mãe", que é um maracatu. O maracatu está lá, eu nem toco realmente o maracatu, mas você ouvindo sabe que é um maracatu, é a minha maneira.

Foi bom que você falou dessa música, porque você me contou uma vez que ela foi... Foi um pedido espiritual.

Você estava à beira d'água quando isso aconteceu, não foi? Não, a água é outra coisa. Foi um pedido espiritual mesmo, do espiritismo...

Veio um recado para você. É que eu estava numa situação em que um mestre disse: "Eu estou aqui com essa Rainha Negra, Menininha, e você podia fazer uma homenagem a ela, fazer uma música para ela". Uma entidade me falou isso, um espírito, e eu disse: "Mas como eu vou fazer?". Ele sabe que eu fico ali na piscina às vezes sentado, rezando, e disse: "Quando você estiver lá, vai chegar para você, na sua cabeça". Porque a pessoa que estava recebendo essa entidade não cantava, não sabia cantar. Aí dois, três dias depois, sei lá, uma semana depois, veio, pronta, com letra, com tudo.

Que beleza! Mas foi assim. E a última música do disco é para a Dona Santa, que é a eterna Rainha do Maracatu, é a rainha mais famosa do maracatu.

Foi para esse maracatu que você foi quando menino. Quando menino, a minha mãe me levou, eu fui ver ele passar à luz de candeeiro.

Naná, qual é o tamanho da influência da música negra na música brasileira? Eu acho que é a espinha dorsal. Teve uma onda famosa dos brasileiros lá em Nova York e a minha intuição disse que eu segurasse a peteca e não fizesse sem eles, porque eu não parecia nada com eles e talvez fosse sofrer e sofri, ia passar necessidade e passei, mas que eu segurasse porque isso é que talvez fosse segurar a minha identidade como músico. Essa mesma intuição me falou, porque tem casos de brasileiros que estavam lá dizendo: "Vamos agora cantar em inglês que eles vão entender o que a gente está falando". Aí quebraram a cara, porque nem viraram americano nem deixaram de ser brasileiros.

Claro. Porque a coisa é assim, o João Gilberto não precisava cantar em inglês para a pessoa gostar. A bossa nova era uma coisa que eles não tinham, que é diferente deles. Eu não quero comparar nada, mas o negócio da minha intuição dizia, eu como músico, como instrumentista ou percussionista, na época: você tem uma coisa que acrescenta alguma coisa à música dele, não parece nada deles, isso que é certo, é isso que a intuição está falando. Essa intuição vem muito forte em mim, os meus protetores, eu tenho muito essa coisa, e eles me disseram: não, fica aí porque você tem uma coisa que não parece com nada, agora aprimora essa coisa, acredita nessa coisa. Quando eu fiquei em Paris: eu tenho uma coisa, então vou criar uma coisa, é difícil, mas eu vou criar, ser um solista de percussão sem ser erudito. E hoje eu faço concerto com orquestra sinfônica pelo mundo.

É verdade. Faço trabalho com crianças e orquestras, fiz o ano passado na Escócia, com as crianças da Escócia, é uma coisa incrível: um maestro de lá queria fazer um ABC Musical em português. É importante o trabalho educacional que eu faço para as crianças do Brasil, de Portugal, que falam português. Aqui se chama ABC Musical, mas quando eu fiz para África, Portugal e Brasil dar de volta o que eles nos deram, porque todas as coisas que a África e Portugal nos deram não existem mais lá, só no Brasil. O ponto mais importante é que muitas coisas que vieram da África para cá se encontraram aqui pela primeira vez porque vieram de diferentes pontos da África. O berimbau vem de um lugar, a capoeira vem de outro, eles se encontraram aqui pela primeira vez, nunca estiveram juntos antes na África. O samba é resultado desses encontros, porque o pandeiro não é africano, é árabe, é cigano, mas aqui está num contexto diferente. Então o africano chega aqui e diz assim: "Esse instrumento é africano, mas eu nunca vi tocar dessa maneira ou nesse contexto". O negócio do samba é essa mistura diferente. Eu tive a felicidade de fazer esse show da "Memória de dois cantadores" que falava sobre o folclore todo do Nordeste, porque o Nordeste é a região mais rica do Brasil em miscigenação folclórica, cada estado vem de uma África, de uma Europa diferente. O Ceará, Saara, é árabe: o Ceará não tem negro, não. Tem negro de olhos azuis, tem negro de olhos verdes, tem toda essa mistura. O maracatu só tem aqui. O bumba meu boi é a ópera, porque o nosso folclore são verdadeiras óperas folclóricas. O bumba meu boi é realmente festejado no Maranhão, o boi morre a cada ano, depois nasce ou renasce, é batizado, tem um nome, aí começa tudo de novo, quando ele morre para tudo, deixa de fazer tudo.

E se diz muito que a música negra está ligada ao ritmo, você acha que é isso mesmo ou vai além? Não, quando eu digo que o primeiro instrumento é a voz, quando eu digo que a espinha dorsal de tudo é africana, é porque incorpora todos os movimentos do corpo, não pode ir mais além do que o normal, que é tocar e dançar naturalmente, sentir o ritmo no corpo, não no intelecto, mas a vibração corporal, não intelectual, a vibração orgânica. Quando eu faço o meu workshop tenho diferentes formas de ensinar, ou de mostrar, eu nunca digo que ensino. Quando você aprende teoricamente, como música erudita, que você só toca se estiver lendo uma partitura, o comportamento da forma de aprender é diferente do comportamento que as pessoas possuem e assumem. Quando você aprende só teoricamente, a tendência é reagir inconscientemente, "eu esqueci, deixa eu ver", porque está condicionado. Quando você aprende com o corpo, o seu corpo se lembra. Quando você aprende a andar de bicicleta e depois de vinte anos que você não pega uma bicicleta você monta nela, o teu corpo vai se lembrar daquilo. Quando você aprende organicamente, não só intelectualmente, o teu corpo te lembra daquilo e você tem possibilidade de nunca esquecer.

Foi bonito o encontro da sua negritude com a do Milton, porque são bem diferentes. Bem diferentes. A África mineira é misteriosa. Eu falava sempre para Milton: "Rapaz, cadê os tambores?". "Estão dormindo lá os tambores." E agora estão usando tambores lá em Minas. Quizomba ou tambolelê, eu acho maravilhoso isso. O Milton é muito calado, mas foi bom porque chegou uma hora em que um estava precisando do outro e doamos uma coisa para o outro. Depois eu fui embora, ele fez umas músicas, eram umas cartas para mim, foi: "Com sol e chuva / você sonhava [...] E não se lembra mais de mim [...] tudo que você consegue ser / Ou nada", "Lá vem a força, lá vem a magia [...] Atraca, atraca que o Naná vem chegando", "O ano que vem / Se é coisa tão linda".

Que lindo! É que eu fui embora e deixei o Miltinho sozinho ali, eu era a orquestra dele antes do Som Imaginário, não tinha o Som Imaginário. E como foi criado o Som Imaginário? Nós fomos procurar a música dele. Chamamos o Luizão, e ele: "Eu só vou se for o meu compadre". "Quem é seu compadre?" "É o Robertinho." "Onde é que ele toca?" "Toca lá no Canecão, na choperia." Aí fomos lá para trazer o Robertinho. Tinha o Wagner Tiso, foi assim. Eu digo: "Eu não faço parte do grupo, sou convidado especial". A minha intuição falou isso, eu nunca fiz parte do grupo de ninguém.

É verdade, Naná, você sempre foi sozinho. Eu era convidado. Mas era a minha intuição. Ao mesmo tempo em que eu tocava com o Egberto, tocava com o Codona e tocava com o Pat, terminava a turnê com um e começava com o outro, dois dias, três dias ou uma semana depois. Eu vivi mundos diferentes, músicas diferentes, isso foi a maior escola que eu tive na minha vida, foi a escola da vida. Eu nunca fui a uma escola de música, hoje vou para fazer um workshop.

E para ser assim só sendo livre, né? É. Mas isso foi bom, hoje eu me sinto uma pessoa flexível, um músico flexível. Uma das coisas maiores que eu aprendi foi ouvir, ouvindo você, não importa o seu espaço.

Claro. Como você disse no começo, que às vezes você está acompanhando alguém e quando entra faz uma coisinha só. É, eu toco uma coisa assim. Mas é difícil fazer a pessoa acreditar, ela quer que eu toque para dizer: "Naná tocou". Aí bota na capa do disco: "Naná tocou isso, aquilo".

Bobagem, menos é mais. É, às vezes querem demais. Mas não precisa, tocar aí o quê? Só vai distrair, não vai acrescentar nada à música. Um músico quando toca tem que procurar dizer alguma coisa, não explicar.

> **UMA DAS COISAS MAIORES QUE EU APRENDI FOI OUVIR, OUVINDO VOCÊ, NÃO IMPORTA O SEU ESPAÇO**

NANDO REIS

CONSIDERO NANDO REIS UM DOS NOSSOS MELHORES LETRISTAS.
Seus versos, ao mesmo tempo escancarados, biográficos, poéticos, delicados e viris, me fazem pensar. É gostoso prestar atenção no que ele diz. É gostoso ouvir seu jeito de articular as frases, parando para pensar. Tudo o que nunca pude fazer no rádio, por pura falta de tempo, fiz nesta entrevista. Fui buscar os poetas russos que eu imaginava fazer parte da história dele e achei as violas de Jaú e o performático Alice Cooper. Nando é um apaixonado e me provou que as canções são feitas para o mundo. Num ambiente cercado de livros, discos e filhos, nossa conversa foi para mim um grande prazer, cheia de confirmações, que agora compartilho com vocês.
Entrevista realizada em setembro de 2003.

Quando saiu *A letra A* e você foi ao meu programa, eu falei de quanto ouvi esse disco, tanto que parecia apaixonada. E ali, no programa, muito rapidamente, falei da impressão de que você teria feito o disco para uma mulher. Você até concordou, mas a gente sabe que são diversas as inspiradoras que passam pela vida do compositor. Eu quero começar falando justamente sobre a musa – a mulher que, em termos clássicos, serve para o homem, o artista, criar e manifestar até o seu lado feminino. Eu queria saber se isso lhe passa pela cabeça, se há uma reflexão a respeito ou se é algo que lhe acontece espontaneamente. Não, a reflexão que faço é retroativa à própria compreensão do meu trabalho, e não enquanto ele se dá. É um estado de paixão que eu cultivo, que me é nato, mas que eu cultivo porque dou valor a ele, porque tenho interesse por ele e porque ele se permite e circunscreve muito bem uma atmosfera propícia para eu criar – não necessariamente a única atmosfera, mas a melhor. Principalmente – e subjetivamente –, é a centelha de estímulo, mais que a necessidade e a vontade de realização. Eu preciso fazer música por vários motivos, desde os mais objetivos até a necessidade mais vital de me expressar e de procurar compreensão dentro daquilo que é o meu universo de conflitos, de questões ou mesmo de certezas e vontade de falar sobre elas. Tenho paixão primeiro pelo meu trabalho. Tenho paixão pela música, uma paixão real.

A gente percebe isso, principalmente nos shows. É, e essa paixão foi adquirida pela maneira como eu ouvi música, pela maneira como ela deu voz a esse amor que existe aqui na minha casa, na minha mãe. Ela foi professora de violão. Não foi ela quem me ensinou – na verdade, foi a minha irmã –, mas, para mim, toda a música tem voz feminina. A coisa mais bela é a voz de uma mulher cantando – isso é insuperável. A ideia do amor, da plenitude, eu ouço através dessa situação.

Quase arquetípico. É, bicho, total. Mas, de fato, as músicas têm sentido para mim quando eu imagino que têm algo que eu queira dizer a alguém...

Ah, que legal! É mais ou menos isso, e essa configuração se dá com maior clareza, com maior urgência e maior intensidade, neste estado de paixão e nesta capacidade que de fato tenho de me apaixonar. E, de modo geral, isso não decorre necessariamente de um envolvimento, nem mesmo de uma pessoa real.

A história da musa é mesmo essa – é você não conseguir realizar o desejo por ela. Não que isso não aconteça, mas, em princípio, a inspiração é justamente você correr atrás e estar se dando a ela. É... E eu acho que, nesse sentido, o ponto que foi um marco para mim como compositor, passando a ter maior confiança e constância na dedicação e na procura de transformar isso em ofício, foi quando fiz "Diariamente", a música que quase tematicamente me oferece a essa musa.

Claro, "para você o que você gosta diariamente". "Para você o que você gosta" é exatamente isso, é uma listagem, é totalmente autobiográfica. Algumas daquelas associações são explicitações de passagens da minha vida. Outras nem tanto.

São elucubrações, enfim, para fazer uma composição descritiva minha, para me apresentar ao ser amado.

Nando, que amor, que legal! É a música que contém uma quantidade de elementos-chave para aquilo que vi que seriam minhas ferramentas de trabalho, meu estilo. Tem ali uma letra cheia de imagens, longa, mas em cima de uma estrutura harmônica muito simples – a música tem dois acordes.

Só dois acordes? Só, com variações melódicas em cima dessa simplicidade que acompanham a letra, que dão sentido à letra. É basicamente isso que eu faço.

Fecha você em todos os sentidos, no tema e no leito? Em todos os sentidos e, além do mais, ela tem sua doçura – pode-se usar essa palavra...

Claro, e que prossegue nos seus trabalhos. ... que, na verdade, me agrada, na maneira de me colocar perante o objeto amado. É assim que me sinto, que ela me faz sentir, é assim que eu gosto de estar.

É infernal, mas tem doçura. Exatamente.

Foi quando a Marisa Monte cantou "Diariamente" que o seu trabalho de compositor saiu da configuração Titãs para ser muito mais Nando Reis? Porque a composição com a banda era muito mais coletiva. Naquela entrevista ao Leoni, no livro *Letra, música e outras conversas*, você falava muito do seu período Titãs, e parecia haver certo sufoco, certa tentativa de abrir o espaço para o compositor. O que eu percebo é que, quando você saiu da banda, o espaço ficou todo seu, para a sua cor, o seu nome, o seu jeito de fazer, a sua assinatura. Mas começou com esse trabalho com a Marisa, não? Não só começou, como acho que mudou a escala de alcance. Nos Titãs, eu tinha poucas músicas, mas elas já eram muito singulares, diferenciadas, tinham uma vocação estilística ou uma maneira minha de escrever. "O homem cinza" é uma música curiosa. Eu tinha poucas músicas, quase sempre sozinho. Em primeiro lugar, ter trabalhado com Marisa foi conhecer uma pessoa com uma capacidade de criação de melodias que me espantava, com uma criatividade, uma facilidade, uma beleza que me encantavam muito. Só que, na verdade, a nossa parceria foi curta.

Mas está rendendo até hoje. É, e é importante para mim e, imagino, para ela também, até o ponto de ter esgotado sua função. Mudaram totalmente os patamares, aquilo me destacou. Com o fato de os Titãs terem uma marca sonora tão própria, a gente sempre valorizava o coletivo. A Marisa foi uma mudança significativa e o início de outra coisa: a primeira vez em que uma música minha foi gravada fora dos Titãs. "Diariamente" foi uma música que, além da importância pessoal para mim, teve grande importância no repertório da Marisa.

Sem dúvida nenhuma. Há outras três músicas nossas naquele disco. "Mustaphá" é a mais estranha, mas eu gosto dela também. E há aquela com o Ed Motta, que eu esqueci o nome...

"Ainda lembro". "Ainda lembro", que é praticamente da Marisa. E "Tudo pela metade". Essa foi uma música curiosa, muito louca.

Eu gosto – "o lixo para dentro...". A letra e a harmonia são minhas. A Marisa praticamente fez a melodia sozinha. A gente pegou uma letra e compôs em cima. Eu fico até assustado, é uma letra autobiográfica. Fala de um aspecto meu, que, passados alguns anos, pensei: "Uau!".

"Preciso parar com isso"? Preciso parar com isso, exatamente. Mas acho que o trabalho se desenvolveu e foi para uma área muito mais rica no *Cor-de-rosa e carvão*...

Com o Carlinhos Brown entrando na história também. O Brown também, claro, porque as músicas que ele tem naquele disco são maravilhosas. Ali teve início uma nova direção no trabalho da Marisa. Gosto muito das músicas que a gente tem lá, especialmente de duas: "Ao meu redor", que é só minha, e "Enquanto isso", que é minha e da Marisa.

"Enquanto isso, anoitece em outras regiões..." Exatamente, é linda. A Marisa voltou a cantar essa música, com a Laurie Anderson fazendo o vocal. Ali, mais que o primeiro disco, começa uma coisa que era não só de composição, mas também de sonoridade, uma conjugação de áreas que compunham o meu interesse, uma possibilidade de resolver isso num campo só. O que, de certa maneira, fez um contraponto circunstancial muito interessante com os Titãs – que, naquele período, estavam indo para uma área mais pesada do nosso trabalho. Eu estava muito mais interessado na questão melódica da composição, eu tinha uma sonoridade que achava vibrante. Claro que já havia tido outros grandes exemplos de realização – os Novos Baianos, por exemplo. Mas agora era uma coisa que juntava certo vigor, certa pulsação, que tinha um pouco de rock'n'roll com considerações harmônicas da música popular, mas com uma poética muito própria, por causa das letras que eu escrevia. Era um negócio que, pela primeira vez, eu comecei a praticar de uma maneira diferente; achava que era o som que eu gostaria de fazer. Não estou de jeito nenhum desmerecendo a minha participação nos Titãs, mas na banda eu era muito localizado, muito circunscrito, até pela função de baixista; eu explorava outra área. Quando comecei a trabalhar com a Marisa – principalmente no *Cor-de-rosa e carvão*, em que eu gravei violões em algumas músicas –, dei início a algo que foi fundamental e pensei: "Eu tenho uma sonoridade, eu quero procurar".

E o violão é o seu instrumento? É o meu instrumento. Ele antecedeu o *12 de janeiro*, que foi o primeiro disco e que é o desdobramento desse tipo de elemento.

Tem Luiz Brasil nesse disco, não? Tem, sim. O *12 de janeiro* é consequência direta do disco da Marisa. A experiência que tive no *Cor-de-rosa*, de gravar em estúdio com ela, conhecer outros músicos e participar dos ensaios, foi uma atuação diferente. Foi a primeira experiência mesmo. Eu era um cara vindo de banda, banda de colégio, só a gente e mais ninguém – e já era muita gente.

Era a turma. Ali, era começar a trabalhar com outro tipo de músico, numa relação profissional, mas não contratual. Havia uma afinidade, uma amizade, que se deu mais com uns do que com outros, e herdei parte disso. Para gravar o meu disco, chamei uma parte daquela banda – o Cezinha, o Dadi, o Luiz e o Suzano, todos eles eu conheci ali, trabalhando com a Marisa. Eu via uma semelhança de território entre o disco novo da Marisa – o terceiro –, o meu e um pouco do Brown, que tem "Seu Zé".

Do *Alfagamabetizado*? Exatamente. Naquele momento, havia uma interseção, a gente estava bastante próximo, embora eu já tivesse me separado da Marisa. E, além da questão da composição em si, eu comecei a experimentar e a ver que a minha composição ou ideia estava diretamente relacionada a um instrumento essencial e desaguaria numa sonoridade com base no violão. No primeiro disco, era o violão de náilon, que tinha muito mais relação percussiva com o que a gente tradicionalmente acha que é MPB. O violão de náilon também é um instrumento clássico da composição, da bossa nova e tudo mais. Depois, fui para a derivação disso e comecei a tocar o violão de aço. No livro do Leoni eu digo que nunca toquei violão de aço. Mas tem uma história boa aí: uma vez, quando eu era pequeno, botei corda de aço no meu violão, porque era uma coisa muito louca que tinha a ver com a viola de doze cordas, a viola caipira, uma fantasia minha com música caipira.

Totalmente inesperado! Música caipira?! Por causa da relação de família – meu pai é de Jaú... Não que eu tenha raízes no interior, mas lá na fazenda havia pessoas que tocavam moda de viola, e sempre achei que ali havia uma coisa dramática, que me encantava, encantava mesmo. "Menino passarinho", do primeiro disco, é uma música feita por causa dessa informação, dessa admiração por uma história, de uma pulsação que vai indo, indo, até que termina numa coisa absurda. Eu adoro essa música. Ah, que história!... Mas, voltando ao período da Marisa no *Cor-de-rosa e carvão* – estamos falando de 1994 –, foi a primeira vez em estúdio que retomei aquilo que fazia antes dos Titãs. Eu brincava de tocar violão.

Que idade você tinha no momento em que sacou essa sonoridade e retomou o violão? Eu tinha 31. Sou de 1963, tinha 31.

É interessante isso, porque chega certa hora, quando a gente começa de fato a entrar na vida adulta – normalmente depois dos 30 anos –, em que tende a retomar a adolescência meio sem querer. É uma delícia quando isso acontece, porque você amarra e diz: "Meu, estou me sentindo meio criança". E isso não é à toa, porque você está experimentando aquilo de novo. É o tesão da descoberta – na verdade, da redescoberta, como se um arquivinho oculto se abrisse. Isso se deu literalmente. Eu escrevia muito quando era adolescente – poesias, textos, cartas, enfim. Escrevia para mim, não é que eu publicasse aquilo. Mas era uma produção importante, que me fazia acreditar que escrever era um momento de expressão, era um veículo ou uma linguagem de que eu gostava, que eu dominava e que atendia à minha forma de pensar. No início dos Titãs, havia um grande contraste entre quão prolífico eu havia sido na adolescência e quão seco eu tinha ficado para compor, e foi o Marcelo [Fromer] quem me chamou a atenção para isso. Um dia, literalmente, ele chegou e me puxou de lado: "Não acredito, cara, você escrevia pra caralho, tocava violão pra caralho, e não faz música!". O Marcelo compunha muito, sempre em parcerias – ele tinha essa característica. A partir desse dia, peguei todos os meus cadernos, o meu calhamaço de coisas...

Cadernos guardados todo aquele tempo? Eu tenho cadernos, sou bastante organizado nisso – ou, pelo menos, guardo tudo. Fui lendo e fazendo uma compilação de passagens boas. Disso, escrevi num caderno uma ideia que tive, uma saga de 24 horas, seria um dia inteiro, e a mudança, o avançar das horas do dia, seria narrada através de imagens. Não era nada pretensioso, era uma bobagem, um exercício. Eu me lembro de que mostrei isso para a Marisa na primeira vez em que a gente se viu. Foi um pouco nesses termos, no que você falou, da adolescência etc. Mas tudo aquilo não era só efervescência hormonal de adolescente, era o indicativo de uma habilidade, e eu depois travei por circunstâncias da época. Mas, naquele momento posterior, outras combinações, como ter conhecido Marisa e mesmo ter feito um pouco de uso lúdico das drogas, me ajudaram. É sempre perigoso falar sobre isso, mas vou colocar bem nesses termos.

Como aquelas experiências da década de 1960, em que se usavam drogas para abrir a cabeça? É, foi útil, mas depois ficou uma merda. Não é uma história da carochinha, é a minha trajetória como músico e como pessoa: eu usei drogas, e no início elas contribuíram positivamente para quebrar uma muralha de autocrítica feroz que me fodia.

Que o travava? É, me travava. Hoje, felizmente, passado muito tempo, eu sei que não fiz música por causa da cocaína, não faço apologia mesmo. Mas também não vou dizer que não foi importante.

Se o Jim Morrison tivesse parado em certa altura, talvez não tivesse se matado, mas ele fez coisas maravilhosas estimulado pelas drogas... Exatamente, todo mundo tem que parar em certa altura.

Ouvindo você tocar, percebe-se no seu violão de aço, no vigor com que você toca, estourando corda, arranhando o corpo do violão, uma coisa ainda muito rock'n'roll. Estou vendo Rolling Stones aqui no móvel de discos, edições especiais... Quais foram seus elementos? Rock'n'roll, MPB, a viola lá de Jaú, sua mãe... **O que ela cantava? Dolores Duran, por exemplo?** É, eu ouvi Dolores Duran. E mamãe teve aula com Paulinho Nogueira.

De violão? É, o Paulinho era amigo dos meus pais. Ela cantava mais bossa nova. Mamãe tem milhões de cadernos, é impressionante! Eles estão comigo – é uma quantidade enorme de músicas dos anos 1940, 50, 60...

Ela tocava? Tocava de um jeito que eu nem entendo, porque não era cifra. Era segunda de lá, segunda de ré, umas coisas que não sei bem o que são.

É o método do Paulinho Nogueira. Exatamente. Eu ouvia mais os discos. Dos meus irmãos, o Carlito é sete anos mais velho do que eu, e a Quilha, seis. O Zeca tem cinco anos mais que eu, é deficiente auditivo e, consequentemente, não ouvia música.

No seu *site*, eu li uma coisa muito linda: foi ele que lhe ensinou o silêncio, que é fundamental para a música. É, fundamental. Com o Carlito e a Quilha, eu ouvi mais rock'n'roll e música brasileira contemporânea daquela época. Ouvia principalmente com a Quilha, que gostava muito de Caetano, Gil, Gal... Ela me levava aos shows quando eu era muito criança. Eu vi o *Gal fatal*...

Invejável! Foi um show maravilhoso. Uma amiga nossa, Daniela Moreau, era amiga dos baianos, e por isso a gente tinha acesso ao camarim, e fui falar com a Gal – linda, linda. Outro show maravilhoso foi o *Barra 73*. Eram o Gil e a Gal – que tinham acabado de voltar de Londres –, com o Lanny Gordin, o Tutti Moreno. E assisti ao lançamento de *Araçá azul*, do Caetano, no Tuca. Eu me lembro de que pedi esse disco de presente de aniversário, ouvia muito "Sugar cane fields forever". Também ouvia rock'n'roll, Beatles, Rolling Stones – *Sticky fingers* e *Exile on Main Street* – e muitas outras coisas, como The Who, Rod Stewart – eu era louco por ele, *Every pictures tells a story* era foda de bom! Também gostava do Slade e do Alice Cooper.

Você gostava da atitude do Alice? Ou era do som? Gostava do som. Explorava um pouco tudo, mas gostava do som.

Há uma coisa lúdica no Alice Cooper. É, eu achava que era bonito mesmo com os olhos pintados, aquele cabelo, a cobra. Era um pouco andrógino. O som era legal, mas eu era muito novo, tinha 10, 11 anos. Também gostava muito de ouvir *Led Zeppelin 4* junto com o *Acabou chorare*, dos Novos Baianos. Essas coisas me tomavam, eu era um sujeito que realmente se encantava, e, para mim, essas coisas tinham o mesmo impacto que têm hoje, eu mantenho essa adoração, essa paixão.

Isso é uma felicidade. Estou falando de 1972, 1974. A gente comprava muito disco, tinha música chegando de todas as formas lá em casa. Mamãe gostava de Dorival Caymmi, papai gostava de Jorge Ben, a gente ganhava todos os discos do Paulinho Nogueira, eles compravam Quinteto Violado e os discos de rock, eu ouvi tudo isso. Minha avó me deu *Let it be*, dos Beatles, quando eles tinham acabado de se separar. Tenho até hoje, mas perdi o livro que acompanhava, era lindo.

Pergunta clássica: qual o seu Beatle favorito? George Harrison. Eu o achava demais. O pôster que vinha com o disco, eu botei no meu quarto.

Você sempre aparece nos shows como está aqui, de bota meio surrada, jeans, camisa com camiseta por baixo. Nunca o vi levando uma persona para o palco, se você me entende. É isso mesmo? É. Sempre fui fiel a certas características minhas. Eu preciso me sentir confortável – sou tímido, na verdade. Tenho muita confiança no que faço, na música que faço, mas não sou um sujeito que chega berrando e chamando atenção. Preciso de segurança, de tranquilidade, coisas simples, básicas, e a primeira delas é estar num ambiente em que me sinta aceito, compreendido. Sempre gostei de jeans. Eu me lembro de que, quando começou, havia toda aquela estética New Wave, eu tinha dificuldade de me fantasiar. Não digo isso de maneira depreciativa – depois fiquei mais tranquilo e topava tudo aquilo, mas nunca pintei o cabelo, nunca tive visuais... Uma época, até raspei o cabelo por influência dos Titãs, aquela coisa de todo mundo estar ficando careca. Depois comecei a usar barba e gostei. Tem uma foto de um período distante em que estou com a mesma jaqueta jeans, de barba, e óculos – sempre usei óculos, eventualmente esses redondos. É claro que estou quinze anos mais novo na foto, mas é a mesma coisa que sou hoje. Subir ao palco é diferente, e, às vezes, a roupa é importante. Então, quando vou fazer shows, eu levo três ou quatro camisas, porque é muito instável.

Instável? Instável. De certa maneira, há uma instabilidade emocional, e a camisa errada pode foder com você, sacou? Gosto de usar chapéu, e, muitas vezes, a Vânia ou a Ana, minha empresária, me perguntam: "Você vai de chapéu?". Respondo: "Não sei, depende". Tem dia que é para chapéu, tem dia que não é. É uma coisa supersubjetiva. É da estruturação emocional, você tem que subir bem, inteiro. Detesto quando subo e acho que estou levando alguma coisa artificial.

Isso tira a sua estrutura? Só faço bem o que faço quando estou bem, quando sei do que estou falando, quando sei o que estou representando. Não sou muito bom para, num estádio de futebol, dar pulos e gritar: "E aí, galera?!". O Brito é bom nisso, ele tem uma personalidade, uma agressividade maior e lida bem com isso. É admirável, mas não sou assim. Muitas vezes, eu falo muito. Outras, deixo de falar, porque o tipo de coisa que tenho vontade de dizer não é propício. Não sei explicar, mas eu gosto, tem a ver com estar sozinho. Dou o tom, e o meu tom às vezes é mais verborrágico, às vezes é mais intimista, às vezes é mais coloquial. Eu posso conversar com a plateia, tem pessoas que não gostam disso e tem aquelas que apreciam – tem para tudo, é óbvio. Mas eu preciso saber o que estou fazendo. Daí faço melhor.

> SÓ FAÇO BEM O QUE FAÇO QUANDO **ESTOU BEM**

É o conforto que o conteúdo dá. É, tocando aquilo que eu de fato posso escolher. No grupo, você tem que dividir, o grupo é o somatório de coisas diferentes, mas isso envolve um esforço para o qual tem que haver uma disposição.

Você está ajudando a dar o recado do outro. Exatamente. Às vezes, não entendia bem qual era o recado e tinha que me resignar a ficar numa função secundária. Tudo bem, não preciso ser a figura central sempre. Eu curtia tocar o baixo, assim como curtia produzir discos. É uma coisa legal do meu trabalho, as possibilidades.

De colaborar com outros trabalhos, com outros artistas? Sim. Agora estou num momento diferente, lançando disco depois de vinte anos numa banda. Então, quero ficar na frente, quero falar, quero comandar todo o circo. Mas tenho satisfação em outras áreas, e ter produzido o trabalho da Cássia foi fundamental nisso.

A Cássia tinha grande afinidade com o seu trabalho. Cantar as suas músicas tinha tudo a ver com ela. Fico feliz, mas o trabalho era dela, a voz era dela. Nunca toquei violão nos discos da Cássia.

Só no *Acústico*. No *Acústico* tem uma música em que a Cássia queria que eu participasse. Eu gostava de ficar perto, mas, sei lá, eu só queria ficar vendo tudo o que estava acontecendo. Tinha tanto zelo por ela, pelo seu trabalho! Adorava aquilo tudo e queria estar lá de fato. Músicos maravilhosos, tudo legal, era *a* banda. Ficar ali me dava uma distância maior, uma isenção, e me deixava mais concentrado no que era o oposto de produzir – ou seja, fazer com que a Cássia conseguisse revelar músicas dela, o repertório dela, o timbre dela, essas coisas.

Outro dia, ouvi no rádio a "All Star", que é uma música que você fez para ela. Cássia foi uma musa também? Foi. A Cássia foi uma musa diferente. Essa foi a única música que fiz para ela, inspirado por ela. Todas as outras foram músicas que eu já tinha. A minha relação com a Cássia era diferente da relação com outras musas para quem fiz músicas.

Mas havia uma paixão também, não? Havia uma puta paixão, única, num lugar incomparável. Diferentemente da Marisa, por exemplo, com quem namorei, por quem fui apaixonado, ou da Vânia, com quem sou casado. Com a Cássia era uma puta afinidade, a gente ficou muito interessado um pelo outro, pela mente, pela conversa, pela maneira de ver – e, evidentemente, a música era o nosso elo. A possibilidade de fazer música juntos passou a ser muito encantadora porque a gente tinha um entendimento e uma satisfação muito grandes com o resultado dessa junção. Era muito fácil – estranhamente, agradavelmente, magicamente fácil. A Cássia tinha aquela voz linda e cantava bem porque estava entendendo tudo. Quando fiz "All Star", eu estava encantado com aquele período de descoberta da nossa amizade, do amor, da paixão que eu sentia por ela, e descrevi literalmente essa coisa engraçada que foi ver seu All Star azul, fiquei chapado...

Você adorou o All Star que era igual ao seu? Fiquei chapado, eu me lembrei do meu All Star preto de cano alto. Não uso tênis, mas antes eu usava esse All Star. Evidentemente, aquilo passou a ser uma metáfora da nossa afinidade, do nosso entendimento e da maneira pela qual eu reconhecia isso numa peça inusitada, que adquiria uma importância muito grande e que, deslocada daquele contexto, passava a ser representação de uma coisa muito maior, que é o que as pessoas sentem umas pelas outras. É claro que eu não estava apaixonado pelo tênis, estava era apaixonado pela mulher que escolhia aquele tênis, e a escolha daquele tênis era a razão do meu encantamento. Quando a gente se conheceu, a Cássia estava usando cabelo azul e morava em Laranjeiras. Sou ruivo. Então, eu achava engraçado ela de cabelo azul e All Star azul e eu de cabelo laranja indo para Laranjeiras... Por isso "o bairro me sorri", como se fizesse parte daquilo, a laranja paulista que chega a Laranjeiras. A Cássia morava no 12º andar, e havia um monte de coisas ali que eram alinhavadas como pontos e que davam graça. As músicas que eu faço parecem que ficavam perfeitas para ela. A Cássia pegava e cantava, e as músicas ficavam bonitas pra caralho. Eu chamei a Cássia para fazer *backing* em "Hey babe", mas ela nunca me falou muito dessa música.

Ela era tímida... Muito, e isso para mim foi uma puta surpresa, uma puta emoção. Quando a Cássia fez o show do *Acústico* aqui no Olímpia, em São Paulo, os meus filhos mais velhos, o Téo e a Sofia, foram assistir. A Cássia cantou "All Star" no bis e disse: "Ih, os filhos do cara estão aqui, hein?! Pô, vou errar a letra...". E errou mesmo. Eles me contaram, e fiquei muito emocionado. No dia em que a vi cantando isso, eu chorei mesmo. Quando a gente decidiu fazer o disco, *12 de dezembro*, eu fui atrás e botei a música. O arranjo que o Lincoln Olivetti fez é lindo...

Ela está meio rouca. Era uma voz-guia? Não, aquele disco é uma apresentação de voz e violão, tem uma voz de estúdio cantando "Nenhum Roberto".

Foi uma apresentação de voz e violão para uma pequena plateia? A plateia era enorme, o projeto *Luz do solo*. Tinha uma plateia gigante, um pouquinho abafada, mas dava para sentir. Essa música passou a ser ícone. Fiz o show no Canecão, e a plateia inteira cantava isso, foi muito bonito. Todo mundo que canta a música canta para a Cássia.

Por acaso, tenho lido Maiakovski. É mesmo? Faz muito tempo que não o leio. **Peguei ainda há pouco um poema dele chamado "Lilitchka! (em lugar de uma carta)", que começa com o verso "Fumo de tabaco rói o ar...". Pois eu queria falar um pouco sobre poesia e cotidiano. Maiakovski expressa as misérias do dia a dia, ao mesmo tempo em que traz essas coisinhas para dizer à mulher quanto ele a ama. Depois enlouquece: coloca um elefante cansado, que deita na areia junto com o coração dele, que está indo com a mulher... E eu, muito mergulhada aqui neste seu trabalho, com você! e seu cabelo ruivo chegando a Laranjeiras, o All Star da Cássia etc., vejo você fazendo a mesma coisa, buscando bobagenzinhas do cotidiano e as levando para a música. É uma maneira de você se expressar, de transformar e traduzir o cotidiano? Existe algum incômodo em se colocar autobiograficamente numa música? Ou, de certa forma, é um alívio?** Ambas as coisas. O incômodo é parte de uma relação angustiada, tem a ver com a inquietação, que é importante. Fico incomodado com as coisas que faço, embora simultaneamente fique também muito satisfeito. Eu olho para aquilo, que de alguma maneira me perturba. Sou perturbado com a minha própria pessoa, no bom sentido, não doentiamente, mas numa medida estimulante e instigante. Depois que fiz o primeiro disco, eu me dei conta de quanto estava pronto. No meu repertório, todas as músicas são na primeira pessoa – a data do meu nascimento, a minha separação. Falo nominalmente da minha família, da morte da minha mãe. O que eu quero? Primeiro, isso não é intencional, a minha necessidade de expressão não precisa ser exibicionista. Pelo contrário, eu gostaria de ser nítido sem precisar ser perceptível. Não estou fazendo autopromoção, nem estou dizendo que o meu casamento ou a minha vida pessoal têm importância para os outros; de fato, eles só têm importância para mim. Acredito que posso e preciso falar deles. A vida de cada um de nós é feita substancialmente dessas coisas, do namorado, da mulher. Música é diferente de poesia, e crônica é diferente de reportagem de jornal. O All Star azul deslocado desse contexto e cantado de outra maneira permite que você veja tantas outras coisas que o próprio All Star azul em si perde seu valor definido como objeto. A mesma coisa acontece quando falo nominalmente da minha família: através da música, a perda de sentido objetivo cria para o receptor a possibilidade de identificação e apropriação.

Posso ouvir a sua música e dar de cara com a definição da vida ou da situação de outra pessoa. Pode. Aliás, é isso que acontece. Há uma urgência vital para que eu diga o que estou sentindo, para que eu saiba quem sou – eu insisto porque acredito nisso. A música tem a função de trazer conforto e compreensão, mesmo que seja através do desconforto, da incompreensão que ela pretende. O reconhecimento do desconforto e da incompreensão exige que você alcance isso. A gente quer ser feliz.

Claro! Só posso acreditar, e acredito o mais das vezes, que a gente queira e procure isso. É óbvio que de formas diferentes, cada um tem o seu modo; há pessoas que têm formas estranhíssimas, talvez a minha seja estranha também. Ela não é tão ordinária, mas sou totalmente a favor do indivíduo, defendo a individualidade. O All Star azul combinar com o preto de cano alto é a representação de um homem e de uma mulher diferentes que podem andar juntos, de mãos dadas. Andar é bom para quem quer ficar junto. Não quero ficar parado no mesmo lugar, cristalizado, velho, obsoleto, com uma ideia caricata a respeito de mim e dos outros, não quero isso. É claro que há um grau de exposição que serve à vaidade e que subir ao palco é um exercício de exposição, amplificado para multidões, com os holofotes. Se eu tivesse medo, ficaria em casa, mas eu gosto de subir ao palco.

Mesmo que os momentos e os temas sejam diferentes, essas imagens são recorrentes na sua obra. Quando ouvi *A letra A*, pensei: "Aqui tem alguma coisa que eu quero dizer a alguém". É uma delícia quando alguém traduz o seu pensamento de outra forma. É.

Estamos em 2003 e podemos pegar o poema de Maiakovski de 1919 e dedicá-lo a alguém. Fui apaixonado pelo Maiakovski, e isso de que você está falando me impressionava muito.

"É melhor morrer de vodca que de tédio..." É – quanta vodca eu bebi! Mas por conta do Dostoiévski.

Num anúncio da editora Martins Fontes, você dizia que o livro *Crime e castigo* o marcou muito. Quando tinha 18 anos, eu li esse livro, e ele me transformou – eu enlouqueci, passava o dia lendo aquilo. Eu também! Tinha 15, 16 anos, e fiquei chapado, me transformei no Raskolnikov. Havia ficado de cama,

> A MÚSICA TEM A FUNÇÃO DE TRAZER CONFORTO E COMPREENSÃO

com febre, por uma coisa qualquer, e li o livro num fim de semana. Pirei com a história. Depois disso, li toda a obra do Dostoiévski e de outros russos e comecei a beber vodca.

Fale da sua relação com a literatura, do fato de fazer letras longas, que é uma marca sua. Sou mau leitor. Li muita poesia, li Maiakovski, li muita coisa que me impressionou e que foi importantíssima para minha formação pessoal, mas tudo na adolescência. Depois, eu me distanciei bastante dos livros. Só que a literatura tem evidentemente uma relação direta com o meu trabalho, porque escrevo uma parte substancial do que eu faço pelas letras. Acho que aprendi escrevendo e lendo. Gosto de escrever letra de música. A letra se manifesta como um incômodo, um sentimento, e só a expressão e a clareza das palavras podem levar à compreensão e à superação desse estado.

Você escreve, apaga, reescreve, refaz? De modo geral, na minha maneira de compor, as coisas se dão simultaneamente: o violão é o objeto em que a levada e a harmonia se materializam com a melodia. Aí há a ideia de algo a dizer, que vai tabelando com a melodia, e eu vou escrevendo.

Vai tabelando com a melodia? É, uma coisa puxa a outra. São raríssimos os casos em que musiquei uma letra minha. Para não dizer nenhuma, há "Diariamente", mas tenho muita dificuldade em fazer melodia para depois colocar letra. Tenho uma música de que gosto muito, mas na qual não consegui pôr letra. É uma loucura, não consegui pôr letra na minha própria música!... Faço letra para outros compositores. O trabalho com o Samuel Rosa é assim. Na maioria das vezes, vou fazendo as duas coisas juntas – a ideia de um verso ou de uma palavra sugere uma melodia que possa ser dita ao mesmo tempo. A melodia precisa de uma palavra que a preencha, então as coisas ocorrem simultaneamente e, de certa forma, magicamente.

Passa pelo encantamento? Passa. Não quero também mistificar demais, mas o ato da composição me encanta. Faço tudo e sempre fico espantado. Sinceramente, fico espantado.

"Saiu!" "Saiu! E a próxima, quando será?" Ainda sofro dessa angústia, menos do que sofria antes; hoje sou mais calmo.

A angústia da próxima canção? É. Sou um desesperado para saber o que virá depois, como vou fazer, o que terei para me dizer. Mas escrevo muito, vou procurando até que chega uma hora em que parece estar pronta. Chega uma hora em que eu digo: "Ah, ficou pronta!". Os versos longos são parte do meu jeito, não é uma coisa que eu tenha decidido. Na verdade, gosto de ampliar as possibilidades de descrição de uma sensação, de um objeto, para poder ver de ângulos diferentes. Gosto de procurar uma boa rima, de achar a palavra exata. A Sofia me disse uma coisa curiosa: "Você já reparou que as suas músicas que fazem sucesso são as que têm letras mais simples?". Respondi: "Nossa, é!". Eu me afasto um pouco desse tipo de análise.

Por ter medo de precisar de uma fórmula que faça sucesso? Por medo de me decepcionar. Tenho muitas expectativas com relação à trajetória das minhas músicas.

Quer tocar no rádio? Claro, pô! Mas, por outro lado, não quero... Sinto a maior atração por ser original ou por ter a minha ruivice presente na minha música. Não é charme, é fidelidade. Eu me sinto bem se aquilo expressa quem eu sou. "Como gesto espontâneo, invulgar" – invulgar não é uma boa palavra para uma música que se pretende tocar no rádio. Mas é a palavra mais necessária; então, foda-se se não tocar no rádio, não vou substituí-la. Não é porque eu seja melhor ou pior que outros, é porque aquilo fundamentalmente precisa atender às minhas ambições. Gosto quando dizem que gostam das minhas letras, quando reconhecem que nelas há uma coisa singular, pessoal, e que, ao mesmo tempo, elas têm clareza, têm lógica e provocam sensações. Isso é importante. Não quero estar escravo de um estilo, nem ser o Nando que só fala de coisas do cotidiano. Não estou muito aí para isso, eu quero é descobrir novidades para mim mesmo.

Para não ser redundante consigo mesmo? É, buscando o tempo inteiro. Pode ou não ser falando de amor nos próximos vinte anos – não tem problema.

São vários violões no show, e vi um cuja corda arrebentou e o corpo está todo marcado. Você mete a mão nesse instrumento? Sim, é verdade. Tem violão guardado no escritório, tem violão lá em cima... Eu toco pouco em casa.

Compõe mais na estrada? Majoritariamente na estrada, é a solidão. A bem dizer, na concentração da solidão e na magia do silêncio. As coisas ficam mais na cabeça do que na realidade. Tem muita coisa acontecendo aqui.

Claro, criança debaixo da mesa... Gosto disso. Não quero ficar estigmatizado como um cara que só compõe no quarto de hotel depois do show. Fiz a letra de "Dois rios" sentado aqui em casa. Subi e disse: "Agora vou trabalhar". Eu tenho loucura por violões, desde o primeiro que tive, um Giannini pequenininho que a minha avó me deu. Depois tive um Saturno, onde eu colava jornal com Contact transparente. Quando o Téo era pequeno, ele tocava nele, até que quebrou. Tenho outro Giannini, que era da minha mãe e que o Paulinho Nogueira escolheu, um violão de náilon maravilhoso, de 1965. A minha relação com ele – o estojo, o forro vermelho vivo, não o instrumento em si – é louca. Parece um corpo, parece o sangue – um violão bonito, com aquele som! Uma vez, comprei um de um pescador na ilha do Mel, era um Giannini tosco, fino, de uma série muito mais popular. Com esse, participei do festival secundarista de música em 1979, com os Camarões, no Colégio Santa Cruz. Na hora de passar o som, um cara me perguntou: "Você vai tocar com esse violão?!". Não sei que *cazzo* de violão ele tinha, mas era superior ao meu e tinha um captadorzinho Barcus Barry colado. A gente ganhou o festival. Também tenho muitos violões Martin. Sinto paixão por alguns dos meus violões, adoro as correias. É um estímulo importantíssimo, gosto de tocar forte. Não sou um colecionador nem tenho uma quantidade absurda de instrumentos, nem mesmo sei o modelo dos meus instrumentos. Eles têm nome, apelido – o marrom, o brancão. Do violão, eu sei o cheiro, o lugar, o *soft case* em que o guardo. Isso tem a ver com a maneira como vejo e aprecio quem toca bem. O meu maior ídolo no violão é o Gilberto Gil.

O próprio Caetano diz que quem toca *mesmo* é o Gil. O Gil é foda! O disco dele que mais amo é o *Expresso 2222*. Eu e milhões de pessoas…

Jorge Ben Jor também deve estar na lista. Jorge Ben Jor também é foda, mas o Gil é uma coisa, é impressionante, eu fico encantado.

Não é um virtuose que se exibe tocando violão. Ele toca muito. Toca pra cacete. Eu toquei com ele em algumas faixas do disco da Marisa. Foi a primeira e única vez em que estive próximo assim do Gil.

Que tal? Eu vi o Gil e a Marisa fazerem o arranjo de "Dança da solidão", ou daquela música da Marisa e do Arnaldo, a que fala do amor de nome de árvores, de madeiras – é do *Cor-de-rosa e carvão*. A gente gravou junto uma música só, muito louca, eu tocando violão, o Gil tocando guitarra – pode isso? O Gil é uma coisa. E o Neil Young é outro.

Ah, eu queria falar do Neil Young! Agora, depois de anos, pude vê-lo tocar, um show solo, só violão. Uau! É completamente diferente, mas tem um estilo, uma peculiaridade, um jeito de tocar. O sr. Paulo Miklos também é um cara que eu gosto muito de ver tocar. Admiro muito o Paulo, é um puta talento.

Neil Young me veio à cabeça quando vi o seu show. Todo mundo fala isso. Eu admiro seu trabalho de compositor, tem aquele elemento. Em meio a 200 milhões de discos, um universo infinito, ele tem uma maneira e um estilo próprios.

É a ruivice dele… Esses caras o inspiram de alguma forma? São um arquivo oculto que vai se abrindo aos poucos na hora de compor? Música boa é inspiradora. Quando ouço música boa, fico inspirado e estimulado. Já quando ouço uma música ruim, tenho pavor de fazer uma merda. Sempre admirei muito o Caetano Veloso como compositor, sempre gostei das suas músicas longas.

"Ele me deu um beijo na boca e me disse…" "…A vida é oca como a touca de um bebê sem cabeça. E eu ri à beça." Essa é genial, mas, para mim, a música que é uma obra-prima, que deveria ter lugar num altar, é "Da maior importância".

Ela é demais! É linda, linda! Caetano tem essas músicas longas, como se não se importasse se o cara está entendendo, e tem as coloquiais, como o Jorge Ben Jor também tem. Pô, eu ouvia isso em 1974 e achava legal não ter um modelo – era bom não ter modelo.

Parte A, parte B… É. Sempre fiz músicas longas, eu tinha uma que se chamava "Você é a coisa mais triste que já me aconteceu". Era uma história comprida, absurda, mas agora não sou mais menino, tenho 40 anos, é diferente. As coisas têm um impacto diferente, embora continuem sendo as mesmas coisas – eu sou, fico, apaixonado. Ouço duzentas vezes a mesma música, o mesmo disco. Quando descubro certas coisas que me encantam, eu começo a precisar delas e quero ouvir e vou ouvir sempre – sou um reouvinte. Poderia passar o ano ouvindo apenas dez discos, numa boa, sem exagero. Há uns dez discos que têm tudo de que eu gosto. Gosto quando a música tem essa infinitude. Fico muito satisfeito e superlisonjeado quando pessoas que gostam do meu trabalho vêm e falam dele nesses termos.

Infinitude no sentido de que você pode ouvir de maneiras diferentes? A música tem sempre algo para você descobrir, ela sempre pode mudar o ângulo. É claro que os primeiros impactos são sempre mais fortes. Eu gosto de músicas que tenham um mistério, por isso não me preocupo tanto quando às vezes uso uma palavra estranha, ou quando a música é longa, ou quando o formato não é exato. Penso pra caralho no que faço, cuido bastante. Não sou um cara intuitivo pura e simplesmente – sou bastante racional, caprichoso, mas gosto da imperfeição, da humanidade. É assim que vejo sabor na vida, nesses discos. Eu poderia voltar a "Da maior importância", do *Qualquer coisa*, ouvir de novo e ficar encantado com aqueles violões do Perinho Albuquerque e do Caetano, só aquilo. Vou ouvir duzentas vezes aquilo, ou vou ouvir Gil e Ben Jor cantando por treze minutos. Eu gosto de músicas longas. A música tem que ter o tempo que tem que ter. Só que há uma coisa da minha profissão – o rádio e os tamanhos... Por isso gosto de fazer show.

Numa entrevista, você falou sobre o fracasso da turnê do *Para quando o arco-íris encontrar o pote de ouro*. Como você encara isso? Eu tenho um puta barato de fazer show. Principalmente agora, que estou por conta disso e tenho tempo e possibilidade de fazer. Isso muda coisas significativas e fundamentais. Gosto de tocar com a minha banda, de subir ao palco e fazer um show com um repertório que amo, com músicos que amo e respeito. O show é totalmente nosso. Tenho prazer com o exercício de conquista da plateia, da sedução; gosto disso. Quero que se sintam bem comigo e com a minha música, quero que a música faça pela plateia o que ela faz por mim. Com essa interação, ela cria outra coisa e leva para um lugar diferente. As coisas devem emocionar. Quando falei do fracasso da turnê e do barato do show, estava me referindo a isso, provavelmente explicando a origem do disco *Infernal*. Atualmente, estou tendo que ver qual é o meu tamanho, onde eu caibo e que lugar vou ocupar – onde vou ter que me espremer, como é que eu entro nesse lugar num contexto da falência de alguns valores e da alteração de alguns critérios que estavam cristalizados. Há cinco anos, vendia-se disco de uma maneira; hoje, vende-se de outra – e eu dependo disso, porra! Fazer música não é só o meu dom, é o meu trabalho. Então, é preciso lidar com a realidade e viabilizar o meu sonho de fazer música, tocar em todos os lugares e para um monte de gente, subir ao palco com uma produção bacana, levar esse show com cenário, repertório, arranjos, para todos os lugares, fazer turnê. Eu já fiz isso com os Titãs, que têm uma carreira consolidada.

Agora você tem a ambição de consolidar a sua. Tenho, e a minha carreira é diferente, estou começando – não, não estou começando, não quero ser modesto. Mas estou começando um monte de coisas, não é fácil...

GOSTO DA IMPERFEIÇÃO, DA HUMANIDADE

Acho que sei do que você está falando. Isso que você está me dizendo agora, esse "Estou começando", é uma apropriação que se percebe quando você está ali no palco fazendo *A letra A*, uma tomada de pulso que eu não tinha percebido ainda. É, eu acho que sim, porque muda quando muda para mim. Embora eu ame os discos que fiz, os shows que apresentei, é quase certo que a condição de estar ali de passagem tinha outra implicação. Agora eu estou mesmo ali – e estou muito, muito feliz. Antes eu fazia menos shows, então tinha que tocar todas as músicas e fazia shows enormes...
"Esse cara tem muitos filhos, faz letras longas, shows longos..." E a Sofia abre o show cantando com você? Foi emocionante. É minha filha.
Você é um cara família? Sou. Realmente gosto de casa, dos meus filhos, de levá-los comigo.
Na sua casa, a música tem uma continuidade natural. Eles vão descobrindo os discos. Fico orgulhoso, trago isso de bom, tenho um puta amor na minha vida. O que sustenta a nossa vida, a nossa família, em todos os sentidos, é a música, e os meus filhos gostam, já têm banda, a Sofia canta. Não quero saber se vão se profissionalizar, isso pouco importa. O que importa é que a música faz bem para a gente.
Estou entrevistando você para um livro de música brasileira. De uma forma ou de outra, uma hora ou outra, todo mundo que está aqui dialoga – a sua música conversa com a do Tom Zé, com a da Rita Lee, e assim por diante. Você acha que a sua música é rock'n'roll? Ou tem uma nova possibilidade? Gosto de música que não dá certeza, que levanta dúvidas, e rock'n'roll é isso. É fundamental ter dúvidas. Não acho que a minha música seja assertiva, afirmativa, que ela tenha mensagem. Evidentemente, ela diz muita coisa a respeito do que sinto, do que acredito. Mas, por outro lado, ela não tem uma única explicação nem dá uma saída. Isso é bom, porque a vida é assim.
Inquietação com movimento. É assim que eu sinto e é assim que eu gosto. É por isso que não é problema haver uma palavra que ninguém vai entender muito bem. Sei por que ela está lá, e quem quiser que vá ver no dicionário, que cante de outra maneira. Nenhum problema – cada um faz o que quer. Essa possibilidade me agrada, o rock'n'roll é assim. Eu sou do Brasil, não quero ter que me rotular nem me denominar. O meu nome é Nando, José Fernando Gomes dos Reis, ponto. Artisticamente conhecido como Nando Reis, ponto. Faço música, ponto. O terreno, o assunto de que trato é esse de que a gente acabou de falar. As pessoas que citei e as relações de trabalho que tive explicam o território que eu quero, mas não explicam necessariamente tudo...
Não o definem nem o limitam. É, não vão me condenar, vão é me libertar.

COMO É QUE UM GRUPO TÃO FORA DOS PADRÕES

como o Pato Fu dá tão certo? Fui até Belo Horizonte descobrir a história dessa "banda improvável" e ouvir as coisas maravilhosas que me contaram John Ulhoa e Fernanda Takai, o casal por trás desse projeto incrível. O palco é uma extensão da vida. Nada está montado para dar certo: tudo acontece no tempo deles, do jeito deles. Uma canção pode demorar anos para ficar pronta e pode partir de uma frase largada num papel. Essa espontaneidade não dificulta nem atrapalha a criação – as coisas são como são. Precisa é ser divertido. E isso é mesmo, basta ir a um show do Pato Fu para confirmar. No centro do palco, lugar que foi ganhando naturalmente, Fernanda talvez toque uma guitarra enfezada usando vestido cor-de-rosa. John já fez parte de banda punk skatista. O doce e o amargo em perfeita sintonia. Nos dois.
Entrevista realizada em 2005.

Vamos começar falando de composição. Vocês estão fazendo um disco e vão faltando três, quatro músicas. Aí, pinta uma ideia, uma frase, e desse motezinho, desse fragmento, começa a surgir um repertório, uma canção nova. Como é isso? FERNANDA TAKAI: A nossa relação de compositor e de banda é até *sui generis*. A gente mora junto, é casado, tudo, mas não faz muita coisa junto, isso de sentar, compor canções, escrever. É muito fragmentado. O John tem as anotações dele, eu tenho as minhas, os meus pedacinhos de coisa. Em determinado momento, acontece de ele me mostrar algo que eu tenha a ideia para desenvolver depois. Então eu fico brincando um pouco e desenvolvo a minha parte, a melódica, de que gosto mais. Confesso que não sou boa letrista. O mérito pelas letras é todo do John.

Mas sempre foi assim? Ou é agora que não dá tempo? JOHN ULHOA: Dá tempo, mas a gente não faz. É pela metodologia. ▪ **FT:** No início, era timidez – acho que a gente tem muita vergonha de ideias ruins. Sou muito crítica, o John também. Não me permito chegar com uma ideia mais ou menos, uma rima boba, uma história boba. ▪ **JU:** É, raramente a gente faz isso. Quando faz, é porque é algo encomendado – uma trilha para um programa, um negócio desses. Aí, a gente senta um ao lado do outro e fica tentando achar o verso. Mas não tenho esse talento que alguns músicos têm de compor em comunhão com outras pessoas, coisa que eu acho muito estranha. Para mim, a composição é o momento mais introspectivo de todos. ▪ **FT:** Isso ficou internamente. Ficou em relação a outras pessoas também: quase não há parceria da gente com outro artista.

Quando começou a parceria de vocês dois? O namoro foi ao mesmo tempo?
JU: Lembro que vi a Fernanda na época em que ela foi lá na loja entregar a fita demo. Ela cantava umas músicas próprias, que gravava com uma banda que tinha. Eu me lembro de ter achado a voz dela sensacional – e, sei lá, sou capaz de me apaixonar por alguém que tem voz muito legal. Além do mais, ela se encaixava muito bem nos meus projetos musicais: tocava violão, fazia umas músicas e tudo. Então a música tem, sim, a ver com o fato de a gente estar junto. Não foi por acaso.
▪ **FT:** Quando entrei no Pato Fu, eu já havia tido uma banda de escola, depois de faculdade, e tinha as minhas músicas. Algumas a gente gravou no Pato Fu. E, quando ele me mostrou o projeto de repertório do Pato Fu, eu achei muito divertido – tão divertido que aquilo não podia ser meio de vida, sabe? "Os shows vão ser legais, mas ninguém vai contratar essa banda!..." ▪ **JU:** Era um projeto muito improvável.
▪ **FT:** Mas começou a funcionar de um modo tal que mostrei as minhas músicas. Quer dizer, o John já conhecia as músicas, mas de certa forma fomos melhorá-las ou adaptá-las para uma banda nova, que não era mais a banda que eu tinha antes, a Data Vênia. ▪ **JU:** Banda de advogados... ▪ **FT:** Banda de pré-universitários que queriam um nome que fizesse sentido. E aí foram entrando no repertório do Pato Fu essas músicas, como "Antes que seja tarde", "Nuvens", "Saudade" mesmo. E a gente começou a fazer essas colaborações, de fragmentos de letra dele com as minhas

ideias musicais. Eu pegava algumas coisas dele e começava a fazer. Entregava para ele de novo, ele melhorava, tudo separado. Ele ficava ali, e eu ficava lá longe. Depois, a gente se juntava.

É engraçado que a vergonha continua a mesma, né? JU: Mas não chamo isso de vergonha, não. É um método de trabalho. Tenho a mente muito de um canal só: quando penso em fazer uma letra, vou tentar achar uma melodia para aquela letra e faço isso fixamente. Fico trabalhando, tento até o meu limite, mostro para ela, ela diz: "Tudo bem, menos essa vírgula aqui e tal". Ou: "Ok, tá bom, é isso aí". A nossa parceria é isso. **FT:** Fico tentando resolver todas as coisas ao mesmo tempo, e ele definitivamente não é assim. E há música em que a gente cola pedaço de uma com outra, né, John? Sua com minha, e vira outra, vira outra música.

Foi o que achei interessante, você dizer que há esses fragmentos, esses pedaços, e o Pato Fu tem – o quê? – três meses para lançar o disco. JU: Normalmente, quando acaba um disco, a gente tem um pouco de sobra de versos, de frasezinhas musicais, que podia ter usado e que acabou não se encaixando em nenhuma música. Aí, lentamente, eu começo a compor, sem pressa e na velocidade da inspiração. Quando aparece um prazo, eles me dizem: "Olha, a gente vai lançar o disco daqui a três meses". "Então, para tudo! Eu vou fazer música." Eu pego aquele monte de ideiazinhas, de frases, de títulos de músicas possíveis e coisa e tal, e começo a trabalhar mais. É nessa hora que começa mais a troca de informações para saber se o que estou fazendo tem a ver. **FT:** E há músicas que, incrivelmente, ficam anos e a gente só vai gravar um tempão depois. São músicas boas, não sei por que a gente fica nesta de "Não, não são boas o suficiente".

Quando você ouviu o Pato Fu pela primeira vez, pensou: "Isto aqui é uma brincadeira!". Então, qual foi a primeira surpresa? A coisa de estar tocando no rádio? FT: Acho que o John teve a mesma sensação que eu. Os shows eram muito bons, e muita gente começou a escrever. Saía nos fanzines, aqueles de papel, xerocados, e começou a virar uma coisa, principalmente nos meios universitários e nos meios bem alternativos mesmo. Vinha carta, não havia ainda e-mail: "Olha, eu quero fazer uma entrevista com o Pato Fu". Um cara lá de Maceió, outro lá do Acre. Uma coisa muito segmentada, de um segmento que escrevia sobre música, garimpando coisas, e descobria o Pato Fu. Então, a gente pensou "Pô, esse negócio tem alguma coisa diferente!". **JU:** Eu já havia tido banda por mais de dez anos antes, mas com o Pato Fu foi um negócio diferente. De alguma maneira, a fita demo tinha uma recepção incrível. E era mesmo uma das propostas da banda que a gente fizesse um show muito legal, independentemente de ter música no rádio. Sempre achei que isso fosse possível. Show de música pop, em geral, é dependurado em *hits*. Se você tem um *hit*, o som pode estar ruim, mas as pessoas reconhecem a música e cantam junto. Mas eu já havia visto shows que não tinham *hits* e que eram muito legais. Os do Mulheres Negras, por exemplo. E os do Tangos e Tragédias. E os do Premeditando o Breque. E todas essas coisas tinham um pouco de humor. Pensei:

"A minha próxima banda, eu queria que fosse assim". Seria o Pato Fu. Mesmo não tendo *hits*, você às vezes tocava alguma música conhecida, mas não o cover *óbvio* da época, né? Quando o Pato Fu começou, seria *óbvio* demais a gente fazer cover dos Paralamas ou de algo que estivesse tocando no rádio. Assim, a gente tocava "Sítio do Pica-Pau Amarelo".

Ou "A volta do boêmio". JU: Porque isso exerce a função do cover, que é cativar um público de maneira imediata sem ter que apresentar a música no rádio, só que fazendo isso de um jeito criativo. Tirei do chapéu uma música que ninguém esperava, com um arranjo mais absurdo ainda. Então, a probabilidade de a gente fazer algum sucesso era justamente pela diferença, e não por se encaixar numa coisa que já existia.

Acho que foi um pouco por aí, porque até hoje não há uma onda Pato Fu, né? FT: É, não temos seguidores. Outro dia, até me perguntaram: "Você acha que o Pato Fu fez alguma diferença na música brasileira?". Respondi: "Se for uma diferença grande, não, porque a gente nunca foi a banda copiada, a gente nunca teve as músicas entre as mais tocadas, nem os discos mais vendidos". Mas acho que há uma geração de bandas que estão se formando hoje e falando que ouviram muito Pato Fu, e elas não fazem necessariamente o mesmo som.

Se inspirando no exercício da liberdade, talvez? FT: Acho que sim. Acho que é a diversidade: você pode fazer um disco com várias estéticas sonoras e tudo bem, não tem problema. Talvez seja mais difícil você ter seu trabalho numa prateleira só, específica, você se identificar. Então, nesse ponto, acho bom ter esse tipo de influência. Algum disco do Pato Fu a pessoa tem em casa, ouve, vai ao show vez por outra, sem necessariamente ser um seguidor.

Pelo estúdio, pela casa de vocês, percebo que há sempre o lúdico, a brincadeira. Tem coisinhas por todo canto... JU: O Dexter... **FT:** Os quadros do Laerte...

E isso já havia desde o começo? JU: No começo, havia mais – éramos mais jovens. Na verdade, o Pato Fu vem de outra banda, a Sustados por um Gesto, que era ainda mais besteirol. O Pato Fu é uma adaptação dessa banda, é o fim da Sustados por um Gesto. E a gente trouxe isso, um elemento para fazer os shows ficarem legais instantaneamente, sem o *hit*.

A começar pelo nome da banda. FT: É, Pato Fu é um nome bem fantasia. Não dá para saber o que é. **JU:** Não foi de repente, mas, ao longo dos discos, a gente começou a achar que devia dar menos importância ao humor e mais à parte musical. Mesmo porque já não era necessário ficar querendo ser engraçado no palco, nem nas letras, porque já tínhamos os nossos *hits*, já tínhamos um público. Continua havendo uma ironia, mas é menos. **FT:** Hoje, é outro tipo de humor. Porque, se você conversar com cada um dos integrantes do Pato Fu, cada um tende para um lado musical. Sou a pessoa do pop, da balada; eu gosto disso, gosto da melodia, até de

> **A PROBABILIDADE DE A GENTE FAZER ALGUM SUCESSO ERA JUSTAMENTE PELA DIFERENÇA**

uma coisa um pouco mais séria, bem mais suave. E acho que, com o tempo, depois que entrei e vi que ia ficar mesmo, também cresceu na banda esse meu lado, de escolher o que eu queria cantar mais, o John fazendo as músicas mais para o meu jeito, e não do jeito que estava na cabeça dele para aquela banda do início. Isso foi acontecendo pouco a pouco. Ouvindo os discos, há uma gradação, e, na minha vontade artística, sou muito mais feliz com o Pato Fu de hoje do que com o Pato Fu daquela época – embora reconheça que aquela forma tenha sido muito importante para chamar atenção para a gente e depois peneirar o que tinha de mais legal. Mas, como o John disse, acho que foi um refinamento das ideias iniciais.

Quando o Pato Fu deixou de ser um projeto improvável? Qual foi o fato que o transformou nesse projeto de vida que vocês tocam até hoje? FT: O ano do lançamento do *Gol de quem?*, 1995, foi bem especial. Foi um disco extremamente elogiado, e a gente acabou ganhando todos os prêmios de banda revelação no Brasil – o da MTV, o do MultiShow, o de vários jornais e revistas – e começando a fazer turnê fora de Minas Gerais. Foram vários sinais, uma sinalização coletiva nessa virada de 1995 para 1996, que culminou com o convite para o Hollywood Rock. Aí a gente teve que fazer uma opção, porque em todos os nossos outros empregos não dava mais para dizer: "Olha, eu vou faltar três dias, uma semana, não venho mais este mês". Começou a ficar uma coisa chata, a gente – tanto o John, mesmo sendo dono de uma loja, da Guitar Rock, quanto eu, que era sócia numa agência – ter que fazer uma opção. O Ricardo [Koctus, o baixista] era o único que já tinha se decidido por ficar com a banda. Na época, ele era até meio nosso empresário, junto com o Aluizer Malab. E falamos: "Chegou a hora! Se a carreira na música tem alguma chance de dar certo, a gente precisa aproveitar isso agora".

E o curioso é que isso foi no segundo disco. Todo mundo diz que o primeiro é fácil, vai na boa, mas que no segundo é que você diz a que veio. FT: É, a prova está no segundo disco, exatamente. Mas é engraçado que o repertório dos dois sempre existiu ao mesmo tempo. Só que, quando gravamos o primeiro – pela Cogumelo, que é basicamente um selo de heavy metal –, acabamos gravando umas coisas mais pesadas, mais esquisitas. E para o segundo ficou "Sobre o tempo", entraram umas baladinhas. Mas quem acompanhava o Pato Fu de shows sabia que os dois discos já existiam, que era um repertório que tinha sido dividido ao meio.

Foi intencional? FT: O da Cogumelo, sim. O que ficou, digamos, de sobra do *Rotomusic* foi o *Gol de quem?*, que talvez tenha apresentado o Pato Fu para a maior parte das pessoas e foi muito elogiado.

O terceiro disco veio em 1996, só um ano depois. Aí vocês já tinham gravadora, já era outro esquema? JU: Aí já começa aquela sequência, né? Você tem contrato com gravadora, fez um disco, depois outro, e outro. Mas, na verdade, a reação das pessoas ao Pato Fu foi surpreendente para mim desde a demo. Muito mais que qualquer outra coisa que eu tivesse feito antes.

Era a *Pato Fu demo*? FT: Não foi intencional o trocadilho – a gente só percebeu depois que as pessoas disseram: "Nossa, vocês estão colocando *Pato fudemo*?!". ▪ **Hoje, passado esse tempo todo, qual é a originalidade do Pato Fu, aquilo que, ainda hoje, muita gente aponta como uma das qualidades da banda? JU:** Em todos os projetos que tive, em todas as bandas, desde os anos 1980, tentei fazer com que a tônica fosse a criatividade, a falta de apego às fórmulas ortodoxas. Só que eu acho que, em todas as outras bandas em que tentei fazer isso, o resultado devia ser um pouco chato, um pouco hermético. Quando a gente montou o Pato Fu, foi justamente na época em que desisti de viver profissionalmente de banda. Montei uma loja de instrumentos musicais e, depois, uma banda, que tinha que ser muito divertida. ▪ **FT:** Talvez o pessoal que escreve sobre música, a crítica ou mesmo outras pessoas que falavam do Pato Fu ficassem meio com pena, porque a gente não tinha turma. "O Pato Fu é uma banda legal, eles se parecem com... Ah, não se parecem com nada!" Às vezes falavam dos Mutantes, mas não era como se houvesse um grupo de pessoas fazendo algo parecido no Brasil. ▪ **JU:** Acho que a gente vai ser eternamente esta banda sem turma, porque não leva os estilos tão a sério. Não consigo levantar a bandeira de um gênero – a minha escola, desde os anos 1980, é esta de achar que todos os gêneros têm algo de legal, mas que todos são risíveis também. De certa maneira, a nossa radicalidade era isso. ▪ **FT:** Em entrevista, eu mesma já tinha dito que o Pato Fu podia ser definido como banda de rock. Mas ele não é. Pop rock talvez defina um pouco melhor o que fazemos, mas nunca ficamos à vontade com um estilo só. Nunca nos sentimos verdadeiramente representantes de uma turma. ▪ **Nem se sentiram incomodados com essa falta de lugar? JU:** Não, muito pelo contrário. É como eu lhe falei, nos anos 1980 eu até tinha uma turma aqui, que incluía o Sexo Explícito, o Divergência Socialista, o Último Número e o Bando e Agregados. Era uma turminha, umas vinte pessoas que ouviam um som que não tocava nas rádios, um som de que ninguém tinha referência. E a gente gostava muito do Lira Paulistana, do Arrigo Barnabé, do Itamar Assumpção, do Premeditando o Breque, de coisas gringas que não tocavam em rádio. Isso fazia da gente, para a gente mesmo, pessoas especiais – só nós conhecíamos aquele som. Era uma coisa típica dos anos 1980, porque havia muito pouca informação. Hoje em dia, não dá mais para se esconder atrás da informação que só você tem, porque todo mundo a tem. Está na internet, há muito mais coisas que você não conhece do que coisas que você conhece, não adianta vir com aquele papo. ▪ **Uma comparação já meio lugar-comum é entre o Pato Fu e os Mutantes, mas você, Fernanda, me disse que The Mamas & the Papas é muito mais referência para vocês. FT:** É, e me surpreendeu ver isso. Comecei a fazer essa ligação entre as duas bandas porque o Arnaldo Baptista disse que, quando tentavam

> **NUNCA NOS SENTIMOS VERDADEIRAMENTE REPRESENTANTES DE UMA TURMA**

fazer os arranjos vocais dos Mutantes, eles se inspiravam muito em The Mamas & the Papas. E eu, mais que o John, sempre ouvi e gostei muito daquele tipo de trabalho de voz e do lado pop desencanado deles. Então, de repente, temos a ver com os Mutantes porque gostamos das mesmas coisas. Talvez tenha ficado uma ideia errada para muita gente que tinha os discos do Pato Fu como bíblia, a ideia de que, para levar a carreira para a frente, era preciso fazer uma carreira parecida com a dos Mutantes. Nunca foi isso. Foi mais uma coincidência que uma influência.

E há outras referências possíveis. Esse último disco, *Toda cura para todo mal*, tem uma levada meio Jackson Five, não? JU: Tem. Na verdade, é uma coisa que a gente faz muitas vezes, ouvir um som e dizer: "Vamos tentar fazer uma música como se fôssemos essa banda?" Acho que o Pato Fu tem álibi para isso, desde o início. E os Jackson Five são uma das possibilidades. Algumas pessoas podem achar falta de personalidade, mas a nossa personalidade é essa.

O público espera de vocês justamente essa diferença, essa inovação, a surpresa? FT: Acho que sim. Há uma parcela do público que conhece basicamente o lado mais pop, que tocou muito em rádio, em novela. E há o público que conhece o disco inteiro, canta todas as músicas e fica indignado por as pessoas só conhecerem a música da novela. Esse público sempre espera um disco do Pato Fu que o surpreenda, nem que seja uma só faixa em que o ouvinte realmente diga: "Nossa, o Pato Fu nunca tinha feito nada igual a esta aqui!". Em alguns discos, a gente fez mais isso. Em outros, menos. Há uma trilogia nossa – o *Televisão de cachorro*, o *Isopor* e o *Ruído rosa* – que, até porque tem o mesmo produtor e veio num tempo mais curto, são discos que têm certa semelhança, contam as histórias de uma mesma forma. Sempre tentamos evoluir de um para o outro, mas o espaço que a gente deu do *Ruído rosa* para o *Toda cura* arejou um bocado as ideias, a forma de trabalho, e aí aquele público é o primeiro que levanta a mão e diz: "Nossa, eu gostei deste disco!". O *Toda cura* parece o Pato Fu dos velhos tempos. Na verdade, é um Pato Fu evoluído. O nosso público sempre manda recado. Não que a gente vá fazer disco por causa deles, mas é legal você saber o que o seu público está ouvindo, como ele está ouvindo. **JU:** As pessoas que se acostumaram conosco, que nos acompanham há muito tempo, esperam que façamos sucesso ou ganhemos algum destaque pela diferença, não pelo fato de fazermos o som que está tocando muito. Para isso existem várias bandas, e, se fizéssemos a mesma coisa, seria um pouco decepcionante para aquelas pessoas.

***Toda cura* está tocando em outro tipo de rádio. Isso é reflexo da maturidade do Pato Fu? Ou é reflexo da maturidade das emissoras? JU:** Ou uma adolescência das outras emissoras... Acho que é tudo isso aí. O fato de a gente estar tocando em rádios mais adultas – rádios de MPB, esse tipo – tem a ver com o nosso trabalho, que amadureceu nesse sentido também. Ficamos mais velhos e, então, sentimos prazer em fazer um som assim. Sempre fizemos o que era genuinamente a nossa vontade, tanto que esse disco tem, claro, aqueles rocks que são para tocar em FM pop.

Há também a identificação que o Pato Fu tem hoje com uma geração que faz música desde a década de 1990 e que está cada vez mais difícil de definir. A variedade é que está estabelecida. FT: Mas eu acho boa essa promiscuidade artística. Hoje, na programação de um festival, podemos ser escalados junto com o Zeca Baleiro. Há cinco anos, as pessoas talvez falassem: "Não, não pode. O Zeca tem que tocar com o Chico César e com a Zélia Duncan, e o Pato Fu tem que tocar com o Rappa e com o Charlie Brown Jr.". Porque costuma ser assim. Talvez por estarmos fazendo esta virada de carreira, de maneira de escrever, de fazer música, hoje tocamos com essas pessoas, que são pessoas que escutamos em casa. Então, talvez eu esteja tocando na rádio mais adulta porque escuto rádios assim, gosto desse tipo de programação. E eu estou achando ótimo. É tão bom trocar essas figurinhas e saber que o Nando Reis acha ótimo tocar junto conosco no rádio – já vi entrevista dele falando do Pato Fu. Temos uma admiração mútua, a vontade de fazer alguma coisa juntos, mas há aquele problema de parceria, que você sabe...

Claro. FT: Não sabemos fazer parceria nem entre nós dois. Mas é um cara bacana, o Zeca também, o Chico César idem. A gente se frequenta – os caras vão aos nossos shows, a gente vai aos shows deles. Quanto mais perto desse tipo de compositor e de cantor estivermos, melhor, porque eles são joias lapidadas e a gente está chegando. Um dia, o nosso diamante bruto vai chegar lá.

Quer dizer que o Pato Fu ainda tem muito chão pela frente? FT: Ah, sim. A música fica sempre, a relação entre as pessoas de uma banda é que a gente nunca sabe. Acho que uma banda só continua saudável enquanto todo mundo tem o mesmo objetivo e está contente com o seu papel.

E sempre andou bem entre vocês? FT: A gente sempre teve as nossas votações, mas toda banda tem isso. **JU:** Há umas brigas, coisas assim. O que é mais importante é que as nossas ranhuras sempre foram por coisas não musicais. Todo mundo é legal, todo mundo é chato – é normal. Mas, no lance da música, nunca houve muita dúvida. A que a gente talvez possa ter é do tipo: "Como vai ser o próximo disco?" **FT:** Mas divergência que a gente tem é assim: "Temos que fazer aquele programa de TV...". "Não, àquele eu não vou de jeito nenhum...".

No palco, fica bem evidente que vocês brincam também com a imagem. Você, Fernanda, aparece de vestidinho cor-de-rosa fazendo o maior rock'n'roll – uma figura bárbara! O John também tem uma postura de guitarrista superdivertido, de All Star com os pés meio para dentro. Vocês trabalharam isso desde o começo? Foi conversado? FT: Ah, houve a minha grande teimosia – eu não queria ser a mulherzinha do Pato Fu, né? Desde o início da banda, eu não queria... **JU:** Usar saia.

Não queria? FT: Não, eu não usava saia. Também não queria cantar no meio do palco – até 1997, eu não cantava no meio. Era o John no meio, eu de um lado, o Ricardo do outro, o Xande atrás. E aí resolvemos experimentar durante um show, uma turnê... Foi no Espírito Santo, não foi? ▪ **JU:** Lembro até em que show foi. É até engraçado, porque aos poucos a gente tinha começado a fazer mais músicas que a Fernanda cantava e, no palco, passou a ficar um pouco torto, com ela cantando no canto. Sabe qual foi o primeiro show? Foi no Abril Pro Rock. E sabe o que as pessoas disseram? Nada. Porque era óbvio que a Fernanda tinha que ficar no meio. Ninguém nem se lembrou de que um dia a Fernanda não ficava no meio. A gente vinha brigando contra o óbvio. ▪ **FT:** É, era uma bobagem, todo mundo já olhava para mim. Só que fiquei com aquele pudor durante muito tempo, porque não gosto muito quando falam assim: "A banda da vocalista tal..." ▪ **JU:** "Conjunto musical Fernanda Takai e Pato Fu." ▪ **FT:** É. Às vezes, a gente ia tocar no interior, e anunciavam lá: "Fernanda Takai e banda Pato Fu". E eu: "Não, gente, eu estou dentro do Pato Fu!". ▬

"Então eu posso colocar uma saia..." FT: É, e foi o Ronaldo Fraga quem me fez usar. A gente fez com ele o figurino do clipe de "Antes que seja tarde", que é um clipe memorável. E ele disse: "Mas você tem que achar a saia certa para você!". E achamos um figurino ótimo. Isso foi muito comentado – "Nossa, parece que agora o Pato Fu se resolveu visualmente". E aí comecei a gostar. Acho que, desde 1998 mais ou menos, tudo o que vem com a assinatura Pato Fu tem essa preocupação. Dos projetos gráficos aos cenários de show, virou uma coisa forte. ▬

Ir aos programas de TV, fazer mídia do Pato Fu, sempre foi tranquilo para vocês? JU: Não. Já tivemos umas fases diferentes, com a vantagem de que nunca fomos tão populares assim. Então, não havia pedidos e mais pedidos para ir aos programas mais populares. Mas o marketing da gravadora estava sempre trabalhando e tentando nos colocar aqui ou ali. E houve uma fase em que resolvemos fazer para ver como é que é, como é que faz. "É playback? Vamos ao Gugu, vamos a esses negócios todos, porque afinal até os Beatles faziam playback." Foi essa a linha de raciocínio. Mas o Pato Fu não é bom espetáculo fazendo playback: a gente não dá ibope, porque não tem a manha, não é o nosso ambiente, o Gugu nunca ouviu falar de nós, a plateia que está ali provavelmente só vai bater palmas porque tem um cara com a placa APLAUSO. Estávamos fazendo um negócio que achávamos ruim de fazer. Como aquilo não estava vendendo disco, nem show, nem nada, resolvemos que não estava servindo para nada. ▬

Mas a gravadora não ficou forçando a barra para vocês? FT: Não, a gente chegou a um acordo. Todo o Pato Fu concordou, a gravadora ficou sabendo, e, a partir de então, toda a pauta foi para programa de entrevista, ou outra coisa, mas nunca para aquele outro tipo de atração – porque, na verdade, a gente não era atração, né? ▬

E houve algum momento de pressão da gravadora para encaixar vocês em alguma coisa diferente do que é o Pato Fu? JU: Em relação ao som, muito pouco. Não posso reclamar, porque a gente tinha muito essa política do "Vim com tudo pronto, sabe?". Não havia mais jeito de mexer. ▪ **FT:** "O disco é este aqui, o nome do disco é este, a gente vai produzir com tal pessoa, tem treze faixas, tá bom?" ■ **JU:** É, a gente nunca entrava em estúdio precisando definir o disco ali. Chegava com tudo pronto. As maiores pressões eram do tipo: "Ah, vocês deveriam ir à Ilha de Caras". Os artistas têm alvos diferentes. Há artista que acha importante ir à Ilha de Caras e vive de ter a estampa nessas revistas e coisa e tal. Não sei, cada um é cada um. Mas é difícil para a maioria das gravadoras, em especial as grandes, definir muito claramente o que o artista de um segmento tem que fazer. Com o Pato Fu, então, uma banda que parece não ter segmento muito definido, é três vezes mais nebuloso.

O John eu sei que adora estúdio – fica ali horas. Mas como é que vocês se dividem entre estúdio e palco? Vocês acabaram de voltar do Amapá – qual é o barato de rodar o país com o Pato Fu? JU: Ah, tem shows que são muito bons, e é totalmente diferente de estúdio. Quando fico muito tempo em estúdio, eu nos primeiros shows tenho um problema técnico, sonoro, porque estúdio é preciosismo no som – um pouquinho menos daquela tal frequência, um pouquinho mais de compressão nos vocais, qualquer coisa do tipo.

Primeiro, os shows com pouca gente. Depois, os gigantescos. Como foi isso? JU: No nosso caso, por mais que tenhamos tido uma carreira que foi de escadinha, não houve aquele sucesso súbito. Mas sempre acontecem uns momentos em que ficamos admirados com a quantidade de pessoas. Acho que, no começo, o que mais surpreende uma banda não é tocar para tantas pessoas – isso não me deixou tão surpreso, porque as primeiras vezes em que isso acontece costumam ser em festivais, e você pensa: "Ah, se as pessoas estão aqui, não é bem por minha causa". Numa época em que havia Titãs, Paralamas e outras bandas aqui de Belo Horizonte, a gente tocou para 20 mil pessoas alguns dias depois de ter lançado o primeiro disco. Não, o mais impressionante mesmo é as pessoas começarem a cantar as suas músicas, mesmo em shows pequenos. Eu me lembro de um, no Aeroanta de Curitiba, entupido de gente, com todo mundo cantando as músicas do início ao fim. Pensei: "Nossa, que fenômeno!". Mas em show que é muito grande, você tem que fazer tudo no sentido da massa – aqueles gestos grandes. Eu, particularmente, não sou muito bom nessa coisa de animar auditórios gigantescos.

Você também, Fernanda? FT: É, cada vez mais eu tenho achado isso. Primeiro que eu gosto muito de estúdio. Um lugar que me fez aprender a cantar mais e melhor, porque, com o tempo, você vai aprendendo a se ouvir, a ouvir as outras coisas, a ouvir a maneira como você respira, a colocar a voz de um jeito tal. Já o ao vivo é o encontro com as pessoas. Há estados do Brasil em que nem tocamos ainda, e, no Amapá, nunca tínhamos nos apresentado. Lá, o Pato Fu não é grande sucesso – há pessoas que o conhecem e têm carinho pela banda por eu ter nascido no Amapá, mas o show poderia não ter dado muito certo. Só que, para surpresa até do prefeito, de todo mundo, estava entupido. Diziam que era o Rock in Rio, que era o encontro do rio Amazonas com a linha do equador. Muita gente mesmo, de todas as idades – os jovens são a maioria, mas havia criancinha e vovó. Para uma cidade como Macapá, 20 mil pessoas é muita gente.

É uma coisa necessária. É formação de plateia, de público. FT: Tem que fazer. Há artista que não gosta mesmo de fazer show – tem fobia de palco, chega determinado momento da vida em que ele não quer mais fazer. Mas a gente quer fazer, de preferência show com estrutura cada vez melhor. Acho até que o meu formato preferido é um pouco menor que o do John: é teatro, plateia para seiscentas, setecentas pessoas. Fico bem mais confortável assim. Sou meio afobada com show de multidão: acho que vão se dispersar, não vão prestar atenção se o negócio não for muito rápido, se eu não falar a palavra certa. No teatro, você tem toda uma respiração diferente. Como está todo mundo muito focado, há a caixa-preta lá, tudo fechado, e a luz acende na hora certa, eu me permito demorar um tempo para trocar de instrumento, para falar alguma outra coisa. Então, se eu fosse optar por uma carreira daqui para a frente, seria fechar temporadinhas em teatros que gostam de receber artistas como nós. É show num formato superbom.

Quais os *big hits* do Pato Fu, aqueles que todo mundo canta até hoje? JU: "Sobre o tempo"... "Perdendo dentes"... **FT:** Acho que "Perdendo dentes" é a música que o pessoal canta mais – fecha os olhos, grita. Tem uma letra com que muita gente se identifica. "Canção para você viver mais" e "Antes que seja tarde" também são músicas que a gente vê as pessoas cantarem bastante. E, surpreendentemente, elas cantam em japonês em "Made in Japan". Ainda há "Pinga", que muitos pedem, mas que a gente não toca desde 2001.

Por quê? FT: Dizemos que, quando Los Hermanos voltarem a tocar "Ana Júlia", a gente volta a tocar "Pinga". É uma música de que eu, particularmente, nunca gostei muito. Foi lançada como o single do disco, até com um clipe maravilhoso, feito pela Conspiração. Chamou muita atenção, e na época acontecia o fenômeno Mamonas Assassinas. A gente ficou meio que no mesmo saco de banda engraçadinha, e, então, era "Pinga" toda hora. É uma música divertida e tudo, mas grudou na gente deste jeito: "Ah, o Pato Fu é uma banda engraçadinha". E aí fiquei com birra. Já não gostava dela, e ficava todo mundo me dizendo coisas que eu não queria ouvir. Por isso, paramos.

E tem que tocar músicas do disco novo... FT: Tem disco de que a gente nunca tocou as músicas ao vivo – algumas das minhas músicas preferidas nunca entraram num show. Tipo "E o vento levou", "Ruído rosa", umas coisas assim. E todo mundo fica: "Vocês não tocam por quê?". Bom, o John fez uma lista, o Ricardo fez outra, eu fiz outra, o Xande fez outra. A música ou as músicas estavam só na minha lista, e aí pronto – é a democracia.

Fernanda, você disse que o estúdio a ajudou a cantar melhor. Eu lembro que fiquei bem impressionada quando você, naquela outra ocasião aqui, me contou que a Nara Leão é uma referência. Pois eu queria falar um pouco sobre as suas referências vocais. Quem você escutou ou escuta que é parte do seu

repertório e do seu aprendizado? FT: A Nara Leão eu comecei a ouvir por causa dos meus pais, e ela me apresentou ao Roberto Carlos. Eu era pequena e, até então, achava que a Nara era supermais importante que o Roberto. E, de certa forma, é – porque é outro tipo de importância, de intérprete, que é fundamental. As primeiras coisas que você escuta são aquelas que tocam na sua casa. Felizmente, o que tocava lá em casa era muito bom: Nara, Paulinho da Viola, Clara Nunes. Eu ouvia isso tudo. Logo depois, comecei a ouvir Beatles, e houve um momento na adolescência em que, basicamente, não ouvi nada do Brasil, só banda inglesa. O que, por outro lado, também foi bom, porque acho que todo o meu lado pop, de canção, começou ali com os Beatles, Paul McCartney, Duran Duran, Police. Depois, Suzanne Vega, a música americana. A isso foi se somando o meu próprio jeito de fazer música. Comecei a fazer as minhas próprias canções com 15 anos, quando eu tinha outra banda e o Pato Fu não era nem embrião. Eu nem sabia quem era o John do Sexo Explícito. Só fui saber depois; conhecia ele de longe. Aí, quando a gente passou a produzir música, foi que me voltei de novo para o Brasil, vendo as coisas antigas e ouvindo as pessoas da minha geração, principalmente o rock nacional. Meu favorito foi a Blitz, tão boa quanto as bandas de fora. Ela me chamou a atenção porque tinha clipe legal, capa de disco bacana, revista em quadrinhos, carta – a papelaria de cartas que eles mandavam! Eu escrevia para eles, mandavam resposta, tudo bonitinho, tudo personalizado, uma identidade além da música.

Pelo que eu percebo, o Pato Fu não é uma banda inatingível, não fica numa redoma. O *site* é superinterativo, vocês respondem, ouvem demos... JU: A gente tenta o máximo possível ficar como pessoas comuns. Não tem a menor graça você criar essa redoma ao seu redor. Na verdade, está é criando dor de cabeça, porque a redoma é infinita – você sempre vai achar um jeito de se incomodar com alguma coisa.

Outra coisa bacana é que, quando estão num show, vocês sempre têm algum recado para dar. Nos últimos dois que vi, você, Fernanda, falou do bebê encontrado na lagoa da Pampulha, de doação de sangue etc. Vocês acham que têm uma responsabilidade por serem pessoas de destaque, com um papel a cumprir? FT: É, eu tento fazer isso de forma que não seja panfletária, até porque acredito que seja um trunfo dos artistas. Você está num show, as pessoas se divertindo e tudo, mas é um lembrete sobre uma situação que a gente está vivendo. Quem tem microfone na mão, quem tem a possibilidade de dar uma entrevista a um monte de gente, se puder fazer isso naturalmente, tem que fazer. E isso cada vez mais, agora que temos filhinha. A gente fica pensando: "Pô, o mundo tem que melhorar mesmo, né?".

Vocês praticam alguma religião? JU: Sou adepto de ser uma pessoa legal. Acredito um pouco em carma, não o carma espírita. Acredito que, se você fizer coisas legais,

> **A GENTE TENTA O MÁXIMO POSSÍVEL FICAR COMO PESSOAS COMUNS**

mais coisas legais estarão perto de você. Acredito muito em fazer as coisas com a consciência limpa, em não atrapalhar, em ajudar dentro das possibilidades. Mas não pratico religião e tenho cisma com as instituições religiosas em geral. ▪ **FT:** Sou adepta da lei de ação e reação – leis da física mesmo. Nós dois estudamos em escolas de padre. ▬

Em Minas, a religião católica está bem presente, não? FT: Está, e eu tinha um problema com religião, porque a família do meu pai é budista e a minha mãe é católica e mistura isso com a umbanda. Estudei em colégio de freira e tudo, mas não ficava com tanta birra. Até gostava, porque adorava as músicas. A aula de religião eu achava ruim, mas levava o meu violão e tocava junto com a professora... Ainda não me encontrei no espelho de nenhuma religião. Atualmente, talvez a que mais respeite e admire seja o budismo, por muita gente que conheço ser budista e porque eu acho que são pessoas muito especiais, por ter lido alguma coisa, por meus avós serem budistas. Mas ainda não conheço o suficiente para me converter ou, sei lá, seguir isso mais a fundo. Um bom jeito de levar a vida é você simplesmente tentar fazer o bem, tentar ser uma pessoa legal. ▬

É um bom ponto de partida. A gente já falou bastante do jeito da Fernanda no palco, mas e o seu jeito de tocar guitarra, John? Quando você está lá tocando a guitarra, assim meio caidona, é estilo ou é só o jeito mais confortável? JU: Sou meio daquele jeito mesmo, e acho que é a mistura das duas coisas – uma postura corcunda. No início, quando comecei a tocar, tinha tudo a ver com o fato de eu praticar skate e, naquele tempo, anos 1980, skate era um negócio completamente diferente do que é hoje. Era algo muito ligado à música. Naquela época, skatista já tinha isso de ouvir punk rock. Eu e alguns amigos meus começamos a comprar instrumentos, a querer fazer banda. Um amigo comprou um baixo, eu comprei uma guitarra, e a gente se juntou com outras pessoas que não eram skatistas. Fizemos a minha primeira banda, que foi o Sexo Explícito. Era eu, esse meu amigo – o Mário – e um pessoal egresso de um grupo de poesia de Belo Horizonte – o Cem Flores, que eram o Rubinho, o Trol, o Marcelo Dolabela e outros. ▬

Poesia e skate... Como era isso? JU: Aí é que está! Esses caras tinham um lance de poesia com toque tropicalista, com negócio concreto, de vanguarda, e queriam fazer um projeto musical. Era um grupo assim de cinco, seis pessoas, as únicas que a gente encontrou em Belo Horizonte que ouviam coisas parecidas. O Mário abriu um bar chamado Canil, que virou ponto de encontro desses skatistas e desses intelectuais poetas. A gente achava que era o único lugar do sistema solar que tocava Talking Heads, James Brown e coisas do tipo, aquilo que a gente pensava ser a vanguarda da New Wave. Bom, numa junção dessas, só podia aparecer uma banda que fosse tentar fazer um som muito original. Essa banda, o Sexo Explícito, durou dez anos. Foram dez anos tentando evitar os clichês a todo custo. Fiz isso por muito tempo, até no que se referia ao equipamento: "Não vou comprar o tal pedal que está todo mundo usando, porque ele vai deixar o meu som muito parecido com o de todo mundo. Vou comprar o outro, que não vejo ninguém usando, e usar com todos os volumes no máximo, para ver o que acontece". É uma escola, e, se você ficar fazendo isso durante muito tempo, vai acabar acontecendo alguma coisa com a sua cabeça, entende? Atualmente, sou muito menos radical, mas até hoje aquilo é perceptível em como toco e no enfoque que tenho em relação aos arranjos, à letra, a tudo mais. Quando juntei as pessoas para criar o Pato Fu, minha ideia era fazer um negócio que fosse muito mais fácil de gostar, mas que, ao mesmo tempo, tivesse aquele toque de originalidade. ▪ **FT:** Mas você começou no violão também? ▪ **JU:** Comprei um violão, mas eu queria tocar guitarra... Não: o meu irmão tinha violão, e comecei a fazer umas aulinhas de violão, aquelas de cifras, bem básicas, só para poder pegar a guitarra mesmo.

Que guitarristas faziam e fazem a sua cabeça? JU: Sou um cara muito pouco influenciado pelos guitarristas – sou influenciado pelas bandas, né? Então, quero fazer um som que gere um clima parecido com o do Talking Heads em certo momento. Nunca fiquei ouvindo disco do Jimi Hendrix. Eu gostava dos sujeitos que criavam a sonoridade particular de uma banda, e para isso não precisava ser genial, não precisava ser virtuose, não precisava ser o cara de destaque. Eu gosto de uns caras quase anônimos. Um dos meus guitarristas favoritos é o David Byrne, e isso é um absurdo – porque ele não é guitarrista, é cantor, e o Talking Heads tem outro guitarrista, o Jerry Harrison.

No primeiro momento, essa sua vontade de ser original era muito hermética, né? Aí houve esse encontro com a Fernanda e com os meninos, e o Pato Fu se tornou viável. Você acha que a Fernanda deu uma adocicada na coisa? JU: Acho que sim, apesar de que esse lado dela só foi achar espaço na banda mais para a frente. Mas a função da Fernanda, já quase calculadamente quando ela entrou, era um pouco essa. No início dos anos 1990, eu tinha outra banda, a Sustados por um Gesto, que veio de uns projetos meus da década de 1980. Com a saída de algumas pessoas e a entrada da Fernanda e do Rick, a Sustados se tornou Pato Fu. Quando a gente chamou a Fernanda, a ideia era justamente esta: "Ah, vamos ter uma menina na banda – um toque picante, que tenha várias funções".

E, Fernanda, você, quando viu ou via o Sexo Explícito, por exemplo, não se incomodava com essa agressividade? FT: Eles não tinham agressividade, não. O Sexo Explícito tinha era uma... ▪ **JU:** Tinha uma estranheza no som. ▪ **FT:** É, uma estranheza gostosa. Havia umas coisas bem pop, sempre tinha uma coisinha assim, uma alegria. Mas eram mesmo músicas, letras, estranhas. Você ouvia e não conseguia descobrir sobre o que era. ▪ **JU:** O Rubinho cantava de um jeito muito estranho. ▪ **FT:** É. O Sexo Explícito era meio que um mito, até em São Paulo. Todo mundo gostava do Sexo Explícito, tanto que se mudaram para lá e o John ficou um ano. Depois resolveu voltar, e aí a banda acabou. ▪ **JU:** Havia uns truques sujos, né? ▪ **FT:** Pensei: "Mas esses caras estão me chamando para cantar nessa banda?! O que é que eu vou fazer lá?". Eu não me enxergava cantando nela. Mas resolvi: "Eu vou, só por diversão". E foi meio assim. Nos ensaios, eu ria muito. E pensava: "Mas será que está bom? Será que é assim mesmo? Será que este meu tipo de voz tem a ver com essas músicas engraçadas?". Era mesmo um contraste: eles uns palhaços, e eu tentando cantar as músicas seriamente. Quando o Ricardo entrou, essa mistura acabou virando o Pato Fu. Depois, comecei a mostrar as minhas músicas, e a gente as reescrevia para o Pato Fu, mas já com a tônica pop assim que eu tenho.

Na história de vocês, há alguma música com significado crucial? Uma preferidíssima? **FT:** A minha preferida é "Agridoce", com aquela cara de Roberto e Erasmo. ■ **JU:** Acho que essa música foi construída durante uns três, quatro anos.

Uau! Tudo isso? **JU:** Era a ideia de fazer uma música que fosse bem Roberto e Erasmo. Era aquela coisa de que a gente estava falando sobre o Jackson Five e tudo mais. Só que, no caso de Roberto e Erasmo, não queríamos exatamente aquela sonoridade. Queríamos um som mais moderno, mais legal... ■ **FT:** Mais a linha melódica... ■ **JU:** Que parecesse uma composição deles. Quer dizer, aí já é um detalhe mais sutil: "Quero que pareça só a composição, mas não o som". E, sei lá, acho que fomos bem-sucedidos, porque as pessoas falam disso. ■ **JU:** É esse tema "agridoce". Ficou engavetado uns cinco anos, e então eu pensei: "Vou fazer um negócio que vai se chamar 'Agridoce'". ■ **FT:** Durante muito tempo, a gente achou que o disco *Ruído rosa* ia se chamar *Agridoce*, você se lembra? ■ **JU:** É, mas eu não tinha feito a música. ■ **FT:** É, mas a gente achava o nome bom. Representava um pouco o Pato Fu, que tem um lado que é fofinho e um lado que espanta. "Agridoce" é a música que praticamente todo mundo conhece. Acho legal que o público maior conheça o Pato Fu por causa dessa música, uma das melhores que o John já escreveu. Quero dizer, esse público conhece a banda por uma música boa, quando podia ter sido por uma ruim... Daqui para a frente, se há algum trabalho que a gente possa fazer em favor da memória musical do Pato Fu coletivo, é em cima de canções desse naipe, que tenham esse tipo de história e que tenham ganhado uma interpretação... ■ **JU:** "Canção para você viver mais" vem de uma história verídica, aquele tipo de história que vale a pena, né?

Que história? **FT:** "Canção para você viver mais" é o título de uma música que eu queria ter feito para o meu pai. Ele morreu de câncer. Ficou doente durante oito meses, e aí escrevi esse título numa folha para fazer a música para ele. Nunca consegui. Eu a mostrei para o John e disse: "Olha, eu não consigo fazer". Aí ele respondeu: "Eu vou fazer essa música". E fez. Era simplesmente a música que eu queria ter feito. Eu não teria escolhido palavras melhores para dizer tudo o que eu estava sentindo naquela época, pela minha relação com o meu pai, que sempre foi muito boa, mas que sempre foi meio fria, né?, pelo fato de eu ser filha e pelo jeito japonês dele . ■ **JU:** Quietão. ■ **FT:** Quieto, sem dizer muito as coisas que estava sentindo. A música fala de sentimentos muito fortes. E muita gente, depois que ficou conhecendo a história, virou totalmente para o nosso lado – "Nossa, agora

é que estou entendendo o que é o Pato Fu!". E muita gente a ouviu como se fosse a música de um amor, de um casal apaixonado – muito apaixonado.
Pode ser isso também. FT: Pode, e aí é que está o bom de fazer música pop: você joga a sua história ali, e a pessoa acha que a música foi feita para ela.
Isso acontece muito. FT: É, acontece.
Nesse disco novo, tem até música caipira... FT: O robô cantando música caipira. **JU:** Música caipira cibernética.
Que pode ser o nosso... JU: O nosso country. Eu adoro música sertaneja, aquela música sertaneja de raiz. Eu a ouço desde pequeno e acho que o brasileiro a ouve mesmo sem querer. É uma sonoridade muito legal, a dupla cantando numa afinação altíssima – *ê ê lalalá aiaiai*. E aqueles violões, aquelas violas de dez cordas, aquele negócio todo, eu acho muito legal. **FT:** A gente já usou alguns desses elementos... **JU:** E o Pato Fu tem essa liberdade, do tipo: "Vamos colocar numa música?". "Vamos!" Não há nada que impeça. O fato de termos criado desde o início uma identidade baseada nessa confusão de referências, de sonoridades, nos dá o álibi para fazer isso. Ninguém vai achar que é falta de purismo, ninguém vai reclamar – pelo contrário.
No fim, é confortável para vocês. JU: É. **FT:** Tem álibi para tudo, né? Desde que seja bom.

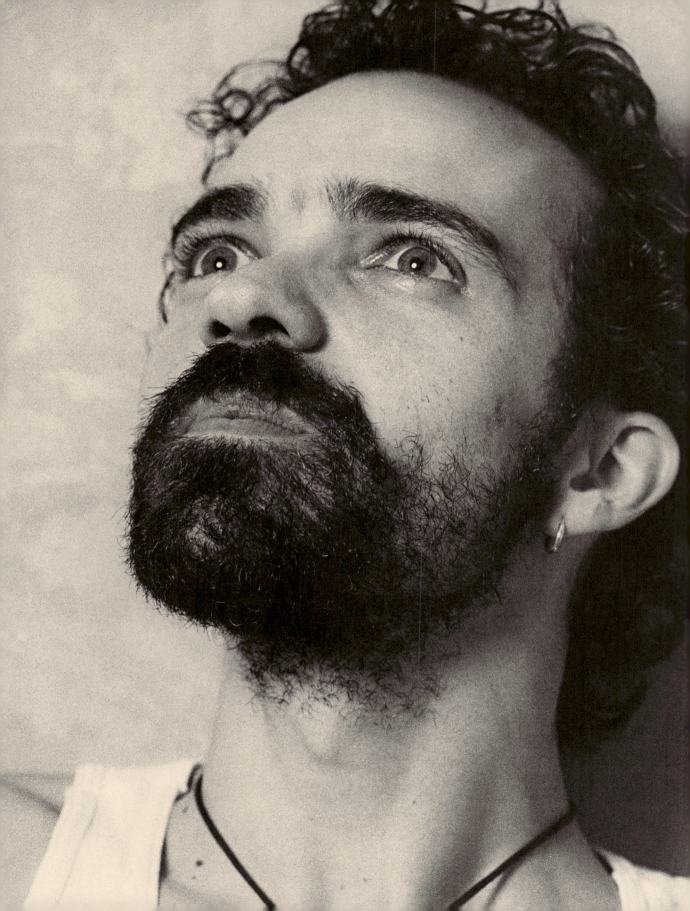

PAULINHO MOSKA

ELE É UM MÓBILE SOLTO NO FURACÃO. Definitivamente. Mesmo que Paulinho Moska negue o definitivo. Nossa conversa sobre música começou com matemática e passou por artes plásticas, filosofia e amor. Eu *só* tinha que pontuar. Moska estava ávido por falar. A cabeça em plena mutação: disco novo, casa nova, novo Moska. Muitos cigarros, muitos conceitos e muito trabalho para organizar as ideias depois de tudo. Foi preciso uma cerveja no boteco da esquina a caminho do aeroporto. Que bom estar no Rio de Janeiro... Paulinho Moska vinha de uma banda performática, que misturava música, teatro e humor. O rock'n'roll foi o grito inicial, e Moska já esteve cercado pelos sets percussivos de Marcos Suzano e pelos teclados, atmosferas, ruídos e interferências de Sacha Amback. O CD *Móbile*, de 1999, foi uma surpresa empolgante para os meus ouvidos – mais um processo de descobertas no caos crescente, efervescente, construtor de Paulinho Moska, sempre inquieto e mutante e cada vez mais forte e pessoal. Tanto que chega a causar desconforto ouvi-lo interpretar, acompanhado só do violão, uma nova canção de amor. A poesia adverte: filosofia enfeitiça. Entrevista realizada em outubro de 2000 e revista em agosto de 2018.

Como você vê a riqueza da música brasileira, a diversidade que segue na direção contrária à massificação? Cada artista, cada obra de arte, forma um povo. Uma obra de arte é uma proposta estética, mas também ética. Uma verdadeira obra de arte é aquela que não está presa a esses padrões de permanência. A arte não é permanência nunca.

E é aí que entra o seu conceito da máscara? Em certo momento da minha vida eu percebi que deveria sofisticar a minha música. Foi quando tive a oportunidade e a sorte de participar de um grupo de estudo sobre Gilles Deleuze, um filósofo francês. O grupo era coordenado por Cláudio Ulpiano, que, mais do que filosofia, me ensinou a pensar.

Em que momento da sua carreira isso aconteceu? Foi entre o *Vontade* e o *Pensar é fazer música*. Bom, deixei o Inimigos do Rei e gravei um disco de rock, porque naquele momento era o melhor veículo para o meu grito. Na época, estava surgindo o Nirvana, e ouvi nesse movimento de Seattle um grito estético que havia muito tempo o rock não soltava.

Você precisava dessa atitude para se posicionar? Eu precisava de uma atitude para sair da banda Inimigos do Rei e dizer: "A minha relação com a música não é só de ser engraçado e de fazer o que fiz até agora". Utilizei o rock com muita felicidade, era o que eu queria fazer na época. Mas depois comecei a ver meu nome ser atrelado à palavra "roqueiro", e isso me incomodou muito também. Eu havia saído do Inimigos para deixar de ser o irreverente, o engraçadinho, mas tinha recebido outro rótulo. Então, desde a divulgação do *Vontade*, já comecei a dizer que eu não era roqueiro, que era músico, compositor, artista, e que não queria rótulos. E só agora, depois de cinco discos, é que isso foi um pouco mais assimilado. As entrevistas agora começam assim: "Ah, você realmente é um camaleão!". Fico muito orgulhoso porque essa foi uma briga que realmente comprei. O *Pensar é fazer música*, que é um disco posterior ao grupo de estudos de filosofia, é obviamente sobre filosofia e autoconhecimento.

O CD fecha com essa vinheta "Pensar é fazer música"... É, tem essa vinheta no final, e as fotos são inspiradas nos autorretratos do Egon Schiele. As canções são todas de autoquestionamento: falam sobre as questões do tempo, do espaço, do eu, da essência. Tem a música "Camaleão" e outra chamada "Último dia", que talvez seja a canção que mostra de forma mais direta essa proposta. Ninguém passou incólume por essa letra do Billy Brandão, meu parceiro na canção.

É verdade. É impossível não perguntar a si mesmo: "E se só me restasse este dia?" Na verdade, esse talvez seja o grande motivo pelo qual escrevo. Acho que o meu maior prêmio é ler os e-mails que me mandam e perceber neles que as pessoas perguntaram a si mesmas: "E eu?". Esse cara entrou na viagem que eu propus. Porque a minha estética de letra e de música não é uma estética pop star. Não estou numa posição melhor, não estou dizendo: "Venham atrás de mim". O que me move é fazer com que as pessoas passem por alguma transformação. Então, quando alguém escuta uma música e depois me escreve dizendo que aquilo o fez pensar, esse é meu maior orgulho.

É o sucesso para você? Isso é o sucesso. Saber que uma, duas, três pessoas perceberam na sua música um ingrediente para fazer um prato novo. Os temperos são os mesmos, mas a gente pode misturá-los de maneira diferente e mudar sua imagem da vida, sua relação com o mundo, sua própria imagem o tempo inteiro. Sou extremamente obsessivo com essa ideia, e talvez isso me force a mudar sempre. Eu mudo de cara, as pessoas falam: "Pô, você mudou de novo?". Eu respondo: "Mudei para continuar a ser o mesmo!".

Isso está nas suas letras. É, mudei para ser o mesmo. Se eu parar de mudar, se eu ficar muito tempo com a mesma cara, com o mesmo som, com o mesmo tudo, aí é que eu deveria me preocupar. Não posso confundir arte com entretenimento. Isso tem que ficar superdefinido: estou falando de arte como sinônimo de vida.

No segundo disco, você já pensava em usar a sedução para transmitir seu discurso? Naquele momento, eu estava absurdamente encantado por uma descoberta existencial e filosófica. Queria fazer um disco que não tivesse nada de rock e misturar com artes plásticas. Virei um grande verborrágico, citando coisas. Fui acusado de pretensioso, de tudo que você possa imaginar, porque estava encantado com o mundo que ia descobrindo. Então, o *Pensar* também é um grito, é um berro, mas com algum conteúdo. O *Vontade* é um berro na forma, eu utilizei o rock para isso. É um berro de Francis Bacon, em que a boca precisa estar aberta. É um berro estético. O *Contrasenso*, que é posterior ao *Pensar*, eu o chamo de ponte generosa, porque ali sinto ainda uma continuação dos termos, do existencialismo, mas começo a ficar mais pop. A palavra "contrassenso" foi tirada de um livro do Deleuze sobre a obra do Lewis Carroll, autor de *Alice no País das Maravilhas*. Quando ela atravessa o espelho, encontra um mundo de contrassenso, em que a rainha grita antes de sentir dor, o tempo anda para a frente e para trás, as coisas mudam de nome o tempo inteiro. Então, tenho várias canções sobre o espelho, várias citações, milhões delas. Cada palavra está ligada a um filme, um livro, uma frase, um negócio qualquer.

Mas, se alguém for procurar, irá achar as ligações, porque as senhas estão todas ali mesmo, na letra e na música. O Jorge Mautner ouviu o disco *Móbile* junto comigo, e depois a gente conversou sobre música eletrônica, cibernética e filosofia. Ele citou muitas das minhas referências quando escreveu o *release* do meu disco. Ele disse coisas assim: "Essa música me lembra *Ano passado em Marienbad*, de Alain Resnais". Além disso, Mautner mencionou *Ulisses*, Baudelaire, Nietzsche, artes plásticas, e só por acaso não falou de (Francis) Bacon e (Egon) Schiele.

Afinidades, Paulinho... O Jorge Mautner é o filósofo do Kaos, é um cara antenadíssimo e muito bem formado. Fiquei feliz de saber que essas minhas referências ficaram bem evidentes pra ele naquele trabalho.

Gostei dessa estratégia de seduzir pelo simples, pelo mais fácil. Quando o ouvinte chega mais perto, você tira a máscara, e ele já foi fisgado. Ah, você pediu para eu falar da máscara! Pois é. Deleuze (via Claudio Ulpiano) foi fundamental na minha experiência musical. Claudio dizia que a única maneira de o artista moderno – por estar numa sociedade extremamente consumista, preguiçosa, pouco curiosa, que se seduz só por banalidades – alcançar o grande público e levar a qualidade para a quantidade é a máscara. O artista tem que vestir uma máscara figurativa, uma máscara de senso comum, para atrair as pessoas. Para, quando elas chegarem perto e estiverem à vontade, livres das suas amarras, você tirar a máscara e mergulhá-las no abismo que você está propondo, no abismo de beleza que a sua obra propõe. A única maneira de enxergar a beleza é não conseguir voltar para o porto de onde o barco saiu. É aquela velha história do Robinson Crusoé.
Primeiro você se perde e depois percebe que, na verdade, encontrou um oásis. A gente só consegue enxergar a beleza quando não pode mais voltar para a paz do sedentarismo. É muito difícil você optar por essa aventura, é preciso que seja forçado a isso, e é dolorido. Então, a minha proposta nas letras é mesmo uma proposta de dor.
De transformação e movimento? É, e isso dói. Minha dor é para transformar tudo na minha vida em beleza. Mas há também uma confusão com a palavra "beleza", assim como todas as palavras são uma confusão em si. A palavra "beleza" está ligada de forma banal à estética física, mas o conceito de beleza dentro da arte traz o trágico, o dramático, a dor, a brutalidade também. A grande virtude da beleza é que ela é um caos desses afetos todos, e o homem, por não saber o que acontece após a morte, inventou uma vida extremamente monótona, segura. Acho isso estranhíssimo, porque acredito exatamente no contrário. É por saber que vou morrer que faço da minha vida uma viagem muito louca, de experimentações, de dores e amores, de paixões e reações...

> **NÃO CONSIGO ENTENDER COMO PAZ E SEDENTARISMO VIRARAM SINÔNIMO DE VIDA BOA**

Vamos aproveitar ao máximo essa passagem... Exatamente. Se todos aceitassem a morte como algo natural e inevitável, fariam desta vida um grande barato. Não consigo entender como paz e sedentarismo viraram sinônimo de vida boa. Vida é beleza, e não segurança.
É aquela história de cantar um refrão repetidamente e depois partir para o resto da música? É! Essa minha paixão por refrão tem isso, é também um truque. Eu gosto de refrão, o refrão me faz bem. Assim como a máscara, não é uma concessão que me dói.
Mas o refrão não é necessariamente uma concessão. Não!
É um formato estético. É. Gosto muito quando o refrão tem a mesma letra, mas muda de sentido.

Como você faz isso? Veja "Castelos de areia", por exemplo, que fiz com o Mautner. Cada vez que entra o refrão, o sentido daquela história é diferente: um garoto nasceu, e os pais queriam que ele fosse perfeito, mas ele cresceu e um dia disse: "Tchau, eu vou para a vida". A perfeição é a despedida. Os castelos de areia derretem como os sonhos dos homens com os filhos. Depois a letra fala de religião: o crente que reza sempre, querendo ver Deus, e um dia lhe aparece uma luz. Quer dizer, ele tinha uma dor no coração, apareceu uma luz, a luz foi embora, mas a dor continuou. São castelos de areia... Deleuze tem um livro chamado *Diferença e repetição*. O meu refrão é uma repetição diferente, um paradoxo. Comecei a me apaixonar pelo paradoxo. E o que é o paradoxo? É você lidar com o contrassenso. O contrassenso de *Alice*, de que Deleuze fala, não é o contrassenso que você encontra no dicionário e que é o sentido contrário ou o contrário do sentido. O contrassenso deleuziano é um mundo onde você tem vários sentidos. Significado a gente sabe que há, mas qual é o sentido? São múltiplos. Então, entrar num mundo de contrassenso é ser contra o senso comum de achar que as coisas só têm um significado ou um sentido.

Essa viagem com a palavra, o verbo, o sentido, o significado, pintou depois do estudo de filosofia? Ou era uma inquietação anterior? Seria mais fácil dizer que sempre pensei assim. Mas posso dizer que isso só entrou na minha vida porque havia um espaço aberto. Não chamo isso de intuição nem predestinação. Acho que eu nem conhecia essa minha necessidade. Um dia, um amigo me falou: "Você tem que ir ao lugar onde estou indo, cara". Ele apontou para um relógio e disse: "Você sabia que o tempo que está aqui no relógio não é o único? Este aqui é controlado por Kronos, um deus grego. Mas existe outro tempo, controlado por Aeon". Eu disse: "É?! Vou lá conhecer".

Então foi aí que "choveu dentro de mim gotas de tempo puro"? "Gotas de tempo puro", o tempo puro é o tempo de Aeon, o tempo da arte. É esse tempo que nos transcende nesta vida de sobrevivência. Na verdade, somos nós que passamos – nós somos cronológicos. Outra coisa bonita é saber que o presente não existe. Isso é lindo. Temos o passado, tudo que já aconteceu. Temos o futuro, vários, infinitos futuros ao longo do tempo. Daqui a dez anos, posso ser mulher, trocar de sexo, começar a namorar homens, fazer música punk. O futuro existe com multiplicidade. E o que é o presente? É justamente a passagem. Ele é tão rápido que é um devir, uma mutação. O presente é a grande beleza do tempo, porque ele não é sedentário, é a mutação em si. Você consegue parar no presente?

Não! Não! E por quê? Porque ele corre, passa muito rápido. Mas não é um pontinho que passa, o presente é o caos. Estou falando tudo isso e parece que não tem nada a ver com música, mas isso é música. Música é transformação. A música não pode ser o passado e também não pode ser essa multiplicidade de futuros. A música tem que ser mutação, o presente.

É por isso que você diz que as suas composições não são autobiográficas? Não são coisas que você viveu, mas sim sensações? Sensações.

São como os autorretratos do Egon Schiele? Meio disformes, muito diferentes uns do outros... Específicos, ilimitados, disformes. Foi isso que me encantou. São quase cem autorretratos. Ele pintou trezentos quadros, morreu com 28 anos, é como Noel Rosa. Os autorretratos são muito diferentes entre si e muito diferentes das fotos dele. Schiele dizia que os autorretratos eram erupções da alma. Muito bonito isto: erupções da alma. Ele não queria fotografar a si mesmo, queria era pintar sua força.

Como permitir a si mesmo essa mutação constante? Você tem essa reflexão sobre o que você é dentro do contexto em que vive, em que atua, em que trabalha? Num momento, você está barbudo. No outro, está com o cabelo descolorido. Tudo isso faz parte do "ser artista"? Você não sabe a felicidade que sinto por encontrar a minha estabilidade nesse caos. A imagem que muitas pessoas têm dessa liberdade é de uma porra-louquice. Mas de repente consigo construir uma ética, e ética pra mim significa modo de existir. Então, minha ética, meu modo de existir dentro da arte, é essa da dor, da transformação. Sofro mesmo para escrever uma canção, mas é um sofrimento feliz.

Alguns poemas gregos clássicos falam desse conceito: "o amor agita meu espírito como um vendaval a desabar sobre os carvalhos". Socorro!

A questão da efemeridade não o assusta – ao contrário, encanta-o. Mas e a perenidade da obra? Itamar Assumpção leu Ataulfo Alves no Para sempre agora e me disse que gostaria que alguém um dia também pudesse ler sua obra dessa maneira. Se você faz um trabalho consistente, de alguma forma, ele fica. Acho que nenhuma música minha vai ter nome de lugar, de pessoa ou falar explicitamente sobre um fato que aconteceu. Daqui a quinhentos anos, se o homem ainda existir, estará sofrendo, amando, odiando, entrando em ebulição, pensando sobre sua alma, seu espírito. A moda vai mudar, o comportamento vai mudar, mas o espirito e a alma, não.

O homem continuará questionando sua existência? Isso mesmo. Tenho uma pilha de folhas com frases que roubo de todos os lugares que você possa imaginar, inclusive de entrevistas, e anoto uma embaixo da outra como o faria um poeta dadaísta. Essa poesia aqui na parede é isso, são frases aparentemente desconexas, provavelmente escritas no carro, porque a letra está torta. Essas frases são minhas parceiras. Busco ali uma ideia.

E a preocupação com o futuro? Na verdade não é algo muito racional, não penso em como fazer para que leiam minha obra no futuro. Claro, esse desejo a gente sempre tem. Os discos estão gravados, e as canções estão aí. Se der tudo certo, poderão me reinterpretar de maneira diferente.

Você diz que se cerca de coisas para compor. Como isso acontece? Não há exatamente um ritual. A canção começa por essas anotações de frases. Quando achei a frase "Pensar é fazer música", eu sabia que o disco ia girar em torno daquilo. Quando topei com o "contrassenso" no livro do Deleuze, as músicas começaram a ser compostas sobre esse tema. Quando fizemos o *Móbile*, sabíamos que o disco teria aquele movimento. O Calder, que inventou o móbile, é fantástico. Até aquele momento, a escultura era uma coisa estática, para a qual ele deu movimento. É uma transformação muito grande. Acho que componho o tempo inteiro, mas na hora de fazer mesmo a canção – e a gente nunca sabe se ela vai sair naquela hora – sento com o violão. De repente vem uma ideia de melodia que sinto que gostei, que tem um caminho novo para mim. Com o papel em branco, toco violão de caneta na mão. Aí eu viro e escrevo, num gesto super-rápido.

Que louco! É um negócio meio maluco: vou tocando e escrevendo. Nessa simbiose de fazer letra e música junto, não perco nenhuma das duas ideias, ou seja, se tenho uma ideia de letra que é maior do que a melodia, eu mudo a melodia, já que ela não está pronta ainda. Acaba surgindo naturalmente uma métrica que foi proposta por aquele momento, o *feeling* é aquele, e aí sei que vai dar certo.

Você compõe sozinho na maioria das vezes? Parceria para mim é quase uma trepada. Só componho com quem tenho muita intimidade. Ou num momento muito mágico para os dois. Preciso saber quem é a outra pessoa para poder compor, fazer uma obra junto. Fico pensando assim: que pintor fez um quadro em parceria com outro? Que escultor...?

Você não dissocia a música da arte? Eu sempre pergunto: um pintor faria isso? Um escultor faria isso? Um coreógrafo faria isso? Um grande diretor de cinema faria isso?

É tudo um grande truque. As pessoas me perguntam por que toco esta e não aquela música no meu programa de rádio, e respondo que é porque consigo transcender a simples audição e saber que atrás de algumas melodias há uma história. Comecei a me encantar muito pelo esconderijo onde fica o artista, atrás da sua obra. A obra deve ser mais importante do que o artista, e essa talvez seja a maneira de eu poder me distanciar da forma do *pop star* e do cantor romântico, que faz uma música centralizada na própria imagem.

A OBRA DEVE SER MAIS IMPORTANTE DO QUE O ARTISTA

Como música de dor de cotovelo? É, as coisas que serão acessíveis ao ouvinte, mas que sempre remeterão à figura do cantor, do don Juan que está ali no palco. Quase ninguém conhece a cara do (Egon) Schiele, do (Luccino) Visconti, do (John) Cassavetes, mas todos sabem que cara tem o Spielberg. Se for para viver um momento *mass media*, então ela terá que servir ao meu propósito, e não o contrário. Mas não sou um mané que acha que vai transformar o mundo, não acho que a minha obra vá mudar tudo completamente. A mídia também é um problema matemático – eu sou apaixonado, mas é uma paixão de interferência.

Vamos falar dessa história de paixão e amor e do problema matemático que é o amor. O amor... Bom, 80% das minhas letras têm a palavra "amor" ou falam sobre ele. São canções ou para o amor ou vindas do amor. Só que o amor é uma palavra-problema. Eu uso sempre esse exemplo: amo o meu filho, amo a minha mãe, amo a mãe do meu filho, amo o meu país, amo a música, amo os meus amigos. Nenhuma dessas relações se parece, e, no entanto, eu chamo tudo isso de amor. Como medir o amor, se é tudo tão diferente? É dessa confusão que nasce o romântico banal, as paixões tristes, porque você começa a se relacionar com alguém ou com uma religião ou com alguma coisa e passa a achar que o amor é uma coisa só. Amor é amor. Então, eu amo você mais do que você me ama ou eu amo você e você não me ama. Quem ama não faz isso. O amor foi recortado, meteram uma tesoura no amor. Se o amor é uma múltipla relação, ele não pode ser catalogado, não pode virar uma coisa só, não pode virar uma relação de domínio, de subestimados, de escravidão. Ele é múltiplo. Eu não gostaria que acabasse o romantismo, não sou contra os cantores românticos. Só quero ter mais um milhão de maneiras de amar!

É um jeito interessante de ver a vida, desprovido de preconceito, um exercício de liberdade. Seria ideal poder praticá-lo, não? Se eu pudesse fazer uma lista e colocar uma linha no meio com palavras dos dois lados, escreveria de um lado: "orgânico". Do outro, "inorgânico". Embaixo do orgânico, "sedentário". Embaixo do inorgânico, "nômade". Embaixo do sedentário, "alegria". Embaixo do nômade, "felicidade". Embaixo da alegria, "chegada". Embaixo da felicidade, "estrada"... A gente pode fazer uma distinção da vida entre objetivos e motivos, viagens e portos. Nessa divisão, temos o amor no centro da linha. Então, há o sentimento e o afeto do lado do amor. O sentimento do amor é aquele gostar louco, é o afeto com raciocínio, e ele está nessa lista orgânica. Se a gente raciocinar menos, vive o amor-afeto. A minha música está entre o sentimento e o afeto, está no meio da linha, no presente, ela é minha transformação, meu devir. O amor de que falo é meu devir entre o sentimento e o afeto.

Eu não sei por que "A seta e o alvo" me vem à cabeça. Na letra daquela canção, você desfia um pouco esse conceito de amor? Sempre me perguntam qual a minha música preferida, e sempre cito "A seta...". Mas há uma canção que me agrada muito pela forma e pelo conteúdo: "Espaço Livre", que tem a frase "Eu amo a causa, e não a consequência".

Que é do disco *Pensar*... Sim, do *Pensar é fazer música*, que tem também a frase "Eu amo o pensamento, e não a consciência". Ela é um exemplo da lista que a gente acabou de fazer sobre este colchão roxo: a causa e a consequência, o fato e a história, o meio e o fim, a cara e a coroa. "A seta e o alvo" tem uma coisa que vou resolver no próximo disco: tem duas personagens, eu e você, o que é muito comum na canção popular. São duas figuras conhecidas. A personagem chamada eu é um homem ou uma mulher que tem vida nômade, que ama a liberdade, que vive tudo isso que a gente conversou. Talvez ela seja eu mesmo. O você é o oposto do eu: vive numa linha reta. O eu chama o você para o labirinto, o você quer ficar na linha reta, o você está a fim da meta, o eu está fazendo milhões de viagens, o você está ali tentando lembrar o que ele era antes, o eu está pensando no que será. No próximo disco, haverá uma canção chamada "Um e outro", mas ninguém vai conseguir saber quem é um e quem é outro. A virtude dessa letra, em detrimento dessa organização da "Seta...", é a proposta dessa linha de que lhe falei: dá para ser os dois! Dá para ser o intervalo entre sentimento e afeto. De repente, vou ficando no meio, e isso passa a ser o meu *mainstream*, e talvez eu possa vislumbrar a abstração como um próximo passo.

Falamos muito sobre o conceito das letras, das ideias e do pensamento. Agora, vamos falar sobre a sonoridade. Como é que você chegou ao que é o *Móbile*? Que inquietação te fez buscar novos sons? Como foi esse encontro com o Marcos Suzano e o Sacha Amback? Quando gravei o *Ao vivo*, que é o quarto disco da minha carreira, ficou muito claro pra mim que tudo o que eu tinha feito musicalmente até então era apenas uma manifestação das minhas referências, das minhas influências. O *Móbile*, que é o disco seguinte, veio justamente romper com isso. O que eu queria mesmo era fazer um disco diferente. ▪ O Marcos Suzano fez a percussão de todos os meus discos anteriores de modo mais tradicional, mas também fez o *Olho de peixe*, com o Lenine, que é um marco. Não estou dizendo isso só porque virou consenso: aquele disco é realmente impactante e me influenciou muito. Modifiquei a minha maneira de lidar com o instrumento. Suzano me forçou a pensar que um instrumento tem que ser levado às últimas consequências. Então, no projeto Cinco no Palco, aquele projeto com Lenine, Zeca Baleiro, Chico César, Suzano e eu, vi o Suzano fazer uma coisa completamente diferente do que ele tinha feito no *Olho de peixe*. Fui lá e perguntei: "O que é isso?". Ele respondeu: "É jungle, é acid jazz, é trip hop. Você tem que ouvir, cara! Vai lá em casa". E o Celso Fonseca, que é um produtor muito amigo meu, insistiu que eu escutasse Björk e me mostrou algumas músicas que tinham doze minutos de duração, com som para todo lado – e eu lá, fazendo minhas musiquinhas com refrõezinhos cheios de rimas. Enfim, fui ouvir a Björk.

Que faz lindas canções. Ela faz canções influenciadas pela ruptura com a instrumentação tradicional da música pop. Ou seja, a bateria não é mais bateria, o baixo não é mais baixo, e os teclados com os samplers são feitos artesanalmente pelo próprio músico – você inventa o seu próprio som. Quando vi o Suzano transformar a percussão, falei: "Vou nessa!". Fomos para o Japão, eu e ele, logo depois de terminado o Cinco no Palco. Lá, senti o impacto da tecnologia. Conheci tanta coisa diferente – música eletrônica e muito mais –, e fizemos novos arranjos para várias das minhas músicas antigas. Rolou uma sonoridade muito interessante, porque também comecei a mudar a afinação do meu violão. Comprei um violão que tem um cabo *midi* para ligar a um cérebro eletrônico que simula uma guitarra elétrica. Ou seja, eu toco um violão de náilon, que está ligado a um cérebro, e sai outro som.

Dobra! Dobra! Ele dobra com o som que eu quiser. Escolho se quero uma guitarra Gibson, um amplificador valvulado com tal distorção... ou uma caixa com quatro falantes de quinze polegadas e um microfone com condensador.
Tudo numa coisinha? Numa coisona! É num quadradão, você programa tudo. Se quero que um microfone fique a um metro um pouco mais para a direita, ele simula. Ele cria virtualmente aquela parafernália que a gente monta num estúdio para gravar um disco. Fabrica outro cara que toca – ou seja, ele me dá um guitarrista virtual no show.
Que é você mesmo. Que sou eu! É um heterônimo à maneira de Fernando Pessoa! Estou ali tocando violão de náilon o tempo inteiro, mas as pessoas escutam guitarra, e a guitarra não foi gravada, está sendo tocada ao vivo por um guitarrista que não existe.
Para você isso foi um prato cheio, não? Claro! Foi a partir daí que comecei a levar a sério a sonoridade e vi que dava para tentar fazer música pop com experimentalismo. O Suzano foi um grande mestre para mim, porque provou que o instrumento não tem limites. Ele é o Miles Davis ou o Jimi Hendrix brasileiro. Consequentemente, isso me fez ver que a música também não tem limites. O sampler provou que existe algo além da sonoridade padrão na música pop: cada um sampleia o que quiser. Se nós, da chamada nova MPB, não tivemos força para mudar totalmente a música brasileira, embora tenhamos feito algum barulho, acho que a nova geração, com toda essa liberdade eletrônica, talvez consiga definir melhor essa mudança. Os jornalistas têm dito: "Que bom que estão fazendo música brasileira de novo!". O público também está começando a gostar. No geral, a aceitação ainda é pequena, até porque não é um movimento como foram a bossa nova e o tropicalismo. Pelo contrário. Arnaldo ataca com a canção "Inclassificáveis", o Lenine fala de música planetária, e eu digo que somos os "Indiscerníveis".
Traduzindo o que não se pode traduzir? Na verdade, não queremos clareza, entende? Não queremos objetividade. Criamos uma estética subjetiva, que talvez daqui a cinquenta anos receba um nome que a generalize. Não nos declaramos surrealistas, minimalistas nem outros "istas", e ainda não ficou evidente se a "nova geração" inventou uma estética nova.
Mas eu acho que isso já está claro. Então vai ficar muito mais com a chegada da música eletrônica. O Brasil vai produzir sua própria música eletrônica. Sendo bastante imodesto, acho que o *Móbile* é uma das portas que se abriram, mesmo que tenha sido só alguns centímetros. O que fizemos foi assimilar a eletrônica sem deixar de ser essencialmente brasileiros.
Eu não chamaria isso de música eletrônica brasileira. Eu também não...
Mas que usa a eletrônica de uma maneira muito brasileira. O que mais me seduz é saber que a gente ainda não conseguiu chegar lá e talvez nem consiga, mas que, se a eletrônica é realmente o que vai pegar em termos de sonoridade, é bom

saber como o Brasil vai lidar com isso. Graças ao Suzano, descobri que música é som, e não canção. Hoje em dia, ver um show ou ouvir um disco é, fundamentalmente, entender que som está sendo gerado ali. Pode ser que muita gente tenha descoberto isso aos 5 anos de idade, mas, para mim, foi como uma viagem lisérgica. A textura é o grande lance da música, e, nesse ponto, eu sempre volto às artes plásticas – textura, ambiência, cor. A Cor do Som é o melhor nome que já se deu a uma banda: o som tem cores que não existem. Aquele set que o Suzano monta no palco não está lá só para impressionar.

Ele é um inventor de sons. Um escultor de sons. O disco *Móbile* tem esse nome por causa da canção, mas também por toda aquela viagem, aquele movimento. Compus as canções para o disco antes de pensar nisso. Só chamei o Suzano para produzir quando eu já tinha nove músicas prontas. Os arranjos foram feitos na casa dele, e eu estava lá. Ouvimos muito jazz e muita música eletrônica, porque ele queria me mostrar como tinham sido gerados aqueles sons. Depois, o Suzano me disse: "Esquece o rock'n'roll, esquece os anos 80. Senão, não dá". Entendi o que ele estava dizendo. ▪ Depois de ter ouvido as programações do Suzano, comecei a mudar a afinação do meu violão. O Sacha Amback tocou muito tempo ao lado do Lulu Santos e depois passou a acompanhar a Adriana Calcanhotto, mas antes tinha estudado música clássica. Um dia, ele sampleou umas cordas no computador, e eu quis saber o que era aquilo. Ele respondeu: "São trechos de sinfonias que eu costuro, mudo a afinação, viro ao contrário". Depois chamamos o Dunga, que, por incrível que pareça, foi o último a gravar. Normalmente gravamos primeiro a cozinha – o baixo e a bateria, ou o baixo e o ritmo. Quando o Dunga chegou, já estava tudo lá. Aí, ele falou: "Não vou poder usar muito as baixas frequências, porque o Suzano já está usando. Vou ter que trabalhar com o baixo de modo "minimal". Formamos um quarteto e estreamos no Sesc Pompeia, em São Paulo. Depois disso, já fizemos uns quarenta shows e até fomos à Europa. O quarteto está se entendendo, e a gente está se divertindo com isso e pisando cada vez mais fundo na sonoridade. Está cada vez mais estranho, mais bonito, mais forte. Agora, estou compondo para o quarteto.

Esse é o seu novo trabalho? É. Compus para o quarteto sabendo o que cada um poderia dar. As novas canções e as novas harmonias são mais mântricas, porque isso valoriza um pouco da repetição que a música eletrônica possui. As letras têm que ter mais unidade. Esse meu disco vai ter mais unidade de letra, de música, de composição, de harmonia e de melodia.

O ritual ainda é o mesmo, mas o repertório não. É que agora eu componho sabendo quem vai gravar. Quando estava elaborando as músicas do *Móbile*, pensava: "Vou compor as canções e não quero fazer a mesma gravação de sempre". Agora, já sei por onde começar, porque tenho a certeza de que os outros integrantes da equipe estão passando pelo que estou passando – todos descobriram coisas novas. Enfim, sei que, quando entrarmos no estúdio, vamos enlouquecer. É interessante compor para o quarteto, compor pensando que aquelas são pessoas que vão gravar, que a gente vai gerar um som, e que isso me obriga naturalmente a compor um disco com muito mais unidade. Antes, eu compunha primeiro e só depois ia pensar em fazer os arranjos.

Agora vem tudo junto? Os instrumentos e a sonoridade me levaram a outro caminho de composição.

Você se considera poeta? Até ter mudado para esta casa, eu sempre respondia que não. Não podia dizer com propriedade que era poeta. Quando lia as minhas letras de músicas, eu dizia: "São letras de música, foram feitas para isso". Depois da mudança, quando fui organizar os papéis, percebi que havia muitas coisas escritas desse jeito dadaísta. Então, de certa maneira, acho que sou uma espécie de poeta. Não digo que sou poeta para não cair no formalismo que essa palavra exige. Acho que sou um devir de poeta, uma espécie de nova imagem de poeta, um heterônimo de poeta, um namorado da poesia, um problemático da poesia. Sinto-me muito mais poeta quando estou falando – as imagens surgem durante as entrevistas. Minha cabeça funciona poeticamente. A poesia é mais que escrever palavras, é muito mais complexa do que o simples gesto de sentar e escrever, e eu vivo num mundo regido por poesia. A minha maneira de me relacionar com a música, de falar sobre música, é uma poética. Digo que sou uma espécie de poeta.

RITA BENNEDITTO

RITA BENNEDITTO TRAZ NOS TRAJES E NOS DIVERSOS "SOTAQUES" de sua música as cores do Maranhão. A risada franca e o jeito de ver a vida vieram da infância e da juventude passadas junto à natureza. A festa do boi em São Luís, tendo a família Ribeiro como cicerone, foi experiência inesquecível. Jussara com o camarão seco, o licor de catuaba, o arroz de cuxá e uma especialidade familiar: o camarão à Mana Xica. O boi do Maracanã, a ladainha, o batismo, os pandeirões esquentando o couro na fogueira, as matracas, o boi de orquestra no centro histórico, o guaraná Jesus. Só vendo para crer. Comecei esta entrevista em junho de 2000, lá no Maranhão. Mas o encontro só foi formalizado quase um ano depois, em São Paulo. Rita, que na época estava lançando o terceiro CD da carreira, *Comigo* (2001), mantém um traço marcante, a garimpagem de novos compositores. É forte a presença dos ritmos regionais, mas o acento é pop, mutante e tropicalista como em toda boa música brasileira contemporânea. Não existe um movimento, e sim um grupo de artistas que rompeu com a tradição do eixo Rio-Bahia. Chico César, Lenine e Zeca Baleiro são seus pares. Com uma linda voz, Rita Benneditto dá expressão ao tambor de mina, ao bumba meu boi e aos cantos de terreiro, acrescentando uma levada de samba-rock, de soul e de um "som assim meio rock'n'roll". Uma trajetória limpa e clara como sua voz. Muita coisa boa ainda está por vir. ▬
Entrevista realizada em março de 2001.

Quando foi que você resolveu largar a escola de enfermagem e dizer: "Agora vou viver de música!"? Eu nunca quis fazer enfermagem, esse era um desejo da minha mãe. Aliás, ela queria que eu fosse pediatra, achava que os filhos deviam fazer curso superior. Ninguém queria fazer medicina na família, mas eu cresci com essa obrigação, um compromisso de agradar à minha mãe. Então, fui fazer vestibular para medicina e entrei na universidade. Como o primeiro ano era básico para todas as áreas médicas, eu fui ficando na enfermagem – obviamente, eu não queria fazer medicina. Passei também pela veterinária, nem sei por quê. Fui na onda mesmo, na onda da família.
Que idade você tinha? Dezesseis! Eu estava um ano adiantada na escola. Por fim, isso me serviu bastante como primeiro contato com a universidade, eu era muito bicho do mato, não saía de casa, só cuidava dos sobrinhos. Em suma, não tinha vida social. Quando entrei na faculdade, tudo mudou. Fiquei na enfermagem, sempre pensando em prestar novo vestibular no ano seguinte, mas acabei esticando, esticando, esticando, trabalhando na enfermagem, embora não fosse o que eu queria. Mas eu não sabia como romper com aquilo, porque essa era a nossa formação, tinha que fazer faculdade, se formar, se estruturar. Imagine, pensar em arte e música numa cidade como São Luís, numa família como a minha!
Você já sabia que era música o que você queria? Já. Eu soube disso aos 15 anos, quando me dei de presente uma matrícula na escola de música. Para minha decepção, três meses depois, a escola fechou.
Por quê? Era uma escola do governo, muito precária. Hoje talvez haja um projeto melhor, mas, naquela época, vivia de acordo com a maré de investimento do governo. Se o governo era ligado à arte, investia. Se não...
Quer dizer, a decepção foi com a escola, e não com a música. Sim! Imagine se seria com a música! Eu queria estudar música, teoria e tudo, fazer todo o trâmite normal. Mas não aguentei, eles me desestimularam, me desmotivaram de cara. Eu já fazia parte de um grupo vocal na época, por volta de 1983. Começavam a pipocar aqueles grupos vocais como o Céu da Boca, Garganta Profunda, Boca Livre. E a gente montou um grupo chamado Vira Canto, quatro vozes para música popular.
E o repertório era MPB? Totalmente! A gente cantava desde "Amigo é coisa para se guardar...", do Milton, até "Domingo no parque". Com muitos arranjos para quatro, seis, oito vozes.
Incrível: todo mundo que canta em grupo de MPB ou em bar acaba cantando Milton Nascimento. É inevitável. Inevitável. Os mineiros todos entram na roda.

Por quê? Acho que porque eles têm uma tradição de música erudita, uma coisa bem evidente em Minas. Pelo menos, essa é uma teoria minha. Mas, além das músicas do Milton, eu cantava também muita coisa de cancioneiro popular. "Mana Chica", por exemplo, foi a primeira música que cantei em coral.

Ah, foi?! Foi! A primeira vez que entrei num coral antes desse grupo foi no segundo grau, no coral da Escola Técnica. Só entrei para essa escola por causa do coral, essa era a condição. Eu não estava interessada naquela escola especificamente.
Mas havia o coral... Pois é. O regente disse que eu tinha que fazer a prova para entrar, eu fiz e fui estudar química. Ah, eu adorava fazer sabão!... *(Risos.)* A gente estourava sódio metálico, fazia experiências... Eu adorava aquilo. Daí, foi um passo para a história do curso de medicina. Só que, nessa fase, eu já estava metida com o coral, com folclore, já dançava no Boi Barrica, um grupo folclórico de teatro de rua que concentra todas as manifestações do Maranhão. Era bailarina do grupo. Eu não cantava nesse grupo. Impus essa condição porque não havia amplificação e tudo era feito na rua. Então, falei logo: "Olha, não contem comigo para cantar, vou só dançar!". E dançava... três, quatro apresentações por noite de duas horas cada uma, e não bebia nada, não fumava nada!
(Risos.) **Pura pulsação...** Era, pura pulsação, pura! As veias do pé estouraram até não poder mais de tanto que dancei. Eu dançava muito.
Que legal! Mas, voltando à história da enfermagem, eu fiz o vestibular e fui levando o curso. Até que, um dia, resolvi abandonar e ir morar no Chile, a convite da minha irmã.
Você estudou música lá também? Claro! Logo dei um jeito de entrar no coral sinfônico. Estudava música e fazia aula com uma cantora erudita, que quase conseguiu me convencer a ser cantora lírica. Mas isso não seria possível.
Porque faltava balanço naquele repertório? Faltava muito. Ela era daquelas cantoras fechadas, muito crítica. Mas foi bom, aproveitei para cantar grandes óperas. Experimentei a música erudita.
É mesmo? Quais autores? *Grande missa em dó menor*, de Mozart, por exemplo. Para mim, foi uma grande viagem. Era um coral de cem pessoas, e eu lá, com uma partitura na mão que eu não sabia ler.
Qual era a sua voz? Soprano um! Era tão aguda quanto a da Tetê Espíndola. Tanto que, na época em que ela fez sucesso com "Escrito nas estrelas", eu não aguentava mais ter que cantar "Caso do acaso...". [Cantando.] Todo mundo me pedia para cantar isso, eu já não aguentava mais.
Sua voz era mesmo aguda ou apenas alcançava os tons mais agudos? Ela foi mudando com os anos? Ela era aguda, quase sopranino, que é a classificação daqueles sopranos bem treinados. Só que comecei a querer fazer outras coisas com a minha voz. Então, quando vim para São Paulo e conheci a Ná Ozzetti, comecei a trabalhar médios e graves.
Porque você a ouviu cantar? Porque ela tem uma extensão maravilhosa. Nessa época também, comecei a ouvir muito a Yma Sumac. Pirei com aquela cidadã! Uma mulher que tem uma extensão de quase baixo profundo e soprano um! Eu pensei: "É isso que quero", respeitadas as proporções, claro. Fiquei trabalhando

médios e graves, e a Ná me estimulou e me orientou a trabalhar principalmente os médios.

Você fez aula de canto com ela? Fiz, por três anos. Aliás, passei sete meses esperando uma vaga. Ligava quase toda semana, ela não aguentava mais, mas eu queria fazer aula com ela. Voltando à história da enfermagem, fui levando até onde deu, sempre cheia de conflitos. Tinha que acabar, porque o ideal era que eu tivesse um diploma de faculdade, porque isso seria bom para mim, mesmo que depois eu fosse trabalhar com música. Mas chegou uma hora em que não deu mais, porque começaram os plantões de enfermagem. No terceiro período, os alunos já estão trabalhando no hospital. Menina, fiz até parto! Quando eu fiz um parto...

(Risos.) **"Vou fazer e sair daqui?!"** Abandonei de vez. Não tinha mais dúvida nenhuma.

Deve ter sido pânico. Nunca vou esquecer aquilo, aquela mulher pobre não se permitindo sentir dor, e eu dizia: "Chore, grite, grite como eu!". Dentro da sala de parto, eu dizendo: "Grite para o mundo, grite!". Ela, com aquele jeito de mulher de interior que não admite sofrimento, e a criança na minha mão... ahh! Eu segurava o bebê, e a professora dizia o que tinha que fazer. Eu estava apavorada com aquilo, e a mulher lá, segurando tudo. Aí, chega a hora de cortar o cordão umbilical.

Meu Deus! Menina, foi um estresse! Minha mão tremia tanto. Antes de cortar, você tem que pinçar o cordão para estancar o sangue, mas eu esqueci isso. Quando cortei aquilo, foi sangue para todo lado, na minha cara, na minha roupa, na cara da mulher. Entreguei o bebê a uma colega, para que ela fizesse a limpeza, e, do jeito que estava, fui direto à sala da coordenadora e disse: "Não vou continuar!".

(Risos.) "Não tem condição, não é justo, sabe?", eu dizia. "Não pode acontecer um negócio desses, não nasci para isso, isso é muito sério, isso é muito sério. Eu não vou fazer um negócio desses." E saí de lá para a rua, peguei o meu ônibus, fui para casa e fiquei lá quieta. Não falei nem para a minha mãe, porque se ela soubesse ia me matar. Não sei se você se lembra, mas, quando você esteve lá em casa, em São Luís, ela disse: "É, ela quis fazer isso, né?!". Você se lembra?

Lembro, claro. Ela achou que eu era uma louca de abandonar o curso. A veterinária eu já tinha deixado fazia muito tempo. Fiz toda aquela parte sobre anatomia de cadáver, mas ficava só na traqueia, nas cordas vocais. Eu queria estudar era isto aqui.

Quando a gente estava passeando pelas ruas de São Luís, você me contou sobre um dos espetáculos que fez com o Zeca Baleiro lá no centro histórico. Quando foi que você o conheceu? Na adolescência? Ou depois disso? Eu já estava na faculdade, a gente se encontrou por acaso. A primeira vez que vi o Zeca foi num festival de música do colégio Dom Bosco. E ele me viu, porque eu percebi que tinha alguém me olhando. Naquela época, eu não fixava o olhar em ninguém, e ele insistindo, insistindo, até uma hora em que um amigo que estava comigo nos apresentou. Ele me chamou a atenção, e eu fiquei observando. A gente se encontrava muito nos bares de São Luís. Até que fui participar de um festival de música do Maranhão, como vocalista, e ele entrou com uma música louquérrima chamada "Hipocondríaco". A formação tinha até tuba. Aí eu falei: "Esse cara tem coisa". A partir desse momento, a gente se encontrava nos ônibus para a faculdade. Ele fazia comunicação e agronomia, e eu, enfermagem e veterinária. Nessas, ele levava uns discos, eu levava outros, e a gente foi se conhecendo.

E foi já daí que começou a parceria? Ele me mostrou as músicas dele, e eu comecei a cantá-las. A gente começou a fazer shows juntos, a tocar em bar.

O repertório já era particular? Totalmente, eu cantava as músicas dele. Zeca foi um cara muito importante, porque ele compunha muito para mim, me dava fitas com várias canções de vários compositores. Ele tem uma memória incrível, conhece tanta coisa. Para mim foi fundamental aquele cara ali, me aplicando: "Escuta isto, escuta aquilo, procura não sei o quê, ouve esta música, conhece isto aqui". Muita coisa eu não conhecia, e embarcava nas viagens dele. Ele embarcava nas minhas, e a gente fazia loucuras. Eu era sempre a vocalista. Uma vez, Zeca inventou o show *A flor e os caos*. Os shows também eram todos malucos. Muito *underground*. Cada coisa em que a gente se metia, e eu lá! Ele tinha umas performances. Eu entrava às vezes de maiô, e ele aparecia fazendo aquela onda... como é o nome dele?

Chacrinha! Chacrinha! Ele jogava cartas para escolher a música, e eu era guia do cego Zeca Baleiro, vestida de menino de rua, com boné e tudo, levando Zeca Baleiro pela mão com sua sanfona.

Qual de vocês veio primeiro para São Paulo? Como é que foi essa mudança? Eu, porque me casei com um jornalista paulistano, lá no Maranhão. Eu pretendia ir para o Rio, já que minha irmã mora lá, mas pensei: "Vou para São Paulo unir o útil ao agradável". Vim e fiquei cantando músicas do Zeca, mostrando-as para todo mundo e falando dele. Eu ligava e dizia: "Você tem que vir!". Eu sentia muito a falta dele, porque era o cara que me acompanhava em tudo lá em São Luís, e eu achava que o Zeca tinha que estar aqui. Eu estava descobrindo tantas coisas em São Paulo e queria que ele visse também. Nessa época, o Zeca se casou com a Solange, uma amiga nossa, que aliás já morreu. Um ano depois, eles vieram e foram morar com a gente no Jaguaré. Ficaram sete meses lá. Era tudo muito solto. Cada um trabalhava numa coisa, e fiz um monte de coisas que não tinham nada a ver com música. Mas aí a gente conheceu o Chico...

Conheceram o Chico César aqui em São Paulo? Em 1991, naqueles nossos famosos almoços nordestinos: "Ah! Papai mandou camarão, caranguejo, vamos fazer um almoço?" Aí um mostra uma música sua, outro mostra outra coisa, vai chegando gente. Eu cozinhei muito para paulista. *(Risos.)* Papai mandava tanta coisa, e eu volta e meia fazia uma festa. Com isso conheci muita gente daqui.

Quando você conheceu o Chico, veio logo a vontade de gravar música dele? Como foi juntar repertório para o primeiro disco? Uma parte veio do primeiro show que fiz em São Luís. "Jurema", por exemplo, era de lá. Depois conheci o Chico e acabei me apaixonando por todas as músicas dele. E ainda havia mais um monte de coisas do Zeca. "Lenha", por exemplo. Quando eu o ouvi cantando essa música disse: "Essa música eu quero, essa eu vou cantar". E ele respondeu: "Ah, essa música não presta, Rita... É uma bobagem". Mas eu disse: "Essa vai ser a música..." E ele ainda me deu "Olhozinho", dizendo que essa é que seria a música pra tocar no rádio.

Ele não queria gravar? Pois é! Quando eu já estava na fase de masterização do disco, ele ainda tentou tirá-la da lista, mas não deixei. Há também "Missiva" e "Cocada", que eu já cantava em São Luís.

Do Antônio Vieira? Dele mesmo, que ouvi aqui em São Paulo na voz de um poeta e compositor maranhense chamado Mochéu. Ele recitava como se estivesse lendo a letra. Pensei: "Preciso conhecer essa música". Marquei um encontro com Antônio Vieira e mostrei meu interesse em conhecer a música dele. Passamos tardes memoráveis juntos. Assim, fui catando música, vendo coisas. Eu, o Chico, o Zeca, o Tonho Penhasco, a Vange Milliet e a Virgínia Rosa fizemos o circuito alternativo paulistano, além de termos participado do Arte na Rua. Só nesse projeto eu fiz 21 apresentações. Também cantei em muitos bares, como o Armazém e o Café Maravilha. A gente estava em tudo que era projeto da Secretaria de Cultura. Quando fomos morar na rua Heitor Penteado – eu mudei para uma casa quando ainda era casada, e eles se mudaram para o prédio em frente –, eu não saía do apartamento deles. Eram tardes inteiras de bagunça e música. Vi muitas coisas serem criadas ali. Eu e o Zeca sempre dizíamos: "O Chico vai ser o primeiro a alçar voo".

Vocês tinham sacado isso? Claro! O Chico já estava aqui havia dez ou doze anos, e "Mama África" já era sucesso absoluto no circuito alternativo. Na hora em que alguém percebesse aquele cara, não ia dar outra, e foi o que aconteceu. A gente viu o Chico estourar. Nossa convivência era meio louca, e eu ali no meio daquela história, tudo muito interessante. Aí, vinha Tata Fernandes, vinha Tonho Penhasco e toda uma galera de música, e a gente fazia festas, saraus, almoços, noites inteiras de batuques... O Zeca sempre estava junto de mim, dirigindo os meus shows, dando toques, ajudando-me a direcionar a carreira. "Para você gostar de mim" é um exemplo. O Zeca disse: "Rita, vamos gravar essa música". A gente começou a fazer uma mina, que é um ritmo maranhense, e saiu aquele arranjo de voz e violão. Até eu ter encontrado o Pedro Mangabeira, o Zeca era a minha cara-metade.

Musical? É, musical. Eu tinha muitas ideias e precisava ver aquilo concretizado de alguma forma, além do meu delírio, porque não toco, e fica ali na minha voz. Aliás, isso vai mudar. Eu disse para o Pedro Mangabeira que até 2002 estarei fazendo parceria com ele no violão... Antes, as minhas ideias ficavam meio perdidas, e aí o Zeca chegava e criava um baixo, eu fazia uns vocalises, e a coisa seguia...

Mas hoje, quando pensa no arranjo, você já está com a cabeça bem mais aberta para os instrumentos, não é? Você tem mais referências... Isso foi maturidade também, porque naquela época, e ainda hoje, eu era muito insegura.

Essa coisa de achar que eu não tenho capacidade de me resolver musicalmente. Aos poucos estou descobrindo que tenho, sim, porque tenho ideias. Eu estava fazendo uma avaliação dos meus discos, e muitas das coisas que foram feitas partiram de uma concepção básica minha, de instrumentos e mapas. Nunca me dei crédito porque achava que não tinha essa capacidade. Pedro é que fica dizendo: "Para com isso, muita coisa é você que faz".

Eu a vi trabalhando lá em Ilhabela: você dava as ideias, e o Pedro tocava no violão. Ele diz que evoluí, acho que porque interfiro nos acordes, coisa que não fazia antes. Não tenho noção de harmonia, mas tenho ouvido. Então, escuto determinada coisa e peço que ele procure um acorde. O Pedro vai lá e traz o acorde. Estou achando isso ótimo, sinto-me muito mais segura, mais madura. Estou mais aberta para ouvir instrumentos, ter contato com a produção, a mixagem, a gravação... As músicas são verdadeiros jogos de montar, e é maravilhoso você ficar decidindo onde as coisas vão entrar: "Tem essa levada aqui que será mantida, mas aqui vai entrar um bandolim". Estou vivendo uma fase assim e adorando.

Você acha que isso pode evoluir para composição? Acho que sim, apesar de eu não ter essa pretensão. Não penso nisso como projeto. Tenho algumas composiçõezinhas, algumas melodias. Eu me considero uma pessoa muito melodiosa. Tenho facilidade com melodias, talvez por causa das muitas canções de ninar e dos aboios que ouvi durante toda a minha vida – aboios são aquelas canções dos boiadeiros maranhenses. Além, é claro, das cantigas das cacheiras, da velha guarda e de toda uma tradição de música harmônica, melódica. Acho que hoje há uma parte da música que é pouco melodiosa.

EU ME CONSIDERO UMA PESSOA MUITO MELODIOSA

Isso porque ela precisa ser mais rítmica? É, porque a coisa está mais rítmica, as palavras são bem mais rítmicas. Acho que voz tem tudo a ver com melodia. Adoro desenhos, curvas, eu gosto de descidas, subidas...

Aquela coisa Yma Sumac? É, exatamente. Aquela extensão... *(Risos.)*

Desde o primeiro disco, você grava música de compositores novos ou desconhecidos. Por quê? Porque tem a ver com a minha história, com as dificuldades que enfrentei para ter acesso à mídia, ao mercado, às gravadoras, essa dificuldade de viabilizar as coisas. Percebi que isso ocorreu também com o Chico e o Zeca: eles tiveram de gravar milhares de fitas até conseguir que grandes intérpretes se interessassem pelas músicas deles. Então, se tenho essa oportunidade, por que não gravar a música dessa gente? Mas não é só isso. Há também a paixão pelas canções com as quais me identifico. Recebo muito material e, nesse meio, muita coisa de que não gosto, não acho legal. Mas, se me identifico, tento viabilizar quando posso. Não quero ser heroína de nada, mas é uma coisa legal. Somos um povo vivendo uma história, e, como intermediária, quero viabilizar essa história. Considero-me vitoriosa ao propor um projeto como esse para uma gravadora, em que todo o

mecanismo é muito padronizado, e ver o produtor assinar embaixo, um dono de gravadora concordar com isso.
Isso é muito bom. É quase um privilégio, não? Em todos os meus discos, tive a sorte de os produtores assinarem e ninguém interferir no meu projeto. Meu ponto de vista com relação às gravadoras mudou. Antigamente, era tudo na briga, um eterno conflito. Se você tem projetos, precisa se comportar como uma pessoa que tem projetos, e há empresas que se interessam ou não por eles. Você precisa ser inteligente, ter bom gosto para tentar viabilizar o seu projeto. Assim, percebi que, em vez de entrar em guerra o tempo todo, eu poderia entrar em comunhão, tentando obviamente tornar viável aquilo que eu queria: cantar Vander Lee, cantar César Teixeira, cantar João Linhares, figuras que vou lançar no próximo disco. Eu precisaria de três ou quatro encarnações como cantora para realizar tudo o que tenho em mente – projetos que não foram adiante e que pretendo realizar, coisas que ainda quero gravar. O importante para mim é manter uma linha. Não estou desesperada para romper com nada de uma hora para outra. Não tenho que provar nada a ninguém. Quero é solidificar a minha história. Se puder evidenciar essas composições, vou fazê-lo. Se tiver oportunidade, vou continuar fazendo isso, reverenciando compositores que admiro, como Jorge Ben Jor, Geraldo Pereira e, dadas as proporções, Chico César e Zeca Baleiro, que são pessoas que estão comigo há muito tempo.
É a melodia que leva você a escolher uma música para gravar? Sem dúvida.
E a letra? Varia muito. Às vezes, uma música me pega pelo ritmo, pelo suingue. Muitas vezes, a letra é bem complicada, mas tenho uma tradição de melodia. Nos anos 1970, ouvi muita música em inglês, até sem querer.
Pelo rádio? É. Para mim, Elton John é um dos maiores melodistas do mundo. Ouvi muita melodia em inglês sem entender lhufas da letra. Mas aquilo foi ficando, entrando na pele e sendo memorizado. Talvez não só a música em inglês, mas houve um período em que ela invadiu o mercado e os nossos artistas tiveram que assumir uma identidade americana ou inglesa.
Pseudônimos... Para poder viabilizar seu trabalho. Veja como são loucas essas coisas do mercado... "Para você gostar de mim" tem uma letra fortíssima. Já "Mana Chica" é mais jogo de palavras, brejeirice, assim como "Cocada". "Cocada" tem a sutileza, a ambiguidade da mulher e da cocada, uma coisa saborosa que não é escancarada. Eu gosto dessa sutileza – não preciso escancarar a sensualidade. Você pode ser sensual sem ser tão... como é que se diz?
Funk? Exatamente. Tão popozuda. *(Risos.)* Eu gosto dessa sutileza das palavras. Há uma canção do Zeca, "Homérica", que espero um dia poder gravar. É uma porrada de letra! A música me pega às vezes pela letra, às vezes pela melodia, às vezes pelo ritmo e às vezes pelo conjunto, que é o melhor de tudo.
Essa sutileza da letra que você mencionou me lembra os compositores das décadas de 1930, 1940 e 1950... Exato.
Geraldo Pereira... Assis Valente, Lupicínio Rodrigues...

Ary Barroso... Esses caras todos tinham uma maneira sutil de compor. Até porque a época exigia, e eles conseguiam driblar isso de uma forma poética. Antônio Vieira é dessa geração. Ele tem 80 anos e é um cara com uma visão muito lúdica, muito brejeira, muito romântica, muito poética. Eu gosto disso – sou romântica.

Você me disse uma vez que "tropicalistas somos todos nós", referindo-se a essa nova geração de compositores cujas músicas você tem gravado. A partir desse conceito, como você vê a música brasileira hoje? A gente tem e sempre teve altos e baixos, em consequência da nossa própria formação e da estrutura econômica e social. Acho que o reflexo disso são essas explosões veranescas, essas coisas que deixam a gente chocada. Fico sinceramente chocada ao ver o que a nossa periferia produz – estou falando especificamente do funk, do axé e do pagode que a gente ouve por aí. É a isso que levam os altos e baixos. Nas décadas de 1960 e 1970, também se viveu isso, também se passou por altos e baixos, também houve invasão da música estrangeira, da música americana, sem falar da ditadura, que impedia as pessoas de se expressarem. Mas o resultado foi outro. De alguma forma, as pessoas eram obrigadas a pensar e a exigir mudanças. O que vejo hoje é uma libertinagem, uma abertura geral, e isso dilui qualquer visão de qualidade, de formação, de conceito das coisas. Tudo é banal, o interesse é apenas comercial. É claro que, paralelo a isso, há um segmento de pessoas comprometidas com a instrução, com a educação, no contexto social do que a cultura representa para a formação e a história de um povo.

Como artista, você desempenha um papel social? Sem dúvida! Esse é um compromisso que tenho que ter, e não é preciso ser político nem subir em palanque. Não preciso fazer nada disso: basta haver consciência de que sou um meio de comunicação e tenho uma responsabilidade para com as pessoas com quem estou me comunicando. Certamente ocorre um *feedback* entre mim e elas, não só pelos movimentos sinuosos do meu corpo, mas também pela força das palavras. A música mexe com a emoção, provoca reações variadas nas pessoas – de tristeza, alegria ou raiva, seja lá do que for. Mas ela sempre as motiva para alguma coisa. Acho que ultimamente se perdeu um pouco esse compromisso. Há uma complacência generalizada de todo mundo. As pessoas dizem: "Não tem nada a ver, é só um movimento de verão". Mas é isso que o nosso verão produz? Certa vez, li uma entrevista em que criticavam João Gilberto por causa do show de inauguração de uma casa de espetáculos em São Paulo. Ele teria dito: "É esse som que vocês querem para o Brasil?". Quando li aquilo, pensei: "Pô, é realmente isso o que a gente quer? Qualquer coisa, a qualquer preço, a qualquer custo?". Será que a periferia do Brasil, a periferia de São Paulo e do Rio, está produzindo isso? Mas a troco de quê? O que vai acontecer com o Tigrão? Vai ser mais um Tiririca, um cara que sai da merda, monta um programa de tv e depois...

... desaparece. É, desaparece, e o povo volta a tratá-lo como um zé-ninguém. Qual foi a minha contribuição para esse cara, além de ter ajudado a pôr na cabeça dele que uma roupinha bonita, um negocinho, um carro do ano é o máximo que ele pode conseguir? Estou fora dessa! Vai demorar? Vai, mas estou fora! Não vou entrar nessa viagem nem vou assinar embaixo, porque há uma complacência, todo mundo querendo ser politicamente correto, não querendo entrar em conflito. Isso é insuportável! Vi isso lá nos Estados Unidos: a cultura americana é toda politicamente correta e estabelecida. Tive nojo! Ninguém grita mais. Para mim, o Brasil não tem tradição de revolução, não tem...

Capacidade de indignação? É. Não tem, e isso desde o pobre que mora lá no Recife e diz: "Ah, não tem o que comer? Então, a gente come calango... Deus ajuda, Deus sabe o que faz...". Deus sabe o que faz?! Ora, vá gritar, vá jogar banana – banana não, porque eles não têm... Vá jogar pedra num político filho da puta...

Vamos falar do palco, que é coisa mais bacana. Como é estar lá? É um transe. Ao entrar no palco, tenho sempre o cuidado de dizer: "Que assim seja". Isso porque não quero que nada seja predeterminado, apesar de haver um roteiro. Eu gosto mesmo é da gira, uma gira da tradição de terreiros, de quermesses, de festas populares. Para mim, aquilo ali é uma gira única, não vai se repetir.

Cada show é uma história diferente? Cada show é um show. Sendo assim, você tem que se entregar, estar à vontade, se sentir bem, fazer que aquilo seja muito bom. Porque sinto que, quando ponho essa coisa na cabeça, automaticamente a vejo refletida nas pessoas. Gosto de olhar como elas me olham, de saber como estão reagindo. Observo coisas superintrigantes, desde a contemplação até a esquisitice. Há olhares esquisitos, sabia? Isso é bom, porque é troca mesmo. É o que está girando ali, o que está acontecendo, o que tem que vibrar no lugar. Ali está acontecendo uma gira, ali estão presentes as entidades, e a música, como entidade maior, produz vibração em cada pessoa. Cada um pensa, viaja e soma-se àquilo. Eu fico sempre assim...

No palco? Na história. Sempre penso: "Não posso perder nada, tenho que estar conectada com todos o tempo inteiro. Eles têm que perceber isso, a gente tem que estar firme, ligada, compenetrada. Este é um momento único, uma bênção, um presente".

Poder cantar? Poder cantar é um presente de Deus. Nunca imaginei ser cantora. Não nasci com isso, não ganhei concurso de canto na escola aos 3 anos de idade. Isso foi surgindo na minha vida, tomando conta mesmo. Hoje, paro e penso: "Será que eu deveria estar fazendo outra coisa neste mundo tão globalizado, tão exigente?". Quero cantar. Amanhã, se não puder mais fazer isso, farei outra coisa. Mas hoje vivo para isso, e vivo intensamente cada momento. Passo por dificuldades, enfrento conflitos, sei da minha história, sei o que esperam de mim. O que tenho de bom é a minha voz. As gravadoras têm expectativas diferentes: elas esperam uma transformação para uma coisa que está preestabelecida, padronizada. Mas já perceberam que não vai

> A MÚSICA, COMO ENTIDADE MAIOR, PRODUZ VIBRAÇÃO EM CADA PESSOA

ser assim. Tenho aspiração de ser uma Maria Bethânia, uma Nana Caymmi, figuras que fizeram e fazem a história. Não estou a fim de correr na frente dos bois. Há um preço para as coisas. Existem dificuldades, demoras. Mas acho que tudo acontece na hora em que tem que acontecer. Vivo bem, tranquila, caminhando na rua, inventando as minhas histórias. Quero viver assim, como um ser humano normal. Não quero a impossibilidade de ter as coisas triviais da vida. Não quero ficar sem poder ir aqui ou ali. Acho isso muito esquisito – triste até.

Mas você sabe que há sempre o risco de isso acontecer... Sei que corro esse risco, mas espero... Não! Peço religiosamente todos os dias para nunca tirar os pés do chão, para não perder a liga, não me deslumbrar, não entrar numas. Não sou mais aquela Rita lá de São Luís, com aquele mesmo jeito. Já mudei muito e vou continuar mudando em consequência das coisas. Mas quero que tudo seja de forma harmônica, tranquila, pausada, sem aquela... Ah, já vi amigos sofrerem essa mudança radical e não segurarem a onda quando o mercado vem e simplesmente puxa o tapete: "Agora não estou mais em todas as televisões, em todas as rádios! As revistas não me procuram mais!". Calma, é hora de você se reciclar. Pare um pouco e veja o que está fazendo, em que ponto você delirou, onde foi que pirou. Volte para o seio da mamãe, vá comer uma juçara com camarão seco no Maranhão, vá se recompor e ver o que você está fazendo, o que está acontecendo... O problema é que as pessoas atingem um ponto em que não querem mais ser menos do que aquilo, mas a vida não é assim. Há uma hora em que se está na crista da onda, e há outra em que se está na preamar e a maré cheia vem chegando...

Essa noção do movimento das coisas se deve à sua proximidade com a natureza? Claro! Aquela maré explodindo no meio da rua, tudo cheio, tudo vibrando e depois amansando. Percebo o movimento da lua em mim. Fico horas e horas minguante, calma. Depois fico cheia e pareço uma louca dentro de casa: quero sair, enlouquecer, fazer coisas... Observei muito o movimento da maré no Maranhão, horas a fio sentada naquelas muradas que você viu lá, aqueles fortes maranhenses, fico sentada ali olhando o mar, barquinho vir, barquinho ir. *(Risos.)* Isso é vida, entendeu? É a maior lição que a gente pode ter na vida, poder observar o movimento do mar, do vento, o ciclo do Sol e da Lua, noite e dia, o maior desafio da vida da gente é esse. O que eu não quero perder nunca é a minha curiosidade e, muito menos, minha inquietação. Não quero ficar dizendo: "Agora que tenho minha casa lá na ilha de Coropu, minha cobertura na Vieira Souto, minha casa no Morumbi, não vou..." Não quero pôr a minha voz num disco que já está pronto. Isso nunca! Meu Deus, me mantenha, porque a gente não sabe, as coisas vão mudando, mas o que desejo vou procurar realizar.

O QUE EU NÃO QUERO PERDER NUNCA É A MINHA CURIOSIDADE

RITA DE NOIVA COM OS MUTANTES, Rita bossa nova com João Gilberto, Rita, Roberto e aquele amor explícito registrado em tantos discos bons na década de 1980... Eu me lembro perfeitamente do comercial da Ellus na TV, com um casal de adolescentes se agarrando embaixo d'água – foi revolucionário! A trilha era a deliciosa "Mania de você", e Rita Lee tem sido há décadas a nossa trilha sonora da eterna juventude. "Ovelha negra" já mudou a vida de muita gente. Tom Zé diz que ela é nossa professora do amor e do sexo. Numa noite fria em São Paulo, dessas de gelar a espinha, conversei com Rita Lee numa de suas raríssimas entrevistas não virtuais. Foi um privilégio! Aqui, ela fala de tropicalismo, Mutantes, jovem guarda, bossa nova, os megaespetáculos, o primeiro "acústico" da história, a paixão pelo rádio, pelos animais, pela música eletrônica... Rita é um dos nossos maiores ícones do rock, uma das inventoras do pop nacional, e o papo é bom demais... *Love* Rita Lee! Entrevista realizada em julho de 2004.

Você formou as Teenage Singers quando tinha 18 anos, mas a música entrou antes na sua vida. Quando, como e por que você quis brincar disso? Lembro que senti a alma ser arrebatada pela música quando ouvi minha mãe tocar a "Dança do fogo" ao piano. Senti aquilo nas entranhas – era música instrumental. Comecei a dançar, a fazer gestual, a interpretar o fogo, numa coisa meio Isadora Duncan. "Dança do fogo" tocada por minha mãe foi a música que me causou maior impacto.

Que idade você tinha? Uns 4, 5 anos.

Quando você teve vontade de cantar e mexer com música? Foi quando montou a banda? Foi! Na época do ginásio, eu era bem metida. Era péssima aluna e ficava reunindo *bad girls* para fazer coisas comigo. Mas eu era muito boa atleta. Ganhava medalhas pela escola e ganhei um pouco de destaque por isso, chamando alguma atenção. Sempre tentei construir uma personalidade que escondesse um pouco a minha burrice, a minha feiura. Então, comecei a ficar amiga das *bad girls*. Fiz grande amizade com duas delas – uma suíça chamada Beatrice e uma inglesa chamada Jane. A gente formou um trio: armava um vocalzinho e arranhava um violão, uma aqui e outra ali, tudo mal e porcamente. Foi aí que comecei.

Nessa época, você ouvia rock'n'roll e nada de música brasileira? Não, eu ouvia bastante música brasileira! Minhas irmãs mais velhas adoravam Tito Madi, João Gilberto, Cauby Peixoto, Agnaldo Rayol, Angela Maria, Francisco Alves. E a minha mãe era especial. Era uma casa de feiticeiras: seis mulheres e só um homem, meu pai. Coitado! O rádio tocava o tempo inteiro. Tinha a turma da Emilinha e a da Marlene. Eu era pela Marlene, e uma irmã, pela Emilinha. Minha mãe, que tocava piano, tirava todas as musiquinhas, e a gente cantava.

Que delícia! Era bom. Mas, quando meu pai chegava, ele acabava com a farra, porque a gente ou estudava, ou trabalhava – música não era nada.

Como assim? Assim mesmo. Ele era rígido.

As Teenage Singers só se apresentavam no colégio? Ia além disso ou era só aquela brincadeira? Não, só brincadeira. Havia festivais de escolas: o Mackenzie cedia o auditório, que era o mais bonito de todos, fazíamos lá umas *jam sessions*, e às vezes se juntava um grupo com outro. Eu me lembro de que fui a um festival e fiquei muito impressionada com um grupo chamado Wooden Faces [uma tradução literal de "Caras de pau" para o inglês].

Wooden Faces? Ah, mas esse encontro foi importante. Era do Arnaldo Baptista. Tinha o Cláudio, o irmão mais velho, que tocava bateria; o Rafael; e o Tobé, no baixo. Tocavam muito bem e tinham orgulho de possuir instrumentos, de fazê-los em casa, de dar uma incrementada. Fiquei impressionadíssima, e eles também ficaram impressionados, porque cantávamos com harmonização e as três éramos bonitinhas...

Foi aí que vocês se encontraram? Foi aí que se fez uma *fusion* do Wooden Faces com as Teenage Singers. Foi para um festival, só que deu muito certo. Começou um

namoro, uma aprendizagem, uma troca. Eu me lembro de que os Wooden Faces odiavam os Beatles, odiavam o Elvis Presley, odiavam os Rolling Stones. Era só música instrumental...
Puxa! Eles eram os reis, primorosos mesmo. O Serginho nem existia no grupo.
Quando foi que você assumiu cantar numa banda? Com banda, é sempre mais fácil dividir responsa. Eu nunca tive voz, cantar era mais ir na onda, montar um vocalzinho e *tchubirudaundaum*. Nunca fui nem tive vontade de ser *lead singer*. Passou um tempo, e as Teenage Singers e os Wooden Faces viraram O'Seis, "ó-apóstrofo-seis". Entrou mais uma pessoa, e mais outra, e foram entrando – e saindo... Por incrível que pareça, isso, em vez de acrescentar, subtraiu, porque começou a pintar eguinho. A gente falava: "Ô namoradinha do fulano, você podia cantar melhor". O namoradinho ficava com um beiço, com um bicão assim, e dizia: "Ah! Então também não vou mais tocar". Depois de muita briga, ficamos só nós quatro. O Sérgio já tinha entrado no lugar do Rafael; o Cláudio César saiu da bateria, foi ser gênio da eletrônica, e no lugar dele ficou o Dinho; Liminha entrou no contrabaixo; e Arnaldo, nos teclados. Viramos Os Bruxos, que ainda não eram um trio. O trio – Arnaldo, Sérgio e eu – era o núcleo da coisa. Eu achava até meio sórdido a gente assinar todas as músicas enquanto o Liminha fazia música também e não era creditado. Nunca simpatizei com aquela ideia – sou muito comunista. Mas... A gente fez muitas apresentações no programa *Quadrado e Redondo*, da TV Bandeirantes.
O programa do Ronnie Von foi nessa época ou foi depois? Um pouquinho depois. O Randal Juliano, as *hit parades*, Tim Maia. A gente fazia *backing* para o Tim Maia.
Que delícia deve ter sido! Era mesmo. Ele tinha acabado de voltar dos Estados Unidos e estava com mania de falar inglês. Mas era bem legal, esse crioulão e nós, tentando imitar aquela voz de neguinha [cantando], e ele adorava. Ficamos muito tempo com ele e o David Gordon, um jamaicano que veio para o Brasil e introduziu o calipso aqui, todos nesses programas de *hit parade*. Num deles a gente tentou o programa *Jovem Guarda*, na TV Record...
Com o Roberto Carlos. A formação deles já estava definida: era uma menina, a Wanderléa, mais o Erasmo e o Roberto. Ficaríamos meio parecidos – e, além disso, a gente, para variar, queria aquela parafernália eletrônica no palco. Pensava que tinha que mostrar amplificador, equalizador, bateria, fio. Achava bonita essa estética. Mas a TV Record era um horror, era uma coisa *clean*, minimalista, o amplificador ficava atrás de não sei o quê e, por isso, não gerava o som que a gente queria. Fizemos uma audição e fomos expulsos.
Uma audição só? Uma única tentativa e expulsaram a gente.
Foi frustrante? Você queria muito estar ali ao lado do Roberto Carlos? Não! Eu não era muito fã do Roberto Carlos.
Não? Eu gostava da Wanderléa e do Erasmo. Logo depois que aconteceu aquilo, ofereceram ao Ronnie Von o papel de rival do Rei. Eram o Príncipe e o Rei. Como

o Rei tinha mandado a gente pras cucuias, a gente foi procurar o Príncipe, e o Príncipe adorou os Mutantes.

Que legal! Ele ficou de quatro no ato. Disse: "Olha, vocês façam o que quiserem". Foi muito, muito generoso. E foi o Ronnie Von quem deu nome aos Mutantes. Pode haver teses e livros com versões diferentes sobre quem nos deu esse nome, mas foi o Ronnie Von.

Como? Fomos fazer uma reunião na casa dele, e o Ronnie disse: "Putz, bicho, tem um livro sensacional que quero que vocês leiam. Chama-se *O planeta dos mutantes*". Os quatro compramos o livro, lemos e vimos aquela ideia do mutante como o ser que encosta na sua mão e vira você. Havia toda uma ideia fantástica ali, e acabamos abandonando Os Bruxos para virar Mutantes.

Como era se vestir a cada hora com um figurino diferente? No começo, tínhamos que nos virar sozinhos. Minha mãe fazia algumas coisas, a gente costurava panos no corpo e ia. Mas, na época do Festival Internacional da Canção, em 1969, o Augusto Marzagão, que era diretor do festival, abriu o guarda-roupa para a gente.

Legal! No festival, uma turma fez abaixo-assinado para que os Mutantes não participassem porque tinham guitarra elétrica e aquilo não era MPB. O Marzagão, esperto como é, falou: "Olha, eu peito, porque a presença deles é maravilhosa". Peitou mesmo e, além de tudo, abriu o guarda-roupa. E lá fui eu – aquelas roupas maravilhosas das novelas!... A Leila Diniz tinha me convidado para assistir a um capítulo de *O sheik de Agadir*, a novela que estava gravando. Eu ficava lá quietinha, era uma cena trágica em que a Leila estava de noiva: "Não quero mais casar com você!". Corta, acabou. Então ela olhou para mim, fez "Hum...", levantou a perna e mostrou que estava de tênis com o vestido de noiva. Achei aquilo tão rock'n'roll! E, quando o Marzagão disse: "Olha, escolhe o que você quiser", lógico que eu quis o vestido de noiva da Leila Diniz.

Que legal! Ainda está comigo.

Jura? Juro! Eu tenho tudo num baú. Guardadinho.

Como foi o encontro de vocês com os tropicalistas? Foi que foi... Sabe, a primeira coisa que me vem à cabeça é a generosidade de Gil, Caetano, Tom Zé e Guilherme Araújo. Eu me lembro de que eles ficaram encantados com a parafernália eletrônica dos Mutantes, porque até então só tinham a guitarrinha elétrica do trio-elétrico.

Era totalmente diferente. A eletrônica deles deixava bem a desejar. Quando eles viram a guitarra do Sérgio, toda banhada de ouro, com a maldição de que quem mexesse nela perderia a mão... O meu teremim, o berimbau tocado com bateria... Éramos americanizados, inglesados, pelo fato de fazer uso de instrumento eletrônico. Para a música popular brasileira, aquilo era sacrilégio, você ia à Inquisição. E não é que, de repente, os caras chegaram e compraram a coisa?

Porque vocês já estavam fazendo o que eles queriam fazer dali para a frente... Também. Estavam interessados, não tinham preconceitos, não tinham amarras.

Oferecíamos isso, e eles ofereciam a brasilidade que até então não tínhamos. Ensinaram o que era Chacrinha, o que era Carmen Miranda. Sabe aquela coisa de ir conhecer a história da mesma maneira que Alice vai conhecer no País das Maravilhas? Eu fiquei e continuo absolutamente fã da música brasileira. Foram muito generosos também por nos terem ensinado a compor. A gente via como eles começavam; como pegavam lápis e escreviam uma palavra; como pegavam o violão e dessa palavra faziam uns acordes, e dos acordes sugeriam umas cinco palavras, e depois uma frase, e depois uma história, e o violão seguindo. Isso, para mim, foi um doutorado.

> **EU FIQUEI E CONTINUO ABSOLUTAMENTE FÃ DA MÚSICA BRASILEIRA**

Como vocês faziam antes? A gente clonava o Tim Maia, os Beatles. Para mim, fazer em português foi um sonho. Não sei quanto o Arnaldo e o Sérgio apreciaram, mas eu, sinceramente, dei e dou valor até hoje. Sempre menciono Caetano, Gil e Tom Zé pela generosidade, pelo saco que eles tiveram de sentar à mesa, de me passar e fazer experimentar tudo aquilo.

Você compõe usando esse método que aprendeu com eles, escrevendo uma coisinha e depois pegando o violão? Faço também. Não existe um método só, mas faço bastante isso.

Letra e música, tudo junto. Às vezes faço uma letra inteira, psicografada. Às vezes penso que sou eu, mas não sou eu, não – eu psicografo e digo: "Hummm, era isto que eu queria saber!". E desde então, desde essa iniciação musical, comecei a ver a genialidade de todos os cantores brasileiros que eu tinha ouvido em casa quando era pequena.

Isso lançou outra luz sobre o que você já conhecia. Exatamente. Nunca pensei que eu fosse tão brasileira. Mas o fato é que não tenho mesmo muito saco para sair do Brasil.

Há pouco você estava fora... Pois é, saí. Uma tristeza, mas a gente vai chegando ao palco. O palco é um lugar sagrado, muito mágico – embora esse termo esteja batido, é mágico mesmo. Por mais que suba ao palco e cante "Ovelha negra" pela 597ª vez, você canta do mesmo jeito ou melhor, porque vai dizendo as palavras, e as palavras que você decorou vão ganhando outro sentido, e você vai ficando emocionada e passando isso para as pessoas.

E aí o palco não foi nenhum susto para você, porque, afinal, você dança desde os 4 anos... Não foi susto nenhum. Mesmo quando a gente se vestiu de noiva grávida, roupa de plástico, quando levava tomate e tudo mais, aquilo era uma delícia. Não existia medo; existia, isto sim, o tesão de ficar cutucando os reaças que estavam na plateia. Você os via ali, jornalistas reaças, estudantezinhos da UNE, não sei mais o quê. De repente, o Caetano saía do palco, ia para a casa dele, e os mesmos que estavam vaiando iam lá chamá-lo de *buana*. Era muito engraçado.

Você estava fazendo história e ao mesmo tempo observando esse tipo de coisa – porque vocês fizeram aqui, no contexto histórico que a gente tinha, o que se fez em Paris em 1968. Exatamente.
E através da música. Isso. Mas, voltando à generosidade deles, se pintava um livro, um filme...
Eles jogavam na roda. Quando eles moravam em São Paulo e eu também, era tão bom! Se não fosse São Paulo, não teria havido tropicalismo. Era aquele monte de cinza o que dava uma temática maravilhosa para os baianos malucos. Havia aquele eixo São Paulo-Rio-Bahia, que era tão bonito. Havia os cariocas, a turma do Chico, do Edu Lobo, da Elis, que não eram muito tropicalistas. Houve aquela passeata contra a guitarra elétrica – que coisa boba! Depois de certo tempo, viram a riqueza que é o tropicalismo, embora eu ainda ache a bossa nova mais fodida que o tropicalismo. Fosse como fosse, o Brasil nunca mais foi o mesmo.
É fato. É, porque o tropicalismo abriu ainda mais, semeou tudo quanto foi tipo de planta, de erva, de tudo.
Na música e no comportamento. É, no comportamento também.
Você diz que a bossa nova é mais fodida em que sentido? No musical? Como? No sentido de que nos anos 1950 havia os vozeirões de homens e mulheres, como Angela Maria, por exemplo, e, de repente, veio aquela coisa *cool*. Então se dizia: "Ah, eu posso fazer isso! Ah, eu tenho voz de bossa nova!", aquela coisa chique. Até hoje, a bossa nova é inigualável.
Você gravou com João Gilberto "Juju e balangandãs"... Gravei *(risos)*, tremendo feito louca. O bandido, a praga, falou: "Olha, de tarde nós vamos ter um ensaio com orquestra". Eu nunca tinha tocado com orquestra. Pois eu fui lá, britânica, paulistésima, e cadê o João Gilberto?
Baiano... Sim! Chegou cinco horas atrasado, brigou com o cellista e não passou o som com a orquestra.
E aí? Entrei às cegas, cagando de medo. Ele pediu para eu usar um vestidinho: "Não quero você de calça comprida, quero de vestidinho".
Olha que fetiche! É! Para ele, tudo. Logo depois, topou gravar com a gente "Brasil com *s*". Nossa, foi uma delícia! Maravilhosa também é a filha dele, a Bebel...
Há pouco você disse que nunca pensou muito em cantar sozinha, que com banda era mais fácil. Quando você partiu para cantar sozinha, veio um susto, aquele que não tinha vindo quando entrou no palco pela primeira vez? Houve uma briga entre os Mutantes, uma das quinhentas brigas que houve. Um foi para a Indonésia; o outro, não sei para onde; e eu fiquei aqui. A Rhodia tinha uma estrutura hollywoodiana, eles faziam desfiles que eram shows. E convidavam Raul Cortez, Jorge Ben Jor, Juca Chaves, Caetano, Gil, Bethânia, Gal. Aquilo era uma mistura de circo com pantomima, com Fellini, que o Livio Rangan produzia. E, naquele ano, estavam querendo fazer a história de uma garota cujo sonho era ser top model. Em outros

anos, os Mutantes já tinham feito com Caetano e Gil esses shows da Rhodia. O Livio Rangan então ficou sabendo que os Mutantes tinham acabado e disse: "Ah, vamos chamar a loirinha para fazer um pedaço! Ela faz o papel de uma manequim meio desengonçada, que desfila e erra tudo". Então, ela se esmerilha.

Se esmerilha? Muito: fica dançando na frente do espelho, fazendo poses. O ator Paulo José observa no palco, escuro e vazio, e diz: "Acho que essa menina tem jeito, eu vou falar com não sei quem". Tem a foto das meninas, todas vestidas, lindas – e, no instante em que vão tirar a foto, eu apareço debaixo das pernas de uma delas. E, nisto, quem fazia o papel de diretor diz: "É ela! É essa menina quem vai fazer!" Aí há uma cena em que eu canto, sonhando, uma música chamada "Sucesso, aqui vou eu!", que fiz especialmente para isso. E, assim, consegui chegar ao estrelato. Foi uma delícia. Foi tão bom que os Mutantes voltaram e quiseram aproveitar o sucesso, e, como eu não gostava de ser *lead*, voltei para os Mutantes. De outra vez em que os Mutantes brigaram, eu fiz com a Rhodia uma história chamada *Nhô Look*, que era um *look* caipira...

Nhô?! É! A moda era ser caipira chique, e eu fazia uma menina que namorava o rapazinho que tocava clarineta no coreto. Era uma palhaça que às vezes desfilava, às vezes ficava linda, às vezes ganhava os melhores vestidos... O Livio Rangan gostava muito de mim, e eu, muito dele.

Então, você se divertia muito? Muito, muito, muito. Eu adorava, porque os Mutantes sempre ficavam com inveja.

Que bom! É, aquele gostinho de fazer pirraça.

E quando foi que o Mutantes terminaram de verdade e você se assumiu como *pop star*? O Livio Rangan tinha um grande amigo, o André Midani, que era da Philips. E ele sempre dizia ao Rangan: "Olha, essa menina tem uma coisa... Estou a fim de fazer um disco com ela". E fez! Foi o *Atrás do porto tem uma cidade* (1974), com o Tutti Frutti, um grupo que eu formei. O disco era péssimo, e o Livio Rangan não quis dar muita força, mas saiu assim mesmo. O Livio disse: "Vamos fazer outro rápido". Demorou um tempinho, mas saiu também, e aí foi muito bom.

Essa virada? É, essa virada. O André Midani tinha muito faro. Naquele momento, criou-se uma situação terrível para os Mutantes, porque havia muita briga, muito ciúme. Eu me lembro de que eu cantava uma música do George Moustaki, "José", da qual a Nara Leão fez uma versão. Foi um escândalo, e os Mutantes ficaram putos da vida, porque todo show tínhamos que cantar a porra daquela música. A gente queria ser roqueiro, e essa música não podia ser mais careta. Essas coisas já estavam me incomodando.

Cansou... Cansei. Também tinha muita putaria – menina, orgia. Não que eu fosse santa, mas já estava meio de saco cheio. Eles estavam mexendo com uma coisa meio de magia negra, com que o Raul Seixas se envolveu também. Aí, eu disse: "Estou fora!". Cheguei ao ensaio, e eles estavam com cara de enterro, dizendo: "Olha, nós vamos fazer música progressiva, e você não tem virtude...".

Virtude? É, virtuosismo para tocar um instrumento. Aquela coisa da música eletrônica: Deus é um, e um é Deus. Começou uma piração como nenhum ácido tinha conseguido até ali. Foi isto: "Olha, não tem mais lugar para você. Então, salta!". Eu saltei e voltei para o útero, para a casa da minha mãe, e a primeira música que fiz sozinha foi "Rumo à natureza".
A briga rendeu excelentes frutos... Nossa, eu chorei feito um cão. Chorei tanto, tanto! E aqueles panacas ainda ficaram com a minha parte do equipamento de som.
Você saiu sem nada dos Mutantes? É, saí. Mas sabe quando você se sente fodida, mas tão fodida, que isso lhe dá uma força? Comecei a fazer letra e música sozinha, e aquilo representou uma liberdade! Eu falava o que queria. Fiz dupla com a Lúcia Turnbull, que era superamiga. A Lúcia tinha uma voz linda, e eu queria ficar em segundo plano para jogar a Lúcia para a frente. Só que, por fim, a gente achou que era simplório demais: dois violões e a gente vestida com asinhas de anjo, toda não sei o quê. Aí convidamos um grupo que era vizinho dos Mutantes, o Lisergia. Tinha o Luiz Carlini, o Lee Marcucci, e foi aí que virou Tutti Frutti, o nome que o Bivar deu e que, depois de certo tempo, o Carlini registrou só para ele. Nessa, perdi o nome...
Às vezes, você dá a impressão de que não queria estar lá na frente. É verdade.

Havia algumas coisas atravessando o seu caminho e puxando o seu tapete para, de certa forma, empurrá-la para esse lugar. Exatamente.
Então, para os Mutantes você não servia. De repente, o Carlini registrou o nome para ele. Com a Lucinha, também não era bem aquilo. O que faltava? Rock'n'roll? Você meio que foi forçada a encarar... isso? Totalmente, você tem toda a razão. Quando estava no Tutti Frutti, com a Lucinha e tudo, eu ficava lá atrás, e as pessoas me empurravam para a frente.
Queriam ver você. Achavam que eu tinha alguma coisa. Foi sempre assim. Até hoje eu tenho vontade de ser de uma banda – a melhor coisa é responsa dividida. Eu só quero ser parte do *backing vocal*.
***Tchubiridaundaum*?** É, grande sonho!
Descansar os olhos no pasto... Quando foi que você chegou lá na frente e finalmente teve prazer nisso? Foi o Antonio Bivar quem me ensinou. O Bivar é uma das pessoas mais leves, geniais, limpas, corretas, honestas, que conheço. Ele me chamou e disse: "Vai, brinca com a coisa. Experimenta, faz circo, não tenha medo. Se errar, você cai com a bunda no chão e dá risada". Ele me mostrou um lado que não tinha aquela seriedade do ter que cantar bem, ter que tocar bem. Ele me mostrou a leveza do rock, o *high pop*. Eu comprei uma parafernália, comprei um tataravô do sintetizador e comecei a tocar flauta errado.
Pegou gosto? Eu adorei, porque o melhor lugar do mundo é o palco.
É mesmo? Nossa! É uma coisa de louco mesmo. Eu tinha cólicas todos os meses, dor de cabeça, dor de dente, dor de tudo. "Eu não vou conseguir. Me tira, vai? Eu

não vou conseguir, para!" Todo mundo meio que sabia das minhas noias, mas eu entrava no palco e acabava tudo. Tenho pavor de barata, mas, se eu vejo uma no palco, sou capaz de pegá-la. É sensacional. É maravilhoso. Perdi a vergonha e estou sem vergonha até hoje.

Quando você e o Tutti Frutti fizeram *Fruto proibido*, você já era bem *lead*. Era. O Carlini ficou puto.

Disco maravilhoso, cheio de sucessos, de coisas maravilhosas. Foi bacana porque tinha "Ovelha negra", e nunca uma música pop rock fez tanto sucesso. Muita gente acha que os Mutantes venderam mais discos, mas os Mutantes eram um guetinho. Maravilhosamente gueto, 50 mil anos à frente, adoro, tenho o maior orgulho – mas vender discos, ficar popular e tudo mais, isso foi com *Fruto proibido*. Foi aí que comecei a fazer música. Fico me lembrando da minha vida – até que não é ruim...

Foi com *Fruto proibido* que você começou a fazer grandes shows. Foi. A gente tinha uma megaestrutura, carregava PA, era um circo. Saíam uns três, quatro caminhões com luz, som, cenário. Pela primeira vez, a gente levou microfone sem fio, não me lembro se em Aracaju. A trupe chegava, e ficava aquele monte de gente vendo como é que ela trabalhava, montava o palco e tudo. Na hora de passar o microfone sem fio, diziam: "Oxente, eu não quero esse negócio sem fio!". Parecia um disco voador chegando à cidade. Eram dois espetáculos: a montagem e o show em si.

Acho que você foi das primeiras a fazer isso no Brasil. Fui. Modestamente, fui.

Grande show, com toda aquela parafernália e luz. Luz, escadaria, figurino, a grua que me levava ao centro do palco...

Você começou com isso, e os caras passaram a se equipar para chegar lá. Criou-se uma demanda. Foi.

Você voltou a encontrar o Gilberto Gil mais ou menos nesse período. Foi quando fizeram o *Refestança*, não? Isso. Quando saí da cadeia, a gente já tinha essa ideia. O Gil odiava a Mônica Lisboa, minha empresária. Ele e o resto do mundo. Um dia, eu falei: "Quando a governanta der no pé, eu vou estar com você". O Gil fez a música "Rita Lee" para os Doces Bárbaros. Eu estava esperando o Beto, já tinha saído da cadeia, e logo depois a gente fez *Refestança*.

E foi uma folia. Foi uma farra: Gil macrobiótico, e a gente queimando fumo feito louco.

Magrinho! Magrinho, lindo, lindo...

Antes do reencontro com o Gil, houve o seu encontro com o Roberto de Carvalho, que foi outra virada na sua vida. Pois é. Foi o instinto de Roberto de Carvalho que disse: "Epa, espera aí! Tem alguma coisa errada na estrutura da Mônica Lisboa". Ele chamou o advogado Samuel McDowell, que era amigo nosso, e o Samuel descobriu tudo. Eu fui presa sem nada. Eu estava grávida, hippie, linda, leve e solta, e peguei um ano de prisão domiciliar.

Caramba! Fiquei uma semana no Deic, um mês no hipódromo da Gávea e um ano em prisão domiciliar.

Grávida?! Grávida. Foi aí que o Roberto deixou o Rio de Janeiro, ele estava tocando com Ney Matogrosso, e eu o avisei de que ia ser pai: "Olha, fique calmo, a produção é independente, não quero absolutamente nada, só estou comunicando".

A noiva grávida... Logo depois fui presa, e ele foi para São Paulo ficar com a minha mãe e o meu pai, dando uma força e descobrindo essas coisas da Mônica.

E a parceria musical? Começou como? Ah, foi tão bonitinho! O Beto era bebê, e a gente morava num cubículo. O Roberto sempre tocou muito bem, eu sempre fui fã do Roberto guitarrista e pianista. Tocou com Ney Matogrosso, Jorge Mautner, João Ricardo, Chico. Eu dizia: "Puxa, é difícil um guitarrista tocar piano tão bem, e é difícil um pianista tocar guitarra tão bem". Fiquei impressionada. Ele largou o que estava fazendo lá, foi para São Paulo e me esperou. Prisão domiciliar, ficou comigo na medida do possível na casa da minha mãe, onde eu estava. Havia gente de guarda em frente à minha casa. O Roberto foi organizando as coisas, e, quando ele ia para o Rio, eu ficava imaginando: "Que pessoa maravilhosa! Não pede nada, largou tudo, é boy, cinco anos mais novo que eu". Aí, eu fiz "Doce vampiro" com ele. Eu era louca por aquele beijo. Foi uma fase de músicas bem românticas. Depois veio "Mania de você" e "Banho de espuma". A gente se expunha muito. As pessoas perguntavam: "Vocês faziam aquilo mesmo?!".

A primeira música foi "Doce vampiro"? A primeira que fiz sozinha para ele. Já a primeira música que fizemos juntos foi "Disco voador".

Em São Sebastião, onde eu morava na época de "Lança perfume", eu ia com minhas irmãs menores patinar no gelo, e você era o maior sucesso do lugar. Toda vez que ouço essa música, eu me lembro daquele clima geladinho. E "Mania de você" foi usada naquele comercial da Ellus... Foi um escândalo.

O menino e a menina debaixo d'água, a menina com a camiseta transparente na piscina... Bacanérrimo! Foi o primeiro clipe, é verdade.

Cheia de pioneirismo, né? Essa é a sua história... É solitário, mas é bom.

Não são coisas de que se fala muito. O Bossa & *roll* é um acústico que você fez muito antes de ter começado a onda do *unplugged*. Você inventou isso, chamou um violonista bárbaro e fez seus sucessos. Ah, você é generosa em lembrar isso...

Aquele disco é maravilhoso. Eu fui a primeira a fazer. A gente fez uma gravação ao vivo horrorosa, pessimamente registrada – não tinha vídeo, não tinha nada, era só o som.

Começa com "Doce vampiro". É, porque eu já estava de saco cheio de fumaça, guitarra, baixo, de ter que depender da mesa. Falei: "Quer saber? Vou ficar pelada no banheiro, que é onde tem a melhor acústica, pegar o violão e tocar para saber quem sou eu, se eu sei cantar, se eu sei tocar". Todo dia, eu fazia um pouco isso, até

que o Tutti Maravilha, que é um DJ, um radialista de Belo Horizonte, disse: "Olha, eu vou fazer um show em homenagem a Elis. Você não quer vir?". Respondi: "Ih, estou tocando violão sozinha…". "Mas é exatamente isso que a gente quer, uma coisa completamente despojada." Aí eu fui, morrendo de medo. Fui e deu certo.
Mas você cantou o quê? "Alô, alô, marciano".
Você ficou mais segura depois desse disco? Até hoje não.
É? Mas eu pedia muito à Elis: "Ah, Elis, ilumina a minha voz um milionésimo que seja, que eu já fico feliz".
À Elis? Sempre peço a ela…
Mas o rock'n'roll é mais atitude. E você também gostou da ideia. Mas eu tenho voz de bossa nova. Tenho uma postura, uma coisa, andrógina. Para mim, a bossa nova é *the best, the best*, eu adoro.
Você canta em casa, pega um violãozinho, vai para um cantinho e canta bossa nova? Pelada.
Mentira! Nada mais bossa nova na guitarra do que cantar pelada no…
Nada mais João Gilberto! É, ele deve fazer isso pra chuchu.
No verão de Nova York, especialmente… Sobre os temas de suas composições. Você contou que moravam seis mulheres na sua casa… A feitiçaria feminina.
A feitiçaria… …que quase enlouquecia o meu pai.
Você disse que viu Leila Diniz vestida de noiva e fez essa música, "Todas as mulheres do mundo", que diz que "toda mulher é meio Leila Diniz". Mulher é tema para você, não só nessa versão, mas também em várias outras, como "Luz del Fuego". São as minhas grandes paixões femininas. Nos anos 1950, a Luz del Fuego estava entre as atrizes de Hollywood no baile do Municipal do Rio. Ela chegava pelada. A Luz del Fuego, a Elvira Pagã, Carmen Miranda, Aracy de Almeida, Dolores Duran, Maysa eram compositoras que, naquele tempo… Nossa, imagina o que não era aquilo! A coisa feminina me encanta muito. Adoro quando o Gil e o Chico cantam a mulher…
Eles passam mais pelo romantismo, não? É! O Chico é elegante. Eu falo de menstruação, de menopausa, o meu buraco é mais em cima. Não sei, as mulheres estão sempre na minha linha de meta. Acho que, sendo homem, sempre se pode fazer uma música maravilhosa – mas a vivência feminina é bem diferente quando se vai falar da mulher.

A COISA FEMININA ME ENCANTA MUITO

Ah, sim! Eu sempre gostei muito.
Você venceu uma resistência, brigou com os meninos nos Mutantes porque eles diziam que você não tocava nada… Não tinha colhão.
Não dava para ter mesmo… "Rock'n'roll só serve para quem tem colhão!"
Havia outra resistência interna a você falar do tema mulher? Ou foi sempre uma ferramenta para você se colocar na frente deles? Também houve essa

coisa da ferramenta e do precisar falar de cadeira sobre a coisa, experimentando. É sempre bom falar disso sem pudores. Sempre fui meio a palhaça da classe, da casa, e o bobo da corte sempre diz umas coisinhas...
Brincando, brincando... É.
O "Brinque de ser sério, leve a sério a brincadeira", que se vê no disco *Caras e bocas*, da Gal. O "Me recuso a ficar só, antes mal-acompanhada...". Eu sou muito ginasiana nessa coisa de trocadilho. Vivi muito o tempo de ginásio, de palavras de duplo e triplo sentido, e ainda tenho muito disso. Às vezes, as pessoas me cobram maturidade...
Cobram um tema mais profundo nas letras? Isso é coisa de crítico de música. "Esta senhora de 57 anos ainda fica perdendo tempo com trocadilhos." Eles querem que eu tenha 57 anos em cada perna, não sei o que eles esperam. Geralmente são jovens e ficam cobrando uma coisa que nem eles mesmos sabem o que é. Fodam-se!
Crítica é um assunto interessante... É muito chato, isto sim.
Na biografia distribuída pela sua assessoria de imprensa, vi que você escreveu durante um tempão para a revista da MTV aqui no Brasil e para outra, publicada lá fora. Nessa biografia, está escrito que você "atuou como jornalista de tanto a tanto". Isso é fato? Ah, é que eu sou metida, já falei. Era a revista *Leros*, que sai na Inglaterra e em Portugal. Era uma brincadeira em que eu contava como é que estava o Brasil, como é que andavam as novelas.
Novelas? É!
Uma cronista? É! Eu me intitulava colunista mundana. Só contava bobagem. Era uma delícia. É gostoso brincar, nada sério. Quando faço ponta em novela, é brincar.
Brincou de rádio, cinema, televisão? É, eu gosto.
Por que você gosta tanto do rádio? Rádio é disparado o preferido. Falei para você que é uma delícia, que eu tenho inveja de você. Gostoso: você entra no chuveiro da pessoa, brinca com a imaginação, fala barbaridades. É muito, muito bom. Naquele programa que eu tinha, o *Rádio Amador*, tocava tudo quanto era coisa do fundo do baú, menos coisas minhas, porque essas eu achava meio cafajeste tocar. Era tão bom! Até que houve um boicote e precisei sair fora porque eu tinha um disco novo para trabalhar e, assim, não podia...
Não podia tocar em outras rádios porque você estava no ar em outra... Que chatice! Será que hoje aconteceria isso?
Espero que não! Quando jovens, no começo de carreira, as pessoas ficam mais suscetíveis à crítica. Houve algum momento em que a crítica mexeu com você? Porque pinta uma insegurança: "Pô, o que eu estou fazendo? Que lugar eu estou ocupando?". Por outro lado, a gente sabe que, se o cara fala bem no jornal, na revista etc., o disco vende mais. Olha, no começo dos Mutantes, do tropicalismo, a gente até achava bacana ser esculhambado pela crítica...

Era chique. Era um espaço, era chique, era legal. E, quando comecei a trabalhar sozinha, sentia que a crítica estava do meu lado por causa das músicas. Depois – quando já estava com o Roberto e a gente praticamente deixou de fazer rock para ficar mais no pop, numa coisa popular de pessoas românticas –, eu senti que certa crítica estava muito barra-pesada. Num caso, disseram: "Deveriam passar com um trator por cima da Rita Lee".
Que é isso?! Pois é, estava nesse nível. Doeu muito, porque eu estava passando por uma fase difícil – minha mãe tinha morrido, meu pai tinha morrido, minhas tias tinham morrido, era um Auschwitz lá em casa, e eu estava fragilizada demais. Aquela crítica realmente me dilacerou, eu achava que era odiada, que não fazia porra nenhuma, que tinha que parar, que o cara tinha razão e eu era péssima. Foi terrível. Depois, peguei o traquejo de não ler mais. As pessoas me diziam: "Você viu que saiu não sei o quê?". "Não vi, não, nem de bom nem de ruim." Hoje eu já leio qualquer coisa.
Já aprendeu como funciona, né? É, já deu para eu ver como é a personagem do crítico. É o chatinho da *Veja*, é o Tinhorão...
Tinhorão ficou famoso... É, mas ser criticada pelo Tinhorão até ia. Agora, por esses zé-bundas...
E o sucesso? Há um *blog* no *site* do meu programa de rádio, o *Vozes*, e ali eu escrevi um texto sobre isso. Uma bobagenzinha que diz que, para mim, o sucesso se traduz numa foto: nós duas no estúdio da Eldorado, com Rita Lee me dando um abraço depois da entrevista. Tá lindo, é tudo o que eu quero! E para você? O que é o sucesso? Você fez barulho desde sempre, vendeu muito, encheu estádio, abriu show dos Rolling Stones. Isso mudou o seu conceito de sucesso? Eu aprendi com o sucesso, mas também com o fracasso. Ficar deslumbrada com o sucesso é perigoso. Ficar paranoica com o fracasso também é. Os dois passam, e por isso você não pode se ater nem a um nem a outro. Claro que o sucesso é mais legal, dá a impressão de que você tem que conquistar mais, de que você tem que melhorar. A gente não sabe lidar com o sucesso muito bem, sente aquela culpa. No Brasil, fazer sucesso é ofensa pessoal, volta e meia você tem que pedir desculpas. Com o fracasso, não. Quando está vivenciando o fracasso, você só tem olhos para tentar melhorar. É paradoxal, o sucesso não te dá um nirvana total, ele te dá uma coisa como "Ih, meu Deus, e o próximo?". O fracasso não: você está lá no fundão do poço, a única coisa que tem que fazer é subir. Assim, eu tenho mais medo do sucesso que do fracasso.
Você tem um envolvimento, uma preocupação forte, com a temática oriental, assim como com a feminina. Quando eu estava terminando o primeiro livro do *Vozes do Brasil*, perguntei à Cássia Eller sobre a responsabilidade do discurso, se isso passava um pouco pela cabeça dela. A Cássia me surpreendeu dizendo que pensava nisso até quando ouvia Elvis Presley, porque o cara

estava lá cantando aquelas coisas, fazendo tudo aquilo e, assim, modificando as pessoas, o comportamento, a cabeça. Você também faz isso, desde 1968, com os Mutantes, até hoje. "Amor e sexo", por exemplo, é uma música que parece bobagem, mas que, a seu modo, faz pensar. Você reflete sobre isso, sobre ser também formadora de opinião como nós, jornalistas? Sabe que eu não sei? Eu implico um pouco com o artista que carrega uma plataforma para o palco, para a arte dele, porque as pessoas vão lá para ouvir a música, o virtuosismo num instrumento – e, de repente, ele chega e diz: "Olha, não come carne! Olha, não sei o quê! Olha, não sei o que lá!".

EU TENHO MAIS MEDO DO SUCESSO QUE DO FRACASSO

É chato. É. Por isso, procuro não levar as minhas plataformas mais pessoais. No *Saia Justa*, eu falava porque não tinha a ver com música – falo em entrevista, se me dão espaço. Há muito pouco espaço para falar dos meus bichos, mas às vezes chega uma menina de 13 anos de idade e diz: "Você mudou a minha vida depois que ouvi 'Ovelha negra'".

Até hoje? Muita meninada gostaria de ser filho meu. Os meus filhos acham que sou uma mãe maravilhosa, completamente normal, mas não sei o que estou fazendo. Não tenho distanciamento de mim mesma para saber a quem estou influenciando, quem eu sou, o que eu faço. Não sei direito, não sei mesmo.

Você continua fazendo coisas, tem disco novo chegando aí. Você falou do triângulo que está norteando o trabalho. O que ainda a deixa inquieta? O que a estimula a criar? Ah, a vida! A cada dia, a cada momento. Ela me instiga, até ao escovar os dentes e fechar a torneira. Eu me acho meio burrinha por não sacar coisas, por deixar passar detalhes, por aprender uma coisa só depois de ter feito. Estou no meio da partida, estou jogando, torcendo, xingando. Esta foi a primeira vida que eu tive no Brasil, e espero ter outras vidas, se é que isso existe – porque às vezes acredito em tudo e às vezes não acredito em nada. Nestes meus 57 anos de idade, tenho boas vivências, coisas em que acertei, coisas que faria novamente. Se em outras vidas eu conseguir fazer a defesa dos animais, mostrar a responsabilidade da raça humana para com o planeta, para com a água, ótimo. Todas essas coisas me deixam meio triste, preocupada, desapontada. Eu achava que o terceiro milênio seria parecido com os Jetsons, mas não está sendo assim – está sendo meio decepcionante. Também acho que a informação que a gente recebe de telejornais é péssima, é pessimista, que o mundo está acabando, que o Bush é um imbecil. Eu acredito que as forças positivas equilibram tudo o que existe, mas que notícia boa não interessa a muita gente. Esse negócio de querer ver sangue, de querer ver o cara que tem a vida pior que a nossa, é bem da natureza humana. Às vezes me deixo levar pelo pessimismo, mas choro cinco minutos e então passa, e sigo em frente porque a vida está sendo muito interessante. À medida que você fica velha, as coisas ficam bem mais interessantes. Quando eu tinha os meus 19, 20 e poucos anos, se alguém houvesse me dito "Olha, envelhecer é legal", eu certamente não teria sofrido tanto. Não mesmo.

O que você está achando da música feita no Brasil hoje, numa época em que pelo menos os recursos são muito acessíveis, mais democráticos? Até meu cachorro canta que é uma beleza...

Seu cachorro canta, o cachorro da Marina canta – isso está virando moda. Eu adoro essa parafernália. Acho que o rock'n'roll veio para isso mesmo – a música eletrônica é tataraneta do rock. As coisas hoje são muito rápidas: no meu tempo, Roberto Carlos ficava dois anos numa parada de sucessos; agora não, passa depressa, não dura nada. Mas estou gostando muito, demais, sempre achei que a música feita no Brasil é estonteante. Só que eu não consigo acompanhar o que está acontecendo, é tanta coisa. Não fico o dia inteiro ouvindo música, a música ocupa pouquíssimo tempo da minha vida. A vida em si é de uma riqueza tão grande que a música me consome apenas duas horas...

Nessas duas horas, você ouve os discos que lhe mandam, ouve rádio, faz música? Eu gosto muito de ficar em casa, pago para não sair, estou ouvindo muito new age.

É? E muita música eletrônica. Não tem palavras, não tem discurso, não tem eguinho. Para mim, a música mais rica que existe é a eletrônica, em que fica todo mundo dançando e todo mundo é herói.

Uma vez hippie, sempre hippie. Hippie comunista que ainda sonha.

Muito obrigada! Obrigada a você! Com esta entrevista, até gostei mais de mim.

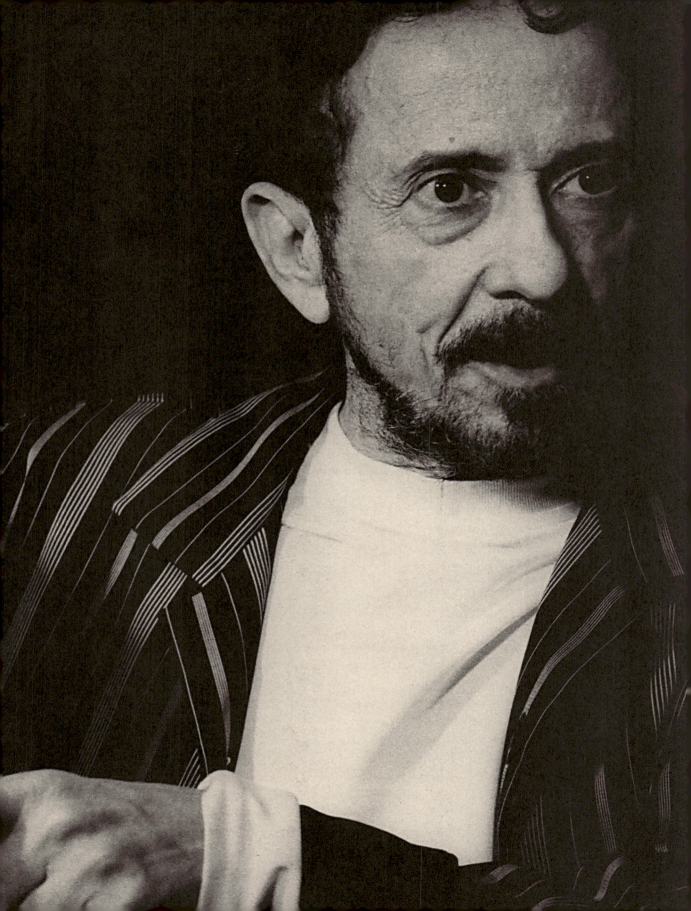

TOM ZÉ

TOM ZÉ DIZ QUE FAZ PERFORMANCE PARA **DISFARÇAR** A FALTA DE VOZ.

Ele não é mesmo um cantor por excelência. É, sim, um inventor de sons, um poeta de verve infinda, um cronista, um crítico vanguardista, um compositor original que arranja para orquestra e grava com os Novos Baianos a deliciosa "Jeitinho dela". Ao mesmo tempo, cuida de jardins e guarda suas fitinhas cassete no armário do quarto-estúdio. Toda vez que nos encontramos, ganho beijos e bênçãos – para mim e para minha filha. Se há a feliz oportunidade, sempre aprendo alguma coisa. Ele fala de poesia provençal, da cultura do interior do Brasil, de mitologia clássica, tudo com a maior desenvoltura. É um homem abusado de sabedoria. A cada disco, ele se reinventa, se renova. Talvez por isso tenha merecido o carinhoso tratamento de "menino-prodígio" – que é como nossa querida Neusa, sua esposa, se refere a ele. Viva Tom Zé!
Entrevista realizada em maio de 2004.

Lendo sobre você, ouvindo seus discos e até lendo o livro *Tropicalista lenta luta*, fiquei imaginando coisas. Você já contou a história do violão, da namoradinha de Irará, de não ser cantor e, por causa disso, tentar fazer uma coisa diferente. Mas eu fiquei muito curiosa para saber do som – quando ele começou a lhe interessar? Minha voz veio da mudez, e esse *métier* no qual eu trabalho – que não vou chamar de arte – também veio da mudez. No princípio, foi o encontro com as fortalezas da deficiência. Eram só deficiências – queria cantar, mas não sabia; queria tocar ou compor, mas não tinha habilidade. Foi devido a essa completa exiguidade, a esse desespero, que eu comecei a sonhar sons.
Sonhar os sons? É! Foi isso que me fez trilhar a profissão.
Como é sonhar sons? Bom, sei lá, talvez seja bom dizer que a minha experiência foi acontecendo assim. Quando comecei, o aparelho que gravava era de fita. Depois passou a ser computador, e foi progredindo. Os aparelhos feitos para gravar são sensores estéticos do sistema, eles só gravam o que está na moda. Dito dessa maneira, parece uma pilhéria exagerada, mas não é. É um acordo de cavalheiros que há entre eles – a gravadora e o técnico. Eles três formam uma trindade, como aquele cachorro de três cabeças que fica na entrada do inferno. *(Risos.)* Meu primeiro embaraço foi que, quando comecei a sonhar sons, eu consegui pegar os instrumentos, mesmo os convencionais, e fazer alguns desses sons, mas o estúdio não aceitava. Tem um caso que ilustra isso de maneira fantástica: era 1982, eu nunca tinha feito um disco independente, e o Cesare Benvenutti – que bolou o estúdio do Três do Rio e agora dirige a Som Livre na Itália – me chamou para fazer o disco lá, no estúdio do Três do Rio. Naquele tempo, eu já tinha algumas ideias para o *Nave Maria*. Fomos para o estúdio e passamos a noite tentando gravar os primeiros compassos do playback, mas não conseguimos nada. Ficamos a noite toda ali, até porque tínhamos um tempo indeterminado – a partir da meia-noite, é aquele negócio da hora barata e coisa e tal. Quando acabou, ele disse: "Tom Zé: é impossível gravar". Eu, que era acostumado a ter uma decepção de vez em quando, fui empacotando minhas coisas para ir embora. Mas, na saída, tive a sorte de dizer uma coisa que me salvou: "Cesare, é engraçado. Não dá para gravar aqui, mas lá em casa, com dois gravadores de dois canais, eu gravei, passando de um para outro por microfone – porque não tinha nem passagem direta para poder montar o tipo de acontecimento que eu sonhava". Ele respondeu: "Você fez isso? Então, toca aí para eu ouvir". Falei: "Olha, é claro que está horroroso"... E toquei. Ele escutou e disse: "Se você fez, eu também vou fazer". Pronto – é por isso que estou aqui hoje como artista, por causa daquela loucura do Cesare. Comecei a tentar resolver o problema de instrumentação, para tornar o som menos volumoso e acintoso, e ele foi adaptando o que conhecia de técnica de estúdio para receber. Para você ver como os avanços na técnica de gravação são difíceis: aquilo que está no *Nave Maria* é agora considerado uma bobagem – hoje em dia, qualquer lugar grava aquilo –, mas, para a gente, foi um drama que levou dois anos. De 1982 a 1984, nós nos reunimos

uma vez por mês para ver se chegávamos a uma solução. Quem hoje ouve a música não acredita, mas um passo na tecnologia é como um ano-luz.

Você ainda sonha sons? Eles ainda vêm à sua cabeça dessa maneira? Sim.

É assim que a composição chega para você? É. Mas vou dizer de um jeito bem simples, para não virar novela. Já que a entrevista não precisa ser tão resumida, vou contar uma coisa. Fui estudar violão por causa do meu amigo Renato, que já tinha influenciado milhões de coisas na minha vida. Um dia, ele disse: "Tom Zé, eu agora não toco mais flauta, toco violão, que é muito mais bonito". Eu falei: "Valha-me, Nossa Senhora!", sem saber que a minha vida mudaria a partir daquela hora. No outro dia à tarde, o ajudante do ônibus do Renato – o Renato era dono da marinete de Irará – comprou para mim um violão e um método do Canhoto.

Ah, o Canhoto! É, o Américo Jacomino. Mas os métodos de violão são só a primeira do tom, a segunda do tom, a terceira do tom e a passagem da primeira para a terceira do tom. Quando comecei a estudar, vi que aquilo não ia me levar a nada: "Meu Deus, como é que as pessoas tocam isso?! Tenho um método que veio do Rio e não me ajuda a fazer nada. Deve ser com a imaginação". E foi aí que comecei a imaginar sons. Então, penso: "Quero que, na hora que for começar determinada canção, o instrumento faça tal frase". Com isso, comecei a sonhar o arranjo inteiro. Eu era incapaz de tocar, mas sonhei o arranjo todo. Nesse dia, inaugurei o sonho.

Mas você era incapaz de tocar? Sim, porque não sabia tocar nem as quatro primeiras posições...

Mas a sinfonia estava toda lá. Eu pensei um verdadeiro violonismo, que eu depois teria traduzido para o violão, se fosse capaz de fazê-lo. Depois, traduzi essa coisa um pouco para as orquestras, quando compus música erudita, e um pouco para o meu disco em arranjos como "Silêncio de nós dois", "São Paulo, meu amor", "Jeitinho dela" e "Se o caso é chorar". Meu sonho começou a se realizar com Rogério Duprat, que fez o arranjo de "Se o caso é chorar". Depois, veio finalmente o sonho que me trouxe à posição em que estou hoje. Um dia, fazendo um arranjo de "A noite do meu bem", que está no disco *Todos os olhos*, passei meia dúzia de horas tentando fazer uma harmonia boa para essa música. Quando acabei, disse: "Ora, esta harmonia que fiz é apenas medíocre. Sou um harmonizador medíocre. Só que posso fazer uma coisa fora do mundo tonal e fora do mundo do *mainstream*...". Eu já tinha a experiência de fazer uma coisa melhor em muito menos tempo. A partir desse dia, que foi em 1971, comecei a investir apenas no sonho fora dos instrumentos convencionais. Quando usava os convencionais, punha-os de cabeça para baixo.

**Sensacional! Mas me fale sobre a Bahia, sobre Salvador, quando você deu início a sua educação formal de música. Você diz que não é cantor, que não é compositor, mas tem uma formação absurda – compõe sinfonias, compõe

> EU ERA INCAPAZ DE TOCAR, MAS SONHEI O ARRANJO TODO

para balé, faz os arranjos. Só pode fazer uma coisa de cabeça para baixo aquele que sabe fazer de cabeça para cima... Ah, sim! O Hermeto me disse a mesma coisa que você está dizendo. Um dia, ele encontrou o filho brincando, sentou e falou: "Agora, a gente bota a bunda no piano e faz isso". Então, disse: "Bom, você pode fazer isto se primeiro estudar harmonia e depois estudar contraponto. E, depois que souber contraponto, compor contraponto, você vai e toca com a bunda no piano". *(Risos.)* E agora, você, que é radialista, está dizendo a mesma coisa – só pode fazer quem estuda. Pois é, eu estudei, mas minha escola já não era uma escola romântica, era uma escola pós-moderna: a escola de música da Universidade da Bahia já deixava que sua fantasia fosse para onde ela quisesse. Koellreutter chegou, botou os livros em cima da mesa e disse: "Música não é a expressão de sentimentos através dos sons!".

Que ódio – pôs a coisa por terra de uma vez! E ficou olhando para ver se alguém se espantava. Como eu me espantei, ele disse: "Aquele ainda se espanta – pode ser que valha alguma coisa". A partir daquele momento, a escola começou a investir em mim.

Isso foi na década de 1950? Foi na primeira aula de Koellreutter a que eu assisti, a inaugural do seminário de música em 1962.

Você teve essa educação formal, teve aula com Koellreutter, mas é até engraçado isso, porque ele já era um revolucionário. Sim, sim. Mas ele nos obrigava a fazer as coisas formais antes de entrar nas revolucionárias. Você tinha que estudar harmonia tradicional – o livro de Paul Hindemith estava lá para a gente estudar harmonia. O contraponto clássico a quatro vozes era exigido rigorosamente, só depois você passava para o atonalismo, para o dodecafonismo e daí para as coisas fora disso.

Você teve alguma dificuldade nessa primeira parte? Em harmonia e contraponto, não. Ao contrário – fui aluno brilhante. Sou péssimo músico, mas fui aluno brilhante.

O que você chama de falta de capacidade musical? Ah, mas é verdade, viu? Você não sabe, mas sou muito segregado no ambiente musical. Aqui em São Paulo mesmo, há bolsões musicais onde dizem: "Não me tragam esse cara aqui!". Parece que sou uma ameaça à vida, à performance do chamado músico com M maiúsculo. Eu faço música, sou famoso, sou respeitado, fiz, segundo a crítica americana, um dos melhores discos da década de 1990. Então, por que digo que não sei fazer música? Porque estou querendo esculhambar os outros? Não, é por humildade mesmo: sou péssimo músico, mas sou um engenheiro bastante curioso. No âmbito da engenharia, sou capaz de armar o material musical de maneira bastante criativa. Na escola de música, dizia-se que música é matemática. Eu sou, principalmente, um bom músico matemático.

Você quer dizer que não é bom de canção? Sou medíocre de canção. Se você me visse tentando fazer o que estou tentando fazer agora... Jogar fora dez músicas, passar seis meses fazendo uma, mostrar à Neusa [mulher de Tom Zé], ela fazer a apreciação e eu dizer: "Não presta mesmo, joga fora, faz outra...". Se você visse uma coisa dessas, você entenderia. Vou me esforçar para explicar um pouco isso. Eu faço e refaço as músicas; isso é comum em música erudita, mas não em música popular. Em 1959, antes de ter conhecido Gil, Caetano e todo mundo, eu fiz "A moreninha". Quando os conheci, eles gostaram muito dessa música. Em 1967, quando começaram os festivais da Record, eu estava cursando com bolsa a universidade na Bahia, e Gil me disse: "Bote aquela música, 'A moreninha'". Só que eu tinha modificado "A moreninha" e não tinha mostrado ao Gil. Eu a desenvolvi de uma maneira que achava melhor e a inscrevi no festival. Ela foi aceita, e Gil quis cantar no disco. Quando pegou a música, ele disse: "Ô, Tom Zé, que diabo é isso?! Essa música não é assim!". Aí, falei: "Não, Gil, presta atenção. Você vai ver que é melhor". Um belo dia, eu o encontrei, e ele disse: "Já entendi". E gravou de primeira com um arranjo do Rogério.

Por ter a formação e ser um cara capaz de inventar coisas o tempo todo, talvez você seja exigente demais consigo mesmo. Não, eu comecei a inventar coisas justamente porque não sabia fazer – aí é que tá. Tive a sorte de não saber fazer. Como eu não sabia, tive que virar inventor. Não é que eu quisesse ser músico, não. Eu queria ser qualquer coisa que me tornasse um indivíduo. Quando consegui ser músico e fiz sucesso com música, não me tornei melhor que as pessoas normais – me tornei igual a elas. A minha dificuldade na vida era o folclórico complexo de inferioridade. O artista geralmente é uma pessoa especial, mas eu, quando faço música, consigo ser igual às outras pessoas, ficar no meio delas, ter lugar entre elas. De outra forma, fico acanhado, vou-me embora e não saio à rua, como foi na minha infância toda.

Vamos falar agora de composição e de algumas canções que você fez, como o "Amor é velho-menina" e "Menina, amanhã de manhã". Quando elas vêm nesse *mainstream* que não é tão parte do seu universo, você acha que dá mais trabalho? Ou é mais fácil? Não, com "Amor é velho-menina" foi assim: Roberto Santana ia fazer um disco infantil com o MPB-4 no Rio de Janeiro e, como ele acreditava na minha capacidade de compor – coisa em que naquele tempo ninguém acreditava –, ele perguntou: "Você é capaz de me mandar um esboço na semana que vem?". Eu sentei, como fazia no tempo da publicidade com o Washington Olivetto, o Zaragoza, o Roberto Duailibi, e, naquela ânsia de fazer, emendei sete dias e sete noites. Fiz um resumo e mandei para ele. Mas estava complicadíssimo, havia dez temas juntos, eu tinha feito aquela coisa enorme justamente pela própria incapacidade de resumir. Depois que isso passou, fui lá procurar os temas que já tinha feito e achei este trechinho: "O amor é velho, velho, velho, velho e menina". Pensei: "Se pudesse fazer isto benfeito, seria tão bom!". Fiz, e ficou mais ou menos. Mas o Gilberto de Assis, que trabalhava comigo, disse: "Não, Tom Zé, isso é bom". Quando ele começou a dar ideia do arranjo, que nós fizemos juntos, vi que realmente podia dar certo. Lembre também que "Jeitinho dela" foi uma canção, e "Se o caso é chorar" foi primeiro lugar nas paradas do Brasil. Ninguém acredita que eu era como as pessoas que hoje cantam no Faustão, no Gugu. No tempo em que comecei, a televisão tocava os artistas da chamada MPB, e eu ia quando tinha um programa tipo *Fantástico*. Essas músicas tocaram em paradas de sucesso e tudo...

Isso no primeiro ou no segundo disco? Em 1968.

Como foi a história do primeiro disco? Bom, quando o Guilherme de Araújo me aceitou como artista no rol dos tropicalistas, ele perguntou: "Você tem música para gravar?". Eu respondi: "Não, não tenho. Faz sete anos que já estou na escola de música e só faço música. Nunca mais fiz uma canção". Então, fui compor para fazer um disco. Eu me lembro de que a primeira música que fiz foi "Não buzine que eu estou paquerando". São Paulo era tida como uma cidade do trabalho, e um dia vi um carro particular com um adesivo que dizia: "Não buzine que eu estou paquerando". Eu tremi de medo por aquela criatura e pensei: "Esse cara vai ser escorraçado. Vai apanhar na próxima esquina, um chofer de táxi vai levantar e bater nele, vai dizer: 'Como é que você vem pra cá dizendo uma coisa dessas?'". Naquele tempo, São Paulo ainda era uma cidade muito séria, e fiquei tão impressionado que fui fazer a música. A música é linda, é um pouco difícil, mas... "Sei que o seu relógio está sempre lhe acenando, mas não buzine que eu estou paquerando." Depois, fiz "Sem entrada e sem mais nada" e "São Paulo, meu amor", que comecei a fazer no dia 21 de abril de 1968. Era feriado, e eu acordei, desci a rua Conselheiro Brotero morrendo de frio – eu morava numa pensão naquela rua –, virei à direita na alameda Barros e vi numa banca de revista a manchete: "Prostitutas invadem o centro da cidade!". Eu, que estava tremendo de frio, comecei a tremer de emoção, porque aquilo era audacioso. A manchete era do Renato Lombardi, um jovem jornalista do *Notícias Populares*. Aquela manchete me deu tal entusiasmo que tentei fazer uma melodia cantável, que é "São Paulo, meu amor".

Que é linda. É linda.

Depois veio o segundo, aquele com a capa do Rogério Duarte. Não, o segundo tem uma simples fotografia na capa. Foi João Araújo, pai do Cazuza, quem produziu e, aliás, quem me ajudou muito na carreira toda. Na música, quando você está por baixo, é impossível conversar com outra pessoa que esteja em outra situação. Tanto é que o João me mandava dinheiro às escondidas, conversava comigo por sinais e gestos, botava canções minhas em todos os discos que fez nos anos 1970, mas não podia nem conversar comigo. Eu morria de pena, porque éramos amigos mesmo. Naquele tempo, a gente acabava o trabalho e ficava conversando como amigos, bebendo e fumando cigarro sem filtro.

Falando das canções, a Mônica Salmaso gravou "Menina, amanhã de manhã"; uma parceria entre você e os Paralamas deu em *Severino*; a Zélia gravou "Tô"... Nossa, que maravilha! A Mônica deu outro acabamento à música. O arranjo que ela fez, os músicos que ela chamou... Ficou uma maravilha. Ela me descreveu o arranjo, foi uma espécie de sonho, como os que eu tenho. Ela disse: "Tom Zé, eu fiz como se fosse um sonho". Pensei: "Engraçado, ela tá falando do mesmo jeito que eu faço música". Ela e a Zélia são pessoas impressionantes.

O que você achou da gravação de "Tô"? Uma maravilha. Teve também aquela menina, a Adriana Maciel, que regravou "Tô" e gravou "Solidão". Eu ganhei um amigo inesquecível por causa do verso da segunda parte de "Solidão": "Na vida, quem perde o telhado em troca recebe as estrelas". O Alberto Villas, que hoje é diretor do *Fantástico* em São Paulo, naquele tempo era do "Caderno 2", do *Estadão*. Ele ama esse verso, e eu também. Engraçado, eu o fiz quando era criança...

Ah, é?! Eu não queria ser poeta – e não sou, pelo amor de Deus! O que eu faço é letra de canção... Não queria fazer letra de música, não queria nada. Um dia, estávamos jogando bola na rua da Mangabeira, e a bola foi parar num lugar que estava destruído. Quando entrei lá, vi que o teto tinha caído. Quando vi o céu a descoberto dentro daquela casa, tomei um susto e pensei: "Quem perde o telhado ganha as estrelas".

É quase um haikai. Nossa Senhora! Fiquei com aquilo na minha cabeça. Isso foi em 1953, e só consegui botar o verso numa música lá no segundo disco, *Estudando o samba*, de 1976.

Vamos falar do *Estudando o samba*, que no título já tem uma cutucadinha. Você tem uma coisa interessante nesse jeito de dizer que não faz isto e não faz aquilo... Você diz que não faz samba, mas, quando a gente ouve uma coisa ou outra, o samba tá lá. É engraçado também eu ser sambista e ninguém nunca ter pensado nisso. Quem é que vai dizer: "Tom Zé é sambista"? Nesse disco, eu estava numa encruzilhada da vida. Vinha no ostracismo desde 1973, desde *Todos os olhos*, aquele que tem o cu na capa. Quando cheguei a esse disco, eu já estava com aquilo mais maduro em mim, porque uma ideia demora para amadurecer. Uma composição, a pessoa faz num instante de inspiração, mas uma estrutura... É o que os americanos chamam de estilo. Quando o Carlinhos Veiga, que trabalhava em música erudita, ouviu aquele disco, ele disse: "Isso não é um disco, isso é um estilo". Eu tive uma ideia, que depois comparei com o móbile de Alexander Calder. A ideia era que as estruturas não fossem do mesmo tamanho – por exemplo, a frase dos cavaquinhos, ou a do baixo, fica rodando em seu próprio eixo – e, assim, fossem como um móbile. Muito bem, quando fui gravar aquele disco, levei essa ideia para o estúdio, e foi uma confusão.

Imagino... Uma ideia nova e uma confusão. Eu estava com muito medo de manejar aqueles objetos com que sonhava – era música sonhada. Então, chamei o Heraldo do Monte para ser o produtor, e ele foi uma salvação, porque compreendia a minha loucura. A gente gravou primeiro uma batida de samba quadrado. Depois, botou cavaquinhos com aquelas dissonâncias fantásticas, tanto que o primeiro elogio que esse disco recebeu foi uma coisa inesquecível para mim. O José Briamonte escreveu a parte de metais do *Estudando o samba*, e, um dia, ele trouxe aqueles músicos de metais, que já estavam ficando idosos e que eu conhecia dos meus discos anteriores. O disco era só com orquestra. Os músicos estavam sentados lá no aquário, o Hermeto com a flauta na mão contando o compasso, quando entrou o cavaquinho com aquela segunda menor. Aí, o Hermeto levantou os olhos e disse: "Estou vendo o que estou ouvindo". Esse foi o primeiro elogio.

"Estou vendo o que estou ouvindo..." Sensacional! Quando fez aquela cara de espanto, Hermeto perdeu até a contagem do compasso e mandou repetir. Nesse dia, tive a intuição de que estava certo, tanto que, quando o disco não fez sucesso – não tocou em lugar nenhum –, meu coração disse: "Meu Deus, por que será que não toca? Que coisa mais estranha!". Depois, fui embora tomar conta do posto de gasolina e enterrar toda aquela história. Mas, um dia, mandaram me pedir uma música do disco gravada para não sei o quê. Botei o disco no prato e fui gravar no meu gravador, isso já em 1976. Quando ouvi, pensei: "Que música linda!". Fiquei num mal-estar terrível, porque eu era um ignorado e estava ouvindo uma coisa que era linda. Quando acabou a música, pensei: "Tira isso daqui, nunca mais vou ouvir isso na minha vida! Estou aqui feito um maluco achando isso bonito, uma coisa que não presta, que não vale nada e que vai ser jogada fora! Estou é louco mesmo!". Uma pessoa ousada teria dito: "Eu faço uma música bonita, e o Brasil não quer ouvir". Mas não, nunca tive essa audácia.

Você não sabia, mas estava à frente do seu tempo. *Estudando o samba* **é hoje uma referência.** Esse disco foi escolhido o melhor da década. Dei sorte de o David Byrne tê-lo comprado por acaso no Rio de Janeiro, ouvido e mandado me procurar. Senão, estaria botando gasolina nos carros, ajudando meu sobrinho Dega a tomar conta do posto de gasolina e esperando ser feliz. Mas é claro que fazer música é mais alegre – e, ainda por cima, eu gosto.

Houve um momento em que você quis tirar da tomada e não ouvir aquilo nunca mais. Você ficou longe da música. Durante esses anos, parei de compor.

Como foi a retomada? Foi só depois que o David Byrne me chamou. Num domingo de manhã, a Neusa deu um berro na sala, parecia uma índia gritando. Tomei um susto e fui lá: "O que foi?". "O David Byrne disse que vai procurar você!" Matinas Suzuki [da *Folha de S.Paulo*] tinha feito uma entrevista com David Byrne no apartamento dele, em Nova York, e visto em cima da mesa a anotação: "No Brasil, procurar Tom Zé". Conversei com o Roberto Santana, meu primo, que é produtor de disco, e ele disse: "Não vá para Irará agora – torne-se um alvo visível".

Como foi que o Byrne o achou? Ele chegou ao Rio para fazer um filme sobre candomblé e disse que ia a São Paulo para me ver. Aí, os jornais publicaram logo na primeira página: "David Byrne vai a São Paulo encontrar Tom Zé". No dia em que ele viria, liguei para o Matinas de manhã – ou foi ele que me ligou, já não sei. O Matinas perguntou: "Você quer que eu administre isso?". Respondi: "Quero". Foi engraçado: ele não achou o David Byrne em hotel nenhum. Com aquela mania de coisa japonesa que o Byrne tem – é até casado com uma –, foi se hospedar num hotel na Liberdade. Só de tardinha o Matinas o achou.

E o encontro entre vocês? Foi na rua Alagoas, no apartamento do Anhaia Mello. Hoje, quando passo pela rua Alagoas, sempre me benzo...
Tá certo! *(Risos.)* **Como é que vocês conversaram?** Bom, a Neusa fala inglês. Naquele tempo, eu não falava nada, e o Duncan Lindsay, que estava interessado numa repórter da *Folha* ali presente, ficou desesperado quando soube que eu não falava inglês e que ele teria de ficar por perto. Mas, quando descobriu que a Neusa falava, ele largou a mim, ao David Byrne e à Neusa e foi atrás da moça, com quem viveu durante muitos anos.
Olha só! Conversamos sobre música, sobre tudo. A Neusa estava certa, ela tinha a intuição de que ele havia ouvido o *Estudando o samba*. Dei a ele o *Nave Maria*, que ia acontecer. O Byrne ouviu no outro dia de manhã, durante o voo, e dizia para o Duncan: "Olha isto aqui!". É um quadro impressionante da minha vida: um americano modernista, digamos assim, na coisa mais engajada, na maior novidade de som dos Estados Unidos, tem o som feito aqui por um caboclo no estúdio do Miguel Maia Nunes, com o fone de ouvido compartilhado porque não tinha tempo de mandar o outro ouvir depois. Uma coisa inesquecível. Às vezes, os gestos são mais importantes que as palavras, e, se eu fosse escolher dois gestos na minha vida, seriam o do Hermeto no dia em que ouviu o ritmo dos cavaquinhos e o do David Byrne quando me encontrei com ele num hotel na Bahia. Antes, naquele primeiro dia, ele havia ido embora sem termos combinado nada, mas me deu o telefone da Bahia e o de Nova York. Aí, os repórteres do *Estado de S. Paulo* perguntaram: "Você vai fazer o que com David Byrne? Vocês não combinaram lá?". "Não, não combinamos nada." "E cadê ele?" "Foi pra Bahia..." "Ele tá esperando você na Bahia, Tom Zé! Você não compreende a linguagem do homem civilizado?" "Eu não tenho dinheiro para viajar para a Bahia." O *Estadão* me deu uma passagem para escrever uma matéria sobre David Byrne. Cheguei lá, telefonei avisando, ele foi imediatamente lá em casa, e fomos jantar num restaurante japonês, onde ele me pediu licença para gravar duas músicas minhas no seu próximo disco, que seria sobre o Brasil. Claro que concordei. Isso em dezembro. Em maio do ano seguinte, ele me mandou uma carta – naquele tempo ainda era carta – dizendo que a ideia tinha progredido e que ele ia usar o disco inteiro e perguntando se eu estava de acordo. Respondi por carta que estava de acordo. Então, começou aquela expectativa fantástica de ter um disco gravado nos Estados Unidos. Estava combinado para maio, mas o disco só foi sair em dezembro (*The best of Tom Zé*, 1990). E houve um incidente que quase impediu que ele saísse: o departamento internacional da Continental, a dona do material, não queria me ceder ao David Byrne. Imagina que loucura! Quando procurei o dono da gravadora, o Byington, ele foi maravilhoso. Passei um telegrama para ele aqui de São Paulo, e o Byington telefonou imediatamente para mim e perguntou: "Que é isso, que eu não estou sabendo?". Eu digo: "O rapaz quer comprar uma coisa que pode mudar minha carreira". Ele disse: "Já está vendido pelo preço que o David Byrne quiser!". E aí o disco foi para os Estados Unidos. Uma

funcionária de David Byrne aqui, a Márcia, foi comigo ao aeroporto; achamos um comissário de bordo e pedimos a ele para desembarcar em Nova York, pegar o táxi e entregar a gravação ao David Byrne naquela madrugada mesmo, porque, se não fosse naquele dia, não daria mais tempo de sair o disco.

Puxa vida! Parecia cinema, uma loucura.

Entrega pessoal... "Corra, Lola!..." E, com isso, deu vontade de compor outra vez? Bom, eu e os músicos começamos a nos reunir novamente. O Lauro Léllis sempre me incentivando muito, sempre me empurrando para a frente: "Vamos fazer um conjunto?". Aí, chamamos o Milton e o Charles Furlan. Nós quatro, que formávamos assim um faz-tudo. O Milton e o Charles tocavam cavaquinho, guitarra, contrabaixo e percussão comigo e com o Lauro. Assim fazíamos os discos, e voltamos a ter ideias. Aquele disco saiu nos Estados Unidos em 1990, mas só em 1992 eu vim a gravar outro, que foi *The hips of tradition*.

Juntou os meninos de novo? Ou eles frequentavam a sua casa mesmo no período em que tinha estado desplugado? Não frequentavam, não. Era uma tristeza tão grande que eu fazia qualquer coisa. Ocupava meu tempo com outras coisas, e o que sempre me socorreu foi a leitura. Tinha de usar óculos, e nunca me habituei a ler com eles. Então, procurava ler coisas que fossem mínimas e dessem bastante o que pensar. Coisa boa para isso é a mitologia grega, e passei quatro ou cinco anos lendo sobre o assunto, porque cada um daqueles episódios dava muito o que pensar depois. A Neusa e eu criamos o hábito de ler juntos, ela é ótima leitora, e lemos obras inteiras...

Em voz alta? Sim, ela lê para mim. Às vezes, eu leio para ela, mas sou um fracasso.

Fale do momento em que voltou a ser gostoso compor. Nossa Senhora, foi uma verdadeira redenção! Quando criança, li o "Inferno" do Dante Alighieri e fiquei muito impressionado – eu ia descendo cada degrau do inferno. A impressão que se tem quando se é salvo do buraco, quando se é desenterrado – e eu seguramente estava enterrado vivo –, é que o ar é uma coisa deliciosa, o sol é uma fonte de prazer inesgotável. Ao acordar, você olha para o céu azul e pensa: "Bom, talvez ele nunca tenha deixado de ser azul". A voz das pessoas dentro de casa, a sua própria voz, é como se tudo fosse sendo recuperado. Você não está mais no inferno, não reverbera mais no fogo e na lava incandescente, não reverbera mais na dor terrível de ser expulso de uma comunidade. Eu tinha ficado muito doente: aquela coisa dentro de mim produziu uma dificuldade de digestão, uma dificuldade intestinal, e fiquei sem poder comer nada. O ano de 1985 foi crucial. Eu estava para morrer de fraqueza, e os médicos não tinham a menor noção do que era. Até que, um dia, a Neusa disse: "Olha, vamos ao médico da macrobiótica, o dr. Schmidt". Para mim, qualquer mato era caminho. Eu não sabia, mas ela estava me levando para a salvação. Realmente, a macrobiótica me salvou a vida, sem a menor dúvida. Ter comido arroz integral por dez dias seguidos me salvou a vida. O sangue do corpo se renova inteirinho em dez dias. Então, se você comer o alimento que é mais parecido com a constituição humana – que é cinco de sódio e um de potássio –, você troca todo o seu sangue, radicalmente. O sangue começa a tirar todas as doenças que há em você – até aquelas que só iriam aparecer daqui a um mês ou um ano se manifestam antes. Por isso, a coisa tem que ser acompanhada por um médico.

Caramba! É a fase espoliativa da macrobiótica, em que você sente fraqueza. O corpo só está acostumado a processar e obter proteína de fontes muito ricas, como a carne, e agora tem que aprender a tirar proteína do arroz. Já que o organismo demora para começar a funcionar outra vez, é preciso o acompanhamento médico. Mas é uma maravilha – aqueles dez dias de arroz me tiraram do buraco.

O arroz e o David Byrne. Qual foi o primeiro lampejo de composição? Vou tentar lembrar para não dizer uma bobagem qualquer... Quando inventei os instrumentos, não foram só eles que fizeram um som diferente. Por causa dos instrumentos, comecei a pensar a própria música de maneira diferente. Eram como um espelho: quando o meu olhar ia para o sonho da música, quando eu batia no instrumento, ele voltava me dizendo que eu podia prosseguir... No princípio, o homem estava tentando usar forças que não eram suas. Ele olhava e via passar o leão, o cavalo, a onça, o búfalo, e ele, como poeta que sempre foi, um dia pensou: "Aquilo é força, e posso botar aquela força aqui no quintal para carregar coisas para mim". Não se conhece a história de quem tentou domar a onça, mas se conhece a de quem tentou domar o cavalo. Quando eu usava os instrumentos experimentais, vivia como se estivesse naquela fase primeva da espécie humana. Compreendi que poderia trazer para o universo da música tudo aquilo que eu conseguisse domar. Eu podia não só domar o que era ainda não musical – os ruídos que ainda não eram musicais –, como também obter dos instrumentos coisas que não eram comumente obtidas. Por isso digo que botei a banda de cabeça para baixo. Tanto que, no meu primeiro concerto fora do Brasil, em Zurique, em 1992, achei que estava perdido porque pensei: "Aqui não tem palavra, e eu só lido com palavra". Mas, no meio do show, o povo estava todo sorrindo, e eu pensei: "Ah, são os arranjos". É por isso que, nos Estados Unidos e na Europa, me chamam de maestro: quem sabe pegar uma estrutura e arrumá-la de outra maneira passa a ser chamado assim.

E de inventor. É, de inventor. É daí que vem "o pai da invenção", *the father of invention*, e essas brincadeiras todas dos americanos. Então, voltei a pensar nos instrumentos. Muitas coisas foram refeitas. Nesse primeiro disco americano, por exemplo, aproveitei para publicidade algumas coisas que eu tinha. Por isso eu digo que independência para fazer o que se deseja não é muito bom. Na publicidade, numa reunião com o Zaragoza ou com o Olivetto, eles diziam o som que determinada coisa devia ter, e eu vinha para casa inflamado com aquele sonho – aquela poesia toda que eles descarregavam nos meus ouvidos já era quase música. Veja o arranjo de "Taí". Agora, vou contar uma história que nunca foi contada. Como é mesmo o nome do médico que fez "Taí"?

Joubert de Carvalho? Isso. Compraram "Taí" dos herdeiros dele para ser a música da propaganda do guaraná Taí. Quando o Zaragoza me deu a ideia, ele disse: "Eu quero uma coisa brasileira, quero que a brasilidade pulse nisso". Cheguei aqui cheio de brasilidade e fiz aquele arranjo de "Taí". Quando toquei na DPZ, foi uma festa, um sucesso, a maior loucura. Depois, surgiram os problemas da propaganda. Foram fazer uma entrevista na rua perguntando: "Como você acha que deve ser o arranjo de uma música de guaraná?". "Ah, deve ser um rock!" Aí mudaram a ideia, mas peguei meu arranjo e botei no meu disco. Foi esse tipo de coisa que me deu fama internacional. Também foi na DPZ que fiz "Medo de mulher", que só vim a gravar agora: "A Dora me botou fora, a Biu me despediu...". Era uma música que o Olivetto tinha me pedido para uma máquina de escrever – foi ele quem bolou aquele tipo de letra, aquela coisa de fulana deixou sicrano. Depois refiz tudo, e, como o Olivetto não gosta de ser parceiro, não botei o nome dele, mas citei lá que era um jingle. É por isso que eu digo: muitas vezes, quem está em outra área tem um sonho qualquer que não é música, mas que tem força musical. O pintor não sonha música, mas você se apaixona por um quadro, e aquilo é força musical. Aliás, nunca me inspirei muito em música para fazer música. Eu me lembro da Bienal de 1969, em que os pintores começaram a fazer o quadro sair da moldura, com muitos tapetes. Esse rompimento da moldura era uma novidade estética. E, no futebol, aconteceu uma coisa que só eu reparei: o César Maluco, do Palmeiras, foi o primeiro jogador que rompeu a moldura do campo e comemorou o gol com a torcida.

Na mesma época, Tom Zé? Mais ou menos na mesma época. Antes, os jogadores comemoravam entre si, ninguém se virava para a torcida. Mas o César ia até a torcida e levantava os braços, e eu vi que era a mesma quebra de moldura que acontecia na Bienal. Então, comecei a tentar fazer músicas que também quebrassem a moldura do mundo musical. Eu já fazia um pouco isso, mas aquelas coisas me inspiraram muito.

Numa entrevista ao Arthur Nestrovski, o Luiz Tatit de certa forma situou você fora do tropicalismo, porque você já estaria numa outra história. Correto, foi uma descoberta para mim também, porque eu tinha feito aquela coisa sem teto e, um dia, o tropicalismo apareceu e fiquei debaixo do teto dele. Vou contar uma coisa, para ilustrar: uma vez, no tempo do meu ostracismo, um diretor artístico da Continental, que Deus o abençoe – não vou dizer o nome dele porque o assunto foi um tanto delicado –, falou: "Tom Zé, não é possível que um artista como você não tenha espaço! Eu vou à sua casa ouvir". Ele se comprometeu a ficar com material meu, veio e ouviu "Tatuarambá" e essas músicas todas que tinham sido levadas ao palco em 1974, no famoso show da GV...

No show dos instrumentos? É. Quando ouviu, ele passou mal e não pôde almoçar.

Caramba! Vomitou e não pôde almoçar.

Que é isso?! Imagino que ele tenha pensado: "Meu emprego está perdido! Como é que eu vou levar uma coisa dessas para uma gravadora? Vão dizer que eu sou louco!". Passou mal e foi embora. Eu agradeço muito a ele por ter me mostrado que o que eu estava fazendo era uma loucura, mas foi essa mesma coisa que encantou o David Byrne. O mundo tem vários ouvidos diferentes.

Ainda bem! Bom, mas isso tudo foi para poder responder a sua pergunta... Você se lembra qual era?

Era sobre o Tatit e o tropicalismo. Ah, sim, que eu não sou tropicalista. Lá em Irará, eu tinha feito todas aquelas coisas fora da moldura, digamos assim. Quando cheguei junto dos meninos, eles faziam realmente música bonita – são pessoas que, quando metem a mão, tiram ouro do negócio. Mas muita gente me dizia: "O que você está fazendo nesse meio aí?". Foi por isso que discuti com Caetano e me queixei do livro dele: eu era a pessoa que fazia a coisa estranha, que tratava do momento presente, que fazia o espelho da sociedade à minha volta, e essas formas estranhas também foram parte do tropicalismo. Assim, por aquela contramão, estou dentro do tropicalismo. E, quando ele acabou, eu continuei a fazer o que sei.

Se você comparar o disco *Tropicália* com o que eles fizeram depois, vai ver que é totalmente diferente – é quase o caminho oposto. Já o *Tropicália* e os discos que você faz até hoje têm tudo a ver? Têm, porque eu nunca soube fazer diferente.

É claro. A precisão de análise do Tatit é fantástica. Realmente, não sou tropicalista. Durante algum tempo, fiquei dentro porque não tinha outro teto para me cobrir, para me proteger dos temporais. E, quando acabou, eu estava numa fase fraca. É uma coisa gozada: quando o tropicalismo acabou, todo mundo falou: "Olha, Tom Zé não foi para Londres!". Quem tinha dinheiro para pegar avião para Londres ia lá falar mal de mim na casa de Caetano e Gil. Todo mundo pegou o avião e foi para Londres. "O lugar de Tom Zé está vago. Vamos lá, é por aqui." Aí, começaram a alegar coisas que eu não nunca tinha dito, fazendo parecer que eu era invejoso, mentiroso, filho da mãe, tudo porque meu lugar estava disponível.

Como se fosse uma banda... "O Tom Zé não foi para Londres – vamos lá?" Todo mundo que teve dinheiro foi para lá. Londres se encheu de paulista, de baiano...

Bom, vamos agora falar um pouco da palavra. Nesse livro maravilhoso, *Tropicalista lenta luta*, há aquela coisa bacana da ilha, que te salvou da palmatória. Você tendo uma coisa na cabeça que era o conceito da palavra *ilha* e a professora fazendo a palmatória... Eu estava pensando era no ritmo da definição de ilha.

Da definição. "Tal, e tal, e tal, e tal, e tal, é um pedaço de terra cercado de água por todos os lados."

É, e aí aquele nervosismo por conta da menina que estava na sua frente, levando a palmatória. Quando a professora fez a pergunta para você, você sem saber soltou "Ilha!", e era aquilo mesmo. Não, eu não falei: "Ilha!". Eu falei: "É um pedaço de terra cercado de…" Eu obnubilado, fora de mim, naturalmente tremendo com a menina que estava ali, chorando… É uma coisa terrível uma pessoa apanhar em público – eu nunca tinha visto isso. Quer dizer, em casa a gente apanhava muito, mas em público?… A professora Teresinha chegou, fez um jeito de interrogação assim na minha frente, e eu comecei: "É um pedaço de terra cercado…" Não pensei nada, só falei e fui dando a mão para apanhar. Ela tinha justamente me perguntado o que era uma ilha. Se a pergunta tivesse sido outra, a resposta teria sido a mesma, e eu também teria tomado bolo… ▀▀▀
Houve um tempo em que você ficou sem fazer música e se voltou para os livros, para a mitologia grega. E eu me lembro de que você foi ao *Vozes do Brasil*, o programa, pouco antes de termos ido ao Midem, na França. Nessa época, você lia enlouquecidamente poesia provençal e, em certa altura, soltou um poema do gênero. Como você se relaciona com a palavra hoje? Que encanto ela exerce sobre você para fazê-lo chegar à música? Esse encanto é próprio de quem nasce em culturas de tradição oral, onde tudo é feito através da palavra falada, nunca pela palavra escrita. No século XII, fundaram no sul da França a poesia provençal, que foi incubar a cultura medieval da península Ibérica, que de lá foi para o sertão da Bahia e que ali, de alguma maneira, se manteve viva – porque todo mundo que nasce lá, principalmente no tempo em que eu nasci, a encontrava. "É um dia, é um dado, é um dedo, chapéu de dedo é dedal" – isso é a própria técnica da poesia provençal traduzida em nossos hábitos e na obstinação do povo nordestino, que, apesar de analfabeto, era a manta da cultura moçárabe, sem saber nem que diabo é moçárabe. Quando encontrei isso, comecei a me identificar. Na definição de ilha, foi o ritmo que me salvou de apanhar. Quer dizer, eu sou péssimo músico, mas há alguma coisa musical em mim que, hoje, eu persigo. O que são as minhas principais invenções? São invenções rítmicas com contrabaixo e guitarra, que deixam de ser instrumentos. O contrabaixo e a guitarra regridem na sua história: passam a ser instrumentos que ainda não têm os trastes para fazer sons determinados. São apenas instrumentos no seu começo, voltando para o naipe da percussão – a guitarra e o baixo são percussão, o cavaquinho é percussão. Eu persigo o ritmo como se estivesse agradecendo a Deus por não ter tomado aquele bolo da professora. Vê quanto sou grato por não ter tomado um bolo? Até hoje, cultuo o ritmo como se fosse meu Deus principal, e talvez sejam essas coisas que acontecem na vida, a forma e o fundo se confundindo. É expressivo eu não apanhar por causa do ritmo, eu deixar de ser surrado por causa do ritmo. ▀▀▀
Como funciona a parceria quando a letra não é sua? Dificilmente eu não faço a letra. Em geral, a letra é minha. ▀▀▀

Mas aí o parceiro entra e faz alguma modificação... Faz uma parte da música. Às vezes, uma parte da letra. Mas tenho uma música em parceria da qual não fiz a letra. É uma coisa maravilhosa do Carlos Rennó, aquele trecho que diz: "Pense que eu sou um caboclo tolo boboca" *(de* "Esteticar [Estética do plágio]"*)*. É dele aquela maravilha da língua portuguesa, provençal-portuguesa, quatro versos que o Rennó fez com um rigor profundo. Foi uma das raras vezes em que não fiz letra – sou muito exigente em letra. Eu luto pelas palavras. Quando estou num show, a principal coisa do mundo é a palavra. Quando um cantor não luta pela palavra, eu fico perdido. Sobre isso, tem uma coisa engraçada do João Gilberto. Nunca o conheci, nunca estive nem perto dele, mas, como todo mundo, sei milhões de casos sobre ele. Tuzé de Abreu, que é quase meu xará, estava na Bahia ouvindo um baião com João Gilberto. De repente, o Tuzé disse: "Que baião bonito!". E o Gilberto respondeu: "O baterista pensou em outra coisa...". Se você olhar o produto, vai ver que a bateria está certa, tudo está certo, mas é possível perceber que o músico estava pensando em outra coisa.

EU LUTO PELAS PALAVRAS

Porque ele se dispersa? Alguma coisa sai diferente na pressão da batida, na tensão com que o couro é percutido. Mesmo que ele esteja no tempo certo, alguma coisa sai diferente, e uma pessoa muito sensível consegue perceber. Estou plenamente de acordo com isso.

Então quando o cantor está ali... Foi uma coisa maravilhosa trabalhar com Boal em 1965, e ele dizia: "Quando você sobe ao palco, o público não ouve o que você fala, ouve o que você pensa". É por isso que luto o tempo todo para dizer a palavra. Até digo que treinei, já que não sou artista capaz de cantar por si só o contemplativo, a beleza, a solenidade do esteticamente belo – treinei para ser um pescador do cognitivo. Quando entro no palco, até minha maneira de andar já deve ser um anzolzinho no cognitivo. Hoje, é claro que parte do público já sabe o tipo de música que faço, mas quem não sabe é pescado pelo cognitivo.

Pela sua expressão corporal e tudo mais? É, a vida toda eu tentei esconder que não sou cantor. As pessoas riem quando digo que não sou cantor, mas não ririam se pensassem que passei quarenta anos escondendo que não sou cantor. Hoje, quando entro no palco, é o caso de pegar a frase do Boal e dizer: as pessoas não ouvem o que você está cantando, ouvem o que você está pensando. É isso mesmo – estou pensando na palavra para esconder que não sou cantor.

Conte sobre aquela sua invenção gestual. Todo mundo diz que, no palco, não tem onde botar as mãos. Quando a gente começa a cantar, é assim mesmo: se fica sem ter o que fazer, você dá graças a Deus por estar com o violão na mão. Digo isto no livro: o palco é a instituição física do pânico, é o pânico para uma pessoa acanhada como eu era. Quando você vence o pânico, você ultrapassa todas as medidas – está gesticulando, lutando pela palavra, captando a atenção do público. Sempre peço para me porem bem junto da plateia e colocarem a banda bem junto de mim; assim, formamos uma espécie de caixa de som, de energia. Eu digo aos meus músicos: "Vocês estão o tempo todo ouvindo o que estou fazendo". Durante o show, eu troco de música, troco de letra, paro, recomeço, e os músicos estão sempre ali, nunca falham; estamos treinados há dez anos. Com meus músicos – Jarbas Mariz, Cristina Carneiro, Lauro Léllis, Serginho Caetano, Gil, Gilberto Assis, que agora cedeu lugar a Daniel Maia –, eu posso parar, me deitar, sair e voltar e eles acompanham em tudo. Quero dizer que se acostumaram a lutar comigo para manter o público preso. Quando uma pessoa não está prestando atenção, eu paro o show e digo: "Esse negócio não está agradando, então eu vou cantar tal coisa. Vamos acabar logo esse show! *(Risos.)* Agora eu vou cantar uma música que diz tal e tal coisa… Ah, vocês também não estão com paciência de ouvir? E esta aqui, será que dá? Ah, dá? Então vou cantar esta". Aí canto esta, e esta, vai… E, pronto, acaba o show! Isso já aconteceu.

Você já chegou a parar show? Não, não é parar, é fazer o show todo irradiar. Hoje, não saio mais de show sem cantar, seja lá o que for. Uma vez, no ABC, uma turma de formandos me pagou para fazer um show. Eu cheguei lá, o som deu defeito, e eu não conseguia cantar direito. Cantei uma, duas músicas, fui embora, e eles não quiseram me pagar. Agora não faço mais isso de maneira nenhuma. Hoje, penso: "Tá bem, eu vim e vou ficar cantando aqui só para receber o cachê". Canto, canto, canto, o tempo todo. Não saio mais, até vencer o tempo, e vou-me embora aí. Você tem que cantar para não deixar de receber o cachê!

Saber que as pessoas estão regravando suas músicas mexe com o seu processo criativo? Mexe. Agora, já tenho um pouco mais de coragem. Por exemplo, fiz um show em Campinas, na Cooperativa Brasil, e, como as meninas tinham gravado essas músicas, eu disse: "Olha, a Mônica Salmaso gravou esta música, ela gravou bem devargarzinho". Então, cantei bem devagarzinho, não me importando que o público se dispersasse. A Zélia Duncan também gravou, e a… Como se chama a outra mocinha?

Adriana Maciel. É, Adriana Maciel. Ela gravou "Solidão". Também cantei uma que é sucesso com o Tia Anastácia, e outra, "Namorinho de portão", que as meninas do Penélope Charmosa gravaram.

Que lindo! Fizeram sucesso. Isso modifica, me dá mais confiança. Tem outra cantora, a Beth Calligari, que gravou um disco todo de músicas minhas. É incrível ver essas músicas numa voz… é uma coisa!… O Arthur Nestrovski chama a Mônica Salmaso de "Olá, Cotovia". *(Risos.)*

Ela é linda. Nossa Senhora, fica outra coisa.

Ela canta maravilhosamente. "Ave dor Maria" é outra música.

Você desde o começo nega que é cantor, ou que faz música, ou que coisa e tal. Mas você se autodefine de alguma maneira dentro da música? Na época em que veio a ditadura, eu morava na Bahia com o Nemésio Salles, aquele secretário do Partido Comunista, e havia um rapaz que consertava o aparelho de som

EU DIGO QUE, PARA UM NÃO MÚSICO, EU ENGANO BASTANTE FAZENDO MÚSICA

para ele. O rapaz não era técnico de som, era um homem que trabalha em gráfica, colega dele no partido. E o Nemésio dizia: "É, para um homem de gráfica, você conserta aparelho de som muito bem". Então, eu digo que, para um não músico, eu engano bastante fazendo música. Mas, se você comparar as minhas melodias com as de qualquer outro compositor, vai ver que é uma coisa apenas medíocre. Com as minhas melodias, eu não teria o respeito que tenho, principalmente no exterior. O cantor, além de tornar a música bela, precisa do *pathos* do cantor; ele precisa acreditar no que está fazendo para transmitir aquela emoção. Hoje em dia, até nisso eu engano um pouco de vez em quando. Aliás, quer saber? Houve um momento em que isso foi decisivo para eu fazer o que fiz – foi no primeiro dia em que cantei na televisão, no programa *Escada Para o Sucesso*. Fiz uma música satírica chamada "Rampa para o fracasso". Quando fui cantar, o próprio diretor do programa dizia: "Não sei...". Foi um dia em que o músico foi a meu favor – o guitarrista da banda da TV Itapuã, que trabalhava naquele programa de calouros, disse: "É, mas isso é bom!". Eu ainda não sabia que todos os músicos iam dizer que eu era ruim. Aquele primeiro músico disse que eu era bom, e eu fazendo essas coisas antimusicais, estranhas, só de palavras e tal... Aí, entre sábado e domingo, quando eu saía à rua, as pessoas diziam: "Canta aquela outra música". "Canta aquela do folclore." "Canta essa de não sei o quê." "Canta 'A moreninha'." Havia um pequeno auditório, e eu estava certo de que, na hora em que me visse na frente das pessoas ali sentadas, não teria convicção para cantar a música. Mas, cantando aquele negócio que falava de política, de problemas sociais, de analfabetismo, eu sabia que estava dizendo uma verdade minha, a colagem de manchetes de jornal que era aquela música. Teimei, teimei, e, na última hora, o próprio diretor do programa disse: "Fica aí embaixo que eu vou lá em cima ver". E foi lá ver como quem vê na televisão – a TV Itapuã tinha muito poucos recursos – e, quando viu, disse pelo fone: "Tá bom, vá mudar a roupa e venha". Faltavam vinte minutos para o programa começar, só se cantava de gravata e paletó. Eu fui em casa de táxi, pus gravata e paletó, não deu tempo nem de ficar nervoso direito. Entrei na fila – eu era o quarto a cantar. Eu não sabia nem se aquela música era compreensível, se as pessoas iam entender as brincadeiras que eu tinha colocado, se aquilo funcionava como piada. Quando comecei a cantar, fiz o primeiro entrecho, que tinha uma solução brincalhona, e o público aceitou. Então, pensei: "Bom, agora estou em casa". Aí, fazia aquela manha, parava e fingia que estava fazendo uma introduçãozinha enquanto o público parava de rir. Virei artista nesse dia. Antes, todo mundo me dizia: "Não cante essa música" – e resolvi cantá-la. Nossa Senhora, aquela noite foi uma glória! Eu me lembro de Cylene e Cynara, duas garotas que tinham ganhado a série de programas anteriores. Eu tinha 20 anos, e elas, 15, 16 e vieram falar comigo todas contentes: "Muito prazer!" Eu pensei: "Nossa Senhora, quem são essas duas moças lindas falando comigo?!".

Nunca pensei de uma pessoa vir me cumprimentar, ainda mais essas moças de cidade, a quem eu tinha vergonha até de dizer alô. Eu, tímido como o diabo, mas não fazia cara de tímido – fazia cara de quem podia até namorar com uma delas.

Opa! Fazia cara de quem era até capaz disso.
Porque, naquela época, você viveu isso com os festivais, com a parceria com Rita Lee em "2001"... Aí eu já estava um pouco mais habituado com o fato de ser cantor. Já tinha cantado muito na Bahia, já tinha tocado muito em orquestra sinfônica. E lembre que eu tinha feito o que chamo de treino para subir ao palco. Antes de eu ter sido cantor, fui ver em Irará o homem da mala, para aprender como se procedia. O homem da mala é a coisa mais radical na relação artista-público, porque, na hora em que ele chega à praça, não há palco instituído nem plateia já acordada. De repente, ele faz uma coisa qualquer que chama a atenção de uns: "Que louco é esse?". E aí começa. Era isso que eu ia ver em Irará – o jeito como ele falava. Eu sou o homem da mala. Eu engano porque botei por cima a Escola de Viena, os livros que li, tudo isso, mas a estrutura basal, a espinha dorsal, do que eu falo é a do homem da mala.

Você é uma figura! Não é? Porque o homem da mala é radical – eu digo isso no livro. Quando se sobe ao palco, o público já sabe que vai fazer o papel de público, e você já sabe que papel vai fazer. Mas o homem da mala não: de repente, ele realiza uma metamorfose no meio de uma praça qualquer, que não tem nada instituído; e, no meio daquela praça, ele funda o palco sem ter prego, martelo, cortina, madeira. Sem ter nada, ele funda o palco, funda o teatro, é o fundador desavisado da arte teatral.

Ainda hoje, quando entra no palco, você usa esse espelho? Não, já não tenho mais pavor. Hoje, tenho confiança. Quando você publicar isso, 80% das pessoas que lerem o livro não vão saber o que eu faço no palco. "Ah, eu não sabia que era assim..." Até hoje tem isso – ninguém acredita nem sabe. Às vezes digo: "Olha, vá ver meu show, pelo amor de Deus! Eu não aborreço ninguém, o show não demora, não fico duas horas falando teorias nem cantando canções românticas, refrãos intermináveis, não é tudo pau no pau, pau no pau, pau no pau... Mesmo que você tenha tomado cerveja, não dá tempo nem de ter vontade de fazer xixi – o show acaba antes. Pelo amor de Deus, vá ver!". *(Risos.)*

Que coisa... Olha, eu acho que está bom. Tá, querida. Você vai ter muito trabalho para organizar essa loucura.

Não. Eu não queria ser você nessa hora.

Pois é justamente essa loucura que a gente vai mostrar.

VANESSA DA MATA

ELA TEM UMA VISÃO ENCARACOLADA DAS COISAS, colorida, com saias rodadas, cabelo grande e solto. Fruto da infância no meio da natureza, de uma vontade de ser contadora de histórias: "A vida precisa de encantamento, a gente não inventa uma paixão à toa. Você está sempre querendo amar, querendo ter as sensações, o lúdico dentro da tua vida". As primeiras confirmações vieram de Chico César e Maria Bethânia, a roda da vida girando – o arco da canção se criando no tempo. Uma canção de Vanessa da Mata é facilmente reconhecível. Seus temas, suas escolhas de palavras, o jeito de contar essas histórias semi-inventadas, de um mundo rococó, cheio de mangueiras no quintal, folhas de caderno, enfeites. Música que abraça como uma mulher. Que dá vida. Que traz poesia, te faz desligar o celular e dançar. ▬ Entrevista realizada em setembro de 2013.

Comece falando como é que pintou essa vontade de cantar. Eu tenho uma carta da minha tia Luzia que diz o seguinte: pergunta ao meu pai como é que está todo mundo, não sei o quê. Eu tinha 2 anos de idade e ela tinha passado o Natal com a gente, e ela pergunta a ele se eu continuo cantando o dia inteiro.
Com 2 anos de idade? Com 2 anos de idade, então eu já era uma menina insuportável, com uma vocação maior do que a fala, do canto com 2 anos de idade.
Mas você tem noção do que cantava com essa idade, você repetia o que ouvia no rádio, o que a sua mãe cantava? Eu acho que sim, eu não sei o que eu cantava, eu me lembro muito de "aquela menina em sua cadeira de rodas", eu lembro porque aquele cenário da menina sofrida na cadeira de rodas, naquela época, era...
Era um drama total. ...drama total, hoje em dia a pessoa se vira, trabalha, faz tudo, naquela época não, era digna de pena, era uma coisa ruim, absurda. Claro que é uma limitação, mas tinha uma outra conotação de vida, de atitude, de tudo, ela tinha que ficar ali presa naquela cadeira de rodas que mal andava, e aquilo para mim era muito impressionante, era o meu cenário musical.
É bem dramático. Dramático, romântico, brega. A coisa do folclore era muito forte para mim, e eu acho o folclore uma das minhas maiores referências, com certeza.
O folclore dali da região? É, a música regional, a Folia de Reis...
Passava na sua casa a Folia de Reis? Passava na minha casa. O meu pai nunca queria que passasse porque incomodava, mas a minha avó sempre aceitava. De vez em quando o meu pai recebia. O meu pai era muito engraçado, tinha pessoas sempre por perto, mas na hora da Folia ele achava que era muita gente dentro da casa. A minha avó sempre tinha as portas abertas, e a casa da minha avó era uma das primeiras por onde passava a Folia porque ela tinha uma grande lapinha, um presépio, e era uma senhora muito religiosa, então as pessoas iam direto para a casa dela, porque achavam que era uma casa que daria sorte para a Folia. Mas eu acho que essas canções têm um princípio de herança musical, primitiva até, de antepassado, de história. Elas são muito fortes, e elas entram na sua cabeça como se fosse um ritual, e aquilo ficava dias na minha cabeça soando e ensinando como colocar as vozes, porque uma música regional que abre vozes é uma coisa diferente da música brasileira. Eu não sei se isso veio da Nigéria, os negros no Brasil não abrem tanto as vozes, é uma pergunta e resposta sempre. No samba, poucas vezes você vê abertas as vozes, as vozes soam em uníssono.
É verdade, e na Folia tem. Na Folia tem, no Cururu tem, no Siriri também tem, que é uma música do Mato Grosso que é fortíssima. Você vê isso ao longo do Brasil nas músicas folclóricas, as vozes são muito bem trabalhadas. Eu achava aquilo um primor, eu ficava muito impressionada com as vozes abertas, eu sempre quis tentar abrir, tentar perceber, porque para mim era uma coisa mágica, de criança, como é que isso é possível?

É tudo colorido, né, Vanessa? Tudo colorido, a bandeira cheia de divino, com dinheiro, com pinga no chão, aquilo me fascinava, aqueles velhinhos que faziam aquilo desde criança, era muito bonito, eu achava muito intenso e com personalidade fortíssima, eu achava muito rico.

É o canto ligado à festa e a festa ligada à religiosidade... À religiosidade e ao profano. E essa música vem de muitas gerações, de uma ancestralidade muito forte. O Elomar, por exemplo, se você for pesquisar as músicas do Elomar, ele canta músicas de que no Brasil antigo você tem registros, então são músicas que para o inconsciente coletivo são muito fáceis e penetráveis. Eu acho que as minhas melodias têm muito a ver com isso, apesar do pop, que eu também ouvi quando criança, do italiano, e aí com o tempo nas novelas, porque elas eram realmente um veículo para mim e para todo o Brasil, elas traziam Chico Buarque, Milton Nascimento, e aí no Machado de Assis, no livro, que ninguém lia, só eu, infelizmente. Eu tinha todos os causos e as palavras antigas e as tramas todas bem contadas e as críticas e...

É interessante você falar isso de ter primeiro a Folia, aí a ancestralidade e agora o Machado de Assis, é tudo uma coisa antiga, né, Vanessa? É tudo uma coisa só para o mesmo tempo.

> PORQUE EU SOU UMA PESSOA EXTREMAMENTE LIGADA AO FUTURO, EU ACHO QUE EM TUDO TENHO UMA VISÃO POSITIVA DAS COISAS

Sem dúvida, mas eu fico me perguntando o que é. É uma ideia romântica de mundo, é uma nostalgia de uma era não vivida? Eu não sei se eu não vivi, quem é que vai dizer que a gente não viveu. Mas eu acho que em tudo, inclusive neste mundo de agora, porque eu estou muito nele e muito no futuro, porque eu sou uma pessoa extremamente ligada ao futuro, eu acho que em tudo tenho uma visão positiva das coisas. Por mais que eu vá para a rua protestar, é porque eu quero uma coisa positiva. Então eu tenho uma visão encaracolada das coisas, rococó, uma visão do que pode ser bonito, da discrição, mesmo que seja de uma coisa horrorosa, de uma maneira de ela contornar aquele problema e obter uma coisa um pouco mais encantadora. Inclusive no meu livro, ao falar de um assassinato, é de uma maneira visivelmente mais interessante. Mas eu acho que também tive uma infância muito dolorida, talvez tenha sido isso o meu modo positivo de aprender sobre a vida, porque eu fui muito doente. Eu tive toxoplasmose, tive febre reumática, passei anos tomando Benzetacil toda semana e com as juntas doendo. Eu não podia correr, à tarde estava em prantos com dores horríveis...

E aí você se recolhia nos livros? Também, eram mais livros, mas eu desenvolvi com isso tudo uma imaginação muito fértil e superei a dor. Tanto que hoje em dia eu tenho otites horrorosas, coisas que normalmente uma pessoa não aguentaria de dor, quando eu vou ao médico ele fala: "Como é que você aguentou?". Porque eu não tenho noção de dor, eu aprendi a andar por aí sem me ligar nessas coisas.

Se você teve uma infância difícil, o que te fez olhar tão positivamente para tudo mesmo assim? É muito maluco, eu acho que tive depressão infantil, sinceramente... Teve um momento em que eu falei: não quero mais, eu me lembro de ter essa consciência mesmo de infância, de dizer "Não quero mais, se eu vou ter que viver, vou viver da melhor maneira possível", eu devia ter uns 7, 8 anos; quando tive isso, e aí foi uma catarse maravilhosa, uma maneira de conseguir. E aí eu não adoeci mais, comecei a viver um momento de cura na minha vida, isso continuou até uns 12 anos, que eu acho que foi o ponto final da situação. E foi muito legal, porque eu me lembro bem da transformação que isso produziu.

Em que música sua a parte romântica é mais evidente? Você falou do Machado de Assis, eu peguei uma chave aí das suas letras, da sua visão, essa coisa de um homem que tem uma mangueira no quintal. O que nessas melodias, nessa parte mais musical do seu trabalho, remete mais explicitamente a essa escuta infantil que você teve, das festas e tudo? A gente falando do colorido, do lúdico, eu vejo você no palco com esses vestidos, completamente... Feminina.

E musicalmente, em que canção a gente pode... Traduzir isso? Eu acho que "Viagem" é uma canção que tem uma odisseia importante. A maneira como eu vou para um lado, a intenção de ir para um lugar, mas isso é adiado, isso é mudado, muda o caminho e vai para uma outra situação que eu não esperava, aí eu agradeço porque não foi aquilo, mas foi outra, e nada é em vão... É normal, a vida não seguia dessa maneira. Eu acho que "Viagem" tem muito isso, acho que "A força que nunca seca", para mim a letra ilustra muito bem a dificuldade daquela senhora, mas ao mesmo tempo a sobrevivência e a força dela, porque a vida é isso, a gente luta todo dia para levantar, para acordar, de uma maneira leve ou não, dependendo do que você está aberto a ser. Tem uma coisa do Freud que é engraçada, que é "o ímpeto de vida e o ímpeto de morte", existem pessoas que têm ímpeto de vida e outras que têm ímpeto de morte, que é aquela que acorda de manhã, derrama o leite e fala: "Ai, derramei, esse dia vai ser péssimo, ó Deus, ó vida, ó céus, ó azar!". Eu tinha o contrário, acontecia qualquer coisa: "Tá bom, foi a última coisa péssima que aconteceu, agora vai ser só coisa legal!". Eu sou assim, para muita gente isso é uma visão inocente das coisas, para mim é uma visão de boa sobrevivência, talvez.

Eu me lembrei da época em que você não tinha disco ainda e a gente já tocava a sua música no rádio porque tinha "Joãozinho" e acho que "Viagem", não era? "Joãozinho", "Viagem", "Quem chorou" e uma música do Chico César, "Ponto final e pronto", uma coisa assim.

Como era esse momento da sua vida aqui em São Paulo antes de sua carreira deslanchar? Você se reunia com bons músicos, como é que você encontrou

esses caras? Como é que você estava se sentindo em São Paulo nessa hora, você tinha uma turma, se sentia sozinha? Eu trabalhava muito, além de fazer música eu me produzia, porque no começo você tem que fazer isso. É muito difícil você se administrar e fazer a criação ao mesmo tempo, são coisas antagônicas. Mas necessárias, não tem jeito. Eu nunca fui de turmas, talvez eu seja uma pessoa que se isola muito. Tentei entrar em turmas em São Paulo, mas eram turmas já formadas há muito tempo. Eu tinha o Swami, que era um amigo maravilhoso, o Chico, que chegou depois de um tempo, que foi incrível para mim porque me sinalizou: "Olha, isso aqui é muito bom". Porque eu estava perdida, eu fazia, mas, como fazia coisas muito diferentes, as pessoas me diziam que aquilo não era bom, que não ia dar certo, você está louca, ninguém entende o que você está escrevendo. E aí eu tinha realmente um caminho muito inseguro, eu não sabia se valia, o que valia, e não se sabe mesmo, inicialmente é muito inseguro, não se sabe o valor de nada até o ponto de você ver uma plateia, ela crescendo, onde é que ela pode dar, onde é que ela não pode dar.

Essa é a primeira confirmação para você? Eu acho que a primeira grande confirmação foi quando o Chico, que era um cara que eu admirava, um compositor de quem gosto muito, chegou e quis fazer um disco demo, e aí mostrou para a Bethânia, que para mim era uma das maiores intérpretes, de quem eu gosto muito e que está a serviço da música, não é o contrário, é uma pessoa que é um instrumento da música, não é o ego dela, ela está atenta àquela palavra, àquela canção, ela está a serviço. E aí, quando ela cantou, veio uma confirmação muito impressionante.

Assustou, Vanessa? Você sabe que a fama não assustava, o que vinha depois é que me deixava preocupada. Naquela época eu era muito ignorante disso tudo, eu queria que a música se propagasse, não queria que eu me propagasse, tanto que faço pouquíssima televisão. Se você for perceber, a minha música toca, mas eu evito que a cara fique por aí. Parece uma bobagem, porque isso aumenta a venda, aumenta tudo, mas eu gosto de ficar sossegada, quero sentar num cafezinho e ficar a tarde inteira tranquila, não preciso ser confirmada como uma grande cantora, uma grande compositora. Eu preciso que a música toque e as pessoas cantem aquilo que sirva para elas. É quase como se fosse uma contadora de histórias anônima, uma vendedora de doces que repassa para as lojas. E o fator posterior me deixava um pouco apreensiva, porque daí começaram a falar, a perguntar, a gravadora a procurar, o público a aumentar. A falta de controle do meu perímetro me deixava amedrontada, porque aquele era um caminho de dificuldade, mas que eu já conhecia, todo mundo tem o seu caminho de dificuldade.

Na verdade você não queria ser cantora, você queria mostrar as suas músicas? Eu acho que no começo eu nem queria cantar, eu queria ser compositora, mas ao mesmo tempo tinha uma vocação muito forte como cantora.

Eu queria saber quando aconteceu a passagem para o solo. Quando chegou a São Paulo, você fez parte de banda de reggae, fez Black Uhuru, era vocalista. Quando é que você foi para a frente, quem é que te empurrou? Foi você mesma, você procurou o Swami para fazer aquela banda? Eu namorava um cara aqui em São Paulo chamado Gabriel Levy, ele era da Banda Mafuá. Eu também cantava na Banda Mafuá. Ele começou a ouvir as minhas músicas e disse que elas tinham um valor e uma personalidade, que eu devia fazer um som meu. E eu sempre esperando a Mafuá, a gente tinha possibilidade de fazer disco e aí um atrasava, um não queria, um boicotava. Era uma loucura, porque era uma banda deliciosa, maravilhosa, tendo possibilidades reais de ir para frente, e eles não iam, e eu fui ficando frustrada. Eu tinha essa facilidade e ao mesmo tempo um aprendizado de fazer música, eu estava em pleno aprendizado, aí comecei a fazer intensamente, e me lembro de todo mundo saindo, fazendo coisas, e eu ficando à noite, noites afora escrevendo, treinando aquilo, até achar que estava realmente mais ou menos.

Escrevendo e compondo daquela maneira, no seu caderninho, e pensando na melodia? E gravando num radinho, num gravadorzinho. E achava que isso seria muito mais rápido, já que eu tinha essas melodias na cabeça, e eu era extremamente frustrada com instrumento, porque, toda vez que eu começava a tocar a melodia que estava na minha cabeça, ela era muito maior do que aquela mão podia me dar, e quando os meninos iam tocar eu já tinha os acordes. Eles diziam: "Mas isso aqui é muito difícil, como é que você está fazendo esse negócio? E esse tempo de 'Viagem' que é um tempo doido? E 'Joãozinho', que é um tempo maluco, como é que você está fazendo isso?". Eu já tinha na cabeça aquilo tudo pronto, já tinha uma divisão rítmica difícil para um iniciante que eu seria se estivesse tocando um instrumento. E já tinha as letras casadas, quer dizer, eu fui juntando, fui aprendendo da minha maneira como fazer aquilo.

Não é que você tinha... Dom? Não, esse dom eu não acredito que exista, acho que você desenvolve. Eu acho que cada um tem uma musicalidade dentro do seu diálogo, como você se desenvolve falando, a sua oralidade. Eu me preocupo muito com isso, o contar de uma história, a sua musicalidade. Mas eu tinha uma necessidade muito grande de me expressar.

É legal porque às vezes passa uma pessoa pela sua vida, nem fica, mas te dá aquele empurrãozinho... Claro, te lembra de coisas, te faz viver o que você não viveu, te faz sentir falta de ser aquilo, talvez. Eu não estou falando de inveja, estou falando de sede de vida. Eu acho que a imaginação é tão poderosa que muitas vezes você não precisa viver mesmo.

Eu quero falar desses personagens femininos que você coloca nas suas canções, se é que são personagens, ou são todos pedacinhos seus? Ah, eu acho que tudo é pedacinho da gente.

Mesmo sendo personagem? Mesmo sendo personagem, tudo que você não tem coragem de fazer, você põe ali. De quais personagens você está falando? **Aquela mulher que pede o homem em casamento...** Tem uma que eu adoro, que é aquela "desligue nossos celulares, vem". É uma mulher mais romântica, um romântico antigo e contemporâneo ao mesmo tempo, porque a mulher chamar o cara é uma coisa contemporânea, mas ao mesmo tempo é uma mulher que quer uma mangueira no quintal, um casamento, "um dossel é quase um romance". **Que mulher é essa, na verdade?** Olha, eu fui revolucionária na minha cidade. Não sexualmente. Eu tinha uma moto aos 12 anos de idade, uma Agrale, aos 14 anos tinha uma cv-450, se eu continuasse lá com 16 teria uma Harley-Davidson com certeza. Eu furava a cidade, eu era a mulher, a menina que podia, não no sentido financeiro, mas eu vivia com os meninos, tinha um pensamento completamente diferente do das minhas amigas, que queriam se casar e ter quinze filhos e morar na fazenda para fazer comida para peão. Era esse o cenário, casar, se frustrar imediatamente, porque não era nada daquilo, arcar com aquelas amantes todas. Era frustrante para todo mundo, porque aquilo não movimentava, não trazia o que a televisão trazia, e tudo o que a televisão traz também não é real, fazia com que elas sonhassem coisas impossíveis. A frustração humana é um negócio difícil. E eu tinha outra ambição, a minha ambição tinha romantismo demais, mas ao mesmo tempo eu queria sair pelo mundo, e é engraçado, porque eu não namorei ninguém na minha cidade. **Jura?** Juro. Namoricos, mas muito rápidos, sem aprofundamentos. Meninos que davam beijinho e só, porque eu tinha pavor da situação. **De se amarrar lá.** De me amarrar lá, eu tinha horror. E era muito mais forte a ideia de sair do que de ficar. **Que barato isso da moto, né?** É, depois a gente já vê várias meninas de moto. É incrível, é muito engraçado, porque mudou muito. Eu era imitada, andava de moto de vestido longo esvoaçante, era como se fosse o meu cavalo. E eu sempre fui muito corajosa, muito guerreira, muito forte... **Filha única, Vanessa?** Hoje em dia não, depois de vinte anos eu tive uma irmã, a Sofia, que tem 19 anos. Mas eu tenho dois irmãos mais novos, e tive um pai fortíssimo. **Você é a mais velha?** Eu sou a mais velha, a desbravadora. E aí, com um pai fortíssimo, eu tive que ser fortíssima também. Senão eu ficaria amarrada lá, e ele queria me casar cedo, ao mesmo tempo me dava uma moto... **Ah, vai ver que já te sacava assim, mesmo sem admitir já estava percebendo.** Ele percebia e gostava, mas não admitia minha fossa, minha impetuosidade muitas vezes, de não aceitar certas coisas.

> EU ERA IMITADA, ANDAVA DE MOTO DE VESTIDO LONGO ESVOAÇANTE, ERA COMO SE FOSSE O MEU CAVALO

Teve um modelo de mulher para isso também, não? Olha, mais ou menos. A minha mãe sempre foi muito doce. A minha avó era forte, criou a família toda sozinha, sem modelo masculino nenhum. Mas a minha mãe era muito doce, era diferente.

E você acha que você não é doce? Eu sou, mas tinha uma coisa injusta, alguma coisa que liga o feminino à submissão. Eu achava o seguinte: Jesus Cristo era um enviado de Deus, depois de Jesus Cristo é Maria, então dá licença...

Era a mãe, portanto, que mandava nele. Exatamente. Mas ele era o ser divino, depois dele é a mulher. A mulher pariu o mundo inteiro, a sociedade está aqui por causa de uma mulher. Então eu nunca fui submissa, ao contrário, sempre fui de quebrar certos paradigmas que enfiavam qualquer pessoa numa submissão. Eu nunca suportei empregados maltratados, nunca suportei uma pessoa mais velha ser maltratada, uma criança na rua ser maltratada, por mais que pareça uma criança que nunca teve educação, nunca teve possibilidades. Eu não consigo fazer uma coisa errada, sou muito mais de entender aquela criança, levá-la para um lugar, do que de dar um tapa. Eu acho que a minha avó me influenciou muito, muitíssimo, ela era uma senhora de um metro e meio, que recebia na casa dela, de portas abertas, do mendigo ao prefeito. Várias vezes eu cheguei à casa dela, bolos em cima da mesa, estava o mendigo, o Pio, o padre, o prefeito, o homem mais rico da cidade, todo mundo tomando o café da avó e pedindo conselho: "O que eu faço? Aquela amante lá está me dando um trabalho".

Mentira, nesse nível? Nesse nível. Todo mundo ia pedir conselho, todo mundo ia conversar, todo mundo ia pedir reza, "benzição", tudo.

Vamos falar do primeiro disco. Depois que você foi para o palco sozinha, teve esse processo de tomar pé do seu trabalho autoral. Você acha que o Chico César foi o cara fundamental nessa virada, ou teve mais gente aí? Teve mais gente, o Gabriel foi um, o Chico foi outro, o Swami foi outro, o Webster foi outro. É uma junção de pessoas, cada uma na sua proporção. O Chico tinha uma proporção muito maior, o Chico foi uma ponte importante para a Bethânia e depois para a Bethânia cantar com o Caetano e toda uma curiosidade em volta. A Bethânia tinha acesso aos jornalistas, ao marketing imediato, a Bethânia foi, primeiro, muito curiosa, segundo, generosa, terceiro, corajosa de falar para todo mundo, porque é muito fácil você pegar uma tendência que está rolando. Então eu tive várias pessoas assim. É engraçado como as pessoas são cara de pau, eu me lembro de um cara chegar para mim e dizer: "Você está esperando muito essa sua carreira...". Eu não esperava, eu trabalhava. "...e você tem que saber que não vai conseguir, esse mercado é terrível, é horrível, você não vai conseguir."

Credo! Eu não sabia o que ele queria dizer, mas depois de um tempo, quando tinha música já tocando em rádio, quando já estava a coisa rolando, ele chegou para mim e falou assim: "Eu não falei para você, eu não disse que você ia conseguir?".

Ele ficou orgulhoso de você. É, orgulhoso dele, de ter acertado que achava que eu ia conseguir. É muita influência de tudo, você tem que ter cuidado com o que você ouve, com o que você pesca, como que você desenvolve a coisa toda. E do Chico foi essa boa influência, eu acho que foi uma ponte muito importante.
Era um tempo diferente também, né, Vanessa? Eu estava olhando os seus discos, teve disco de ouro, disco de platina, eu acho que uns quatro... Todos tiveram disco de ouro e quase todos de platina.
Você lançou o seu primeiro disco em 2001... Já era tempo de pirataria, mas eles falam coisas incríveis, "se não tivesse pirataria" e tudo mais. Eu não tenho saudosismo, "se não tivesse pirataria"... Eu acho que o mundo desenvolve mecanismos para tornar possíveis certas coisas quando não são, e aí tem que se prestar atenção e criar mecanismos para que isso seja possível – e já está se criando, na verdade. Mas era outro momento e [ocorria] uma falência da indústria, todas [as gravadoras] estavam falindo.
Mas você conseguiu fazer o que queria no seu primeiro disco? Consegui, eu entrei medrosa, dos 21 aos 26 eu entrei supermedrosa, e entrei nessa crise da indústria.
Dos 21 aos 26 anos? Quando eu tinha 21 a Bethânia cantou "A força que nunca seca". Eu demorei dos 21 aos 26 para gravar porque tinha medo, eu tinha gravadoras, eu tinha a EMI na mão, a BMG, a Sony e a Universal. A indústria tinha muito medo, mas, quando via uma possível pupila, investia.
Teve uma coisa interessante, porque às vezes aparece uma cantora e dizem "é uma nova Gal Costa", "é uma nova Elis Regina". Com você não teve nova nenhuma, porque era você e pronto, teve alguma coisa com Gal Costa, Clara Nunes, deram uma forçadinha nisso, mas não encaixou. Não encaixou e as pessoas não sabiam muito bem, sabiam que era feminina que nem não sei quem. Mas não sabiam classificar, então ficavam doidas para classificar e não conseguiam. Tinha a coisa do cabelo, tinha a coisa do vestido maior do que o de todo mundo, mais longo e mais esvoaçante, a maneira de escrever, os ritmos que ninguém conseguia classificar, porque eu já utilizava carimbó com forró com ijexá, que as pessoas não usavam mais, utilizavam na década de 1970 e depois tinham parado um pouco. E a coisa de ser compositora, de eu já ter entrado com o disco inteiro. O meu primeiro disco foi um choque para muita gente, porque é um disco inteiro meu. Era ousado demais para as mulheres, as mulheres vinham com um disco de intérprete, depois arriscavam uma, duas, depois quatro, cinco, mas não o disco inteiro de composições, um disco autoral. Quase não dá para ver o meu rosto, uma pessoa branca, ruiva, o cabelo disfarçava completamente, um cabelo meio liso com trança e atrás um buquê. É um disco de que eu gosto muito.
Eu gosto também muito mesmo, toco muito até hoje. Conversando sobre essa coisa do começo, eu me lembrei do Djavan, quando ele foi levar o disco dele para a gravadora tinha um cara chamado Waltel Branco, que virou para ele e

falou: "Olha, tem duas possibilidades, uma é você pegar esse seu violão muito louco e tentar virar o que todo mundo faz, ou você faz esse seu violão muito louco ser a sua marca, ser o seu jeito, e ó, toma um violão de presente para você, melhor do que esse que você tem". O Djavan tem esse violão até hoje e, obviamente, ele faz até hoje a marca dele, pessoal e intransferível, você ouve os primeiros acordes e já sabe que são do Djavan. Eu acho que você se define por aí, essa coisa de trazer ritmos diferentes, de uma liberdade na escrita, que não está presa a nenhum estilo anterior. É, eu me lembro do jornalista do Globo dizendo isso: "É impressionante a ousadia de como você diz 'só sei que quero você dentro de mim, em cima de mim', como é que você diz um negócio desse?".
Gente... Não, ele achou bom. "É incrível a sua ousadia, eu gostei da sua ousadia, desse feminino atuante."
E que não é ao mesmo tempo grosseiro. Não é grosseiro, é simplesmente falar do que você gosta, da sua vontade, do que você acha poético na sua vida.
É um manual, né? O Tom Zé chama a Rita Lee de professora de sexo, eu acho maravilhoso, é sensacional! Você pode aprender coisas com as canções. Eu perguntei para a Cássia Eller uma vez se ela achava que tinha responsabilidade, no primeiro disco, com as coisas que ela fala, que ela canta, que ela diz. A Cássia nunca gravou as coisas que escreveu, mas ela sentia isso, sentia essa responsabilidade de uma certa forma. Você sente isso, você tem essa noção, ou sai fazendo e depois se dá conta? Eu tenho caráter no que escrevo, não sou uma assassina, não sou uma ladra, porque eu acho que isso inspira mesmo. Eu me lembro de "Joãozinho", de uma menina em São Paulo, logo no começo já me deu uma sensação de responsabilidade, eu falei: "Meu Deus! O que eu vou poder falar e o que eu não vou poder falar?". Ela ouviu "Viagem" – estava indo abortar com a mãe, que a obrigava a abortar, indo para o matadouro e, quando ouviu "Viagem" no rádio, enfrentou a mãe e decidiu ter o filho. É uma menina. Ela falou para mim: "Se for menino vai ser João". Ela chegou com um barrigão, eu me lembro de que eu ia ter um show no Itaú Cultural aqui em São Paulo, e ela chegou para mim dizendo: "Por causa da sua música, foi o meu ímpeto de enfrentar aquela situação e dizer o que eu queria". Ela mora hoje no Nordeste, abandonou tudo, não quer essa relação com a grana e a obediência extrema à mãe em coisas com que ela não concorda.
É forte. É forte. Hoje chegam muitas pessoas e dizem coisas absurdas: "Olha, a menina que estava em coma porque atiraram nela num assalto, ela ouviu 'Joãozinho' até o final dos dias, ela gostava, ela se sentia bem, ela ouviu o disco e a música 'Joãozinho' até falecer". Ou a que criou o fã-clube, que se curou do pânico absoluto ouvindo as minhas canções, antes não conseguia mais sair de casa. A fulana que escreveu "não me deixe só" no bumbum, fez uma tatuagem, ou a outra que escreveu nas costas "nenhuma armadilha dessa estrada vai me fazer sofrer", que é a música do Lanny Gordin, que está no disco dele. E vai indo, cada um pega a frase que quer.

Com você as canções têm ou tiveram esse poder na sua vida, de te orientar? Assim como a gente abre um livro do Manuel Bandeira como se fosse um oráculo, você ouve uma canção e fala "opa, eu vou por outro lado"? Eu acho que muitas vezes pode ter isso também, acho que inconscientemente a gente não sabe o que acontece, subconscientemente eu acho que muitas vezes é quase como uma terapia de Lacan, em que você tem um *insight* e está livre daquela sessão, porque a música muitas vezes define um momento que eu estou precisando entender. Às vezes eu estou numa situação que não sei explicar, por exemplo, eu estava me livrando de uma situação extremamente angustiante e triste, e aí foi "Quem chorou?", "Joãozinho" e "Viagem", e a música, se você prestar atenção na letra, ela resolve uma situação. "Quem chorou?" fala daquele drama, "quem chorou não quer mais sofrer por amor", depois "Joãozinho", em que já está superando, e foi em seguida, um dia só, e hoje eu agradeço imensamente a essa pessoa, porque aquilo me trouxe a compositora. Isso deu comida para a minha compositora, veio o resultado. E "Viagem", porque eu ia para um lado, ia para o outro e foi ótimo também, nada em vão. Eu acho que a música muitas vezes resolve, quando bate na outra pessoa resolve a questão dela ou faz ela entender.
E você resolve fazendo a música. Eu resolvo fazendo a música.
Você compõe ainda da mesma maneira? Componho, é cômodo, né, extremamente cômodo.
Por que é cômodo? Porque eu não preciso estudar para tocar, eu estudo da minha maneira, com o meu método, mas não preciso parar no piano e querer matar o professor que está me ensinando aquele negócio que eu não consigo fazer. Eu já tenho na cabeça, então, quando chega a hora da gravação, eu passo essas músicas para todo mundo. Eu tenho saudade de poder fazer, tenho uma carência de ter aprendido, eu me acho uma imbecil por não ter aprendido. Mas eu vejo, sei lá, o Danilo Andrade, que era baterista até pouco tempo atrás. Ele toca piano há dois anos e hoje tem 22, toca Tom Jobim como ninguém. Para essas coisas também tem facilidade, tem uma curiosidade de a pessoa ficar ali naquele piano até amanhecer tentando fazer um negócio... Eu não tenho essa paciência, é uma coisa chata, então é uma limitação com que eu preciso conviver. Mas quando chega na fase de passar para o músico eu sinto uma dificuldade chata. Às vezes essa dificuldade fica durante um tempo para eu conseguir falar o que quero, e eu não abandono, fico lá até conseguir, e o Kassin sofre, coitado.
É, mas para isso tem que ter boas parcerias com os músicos. É. Geralmente é rápido, geralmente ele entende super-rápido. O Liminha também entende super-rápido, é simples e ao mesmo tempo valoriza a harmonia, que é uma coisa de que eu gosto. Mas às vezes eu fico passando a frase do "te amo", a frase do não sei quê, a frase do ban-ban-ban-ban, é chato, é tudo muito chato.
Fica cantarolando para ele. Eu fico cantarolando e eles vão tirando.

Vamos falar de algumas outras músicas que também foram importantes no seu repertório. "Ai, ai, ai", por exemplo. Eu morava aqui na Vila Madalena, tinha uns vizinhos que, toda vez que tinha festa, era "Ai, ai, ai" sem parar, todo mundo ao vivo no fundo, era uma loucura. Foi um sucesso incrível, de uma música alto-astral, todo mundo cantando junto. Foi primeiro lugar nas rádios do Brasil e de Portugal naquele ano, até hoje toca muito.
Vamos falar primeiro da história da composição, depois do que você sentiu quando a coisa foi para onde foi. Essa música as pessoas não viam tanto na gravadora, tanto que foi trabalhada outra, a primeira, eu não me lembro qual foi, "Ainda bem", uma coisa assim. E eu sempre achei que "Ai, ai, ai" tinha um negócio que poderia ser um sucesso, e o principal não foi ter ido para a novela, ela foi para a novela depois do sucesso, já em formato de remix. Geralmente quando eu faço uma música, por exemplo, "Boa sorte", eu fiz dez anos antes só a melodia, em Paris, andando sozinha na rua, e ouvi, como se fosse um inconsciente coletivo, multidões cantando aquilo, aquela melodia veio para mim como multidão cantando. É engraçado porque, quando eu faço uma melodia, tenho a nítida sensação de que ela pode ser uma música para milhões de pessoas.
Parece alguma coisa espiritual. Eu acho que sim. Mas acho também que, se você for explicar o físico, eu vou buscar numa fonte onde muitos bebem nesse momento, na fonte de uma proporção muito maior, eu acho que são várias, acho que não é só um ponto em que você trabalha a composição; eu acho que, quando atinjo o momento mais profundo da composição, mais iluminado, é onde as pessoas vão se encontrar, é um belo encontro, é como se fossem várias quitandinhas.
As pessoas que te ouvem ou as pessoas que estão fazendo a música com você? Não, as pessoas que vão me ouvir, é como se fosse um acesso, tem várias quitandas de acesso, entendeu, e cada uma me desse um tipo de música, com uma história, com uma acessibilidade...
Aonde você vai buscar. Aonde eu vou buscar... Se você tem uma conexão mais profunda com a composição, se você está num momento de inspiração, se você atinge um ponto onde está mais solta para buscar aquela composição, em dado momento você vai buscar num lugar onde ela é mais acessível, mais popular. A sensação que eu tenho é essa...
Você falou de fontes e a gente já falou de algumas aqui. Tem essa coisa subjetiva, mas obviamente tem toda a sua escuta, todo o seu preparo para estar onde você está hoje, a sua escuta de criança, de adolescente, de mulher, tudo isso são as tais quitandas... A nossa evolução física, mental. A preparação.
Mas tem uma coisa que eu acho que te inspira muito, o cotidiano. Obviamente, eu percebo que você é uma pessoa observadora, está ligada em tudo que está acontecendo aqui. Muitas vezes te encontrei em cafés, quando você

morava aqui em São Paulo, você fazendo suas anotações. Poesia te alimenta? Superalimenta!

Quando você falou de Machado de Assis, quando falou da Folia de Reis, que poetas você poderia dizer que fazem parte dessa nutrição? Olha, o Manoel de Barros me dá muita inspiração, mas é dia a dia, não é nem inspiração para escrever. Quando eu preciso de encantamento, a vida precisa de encantamento, a gente não inventa uma paixão à toa. Você está sempre querendo amar, querendo ter as sensações, o lúdico dentro da sua vida. A gente quer assim mesmo, a gente quer um bom livro, a poesia é isso, você traz para o seu dia a dia sem graça uma maneira diferente de enxergar, você põe óculos incríveis, não precisa de droga. Tem muita gente que precisa, eu acho que porque não teve acesso à poesia. Porque você põe os seus óculos encantados e vê o mundo de uma maneira extremamente bonita, e eu acho que é isso que a música faz também, um bom filme, uma boa literatura. Você põe os seus óculos encantadores e começa a enxergar o mundo com as voltinhas, os cachinhos. E a poesia, toda vez que eu preciso, eu vou e vejo e fico febril de novo, no bom sentido. Tem muitos, eu sempre procuro, quando não tenho por perto eu vou à internet, procuro poemas de Manoel, contos de Machado. Outro dia eu fiz um lançamento para os livreiros junto com Mia Couto, ele diz coisas lindas para todo mundo, e falou: "Desde 'A força que nunca seca' eu via que essa menina tinha muito mais a dizer".

Que legal! Ele é maravilhoso. Tem histórias fantásticas. É um tipo de livro que eu acho que deve ser muito difícil fazer, porque ele faz livro com poesia. Eu perguntei para ele: "Quando é que você acha que tem que parar a poesia para a literatura continuar?". Porque é difícil.

E quando é letra de canção, mais ainda, né? Nossa, letra de canção você fica na folhinha, no passarinho, a mulher está ali esperando e você está falando da florzinha, passa um homem incrível, e a mulher esperando. Não tem praticidade, a poesia é falta de praticidade. A praticidade é muito boa, mas os detalhes em volta enfeitam. Não adianta nada você ter um quintal sem árvore porque você não quer sujeira. A árvore te dá coisas incríveis, aquilo não é sujeira, é um enfeite para a sua vida.

Eu queria que você falasse de uma canção que eu amo, que é das mais novas que você lançou. Diga como foi fazer "Amanhecer" com Gilberto Gil. E cantar com ele. Ele é demais. Tem sempre um diálogo muito gostoso, porque é um homem muito teórico, muito culto, e gosta da palavra, gosta de falar. Então você dá uma pequena comida e ele inventa quinhentas, é muito criativo. Por mais que ele não concorde, ele é de uma geração onde o outro pode existir com a sua opinião, e isso é só um motivo para continuar o diálogo. Então você fala sobre uma coisa, e, por mais que você não saiba sobre ela, ele vai puxar em você esclarecimentos, e isso é muito legal nessa relação. Eu acho que, se reunir todo mundo, eles vão gritar para discutir um assunto, mas todo mundo vai se respeitar, eles desenvolvem o

diálogo, ele não se encerra da maneira como o outro pensa. Ele é muito generoso. Generoso, anatômico...
Anatômico? É, ele tem formas abrangentes de pensar, uma maneira de desenhar os assuntos, uma maneira de evoluir, de levar, de coordenar. Tudo no Gil tem uma certa arquitetura, uma anatomia. Eu me lembro de alguém me contar uma história, eu nem sei se é real, de ele falar assim para alguém que estava tocando dentro do estúdio: "Tudo bem, você fez uma coisa muito... mas coloca umas pilastras harmônicas". Esse visual dele de Lúcio Costa, dessa geração, eu acho que é muito presente, a anatomia, a fisiologia, a arquitetura está sempre muito no visual dele. Eu acho genial.
Você acabou de fazer um projeto cantando Tom Jobim, mas eu estou mais curiosa com o que virá depois. Ahan! Depois é uma surpresa.
Eu quero muito saber, este livro não vai sair agora, é muito provável que o seu disco já esteja na praça quando o livro chegar também, então eu só queria saber que caminhos estão pintando aí, o que vem vindo? Eu acho que é o meu melhor disco. Sinceramente, toda vez eu acho que é o meu melhor disco.
Isso é muito bom. Mas eu acho que esse realmente é um disco impactante, só vou te dizer isso, é um disco produzido por Liminha e Kassin, uma dupla dinâmica incrível.
Que te acompanha há bastante tempo, em cada momento. É, em cada momento, mas que se juntou agora. Eu acho que é muito significativo, primeiro com Tom Jobim, porque eu cantei com Baden Powell no comecinho da carreira, e Baden já me falava de Tom Jobim.
Antes de gravar o seu primeiro disco? Antes do meu primeiro disco. Ele dizia: "Se Tom estivesse vivo, teria se apaixonado por sua voz". Aí Bethânia agora, porque eu tentei cantar com ela várias vezes, nunca consegui, nunca batia, nunca tinha horário, nunca tinha agenda, e aí Caetano de novo, que eu tinha feito no começo da carreira. Mas a única coisa que eu posso dizer é que é um disco muito bom.
Impactante por quê, sonoramente, temas novos? Sonoramente, eu busco ritmos que nunca fiz, busco uma linguagem, talvez... Não pode ficar estacionada no mesmo lugar, eu estou menos crítica, então talvez a coisa tenha fluído melhor. Os anos me ajudam, estar solteira também ajuda a memória, a paz, a imaginação. É uma mudança, a solteirice, porque eu sempre estive casada, desde o começo da carreira, e estar sozinha num momento assim surte um efeito, é novo também, novo dentro da mesma coisa.
Sim, é a mesma pessoa. Mas me diz o que te mobilizou para fazer esse disco, depois de *Bicicletas, bolos e outras alegrias*, que foi um disco patrocinado, não foi? Não.
Só a turnê foi patrocinada? Só a turnê.
Então depois do *Bicicletas*, que é um disco que te leva de volta para o Mato Grosso, que fala dessa coisa da mesa cheia de bolo, fala de criança... E depois?

É uma safra de composições, certo? É. Esse disco é muito louco, porque eu gravava de dia duas músicas que tinha feito na noite anterior. Eu queria fazer um disco de intérprete, o Kassin falou: "Tudo bem, você quer fazer um disco de intérprete, mas me mostra primeiro o que você tem". Eu falei: "Eu não tenho nada, tenho pedaços de músicas, melodias que fui fazendo ao longo do tempo, mas eu acho que não tem nada bom". "Me mostre." Mostrei uma, mostrei duas, mostrei três. "Ufa, nós temos um disco." Eu quis matá-lo, porque significava que eu tinha que correr contra o tempo para fazer o disco, coisa que eu não estava querendo, fazer um disco de composição naquele momento, mas ele me convenceu de que tinha músicas muito boas. Eu mostrei cinco pedaços, ele adorou os cinco...

Já de letra e música? Não, pedaço de refrão, e se você tem o refrão você tem tudo.

Ah, é? Com certeza o mais difícil é o refrão. Você pode perceber um monte de gente começando que não sabe fazer refrão, ou não sabe fazer um pedaço de música que seja aquela música que abraça. Eu acho que a música tem que abraçar; se você não tem isso, a música passa por você e você não nota, você não lembra, você não quer rever. Os pedaços que eu tinha eram fortes, e ele gostou muito. A gente começou a gravar e eu fui ficando insatisfeita com as coisas que eu tinha, a gente gravava duas por dia, eu chegava em casa e fazia três, no outro dia a gente entrava com mais duas, eu chegava em casa à noite e fazia três, no outro dia a gente gravava as duas que eu tinha feito na noite anterior, e os filhos da puta gostavam, Liminha e Kassin gostavam e diziam assim: "Você parece o...". Como é que se chama aquele jogador do Rio, que não faz nunca nada, mas chega na hora e faz um gol?

O Romário. O Romário, o Liminha me chamava de Romário: "O nosso Romário, cadê o nosso Romário, onde é que está o nosso Romário?". Aí chegava para o gol. E era assim, a sensação que eu tive foi de um disco feito na hora, fresco...

Isso é novo para você? É, total, compor sob pressão. Eu gosto de pressão, sempre gostei, os meus melhores discos foram feitos sob pressão. Ao mesmo tempo, nunca foi sem nada, eu tinha um pedacinho ali, um pedacinho aqui, tinha duas músicas que traçam o disco, porque daí você não vai fazer uma igual àquela. Para mim é isso, eu não vou nunca seguir uma mesma "Ai, ai, ai", uma "Boa sorte". Ao contrário, tenho pavor quando percebo que um tema apareceu, porque às vezes vem e você não percebe, mas é o estilo.

Quem te ensinou isso da música que abraça? Eu acho que é isso, a música abraça. Se você não tem essa sensação de acalanto, que ela se encaixa em você, ela não vai te fazer falta, não vai servir para nada. É como a arte, você tem que olhar um quadro, por mais que não entenda, ele tem que causar alguma coisa em você, aquele cenário te leva para outro lugar, te traz para um lugar de conforto, ou não, mas te dá alguma coisa, ou ela sufoca, ou ela te abraça. Algumas sufocam, não tem

> **EU ACHO QUE A MÚSICA TEM QUE ABRAÇAR**

jeito. Teve uma época na minha vida em que eu não aguentava mais ouvir "Ai, ai, ai". Eu entrava no carro, tocava "Ai, ai, ai", ia ao aeroporto, tocava "Ai, ai, ai", alguém cantava "Ai, ai, ai". Era uma música intensa, como eu sou também muitas vezes, era uma música que não largava, uma música companheira até o fim, e te levava para uma alegria, ela tinha essa função da simplicidade das coisas, do tomar banho de chuva, de sentir cheiro da terra molhada, de achar que isso tem graça.

ZECA BALEIRO

NO SHOW DO CD LÍRICAS, DE ZECA BALEIRO, fiquei impressionada vendo quatro homens lindos ("São seus ouvidos, minha querida!", disse ele para a plateia) interpretando aquelas canções de amor. No centro do palco, o cantor e compositor maranhense, com seus violões e os inseparáveis óculos escuros, fazendo pose de poeta do século. Zeca Baleiro foi chamado de neotropicalista ao lançar seu primeiro disco, em 1997. Se isso quer dizer que o artista bebeu das melhores fontes, concordamos. Ele se diz "apenas um compositor popular". De cara, foi considerado um dos melhores dos anos 1990. Ganhou três Prêmios Sharp (hoje chamado Prêmio da Música Brasileira): Revelação, Melhor Música, Melhor Disco. Atento à música – desde pequeno via passar à porta de casa um desfile de sonoridades típicas, mambembes –, o maranhense também traz na veia um antigo bardo, um Bob Dylan, um cantador de repentes. É tropicalista e antropofágico na mistura que faz de tudo isso. Essencialmente brasileiro. Lírico desde o começo. Sabe falar de amor como um poeta oitocentista. E não é só pose. Zeca é leitor ávido. Consome e produz poesia. Como um cego tateando atrás de estrelas distraídas. Faz trilha sonora para espetáculos de dança, participa de discos de forró, é produtor requisitado e faz esse trabalho para artistas que vão de Fagner aos parceiros de sempre, como Rita Benneditto. Ganhou o apelido nos tempos da faculdade em São Luís do Maranhão, quando andava com os bolsos cheios de balas. Na figura magra, a síntese de sua história. Com o pulso cheio de contas, um poeta andarilho como aqueles que, menino, via passar à porta de casa.
Entrevista realizada em março de 2001.

Quero conversar com você sobre sua primeira relação com a música, a primeira manifestação, quando você era ainda novo. Qual a sensação de estar mexendo com arte... Está me chamando de velho, não é?! **Ah, imagine! É que a gente sabe que, lá em São Luís, você já inventava moda, montava bandas, andava vestido de cego na rua junto com a Rita Benneditto, que o levava pelo braço. Então, quero saber quando foi que começou a sua ligação com a arte, com a música.** Acho que começou ainda criança mesmo, em casa. Todo mundo cantava afinadamente, eu tinha dois irmãos que tocavam violão. Minha mãe conta que os tios e os irmãos dela tinham um regional familiar, que tocava sempre nos saraus, e ela era crooner. Minha avó cantava no coro da igreja, e meu avô era um sapateiro que gostava de tocar Lamartine Babo, Noel Rosa, essas coisas. Minha mãe tem um repertório de música popular brasileira invejável, marchinhas, valsas... E transmitiu esse gosto, esse amor pela música, pela tradição da música brasileira, para a gente. Além do rádio, é claro, que ficava ligado o dia inteiro, coisa bem típica do interior do Nordeste, num tempo em que o rádio era um espaço relativamente democrático, onde tocava de tudo. Numa mesma estação, você podia ouvir Reginaldo Rossi e, em seguida, Bob Dylan. Se desse sorte, podia ouvir Led Zepellin e depois Luís Gonzaga. Hoje isso é impossível. O rádio foi uma grande fonte, e os discos também – comprávamos muitos discos, desde os da elite da música brasileira, como Caetano Veloso e Chico Buarque, até os sucessos populares.

Que discos você comprava? Eu era uma criança de 7 anos, não comprava discos, mas me apoderava de alguns. Um disco que fez um estrago terrível na minha vida foi o primeiro dos Secos & Molhados. Minha irmã ganhou de um namorado meio hippie, um paulista de São Carlos. Ela ouvia o disco, mas não gostava tanto assim, e me apoderei do disco. Tenho esse exemplar até hoje, todo despedaçado. Já comprei o CD, mas não me desfaço do disco de vinil. Eu o devorava, conhecia de cabo a rabo. Se você me perguntar um detalhe da ficha técnica, qualquer que seja, até o mais obscuro, eu saberei, porque esse disco virou parte da minha vida. Eu o considero um clássico, um dos discos mais bonitos de todos os tempos.

É aquele das cabeças nas bandejas, que eles lançaram em 1973? É histórico. Mas o que há de especial para você nesse disco? Tudo. Foi um casamento muito feliz. De vez em quando, eu fico elucubrando sobre como são essas coisas. Se o Ney tivesse pintado sozinho naquela época, como seria? Foi uma conjunção forte – quer dizer, a carreira do João Ricardo não se equilibrou, a do Gerson também não. Parece uma coisa meio misteriosa, meteórica e genial. Os dois primeiros discos eu acho antológicos, o primeiro especialmente, mas o segundo também é lindo. Tudo! A atitude, a sonoridade, aquele cuidado com a letra, que é uma coisa de que hoje a gente sente muito falta.

É! O Luiz Melodia disse que tem ouvido algumas coisas e não consegue entender a falta de atenção para com as letras. E ele citou o seu nome para falar de boas letras na música contemporânea. Para mim, é uma honra ser citado por Luiz Melodia. Sou fã dele, considero-o um dos nossos maiores poetas e acho que lhe dedicam menos respeito do que deveriam. Para mim, ele está entre os dez maiores, é um gênio.

Depois dos Secos & Molhados, como prosseguiram suas descobertas? Você era menino ainda... Era menino. Mas acho que muita coisa da nossa personalidade, quase tudo, se forja na infância. Uma vez, ouvi o Egberto Gismonti dizer isso e me identifiquei profundamente. Para ele, a música tem um valor muito afetivo, remete às reuniões de família, que é uma imensa família de músicos. O avô era maestro, aquelas coisas. Para mim também sempre remeteu a esse universo familiar. Hoje, a música virou uma experiência muito sensorial, essa coisa de música eletrônica é uma faceta que me interessa muito. Mas o estímulo primeiro foi a relação afetiva de me remeter àquele universo da infância, ao mundo de sonho, de fantasia...

Mas quando foi que você começou a querer fazer música, a fazer parte dessa história? Já naquela época, a gente brincava muito em casa de parodiar canções. Fazia umas rodas de viola na porta de casa e todo mundo entrava. Com 6 anos, eu cantava sucessos do Márcio Greyck! E, desde aquela época, criou-se na minha cabeça uma ideia de que o universo da música popular é uma coisa muito ampla, muito abrangente. Acho que tudo o que faço hoje é reflexo da forma como aprendi aquilo. Não foi uma coisa que me ensinaram didaticamente: "Olha, é assim e tal". Fui recebendo as coisas. Eu era muito receptivo, e o momento era propício. E ainda havia a coisa da cultura popular, que era fantástica. Meu pai tinha uma farmácia na rua principal que às vezes servia de palco para os artistas itinerantes. Era uma cidade de passagem, Arari, uma cidadezinha a 150 quilômetros de São Luís. Pequena. Não tinha nada de muito especial além do rio, lindo... Mas os artistas passavam, cegos sanfoneiros, emboladores, repentistas indo para o sertão, e às vezes se apresentavam na farmácia do meu pai. Então, havia sempre um povo conversando, um caboclinho pitando um cigarro, aquela conversa mole de fim de tarde. Eles se apresentavam lá mesmo, rodavam o chapéu... Era um palquinho pequeno, mas vi muita coisa ali.

Daí nasceu o ceguinho? Talvez. Desde aquela época, sempre tive fixação por cego. *(Risos.)* E havia a procissão! Eu digo que foi o primeiro espetáculo multimídia que vi na vida: tinha poesia, teatro, música, dança, tudo.

Essa mistura do sagrado e do profano é muito forte aqui no Brasil. Na festa do boi do Maranhão, o povo primeiro batiza o boi, faz a ladainha, a reza, e depois cai na folia... Mistura índio, mistura tudo. Essa festa também fez parte da sua formação? Fez! E no interior isso é muito forte, os limites são ainda mais tênues, a confusão é maior.

E como você participava dessas rodas? Como observador ou coadjuvante. Como a cidade era pequena, às vezes a gente ia dormir e ouvia o eco dos tambores do terreiro, que ficava lá do outro lado do rio. São coisas que você não escolhe, não é um processo muito consciente. Anos depois, essa vivência vem à tona de repente, sai diluída numa frase melódica, numa frase poética, num ritmo, na ideia de uma canção. Não sou muito racional ao compor, sou muito mais espontâneo. Num processo posterior é que o trabalho fica mais racional, mais cerebral.

Mas no primeiro *insight*... Tudo é permitido. *(Risos.)* Depois fico tentando entender aquilo racionalmente e faço umas ligações muito curiosas entre algo que está ali na canção e algo que vivi, que vi, que vislumbrei na infância. Aquele casaco na capa do *Vô imbolá* tem ligação com uma visão que tive quando menino. Um louco, desses de rua, usava uma roupa parecida com aquela. Era um cara que recolhia todas as coisas que achava. Ele dançava, fazia uns movimentos assim parecidos com tai chi chuan. Uma vez, ele estava fazendo isso na porta de casa, e em algum lugar tocava "Se essa rua fosse minha". Por isso, não posso ouvir essa canção sem me lembrar daquela imagem, como uma espécie de videoclipe. *(Risos.)* São coisas assim, ligações muito subterrâneas.

Isso passou da infância para a adolescência? É, por todo esse tempo. Adolescente, aprendi a tocar violão, até tardiamente, porque ele já fazia parte daquele mundinho familiar. Preguiçoso, só fui aprender lá pelos 16.

E aprendeu como? Sozinho? Ou frequentando escola? Um cara me ensinou os primeiros acordes, e depois passei a tocar com os amigos... Nessa época eu me recolhi muito. Já era obcecado: aprendia dois acordes e já queria fazer uma canção. Nunca fui um cara que estudasse o instrumento, que tivesse esse ímpeto de estudar, de ser instrumentista. Meu lance era compor.

E experimentava a composição? Fazia umas coisas. Minha mãe guarda tudo lá, canções verdes ainda.

E você se lembra da sua primeira composição, ou de uma composição antiga, alguma coisa dessa época que o tenha mobilizado a ponto de dizer: "Vou dar certo nesta história e vou viver disto"? Ah, não! "Vou dar certo nesta história"?! Eu nunca tinha dito isso até dois anos atrás... *(Risos.)* Sempre fui muito inseguro com essa coisa. Mas me lembro de uma composição que foi muito marcante. Um amigo, que depois se tornou meu parceiro, o Celso Borges, poeta e jornalista lá do Maranhão, era meio um agitador cultural e, nos anos 1980, trabalhava na Mirante, uma rádio formadora de opinião que lançou muita coisa, fez história. Ele criou um programa que se chamava *Contatos imediatos*: o cara ia lá com o violão e cantava. Quando comecei a compor, era muito tímido, tinha muita vergonha de tocar, não saía da porta de casa com o violão. Ficava lá no quarto, solitário. Mas eu tinha um amigo chamado Nosli, que também era meu vizinho, amigo de infância, que começou a tocar e a me dar a pira para sair, para tocar, para fazer as coisas e tal. A primeira vez que toquei foi nesse programa, o *Contatos imediatos*. Fui lá, e a gente cantou junto, tocando dois violões...

NÃO SOU MUITO RACIONAL AO COMPOR, SOU MUITO MAIS ESPONTÂNEO

E qual foi a sensação? Um horror! *(Risos.)* Sofri às pampas, mas tomei gosto pela coisa.
Teve repercussão? As pessoas vieram falar com você depois? Teve repercussão, inclusive no próprio programa. Três pessoas se apresentavam, e depois os ouvintes ligavam e escolhiam a melhor música. O prêmio era uma câmera fotográfica Kodak e um jantar não sei onde. E nesse dia eu ganhei... *(Risos.)*
Qual era o nome da canção? Chamava-se "Sem pé nem cabeça". Era um baião e, claro, uma música imatura. Acho que eu tinha 17, 18 anos, não sei, mas as pessoas começaram a elogiar, e isso foi me enchendo de coragem. O passo seguinte foi em 1985, quando participei de um festival. Upa! Fiz um samba de breque, uma letra quilométrica, mas não queria cantar, porque aí era ao vivo mesmo, era em público. Na rádio ainda havia o disfarce...
Você chamou alguém para interpretar? Ou cantou você mesmo a música? Procurei desesperadamente alguém, mas a letra era quilométrica – eram três laudas. Era a história de um cara que chega ao médico para tratar de alguma coisa e vai desfiando uma sequência de doenças. Era um paranoico, hipocondríaco mesmo. Mas ninguém topou! Eu já estava classificado no festival. O Belchior ia ser jurado da primeira eliminatória.
Isso já em São Luís? É, tudo isso aconteceu já em São Luís. Até os 8 anos, só vivi em Arari... Tive que ir defender a canção e fiquei em apuros porque, para mim, aquilo era o fim.
Encarar o palco pela primeira vez? Era como aparecer nu no topo de um edifício...
E como você fez para segurar a onda? Enchi a cara de pinga, e tudo foi muito engraçado. No arranjo havia uma tuba, um baixo-tuba, e até descolei um cara que tocava. Ninguém era muito profissional. A apresentação foi desastrosa, um cantor bêbado, um tubista bêbado... Quando a gente chegou com aquele aparato, todo mundo tocando violão, guitarra, baixo, o pessoal gritou: "Ah, a banda da Polícia Militar!". Aquilo já nos gelou. Mas as pessoas adoraram, acharam a proposta original, e isso foi me dando motivação.
Já estava aparecendo a diversidade no seu trabalho? Exatamente. Eu tinha uma necessidade natural de inovar de alguma maneira. Lógico que eu não sabia como, não tinha ainda as ferramentas. Hoje tenho mais discernimento, mas na época era só o ímpeto, a vontade de criar, de fazer.
Mas aquele horror do palco, já naquele momento, se misturou com o prazer de estar se apresentando? Ah, sim, totalmente. É uma sensação curiosa, é um misto de terror e gozo... *(Risos.)* Alguma coisa tinha ali. É até muito perigosa essa coisa de ser aclamado. Continuei com pavor de palco por muito tempo ainda, até que o próprio exercício, a repetição, foi tornando tudo mais natural. Hoje, eu me sinto mais à vontade em cima do palco do que aqui, por exemplo. *(Risos.)*

Poxa vida! Não por vocês, absolutamente. É que lá eu me sinto mais em casa, mais à vontade mesmo, mais dono da situação. Lógico que ainda vem aquele frio na barriga, em alguns casos mais do em que outros. Depende muito do palco, do dia, dos astros, do meu estado pessoal.

Você tem algum tipo de ritual ou vai de pronto? Vou de pronto! Hoje, tenho um pouquinho de disciplina vocal, faço uns exercícios antes, aqueço a voz. Com os erros, aprendi que isso era preciso. Mas acho até que, com o meu ritmo de shows, deveria ter mais cuidados. Ainda sou muito indisciplinado com isso.

Você estava me dizendo que com dois acordes já queria compor. Essa compulsão continua? Continua e acho que não tem cura. Vem a toda hora.

O que o inspira a compor? Tudo! Às vezes, no meio de um show, cantando, me ocorre a ideia de fazer outra canção. Uma frase me faz pensar na possibilidade de outra.

A frase melódica ou uma parte da letra? Uma frase poética, geralmente. Uma frase melódica também, um improviso, e aquilo me dá um *insight*.

Como é esse processo? Você diz que primeiro é espontâneo e depois vem o trabalho de elaboração. Como é que você resguarda a espontaneidade para que não se perca depois? Eu me previno, ando sempre com um caderninho de anotações, um gravador portátil, fitas cassete. Isso eu tenho sempre à mão, não ando sem. Às vezes não volta mais do mesmo jeito, ou volta só daí a cinco anos, ou se perde no labirinto da cabeça. Para não correr mais esse risco, porque não escrevo música e não leio partitura, gravo a ideia.

Grava inclusive a ideia melódica? Quando já vem com melodia, guardo melhor do que quando vem só uma ideia de letra. Anoto e depois, no sossego da madrugada, desenvolvo.

É uma atividade notívaga? Na verdade, não. A noite me predispõe mais a compor porque fico mais centrado, tudo é mais silencioso. Já compus bastante durante a madrugada, mas agora faço isso em qualquer lugar, a qualquer hora. Uma vez me perguntaram: "Pô, mas você não precisa de sossego, de ir para um sítio?". Se eu for para um sítio, não faço nada. Preciso estar no meio do tumulto mesmo, porque é aí que sou estimulado, quando as pessoas falam coisas interessantes, quando acontecem coisas curiosas. No sítio, vou pensar nas contas que tenho para pagar, nos problemas que tenho para resolver...

Depois você trabalha com o violão? Sim. Mas o violão, ao mesmo tempo em que é uma superferramenta, às vezes me limita, poda a intuição. Não sou um grande violonista, toco violão de compositor. Às vezes, o fato de você ter um conhecimento mínimo do instrumento acaba direcionando demais, e é por isso que os compositores intuitivos são geniais, como o Nelson Cavaquinho, por exemplo. Batuca numa caixinha de fósforo, e dali sai aquela coisa, sei lá, que vem mais da alma. Li recentemente uma biografia do João do Valle, *Pisa na fulô, mas não maltrate o* *carcará*, que tem um depoimento lindo do Edu Lobo, um cara erudito às pampas, mas com aquela base de música popular. O Edu dizia que o João do Valle era um cara completamente intuitivo, semianalfabeto, que fez melodias maravilhosas. Muita gente que aprendeu todas as regras de harmonia, sabe todos os procedimentos, não tem o talento dele.

A música que você fez para o seu primeiro festival, com um baixo-tuba, me faz pensar na composição como uma construção em sedimentos de sons. Você vai colocando as influências, vai pensando nos instrumentos, e, mesmo que não saiba tocar um baixo-tuba, ele está ali como um elemento dentro da composição. Quem sabe o baixo-tuba tenha vindo daquele gosto pelas retretas, pela bandinha de colégio, pela bandinha de cortejo fúnebre, aquelas coisas todas...

Procissão mesmo, em que o baixo marca o passo... Procissão, exatamente! Aqueles instrumentos, metade desafinados – na verdade, bem desafinados. *(Risos.)*

O cara estava bêbado... Mas acabou ficando interessante. Pena não ter sido registrado. A criação é sempre um risco, um tiro no escuro. A gente nunca sabe onde vai dar. De uns tempos para cá, desde que surgiu a música pop, a canção ganhou mais elementos. Antes, tinha só letra e música. Hoje, parece que há muito mais coisas envolvidas. Você tem que pensar na sonoridade, no arranjo, na instrumentação, no vocal. Tudo começou com os Beatles e o produtor George Martin. Por isso, de vez em quando, eu me dedico a produzir discos. É um parque de diversões – você pode fazer todo tipo de experimentação.

Você tem realizado muitos trabalhos como produtor, entre eles os discos da Rita Benneditto, do Antônio Vieira, da Ceumar e, recentemente, do Fagner. O Fagner é mais um desses nordestinos da geração de 1970. Admiro todos eles – Geraldo Azevedo, Alceu Valença, Zé Ramalho, Elba Ramalho, Ednardo, Belchior. Mas o Fagner teve uma importância fundamental. Depois ele acabou tomando outros caminhos, mas seus cinco primeiros discos são verdadeiras obras-primas. No *Ave noturna*, por exemplo, havia entre os músicos que o acompanhavam o Lulu Santos, o Lobão, o Ritchie, era a banda Vímana. Só dava maluco. Acho que o Wagner Tiso também estava lá. Era uma turma da pesada mesmo. O disco é tecnicamente malfeito, mas é lindo, é genial. Tem a Amelinha nos vocais. Quando comecei a compor, eu imitava um pouco o Fagner. Recentemente, fiz um show no Canecão, e o Fagner, por intermédio do Sérgio Natureza, um amigo comum, apareceu para ver. Mais tarde, fui cantar em Fortaleza, e o Fagner me convidou para ir à casa dele. Jogamos futebol e tomamos umas, na companhia do Fausto Nilo. A coisa rolou, e já compus umas canções com ele. Vai ficar um disco muito bom, não só por essas músicas, mas também pelas parcerias com o Fausto, o Capinã e o Ferreira Gullar.

Só poetas... Esse sempre foi um traço marcante do trabalho dele.

Ele gravou Cecília Meireles... Cecília Meireles, Florbela Espanca, e acho que o próximo vai ser um belo disco. Ele me mandou uma fitinha com um xote. Eu pus

letra e mandei para ele, ficou um casamento interessante. Aí ele se animou e mandou outra, eu mandei uma letra e ele musicou – quer dizer, tá rolando. Fico muito feliz com isso. Para mim, uma das coisas mais fantásticas da música popular é essa oportunidade, essa possibilidade de se relacionar com as pessoas, pessoas com quem muitas vezes a gente nem imaginaria trabalhar.
Com ídolos até. É, eram ídolos. Pô, levei um susto! Eu tinha 8 anos quando ouvi aquele disco do Fagner. Ele que não me ouça, mas, quando ouvi o *Manera, Fru-fru, manera*, que é um disco lindo, eu viajei. E agora estou compondo com o cara, talvez faça uma participação no disco dele, a mesma coisa com a Gal...
E como é que foi a história com a Gal Costa? Muito importante.
Primeiro você fez a música "À flor da pele", que tinha um *sample* dela... Ela cantava "minha honey baby...", um trecho de "Vapor barato". Compus "À flor da pele" a partir da composição do Waly Salomão e do Jards Macalé. Eu queria fazer uma música tão bela quanto. Então, peguei a harmonia e fiz outra melodia em cima. Foi uma homenagem descarada mesmo.
E ela tê-lo convidado para aquele acústico gravado pela MTV deu uma alavancada na sua história, não? Muito grande, muito grande. A partir daí, meu trabalho ficou mais popular, porque aquele foi um disco comercialmente bem-sucedido. Foram 500 mil pessoas, por baixo, que começaram a conhecer o meu trabalho.
E mudou muito? Você tomou um susto na época? Tomei! A gente sempre toma! Num dia, você está tocando num barzinho *underground* na rua Frei Caneca [São Paulo] e, no outro, já está dividindo o palco com a Gal Costa, que é um ícone da música brasileira. Claro que dá um susto! Você tem que ter calma para processar tudo e entender o que está acontecendo. Você começa a pensar mil coisas. "Será que eu mereço?"
E como você respondeu? Acho que bem.
Tem muita poesia na sua história. Já falamos de Capinã, de Fagner e de outros poetas, de seu primeiro parceiro lá no Maranhão. Há também Alice Ruiz, que fez parceria no seu último disco. Como a poesia entra no seu processo criativo? Você tem livro de cabeceira? A poesia frequenta o cotidiano do Zeca Baleiro? Sempre, sempre, sempre. Na verdade, a descoberta da poesia é paralela à descoberta da música, só que a música é uma coisa mais involuntária. A música você ouve sem querer, ouve no rádio, na farmácia do pai, em qualquer lugar, e o livro você tem que buscar. Mas, da mesma forma que você era estimulado a ouvir música, também era estimulado a ler. Meu pai sempre foi um leitor voraz, lia de *Almanaque do Biotônico Fontoura* a Machado de Assis, Dostoiévski, tudo. Eu era meio preguiçoso para ler, confesso. Minha irmã, que é dois anos mais velha, é poeta também, já tem até livros publicados. A Lúcia tinha mais disciplina para ler, leu aquela coleção toda de José de Alencar, Machado de Assis, Joaquim

Manuel de Macedo, esses clássicos. Eu adorava debater sobre as obras e tinha especial devoção pelos livros de poesia, mais do que pelos romances. Li algumas coisas importantes.

Quais poetas são seus preferidos? Ah, primeiro os brasileiros. Há alguns que me comovem muito. Um que é especial para mim é Manuel Bandeira. Eu fiz uma canção, chamada "Bandeira", que cita um poema dele. Aliás, cito Bandeira em várias músicas, na "Dindinha", aquela canção que a Ceumar gravou. Quando percebo, já foi. Cito porque tenho muita lembrança da obra dele, li muito. Há também o Drummond, o Cabral... Murilo Mendes é outro cara que adoro. No meu segundo disco, há uma canção, "Não tenho tempo", em que faço uma citação dele. Jorge de Lima e Oswald de Andrade eu li um pouco menos, mas li também. E depois, já adulto, fui descobrindo outras coisas. Da poesia *beatnik* gosto muito e já musiquei também. Continuam inéditas as duas canções que fiz com coisas do Gregory Corso, que é um dos últimos *beatniks* vivos...

Então você recorre à poesia com frequência? Eu musico muito, já musiquei muitos poemas do Augusto dos Anjos, do Cruz e Sousa, eu gosto muito. Quando estou com muita vontade de compor e não me ocorre nenhuma ideia boa de letra, recorro ao poema, que já está lá e que às vezes já tem uma musicalidade, uma melodia, um ritmo...

E aí dá essa vontade de compor? Você fica inspirado, mobilizado para a composição? Ah, fico! É como vontade de comer jujuba. *(Risos.)* Tem que ser saciada naquela hora. Às vezes você faz umas canções por necessidade fisiológica. Não são muito boas, você não volta a elas, mas elas têm que ser feitas naquela hora.

E as suas letras? No CD *Líricas*, o nome já remete à poesia. Você se vê como um poeta? Olha, numa terra que tem esses caras aí, e mais Noel Rosa, Chico Buarque, Fausto Nilo, acho meio pretensioso dizer que sou poeta. Mas acho que sou. *(Risos.)* Acho que sou inevitavelmente poeta. Posso ser mau poeta, mas tenho gosto muito especial pelo texto poético na canção também, não só fora dela. Por enquanto, não tenho pretensões de lançar livro, mas também escrevo.

Independentemente da música, numa produção paralela? É. Na verdade, antes de ter começado a compor, eu já fazia isso, uma coisa de quadrinhas na infância – sempre tive uma atração muito grande por isso.

Como é o seu trabalho de letra hoje em dia? Você reescreve, faz de novo, amarra ou joga fora? É trabalhoso, tranquilo ou divertido? Divertido, muito divertido. Mas é fácil também, não é mecânico, porque o perigo está justamente em você ter certa facilidade de fazer aquilo. Mas eu ainda me divirto muito, ainda me encanto. Sabe quando você compõe e fica apaixonado pela canção por uns três dias: "Pô, que música linda!"? E você quer mostrar para todo mundo. Tem esse encantamento quase juvenil que você não pode perder, mas muito artista perde, fica triste e feio. Tem que se manter assim, com 60 anos, mas ainda compondo, mostrando para os amigos e querendo tomar cerveja enquanto toca a canção...

Isso rola mesmo? Você tem vontade de compartilhar esse momento? Rola, rola, sim. E essa descoberta de parceiros e de experimentações é muito fascinante para mim. Fico muito empolgado e aprendo muito. Quer dizer, estou sempre aprendendo.
Novas referências? Novas referências que vão se juntando se você estiver atento, se você estiver aberto e nunca achar que está bom ou que está acabado. Nada está acabado nunca, tudo é uma obra em progresso.
Você estava falando até de Oswald de Andrade, e isso traz os modernistas, os antropofágicos, o tropicalismo e aquele estigma... Temos duas histórias, primeiro a que chamaram de neotropicalista, depois essa corrente que prega que tudo o que se fez após o tropicalismo é repetição daquelas velhas fórmulas. Eu queria que você situasse esse movimento dentro do seu trabalho, da sua carreira, da sua história. Se a minha entrevista for a primeira do livro, pode começar com esta frase aqui: "Quem inventou o tropicalismo não foi o Caetano nem o Gil..."
(Risos.) Manda bala! "Foi Chiquinha Gonzaga." Ela já era tropicalista antes do tropicalismo. O que eles fizeram foi dar nome a alguma coisa que já existia na alma brasileira, um procedimento, uma atitude. Eu falo de Chiquinha Gonzaga porque ela foi uma pessoa popular, conhecida, mas devem ter existido outros caras que faziam loucuras...

> # NADA ESTÁ ACABADO NUNCA, TUDO É UMA OBRA EM PROGRESSO

O Pixinguinha colocou o jazz dentro do choro... Pixinguinha, João da Baiana, essa turma toda. Villa-Lobos – quer uma coisa mais tropicalista do que Villa-Lobos e Noel Rosa? Então, o que eles fizeram foi decodificar, dar nome e se apropriar de uma ideia num momento muito definitivo, divisor de águas, anos 1960, com a cultura pop nascendo, todo um contexto social, político, econômico, comportamental. E, não se pode negar, houve época em que era chique dizer: "Adoro Gil e Caetano". Hoje, é brega... É preciso colocar as coisas no seu devido lugar: eles são geniais, importantíssimos. A onipresença deles às vezes pode ser prejudicial. Aliás, todo culto é nocivo. Mas não se pode negar a importância histórica deles – eles são foda! *(Risos.)* Agora, essa história de que, depois do tropicalismo, depois deles, não apareceu mais ninguém, como diz a canção, é balela. E tudo é evolução: eles estão aí porque existiu o Noel, porque existiu o Geraldo Pereira, porque existiu o João Gilberto, e nós estamos aqui porque existiram todos esses e mais eles, e outros virão porque nós também existimos. Hoje, já há uma influência nossa nas pessoas, a gente *vê* isso, e acho isso supersaudável. Mas Chiquinha Gonzaga é a grande tropicalista, pegou o lundu, música de escravos, e misturou com música europeia, uma mulher num século horrivelmente machista e excludente.
Agora vamos falar dessa coisa performática que o marcou aqui no começo, na sua aparição em São Paulo. Nas primeiras vezes em que ouvi falar de Zeca

Baleiro, as pessoas vinham me dizer: "Escuta, você precisa ir ao show do Zeca Baleiro, porque o cara aparece lá se fingindo de cego, com uma sanfona pendurada. Você precisa ver esse cara!". Que papo era aquele, Zeca, aquela performance no palco? Que estratégia era aquela? *(Risos.)* Fiz isso durante bastante tempo, antes de ter lançado o primeiro disco. Tinha uma sanfoninha de 28 baixos e fazia essa personagem. Era guiado ou por uma criança que eu pegava emprestada, filho de um amigo, ou por um músico da banda. Passeava no meio da plateia e tocava. Algumas pessoas que iam pela primeira vez ao show achavam mesmo que eu fosse cego... Outras ficavam incignadas...

Qual era a sua ideia ao chegar desse jeito? Era cinema... *(Risos.)* Minha ideia era fazer cinema, um clipe. Eu acho poética a imagem. Tenho umas fixações, umas imagens que já usei depois que comecei a realizar clipes.

São imagens daquele povo que passava pela farmácia do seu pai? São visões... Na verdade, eu gostaria mesmo era de ter feito cinema. Sempre digo que sou um cineasta frustrado, o destino não quis que eu fizesse cinema. Então, hoje realizo essas visões, oníricas, lúdicas, que me lembram Fellini, sabe?

Acho que o colorido do Nordeste lembra Fellini de alguma forma. Totalmente! São paralelos pelo mundo todo.

Voltando à performance, lá em São Luís você já dava umas viajadas, não? Já. Houve uma vez em que a gente foi fazer a chamada de um show, do qual a Rita Beneditto participava. Ia ser no centro, no meio do Buchicho, um abrigo que tinha lá na praça e que era ponto de encontro de putas, boêmios, degredados, toda sorte de pessoas, a escória social. E a gente foi lá fazer uma foto. A Rita fazia a moça do chocalho, personagem inspirada numa moça que vivia tocando ali no centro de São Luís. Eu era de novo o cego com a violinha, gostava de brincar com isso, não era uma coisa ofensiva, era uma viagem minha. As pessoas ficavam um pouco chocadas às vezes, porque a cena musical era muito conservadora, de maneira geral ainda é, mas naquela época, meados dos anos 1980, era muito mais. Depois me cansei, achei que essa coisa da performance tinha ficado meio banalizada. Hoje, não aguento ouvir a palavra "performance". Todo mundo achou que podia fazer caras e bocas, entrar com esparadrapo no rosto... A coisa foi ficando...

Sem estofo? Exatamente. Para mim tinha um sentido: comover ou divertir as pessoas, ou suscitar alguma reflexão, não sei, mas era interessante exercitar aquilo.

Era um exercício de criatividade, de arte, com todos os elementos possíveis? Um elemento a mais. Para mim, hoje em dia a performance tem que ser muito musical, porque estou centrado nisso. A minha performance é a minha interpretação, é a forma pela qual ofereço as canções às pessoas.

Quando você participou do CD *Acústico* com a Gal Costa, as pessoas ouviram falar mais de Zeca Baleiro. Já no CD *Líricas*, você gravou uma música do Charlie Brown Jr. e ouviu críticas de que havia se vendido ao sistema. Eu queria que você falasse sobre essa divisão que se faz entre o que é música

de qualidade e o que é música de massa. Submúsica, subproduto... Eu ainda não me vendi porque não apareceu nenhuma proposta interessante. *(Risos.)*
"Vou botar a minha alma à venda"? Vou botar minha alma à venda, isso mesmo. Primeiro, tem um gosto pela provocação que é inerente à minha personalidade – gosto mesmo de provocar. Segundo, acho que o mundo evoluiu, o mundo mudou, e as pessoas permanecem ainda muito envoltas em seus preconceitos, em suas verdades absolutas. Então, a música popular, talvez por ser muito acessível, permite essa integração entre erudito e popular, esse trânsito entre alta e baixa cultura, que é uma coisa fantástica. A gente tem que assumir esse caos para viver bem, estar minimamente confortável nessa bagunça para poder criar em paz, amar em paz, fazer coisas em paz. Então, por que não? Adoro Charlie Brown Jr., acho o Chorão um poeta, acho que um cara rimador como ele, que se autodenomina...
Rimador? É, um rimador fantástico. Acho a banda interessante. Não tem aquele *élan*, aquele status de alta cultura. Jobim também é maravilhoso, mas são universos diferentes, são sobretudo Brasis diferentes. Lógico que tenho as minhas preferências, os meus gostos pessoais. Há coisas que não me caem muito bem, mas tenho um discurso, uma atitude, que acredito ser justa: "Todo mundo tem que ter direito de se expressar". A escolha é feita...
Por quem ouve? Por quem ouve, sim. É lógico que a luta é um pouco desigual, porque a gente vive num país que não prioriza a educação, mas aí o buraco é mais embaixo, é outra discussão. Temos um índice de analfabetismo assustador, absurdo, a escola é pouco criteriosa – por causa dessas coisas, naturalmente.
Não há parâmetros? Exatamente. Não há filtros, mas isso já é outra discussão. O funk carioca, por exemplo, é legítimo, eu adoro "tá dominado, tá tudo dominado". Outro dia, fui fazer um show no carnaval de Recife e, no meio de um rap, no qual faço citações aos montes, eu mandei o "tá tudo dominado" e choveram e-mails protestando. Pô, o fato de eu cantar isso já tem uma ironia. "Tá tudo dominado" também por essa cegueira, por essa ignorância que impede as pessoas de entenderem a ironia, o subtexto, a intertextualidade. Agora, a coisa vai ficar acadêmica... *(Risos.)* Mas as pessoas estão muito superficiais. O público que ouve a minha música, que ouve a pretensa boa música, ainda se apega muito à superfície das coisas. Tem gente que diz que o artista não tem que ser compreendido. Também é bom não ser, mas, quando vem alguém e traduz uma coisa, isso dá muita alegria. Você pensa: "Pô, eu não tinha pensado nisso quando fiz". O cara sacou ali um sentido, uma associação, que você não tinha sacado, e isso é fabuloso. Acho que a música, a arte, se torna uma coisa quase milagrosa, consegue tocar as pessoas de uma forma quase sagrada. Fico invocado com isso, emocionado, envaidecido, lisonjeado. Mas a gente vive um tempo muito estranho, as pessoas não estão estimuladas mentalmente, e então fica tudo ali naquele mundo epidérmico, vazio.
Vivemos num tempo de coisas descartáveis. O alcance das coisas é muito curto. O cara que escreve protestando deve estar achando o quê? Que eu me rendi à onda

do funk? Não me rendi, estou apenas propondo uma ambiguidade. Quer dizer, não é assim, sou a favor, sou contra, gosto, não gosto. É o meu liquidificador, ele vai querer processar isso... É *art nouveau*.

(Risos.) *Art nouveau*... É uma coisa válida. Na temporada que fiz no Canecão, eu estava um pouco indignado. No último dia, fiz um discurso confuso, mas era um discurso: "Olha, eu adoro Odair José, adoro Caetano Veloso e quero que essas coisas estejam lado a lado no meu trabalho. O brasileiro é muito provinciano, ainda não conhece Madureira e está indo passar o réveillon em Nova York. A gente não se entende, a gente não se enxerga, eu tenho essa necessidade de entender o Brasil. Não sei se entender racionalmente, mas preciso sentir, tocar essa coisa, que é fantástica".

Você acha que isso faz parte? Ser artista é ser também formador de opinião? Sim, o artista é um tradutor. Já estou dando coisas mastigadas, processadas por mim, pelo meu filtro. Outro artista vai oferecer coisas filtradas por ele, e essa diversidade é o mais interessante. O Brasil tem uma coisa fantástica, inigualável: a diversidade de sua gente. A gente renega e desperdiça essa capacidade de entender – se não de entender, pelo menos de estar receptivo a tudo isso. Está aí a grande aventura de ser brasileiro.

Você já tem um bom tempo de carreira, está no terceiro disco, está fazendo mais um, está produzindo outros. Tem suas composições espalhadas por aí, as pessoas gravam suas músicas. E a perenidade de sua obra? Você pensa em como será isso daqui a vinte anos? Penso, mas não em daqui a vinte anos. Penso é em como será daqui a duzentos anos – sou folgado. A ideia de permanência da obra do compositor é uma das coisas mais fascinantes. Se você pensar que daqui a cem anos alguém poderá estar cantando uma música sua... Você não estará mais aqui, mas alguém poderá cantar a sua música, e isso é fantástico. É como entrar no prédio e ouvir o porteiro assobiar Noel Rosa... Fico chapado, doido, com isso. Penso nisso, sim. Não sei se será possível, porque os tempos são outros, a gente vive sob um bombardeio de informações, pode ser que daqui a cinquenta anos ninguém se lembre... *(Risos.)* Mas vou fazer de tudo para que a minha música permaneça.

VOU FAZER DE TUDO PARA QUE A MINHA MÚSICA PERMANEÇA

Quais são os artistas contemporâneos que você considera seus pares? Com algumas pessoas a gente tem mais afinidade. Com outras, menos. Isso é natural. Eu e o Chico César temos histórias de vida muito diferentes e muito parecidas, infância católica no interior do Nordeste, o mesmo universo da cultura popular, o rádio. O Chico trabalhou numa loja de discos, e eu ouvia muito disco, muita música. A vinda para São Paulo tem um peso grande na nossa história. Então, era inevitável a nossa afinidade, era inevitável que tivéssemos tido vontade de compor juntos, de morar juntos, como a gente de fato morou. Mas sou muito aberto. Se um cara com quem não tenho grande afinidade me liga e convida, sou capaz de ir só pela aventura de fazer, de descobrir...

Música? De fazer música, de fazer um arranjo, sei lá... Sou capaz de ir atrás até de gente de que eu não goste. *(Risos.)*

Para ver no que vai dar... Carla Vizzi, a cantora da banda baiana Cheiro de Amor, está fazendo um disco só com a obra do Gil, e o Mazzola, que está produzindo, me chamou para fazer um arranjo. Não tenho grande afinidade com isso, são universos muito diferentes, mas surgiu um xaxado daquele discurso, e aí fiquei fascinado com a ideia. Já comecei a viajar: "Estou livre para fazer o que quiser?". Ele respondeu: "Está!". Fiz, e ficou superbacana a faixa.

A impressão que dá é que a música tem uma coisa lúdica para você. É uma brincadeira, uma brincadeira séria que me sustenta...

E que o diverte muito? Muito! Eu sou muito chato fora desse universo, porque não me divirto. Já me divirto bastante trabalhando. Por isso, quando não estou trabalhando, quero dormir, descansar e fazer outras coisas – jogar futebol, por exemplo. Dificilmente saio de casa para ir a um show.

Ah, é? É! Porque vivo num show... *(Risos.)* Eu me divirto muito com esse trabalho. É uma alegria infantil, juvenil, a eterna descoberta. É muito bacana, e não quero perder isso nunca. *(Risos.)*

ZÉLIA DUNCAN

TARDE DE SOL E BRISA NO RIO.

É aniversário de um ano de Odetta, uma buldogue deliciosa, cujo nome é uma homenagem à cantora de blues que serviu de inspiração a Janis Joplin e, claro, a Zélia Duncan. Conversamos no estúdio, cercadas por uma coleção de discos invejável: a caixa do Gilberto Gil, vários da Marianne Faithfull, um da Sylvia Telles encontrado no Japão, mais Elizeth Cardoso, John Lennon e tantos outros. Um altar. Porque a transcendência está na música... Zélia Duncan é cantora e compositora, parceira de letra e música de gente boa como Rita Lee, Ed Motta, Lucina, Christian Oyens, Dulce Quental. Intérprete de Chico Buarque, Pixinguinha, Renato Russo, Itamar Assumpção, João Donato e o que mais pintar pela frente. Canta emocionada uma de suas baladas, um fado tropical, um clássico do choro, um bom samba, o importante é cantar. Roqueira, trouxe para a música pop brasileira Tanita Tikaran, Joan Armatrading e Joni Michell, de quem não ousaria fazer uma versão, mas cuja obra divulga através da admiração confessa. Sorridente e existencialista, na intensidade dos 16 anos, ela trocou o basquete pelo violão. Um festival no colégio transformou o sonho num tremendo susto, mas também num prazer enorme, que se reafirma a cada novo trabalho, a cada show. Excitação e medo, quando diz: "Quero ser lembrada como uma cantora do meu tempo". Depois da entrevista ouvimos um blues. De Odetta.
Entrevista realizada em 2001.

Quando você tinha 15 anos e trocou o campeonato de basquete pela música, o que mais marcou? Estar no palco? Cantar? As pessoas ouvirem? Cantar, porque é antes de tudo um desejo egoísta: você quer porque lhe dá prazer. Depois é que descobre que só lhe dá prazer se os outros estiverem ouvindo. De qualquer forma, desde os 15 anos a única coisa que eu quis na vida foi cantar.

Você evidentemente faz música porque lhe dá prazer, mas como é a história da aceitação? Existe a possibilidade de que aquela música de que você mais gosta não bata, não toque em rádio nenhuma... Claro, ela pode ser ignorada. Mas fico tranquila, porque até hoje só gravei coisas de que gostava muito. "Essa música aqui as pessoas vão cantar", eu pensava. "Já essa aqui só quem gosta muito de mim ou quer mesmo entrar no meu universo vai apreciar." Isso tudo me estimula. Não sou artista que vá vender 1 milhão de discos numa semana. Minhas metas são outras, são de qualidade, são de quem quer cantar para a frente. Quem quer isso tem que pensar em qualidade, e não em quantas pessoas vão cantar juntas esta ou aquela música. Conheço os dois prazeres: ter um "lado B" que só as pessoas muito especiais comentam e ter uma "Catedral" ou uma "Enquanto durmo" que todo mundo canta. Os dois são muito importantes.

"Catedral" foi a primeira a estourar? A primeira e a única que estourou daquele jeito. Nem sei se vou ter outro sucesso igual... Nunca poderia ter imaginado que ia acontecer o que aconteceu com "Catedral"! Eu a cantava nos shows e sentia que as pessoas gostavam, eu achava interessante. A Tanita Tikaran é uma cantora que sempre cultuei. ["Catedral" é versão da "Cathedral song", de Tanita.] Tenho e ouço tudo dela. Por isso, quando "Catedral" entrou no disco *Zélia Duncan*, para mim foi uma coisa muito especial. Aí me ligaram e disseram que a música estava na novela *A próxima vítima*. Era a música do casal Viviane Pasmanter e Marcos Frota. Olha, nunca torci tanto para duas pessoas se beijarem... Um belo dia, estou vendo televisão, e a música entra quase inteira na novela.

Um clipe? Exatamente. Uma gravação de dois minutos e pouco. Fiquei histérica: "Meu Deus, está tocando mesmo!". Depois notei certa mudança, muita gente ligando. Um dia me disseram que eu ficaria o dia inteiro "fazendo" rádio, conversando com pessoas do país inteiro pelo telefone. Foi uma loucura, das dez da manhã às seis da tarde, sem parar. "Estamos aqui com a pessoa que canta 'Catedral'..." A música foi tocando, e eu, ficando tonta com aquilo. É dando entrevistas que descubro o que penso: digo coisas de que nem me dava conta. E aí comecei a me situar. Tinha 30 anos, comecei a me apresentar com 16, mas para mim foi muito bom que tudo estivesse acontecendo quando eu já era mais madura e podia ser lúcida e não pirar com as coisas. Por isso o disco *Intimidade* foi tão importante na sequência. Consegui uma coisa que eu tinha muito medo de não conseguir, que era não me repetir. Não saí copiando. Ali não há uma "Catedral", não há uma "Não vá ainda", não há nem reggae. Consegui dar continuidade. Claro, tem uma assinatura, tem a minha cara, isso eu consegui preservar. Se existe um mérito no meu trabalho, é não tentar me repetir. O engraçado é que, naquela mesma época, o Renato Russo gravou "Catedral" num disco. Ele não sabia da minha versão, e eu não sabia da dele. Foi uma grande surpresa. Fiquei toda prosa: "Renato gosta dessa música e eu também…". Depois, quando "Catedral" estourou, fizeram uma versão para certas rádios que juntava as duas gravações.

Não chegou um momento em que você se cansou? Claro. Uma rádio fez uma versão de mais de seis minutos, juntando a minha gravação três vezes!

Você fala do *Zélia Duncan* como se fosse o seu primeiro disco, mas antes tivemos o *Outra luz*. Na verdade, eu o renego um pouco. Eu podia ter feito uma coisa bem mais legal, mas não fui ouvida. O problema não foi com a gravadora Eldorado. Pelo contrário: eles me deram a maior força. O problema foi com o produtor, que também é um cara superlegal, mas o que houve ali foi que ele não soube me ouvir e eu não devo ter sabido me expressar.

Que idade você tinha? Vinte e cinco! Já cantava havia muito tempo e tinha medo de não gravar. Hoje em dia, o produtor faz muito mais me ajudar nas coisas que já decidi do que decidir por mim. Naquela época, eu precisava de alguém que me ajudasse a tomar decisões, e elas foram meio erradas. O disco tem muito teclado, tem algumas músicas que não são muito a minha cara. Mesmo assim, gosto muito do *Outra luz* porque, graças a ele, vi muita coisa que não queria. E tem gravações que adoro: "Outra luz", minha primeira música com o Christian Oyens, a presença do Luiz Melodia, com "Segredo", da música da Rita, "Pirataria". Mas o disco me dói um pouco. Eu o acho 40%. A gente fica puto com "Eu sou 40%…". Ali falta muito.

Quando um fã ou outro acha que "Catedral" tem muito a ver com a vida dele e quer resolver esse assunto com você, como é que fica? Digo para ele me cortar desse papo e ir resolver tudo com a música. *(Risos.)* Hoje em dia, estou muito melhor com relação a isso, até porque não posso ser responsável por cada pessoa que ouve o disco. No começo, tive um pouco essa ansiedade, porque ficava no camarim e as pessoas começavam a entrar como se me conhecessem. De certa maneira, elas conhecem mesmo, mas só até certo ponto, e isso também me confundia muito. A pessoa entrava, com os olhos cheios de água, e dizia: "Pô, estou te ouvindo há dois meses, você escreve exatamente o que eu sinto!". Em certo momento, aquilo me pesou. Eu me perguntava: "E agora? Como é que vou escrever se as pessoas sentem o que eu sinto?!". Achava que eu sentia sozinha. Só que, quanto mais pessoal é, mais universal fica, porque somos todos iguais. Minha dor é a sua. A gente sente em contextos diferentes, mas acaba sendo a mesma dor… ou a mesma alegria. É um pouco confuso. Mas hoje em dia eu tiro de letra. Costumo dizer que as músicas estão aí para ser usadas. Esta ou aquela música foi boa para você quando estava amando? Ótimo! Acho que, se música tem alguma função, é sublinhar a vida da gente.

Muita gente diz que é mais fácil compor na dor do que na alegria. Isso acontece com você ou não? Completamente! Adoro rir, sou uma pessoa alegre pra caramba, mas pra mergulhar na tristeza é um segundo... Nem tudo que é triste é bonito, mas quase tudo que é bonito é triste. "Enquanto durmo" tem uma letra supertriste, mas a parceria me devolveu a alegria de volta. O Christian deu uma leveza a essa música! Mas a letra é muito triste: "Não me salvo, porque não me acho. Espero a chuva cair para ver se me alivia!". E as pessoas cantam isso rindo, as crianças adoram... Mas não basta estar triste. Eu preciso de certa densidade.

Talvez sentir seja dolorido, e você vá muito dentro... Exatamente. Conhece aquela poesia do Fernando Pessoa que fala disso? Não sei de cor, é muito grande, mas ele diz: "Uma vez amei, julguei que era amado e não fui. Não fui por uma única razão: porque não tinha que ser. E voltei a sentar à porta de casa e a olhar os campos e o céu". E aí: "Sentir é estar distraído". Quando está apaixonada, você fica muito alegre e se distrai muito. Quando está mais triste, você observa as coisas. E, quando está sozinha, também observa mais certas coisas. Pô, quando se está apaixonada é difícil se chatear!... Para compor, para ter realmente vontade de escrever e até de cantar, eu preciso estar muito feliz. Mas, quando vou cantar uma coisa mais densa, puxo uma tristezinha de algum lugar.

É quase um truque! É. Converso muito com a Lucina, que é minha parceira querida. Uma vez, ela me disse: "Zélia, você tem aquela tristezinha que tem que ter". Para mim, foi um elogio.

Você pensa na perenidade da obra? É tudo muito efêmero nessa vida cheia de informações, o sucesso no rádio vai e vem. Você pensa nisso de deixar alguma coisa? Mais ou menos. Às vezes me pergunto: "Será que alguém vai me ouvir daqui a quarenta anos?". Não me coloco muito isso porque tem a cara de uma palavra que detesto: "missão". Odeio pensar que tenho uma missão. Não tenho. Quando a gente fala em missão, está querendo se tornar divina. Sou e quero ser uma pessoa comum, que está vivendo. Acho que o mérito de fazer uma coisa boa está justamente em ser uma pessoa comum. Se você é divina, não faz mais que a obrigação. Agora, se você é uma pessoa qualquer e mesmo assim consegue transgredir um pouco isso, fazer alguma coisa, aí, sim, é lindo. E aí, sinceramente, já não me interessa se a coisa vai ficar ou não. Eu gostaria que ficasse, mas não coloco isso como comissão de frente da minha vida. Procuro fazer o melhor, melhorar sempre, mas não sei o que vai ser interessante daqui a trinta anos. Mas se me ouvirem e disserem: "Pô, ela viveu dos 90 para 2000..." Eu gostaria de ser uma cantora do meu tempo, não sei se consigo, mas gostaria de estar fazendo isso.

Você tem uma sistemática? É uma pessoa que acorda cedo e pensa: "Estou em fase de composição, vamos trabalhar"?

> **ACHO QUE O MÉRITO DE FAZER UMA COISA BOA ESTÁ JUSTAMENTE EM SER UMA PESSOA COMUM**

Não. Procuro sempre estar compondo, justamente para não ter que passar por isso na época de gravar. Logo que terminei o *Acesso*, eu recomecei a escrever. Quando acaba um disco, você fica meio esvaziada, parece que nunca mais vai conseguir fazer nada, parece que foi tudo ali. Achei que eu ia me bloquear um pouco, mas não. Você sabia que Djavan entra no estúdio sem ter nada pronto?

Não! Às vezes entra com quatro músicas, mas nenhuma tem letra. Ele começa a gravar e vai fazendo. Eu ficaria louca se fizesse isso. Tenho que entrar com um mínimo... Mínimo, não! Uns 85%! Depois posso até mudar tudo, mas preciso ter muita coisa já definida e saber mais ou menos para onde vou.

E as parcerias? Como elas vão pintando? Há uma rotina, uma sistemática?
O que mais acontece é eu dar a letra para o Christian, que sempre foi o meu parceiro mais frequente, e para a Lucina. Agora estou abrindo, compondo com outras pessoas. Quando eu e o Ed ficamos amigos, ele me deu uma música com melodia, para eu botar a letra, que é outra modalidade – se bem que "Um jeito assim" já era uma música feita dessa forma. Acho que é a minha música mais antiga. Eu a fiz com um amigo. Havia um sobrado atrás da casa da minha avó, e ela o alugava para esse amigo, que era músico. Ele me mostrou a melodia, e botei essa letra toda cravadinha em cima. É uma canção de que gosto muito até hoje. O tempo passa, e às vezes você acaba gostando mais de umas que de outras. Em "Intimidade", também botei a letra na música, embora isso seja mais raro. Mas, com o Ed, só acontece assim: ele sempre dá a música, e eu boto a letra. Ultimamente, por incrível que pareça, tenho começado a fazer melodia também. Fiz com a Rita...

"Pagu", que está no disco dela, o *3001*... Foi uma loucura. Eu tinha voltado a ter aula de violão e queria começar a compor alguma coisa. Todo mundo me cobrava muito, e eu me cobrava um pouco. Naquela semana, trocando e-mail com a Rita, ela me disse: "Vou te mandar uma letra". Entrei em pânico: "Cara, como é que eu vou falar pra Rita Lee, não faço música, faço é letra!". Mas pensei bem e respondi: "Pode mandar!". Era uma letra enorme. Fiquei desesperada. Eu andava ouvindo muito Steve Vaughan e também muito Rolling Stones, que são a paixão da Rita, ela praticamente só ouve isso. Ela me disse o que queria, e era muito engraçado esse e-mail: "O rock'n'roll morreu. Tiremos então um esqueletinho do armário, um terninho preto básico, uma blusinha branca, talvez um casaquinho de couro...". Eu estava ouvindo muito aquele som, comecei a brincar com isso no violão, e acabou saindo a música inteira. Fiquei superfeliz. Ela tem um refrão muito forte, mas não é nada de mais. É uma brincadeira bacana, em especial porque a outra ponta é a Rita. Deixei amadurecer por uns dias, mostrei para algumas pessoas de muita confiança, gravei e mandei. Na minha ansiedade, tinha esquecido que a Rita ia para Londres. Ela ficou um mês viajando, sem me dar nenhum retorno.

Você pirou e pensou: "Não deu certo". Fiz trinta haraquiris, cortei os pulsos vinte vezes e concluí: "Tudo bem, a Rita não gostou. O que se há de fazer?". Até que vi uma mensagem dela no computador. De cara, nem consegui abrir: "Ai, meu Deus,

ela não gostou!". Mas acabei abrindo. Era uma mensagem linda. Dizia que tinha levado o MD para Londres, que tinha cantado a música o mês inteiro, que aquilo ia estar no disco e que ela queria que eu gravasse. Foi um negócio diferente, porque comecei uma parceria com a Rita. Como resultado, esse disco novo [*Sortimento*] tem uma música só minha, o que já é uma coisa bem diferente para mim.
Letra e música? Letra e música. E, nesta semana mesmo, terminei uma música com a Dulce Quental. Ela me mandou uma letra que me inspirou. Foi incrível.
O Ed Motta diz que vê uma coisa existencialista nas suas letras e chama você de "a Jean Seberg da música pop nacional"... Acho que sou um pouco assim mesmo. Estou sempre procurando esses temas. Quando um cantor como ele me manda só a melodia, eu só penso nessas coisas. Eu queria que "À deriva" se chamasse "Dores de blues", mas o Ed preferia outro nome, e a gente deu um título que não está na letra. Há uma hora em que falo: "Vou mergulhar nessas noites sem ar...". Caramba, é a minha cara: quando estou muito angustiada, minha respiração fica curta, e aí percebo que não estou respirando direito... Estou sempre falando de mim nas letras, é inevitável. Mostrei aquela letra para o Ed por telefone – é sempre por telefone. Eu disse: "Ed, eu fiz, vamos cantar!". Comecei a cantar, nós dois nos emocionamos. Ele estava muito sensível, foi uma comoção. O Ed me chamou à casa dele, me deu a música e disse: "Quero que *você* me faça chorar". Falou brincando, mas a gente tinha realmente se emocionado quando cantou a música no telefone. É como já disse: sou muito brincalhona, gosto de falar besteira, mas num segundo eu mergulho, até sem querer. Às vezes, eu me canso um pouco de mim. *(Risos.)*
Você vive com poesia, cria em cima de música, chora, se emociona. Como é lidar com essa intensidade no cotidiano? Bom, minha terapeuta está ficando rica. *(Risos.)* Eu fico muito desesperada... O cotidiano me desespera, esta obra aqui em casa me desespera. Às vezes, quando estou aqui e é aquela barulheira, eu tenho um ataque: "Pelo amor de Deus, parem *vinte* minutos!". Fica todo mundo parado, mudo, me olhando. Eu procuro me organizar justamente porque não sei lidar bem com o cotidiano. Mas também não quero dar a entender que sou uma florzinha. Aliás, "Florzinha de Estufa". Foi o apelido que os amigos me deram há muito tempo, porque não podia tomar vento.
Rinite? Não, paranoia. Quando comecei a cantar, achava que podia perder a voz a qualquer momento. Fazia um verão de quarenta graus, mas eu tinha um cachecol na bolsa. Hoje em dia, continuo muito cuidadosa, mas sei que não sou tão frágil assim. Antes, minha vida era uma tortura. Imagine: não podia bater nem um ventinho! Mas não sou assim com a vida, não. Saio com os cachorros, limpo a sujeira que eles fazem na rua, não tenho o menor problema com isso. Limpo o quintal se não tiver ninguém para limpar e coisa e tal. O que me desespera mais são os entraves do dia a dia.
Quando vai escrever, você pega papelzinho ou usa muito caderno? Se você visse quantos cadernos eu tenho... É uma das minhas muitas manias. Há o caderno da vez, o eleito: só largo quando termina. Em casa, ele fica sempre comigo, andando

pra lá e pra cá. Agora estou na fase dos vídeos. Nunca via nenhum, mas esta semana, esperando as coisas acontecerem e muito cansada de pensar, estou vendo três filmes por dia – com caderno do lado, porque cinema me mobiliza muito. Na rua, também escrevo num outro caderno, que depois passo a limpo no caderno da vez. Viajar sem ele, nem pensar. ▬

Você consegue dissociar letra e música? Ou seja, pensar a letra sem melodia? Outro dia, perguntaram se eu me considerava poeta. Respondi que não. Se amo poesia demais, isso significa que eu sou poeta? Prefiro dizer que o que faço não é poesia, é letra. Mas tenho muita coisa escrita e guardada que sei que não vai virar música. Certa vez, a Lucina musicou um negócio que não era letra. Era um texto que eu tinha mandado para ela de Abu Dabi! Outro dia, a Lucina tocou aquilo para mim. Fiquei superemocionada. Era uma coisa bem confessional: "A realidade me extravia, me dilui...". Depois falo disso, do dia a dia, do real, de como lidar com ele. A Lucina botou música porque é louca e põe música em qualquer coisa. Mas há "Sentidos", que é uma música importante na minha carreira, uma letra que comecei a fazer com 18, 19 anos: "Não quero o seu sorriso, quero a sua boca no meu rosto, não quero o seu suor, quero os seus cílios nos meus olhos...". Eu só tinha isso. Aí o Christian, folheando umas coisas minhas já faz tempo, olhou e disse: "É bacana!". Ele levou aquilo e, dias depois, me ligou: "Zélia, precisa de um refrão". Eu até brinco dizendo que psicografei. Peguei e escrevi: "Transfere para o meu corpo os seus sentidos para eu sentir a sua dor, o seu gemido...". Parecia que já estava pronto! Virou refrão. A mesma coisa com "Tempestade". Foi a última música pronta do *Zélia Duncan*. Minha irmã mais nova é muito minha amiga, gente finíssima. Já moramos juntas aqui no Rio. Um dia, ela me ligou da faculdade, dizendo que estava vindo para casa. Sou muito preocupada: se você diz que vem, venha mesmo. Ela demorou, e caía um temporal de cachorro beber água em pé. Fiquei tão angustiada que peguei o papel e comecei: "A tempestade me assusta como sua ausência...". Era ela, minha irmã. Depois que fiz essa frase, comecei a querer falar de outras coisas, a sublimar: "Você é raio humano que despencou na minha cabeça...". Fui brincar com isso aí. Ali embaixo, havia sempre um mendigo que eu ajudava, bêbado, sempre bêbado. Quando ele acordava, encontrava comida, blusa, sabonete. Ele ficava muito sujo, e aí comecei a pensar onde esse cara estaria no meio daquela chuva: "Penso no homem que dorme nas ruas do Rio...". Fui misturando as coisas. Quando terminei, minha irmã chegou. Dei bronca, mas aquilo me valeu uma música importante. ▬

Seus parceiros mais constantes são o Christian e a Lucina... Eu já era fã da Lucina muito antes de trabalharmos juntas. Tenho um disco que ela assinou para mim quando eu era garota, num show lá em Brasília. O Christian conheci aqui no Rio. Eu estudava música na escola Musiarte, acho que foi em 1988. A gente se encontrou na casa de uma amiga. Ele era loirinho de olho azul, uma criança com violão de aço na mão. Eu só tinha violão de náilon. Começamos a tocar, e fui me desmanchando ao ouvir Christian. Toquei umas coisas, e ele disse: "Estou querendo fazer umas músicas". Respondi que gostava de escrever. Ele aí me mandou uma fita com a melodia de "Outra luz", cantada... Foi a primeira parceria. Botei a letra, morrendo de vergonha – eu tinha muita vergonha do que escrevia. Entreguei aquilo me desculpando: "Se você não gostar, não faz mal". Ele ouviu e disse: "Lega!!".

Quando passou aquela vergonha? Acho que só no *Zélia Duncan*, só quando comecei a ver que as pessoas se identificavam mesmo com aquilo. "Não vá ainda" é um exemplo. Eu disse ao Christian que não gostava, porque rimava muito verbo: "Não vá ainda, espera anoitecer, a noite é linda, me espera adormecer...".

Rima pobre? É, mas ele disse para eu não ter medo disso – é meio gringo o Christian... "Não, põe, é bonito!", ele disse, e fez a música. Hoje tenho o maior orgulho de "Não vá ainda", até pelo despojamento de dizer aquilo de que se está a fim mesmo. Qual é o problema em rimar um *verbo* de vez em quando?

Aqui no seu estúdio, a gente vê disco até o teto, Joni Mitchell nesse pôster lindo... O que alimenta você? Livro, poesia, cinema? Tudo isso. Viajar também. De 1981 a 1982, passei oito meses fora do Brasil. Não foi turismo: trabalhei duro. Mas voltei com uma experiência, um olhar para as coisas, que antes eu não tinha. Tem gente que viaja e volta igualzinha. Acho isso lamentável, porque você deixa de ver outros seres humanos nos seus contextos. Em "Coração na boca", falo um pouco sobre aquele jeito que a natureza tem para achar o seu caminho, e viajando você vê muito isso. Por exemplo, se lá é gelado seis meses do ano, então acontece isto ou aquilo, e as pessoas se comportam de uma maneira específica.

Determinismo geográfico. Exatamente. Acho lindo. Também me alimento de shows, de estar sempre ouvindo o que acontece ou aconteceu. Descobrir artistas me dá euforia, mesmo artistas de 1950 ou sei lá o quê. Quando descubro uma coisa, quero tudo daquilo. Sempre que vou à casa do Ed, levo bloquinho na mão, porque sei que ele vai me dizer várias coisas. Anoto e, no dia seguinte, já estou na internet pedindo. Hoje em dia, ganho muito disco – ainda bem! Comecei a comprar CD antes de ter dinheiro para comprar CD-player... Eu contava: "Tenho quinze... Agora tenho dezesseis...".

E não ouvia nada? O primeiro player que tive eu ganhei de um amigo que morava no Canadá. Imagine, era minha avó quem me dava dinheiro para a gasolina... Mas acho que isso me ajudou, me salvou muito da amargura da batalha, porque comecei a cantar em 1981 e as coisas só foram acontecer mesmo em 1994, 1995. Foi muito tempo. O interessante é que, na minha vida, tudo foi por um triz! Por isso, não consigo me imaginar querendo o último jipe que saiu... Mas juro que o que eu mais gosto é de ter a liberdade de alimentar isso de que a gente está falando. Hoje, posso ficar maluca e pedir vinte discos pela internet. Eu trabalho para isso. Mas sucesso para mim é fazer música com a Rita Lee, é gravar com o Herbert Vianna, é compor com a Dulce Quental, com o Ed Motta. Perto disso, um carro vira coisa tão pequena!

Você tem alguma religiosidade, algum santo, alguma oração? Não, mas nasci no dia de São Judas Tadeu, que é o santo das causas impossíveis. Acho isso bem significativo. E vovó Zélia era espírita. Aliás, a família toda da minha mãe era. Já o pessoal do meu pai é mais católico, embora eu tenha convivido pouco com eles. Estudei em colégio católico, mas não rezo, não sei rezar. Santo Agostinho dizia que quem canta reza duas vezes, e estou me fiando nisso. Outro dia, fui cantar numa igreja em Itabira, a terra do Drummond. O "palco" era um altar – olha a maluquice. O set estava todo armado ali. Atrás de mim, um Jesus crucificado. Até brinquei: "Aqui não é fila pra crucificar ninguém...", e o lugar lotado! E uma das músicas que tive mais prazer em cantar foi "Minha fé".

Vamos falar dessa coisa de ser estrela pop, porque quero puxar para o tropicalismo. Há quem diga que depois dele, e já se vão mais de trinta anos, não se fez nada em música brasileira que fosse tão talentoso, tão revolucionário, tão bacana. Por isso, Caetano e Gil seriam ídolos tão imensos que fariam sombra a todo o resto e nada funcionaria. Você pensa assim? Não. O contexto em que eles viviam ajudou muito a coisa a se perpetuar dessa maneira. Além do talento musical, eles mostravam coragem e, de certa maneira, ocupam posição de heróis para todos nós. A própria imprensa fica muito em cima dos artistas por causa disso: "E aí, o que apareceu de novo?". Eu respondo: "Calma, espera aí!". Só para citar um cara da minha época, a gente teve o Chico Science, que chamou atenção para outras coisas, inclusive para o estado dele, Pernambuco, ninguém ligava muito...

Pois é, saiu do eixo Rio-São Paulo-Bahia... E o Chico deu um grito e apareceu mesmo. Acho esse tipo de comparação com o tropicalismo muito ruim. Pô, se eu for pensar em Caetano, vou achar que não tenho mais nada para fazer. O tropicalismo foi uma coisa fundamental, mas muita coisa nova vem sendo feita. Nesse aspecto, os anos 1990 foram superimportantes, porque acabou um pouco aquela separação entre MPB e rock. O próprio Chico Science misturou maracatu com rock, funk, hip-hop, e fez uma coisa diferente, linda, brasileira. Talvez isso até venha do tropicalismo, porque o movimento rompeu com o preconceito do que era música formal. O Chico é o exemplo vivo de alguém que absorveu aquilo e foi mais adiante. Quanto a mim, não me sinto revolucionária coisa nenhuma, nem me vejo com essa obrigação. Faço o que estou a fim de fazer. Não fico dizendo para todo mundo: "Olha o que eu achei! Ninguém nunca achou isso!". Seria até mentira, porque já se fez de tudo neste mundo.

> **NÃO ME SINTO REVOLUCIONÁRIA COISA NENHUMA, NEM ME VEJO COM ESSA OBRIGAÇÃO. FAÇO O QUE ESTOU A FIM DE FAZER**

Depois que se é muito famoso, a experiência de conhecer alguém com desprendimento não fica mais limitada? É difícil. Eu trabalho para manter a espontaneidade, para não virar alguém insuportável, que desconfie de todo mundo. Sempre fui muito sociável, sempre gostei de ter gente perto, sempre fui assim. As pessoas que estão à minha volta até me previnem, o que é uma coisa chata. Por exemplo, o muro aqui de casa batia no seu ombro, e eu gostava que fosse assim. Mas tive que subir porque vivia chegando uma mensagem: "Hoje

eu passei na sua casa, vi os seus cachorros, vi o seu carro". Me deu uma sensação muito forte de estar sendo invadida.
Complicado... É. Você começa a aparar um pouco as arestas, até para ficar mais tranquila. Não sou o tipo de artista que ninguém vê. Pô, até fico no camarim falando com as pessoas! Por isso, me chateia quando forçam a barra para falar comigo de outra forma. A gente começa a perder um pouco a naturalidade.
Já no palco é diferente. Porque ali, sim, é hora de me sentir especial. Não melhor, mas especial. Até porque, se não me sentir especial, não vou ter coragem de subir ao palco. Tenho que me sentir bonita, pronta para aquilo. E lá sinto coisas realmente diferentes.
Como o quê? Nada de místico, e por isso mesmo tão especiais.
É um prazer muito grande? Indescritível! Quando é um show pleno, nem sinto o tempo passar. Na última música eu levo um susto, porque parece que outra pessoa fez o show por mim, tão prazeroso isso é. Tenho até a sensação de que posso morrer.

No palco? Não, logo depois. Uma coisa assim: "Eu poderia morrer agora, numa boa". O prazer é tanto que só consigo compará-lo com a morte depois de ter vivido tão intensamente aquilo.
Numa ocasião anterior, a gente falou sobre essa conversa sua com a plateia. Você disse: "É, agora estou deixando rolar..." Já foi mais tenso. Quando sinto que o público me conhece, como acontece hoje, eu relaxo um pouco mais. Também é a minha maneira de reagir ao que ele fala – se acho que vale a pena, é claro. Se é uma coisa estúpida, passo adiante. Há dias em que me sinto bem para responder e me dou ao luxo de brincar e falar. Quando sinto que não estou tão brilhante assim, eu no máximo faço um gesto e vou embora. Vou sentindo também qual é a minha. Nesses shows solo que andei fazendo, há outro tipo de encontro. Você fica sozinha contracenando com o público – não tem a banda, não tem nada. Aí eu reajo muito mais ao público. É muito bom. Às vezes, penso: "Pô, eu podia levar um tiro! Estou com 100 mil pessoas aqui, e pode aparecer um louco, sei lá". Mas também podem vir coisas legais, muito importantes.
Já vi jogarem pétalas de rosa para você no palco... Seus fãs são muito efusivos e calorosos: vão atrás de você, estão em todos os shows. Até vi na internet um grupo de discussão sobre Zélia Duncan. Como é essa proximidade? Houve uma fase de adaptação, tanto minha quanto deles, até para estabelecer limites. Depois de tanto tempo cantando no anonimato, às vezes dá vontade de mostrar a cada uma dessas pessoas o quanto você está grata. Mas não é por aí, é uma troca. Gostam de mim porque dou alguma coisa para elas, e não porque tenho olhos azuis. Também demorei um pouco a achar aquele meio-termo. Um dia, depois de um show, fiquei muito cansada, estava chovendo demais, e resolvi não receber ninguém. Isso criou um problemão lá fora! Forçaram a porta, e começou uma guerra entre quem dizia que eu já era outra e quem não pensava assim. Nessas ocasiões, fico deprimida:

"Estou errando em alguma coisa". O fã-clube tem um fanzine, e escrevi uma carta para eles. Expliquei que tinha muito prazer em recebê-los, mas que, até onde eu sabia, o ingresso não dava direito a irem ao camarim. Se eu permitia isso, era porque queria e gostava; se uma ou outra vez eu não permitia, era absolutamente normal. Eu era livre para fazer o que quisesse. Foi uma maneira legal de dizer: "Tenho os meus limites, e são estes". As coisas melhoraram.

Você já ficou preocupada com algum tipo de estigma? Fiquei, mas hoje estou muito mais tranquila. Primeiro, porque acho que não fiz jus à posição em que quiseram me colocar. Não fiz jus porque aquela não era eu. Não sou uma pessoa que canta só para um grupo. Tanto que, hoje em dia, as minhas plateias são muito mais misturadas, na idade, no sexo. Tem sempre criança, tem sempre família, e não estou aqui para disfarçar as coisas que sinto e que sou. Na época do *Acesso*, fui capa de uma revista. A jornalista tinha ficado muito mobilizada porque ia me entrevistar e não sei o quê. Ela me ligou na véspera e disse: "Zélia, vou perguntar tudo, hein?". Rebati: "E vou responder o que eu quiser! A minha vida pessoal não dá capa de revista. Sou uma pessoa completamente comum. Se o meu trabalho não vale uma capa, ainda está em tempo de pensar melhor". Ela ficou um pouco sem graça, mas é isso aí. Não me sinto na obrigação de carregar bandeiras – nem as do que penso e sinto, nem as da hipocrisia. Acho que é a gente quem dá o tom. Se há pessoas na plateia que se identificam comigo por certa coisa, ótimo, elas são superbem-vindas, mas não sou só isso. Sou um monte de coisas. Se eu gosto de feijão, de arroz, de carne crua, de peixe, por que tenho que escolher só um prato na minha música?

Vamos falar então de todos esses pratos. Você é fã da Joni Mitchell e de quem mais? Ouço os violões de aço, muita música folk, adoro Neil Young, já adorava Ry Cooder muito antes de ele…

Ter estourado com *Paris, Texas*? …ter feito o *Buenavista*. Mas é, *Paris, Texas*, você foi mais longe. Ali tem quase tudo dele. Gosto muito de Joan Armatrading, tanto que já gravei uma música dela ["Am I Blue For You"]. Compro muita coisa antiga. Gosto de Curtis Mayfield. Adoro música negra, James Brown, Stevie Wonder… Se eu fosse botar altar para todo mundo aqui, não iria caber… E música brasileira, claro. Amo música brasileira, vivo comprando coisas antigas que relançam. Estes dias mesmo, comprei Mário Reis, Clementina, Roberto Silva, que eu adoro… Sou muito eclética no que ouço, muito mais do que naquilo que eu canto. Mas aí, quando me chamam para fazer uma coisa com o Paulinho da Viola, que eu adoro, vou toda mobilizada mas já vou sabendo do que se trata – não caí ali de paraquedas. Eu adoro o cara, tenho tudo dele. Ouço de tudo, e o engraçado é que ouço cada vez mais devagar. Comigo tudo é devagar, tudo é passo a passo, e acho que as pessoas estão me reconhecendo dessa forma. Já gravei todos os *Casas de samba* da Universal, é hilário isso!

E você cantou com o Altamiro Carrilho um choro clássico do Jacob do Bandolim. Pois é! Foi "Doce de coco". Um dos meus ídolos é Elizeth Cardoso, que gravou essa música. Também amo Sylvia Telles. Outro dia, ganhei de uma fã um CDR com várias coisas misturadas. Lá estava "Sábado em Copacabana", do Dorival, que gravei por causa da Sylvia. Eu me emocionei demais ouvindo-a cantar aquilo. Eu adoro observar as gravações, adoro quando tomam ar para cantar, e meu olho já está cheio de água só de pensar em quanto ar ela pegou para emitir aquela nota. Muita coisa eu ouço por esse tipo de detalhe. Adoro blues, gosto mais do que de jazz. E adoro os Beatles, os Beach Boys... Caramba, tem muita coisa!

Tem um lado roqueiro aí. Naquele show do Memorial, você cantou Raul Seixas, Rita Lee. E a sua maneira de estar com o violão, a guitarra... É, a pegada... Foi um ano em que ouvi muito mais rock'n'roll. Houve a participação no Capital Inicial. E o Jamari França, jornalista, é muito meu amigo, ele me leva para ver uns shows de rock. Adorei ouvir aquelas guitarras altas. É engraçado. Vou a um show assim, que me mobiliza, e penso: "Ah, eu só quero isso!". Aí, chegam uns discos do Milton remasterizados, eu ouço e digo: "Pronto, quero só isso para mim!". Então, vou misturando. O meu desejo mesmo é chegar a um ponto em que possa realmente cantar de tudo e as pessoas saibam quem eu sou.

Já está perto disso. Você cantou o "Fado tropical", por exemplo, uma gravação linda... O rap "Perfect love... gone wrong", com o Sting, no CD *Brand new day*... E "Naturalmente", do João Donato, em que você e o Lenine fazem aquela percussão vocal... É, eu adoro isso. A Warner lançou um disco duplo com as participações. Não tem tudo. Falta o "Sábado em Copacabana", por exemplo. Falta também o "Dor elegante", com o Itamar. Aliás, outra coisa que adoro é estar perto do Itamar.

Itamar é um grande assunto, mas antes queria que você falasse sobre três momentos diferentes: você autora, cantando coisas suas, intérprete e compositora. O que é mais gostoso? Ser intérprete, mesmo que seja a minha própria. Se me dissessem: "Olha, você só vai poder fazer uma coisa", eu escolheria cantar, sem pensar duas vezes. Foi cantando as minhas coisas que fiquei conhecida, e é engraçado, porque hoje as pessoas falam: "Pô, você fica tão bem cantando essas músicas de MPB". Mas eu sempre fiz isso!

Você cantou em bar, não? É, fiz isso a vida inteira, só que ninguém me conhecia. Eu cantava Milton Nascimento pra caramba, tudo isso. A primeira música que cantei na vida profissional foi "Fazenda".

Cantava com violão? Não, eu não tocava quase nada, só um pouquinho em casa. Fui me animando aos poucos. Na verdade, só no show do TBC em 1999 – olha quanto tempo depois... – eu assumi que ia tocar mesmo.

Ali você toca violão, bandolim... Eu toco o show inteiro, seguro a onda toda. Mas acabei de comprar uma guitarra e estou apavorada...

Você é autodidata? Sempre tive aulas, de um jeito intermitente. Eu me apoio um pouco no que aprendi e fico malhando muito sozinha. Não sou instrumentista. Sou é uma cantora que eventualmente se acompanha. Mas tem sido bom, porque, vira e mexe, estou aqui tirando uma música.

Agora que você também compõe melodia, é legal ter um instrumento por perto, não? É fundamental. Para conversar com os músicos e se fazer entender por eles, até para ser mais respeitada e lutar um pouco contra o machismo que sempre rola, é importante estar tocando.

Estávamos falando do Itamar Assumpção. Do que é que você mais gosta no trabalho dele? A inteligência. Ele é brilhante. Aquela música que cantei no TBC, "Por que que eu não pensei nisso antes", é de um humor, de um sarcasmo... O Itamar não joga nada fora, e as músicas românticas dele, então!...

"Apaixonite aguda", do *Pretobrás*, que é bárbaro... É. "Quando estou longe, quero estar perto. Quando estou perto, quero estar dentro. Quando estou dentro, quero ficar mudo. Quando fico mudo, eu quero dizer tudo." É um gênio, no sentido mais macio da palavra. E o legal é que ele tem alma rítmica. Faz músicas com três, quatro acordes, mas o ritmo e a letra são tão fortes! "Código de acesso" tem só quatro, cinco acordes, mas uma letra, um jeito de falar! Quando me mandou essa música, ela veio numa fita que tinha umas dezessete, sei lá – o Itamar é compulsivo. Aquela era a primeira, e, como boa analisada que sou, eu acho que o Itamar sabia que era com ela que eu ia ficar. Ele está falando de um monte de coisas, de coisas chatas até: "Não quero seu cheque, não quero seu flat, eu não estou à venda, menina...".

Que outro compositor aqui no Brasil mexe com você desse jeito? Um cara de que eu gosto muito, justamente por ter caminhos de letras tão diferentes dos meus, é o Nando Reis. Aquela música, "Diariamente", é uma coisa! Adoro a letra, a liberdade de dizer aquelas coisas, quase sem nenhuma rima. A música não volta nunca, vai só para a frente, e parece que você está vendo um dia inteiro. Acho incrível que o Nando, tendo se apresentado a vida inteira como instrumentista, possua essa sofisticação para lidar com a palavra.

E o Luiz Melodia? Um dos melhores cantores do Brasil, só para começo de conversa. Quando ele canta, eu só posso calar a boca, sabe como é? E é um cara lindo, superchique. Sabe usar a voz lindamente, aquela voz que parece sair de dentro de uma caixa. Tem um metal... Eu queria ser negra. Tenho o maior complexo por não ser uma negona beiçuda, metida. *(Risos.)* Acho os negros lindos, eles são o suingue do mundo. E o Melodia é tudo isso.

E as cantoras? Das minhas contemporâneas, a Cássia é a preferida. Eu a acho um furacão. Já conheço a Cássia desde 1982, mas ela nunca deixa de me surpreender. Admiro o estado bruto que é a Cássia, talvez bem mais precioso do que muita coisa lapidada que a gente vê. É uma das cantoras mais autênticas do Brasil em todos os tempos. E há as outras de que falei: Elizeth Cardoso, Sylvia Telles, Elis... Quando comecei a cantar, eu procurava imitar a Elis. Botava os discos dela e ficava aos urros pela casa, tentando dar aqueles agudos. Também tive uma fase Bethânia, dos 12 para os 13 anos, mais ou menos...

Uma fase Bethânia é o quê? Eu cantava com sotaque baiano dentro de casa. E sempre me identificava com as vozes graves. Tanto que, quando fui ver Luli e Lucina, eu pirei – as duas juntas eram o máximo... Digo à Lucina que foi muito bom tê-la ouvido, porque descobri que eu não era a única que tinha voz grave. Aquilo me dava...

Um "certo complexo"? No colégio, dava. Eu tinha esse tamanho com 12, 13 anos, e ainda por cima falava grosso... Era difícil para mim. Na chamada, o último "Presente!" era o meu... *(Risos.)*

A gente sabe que você não toma café, não bebe e não fuma. Sabe também que não rola droga na história... É, não rola.

Essa sua sensação após os shows, aquilo do "Agora posso morrer que tudo bem", não seria a experiência transcendental que muitos procuram na droga? Nunca fui profissional do assunto, mas já experimentei droga, e posso dizer que a minha é cantar. Tenho medo de que pareça meio piegas, mas acho que cantar preenche isso para mim completamente.

Há alguma música, sua ou de outra pessoa, que diga isso? Nos meus tempos de MPB pura e simples, eu adorava cantar "Minha voz, minha vida". Tem outra música do Gil que eu adoro: "O compositor me disse". Aquilo é o máximo, quase físico. Não me lembro de ter feito algo nessa linha... Acho que não sei falar disso direito em música. Há "O primeiro susto". As pessoas sempre acham que é sobre a primeira vez em que transei. Mas não: é sobre a primeira vez em que cantei. Quando estreei em Brasília, na Sala Funarte, eu tinha 16 anos. A luz apagou, estava na hora de entrar, e era um palco pequeno. Atrás, na altura do palco, ficava o camarim. Saí dele e fui para o palco. Estava tudo escuro, e eu voltei para o camarim. Tinha ficado apavorada: aquele silêncio e todo mundo me esperando entrar... Depois voltei para o palco, e na verdade nunca mais saí. Mas, na primeira vez, fiquei muito assustada... "Primeiro susto, primeiro impulso, primeira luz nos olhos, primeiros olhos em mim, aquela sede... Aquela sede por uma só gota no sertão da minha boca, o primeiro breu, blecaute que me acendeu por dentro, primeiro vento, primeiro alento que me acalmou a febre... Primeira neve, primeiro não que me arde..." Foi o primeiro impasse, mas nem que me matassem eu voltava sem nada para casa.

Você gosta de ouvir a sua voz? Gosto. Nas gravações que considero boas, eu gosto muito, acho legal, fico contente.

ZIZ POS

UMA DAS VOZES MAIS BONITAS DO BRASIL, Zizi Possi, além de afinadíssima, é dona de um requintado bom gosto. Sabemos que toca piano lindamente, e aqui descobri que o instrumento foi seu companheiro de infância. Cantora popular no começo da carreira, com grandes sucessos em rádio, ela a certa altura optou pela música plena. Os discos *Sobre todas as coisas* (1991) e *Valsa brasileira* (1993) marcam essa mudança. E fez outros discos memoráveis, históricos, divisores de águas na história da música brasileira. Juntou um time de músicos espetaculares, um repertório de pérolas inusitadas, pôs arranjos até então impensáveis num disco de uma cantora como ela. Inventou moda e fez bonito. Admiro Zizi por sua coragem, ousadia e musicalidade. Gosto de seu bom humor e de seu ar de diva. Bonita e cheia de gestos, ela conta seus sonhos e fala da lembrança de um cheiro de flor quando veste, hoje, um vestido que parece o da bailarina criança. Foi delicioso. Um chá da tarde regado a muito boa música.
Entrevista realizada em outubro de 2003.

Você está fazendo vinte e cinco anos de carreira, certo? São dezessete discos, uma longa história... Então, eu queria que a gente começasse conversando não sobre a primeira vez em que você pensou em fazer música, mas sobre Salvador, quando você dava aulas de teatro e música para crianças. Como foi aquilo? Por que resolveu ir para Salvador naquele momento? Por várias razões, mas uma delas foi que, na minha época de adolescente, estava na moda sair da casa dos pais...

E ir para a Bahia – "Papai, vou para a Bahia..." Não, a Bahia ainda não era aquela coisa. Estava começando a se tornar aquele tititi, mas ainda não era o grande barato. No meu tempo de adolescente, a gente tinha muito mais restrições que concessões. Hoje, minha filha tem 19 anos e eu sei tudo da vida dela – quer dizer, eu sei de grande parte, o suficiente para que ela possa ser quem ela é sem ter medo de mim. Com a minha geração, era outra história. Eu tinha que respeitar os meus pais, tinha medo deles. A gente dependia dos pais, mas era criada para vencer na vida. Então, houve um momento – comigo isso foi muito verdadeiro – em que eu ou saía da casa dos meus pais para tentar descobrir quem eu era, ou ficava a vida inteira tentando corresponder à expectativa deles. Não me encaixo, é muito difícil para mim ter que me encaixar numa coisa em que não caibo – eu realmente fico muito mal. Então esta foi uma das razões: estava na hora de respirar o meu próprio ar.

E que expectativas eles tinham com relação a você? Você já sabia tocar piano, não? Já, mas era muito louco. A minha mãe sempre foi o homem da casa. O meu pai sempre foi um doce de criatura, uma moça – suave, sutil, sensível. Era da minha mãe que vinha a cobrança por competência, realização, objetividade, coisas que eu até sabia que eram necessárias – mas, aos 17 anos é meio difícil, puxa! Comecei a estudar piano com 4 para 5 anos, porque ela queria. Depois, quando comecei realmente a gostar, ela ficou incomodada...

Ah, é? Ela não deixava, era muito difícil. Não deixava que eu visse criança nenhuma, nem que eu brincasse com meus brinquedos. Eu só podia olhar, não podia tocar neles.

Para não quebrar? Para não quebrar, porque brinquedo era investimento. Eu também não podia ficar com as outras crianças para não me acostumar com maus hábitos ou com uma educação que não fosse condizente com aquilo que ela achava bacana para uma menina...

Muito rígida? Muito. E, coitada, tinha boas intenções, mas não sabia realizá-las de um jeito bacana. Se fosse algo como "Você não vai ficar com essa turma, mas eu vou te levar para aquela turma ali", tudo bem. Mas não era: eu ficava sem ninguém, passava o dia inteiro cantando. Foi o que me salvou até de um autismo, sei lá. O meu mundo interior sempre foi muito, muito rico, porque eu vivia dentro de mim. Tinha amigos imaginários. Quando um adulto me chamava, eu me desligava do mundo fantasioso e conversava com as pessoas, mas as pessoas não tinham como ver de fora. Quando acabava, eu voltava para o meu mundo. E nele eu era tudo, realizava todas as fantasias: era bailarina, era heroína, era Maria Madalena, era a mãe de Jesus.

Mãe de Jesus? Isso. Eu adorava ficar brincando com histórias da Bíblia. Brincava sozinha – sempre fui muito sozinha. Então, quando comecei a tocar piano, aprendi tudo muito rápido. Eu tinha uma musicalidade, e ela se exacerbou porque foi a primeira coisa em que havia um toque pessoal meu. Só que, no momento em que comecei a ter minha própria relação com o piano e não mais ser a filha da mamãe que toca, eu passei a estudar muito – ficava oito horas ao piano. De tarde, ia para a escola e, quando voltava, ficava direto ao piano.

Então você gostava mesmo? Adorava! Nos fins de semana, adorava quando meus pais iam para a casa dos meus tios e eu podia ficar em casa tocando da manhã à madrugada. E isso começou a deixar a minha mãe muito chateada, muito enervada com o som. Porque, quando digo tocar, quero dizer estudar, isto é, pegar o dedilhado, fazer duas horas de aquecimento...

Piano clássico? Clássico, tudo clássico. Havia as escolas que eu mais curtia e tudo... Ela achava aquilo lindo, até o momento em que viu que eu estava levando a sério demais. Aí, começou a ficar com medo. "Não, agora eu quero é que você estude e se forme, porque não estou preparando filha minha para costurar botão e cueca de nenhum macho, entendeu? Você vai ter o seu dinheiro e vai ser professora de piano, uma coisa assim." Era o que ela esperava, principalmente para que eu pudesse cuidar dela na velhice. É, havia essa coisa de ter uma filha para não ficar sozinha quando estivesse velha. Então, já nasci com um monte de duplicatas e promissórias para pagar.

Você disse que cantava muito, mas o quê? O que ouvia no rádio? Cantava Marisol e Joselito. Eu assisti aos filmes deles na minha infância e fiquei apaixonada. A irmã da mulher do meu tio Chico tinha um cinema no Ipiranga. Nos filmes daquela época, não havia tanta violência, nem tanto sexo, nem tanta história. Eu assistia à Sarita Montiel e chorava muito. Depois cantava aquelas coisas dramáticas, mais as músicas que eu inventava e as canções napolitanas que o pessoal cantava lá em casa. Aí, conforme fui crescendo, comecei a cantar Roberto Carlos, que eu achava o máximo. Eu sonhava em casar com ele. Então vieram as músicas italianas de festivais – Rita Pavone, Domenico Modugno, Sergio Endrigo. Nossa, adoro isso até hoje! Depois entrei na escola e, aos 7 anos, já cantava menos.

Você gostava de cantar Roberto Carlos. Ele a levou a escolher cantar e, depois, a ser cantora, artista? Olha, acho que não escolhi, acho que fui escolhida pela música. Logo cedo, aprendi – graças a Deus, não é verdade? – essa história de confundir o cansaço com a obrigação do trabalho. Sempre vi meu pai chegar em casa cansado, esgotado, e minha mãe cansada de trabalhar, essas coisas. Eu nunca teria imaginado que existisse um trabalho que fosse um prazer. Para mim, cantar sempre foi um prazer tão grande que nunca pensei nisso como trabalho. Então, acho que escolhi cantar na segunda fase da minha carreira – quando, depois de doze anos, depois de já ter gravado, depois de ter sido escolhida para fazer aquilo tudo, eu respirei fundo e disse: "Eu não me encaixo nisto. Não estou cabendo nisto como não cabia na casa da minha mãe aos 17 anos".

Isso foi com *Estrebucha baby*? Foi antes de *Sobre todas as coisas*, logo depois do *Estrebucha*. Que foi uma virada, uma guinada mesmo – não apenas musical ou artística, mas tudo, uma guinada interior. Assim como aos 17 anos eu saí de casa, aos 32, 34 eu pude ter uma coisa pronta. Aí, sim, veio toda a consciência do que é cantar para mim, do estar no mundo, de qual era a extensão da minha voz. Não no sentido técnico, mas no sentido de estar aqui e, de repente, cantar uma música que alguém está ouvindo num lugar que nem imagino que exista no mapa. Tenho uma responsabilidade nisso, é a minha voz que está lá, mexendo... Aí, fiz uma escolha, cantar. E cantar coisas que acredito que sejam boas para todo mundo, independentemente da história pessoal de cada um, da raça, do sexo, da condição social – não interessa. Aí, sim, foi uma escolha. Mas antes, na primeira fase, eu tinha sido levada pelos acontecimentos. Tinha sido escolhida por eles.

Como foi o primeiro disco? Saí de Salvador e fui para o Rio. O curso que eu tinha ido fazer em Salvador era de oito anos, com oito horas de estudo por dia...

Oito anos com oito horas por dia?! Que curso foi esse? Composição e regência? Isso mesmo. Em Canela, na Universidade Federal da Bahia. Era muito puxado, e, com 19 anos, eu tinha muita energia, não dava para ficar na escola. Na boa: não me aguentava e ninguém me aguentava. Então, tranquei matrícula e fiz algumas coisas em Salvador. Fiz o primeiro programa de televisão, cantei pela primeira vez um jingle, aprendi a ouvir minha voz na rádio, subi pela primeira vez ao palco. Toda a minha primeira vez artística aconteceu em Salvador, num momento muito bonito da minha vida e muito importante da minha carreira, do meu trabalho, do meu desenvolvimento artístico. Mas chegou uma hora em que deu... Sabe quando você diz: "Eu vou sucumbir a este lugar"? Pois era o contrário: eu não cabia ali, estava transbordando e precisando me colocar em alguma outra parte. Fui para o Rio sem saber o que encontraria, com uma mão na frente e outra atrás, mais um sonho na bagagem. Quando cheguei lá, morei um tempo num apartamento com uma amiga baiana. Na verdade, era um apartamento alugado por várias meninas.

Uma república? "Vagas para moças de fino trato..." É, mais ou menos. A gente dividia, e eram todas de finíssimo trato. Foi aí que recebi um bilhete do Roberto Menescal, que na época, para mim, era só o compositor de "Barquinho". Eu não sabia que ele tinha cargo numa gravadora. Queria conversar comigo, e pensei: "Vai ter show de bossa nova, e ele está me chamando para fazer *backing* vocal ou coisa

> **TENHO UMA RESPONSABILIDADE NISSO, É A MINHA VOZ QUE ESTÁ LÁ, MEXENDO...**

assim". Mas não, era para conversar mesmo. Ele havia assistido ao programa que eu tinha feito em Salvador e queria muito me contratar. Só que, para isso, ele tinha que mostrar às pessoas o que havia visto, mas não tinha acesso àquilo.

Então você tinha que gravar alguma coisa... Isso. Gravei uma música, "Vida noturna", do João Bosco. O Luiz Roberto me acompanhou ao violão. A gravadora toda se amarrou, e gravei meu primeiro disco. Foi uma coisa muito...

Quase sem querer... É, algo do tipo "O que tenho a perder?". Eu não tinha muito pelo que brigar; não podia dizer: "Eu acredito nisto, quero que seja desta maneira". Eu estava vindo do teatro, em que a gente tem começo, meio e fim de peça e não precisa se preocupar com o depois. Com disco, é diferente: ele está lá num lugar que não sei onde é, com pessoas que não conheço, e outras pessoas estão ouvindo, e ele não tem enredo. Então pensei: "Eles vão achar que eu sou aquilo!". E, antigamente, era muito mais difícil conseguir se desvincular de uma imagem, de uma foto – roqueira, ou samba-canção, ou...

Cantora romântica? É, precisava ter um rótulo. Para mim, isso era muito difícil, porque eu cantava tango, bossa, bolero – como canto ainda hoje, não quero me privar disso. Foi assim o primeiro disco, e o segundo, e o terceiro, até o décimo e talvez o 100º. Foi aí que impus outras condições. Eu já conhecia o mercado, já conhecia o poder do disco, o poder da voz e o poder da música, não só para mim. Aprendi a olhar para os outros, e não só para o meu umbigo. E então pude realmente fazer a escolha, e isso – cantar de verdade – foi lindo.

> **EU LEVEI MUITO TEMPO PARA ME DESFAZER DO MITO DE QUE TODO ARTISTA É MUSICAL**

Agora, percebem-se outras influências e mesmo maior diversidade cultural em você. No repertório anterior, havia um formato que até se repetia. Era uma coisa que, digamos assim, já era esperada. Eu levei muito tempo para me desfazer do mito de que todo artista é musical e de que todo músico (cantor ou compositor) sabe o que está fazendo. Não é bem assim.

Não é mesmo. Tem gente que sabe mesmo não tendo formação musical. Tem gente até que sabe por outras vias que não a do conhecimento – pela intuição, por exemplo. Levei muito tempo para entender isso, assim como levei muito tempo para entender que um profissional de gravadora não é necessariamente diretor artístico. As gravadoras, como indústria da música, se transformaram em parte em "parques temáticos", de grandes conglomerados em que a matéria-prima, a música, importa pouco. O que importa é o lucro, e essa indústria está ajudando muito a criar a atual profusão de celebridades de um dia só...

Sem estofo nenhum... A indústria está falida porque deixa de ganhar dinheiro, e deixa de ganhar porque não tem mais cabeça – ela não pensa mais com a mentalidade de ser a indústria de determinado artigo, de determinada área.

É o conceito equivocado de indústria cultural. Não acho que a indústria cultural seja um mal. Para ser sincera, acho que, como conceito, é absolutamente lindo. É lindo poder eternizar uma criação – poder registrá-la e saber que ficará para a posteridade. O mercado existe e corrompe em todos os lugares do mundo, mas pelo menos existe um respeito para com todas as faixas de cultura e de informação. A gente sempre se baseia nos mercados da Europa e dos Estados Unidos. Lógico que tem jabá, mas pelo menos tem espaço para a música instrumental, para todo tipo de música. Se não é naquele molde, o mercado fica mesmo difícil, mas não impossível. A Zizizinha [Luiza Possi] está aqui para provar. É verdade – eu sei, porque paguei o preço. Outra coisa que aprendi foi que, com a cabeça que eu tenho, com a compreensão que tenho do mundo e da função que tenho no mundo, não consigo me colocar a serviço daquele tipo de barganha.

Você nada contra a corrente. Mas vale a pena, viu? Principalmente porque acho que a arte vale a pena... Bom, uma das coisas que eram muito difíceis para mim era participar dos arranjos. Eu participava só até a primeira página, porque neguinho me vencia pelo cansaço. Falavam em fazer uma coisa, e eu dizia: "Não, eu quero assado". Mas ninguém fazia o que eu pedia. "Puxa, mas eu pedi assim!..." Lá pela quinta vez, eu estourava, com toda a minha energia italiana. Xingava, fazia e acontecia. E pronto: eu perdia a razão. Podia ter toda a razão do mundo, mas entregava os pontos com a maneira pela qual eu tinha expressado o meu saco cheio. Foi aí que aprendi. No *Estrebucha baby*, eu estourei, mas não gritei. Resolvi fazer uma "guerra pacífica". A exemplo de Gandhi, fiquei quieta e pensei: "Bom, agora vou enlouquecer os caras, porque eles sempre me enlouquecem e eu vou fazer o mesmo".

E o que a incomodou? Foi algum momento, algum fato? Afinal, você fazia sucesso, estava sempre vendendo superbem... Mais ou menos, né? Eu nunca fui grande vendedora de discos. O meu primeiro Disco de Ouro – que é uma referência respeitável – eu recebi com *Per amore*. Foi a primeira vez que vendi mais de 100 mil discos. Ou melhor, a primeira vez em que cheguei aos 100 mil discos...

Mesmo? Que curioso! Você sempre tocou muito em rádio. Ainda toca bastante o *Estrebucha baby*, que é uma produção anterior ao *Sobre todas as coisas*, não? É verdade. Em rádio, a gente toca mais essa produção do que a atual.

Você não vendia 100 mil cópias, mas tocava muito no rádio e fazia muito sucesso. O que a incomodava exatamente? Não ter a mão inteira na produção? Não, não era por aí. Acho que foi um monte de frustrações. Primeiro, foi um processo de vida, e não foi um processo profissional.

Estanque de todo o resto? Não, muito pelo contrário! O resto acabou tendo modificações em função de um eixo. O que me incomodou foi não me sentir refletida nas minhas escolhas. Coisas do tipo: "Ah, eu queria tanto gravar com piano acústico! Pena que não dá!". Mas não dá por quê?! Aí, comecei a mexer aqui e ali e, quando fui ver por quê, era porque eu não podia... Eu nunca podia, nunca... Em música, não podia experimentar isto, não podia experimentar aquilo. Então falei: "Cacete! Eu aprendi música, eu toco piano. A única coisa que aprendi na vida, além de fazer macarrão, foi música. Se eu não puder botar isso em prática, vou morrer". Foi isso.

Mas você já escolhia o repertório? Escolhia, sim.

João Bosco, Djavan, Chico Buarque, Tom Jobim... Havia uma coisa pop também, que você gravou bastante, como Marina, Antonio Cicero, Lulu Santos. No seu segundo disco, há gravações lindas, como "Morena dos olhos d'água", com arranjo do Perinho Albuquerque. Ele arranjava para você, para Gal Costa... E muito para a Bethânia. Era o maestro e produtor dela.

No primeiro disco, havia o Sérgio Sampaio, que é um cara difícil, um compositor tido como maldito. Onde é que você ia buscar esse repertório? A verdade é que, no primeiro disco, muita gente escolheu o que eu ia cantar. Eu nem conhecia o Sérgio Sampaio. Eram cinco homens me trazendo músicas; eles brigavam muito, e eu só ficava assistindo. Para mim tanto fazia, mas incorporei "Se foi você", do Gil; "Vida noturna", do João Bosco; e "Jura secreta", de Sueli Costa e Abel Silva, que é bonita. Nem me lembro de quem foi que sugeriu a música do Sérgio Sampaio, mas fiquei muito feliz com ela. Tanto que, do disco todo, talvez seja a única que eu canto com mais curtição até hoje.

Assisti ao show *Bossa* e achei muito interessante vê-la completamente entregue à situação que cantava. Você resolveu contar uma história da Sarita Montiel e de uma personagem da outra canção, e ali a Zizi está chiquérrima, de salto alto, mas completamente à vontade, fazendo piada, mexendo com os músicos. Como é estar dentro da música? Essa é a grande magia do palco. Tenho a impressão de que todo bom artista – assim como todo bom profissional, mesmo que não seja da área artística –, quando está fazendo o que gosta, está na verdade falando com Deus. Porque é um momento tão intenso que a gente perde noção do ridículo: não está nem aí, vai e faz inteiro. Mas, para isso, é preciso cumprir algumas condições...

Voltando à escolha das músicas, eu me lembrei de "A paz", do Gil, que foi uma gravação importante na sua carreira. Como foi escolhê-la? Você nem sabe! Foi uma das coisas hilárias do mundo. Um belo dia, eu recebo João Donato na minha casa: "Aí, Zizi! Olha, eu trouxe aqui umas músicas...". Ele sentou ao piano e começou: "O sapo na lagoa, o sapo na lagoa, o sapo..." E ficou naquela coisa...

Aquela coisa João Donato... É. Aí ele me olhou e disse: "Não emplaquei?". "Não, essa aí não deu." E naquilo foi a tarde inteira. Eu não gosto muito de fazer esse tipo de audição porque é muito chato.

Com o autor ali... Pois é. Também porque, dependendo do momento em que estou, a música faz ou não faz sentido. Eu gosto de ter a fita ou o CD: assim, posso ouvir enquanto tomo banho, por exemplo, e a música pode ganhar um sentido que não tinha quando eu estava no carro, também por exemplo.

É, tem essa magia necessária. Mas, enfim, com o João tudo pode acontecer. Fui acompanhá-lo até a saída, e, quando chegou à porta, ele disse: "Opa! Tem uma aqui...". Tirou do bolso da camisa um papel de pão... "Sabe, tem uma que eu fiz com o Gil já faz um tempo, que fala assim: 'A paz fez o mar da revolução.'" "Opa, lega!!" "Então me deixa tocar pra você." Ele voltou, sentou e ficou pelo menos uns quarenta minutos tentando lembrar a música, porque estava faltando parte da letra. Por fim, lembrou onde estava o que faltava: ele se levantou do piano, tirou do bolso das calças um guardanapo onde estava escrito o resto da música e foi fazendo. Eu me apaixonei e gravei. Mas, quando fui falar da música para o Gil, ele nem se recordava dela...

No terceiro ou quarto disco, você gravou versões de músicas cantadas pela Billie Holiday. Quais outras vozes de cantoras marcaram ou fizeram diferença no seu leito de cantar ou de ouvir música? Eu ouço música como o Miles Davis ouvia. Quando fiquei sabendo disso, eu me senti aliviada da culpa. Não consigo ouvir música com pano de fundo. Viajo muito com música – eu ou viajo, ou capoto logo, porque a música muda o meu ambiente. Honestamente, não sei dizer se houve algum tipo de influência, mas, na adolescência, sempre adorei ouvir a Gal. Eu a adorava pela musicalidade, pela voz linda, pelo repertório, puxa vida! O melhor da música popular brasileira, todos os grandes compositores, foi gravado pela Gal. Eu também me amarrava na Bethânia, não tanto pela musicalidade quanto pela verdade, pela autenticidade.

A coisa da intérprete? Isso, intérprete! Eu não conseguia apenas ouvir a Bethânia: era preciso parar para ouvir, quando eu precisava, quando queria uma coisa para me alimentar, algum sentimento. Era nela que eu ia buscar alguma coisa, porque eram realmente orações – sempre achei que ela orava. E há uma cantora que, para mim, sempre foi e sempre será a maior de todas: Ella Fitzgerald. Ela fala muito comigo – minha alma fala com ela. Tenho um barato quando a ouço cantar. Eu a acho fantástica, um timbre absurdo, uma musicalidade deslumbrante. Na minha fantasia, essa mulher era a referência do que é ser artista, do que é ser cantora. Maravilhosa em todas as músicas. Há também a Sarah Vaughan, que eu acho legal, mas em quem não sou tão fissurada. E a Billie, que, apesar de maravilhosa, é mais difícil, não é para qualquer pessoa.

E as brasileiras antigas, como Elizeth Cardoso? Alguma coisa passou por aí? Elizeth era muito linda – nossa, que dignidade, que porte! E a Angela Maria, que fez coisas lindas... E a Dalva de Oliveira – puxa, que trabalho legal, intuitiva, maravilhosa!... Nós estamos bem servidos.

Durante uma época, a Gal foi o que restou do tropicalismo aqui, porque Gil e Caetano estavam exilados em Londres. Ela ficou como resistência, com o Macalé, que fazia os arranjos para ela, e com o Waly Salomão, que escrevia as letras. O tropicalismo fez alguma diferença no seu caminhar artístico? Ou ele passou ao largo? Eu era pequena na época do tropicalismo, não tinha nenhuma consciência de qual atitude ou limite aquilo podia significar.

Isso eu só fui ver depois. Adorava a voz do Caetano, ainda a acho deslumbrante, é um dos melhores cantores que temos. Sempre adorei ver aquele povo com essa liberdade, esse cabelão, sem vergonha do próprio corpo. E ouvir aquelas canções bonitas, a voz da Gal... Não consegui enxergar a Gal como base de nada, de nenhum movimento, que não fosse algo absolutamente musical. Assim, nunca senti na Gal uma força política, uma força de posição. Sempre senti a força de quem pura e simplesmente canta.

Falo de resistência não política, mas musical. Uma coisa que continuou com ela até pouco tempo atrás. Ela continua sendo porta-voz.

Exatamente. Mas, deixando o tropicalismo e voltando ao seu repertório, houve um momento em que você foi considerada cantora romântica, e... eu me lembro do Lauro Lisboa... Romântica é o quê? Brega? Todo mundo dizia que eu cantava muito bem, que a minha voz era linda, mas que o meu repertório era um horror.

Todo mundo quem? A crítica? A crítica.

Bom, mas a crítica que não toque na poesia, como diz o Caetano. Retomando, houve um momento em que você ficou conhecida como uma cantora romântica, mas no repertório há uma coisa pop, misturada ali desde sempre. Em *Mais simples*, em *Sobre todas as coisas* e em *Valsa brasileira*, está seu repertório de música "erudita", e uma sacada muito particular veio à tona: você colocou o Guelo, o Benjamim Taubkin, o Marcos Suzano, o Jether Garotti – que é um parceirão – tocando com arranjos novos para aquele instante, e, ao que parece, as pessoas não repararam muito bem no que estava acontecendo. Hoje, vemos se reproduzir essa mistura que você fez lá atrás. Você trouxe para a música, para a canção pop brasileira, uma "erudição", mais uma vez entre aspas. Você gravou "Filho de Santa Maria", do Paulo Leminski e do Itamar Assumpção, e aquilo foi sensacional. E "Olho de peixe", do Lenine. E "Beradeiro", do Chico César. Aí, não houve mais possibilidade de catalogá-la... Fiquei fora da gavetinha, do rótulo. Talvez eu tivesse que ser mais inteligente na maneira de mostrar o trabalho, mas essa parte requer uma inteligência que não tenho, um talento e uma possibilidade de que realmente não disponho. O que está em minhas mãos fazer, e com que estou sempre me preocupando em fazer melhor, é mexer com as texturas, com a música. Fico feliz que você tenha percebido. Na época do *Sobre todas as coisas*, eu me desesperei quando a Lúcia Camargo me convidou para fazer um show em Curitiba. Eu não tinha gravadora, não tinha banda, não tinha disco, não tinha dinheiro, não tinha nada – como é que eu ia fazer aquele show? Entrei em pânico e pensei: "Não tem repertório, ninguém conhece o *Estrebucha baby!*". Por outro lado, eu ria de mim mesma e dizia: "Você tem liberdade – isso é tudo o que você sempre quis". E comecei a trabalhar com o Jether, lá em casa, e me permiti viajar mesmo. Foi quando liguei para o Suzano e disse: "Eu tive um sonho muito louco, cara – sonhei que estava cantando o que o Altemar Dutra cantava só com voz e pandeiro".

Sentimental... "Sentimental eu sou..." [Cantando.] O Suzano disse: "Pô, não é louco, não! É legal demais!". Então, eu não rompi com o lógico, nem rompi com o convencional, só porque sentia uma necessidade interior de fazer algo diferente. Não era isso, nunca foi. Eu ouvia interiormente um monte de coisas que me davam até medo, e pensava: "Meu Deus do Céu, na hora em que eu quiser botar isto para fora, neguinho vai me escorraçar, porque parece absurdo! Mas eu sei que não é absurdo!". No início, o próprio Jether ficava muito zangado comigo, porque eu lhe pedia que montasse acordes que não pertenciam a nenhuma escala. Pedi que usasse glissando em salsa, e ele respondeu: "Mas isso não se usa!". Eu disse: "Esquece o conceito, aqui a gente vai usar!". Então, todos esses rompimentos, essas coisas que são movimentos que parecem "ousados" – entre aspas –, na verdade são liberdade, a liberdade de criação.

Foi muito diferente de tudo o que havia na época e de tudo o que você vinha fazendo. É verdade. Aí está aquela história de que falei: antes eu só podia mexer até a primeira página.

São discos maravilhosos. Li uma declaração em que você dizia que gosta "de ser íntegra em cada nota". A sua postura não mudou, você continuou experimentando texturas e inventando nos discos seguintes – e acho que a tal da integridade em cada nota se traduz na música italiana que você fez. É, os valores mudam, mas os princípios não. Ser fiel aos princípios e adaptável aos valores – isso é legal.

Bom, você disse que sonhava com umas coisas e chegava lá. Eu acho que é um pouco do processo de composição, não? Mesmo que seja arranjo, você de certa forma estava criando, junto com esses músicos incríveis que foram parte do processo. Como foi isso? É, estava recriando, é verdade. Quando me ocorre de fazer uma música, de arranjar uma música, de cantar uma música, pode ter certeza de que ela já desabrochou e me pegou. Foi assim com "Disparada". Uma vez, eu estava andando de moto com meu ex-marido pela serra da Bocaina. Comecei a cantar essa música na garupa, e ele comentou: "Nossa, de que música você foi se lembrar!". E eu respondi: "Bicho, olha o que essa música está dizendo...". Continuei cantando e declamando para ele. Ainda estávamos casados, acho que foi em 1994 – e só fui gravar em 1999, no *Puro prazer*. A parte mais difícil foi botar para fora pela primeira vez essa minha intuição. O Jether achava tudo muito estranho, com toda a razão. O Suzano é uma pessoa realmente especial: ele nasceu de uma farinha especial, a mulher dele é maravilhosa, os filhos são geniais, tudo o que ele toca é genial. E o Guello foi indicado para substituir o Suzano. O Guello é muito talentoso, mas tinha uns vícios de quem toca na noite. Ele, provavelmente, não se ouvia a si mesmo. Ele se dispersava. Quando fazíamos laboratório, todo mundo ia embora no final, e eu dizia: "Não, Guello, você fica". O Benjamim também foi indicado para substituir o Jether, que estava de saco cheio de mim... Hoje, ele já entendeu que não é nada pessoal, que é uma coisa que eu escuto aqui...

Aí dentro da cabeça? É, aqui dentro da cabeça, ou sei lá onde, mas eu escuto aqui dentro.

Quando o Herbert Vianna ouviu você cantar uma música dele pela primeira vez, dizem que ele se deitou no chão do estúdio e falou: "Bom, agora, finalmente, eu sou um compositor de gente grande!". É verdade, foi maravilhoso. O *Estrebucha baby* está recheado de emoções. Outro dia eu estava ouvindo e fiquei passada – o som do baixo é demais...

Tavinho Fialho... Dá uma saudade.

A canção era "Meu erro", não? Ao dizer aquilo, o Herbert reforçava essa sua ligação com a música pop brasileira. Você ouviu Gal Costa, que fez sua cabeça... Você gravou Itamar Assumpção e Paulo Leminski muito antes de Itamar ter-se tornado *cult*... Enfim, tudo isso me faz pensar na coisa de ser intérprete, de ter aquela qualidade que você enxergou na Bethânia. Isso é o máximo. A Regina Duarte disse uma coisa que me emocionou muito: "Quando você canta, eu passo a descobrir o que a música *é*". Para mim, texto é muito importante: eu não consigo abrir o canal se não sinto uma coisa.

Você lê? Leio, sim. É o que acho mais gostoso fazer quando estou sozinha. Quer dizer, eu nunca estou sozinha, porque o Rubens está sempre comigo...

Quem é o Rubens? É o meu cachorro. Ele é apaixonado por mim. Nem minha mãe gostou tanto de mim como ele gosta. Adoro fazer coisas como, de repente, começar falar francês com o Rubens – não sei uma palavra, mas começo a falar com ele. Ou resolvo falar árabe, e é uma delícia, porque não tem censura. Acho que a minha infância me bastou.

O Luiz Melodia leu o poema "Retrato do artista quando coisa", do Manuel de Barros, quando estava no hospital se recuperando de uma cirurgia – e a música veio para ele ali, naquele momento. Quais são as suas leituras? Elas também a inspiram musicalmente? Não. Tenho um problema muito chato: a indisciplina. O meu norte-sul, ou norte, não sei, está em Gêmeos, que tem uma dispersão. Eu me disperso com facilidade. Por isso, quando vou ler algo que não é assunto que eu curto, tenho que me preparar antes para poder realmente prestar atenção naquilo e não deixar que o pensamento voe. E, quando presto muita atenção, eu corro risco. Há um livro que estou lendo faz quatro anos...

De tanto que você presta atenção? Não, é porque não consigo sair do prefácio – eu choro, é lindo. Eu leio uma frase e fico meses me lembrando daquela coisa e vendo a Blavatsky. Quando li as coisas mais simples dela, tudo bem. Mas, quando fui ler *Ísis sem véu!*... Aquela parte da matemática pitagórica – nossa, o que eu chorei! Virou problema, e por isso estou pegando mais leve, bem mais leve. Gosto muito de ler poesia e adoro Fernando Pessoa. Também leio Rachel de Queiroz e tenho a obra completa de Gabriel García Márquez. E há a teosofia.

Teosofia? Sempre. É leitura de cabeceira.
Você é muito religiosa? Não, não sou. Mas chega uma hora em que você começa a praticar. Eu me sinto mais refletida no budismo, no que tem a ver com autoconhecimento e ajuda evolutiva. Do ponto de vista devocional, ainda não encontrei nada, mas estou procurando. Estou realmente procurando.
Na música, ocorre o encontro com o divino no momento em que se está cantando. Exatamente. Há pessoas que se encontram logo de cara na religião, e é bacana isso, porque já sabem logo os passos que precisam dar para chegar a determinado lugar. Mas, no meu caso, não é bem assim. O meu pai é kardecista, e houve época em que me revoltei porque achava que as pessoas faziam muito discurso mas não praticavam esses valores no dia a dia, em sua própria vida. Quando morei na Bahia, estudei também um pouco do candomblé, que é uma cultura linda, mas não é uma religião em que eu me sinta refletida. Faço psicoterapia, e faço porque gosto. Eu preciso, lógico, mas também gosto.
Você disse que as pessoas iam à sua casa e cantavam músicas napolitanas. Conhecendo a sua história, vê-se quão legítimo é você gravar música italiana. Aos domingos, a mesa do almoço virava palco. Tirávamos a toalha e os pratos, e as pessoas ficavam sentadas nos bancos ou subiam ao palco. Todo mundo cantava: descia um e subia outro. Era uma festa mesmo – passavam o domingo inteiro cantando.
Você acaba de ganhar um prêmio na Itália, não? Em Nápoles – olha que legal! É o Carosone Internazionale, que extrapola as fronteiras da Itália. Em Nápoles, cantei numa arena maravilhosa, toda de mármore travertino fosco. Faz parecer que se está no deserto: tem aquela cor de areia, e os bancos são de mármore também. É uma pedreira, uma coisa linda, com aquele céu de Nápoles... Renato Carosone foi um napolitano reconhecido pela Itália inteira como grande artista – compositor, cantor e pintor. Começou tocando piano para cinema mudo. O prêmio que recebi é um azulejo impresso com um desenho dele, superbonito. Esse foi o segundo ano do prêmio. O Renato faleceu em 2001 e, antes de morrer, falou sobre a minha gravação da música "Torero", que é dele. Eu me senti realmente abençoada pela seiva dos antepassados. Que coisa bonita! E que oportunidade!
Houve certa resistência a esse seu trabalho? Vi pouca resistência. O portfólio é imenso. Recebi *clipping* do Brasil inteiro, e acho que só um ou dois jornalistas criticaram. A resistência maior foi ao *Passione*, o segundo disco em italiano. "Pronto, agora só vai gravar em italiano!", como se aquilo fosse oportunismo. Sinceramente, não dá para levar a sério. Todo mundo tem o direito de não gostar. Mas, para mim, esse trabalho é tão importante, tão gostoso, tão bonito!...
Você já havia gravado em italiano muito antes desses discos... Pois é. Porque está tudo no meu sangue. Sou ítalo-brasileira, tenho passaporte...
Depois você fez o *Bossa*, que me lembra um pouco o *Valsa brasileira*. Não tanto pela sonoridade, mas pelo repertório: tem Cazuza, tem Tom Jobim e

Newton Mendonça, tem Paul McCartney e tem uma novidade que é a ferramenta eletrônica. Você comprou um teclado? Comprei. Custou quase o preço de um carro, e não sei lidar com ele até hoje. Estou querendo ter aulas, mas não saio de casa nem para ir ao escritório. O Jether gosta muito de teclado eletrônico. Para esse tipo de som que fiz, o teclado é muito importante. Acho que são elementos novos que vão entrando, que são irresistíveis, principalmente porque o meu foco no eletrônico é nos timbres novos: não quero um eletrônico que imite as cordas de fulano de tal, que imite a sanfona. Não, eu quero o eletrônico eletrônico, quero ver que *zim* ele tem ali, porque, se for para imitar instrumento...

O que é *zim*? *Zim*?! Às vezes eles escolhem uns timbres, e é *zim-zim-zim-zim*... É muito *zim*... Então, qual é o barato? O timbre que ele vai me apresentar, que é o resultado eletrônico mesmo.

Mas o seu instrumento é o piano. Você ainda toca em casa, ainda se diverte da mesma maneira? Ultimamente, a minha casa não está gostosa como eu gostaria que estivesse. Estou num momento de mudança, de passagem de ciclo. A minha filha, que até dois anos atrás era uma adolescente, uma estudante, hoje é uma estrela. Precisa ocupar outro espaço na casa, na minha vida, e eu na vida dela. Isso é muito difícil, não é um momento fácil. Não é dos piores, graças a Deus, mas é complicado. O que tinha sentido para mim até três, quatro anos atrás, já não tem mais. E outras coisas, que começam a ter sentido, me assustam...

NÃO TENHO O MENOR TESÃO DE PREPARAR NADA PARA SER MAL APROVEITADO

Será que essa é uma daquelas inquietações que trazem uma novidade? Não tenho a menor dúvida. Agora, a única coisa que me falta para concretizar essa novidade é definir o espaço para ter o tempo e ter o templo. Eu só estou sem estímulo. Honestamente, não tenho o menor tesão de preparar nada para ser mal aproveitado. Onde eu vou mostrar o meu trabalho? Como é que vou distribuí-lo? Acho que, com tantos problemas que precisam ser resolvidos, o meu mercado está muito doente. Não é à toa que a maior parte das rádios precisa programar um tipo de música que não reflete arte.

São os espaços... A mídia é que está esquisita. Cheguei a pensar em fazer programa de televisão. Não existe programa de televisão de música. Se a gente criar um canal em que a música possa realmente ser mostrada sem preconceito, em que haja espaço para banda de garagem, para orquestra jazz sinfônica, para aquele festival do interior de onde saiu um cara talentoso, então o Chico Buarque, o Edu Lobo talvez se interessem em participar também. Está aí uma coisa que me dá tesão fazer. Mas muito tem que ser preparado para que isso aconteça, e eu não tenho mais gás para segurar uma onda assim. Para fazer isso acontecer, seria preciso alguém com paixão.

Então, vamos inventar um programa! É para ontem! Podemos começar a fazer o piloto amanhã?

PATRICIA PALUMBO é jornalista especializada em música e rádio com 38 anos de carreira. Tem três livros lançados, criou programa Vozes do Brasil, que ficou 24 anos no ar, e a Rádio Vozes, emissora 100% digital. É apresentadora do programa Instrumental Sesc Brasil e curadora e consultora musical. É coautora do média-metragem *Vozes do Brasil – Do(co)Mentado*. Ganhou quatro prêmios da APCA – Associação Paulista de Críticos de Arte na categoria rádio.

AGRADECIMENTOS

Toda a minha vida agradeço aos meus pais, José Luiz e Neide Palumbo, dois apaixonados por rádio, por música, por histórias, cada um do seu jeito. Minha vontade de viver vem da sorte de ter nascido na praia, neta do seu Zeca e da dona Benedita, parte dessa família tão caiçara, tão portuguesa, tão italiana e, por isso mesmo, essencial e fundamentalmente brasileira. Obrigada, minhas irmãs Erika, Fernanda e Isabel, pela retaguarda incondicional. Obrigada, minha filha Gabriela. Só por você existir, minha vida faz mais sentido. Obrigada, Helena, meu amor, por tudo.
Agradeço aos artistas cúmplices dessa obra e dessa história. Aos fotógrafos Caroline Bittencourt, Lenise Pinheiro, Luciana De Francesco e Ricardo Koctus, pelo olhar impresso aqui. A Raquel Zorzi, Paulina Chamorro, Juan Trocolli, meus grandes parceiros. A Zé Pedro, pelas provocações. A Marcelo Escanuela, Felippe Barretto, Lô Politi e Bibi Fragelli, pela preciosa amizade. A Hélio Flanders, que me apresentou a poesia de Ana Maria Marques, inspiração para o subtítulo "reunidas" deste livro.
A Eduardo Pinho, pela Rádio Vozes. A Alexandre Dorea, pelo capricho e cuidado com as primeiras edições, as quais teve Adriana Amback na maravilhosa edição de texto e Rubens Amatto no belíssimo design gráfico. A Silvia Venna e Denise Jardim, apoio fundamental. A Danilo Miranda, sempre! A toda a equipe das Edições Sesc, que trabalha agora nesta nova edição tão importante pra mim. E ao Sesc, pela parceria longeva e fundamental.

CRÉDITO DAS IMAGENS

Acervo Sesc/Melina Resende/publifoto
Nando Reis

Caroline Bittencourt
Criolo, Djavan, Gal Costa, Jards Macalé, Marina Lima, Naná Vasconcelos, Vanessa da Mata

Lenise Pinheiro
Adriana Calcanhotto, Ana Carolina, Elba Ramalho, Fernanda Abreu, Jussara Silveira, Mônica Salmaso, Tom Zé, Zizi Possi

Lu De Francesco
Arnaldo Antunes, Cássia Eller, Chico César, Daúde, Ed Motta, Itamar Assumpção, Lenine, Luiz Melodia, Ná Ozzetti, Paulinho Moska, Rita Benneditto, Zeca Baleiro, Zélia Duncan

Marta Azevedo
Mart'nália

Margherito
Elza Soares

Ricardo Koctus
Pato Fu (Fernanda Takai e John Ulhoa)

Vania Toledo
Rita Lee

© DBA, 2002 (v. I); 2007 (v. II)
© Patricia Palumbo, 2019
© Edições Sesc São Paulo, 2019
Todos os direitos reservados

1ª reimpressão: 2022

Digitação Tulio Kawata/Editora Polis
Preparação das novas entrevistas José Ignacio Mendes
Revisão Andréia Manfrin Alves e Célia Regina de Lima
Projeto gráfico, capa e diagramação TUUT

Dados Internacionais de Catalogação na Publicação (CIP)

P189v
Palumbo, Patricia

Vozes do Brasil: entrevistas reunidas / [Entrevistas de] Patricia Palumbo. – 2. ed. revista e ampliada. – São Paulo: Edições Sesc São Paulo, 2019. –
568 p. il.

ISBN 978-85-9493-142-9

1. Música. 2. Brasil. 3. Música popular 4. Músicos.
5. Entrevistas. 6. Biografias. I. Título.

CDD 780.981

Ficha catalográfica elaborada por Maria Delcina Feitosa CRB/8-6187

Edições Sesc São Paulo
Rua Serra da Bocaina, 570 – 11º andar
03174-000 – São Paulo SP Brasil
Tel. 55 11 2607-9400
edicoes@sescsp.org.br
sescsp.org.br/edicoes
/edicoessescsp

Fontes Cimo
Capitolina
Papel Pólen Natural 80 g/m²
Supremo Alta Alvura 300 g/m²
Impressão Pigma Gráfica e Editora Ltda
Data junho/2022